LLM 엔지니어링

**RAG, 파인튜닝, LLMOps로 완성하는
실무 중심의 LLM 애플리케이션 개발**

LLM 엔지니어링

RAG, 파인튜닝, LLMOps로 완성하는 실무 중심의 LLM 애플리케이션 개발

초판 1쇄 발행 2025년 5월 2일

지은이 폴 이우수틴, 막심 라본 / **옮긴이** 조우철 / **펴낸이** 전태호
펴낸곳 한빛미디어(주) / **주소** 서울시 서대문구 연희로2길 62 한빛미디어(주) IT출판2부
전화 02-325-5544 / **팩스** 02-336-7124
등록 1999년 6월 24일 제25100-2017-000058호 / **ISBN** 979-11-6921-380-6   93000

책임편집 박지영 / **기획·편집** 김지은
베타리더 권준호, 김노은, 김세웅, 김연태, 김영민, 오두영, 이문환, 이석곤, 이호민, 전준규, 조현석, 최민주, 최성욱, 허민
디자인 표지·내지 박정우 / **전산편집** 이경숙
영업마케팅 송경석, 김형진, 장경환, 조유미, 한종진, 이행은, 김선아, 고광일, 성화정, 김한솔 / **제작** 박성우, 김정우

이 책에 대한 의견이나 오탈자 및 잘못된 내용은 출판사 홈페이지나 아래 이메일로 알려주십시오.
파본은 구매처에서 교환하실 수 있습니다. 책값은 뒤표지에 표시되어 있습니다.
홈페이지 www.hanbit.co.kr / **이메일** ask@hanbit.co.kr

© 2025 Hanbit Media Inc.

Copyright ©Packt Publishing 2024.
First published in the English language under the title 'LLM Engineer's Handbook - 9781836200079'
This translation is published and sold by permission of Packt Publishing, which owns or controls all rights to publish and sell the same.

이 책의 저작권은 팩트와 한빛미디어(주)에 있습니다.
저작권법에 의해 보호를 받는 저작물이므로 무단 전재와 무단 복제를 금합니다.

지금 하지 않으면 할 수 없는 일이 있습니다.
책으로 펴내고 싶은 아이디어나 원고를 메일(writer@hanbit.co.kr)로 보내주세요.
한빛미디어(주)는 여러분의 소중한 경험과 지식을 기다리고 있습니다.

LLM 엔지니어링

폴 이우수틴, 막심 라본 지음 | 조우철 옮김

**RAG, 파인튜닝, LLMOps로
완성하는 실무 중심의
LLM 애플리케이션 개발**

지은이·감수자 소개

지은이 폴 이우수틴 Paul Iusztin

7년 이상 생성형 AI, 컴퓨터 비전 및 MLOps 설루션을 구축한 시니어 ML/MLOps 엔지니어. 최근에는 Metaphysic에서 대규모 신경망을 프로덕션에 적용하는 핵심 엔지니어로 근무했다. 또한 프로덕션급 ML 교육 채널인 Decoding ML을 설립해 사람들이 ML 시스템을 구축할 수 있도록 IT 기사와 오픈 소스 강좌를 제공하고 있다.

지은이 막심 라본 Maxime Labonne

Liquid AI의 모델 최적화 총괄 책임자. 파리 폴리테크닉 연구소에서 ML 박사 학위를 취득했으며, AI/ML 분야의 구글 개발자로 일하고 있다. LLM 과정과 LLM AutoEval 등의 도구, NeuralDaredevil과 같은 SOTA 모델을 포함해 오픈 소스 커뮤니티에 활발히 기여하고 있으며, 기술 블로그도 꾸준히 운영하고 있다. 저서로는 『핸즈온 그래프 인공신경망 with Python』(홍릉, 2024)이 있다.

감수자 라니 엘후세이니 Rany ElHousieny

AI, NLP, ML 분야에서 20년 이상의 경력을 보유한 AI 설루션 아키텍트이자 AI 엔지니어. AI 모델 개발과 배포에 전념하며, AI 시스템 아키텍처와 윤리적 AI 도입에 관한 논문을 발표했다. 마이크로소프트에서는 NLP와 LUIS Language Understanding Intelligent Service의 발전을 주도하는 등 획기적인 프로젝트들을 이끌었다. 현재는 Clearwater Analytics에서 생성형 AI와 AI 기반 금융 및 투자 관리 설루션의 혁신을 이끄는 데 핵심적인 역할을 맡고 있다.

옮긴이 소개

옮긴이 조우철

포스코이앤씨 AI 연구원. 사내에서 LLM 응용기술개발 업무를 담당하며, LLM 기반 입찰/계약 문서 검토 솔루션 개발 등 다양한 AI 솔루션 개발 프로젝트를 수행했다. 링크드인과 페이스북에 LLM 기술 관련 글을 올리고 있다.

- 링크드인: https://www.linkedin.com/in/woocheolcho
- 페이스북: https://www.facebook.com/woocheol.cho

추천사

프롬프트 엔지니어링을 잘하려면 LLM 전반에 대한 깊은 이해는 필수입니다. 국내에도 LLM 기술과 활용 사례를 다룬 책은 많지만, MLOps와 LLMOps의 원칙에 중점을 둔 책은 드문 편입니다. AI 기술이 산업 지형을 빠르게 재편하고 있는 시대에, 이 책은 그런 격변 속에서도 변하지 않을 '에버그린'한 핵심 개념부터 실제 서비스 적용 사례까지를 한 권에 담아냈습니다. 데이터 수집과 전처리, 트랜스포머 기반 모델에 대한 이해, 파인튜닝 기법 등 필수 이론을 폭넓게 다루며, 특히 RAG의 구현 방법을 집중적으로 소개해 LLM 프로젝트 실전 운영에 큰 도움이 됩니다.

이 책의 장점 중 하나는 역자의 유려한 번역과 풍부한 주석입니다. 또한 이론에만 치우치지 않고, 실제 개발 현장에서 바로 활용할 수 있는 인사이트와 노하우를 함께 전달한다는 점입니다. 이 책은 LLM, MLOps, RAG의 활용을 명쾌하게 풀어내, 최신 기술 트렌드를 따라잡고자 하는 모든 독자에게 훌륭한 안내서가 될 것입니다.

강수진, 프롬프트 엔지니어

『LLM 엔지니어링』은 AI 기술이 빠르게 변화하는 현재, LLM을 실무에 적용하고자 하는 모든 분을 위한 최고의 안내서입니다. LLM Twin을 직접 구축하며 배우는 실습 중심의 가이드를 제공하며, 데이터 수집부터 모델 파인튜닝, RAG, 배포에 이르기까지 전 과정을 명확하고 체계적으로 설명합니다. 또한 ZenML, Qdrant, AWS 등 최신 기술을 활용한 아키텍처 해설과 함께 깃허브 기반 코드도 제공되어 실질적인 구현에 큰 도움이 됩니다. 이 책은 LLM 엔지니어로 성장하고자 하는 분께 실무 로드맵을 제시하며, AI 엔지니어뿐만 아니라 IT 기획, 시스템 구축 및 개발 업무를 수행하는 분에게도 매우 유용한 참고서가 될 것입니다.

김태수, 포스코DX AI Engineer

생성형 AI와 LLM의 빠른 발전은 기술을 넘어 곧 산업의 표준이 되고 있습니다. 이제 LLM은 단순한 챗봇이나 데모를 넘어서 기업의 서비스와 제품에 실질적으로 통합되어야 할 시점에 이르렀습니다. 문제는 '어떻게'입니다. 단순히 모델을 불러와 실행하는 수준을 넘어 데이터를 **어떻게** 준비하고, **어떻게** RAG를 설계하며, **어떤** 구조로 배포·운영해야 하는지에 대한 실전적 감각이 요구되고 있습니다. 이 책은 단편적인 기능을 설명하는 데 그치지 않습니다. 처음부터 끝까지 하나의 실제 프로젝트 LLM Twin을 함께 만들어보며, 'LLM 시스템을 엔지니어링한다는 것은 어떤 의미인가?'라는 질문에 명확한 답을 줍니다. 이 책은 데이터 수집, 파인튜닝, RAG 구현, 추론 최적화, 프롬프트 모니터링, 배포와 운영까지. 실무에서 부딪히는 거의 모든 기술적 토픽을 실제 코드와 함께 정리했습니다.

개인적으로 반가웠던 건, 이 책이 기술을 다루는 동시에 그 이면에 깔린 'LLM 엔지니어링 문화'까지 보여준다는 점입니다. ML 시스템이 가져야 할 구조, 테스트, 관찰 가능성, 실험 추적의 중요성 등은 실무자의 언어로 풀어낸 깊이 있는 이야기가 담겨 있습니다. LLM을 막 배우기 시작한 엔지니어부터, 실전 경험을 시스템화하려는 ML 전문가까지. LLM 기반 제품을 진지하게 고민하고 계신 분들이라면 반드시 곁에 두고 읽어야 할 책이라고 생각합니다.

단순히 어떻게 쓸지가 아니라, 어떻게 만들어야 할지를 알려주는 이 책을 통해 더 많은 독자가 LLM의 가능성을 '아이디어'가 아닌 '현실'로 구현하실 수 있기를 기대합니다.

김태영, AI Factory 대표, Microsoft Regional Director & AI MVP,
랭체인코리아 운영진

LLM의 가장 큰 매력은 복잡한 코딩 없이 자연어만으로 수십만 개의 GPU와 HBM을 움직여 원하는 결과를 생성해낸다는 점입니다. 그 능력은 분명 유용하고 놀랍지만, 동시에 프롬프트 창 뒤에서 블랙박스처럼 작동하는 LLM 서비스의 원리를 알고 싶다는 갈증도 생깁니다. 『LLM 엔지니어링』은 글을 쓰는 AI, 즉 LLM Twin 프로젝트를 단계별로 구현하는 과정을 고해상도

추천사

로 보여줍니다. 기술서이면서도, LLM 초보자가 제품 기획부터 개발까지 Zero to Hero 여정을 따라가는 듯한 몰입감을 줍니다.

소프트웨어 엔지니어라면 이 책에 담긴 예제와 코드를 활용해 LLM Twin의 MVP$^{minimum\ viable\ product}$ 개발을 목표로 삼아보기 바랍니다. 엔지니어가 아니라면, 낯선 MLOps나 LLMOps 같은 용어는 핵심 개념만 가볍게 익히고 부담 없이 다음 장으로 넘어가도 좋습니다. RAG 파이프라인과 추론 최적화를 다루는 장에서는 오히려 프롬프트 고도화에 도움이 되는 아이디어를 얻을 수 있을 것입니다.

무엇보다 이 책은 매우 친절하게 번역되어 있어, 꼭 MVP를 만들지 않더라도 예제와 설명을 따라가며 LLM 엔지니어링을 간접 체험하는 MVE$^{minimum\ viable\ experience}$를 목표로 삼기에 충분합니다. 어떤 기대를 품고 이 책을 펼치더라도, 마지막 장을 덮을 즈음엔 LLM 엔지니어링을 한층 더 선명히 이해하게 될 것입니다.

송준용, AI 그라운드 공동대표

산업 현장에서 LLM 서비스 설계 및 배포를 수행해온 실무 엔지니어로서, 이 책은 단순한 기술 입문서를 넘어선 '현장 기술서'로 평가하고 싶습니다. 데이터 수집 파이프라인 설계부터 벡터 DB, RAG 구현, LLM 파인튜닝, DPO 기반 선호도 학습, 마이크로서비스 배포, CI/CD를 포함한 LLMOps까지, 실전에 바로 적용 가능한 내용이 정리되어 있습니다. 특히 LLM Twin 프로젝트를 통해 복잡한 구조를 손에 잡히는 방식으로 풀어내 실무 적용에 큰 도움이 됩니다. 기술을 '아는 것'을 넘어 '쓸 수 있게' 만드는 책, 바로 이 책입니다.

유광명, PwC 컨설팅 D&AI 디렉터

기술적인 관점에서 이 책은 LLM 엔지니어링의 '어떻게'에 대한 실용적인 지침을 제공합니다. 특히 이 책에서 샘플 프로젝트로 구현된 LLM Twin을 통해 AI 기술과 개인화된 콘텐츠 생성의 미래를 조망할 수 있습니다. 독자는 '직접 선호 최적화(DPO)', '추측 디코딩', '모델 병렬 처리' 등 고급 기술과 최적화 전략을 실습 중심으로 익히게 되며, TwinLlama-3.1-8B 모델을 활용한 파인튜닝을 통해 사용자 맞춤형 최적화 방법에 대한 깊이 있는 이해를 얻을 수 있습니다. 또한 RAG 기술과 MLOps의 최신 흐름까지 폭넓게 다루고 있어, 현업에 적용 가능한 인사이트를 제공합니다.

인문학적인 관점에서 인상 깊었던 점은, 이 책의 프로젝트 LLM Twin이 단순한 AI 모델이 아니라, 사용자의 글쓰기 스타일, 어조, 성격을 반영한 디지털 자아digital twin로 구현된다는 점입니다. 이를 통해 우리는 기술이 단순한 도구를 넘어, 자기 이해와 표현의 범위를 확장시켜줄 수 있음을 다시금 실감하게 됩니다. 조우철 연구원님의 번역을 통해 이 귀한 책을 접할 수 있게 되어 매우 기쁩니다. LLM 엔지니어링을 보다 깊이 이해하고, 실제 업무에 적용할 수 있는 통찰을 얻는 데 큰 도움이 될 것입니다.

유희정, Microsoft Account Technical Strategist

AI 기술이 빠르게 발전하는 시대에 『LLM 엔지니어링』은 실무자들에게 더할 나위 없이 귀중한 자산이 될 것입니다. 이 책은 단순한 개념 설명을 넘어 데이터 수집부터 모델 파인튜닝, RAG 파이프라인 개발, 최종 배포까지 전 과정을 체계적으로 안내합니다. 특히 주목할 점은 이론과 실무의 균형입니다. MLOps 원칙을 LLM에 적용하는 방식과 확장 가능한 시스템 설계를 위한 FTI 아키텍처 접근법은 현업에서 즉시 활용할 수 있는 귀중한 지식입니다. 책에서 다루는 고급 RAG 기술, DPO를 통한 인간 선호도 최적화, 추론 성능 개선 전략은 실무자들이 직면하는 실질적인 문제들을 해결하는 열쇠가 될 것입니다. AI 기술의 민주화는 소수만의 전유물이 아닌, 모든 개발자가 접근하고 활용할 수 있어야 합니다. 이 책은 그 중요한 가교 역할을 훌륭히 수행하며, 소프트웨어 엔지니어부터 머신러닝 전문가까지 다양한 기술 전문가들이 LLM의 가능성을 현실화하는 데 큰 도움이 될 것입니다.

이경록, 유튜브 〈테디노트〉 운영, 랭체인 글로벌 앰버서더

추천사

포스코를 비롯한 많은 기업이 데이터와 AI를 활용해 사무와 제조 분야의 혁신을 추진하고 있으며, 그 중심에는 RAG와 MLOps가 있습니다. RAG는 대규모 멀티모달 데이터를 기반으로 정보를 검색하고, 이를 바탕으로 새로운 내용을 생성하는 기술입니다. 이로 인해 구매, 생산, 판매, 마케팅, 연구 등 다양한 제조 분야에서 활용 가능성이 높습니다. 이러한 RAG 기술은 특히 보안이 중요한 환경에서 더욱 주목받고 있습니다. sLLM과 결합하면 도메인 맞춤형 의사결정은 물론, 행동형 AI 개발까지 가능해지기 때문입니다. 한편, MLOps는 머신러닝 모델의 개발부터 배포, 운영까지를 통합적으로 관리하는 방법론으로, AI 예측·제어 모델을 안정적으로 유지하기 위한 핵심 기술입니다.

실제로 많은 기업이 이를 위한 인프라를 구축하고 실무에 적용하고 있습니다. 이 책은 LLM Twin 프로젝트를 수행하며 축적한 실무 경험을 바탕으로, 개념부터 적용 방법까지 체계적으로 안내합니다. 데이터와 AI를 통해 산업 혁신을 이루고자 하는 모든 분께 실질적인 도움이 될 것입니다. 늘 새로운 지식을 찾아 흡수하고 이를 실제 업무에 적용해온 역자의 노력이 더해져, 이 책은 실무에 바로 적용할 수 있도록 핵심 내용을 실용적으로 정리했습니다. 마지막으로 이 책을 통해 RAG, MLOps, LLMOps의 중요성을 깨닫고 이를 실무에 적용하여, 비즈니스 혁신을 이끌어가는 모든 분께 큰 성취와 발전이 있기를 기원합니다.

이덕만, 포스코홀딩스 AI Enterprise 연구센터장 허깅 페이스의 공동 창업자 Clement Delangu와 이야기했던 것처럼, AI는 이제 모든 기술 개발의 중심이 되어가고 있습니다. 지난 3년 동안 LLM은 이미 다양한 기술에 지대한 영향을 미쳤으며, 향후 5년 동안 그 영향력이 더 커질 것입니다. 앞으로 더 많은 제품에 적용될 뿐만 아니라, 인간의 지적 활동과 창작 활동 전반에 걸쳐 핵심적인 역할을 하게 될 것입니다. 예를 들어 프로그래머들은 이미 LLM을 활용해 AI와 협업하는 방식을 받아들이고 있습니다. 단순 작업은 AI에게 맡기고 자신들은 더 깊이 있는 설계와 문제 해결에 집중하는 방식으로 일하고 있습니다. 뮤지션들은 AI 기반 도구를 활용해 음악 창작의 범위를 더욱 빠르게 확장하고 있습니다. 변호사들은 RAG와 대규모 판례 데이터베이스를 사용해 업무 효율을 높이고 더 나은 법률 서비스를 제공하고 있습니다.

허깅 페이스는 소수 기업이나 연구자들만 AI 기술을 독점하는 것이 아닌, 모든 사람이 최신 머신러닝 모델을 이해하고 활용할 수 있는 미래를 지지해왔습니다. 저자도 이 책을 집필함으로써 많은 사람이 단순히 LLM을 사용하는 데 그치지 않고, 파인튜닝, 모델 개발 및 배포 등을 통해 현실 문제에 적용할 수 있도록 도와 LLM 민주화에 크게 기여할 것입니다. 이런 점에서 이 책이 갖는 의미는 매우 중요합니다. 이 중요한 지적 자산을 커뮤니티와 공유하게 되어 기쁩니다. AI에 대한 우리의 지식을 확장하는 데 큰 도움이 되리라 기대해봅니다.

Julien Chaumond, 허깅 페이스 공동 창립자 겸 CTO

머신러닝 세계에 깊이 빠져 있는 사람으로서 이 책의 추천사를 작성하게 되어 매우 기쁩니다. 이 책은 LLM 전문 지식에 대한 수요가 전 산업에서 급증하고 있는 시기에 출간되었습니다. 이 책이 특별한 이유는 이론과 실제 응용 사이의 간극을 메우는 실용적인 접근 방식 때문입니다. LLM Twin을 구축하는 과정을 독자와 함께 진행하면서, 데이터 엔지니어링부터 파인튜닝, RAG 파이프라인과 추론 최적화와 같은 고급 주제까지 세밀하게 다룹니다.

이 책에서 특히 인상 깊었던 점은 MLOps와 LLMOps 원칙에 중점을 두었다는 것입니다. 점점 더 많은 조직이 LLM을 도입하는 현시점에서, 확장 가능하고 재현 가능하며 견고한 시스템

추천사

을 구축하는 역량이 그 어느 때보다 중요해졌기 때문입니다. 이제 막 LLM 분야에 관심을 갖고 첫발을 들이려는 소프트웨어 엔지니어부터 더 전문성을 쌓고자 하는 숙련된 머신러닝 전문가까지, 모두가 이 책에서 기초부터 최신 기술까지 체계적으로 배울 수 있습니다. 쉽고 명확한 설명과 실전에서 바로 활용 가능한 예시, 현장에서 검증된 노하우를 담아 AI가 주도하는 시대에 뛰어난 LLM 엔지니어로 성장하기 위한 명확한 방향을 이 책을 통해 터득하길 바랍니다.

Hamza Tahir, ZenML 공동 창립자 겸 CTO

이 책은 LLM을 실무에 적용하고 깊이 이해하려는 이들에게 훌륭한 길잡이가 되어줄 것입니다. 다양한 예제와 LLM Twin 프로젝트를 중심으로, 실제 프로덕션 수준의 LLM 애플리케이션을 어떻게 구축하고 배포할 수 있는지 설명합니다. 이 책이 특히 돋보이는 이유는 LLMOps의 전 과정을 LLM Twin 프로젝트 하나로 일관되게 풀어냈다는 점입니다. 특정 인물의 문체를 묘사하는 AI 캐릭터를 통해, LLM이 현실에서 어떻게 활용될 수 있는지를 생생하게 보여줍니다. 또한 허깅 페이스, ZenML, Comet, Opik, 몽고DB, Qdrant 등 LLM 개발에 꼭 필요한 도구들을 소개하며, 각 도구의 역할과 LLM 파이프라인에서의 활용 방식을 이해하기 쉽게 담아냈습니다.

이 책의 또 다른 장점은 실전 구현에 집중한다는 것입니다. 구체적인 사례를 통해 추론 파이프라인을 최적화하고 LLM을 효과적으로 배포하는 방법을 제시함으로써, 연구자와 실무자 모두에게 유익한 참고 자료가 됩니다. 특히 LLM과 실제 활용에 관심 있는 독자라면 큰 도움을 받을 수 있을 것입니다. LLM 개발에 필요한 도구, 기법, 모범 사례를 체계적으로 정리한 이 책은 많은 LLM 엔지니어에게 필수적인 참고서가 될 것입니다.

Antonio Gulli, 구글 시니어 디렉터

베타리더의 글

LLM 관련 시스템을 개발하는 데 필요한 지식을 A부터 Z까지 다룹니다. 입문서처럼 쉽다고 말하기는 어렵지만, 복잡한 개념을 쉽고 명확하게 전달하려는 노력이 돋보이는 책입니다. 특히 프로덕션 수준의 LLM 시스템 설계와 구축이 막막한 독자에게 실질적인 도움이 될 것입니다. 전반적인 이해부터 실전 적용까지 차근히 안내하는 이 책은 여러분의 든든한 길잡이가 되어줄 것입니다.

권준호, 딜리버드코리아 백엔드 개발자

AI 기술은 현대 사회의 거의 모든 분야에 깊숙이 스며들고 있습니다. 특히 LLM의 빠른 발전과 함께 멀티 에이전트, MCP 등 다양한 개발 방법론과 도구들이 빠르게 등장하며 변화하고 있습니다. 이제 LLM을 효과적으로 활용하는 역량은 소프트웨어 분야 종사자에게 피할 수 없는 흐름이 될 것입니다. 이 책은 단순히 특정 LLM 관련 도구를 익히는 것을 넘어서 모델의 파인튜닝과 배포, 실전 문제 해결에 이르기까지 LLM 생태계를 깊이 이해할 수 있는 통찰을 제공합니다. 또한 전체 개발 프로세스에서 다양한 컴포넌트의 역할과 비교 사례를 설명해 LLM 엔지니어링 트렌드 변화에 유연하게 대응할 수 있는 역량을 키우도록 돕습니다. 빠르게 변화하는 기술 환경에서 기술의 작동 원리와 생태계를 이해하는 일은 매우 중요한 과제입니다. 더 나아가 관련 프로젝트에서 협업을 준비하는 독자들에게도 유용한 지침서가 될 것입니다. 이 책이 여러분의 지식을 확장하고 프로젝트에 큰 영감을 주기를 바랍니다.

김노은, MLOps Engineer

이 책은 LLM 엔지니어링의 광활한 세계를 안내하는 든든한 나침반입니다. MLOps의 기초부터 LLMOps의 심화, RAG 아키텍처와 벡터 이론까지 체계적으로 풀어내며, 독자로 하여금 한 편의 서사시를 읽는 듯한 몰입감을 느끼게 합니다. 특히 LLM 성능 평가 방법론과 각 접근법의 장단점을 비교 분석한 부분은 실무에서 바로 적용할 수 있을 만큼 실용적입니다. 또한 이론적 설명에 그치지 않고 다양한 실무 적용 사례를 통해 개념을 자연스럽게 체득하도록 돕습니다.

베타리더의 글

페이지를 넘길수록 복잡한 개념들이 유기적으로 연결되며 더 깊은 이해로 이어지고, 새로운 지식이 뇌를 자극하는 희열은 배움의 즐거움을 다시금 일깨웁니다. LLM 엔지니어링을 시작하는 입문자에게는 탄탄한 기초를, 현업의 중급자에게는 한 단계 도약할 수 있는 인사이트를 제공합니다. 기술적 깊이와 실용적 가치를 두루 갖춘 이 책은 AI 시대를 항해하는 모든 엔지니어의 필독서가 될 것입니다.

김세웅, AWS Solutions Architect

도서 제목 그대로, LLM을 활용한 애플리케이션 구축과 관련된 포괄적인 분야를 다루고 있습니다. LLM의 기본 개념부터 확장 가능한 아키텍처, 데이터 엔지니어링, RAG 특성 및 추론 파이프라인, 최적화, MLOps까지, 하나의 LLM 애플리케이션을 설계하고 배포하며 개선하는 전 과정을 균형 있게 다루고 있습니다. 이론적인 학습을 바탕으로 직접 실습도 해볼 수 있다는 것도 이 책의 장점입니다. LLM에 관심이 있는 소프트웨어 엔지니어뿐만 아니라, LLM에 관심이 있는 독자에게도 유용한 책입니다.

김연태, 헤렌 CTO

이 책은 LLM 기반 AI 시스템을 구현하는 데 필요한 기술을 실무 관점에서 체계적으로 설명합니다. 데이터 수집 및 정제, 벡터 DB를 활용한 RAG 등 최신 AI 애플리케이션 개발에 필요한 요소를 다루며, 파이프라인 설계와 MLOps 원칙을 통해 확장 가능하고 재현성 높은 시스템을 구축하는 방법을 제시합니다. 특히 실전 예제를 통해 독자가 직접 구현하며 배울 수 있도록 구성되어 있어, AI 어시스턴스와 같은 개인화된 AI 솔루션 개발에 실질적인 문제 해결 능력을 습득할 수 있습니다. 이 책이 제공하는 실무 중심의 지식과 실습을 통해 AI 엔지니어링의 실무 역량을 한 단계 끌어올리길 바랍니다.

김영민, 아파트아이 백엔드 개발자

『LLM 엔지니어링』의 필수 교재로 삼아도 전혀 손색없는 책입니다. LLM 개발과 활용에 대한 실무적인 내용을 담고 있어, 주니어부터 시니어 엔지니어까지 모두에게 유용한 지식을 제공합니다. 또한 LLM의 기본 개념은 물론, 파인튜닝, RAG, 추론 최적화, MLOps까지 폭넓은 주제를 다루며, 특히 ZenML, Qdrant 같은 최신 도구를 통해 예제를 학습할 수 있다는 부분이 좋았습니다. 초보자에게는 LLM 기술 입문서로, 실무자에게는 최신 기술 트렌드를 파악하고 시스템 구축에 필요한 깊이 있는 통찰을 제공하는 책입니다.

오두영, 데이터 과학 IT 기술 블로그 운영자

『LLM 엔지니어링』은 LLM 서비스의 도입과 구축을 고민하는 개발자와 관련 종사자들에게 실용적인 길잡이가 되어줄 책입니다. 데이터 엔지니어링부터 RAG 파이프라인, 모델 파인튜닝, 서빙까지의 전체 과정을 실무 관점에서 기술합니다. 또한 S/W 공학 원칙과 디자인 패턴을 적용하는 방법을 안내하며, 이러한 접근 방식이 왜 중요한지에 대해 상세히 설명합니다. 특히 MLOps와 LLMOps 원칙을 기반으로 확장 가능하고 견고한 시스템을 구축하고 평가하는 방법까지 깊이 있게 다룹니다. 초보 엔지니어부터 숙련된 머신러닝 전문가까지, 누구나 실무 관점에서 기초 개념부터 고급 기술까지 익히고 S/W 공학과 디자인 패턴이 적용된 LLM 시스템 구축의 핵심 노하우를 배울 수 있습니다.

이문환, LG CNS 책임(AI Engineer/AI Consultant)

『LLM 엔지니어링』은 최신 LLM 기술을 실무에 적용하고자 하는 개발자를 위한 필독서입니다. LLM 엔지니어링의 핵심을 실무 중심으로 깊이 있게 다루며, 특히 MLOps 통합과 프로덕션 배포 전략이 뛰어납니다. LLM Twin 프로젝트를 통해 데이터 수집부터 RAG 파이프라인 구축, 모델 파인튜닝(LoRA, QLoRA), 추론 최적화(양자화, 병렬 처리)까지 단계별로 실전 경험을 쌓을 수 있습니다. RAG 이론과 실무의 연결, AWS 세이지메이커 배포 가이드, 프롬프트 모니터링 계층 설계 등은 현업에서 바로 적용 가능한 인사이트를 제공합니다. 또한 DPO를 활용한

베타리더의 글

인간 선호도 반영이나 추론 엔진 비교 분석은 AI 애플리케이션의 품질을 높이는 데 유용합니다. LLM을 단순히 사용하는 것을 넘어, 시스템 설계자나 MLOps 엔지니어로 성장하려는 개발자에게 필수적인 안내서입니다. LLM을 활용한 엔지니어링을 고민하는 모든 개발자에게 적극 추천합니다.

이석곤, (주)아이알컴퍼니 부설연구소 팀장

이 책은 LLM Twin 서비스 제공을 위한 이론적 배경뿐만 아니라, 실무에서 필수적인 인프라와 디자인 패턴까지 폭넓게 다루는 책입니다. 특히 MLOps와 LLMOps 구축 과정에서 마주하는 문제를 코드와 그림을 활용해 직관적으로 설명하여 실무 적용에 큰 도움이 됩니다. LLM을 안정적으로 운영하기 위한 리소스 관리, 배포 전략, 성능 최적화 등 실무 관점에서 필요한 내용을 체계적으로 정리해 엔지니어에게 유용한 길잡이가 되어줄 책입니다.

이호민, 프리랜서 ML 엔지니어

솔직히 이 책을 처음 접했을 때는 '또 LLM이야? 지겹다.'라는 생각이 들었다. 하지만 이 책을 읽어내려가면서 내 생각이 편견이었음을 깨닫는 데 얼마 걸리지 않았다. 이 책의 최대 장점은 번역서임에도 쉽게 읽히고 내용이 쏙쏙 이해된다는 점이다(이 부분은 이 책을 번역하신 조우철 역자께 깊은 감사의 말씀을 드리고 싶다). 초기에 느껴지는 분량의 압박을 이겨낸다면 최소한의 열정으로 최대의 효과를 만들어 주는 책이다. 특히 LLM Twin이라는 프로젝트를 처음부터 끝까지 함께 만들어본다는 콘셉트가 학습자 입장에서 마음에 들었다. 너무 이론에 치우치지 않으면서 실제적이고, 나만의 명확한 결과물을 만들어볼 수 있다는 게 더욱 좋았다. 데이터 수집 및 준비, 파인튜닝 방법, 추론 성능 최적화, RAG 파이프라인 구현 방법까지 배울 수 있다. Agentic AI에 관심 있는 모든 분에게 강력히 추천하고 싶은 책이다.

전준규, 농협정보시스템 부장

이 책의 가장 큰 강점은 각 장이 MLOps의 독립된 모듈로 구성되어 있으면서도, 특성/학습/추론 프레임워크와 유기적으로 연결되어 있다는 점입니다. 이러한 구조 덕분에 데이터 엔지니어링, 지도 학습 파인튜닝, 선호도 정렬 파인튜닝, LLM 평가, 추론 파이프라인 등을 개별적으로 개선할 수 있으며, 특정 단계에서 실패하더라도 해당 부분만 재시도할 수 있습니다. 이를 통해 궁극적으로 지속적 학습continuous training을 효과적으로 구현할 수 있습니다. 또한 오픈 소스 도구를 활용해 필요한 시스템을 쉽게 통합하고, MLOps의 핵심 원칙(자동화, 버전 관리, 모니터링)을 바탕으로 한 실용적인 모범 사례를 익힐 수 있습니다.

조현석, 래블업 주식회사 소프트웨어 엔지니어

서비스 하나를 만드는 데 필요한 모든 엔지니어링 기법과 최신 연구 방법론을 담은 책입니다. 무엇보다도 이 책이 돋보이는 점은 단순히 서비스 개발 예시만을 보여주는 것에 그치는 것이 아니라 데이터셋을 고품질로 구축하는 법, 유지보수하기 편리하게 아키텍처를 설계하는 법, 배포까지 다룬다는 점에서 진정 실무자를 위한 책이라는 것입니다. 현업에서 LLM을 개발해야 하는 백엔드 개발자 및 AI 엔지니어는 물론 LLM을 이용해 실험을 하는 연구자들에게도 추천합니다. 특히 LLM을 이용해 새로운 서비스를 런칭해야 하는 백엔드 및 AI 리드급(최소 대리~팀장) 실무자에게 추천합니다. 대학원에서 논문을 위해 실험을 하는 연구자라면 이 책의 3장~7장만 읽어도 도움이 될 것입니다. 게다가 이 책은 서비스 MVP 개발에 중점을 두어 기초부터 설명하지 않으므로, 파이썬 및 자연어 처리 중급 이상 실력자에게도 추천합니다.

최민주, 레인보우브레인 개발본부 선임연구원

어떤 질의에도 척척 대답하던 챗GPT 서비스를 처음 사용해보고 너무 놀라서 특이점이 왔다며 혼자 설레발을 쳤던 것이 불과 2년 정도밖에 되지 않았는데, 벌써 LLM이 여러 다양한 분야에서 활발히 활용되고 있는 범용 기술로 자리매김하고 있는 요즘인 듯합니다. 이렇게 급변하는 LLM 기술의 대중화 흐름을 뒷받침하듯, 이 책은 소위 MLOps/LLMOps라 불리는 LLM 모델

베타리더의 글

의 배포와 오케스트레이션, 파인튜닝과 성능 최적화를 위한 전략과 기술을 담고 있습니다. 특히 LLM Twin이라는 하나의 가상 프로젝트를 기획부터 아키텍처 설계, 실제 데이터 수집, 모델 개발, 구축 및 배포까지 사례 기반으로 실습을 진행하고 있어, 단순히 단편적인 개별 지식의 전달이 아닌, LLM 서비스 개발의 전체 과정을 하나의 연결된 파이프라인 형태로 보여준다는 것이 이 책의 장점입니다.

최근 모든 SW 개발자에게 어느 정도 이상의 AI 관련 지식과 개발 경험이 필수가 되어 가고 있는 상황에서, LLM 모델과 RAG 활용뿐 아니라 데이터 수집, 백엔드 서버 인프라, 성능 모니터링까지 포함한 전체 서비스 구축 과정을 상세히 다룬 이 책을 베타리딩으로 미리 접할 수 있어 매우 즐거웠습니다. 모쪼록 이 책에서 다루고 있는 풍부한 기법들이 실제 나만의 새로운 LLM 서비스를 개발하고 운영하려는 많은 분에게 도움이 되었으면 좋겠습니다.

최성욱, 삼성전자 VD사업부 개발자

사람과 동일한 스타일로 글을 쓰는 AI 캐릭터 LLM Twin을 개발하며, LLM 엔지니어링 및 LLMOps를 배울 수 있는 책입니다. FTI 아키텍처를 채택해 직관적으로 이해하기 쉽고 유연성을 확보하는 설계 과정이 특히 인상적이었습니다. ETL에서 LLM 파인튜닝에 이르기까지 LLM 활용을 위한 거의 모든 기술이 담겨있습니다. 특히 MLOps 및 LLMOps 제품군별 장단점을 분석하고 베스트 제품을 선택하는 과정부터, 메타데이터 섹션 모니터링으로 디버깅 시간을 줄이는 등 소소한 팁에 이르기까지 저자의 풍부한 경험과 시행착오 과정을 엿보며 실무에 많은 부분을 녹일 수 있습니다. 또한 장별로 핵심 소스 코드를 담고 있어 큰 흐름을 파악하기 용이합니다. 유사 프로젝트를 진행할 때 깃허브 전체 소스 코드를 참조하면 큰 도움이 될 것입니다. LLM을 활용하여 서비스를 구축하는 이들을 위한 필독서로 추천합니다.

허민, 한국외국어대학교 정보전략팀 과장

옮긴이의 말

『LLM Engineer's Handbook』의 한국어판인 『LLM 엔지니어링』을 소개하게 되어 진심으로 기쁩니다. 오랫동안 양질의 AI 서적을 번역하는 것이 버킷리스트였는데, 출간되자마자 LLM 분야의 글로벌 베스트셀러가 된 『LLM Engineer's Handbook』을 한국어로 전할 수 있게 되어 큰 행운이라 느낍니다.

엔지니어링은 목표 달성을 위해 최적의 방식을 찾고, 다양한 기법과 도구를 활용해 효율과 효과를 극대화하는 과정입니다. LLM 엔지니어링도 마찬가지입니다. LLM은 빠르게 발전하고 있지만, 단순히 모델을 잘 만드는 것만으로는 충분하지 않습니다. 프로덕션 수준의 LLM 애플리케이션을 개발하려면 데이터 엔지니어링, 아키텍처 설계, 최적화, 배포, 운영 등 다양한 요소를 종합적으로 고려해야 합니다. 효과적인 기법과 라이브러리의 선택부터 모델의 학습, 평가, 배포 전략 수립에 이르기까지 세심한 의사결정이 필요하며, 심지어 변수 명명과 같은 세부적인 부분도 신중하게 다뤄야 합니다. LLM 엔지니어링은 정답이 존재하는 분야가 아니라 다양한 선택의 연속이며, 최적의 결과를 얻기 위해서는 상황에 맞는 유연한 접근이 필수적입니다. 이 책을 번역하며 가장 보람을 느낀 순간은, LLM 엔지니어링의 다양한 영역에서 실무자들이 직면하는 고민에 대해 이 책이 실질적인 해답과 방향을 제시할 수 있음을 확신했을 때입니다.

이 책은 LLM 애플리케이션 개발을 위한 개념, 기법, 도구를 포괄적으로 다룹니다. 단순한 이론서가 아니라 코드 구현과 모범 사례를 제시하여 실무 개발자가 바로 적용할 수 있도록 구성되었습니다. 특히, LLM 애플리케이션 개발 전 과정에서의 데이터 엔지니어링, RAG, 파인튜닝, 모델 평가, 추론 최적화, 배포 전략, LLMOps 등의 내용들을 균형 있게 다루고 있습니다. 최근 LLM의 급성장과 함께, RAG나 파인튜닝과 같은 모델링 기술을 다룬 책들이 잇따라 출간되고 있습니다. 그러나 실무에서는 개별 기술의 이해를 넘어, 이를 효과적으로 결합하여 LLM 개발의 전체 라이프사이클을 설계하고 구현하는 역량이 필수적입니다. 이를 위해 이 책은 LLM 엔지니어링을 이론과 실전 활용의 균형 잡힌 접근법으로 설명하며, 실질적인 코드 예제와 함께 프로덕션 환경에서 반드시 고려해야 할 핵심 사항들을 명확하게 정리해 제공합니다. LLM이라는 변화의 물결은 AI 시대의 지형을 바꾸며 새로운 가능성을 열어가고 있습니다. 그러나 때로는 너

옮긴이의 말

무 빠르고 거센 흐름에 많은 이가 혼란을 겪기도 합니다. 그런 순간마다 이 책이 여러분에게 든든한 등대와 나침반이 되기를 바랍니다. 실전에서 마주하는 고민에 대한 해답을 찾는 실마리가 되고, 시행착오 속에서도 한 걸음 더 나아갈 용기를 주는 책이 되었으면 합니다. LLM 엔지니어링에 도전하는 모든 분의 여정 속에 작은 쉼터가 되고, 영감이 되기를 바랍니다. 원서의 코드 예제를 직접 실행하며 사용한 환경과 발생한 오류 및 해결 방법을 깃허브[1]에 정리했습니다. 실습 중 발생하는 문제나 추가적인 정보가 필요하신 분들은 이 저장소를 참고하기 바랍니다.

이 책을 번역하는 일은 저에게 특별하고 의미 있는 경험이었습니다. 그 과정에서 개인적으로 값진 성장도 경험했습니다. 또한 이 책이 출간되기까지 많은 분의 도움이 있었습니다. 먼저 훌륭한 책을 번역할 기회를 주신 한빛미디어에 감사드립니다. 꼼꼼한 교정과 세심한 조언을 해주신 김지은 편집자님께 감사드립니다. 번역 경험이 없는 저에게 많은 가르침을 주시고, 출간까지 잘 이끌어주셔서 진심으로 감사드립니다. 추천사를 흔쾌히 작성해주신 강수진, 김태수, 김태영, 송준용, 유광명, 유희정, 이경록, 이덕만 님께 진심으로 감사드립니다. 이분들은 제가 AI 연구원으로 성장하는 과정에서 깊은 영감과 가르침을 주신 분들입니다. 그런 분들의 따뜻한 마음이 담긴 추천사를 이 책에 실을 수 있어, 저에게도 그리고 이 책에도 더욱 특별한 의미가 되었습니다. 귀중한 의견을 아낌없이 나누어 주신 모든 베타리더분께 감사드립니다. 따뜻한 조언과 세심한 피드백 덕분에 독자들에게 더욱 충실한 내용으로 전달될 수 있었습니다. 그리고 곁에서 응원해준 든든한 동료들에게도 감사드립니다. 늘 늦은 밤과 주말까지 번역에 몰두하느라 가족과 함께하는 소중한 시간을 많이 희생했습니다. 그럼에도 언제나 저를 지지해주고 더 좋은 번역을 위해 함께 고민해준 아내 초롱에게 특별한 감사와 존경을 보냅니다. 그리고 두 딸, 윤설과 이설에게도 고맙고 사랑한다는 말을 전합니다.

조우철

---

[1] 옮긴이_ https://github.com/inrap8206/LLM-Engineers-Handbook

이 책에 대하여

LLM 엔지니어링이 인공지능과 머신러닝 분야의 핵심 기술로 급부상하고 있다. 특히 LLM이 자연어 처리와 생성에 혁신을 일으키면서, 이를 실제 환경에 효과적으로 구현하고 최적화하며 배포할 수 있는 전문가들의 수요가 폭발적으로 늘어나고 있다. LLM 엔지니어링은 데이터 준비부터 모델 파인튜닝, 추론 최적화, 프로덕션 배포까지 광범위한 분야를 다룬다. 이 과정에서 소프트웨어 엔지니어링 개발 역량과 머신러닝 전문성, 도메인 지식이 균형 있게 갖춰진 전문가가 필요하다.

MLOps$^{\text{machine learning operations}}$는 프로덕션 환경에서 LLM을 성공적으로 구현하는 데 매우 중요한 역할을 한다. MLOps는 DevOps의 원칙을 머신러닝으로 확장해, 전체 ML 라이프사이클을 자동화하고 간소화하는 데 중점을 둔다. LLM의 경우, 모델의 복잡성이 높고 규모가 크기 때문에 MLOps의 역할이 더욱 중요하다. MLOps를 통해 대규모 데이터셋 관리부터 모델 버전 관리, 재현성 보장, 시간에 따른 모델 성능 유지까지 프로젝트에서 발생하는 다양한 문제들을 해결할 수 있다. 이러한 MLOps를 도입함으로써 LLM 프로젝트는 효율성과 신뢰성, 확장성을 높여 성공적인 프로덕션 배포를 가능하게 한다.

이 책은 새롭게 부상한 LLM 엔지니어링 분야의 실전 가이드다. 각 장에서는 LLM 라이프사이클의 모든 단계를 쉽게 이해할 수 있도록 핵심 개념과 실용적인 기술, 전문가의 팁을 제공한다. 그리고 데이터 엔지니어링, 지도 학습 파인튜닝, 모델 평가, 추론 최적화, **검색 증강 생성**$^{\text{retrieval-augmented generation}}$(RAG) 파이프라인 개발과 같은 주제를 소개한다.

이러한 개념들이 실제로 어떻게 적용되는지 보여주기 위해, 책 전반에 걸쳐 'LLM Twin' 프로젝트를 처음부터 끝까지 함께 만들어본다. 이 LLM Twin 프로젝트는 누군가의 글쓰기 스타일과 성격을 모방하는 AI를 개발하는 것이다. 이 실습을 통해 LLM 엔지니어링과 MLOps의 다양한 측면을 활용해 특정 문제를 해결하는 최소 기능 제품$^{\text{minimum viable product}}$(MVP)을 어떻게 구축하는지 보여줄 것이다.

이 책을 통해 독자들은 LLM을 위한 데이터를 수집하고 준비하는 방법, 모델 파인튜닝 방법, 추론 성능 최적화 방법, RAG 파이프라인 개발 방법까지 깊이 있게 배울 수 있다. 또한 LLM

●● 이 책에 대하여

성능 평가부터 사용자 선호도에 따른 모델 조정, LLM 기반 애플리케이션 배포까지 실무에 필요한 기술을 익힐 수 있다. MLOps의 핵심 원칙과 실무 지침을 통해 확장성과 재현성, 안정성을 갖춘 LLM 애플리케이션을 구축하는 방법도 다룬다.

대상 독자

이 책은 LLM을 실무에 적용하는 데 관심이 있는 다양한 기술 전문가와 열정적인 사람을 위해 쓰였다. 특히 AI 프로젝트를 시작하고 싶거나 관심 있는 소프트웨어 엔지니어들에게 매우 유용할 것이다. 책의 내용을 이해하는 데 소프트웨어 개발에 대한 기본 지식이 있다면 좀 더 수월하지만, 대부분의 개념을 기초부터 설명하기 때문에 AI와 머신러닝을 처음 접하는 사람도 쉽게 따라올 수 있다.

이미 머신러닝 분야에서 일하고 있는 사람은 이 책을 통해 LLM 기반 시스템을 구현하고 배포하는 기술을 향상시킬 수 있다. 이 책은 MLOps의 원리를 깊이 있게 다루며, 오픈 소스 LLM을 활용해 실제 문제를 해결하는 MVP를 개발하는 전 과정을 상세히 설명한다.

책의 구성

1장

이 책 전체에서 프로덕션 수준의 엔드투엔드 LLM 애플리케이션 사례로 활용되는 LLM Twin 프로젝트를 소개한다. 또한 확장 가능한 ML 시스템을 구축하기 위한 FTI 아키텍처[1]를 정의하고, 이를 LLM Twin에 적용하는 방법을 설명한다.

---

1 옮긴이_FTI(feature, training, inference) 아키텍처는 데이터의 특성, 모델 학습, 추론/배포의 각 파이프라인으로 구성된 아키텍처를 의미한다.

2장

오케스트레이터, 실험 트래커, 프롬프트 모니터링, LLM 평가 도구 등 실제 LLM 애플리케이션을 구축하는 데 사용되는 파이썬, MLOps, 클라우드 도구를 소개한다. 로컬에서 이러한 도구를 테스트하고 개발하기 위한 설치 방법을 다룬다.

3장

미디엄Medium, 깃허브GitHub, 서브스택Substack 등 여러 사이트를 스크랩하고 원시 데이터를 데이터 웨어하우스에 저장하는 데이터 수집 파이프라인의 구현을 설명한다. 이 장에서는 실제 ML 애플리케이션을 위해 정적 데이터셋보다 동적 소스에서 원시 데이터를 수집하는 방법에 집중한다.

4장

임베딩, 기본 RAG 프레임워크vanilla RAG framework, 벡터 DB, RAG 애플리케이션을 최적화하는 방법 등 RAG의 기본 개념을 소개한다. 소프트웨어 모범 사례로 LLM Twin의 RAG 특성 파이프라인을 설계하고 구현함으로써 RAG 이론을 실무에 적용해본다.

5장

지시문-답변 쌍의 데이터셋을 사용해 사전 학습된 언어 모델을 특정 작업에 맞게 조정하는 과정을 살펴본다. 고품질 데이터셋 생성, 전체 파인튜닝, LoRA, QLoRA와 같은 파인튜닝 기술의 구현을 다루며, 사용자 정의 데이터셋으로 Llama-3.1-8B 모델을 파인튜닝하는 실제 예시를 보여준다.

6장

직접 선호 최적화direct preference optimization (DPO)[2]에 중점을 두고 언어 모델을 인간의 선호도

---

[2] 옮긴이_보상 모델 없이 선호도 데이터를 모델에 직접 학습시키는 방식

에 맞추는 기술을 소개한다. 커스텀 선호도 데이터셋 생성, DPO 구현을 다루며, Unsloth 라이브러리를 활용해 TwinLlama-3.1-8B 모델을 조정하는 과정을 실습해본다.

7장

언어 모델과 LLM 시스템의 성능을 평가하는 다양한 방법을 상세히 다룬다. 범용 및 도메인별 평가 방식을 소개하며 널리 사용되는 벤치마크를 설명한다. 또한 여러 기준을 바탕으로 TwinLlama-3.1-8B 모델을 실제로 평가한 사례를 포함한다.

8장

추측 디코딩, 모델 병렬 처리, 가중치 양자화와 같은 주요 최적화 전략을 다룬다. 추론 속도를 개선하고 지연 시간을 줄이며 메모리 사용량을 최소화하는 방법을 설명한다. 또한 널리 사용되는 추론 엔진을 소개하고 각 엔진의 특징을 비교한다.

9장

셀프 쿼리, 리랭킹reranking, 필터링된 벡터 검색과 같은 방법을 처음부터 구현하며 고급 RAG 기술을 살펴본다. 또한 LLM Twin의 RAG 추론 파이프라인과 랭체인과 유사한 사용자 정의 검색 모듈을 설계하고 구현하는 방법을 다룬다.

10장

온라인, 비동기 및 배치 추론과 같은 ML 배포 전략을 소개한다. 이는 LLM Twin 파인튜닝 모델을 AWS 세이지메이커에 배포하고 RAG 추론 파이프라인을 RESTful API로 배포하는 FastAPI 마이크로서비스를 구축할 때 유용하다.

11장

DevOps와 MLOps로부터 LLMOps가 어떻게 발전했는지 설명하며 LLMOps의 개념을 소개한다. 이 장에서는 LLM Twin 프로젝트를 클라우드에 배포하는 방법(예를 들어 ML

파이프라인을 AWS에 배포하는 방법)을 다루고, 도커를 사용해 코드를 컨테이너화한 후 CI/CD/CT 파이프라인을 구축하는 과정을 보여준다. 또한 LLM Twin의 추론 파이프라인에 프롬프트 모니터링 계층을 추가하는 방법도 설명한다.

부록

확장 가능하고 재현 가능하며 견고한 ML 애플리케이션을 구축하는 데 사용되는 MLOps의 6가지 원칙을 소개한다.

학습을 위한 준비

이 책을 통해 최대한의 학습 효과를 얻으려면 최소한 소프트웨어 개발 원칙과 실무에 대한 기본적인 이해가 필요하다. 특히, 책의 예제와 코드 조각이 대부분 파이썬으로 작성되어 있어 파이썬 프로그래밍 경험이 있으면 이해하기 수월할 것이다. 머신러닝을 접해본 경험이 있다면 도움이 되겠지만, 책에서 AI와 ML의 기본 개념을 다루고 있어 꼭 필요한 사항은 아니다. 하지만 기본적인 데이터 구조와 알고리즘을 이해하고 API와 클라우드 서비스를 다뤄본 경험이 있어야 한다.

이 책은 코드 예제를 위한 깃허브 리포지터리를 제공하므로, 깃과 같은 버전 관리 시스템에 대한 기본적인 이해가 필요하다. AI와 LLM을 처음 접하는 사람들도 이해할 수 있도록 구성했지만, 이 분야의 배경지식이 있다면 고급 개념과 기술을 더욱 쉽게 이해할 수 있다.

코드 예제

이 책에서 사용된 코드는 https://github.com/PacktPublishing/LLM-Engineers-Handbook 에서 다운로드할 수 있다. 또한 역자가 원본 리포지터리를 포크한 후 실행한 코드와 발생한 오류 해결은 https://github.com/inrap8206/LLM-Engineers-Handbook 에서 확인할 수 있다.

CONTENTS

지은이·감수자 소개 · 4
옮긴이 소개 · 5
추천사 · 6
베타리더의 글 · 13
옮긴이의 말 · 19
이 책에 대하여 · 21

CHAPTER 1 LLM Twin 개념과 아키텍처 이해

1.1 LLM Twin 개념 · 32
1.2 LLM Twin의 제품 기획 · 37
1.3 특성, 학습, 추론 파이프라인 기반 ML 시스템 개발 · 39
1.4 LLM Twin의 시스템 아키텍처 설계 · 48
요약 · 56
참고 문헌 · 56

CHAPTER 2 도구 및 설치

2.1 파이썬 생태계와 프로젝트 설치 · 60
2.2 MLOps와 LLMOps 도구 · 65
2.3 비정형 데이터와 벡터 데이터를 저장하기 위한 데이터베이스 · · · · · · · · · · · 83
2.4 AWS 사용 준비 · 85
요약 · 89
참고 문헌 · 90

CHAPTER 3 데이터 엔지니어링

- 3.1　LLM Twin의 데이터 수집 파이프라인 설계 … **92**
- 3.2　LLM Twin의 데이터 수집 파이프라인 구현 … **96**
- 3.3　원시 데이터를 데이터 웨어하우스로 수집 … **127**
- 요약 … **133**
- 참고 문헌 … **134**

CHAPTER 4 RAG 특성 파이프라인

- 4.1　RAG 이해 … **136**
- 4.2　고급 RAG 개요 … **153**
- 4.3　LLM Twin의 RAG 특성 파이프라인 아키텍처 … **162**
- 4.4　LLM Twin의 RAG 특성 파이프라인 구현하기 … **173**
- 요약 … **207**
- 참고 문헌 … **207**

CHAPTER 5 지도 학습 파인튜닝

- 5.1　지시문 데이터셋 생성 … **210**
- 5.2　지시문 데이터셋 자체 생성 … **228**
- 5.3　SFT 기법 … **237**
- 5.4　실전 파인튜닝 … **252**
- 요약 … **258**
- 참고 문헌 … **259**

CONTENTS

CHAPTER 6 선호도 정렬을 활용한 파인튜닝

6.1	선호도 데이터셋 이해	262
6.2	선호도 데이터셋 생성	270
6.3	선호도 정렬	277
6.4	DPO 구현	282
요약		288
참고 문헌		289

CHAPTER 7 LLM 평가

7.1	모델 평가	292
7.2	RAG 평가	301
7.3	TwinLlama-3.1-8B 평가	305
요약		316
참고 문헌		316

CHAPTER 8 추론 최적화

8.1	모델 최적화 전략	320
8.2	모델 병렬 처리	329
8.3	모델 양자화	334
요약		345
참고 문헌		345

CHAPTER 9 RAG 추론 파이프라인

9.1	LLM Twin의 RAG 추론 파이프라인 이해	348
9.2	LLM Twin의 고급 RAG 기법 탐구	350
9.3	LLM Twin의 RAG 추론 파이프라인 구현	368
요약		381
참고 문헌		382

CHAPTER 10 추론 파이프라인 배포

10.1	배포 유형 선택 기준	384
10.2	추론 배포 유형 이해	387
10.3	모놀리식 아키텍처와 마이크로서비스 아키텍처 비교	392
10.4	LLM Twin의 추론 파이프라인 배포 전략 탐구	396
10.5	LLM Twin 서비스를 배포하기	400
10.6	급증하는 사용량 처리를 위한 오토스케일링	422
요약		427
참고 문헌		428

CHAPTER 11 MLOps와 LLMOps

11.1	DevOps, MLOps, LLMOps	430
11.2	LLM Twin 파이프라인을 클라우드에 배포하기	443
11.3	LLM Twin에 LLMOps 적용	461
요약		486
참고 문헌		487

CONTENTS

APPENDIX　MLOps 원칙

원칙 1	자동화 또는 운영화	489
원칙 2	버전 관리	491
원칙 3	실험 추적	492
원칙 4	테스트	492
원칙 5	모니터링	496
원칙 6	재현 가능성	503

찾아보기 ………………………………………………………… 504

CHAPTER 1

LLM Twin 개념과 아키텍처 이해

이 책은 엔드투엔드 **대규모 언어 모델**large language model(LLM) 시스템을 개발하는 여정을 안내한다. LLM과 **프로덕션 머신러닝**production machine learning을 배우는 가장 좋은 방법은 시스템을 직접 개발해보는 것이다. 그래서 이 책에서는 특정 인물의 문체, 어조, 성격을 LLM에 투영시켜 그 사람처럼 글을 쓰는 법을 배우는 AI 캐릭터인 LLM Twin을 개발하는 프로젝트를 보여준다. 이 프로젝트를 통해 데이터 수집부터 배포 및 모니터링에 이르는 ML 라이프사이클의 전 단계를 실습한다. LLM Twin을 구현하며 배운 대부분의 개념은 다른 LLM 기반 또는 ML 애플리케이션에도 적용할 수 있다.

엔지니어링 관점에서 새로운 제품을 개발할 때 시작 전에 거쳐야 하는 세 가지 계획 단계가 있다. 첫째, 우리가 해결하려는 문제와 무엇을 만들고 싶은지 파악하는 것이다. LLM Twin이 정확히 무엇이고, 왜 이것을 만드는지를 생각해봐야 한다. 둘째, 실제 시나리오를 반영하기 위해 **최소 기능 제품**minimum viable product(MVP)[1]을 설계한다. 여기서는 작동하고 가치 있는 제품을 만드는 데 필요한 핵심 기능을 명확하게 정의해야 한다. 구현 가능한 기능의 선택은 일정, 리소스, 팀의 지식을 기반으로 결정된다. 이는 제품 개발의 이상과 현실 사이의 간극을 좁히는 단계로, 결국 '우리는 무엇을 만들 것인가?'라는 질문에 답하게 된다.

마지막으로, 시스템 설계 단계를 통해 LLM 시스템을 구축하는 데 사용되는 핵심 아키텍처와 기술을 설명한다. 첫 번째와 두 번째 단계에서는 주로 제품에 집중했다면, 이 단계에서는 어떻

---

[1] 옮긴이_고객의 반응을 빠르게 확인하고 제품 개발 방향을 검증하기 위해 최소한의 핵심 기능만을 갖춘 초기 버전의 제품을 의미한다.

게 구현할지에 대한 기술적인 방법에 집중한다.

이 세 단계는 실제 제품을 만들 때 자연스럽게 수행하는 과정이다. 처음 두 단계는 ML에 대한 깊은 지식이 필요하지 않더라도, 명확한 비전을 가지고 '어떻게' 제품을 만들지 이해하기 위해 꼭 필요한 과정이다. 이 장에서 다룰 주요 내용은 다음과 같다.

- LLM Twin 개념
- LLM Twin의 제품 기획
- 특성, 학습, 추론 파이프라인 기반 ML 시스템 개발
- LLM Twin의 시스템 아키텍처 설계

이 장을 마치면 이 책 전체에서 무엇을 배워서 어떤 것을 만들게 될지 명확하게 알 수 있을 것이다.

1.1 LLM Twin 개념

첫 번째 단계는 우리가 무엇을 만들고 싶은지에 대한 명확한 비전을 가지는 것이며, 그것을 만드는 것이 왜 가치가 있는지 이해하는 것이다. LLM Twin은 새로운 개념이다. 따라서 기술적인 세부 사항을 살펴보기 전에 이것이 무엇이며 어떤 결과를 기대할 수 있고 어떻게 작동해야 하는지를 이해하는 것이 중요하다. 최종 목표에 대한 확실한 이해와 직관을 가지고 있으면 이 책에서 다루는 이론, 코드, 인프라를 훨씬 더 쉽게 이해할 수 있다.

1.1.1 LLM Twin이란

간단히 말해, LLM Twin은 복잡한 AI 모델인 LLM에 자신의 글쓰기 문체, 어조, 성격을 반영한 AI 페르소나이다. 이는 LLM 속에 '투영된projected' 자신의 디지털 버전이라고 할 수 있다. 일반적으로 LLM이 공개한 인터넷의 데이터로 학습된 것과 달리, LLM Twin은 자신의 데이터를 LLM에 파인튜닝fine-tuning[2]한다. ML 모델이 학습된 데이터를 반영하는 것처럼, LLM Twin은 자연스럽게 여러분의 글쓰기 스타일, 어조, 성격을 모방한다. 앞서 우리는 LLM Twin이 '투영

---

[2] 옮긴이_특정 작업을 수행하거나 특정 요구 사항에 맞추기 위해 사전 학습된 언어 모델을 학습하거나 조정하는 것을 의미한다.

된' 자신의 디지털 버전이라는 표현을 사용했다. 이 단어의 뜻은 LLM Twin이 여러분 자체가 되지는 못하며, 단지 학습 데이터에 반영된 자신의 모습을 흉내 또는 복제하는 것을 의미한다.

LLM이 학습된 데이터를 반영한다는 점을 이해하는 것이 중요하다. 셰익스피어Shakespeare의 작품을 학습시키면 그의 문체를 구사하기 시작할 것이고, 빌리 아일리시Billie Eilish[3]의 노래를 학습시키면 그녀만의 독특한 작사 스타일을 모방하기 시작할 것이다. 이를 **스타일 전이**style transfer라고 한다. 이는 이미지 생성에서도 널리 사용되는 개념이다. 예를 들어 반 고흐Van Gogh의 스타일로 고양이 이미지를 만들고 싶다면 스타일 전이 전략을 활용할 수 있다. 우리는 특정 인물의 스타일을 선택하는 대신 우리 자신의 페르소나를 LLM에 적용할 것이다.

LLM을 특정 스타일과 어조로 변환하기 위해 LLM을 파인튜닝하고, 다양한 고급 **검색 증강 생성**retrieval-augmented generation (RAG)[4] 기술을 적용해 LLM이 과거의 텍스트 정보를 효과적으로 활용하고 보다 정확하며 맥락에 맞는 내용을 생성하도록 한다.

파인튜닝은 5장에서, RAG는 4장과 9장에서 자세히 다룰 예정이다. 우선 앞서 설명한 개념들을 쉽게 이해하기 위해 몇 가지 예시를 살펴본다.

LLM을 사용자의 트윈twin으로 만들기 위해 파인튜닝할 수 있는 사례들은 다음과 같다.

- **링크드인 게시물과 X(구 트위터) 스레드**: LLM을 소셜 미디어 콘텐츠 작성에 특화
- **친구와 가족의 메시지**: 자연스러운 사용자의 평소 말투를 학습
- **학술 논문과 기사**: LLM을 공식적이고 교육적인 콘텐츠 작성을 위해 조정
- **코드**: 사용자의 코딩 스타일대로 작성하도록 특화

위의 모든 사례는 하나의 핵심 전략으로 귀결된다. 여러분의 디지털 데이터(또는 그 일부)를 수집해 다양한 알고리즘을 통해 LLM에 학습시키는 것이다. 결국 LLM은 수집된 데이터의 어조와 스타일을 반영하게 된다. 간단해 보이지 않는가?

하지만 이는 기술과 윤리 측면에서 다양한 문제를 제기한다.

기술적 측면:
- 이 데이터에 접근하려면 어떻게 해야 하는가?
- LLM에 우리 자신을 투영하기에 충분한 디지털 데이터가 있는가?

---
[3] 옮긴이_미국의 유명한 싱어송 라이터
[4] 옮긴이_LLM이 학습한 데이터 소스 외부의 지식이나 정보를 참조해 응답하도록 하는 기술이다.

- 어떤 종류의 데이터가 가치 있는가?

도덕적 측면:

- 이런 시도 자체가 괜찮은 것인가?
- 우리 자신의 복제본을 만들고 싶은가?
- 우리의 어조와 성격을 사용해 글을 쓸 것인가, 아니면 단순히 복제만 할 것인가?

이 절의 역할은 '무엇을'과 '어떻게'가 아닌 '왜'에 초점을 맞춘다는 점을 기억하자. LLM Twin을 가지는 것이 **왜** 의미가 있는지, **왜** 가치가 있을 수 있는지, 그리고 문제를 올바르게 정의한다면 **왜** 도덕적으로 옳은지를 이해해보자.

1.1.2 LLM Twin을 만들어야 하는 이유

엔지니어(또는 다른 전문가)로서 개인 브랜드를 구축하는 것은 일반적인 이력서 작성보다 더 가치가 있다. 그러나 개인 브랜드 구축의 가장 큰 문제는 링크드인, X(구 트위터), 미디엄과 같은 플랫폼에서 콘텐츠를 작성하는 데 많은 시간이 걸린다는 점이다. 글쓰기와 콘텐츠 제작을 즐기더라도, 결국에는 아이디어가 고갈되거나 시간이 부족해져서 도움이 필요하다고 느낄 것이다. 이 절의 내용이 LLM Twin의 제품 홍보로 전달되는 것은 원치 않지만, LLM Twin의 필요성과 범위에 대해서는 명확히 설명할 필요가 있다.

개인의 문체와 어조를 사용해 링크드인, X, 인스타그램, 서브스택^{Substack}, 미디엄(또는 다른 블로그 플랫폼)에 맞춤형 콘텐츠를 작성할 LLM Twin을 만들 것이다. 이는 비도덕적인 상황에서는 사용되지 않고, 글쓰기 보조 도구로 사용한다. 이 책에서 배운 내용을 바탕으로 다양한 용례에 창의적으로 적용할 수 있지만, 우리는 소셜 미디어 콘텐츠와 기사 생성이라는 특정 분야에 집중한다. 콘텐츠를 처음부터 작성하는 대신, 핵심 아이디어의 틀을 LLM Twin에 입력하면 LLM Twin이 번거로운 작업을 처리하게 할 수 있다.

결국, 모든 것이 올바른지 확인하고 우리가 원하는 형식에 맞게 조정해야 한다. (구체적인 기능은 1.2절에서 다룬다.) LLM Twin은 글쓰기 과정을 자동화하는 데 도움을 주지만, 다른 상황에서 사용하면 실패할 가능성이 높다. 우리가 파인튜닝, 프롬프트 엔지니어링, RAG를 통해 LLM을 콘텐츠 작성에 특화시키기 때문이다.

그렇다면 LLM Twin을 만드는 것이 왜 중요한가? 이것은 다음과 같은 이점을 준다.

- 브랜드 구축
- 글쓰기 과정 자동화
- 창의적인 새로운 아이디어 발굴

코파일럿과 LLM Twin의 차이

코파일럿co-pilot[5]과 LLM Twin은 결합하면 강력한 솔루션이 될 수 있지만, 본질적으로는 서로 다른 개념이다.

- 코파일럿은 프로그래밍, 글쓰기, 콘텐츠 작성 등 다양한 작업에서 사용자를 보조하는 AI 도구이다.
- Twin은 실제 대상의 1:1 디지털 표현으로, AI를 사용해 물리적 세계와 디지털 세계를 연결한다. 예를 들어 LLM Twin은 사용자의 어조, 성격, 문체를 모방하도록 학습된 LLM이다.

또한 LLM Twin을 만드는 것이 도덕적으로 문제되지 않는다는 점을 이해하는 것이 중요하다. LLM은 우리 개인의 디지털 데이터로만 파인튜닝된다. 다른 사람의 신분을 사칭하기 위해 타인의 데이터를 수집하거나 사용하지 않는다. 우리의 목표는 개인화된 글쓰기 도구를 만드는 것이다. 사람들은 제한된 접근 권한을 가진 자신만의 LLM Twin을 갖고 사용할 것이다.

물론 많은 보안 문제가 있지만 그 범위가 너무 방대해 이 책에서는 따로 다루지 않는다.

1.1.3 챗GPT(또는 이와 유사한 다른 챗봇)를 사용하지 않는 이유

이 절에서는 챗GPT(또는 비슷한 챗봇)를 오직 개인화된 콘텐츠 생성에 활용하는 관점에서만 다룬다.

우리는 이미 답을 제시했다. 챗GPT는 여러분의 문체에 특화되어 있지 않다. 오히려 챗GPT의 글은 매우 일반적이고 명확하지 않으며 장황하다. 브랜드를 구축할 때 고유한 스타일을 유

---

[5] 옮긴이_여기서의 코파일럿은 특정 기업의 제품명이 아니라, 일반적인 AI 보조 도구의 개념을 의미한다.

지하는 것은 매우 중요하다. 따라서 챗GPT나 제미나이Gemini만으로는 차별화된 개인 브랜드를 구축하는 것은 어렵다. 개인화되지 않은 콘텐츠를 작성하고 공유하는 것이 괜찮다고 해도, 챗GPT를 무분별하게 사용하면 다음과 같은 문제가 발생한다.

- **환각으로 인한 잘못된 정보**: 환각 현상을 수동으로 확인하거나 결과를 평가하기 위해 외부 도구를 사용하는 것은 지루하고 비생산적이다.
- **지루한 수동 프롬프팅**: 프롬프트를 수동으로 작성하고 외부 정보를 주입해야 하는데, 이는 꽤나 피곤한 방법이다. 또한 프롬프트와 주입된 데이터를 완전히 통제할 수 없어서 일관된 답변들을 생성하기 어렵다. API와 랭체인 같은 도구를 사용해 이 문제의 일부를 해결할 수 있지만 그렇게 하려면 프로그래밍 경험이 필요하다.

우리의 경험상, 챗GPT를 통해 가치 있는 고품질 콘텐츠를 작성할 때 직접 글을 쓰는 것보다 생성된 텍스트를 재수정하는 데 많은 시간을 소비하게 될 것이다.

LLM Twin의 핵심은 다음과 같다.

- 어떤 데이터를 수집하는가?
- 데이터를 어떻게 전처리하는가?
- LLM에 데이터를 어떻게 공급하는가?
- 원하는 결과를 위해 여러 프롬프트를 어떻게 연결하는가?
- 생성된 콘텐츠를 어떻게 평가하는가?

우리가 챗GPT의 웹 인터페이스를 사용하면 다양한 데이터 소스를 삽입하거나 결과물을 평가하는 것이 매우 지루하고 번잡하게 될 것이다. 해결책은 다음 단계를 모두 캡슐화하고 자동화하는 LLM 시스템을 구축하는 것이다. (매번 수동으로 작동하는 것은 지속 가능한 해결책이 될 수 없다.)

- 데이터 수집
- 데이터 전처리
- 데이터 저장, 버전 관리 및 검색
- LLM 파인튜닝
- RAG
- 콘텐츠 생성 평가

앞서 웹 기반의 챗GPT를 언급한 것은 오픈AI OpenAI의 GPT API를 사용하지 말라는 뜻이 아니다. 이는 앞으로 소개할 우리의 LLM 프레임워크가 특정 LLM에 종속되지 않는다는 점을 설명하기 위함이다. 프로그래밍으로 조작이 가능하고 파인튜닝 인터페이스를 제공한다면 어떤 LLM이든지 우리가 구축할 LLM Twin 시스템에 통합될 수 있다. 대부분의 성공적인 ML 제품의 핵심은 데이터 중심적이고 모델에 구애받지 않는 아키텍처를 만드는 것이다. 이를 통해 특정 데이터에 대해 여러 모델을 신속하게 실험할 수 있다.

1.2 LLM Twin의 제품 기획

이제 LLM Twin이 무엇이고 왜 구축하려는지 이해했으니 제품의 기능을 명확하게 정의해보자. 이 책에서는 제품 개발의 일반적인 주기에 따라 최소 기능 제품(MVP)이라고 하는 첫 번째 단계에 초점을 맞출 것이다. 여기서 주요 목표는 제품을 만들기 위해 가용 자원을 활용해 우리의 아이디어를 현실적이고 실현 가능한 비즈니스 목표에 맞추는 것이다. 우리는 비즈니스 요구 사항과 구현 가능한 것 사이의 간극을 좁히기 위해 이러한 단계를 반드시 거쳐야 한다.

1.2.1 MVP란

최소 기능 제품minimum viable product(MVP)은 초기 사용자를 유치하고 개발 초기 단계에서 제품 컨셉의 실행 가능성을 테스트하기 위한 최소한의 기능만을 포함한 제품이다. 일반적으로 MVP의 목적은 최소한의 노력으로 시장의 통찰력을 얻는 것이다.

MVP가 강력한 전략인 이유는 다음과 같다.

- **빠른 시장 진입**: 신속한 제품 출시를 통해 초기 관심 유도
- **아이디어 검증**: 전체 개발 투자 전에 실제 사용자를 대상으로 테스트
- **시장 조사**: 타겟 고객의 반응 파악
- **위험 최소화**: 시장 성공이 불확실한 제품에 투자되는 시간과 자원 감소

MVP에서 'V^{viable}'를 지키는 것이 중요하다. 즉, 제품은 실행 가능해야 한다. 제품이 최소한의 기능만 있더라도 미완성 기능 없이 사용자에게 완전한 경험을 제공해야 한다. 좋은 사용자 경험을 제공하며, 사람들이 좋아하고 계속 사용하고 싶어 하는 실행 가능한 제품이어야 한다. 이를 통해 제품이 어떻게 성장하고 잠재력을 발휘할 수 있는지 확인할 수 있다.

1.2.2 LLM Twin MVP 정의

이 책을 위한 프로젝트가 아닌 실제 제품을 만든다고 가정해보자. 현재 우리가 가진 자원은 무엇인가? 아쉽게도 충분하지 않다.

- ML 엔지니어 2명과 ML 연구원 1명으로 구성된 3인 팀
- 노트북
- LLM 학습을 위한 약간의 개인 자금
- 우리의 열정!

보다시피 우리의 자원은 많지 않다. 이런 상황은 여정을 시작하는 대부분의 스타트업이 처한 현실과 같다. 따라서 LLM Twin의 MVP와 기능을 매우 전략적으로 정의해야 한다. 목표는 간단하다. 제품에 투입된 노력과 자원 대비 제품의 가치를 극대화하는 것이다.

LLM Twin의 주요 기능은 다음과 같다.

- 링크드인, 서브스택, 미디엄, 깃허브 프로필에서 데이터 수집
- 수집된 데이터로 오픈 소스 LLM 파인튜닝
- RAG를 위한 벡터 DB에 디지털 데이터 저장
- 다음을 바탕으로 링크드인 게시물 생성
  - 사용자 프롬프트
  - RAG 기반 기존 콘텐츠 재사용 및 참조
  - 새로운 게시물, 기사, 논문을 LLM에 추가 지식으로 활용
- 아래와 같이 LLM Twin과 상호작용할 수 있는 간단한 웹 인터페이스 제공
  - 소셜 미디어 링크를 설정하고 데이터 수집 단계를 실행
  - 프롬프트나 외부 리소스 링크를 전송

이것이 LLM Twin의 MVP가 될 것이다. 현재 기능이 단순해 보일 수 있지만 시스템은 항상 비용 효율적이고 확장 가능하며 모듈화되어야 한다.

 앞으로 LLM Twin의 기능 개발에 집중하지만, 최신 LLM 연구와 최고의 소프트웨어 엔지니어링 및 MLOps 실무도 함께 고려하며 제품을 개발할 것이다. 비용 효율적이고 확장 가능한 LLM 애플리케이션을 개발하는 방법 또한 다룬다.

지금까지 LLM Twin을 사용자와 비즈니스 관점에서 살펴봤다. 이제 엔지니어링 관점에서 접근해 기술적 구현을 위한 개발 계획을 수립하고, LLM Twin의 실제 구현에 집중한다.

1.3 특성, 학습, 추론 파이프라인 기반 ML 시스템 개발

LLM Twin 아키텍처를 구체적으로 살펴보기 전에 ML 시스템의 패턴인 **특성, 학습, 추론**feature, training, inference(FTI) 아키텍처를 이해해야 한다. 이 절에서는 FTI 파이프라인 설계의 전반적인 개요와 ML 애플리케이션을 구성하는 방법에 대해 살펴본다. 그리고 FTI 파이프라인을 LLM Twin 아키텍처에 어떻게 적용할 수 있는지 알아보자.

1.3.1 ML 시스템 개발의 문제점

프로덕션 수준의 ML 시스템 구축은 단순히 모델을 학습하는 것보다 훨씬 어렵다. 엔지니어링 관점에서 모델 학습은 대부분의 경우 가장 단순한 단계이다. 다만 올바른 아키텍처와 하이퍼파라미터를 결정할 때는 복잡해진다. 이는 엔지니어링이 아니라 연구의 영역이다.

우리는 프로덕션에 바로 적용 가능한 아키텍처 설계에 집중한다. 높은 정확도로 모델을 훈련하는 것은 중요하지만, 정적인 데이터셋에서 모델을 훈련시키는 것만으로는 안정적인 배포가 어렵다. 따라서 프로덕션 배포를 위해서는 다음의 사항들을 고려해야 한다.

- 새로운 데이터의 수집, 정제, 검증
- 학습 환경과 추론 환경 설정의 차이
- 적절한 환경에서 특성 연산 및 처리
- 비용 효율적인 모델 서빙
- 데이터셋과 모델의 버전 관리, 추적, 공유
- 인프라와 모델의 모니터링
- 확장 가능한 인프라 기반 모델 배포
- 배포와 학습의 자동화

이는 ML/MLOps 엔지니어가 고려해야 하는 문제 유형들이며, 연구 팀이나 데이터 사이언스 팀은 주로 모델 학습을 담당한다.

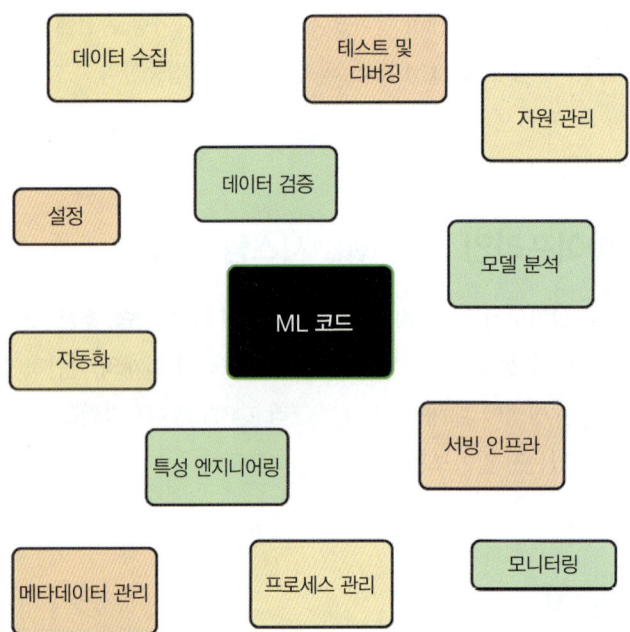

그림 1-1 ML 시스템의 일반적인 구성 요소

[그림 1-1]은 구글 클라우드 팀이 제안한 ML/MLOps 시스템의 이상적인 구성 요소를 보여준다. ML 코드를 중심으로 설정, 자동화, 데이터 수집, 데이터 검증, 테스트 및 디버깅, 자원 관리, 모델 분석, 프로세스 및 메타데이터 관리, 서빙 인프라, 모니터링 등으로 구성되어 있다. 여기서 중요한 점은 ML 모델의 프로덕션 배포를 위해 이렇게 많은 요소를 고려해야 한다는 것이다.

그렇다면 이 모든 구성 요소를 어떻게 하나의 통합된 시스템으로 연결할 수 있을까? 이 질문에 답하기 위해서는 ML 시스템을 명확하게 설계할 수 있는 표준 템플릿이 필요하다.

ML 애플리케이션이 아닌 일반적인 소프트웨어 애플리케이션의 표준 아키텍처는 어떻게 구성될까? 대부분의 소프트웨어 애플리케이션은 데이터베이스, 비즈니스 로직, UI로 나뉜다. 각 계층은 필요에 따라 복잡해질 수 있지만, 크게 보면 표준 소프트웨어의 아키텍처는 앞의 세 가지 요소로 구성된다.

ML 애플리케이션에도 이와 비슷한 표준이 있을까? 먼저 일반적인 ML 아키텍처를 살펴보고 왜 이것들이 확장 가능한 시스템 개발에 적합하지 않은지 알아보자.

1.3.2 일반적인 ML 아키텍처의 문제점

[그림 1-2]는 대부분의 ML 애플리케이션에 존재하는 일반적인 아키텍처를 보여준다. 이 아키텍처는 특성 생성, 모델 학습, 추론을 동일한 구성 요소로 결합하는 모놀리식[6] 배치 아키텍처monolithic batch architecture를 기반으로 한다. 이 접근 방식으로 ML에서 가장 중요한 문제인 학습-서빙 왜곡training-serving skew[7]을 쉽게 해결할 수 있다.

모놀리식 배치 아키텍처에서는 동일한 코드로 특성을 생성하기 때문에 학습-서빙 왜곡 문제가 발생하지 않는다. 이 패턴은 작은 데이터를 다룰 때 잘 작동한다. 파이프라인은 배치 모드로 일정에 따라 실행되며 예측 결과는 대시보드와 같은 외부 애플리케이션으로 출력된다.

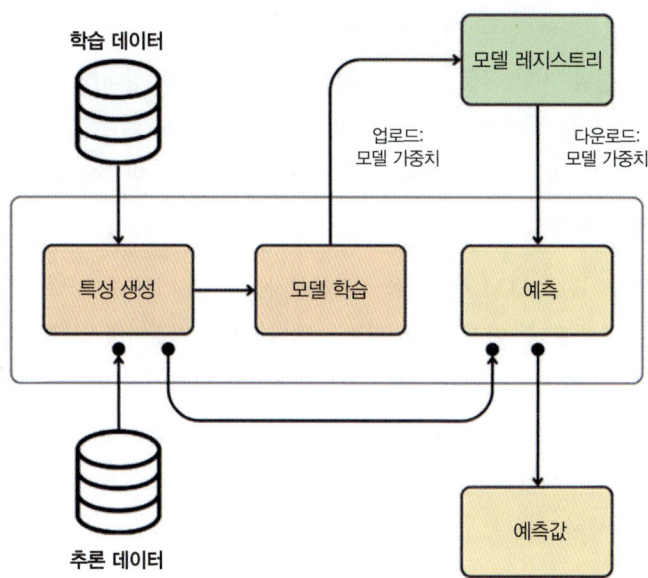

그림 1-2 모놀리식 배치 파이프라인 아키텍처

---

[6] 옮긴이_시스템의 여러 구성 요소가 하나의 단일 코드베이스나 애플리케이션으로 통합되어 있는 구조를 의미한다. 유지보수는 어려울 수 있지만, 구성 간 일관성을 확보하기 쉽다.

[7] 옮긴이_모델 학습 중에 사용한 전처리 방법이 추론에 사용되는 방법과 일치하지 않아 모델이 동작하지 않거나 성능이 저하되는 문제를 의미한다.

그러나 이러한 모놀리식 배치 시스템은 다음과 같은 많은 문제가 발생한다.

- 특성의 재사용성이 낮음
- 데이터 증가 시 파이스파크^{PySpark} 또는 레이^{Ray} 사용을 위해 전체 코드 리팩터링 필요
- 예측 모듈을 C++, 자바, 러스트 등 더 효율적인 언어로 재작성하기 어려움
- 특성, 학습, 예측 모듈을 여러 팀이 나누어 작업하고 공유하기 어려움
- 실시간 학습을 위한 스트리밍 시스템으로 전환하기 어려움

[그림 1-2]와 다르게 [그림 1-3]은 실시간 시스템에 대한 아키텍처를 보여준다. 이 패턴에서는 앞서 나열한 것과는 또 다른 문제가 발생한다. 기본적으로 예측하기 위해서는 클라이언트 요청을 통해 모든 정보와 상태를 전송해야 특성을 계산하고 모델에 전달할 수 있다.

영화 추천 모델을 생각해보자. 영화 추천 예측을 위해서는 예측 모델에 단순히 사용자 ID만 전달하는 것이 아니라 이름, 나이, 성별, 지난 시청 기록 등 사용자의 모든 정보와 상태를 전송해야 한다. 이 방식은 클라이언트가 모든 정보와 상태의 접근 방법을 완전히 이해해야 하므로 오류 가능성이 높다. 그리고 클라이언트와 모델 서비스가 밀접하게 연결되어 있어 한쪽에서 문제가 발생하면 시스템 전체에 문제가 발생할 수 있다.

실시간 시스템의 다른 예로 RAG 기반의 LLM 시스템을 생각해보자. 쿼리와 함께 문맥으로 제공되는 문서들은 시스템의 외부에서 온다. 이러한 데이터들을 벡터 DB에 저장하지 않는다면 매번 사용자 쿼리와 함께 문서를 전달하고 처리해야 한다. 그렇게 하려면 클라이언트 애플리케이션이 문서를 쿼리하고 검색하는 방법을 알고 있어야 하는데, 이는 불가능하다. 클라이언트 애플리케이션이 특성에 액세스하거나 계산하는 방법을 알아야 하는 것은 안티패턴[8]이다. RAG의 작동 방식은 8장과 9장에서 자세히 다룬다.

---

[8] 옮긴이_'권장 사항'과 반대되는 설계나 코드로, 처음에는 효과적처럼 보이지만 장기적으로 비효율과 유지보수 어려움을 초래하는 관행을 의미한다.

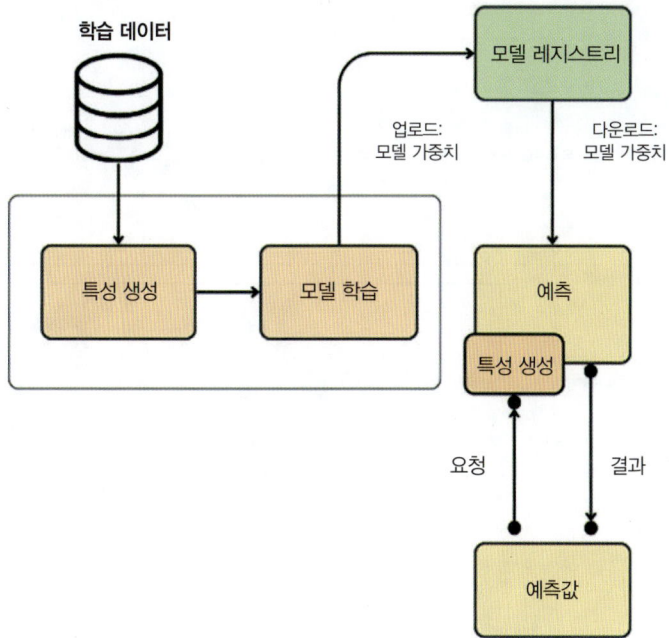

그림 1-3 무상태 실시간 아키텍처

결론적으로, 핵심은 클라이언트가 모든 정보와 상태를 전달하지 않더라도 예측에 필요한 모든 특성을 어떻게 불러올 것인가이다. 예를 들어, 앞서 언급한 영화 추천 모델의 예시에서 클라이언트 측에서는 사용자 ID 정보만을 제공한다면 추천 모델을 어떻게 돌릴 수 있을까?

[그림 1-4]에서 구글 클라우드는 프로덕션용 아키텍처를 제시한다. 이는 실현 가능한 솔루션이지만 매우 복잡하며 직관적이지도 않다. ML 모델의 프로덕션 배포와 유지 경험이 많지 않다면 이해하기 어려울 것이다. 그리고 이러한 아키텍처를 사용하면 작은 규모로 시작해서 시스템을 점차 확장하는 방법을 이해하고 구현하기도 어렵다.

[그림 1-4]는 구글에서 제작 및 공유한 저작물을 재가공한 것으로, 크리에이티브 커먼즈 4.0 저작자 라이선스Creative Commons 4.0 Attribution License에 명시된 조건에 따라 저작자 정보를 표시했다.

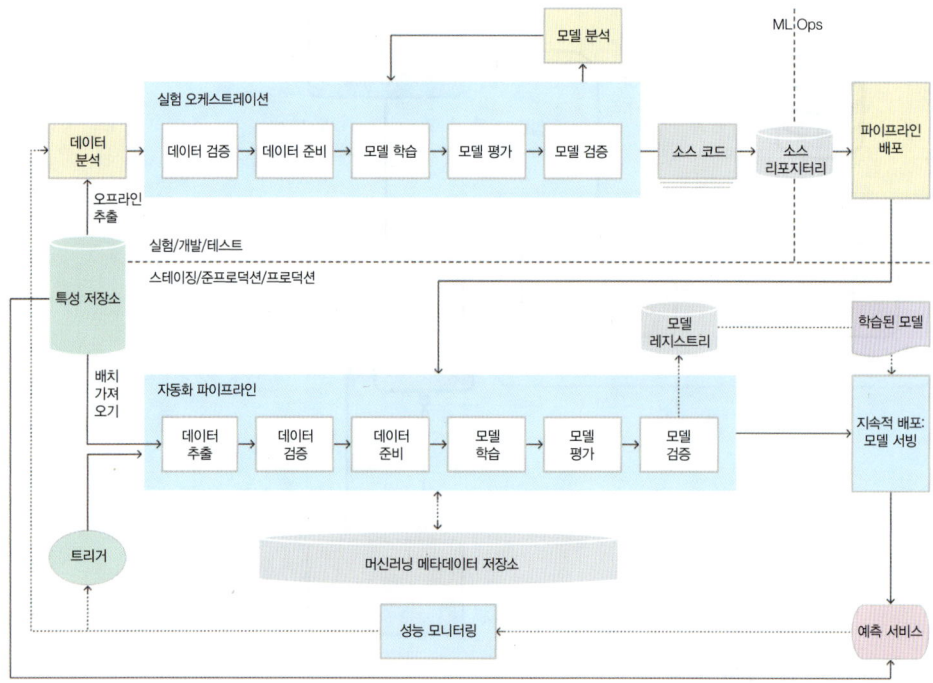

그림 1-4 연속 학습을 위한 ML 파이프라인 자동화[9]

이런 상황을 해결하기 위해 FTI(특성, 학습, 추론) 파이프라인 아키텍처가 필요하다. 이어지는 절에서는 직관적인 ML 설계를 통해 이러한 근본적인 문제를 해결하는 방법을 살펴본다.

1.3.3 ML 시스템을 위한 파이프라인

FTI 파이프라인 아키텍처는 특성 계산, 모델 학습, 예측/추론이라는 ML 시스템의 세 가지 핵심 단계를 기반으로 한다. 이는 앞서 설명한 아키텍처와 달리, 누구나 쉽게 이해하고 따라 할 수 있는 명확하고 직관적인 개념이다.

이 아키텍처에 따르면 모든 ML 시스템은 특성, 학습, 추론이라는 세 가지 파이프라인으로 요약할 수 있다(전통적인 소프트웨어의 DB, 비즈니스 로직, UI 계층과 유사). 이는 각 파이프라

---

[9] https://cloud.google.com/architecture/mlops-continuous-delivery-and-automation-pipelines-in-machine-learning

인의 범위와 인터페이스를 명확하게 한다. 또한 세 가지 구성 요소가 상호작용하는 방식을 쉽게 이해할 수 있다. 궁극적으로 [그림 1-4]의 20개 구성 요소를 3개로 단순화할 수 있어, 이를 다루고 정의하는 과정이 훨씬 수월해진다.

[그림 1-5]는 FTI 파이프라인을 보여준다. 파이프라인별 범위와 인터페이스를 살펴보자.

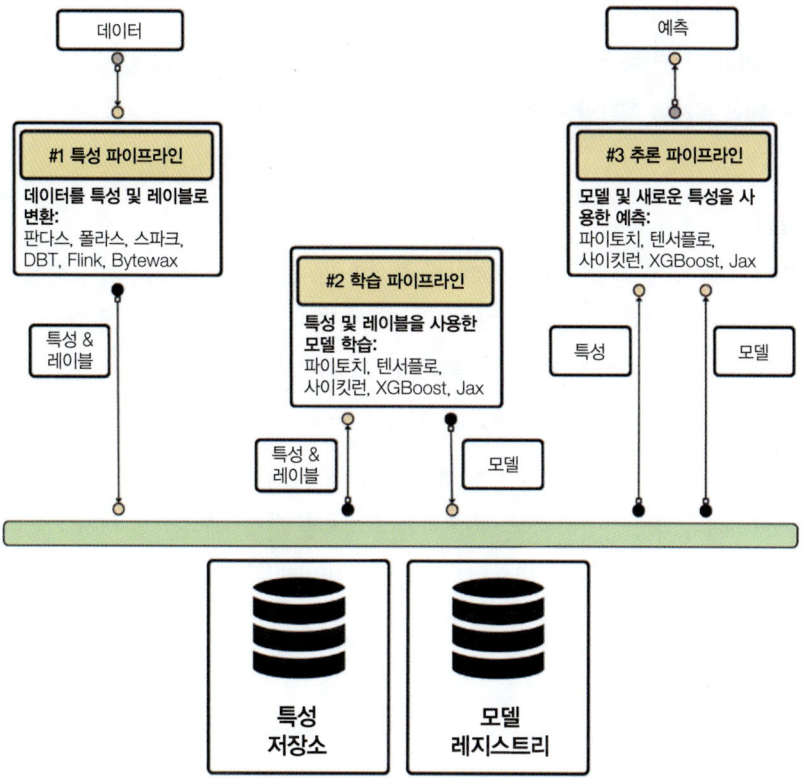

그림 1-5 FTI 파이프라인 아키텍처

각 파이프라인은 서로 다른 프로세스나 하드웨어에서 독립적으로 실행될 수 있는 독립된 구성 요소라는 점을 먼저 이해해야 한다. 따라서 각 파이프라인은 서로 다른 기법을 적용하거나 각각 다른 팀이 개발하는 등 서로 다르게 발전시킬 수 있다. 이는 팀의 필요에 따라 매우 유연하게 대처 가능한 아키텍처 설계이다. 그리고 이러한 설계는 아키텍처를 체계적으로 구조화하는 마인드 맵의 역할을 한다.

특성 파이프라인

특성 파이프라인feature pipeline은 원시 데이터를 입력받아 처리한 후 모델 학습이나 추론에 필요한 특성과 레이블을 출력한다. 이러한 특성과 레이블은 모델에 직접 전달되지 않고 특성 저장소에 저장된다. 특성 저장소는 특성 저장, 버전 관리, 추적 및 공유 역할을 한다. 특성 저장소에 특성을 저장하면 항상 특성의 상태를 파악할 수 있다. 이는 학습 및 추론 파이프라인으로 언제든지 특성을 쉽게 보낼 수 있다.

데이터의 버전이 관리되므로 학습 및 추론 시점의 특성이 일치하는지 항상 확인할 수 있다. 따라서 학습-서빙 왜곡 문제를 해결할 수 있다.

학습 파이프라인

학습 파이프라인training pipeline은 저장된 특성으로부터 특성과 레이블을 가져온 후, 하나 이상의 학습 모델을 생성한다. 생성된 모델은 모델 레지스트리에 저장된다. 그 역할은 특성 저장소와 비슷하며, 특성 대신 모델이 보관 대상이다. 모델 레지스트리는 모델을 저장하고, 버전을 관리 및 추적하고, 추론 파이프라인과 공유하는 역할을 한다.

최근 대부분의 모델 레지스트리는 모델의 학습 과정을 기록하는 메타데이터 저장소를 지원한다. 모델 레지스트리에서 가장 중요한 것은 모델 학습에 사용된 특성, 레이블 및 버전 기록이다. 이들로부터 모델이 어떤 데이터를 기반으로 학습되었는지 언제든지 파악할 수 있다.

추론 파이프라인

추론 파이프라인inference pipeline은 특성 저장소의 특성과 레이블, 모델 레지스트리의 학습된 모델을 입력으로 받는다. 이 두 가지를 사용하면 배치 또는 실시간 예측을 쉽게 수행할 수 있다.

이 패턴은 매우 유연해 예측 결과의 처리 방식을 여러분 선택에 따라 결정할 수 있다. 배치 처리 시스템에서는 예측 결과를 DB에 저장하고, 실시간 시스템에서는 예측 결과를 요청한 클라이언트에 전달한다. 그리고 모델 배포를 쉽게 업그레이드하거나 롤백할 수 있다. 예를 들어, 모델 v1은 특성 F1, F2, F3을 사용하고 모델 v2는 F2, F3, F4를 사용한다는 것을 언제든지 확인할 수 있다. 따라서 모델과 특성 간의 연결을 빠르게 변경할 수 있다.

1.3.4 FTI 아키텍처의 이점

이번 절의 핵심은 파이프라인의 인터페이스를 이해하는 것이다.

- **특성 파이프라인**: 데이터를 입력받아 특성과 레이블을 생성하고 이를 특성 저장소에 저장한다.
- **학습 파이프라인**: 특성 저장소에서 특성과 레이블을 쿼리해서 가져오고, 이를 기반으로 모델을 생성해 모델 레지스트리에 저장한다.
- **추론 파이프라인**: 특성 저장소에서 특성을, 모델 레지스트리에서 모델을 가져와 예측한다.

ML 시스템이 아무리 복잡해져도 이 기본 구조는 변하지 않는다.

이제 FTI 아키텍처의 작동 방식을 살펴봤으니 이를 적용했을 때의 장점들을 알아보자.

- 세 가지 구성 요소만 존재하므로 직관적으로 이해하고 사용하기 쉽다.
- 각 구성 요소는 독립적으로 구현되므로 대규모 데이터 처리나 스트리밍 데이터와 같은 특정 요구에 맞는 기술 스택을 유연하게 적용할 수 있다.
- 세 가지 구성 요소 간 명확한 인터페이스가 있어, 필요 시 각 구성 요소를 각각 다른 팀에서 개발할 수 있다. 즉, 개발의 관리와 확장이 쉬워진다.
- 모든 구성 요소를 독립적으로 배포, 확장 및 모니터링할 수 있다.

마지막으로 FTI 아키텍처에서 유념할 점은 시스템이 반드시 세 가지 파이프라인으로만 구성될 필요가 없다는 것이다. 대부분의 경우 더 많고 복잡한 파이프라인을 포함한다. 예를 들어, 특성 파이프라인은 특성을 생성하는 파이프라인과 데이터를 검증하는 파이프라인으로 나누어 구성할 수 있다. 또한 학습 파이프라인은 학습과 평가를 나누어 구성할 수 있다.

FTI 파이프라인은 논리적 계층logical layer 역할을 한다. 따라서 각각이 복잡하고 여러 모듈을 포함해도 전혀 문제가 없다. 특성 저장소와 모델 레지스트리를 통해 FTI 파이프라인이 서로 상호 작용할 때 항상 동일한 인터페이스를 유지하는 것이 핵심이다. 이렇게 하면 각 FTI 구성 요소는 서로의 세부 사항을 몰라도 독립적으로 개발하거나 업데이트할 수 있고, 시스템을 중단하지 않고도 변경할 수 있다.

FTI 파이프라인에 대해 자세히 알아보려면 Hopsworks의 CEO이자 공동 창립자인 짐 다울링Jim Dowling의 'From MLOps to ML Systems with Feature/Training/Inference Pipelines'[10]를 읽어보길 바란다.

---

[10] https://www.hopsworks.ai/post/mlops-to-ml-systems-with-fti-pipelines

이제 FTI 파이프라인 아키텍처를 이해했으니, 이를 LLM Twin에 어떻게 적용할 수 있는지 살펴보자.

1.4 LLM Twin의 시스템 아키텍처 설계

이번 절에서는 LLM Twin 애플리케이션의 기술적 요구 사항을 살펴보고, FTI 아키텍처를 활용한 LLM 시스템 설계로 문제를 해결하는 방법을 설명한다. 이 단계에서는 특정 도구나 기술 스택을 다루지 않는다. 언어나 프레임워크, 플랫폼, 인프라에 종속되지 않는 고수준 시스템 아키텍처만 정의한다. 그리고 각 구성 요소의 범위, 인터페이스 및 상호 연결성에 중점을 둔다. 구현 세부 사항과 기술 스택에 대해서는 2장부터 다룬다.

1.4.1 LLM Twin 아키텍처의 기술적 요구 사항

지금까지는 사용자 관점에서 LLM Twin이 갖춰야 할 사항을 정의했다. 이제는 기술적 관점에서 ML 시스템이 갖춰야 할 기능을 정의해보자.

데이터 측면에서는 다음과 같이 수행해야 한다.

- 링크드인, 미디엄, 서브스택, 깃허브에서 데이터를 정해진 일정에 따라 자동으로 수집한다.
- 크롤링된 데이터를 표준화해서 데이터 웨어하우스에 저장한다.
- 원시 데이터를 정제한다.
- LLM 파인튜닝을 위한 지시문 데이터셋을 생성한다.
- 정제된 데이터를 청킹chunking[11]하고 임베딩한다.[12]
- 벡터화된 데이터를 RAG용 벡터 DB에 저장한다.

학습을 위해 다음과 같이 수행해야 한다.

- 다양한 크기의 LLM(7B, 14B, 30B, 70B 파라미터) 파인튜닝
- 다양한 크기의 지시문 데이터셋에 대한 파인튜닝
- 다양한 LLM 간 전환(예: 미스트랄Mistral, 라마Llama, GPT)

---

[11] 옮긴이_큰 덩어리의 텍스트를 작은 덩어리로 분할하는 것을 의미한다.
[12] 옮긴이_텍스트를 벡터 공간에 매핑해 텍스트를 숫자의 나열인 벡터 형태로 변환하는 것을 의미한다.

- 실험 추적 및 비교
- 배포 전 프로덕션용 LLM 후보 테스트
- 새로운 지시문 데이터셋 준비 시 자동으로 학습 시작

추론 코드는 다음과 같은 속성을 갖는다.

- 클라이언트가 LLM Twin과 상호작용할 수 있는 REST API 인터페이스
- RAG를 위한 실시간 벡터 DB 액세스
- 다양한 크기의 LLM을 사용한 추론
- 사용자 요청에 따른 자동 스케일링
- 평가 단계를 통과한 LLM의 자동 배포

LLMOps 구현을 위해 다음과 같은 기능을 지원한다.

- 지시문 데이터셋 버전 관리, 계보^{lineage} 및 재사용성
- 모델 버전 관리, 계보 및 재사용성
- 실험 추적
- 지속적 학습^{continuous training}(CT), 지속적 통합^{continuous integration}(CI), 지속적 배포^{continuous delivery}(CD)
- 프롬프트 및 시스템 모니터링

 위의 기술적 요구 사항을 당장 모두 이해할 필요는 없다. 각 주제의 세부 사항은 해당 장^{chapter}에서 자세히 다룬다.

앞의 요구 사항은 상당히 포괄적이다. 더 자세히 설명할 수 있지만, 여기서는 핵심 기능에만 집중하고 세부 내용은 각 구성 요소의 구현을 다루는 장에서 설명한다. 지금 우리가 답해야 할 핵심 질문은 '이러한 요구 사항을 구현하기 위해 FTI 파이프라인을 어떻게 설계할 것인가'이다.

1.4.2 FTI 파이프라인을 사용해 LLM Twin 아키텍처를 설계하는 방법

이제 시스템을 4개의 핵심 구성 요소로 나누어 볼 것이다. '4개라고요? FTI 파이프라인이 3개라고 했는데 왜죠?'라는 의문이 들 수 있다. 이유는 간단하다. 3개로 구성된 FTI 파이프라인을 작동시키려면 데이터 파이프라인이 추가로 필요하기 때문이다. 일반적으로 각 파이프라인은

다음과 같이 팀별로 나누어 담당한다.

- 데이터 엔지니어링 팀은 데이터 파이프라인을 담당한다.
- ML 엔지니어링 팀은 FTI 파이프라인을 담당한다.

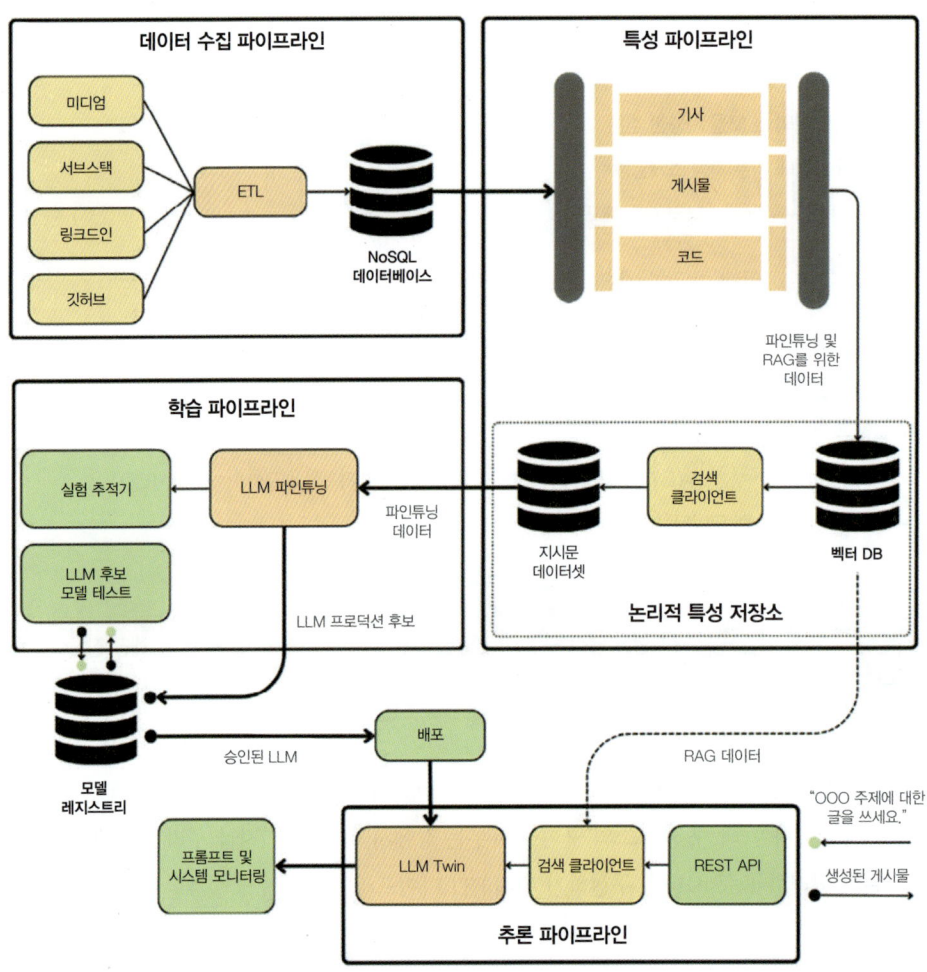

그림 1-6 LLM Twin의 고수준 아키텍처

우리의 목표는 소규모 팀으로 MVP를 개발하는 것이며, 작동하는 애플리케이션의 전체를 구현해야 한다. 여기에는 데이터 수집 및 FTI 파이프라인을 정의하는 것도 포함된다. 전담 팀을 꾸릴 여력이 없는 스타트업에서는 처음부터 끝까지 모든 것을 직접 해결해야 하는 경우가 많다.

따라서 엔지니어는 제품 개발 단계에 따라 다양한 역할을 수행해야 한다. 모든 단계에서 엔드투엔드 ML 시스템이 어떻게 작동하는지 파악한다면 다른 사람의 작업을 더 잘 이해하는 데 큰 도움이 된다. [그림 1-6]은 LLM Twin의 아키텍처를 보여준다. 네 가지 구성 요소를 각각 살펴보고, 각 요소가 어떻게 작동하는지 살펴보자.

데이터 수집 파이프라인

데이터 수집 파이프라인data collection pipeline에는 미디엄, 서브스택, 링크드인, 깃허브에서 개인 데이터를 크롤링하는 작업이 포함된다. 데이터 파이프라인은 추출, 변환, 적재extract, transform, load(ETL) 패턴을 사용해 소셜 미디어 플랫폼에서 데이터를 추출하고 표준화해 데이터 웨어하우스에 적재한다.

 데이터 수집 파이프라인은 소셜 미디어 플랫폼에서만 데이터를 크롤링하도록 설계되었다. 이 책에서 수집한 데이터는 학습 목적으로만 사용한다. 다른 사람의 데이터를 동의 없이 수집하거나 사용하는 것은 비윤리적인 행위다.

데이터 수집 파이프라인의 최종 출력은 데이터 웨어하우스 역할을 하는 NoSQL DB이다. 텍스트 데이터는 기본적으로 구조화되지 않은 비정형 데이터이므로 NoSQL DB가 적합하다.

몽고DB^{MongoDB}와 같은 NoSQL DB는 일반적으로 데이터 웨어하우스로 분류되지는 않는다. 하지만 LLM Twin에서는 데이터 웨어하우스처럼 동작한다. 다양한 ETL 파이프라인을 통해 수집된 표준화된 원시 데이터를 저장하고, 저장된 데이터를 머신러닝 시스템에서 바로 사용할 수 있기 때문이다. 수집된 디지털 데이터는 세 가지 카테고리로 분류된다.

- 기사(미디엄, 서브스택)
- 게시물(링크드인)
- 코드(깃허브)

데이터가 어떤 SNS 플랫폼으로부터 수집되었는지는 신경쓰지 않아도 된다. 예를 들어, LLM에 기사 데이터를 전달할 때 해당 기사가 미디엄에서 왔는지 서브스택에서 왔는지는 중요하지 않다. 출처를 참고하고 싶다면 URL을 메타데이터로 기록할 수도 있다. 그러나 데이터 처리, 파인튜닝, RAG에서는 데이터를 유형별로 다르게 처리해야 하므로, 어떤 유형의 데이터가 수집되었는지를 아는 것이 중요하다. 예를 들어, 게시물, 기사와 코드 조각의 경우 각 청킹 전략을 서로 다르게 수립할 필요가 있다.

또한, 데이터를 출처가 아닌 유형별로 그룹화하면 X(구 트위터)와 같은 다른 플랫폼에서 가져온 데이터를 게시물post로 추가하거나 깃랩GitLab 데이터를 코드 컬렉션에 쉽게 통합할 수 있다. 모듈형 시스템으로 설계되어서 데이터 수집 파이프라인에 추가적인 ETL(추출, 변환, 적재) 단계를 연결만 하면 된다. 그 외의 다른 코드를 수정하지 않아도 모든 것이 정상적으로 작동한다.

특성 파이프라인

특성 파이프라인의 역할은 데이터 웨어하우스에서 원시 문서, 게시물 및 코드 데이터 포인트를 가져와 처리한 다음 특성 저장소에 저장하는 것이다. 다음은 LLM Twin의 특성 파이프라인의 사용자 정의 속성이다.

- 기사, 게시물, 코드 데이터를 각각 다르게 처리한다.
- 파인튜닝 및 RAG에 필요한 세 가지 주요 처리 단계인 정제, 청킹, 임베딩을 포함한다.
- 디지털 데이터의 스냅샷을 2개 생성한다. 하나는 정제 후에(파인튜닝에 사용), 다른 하나는 임베딩 후에(RAG에 사용) 생성한다.
- 전문적인 특성 저장소 대신 논리적 특성 저장소를 사용한다.

논리적 특성 저장소를 조금 더 자세히 살펴보자. RAG 기반 시스템에서 인프라의 핵심 요소 중 하나는 벡터 DB다. 별도의 특성 전용 저장소를 사용하는 대신 벡터 DB와 일부 추가 로직을 사용해 시스템에서 필요한 특성 저장소의 모든 요건을 충족하도록 구성한다.

벡터 DB는 학습 데이터셋이라는 개념을 제공하지 않지만, NoSQL DB처럼 사용할 수 있다. 즉, ID와 컬렉션 이름을 사용하여 데이터 포인트에 접근할 수 있다. 이를 통해 벡터 검색 로직 없이도 새 데이터 포인트를 벡터 DB에서 쉽게 조회할 수 있다. 나중에는 이렇게 조회한 데이터를 버전 관리, 추적, 공유가 가능한 '아티팩트artifact'[13] 형태로 감쌀 예정이다(아티팩트에 대한 자세한 내용은 2장에서 다룬다). 일단은 아티팩트가 이전에 언급한 속성들을 담아 데이터를 포장하고 풍부하게 해주는 MLOps 개념이라는 점만 이해하면 된다.

---

[13] 옮긴이_특성, 모델 등 실험이나 학습 과정에서 생성된 결과물로, 저장하고 추적하며 다시 활용할 수 있는 형태의 자산

시스템의 나머지 부분은 논리적 특성 저장소에 어떻게 액세스할까? 학습 파이프라인은 지시문 데이터셋을 아티팩트로 사용하고, 추론 파이프라인은 벡터 검색 기술을 활용해 추가적인 문맥을 위해 벡터 DB를 쿼리한다. 특성 파이프라인은 다음과 같은 이유로 현재 설계만으로도 충분하다.

- 아티팩트는 학습과 같은 오프라인 사용 사례에 적합하다.
- 벡터 DB는 추론을 위해 필요한 온라인 액세스에 최적화되어 있다.

다음 장에서는 세 가지 데이터 카테고리(기사, 게시물, 코드)를 정제, 청킹, 임베딩하는 방법에 대해 설명한다. 결론적으로, 기사나 게시물, 코드 데이터를 가져와 처리한 후 특성 저장소에 저장하면 학습 및 추론 파이프라인에서 활용할 수 있다. 복잡한 세부 사항은 제외하고 인터페이스에만 집중하는 이 방식이 FTI 패턴의 핵심을 잘 보여준다. 꽤 멋지지 않은가?

학습 파이프라인

학습 파이프라인은 특성 저장소의 지시문 데이터셋을 사용한다. 이 데이터셋으로 LLM을 파인튜닝하고, 조정된 LLM 가중치를 모델 레지스트리에 저장한다. 자세히 설명하면, 논리적 특성 저장소에서 새로운 지시문 데이터셋을 사용할 수 있는 상태가 되면 학습 파이프라인을 트리거하고, 해당 아티팩트를 사용해 LLM을 파인튜닝한다.

처음엔 데이터 사이언스 팀이 이 프로세스를 담당한다. 이들은 자동 또는 수동으로 하이퍼파라미터 튜닝을 하고 여러 실험을 반복하며 가장 적합한 모델과 하이퍼파라미터를 찾는다. 최상의 하이퍼파라미터를 비교하고 선택하기 위해 실험 트래커를 사용해 의미 있는 결과를 기록하고 비교한다. 데이터 사이언티스트는 최적의 하이퍼파라미터와 파인튜닝된 LLM을 최종 선택하고 이를 프로덕션 모델 후보로 제안한다. 제안된 LLM은 모델 레지스트리에 저장된다. 실험 단계가 완료된 후에는 앞서 실행한 프로세스를 자동화하기 위해 최적의 하이퍼파라미터를 저장하고 재사용할 준비를 한다. 이제 연속적인 학습이 가능하도록 학습 프로세스를 완전히 자동화할 수 있다.

테스트 파이프라인은 파인튜닝 과정을 상세히 분석하기 위해 트리거된다. 새 모델을 프로덕션에 배포하기 전에 더 엄격한 테스트셋으로 평가해 최신 후보 모델이 현재 프로덕션에 있는 모델보다 더 나은지 확인하는 것은 매우 중요하다. 이 평가를 통과하면 후보 모델은 프로덕션 모델로 최종 승인된 것으로 태그가 지정되고 추론 파이프라인으로 배포된다. 완전 자동화된 ML

시스템이라도 새로운 프로덕션 모델을 평가 및 배포하기 전에 수동 배포 과정을 거치는 것을 추천한다. 이는 중요한 결정을 하기 전에 STOP 버튼을 누르는 것과 같다. 이 과정에서는 테스트 구성 요소에서 생성된 보고서를 검토하고, 모든 것이 정상이면 모델을 승인하고 자동 배포를 계속 진행할 수 있다. 학습 파이프라인에서는 다음과 같은 LLM 관련 사항들이 핵심 포인트이다.

- 특정 LLM에 구애받지 않는 파이프라인을 어떻게 구현할 것인가?
- 어떤 파인튜닝 기술을 사용할 것인가?
- 다양한 크기의 LLM과 데이터셋에 대해 파인튜닝 기술을 어떻게 확장할 것인가?
- 여러 실험 결과 중 어느 LLM을 프로덕션 후보로 선택할 것인가?
- LLM을 프로덕션으로 배포할지를 결정하기 위해 어떻게 테스트할 것인가?

이 책을 끝까지 읽게 되면 위 질문의 모든 답을 알게 될 것이다.

한 가지 유념해야 할 개념은 **지속적 학습**continuous training(CT)이다. 모듈형 설계는 ML 오케스트레이터를 활용해 다양한 시스템의 구성 요소를 적절한 시점에 스케줄링하고 트리거할 수 있도록 한다. 예를 들어, 매주 데이터 수집 파이프라인을 실행하도록 스케줄링하여 데이터를 크롤링할 수 있다. 그런 다음 데이터 웨어하우스에서 새 데이터를 사용할 수 있을 때 특성 파이프라인을 트리거할 수 있다. 이후 새로운 지시문 데이터셋을 사용할 수 있을 때 학습 파이프라인을 트리거할 수 있다.

추론 파이프라인

추론 파이프라인은 마지막 퍼즐 조각이다. 이 파이프라인은 모델 레지스트리와 논리적 특성 저장소에 연결된다. 모델 레지스트리에서 파인튜닝된 LLM을 로드하고, 논리적 특성 저장소를 통해 RAG용 벡터 DB에 접근한다. 클라이언트 요청은 REST API를 통해 쿼리로 받는다. 그런 다음, 파인튜닝된 LLM과 벡터 DB 접근을 활용해 RAG를 수행하고 쿼리에 대한 답변을 제공한다.

모든 클라이언트 쿼리와 RAG를 사용해 강화된 프롬프트와 생성된 답변은 프롬프트 모니터링 시스템으로 전송되어 시스템 분석 및 디버그에 활용된다. 특정 요구 사항에 따라 모니터링 시스템은 경고를 트리거해 수동 또는 자동으로 특정한 조치를 취할 수 있다.

인터페이스 관점에서 이러한 파이프라인 구성은 완벽하게 FTI 아키텍처를 따르지만, 세부적으로 들여다보면 LLM과 RAG 시스템의 독특한 특징을 관찰할 수 있다.

- RAG를 위한 벡터 검색을 수행하는 검색 클라이언트
- 사용자 쿼리와 외부 정보를 LLM에 전달하고 지시하는 프롬프트 템플릿
- 프롬프트 모니터링을 위한 도구

1.4.3 FTI 파이프라인 설계와 LLM Twin 아키텍처에 대한 조언

FTI 패턴을 구성할 때는 지나치게 엄격한 기준을 적용할 필요가 없다. FTI는 ML 시스템 설계를 명확히 하기 위한 도구일 뿐이다. 예를 들어, 단순히 일반적인 방식이라는 이유로 특성 전용 저장소를 사용하는 것보다, 벡터 DB와 아티팩트를 기반으로 한 논리적 특성 저장소를 사용하는 것이 더 쉽고 비용 효율적이다. 여기서 핵심은 특성 저장소가 제공하는 버전 관리와 재사용 가능한 학습 데이터셋 같은 필수 기능의 활용에 집중하는 것이다.

마지막으로 각 구성 요소의 컴퓨팅 요구 사항을 간단히 짚어보자. 데이터 수집 및 특성 파이프라인은 대부분 CPU 기반이며 고성능 머신이 필요하지 않다. 학습 파이프라인은 LLM을 로드하고 파인튜닝하기 위한 고성능 GPU가 필요하다. 추론 파이프라인은 이 둘의 중간 수준이다. 고성능 머신이 필요하지만 학습 단계보다는 연산 부담이 적다. 다만 추론 파이프라인은 사용자와 직접 상호작용하므로 철저히 테스트해야 한다. 좋은 사용자 경험을 위해서는 지연 시간이 요구되는 수준 이내여야 한다. FTI 설계를 사용하는 것은 문제가 되지 않으며, 각 구성 요소에 적합한 컴퓨팅 요구 사항을 선택할 수 있다. 파이프라인 규모의 확장 관점에서는 다르게 고려해야 한다. 데이터 및 특성 파이프라인은 CPU와 RAM 부하에 따라 수평으로 확장되고, 훈련 파이프라인은 더 많은 GPU를 추가해 수직으로 확장된다. 추론 파이프라인은 클라이언트 요청 수에 따라 수평적으로 확장된다.

결론적으로, 이 LLM 아키텍처는 초반에 언급된 모든 기술적 요구 사항을 충족한다. 요청에 따라 데이터를 처리하고, 모듈화된 학습 파이프라인은 다양한 LLM, 데이터셋 또는 파인튜닝 기술을 유연하게 적용할 수 있다. 추론 파이프라인은 RAG를 지원하며 REST API로 제공된다. LLMOps 관점에서 데이터셋과 모델의 버전 관리, 계보 추적, 재사용성을 보장한다. 또한 모니터링 서비스를 포함하고 있으며, 전체 ML 아키텍처는 CT, CI, CD를 고려해서 설계되었다. 이것으로 LLM Twin 아키텍처에 대한 개괄적인 개념 설명을 마친다.

요약

1장에서는 이 책의 목표를 이해하는 데 필요한 핵심 내용을 살펴봤다. 제품 지향적인 관점에서 엔드투엔드 ML 시스템의 구축 과정을 설명하는 이 책의 특성상, LLM Twin의 개념을 정확히 이해하는 것이 첫 단계이다. 그다음 MVP의 정의와 함께 사용 가능한 자원을 기반으로 LLM Twin MVP를 기획하는 방법을 설명했다. 이를 바탕으로 구체적인 기술 요구 사항을 갖춘 실용적인 솔루션으로 발전시켰다. 이 과정에서 FTI 디자인 패턴을 도입해 모듈형이면서도 확장 가능한 시스템 설계의 실제 적용 사례를 보여주었다. 최종적으로, FTI 패턴을 성공적으로 적용해 모든 기술 요구 사항을 충족하는 LLM Twin의 아키텍처를 설계했다. 이러한 시스템을 구축할 때는 전체적인 구조를 명확히 파악하는 것이 중요하다. 각 구성 요소가 전체 애플리케이션과 어떻게 조화를 이루는지 이해하면 실제 작업을 훨씬 효율적으로 진행할 수 있다. 이를 위해 우리는 LLM Twin 아키텍처의 큰 그림을 먼저 제시했으며, 각 구성 요소의 범위와 인터페이스, 상호 연결성을 중심으로 설명했다.

다음 장에서는 각 구성 요소를 구현하고 배포하는 방법을 살펴본다. MLOps 관점에서는 컴퓨팅 플랫폼, 오케스트레이터, 모델 레지스트리, 아티팩트 및 기타 도구와 개념을 사용해 MLOps의 모범 사례를 지원하는 방법을 소개한다.

참고 문헌

- Dowling, J. (2024a, July 11). *From MLOps to ML Systems with Feature/Training/Inference Pipelines. Hopsworks.* https://www.hopsworks.ai/post/mlops-to-ml-systems-with-fti-pipelines
- Dowling, J. (2024b, August 5). *Modularity and Composability for AI Systems with AI Pipelines and Shared Storage. Hopsworks.* Modularity and Composability for AI Systems with AI Pipelines and Shared Storage - Hopsworks
- Joseph, M. (2024, August 23). *The Taxonomy for Data Transformations in AI Systems. Hopsworks.* https://www.hopsworks.ai/post/a-taxonomy-for-data-transformations-in-ai-systems
- *MLOps: Continuous delivery and automation pipelines in machine learning.* (2024, August 28). Google Cloud. https://cloud.google.com/architecture/mlops-continuous-delivery-and-automation-pipelines-in-machine-learning

- Qwak. (2024a, June 2). *CI/CD for Machine Learning in 2024: Best Practices to build, test, and Deploy | Infer. Medium.* https://medium.com/infer-qwak/ci-cd-for-machine learning-in-2024-best-practices-to-build-test-and-deploy-c4ad869824d2
- Qwak. (2024b, July 23). *5 Best Open Source Tools to build End-to-End MLOPs Pipeline in 2024. Medium.* https://medium.com/infer-qwak/building-an-end-to-end-mlops-pipeline with-open-source-tools-d8bacbf4184f
- Salama, K., Kazmierczak, J., & Schut, D. (2021). *Practitioners guide to MLOPs: A framework for continuous delivery and automation of machine learning (1st ed.) [PDF]. Google Cloud.* https://services.google.com/fh/files/misc/practitioners_guide_to_mlops_whitepaper.pdf

CHAPTER 2

도구 및 설치

이 장에서는 LLM Twin 프로젝트를 구현하고 배포하는 데 사용되는 도구를 모두 소개한다. 이 책은 LLM, RAG, MLOps, LLMOps의 심화 내용을 다루지 않으며, 기술 스택과 전제 조건만 간단히 소개한다. 이는 도구 선택의 이유와 설정 방법을 반복해서 설명하지 않기 위해서다. 3장부터는 인터넷에서 데이터를 크롤링하는 데이터 수집 ETL^{data collection ETL}을 구현해 LLM Twin 사용 사례를 살펴본다.

2.1절에서는 파이썬 생태계에서 사용하는 다양한 도구를 소개한다. 여러 버전의 파이썬을 관리하고 가상 환경을 만들며 프로젝트에 필요한 특정 버전의 의존성 패키지를 설치하는 방법을 다룬다. 이와 함께 로컬 컴퓨터에 이 책의 깃허브 리포지터리를 설치하는 방법도 소개한다.[1]

다음으로 MLOps와 LLMOps 도구를 살펴본다. 모델 레지스트리와 같은 기본 도구부터 시작해서, LLM 평가와 프롬프트 모니터링 같은 LLM 특화 도구까지 알아본다. 특히 ML과 MLOps를 연결해주는 오케스트레이터인 ZenML을 통해 다양한 ML 파이프라인을 관리하는 방법을 배우게 된다. 이어서 NoSQL과 벡터 저장소용 데이터베이스도 간략히 소개하고, 도커를 사용해 구성 요소들을 로컬 컴퓨터에서 구동하는 방법을 설명한다. 마지막 부분에서는 AWS를 다룬다. AWS 사용자 계정과 액세스 키 생성 방법을 비롯해, 클라우드 리소스를 프로그래밍 방식으로 관리하기 위한 AWS CLI 설치와 설정 과정을 안내한다. 또한 세이지메이커^{SageMaker}에 대해 알아보고, 오픈 소스 LLM의 학습과 배포에 세이지메이커를 활용하는 이유를 살펴본다.

---

[1] https://github.com/PacktPublishing/LLM-Engineers-Handbook

앞서 언급한 도구들에 익숙하다면 이 장은 건너뛰어도 된다. 프로젝트 설치 방법과 필요한 모든 구성 요소의 설정 방법은 깃허브 리포지토리의 README에서도 설명한다. 따라서 책을 읽으며 코드를 실행하려는 경우 README를 참고하길 바란다.

이 장의 주요 내용은 다음과 같다.

- 파이썬 생태계와 프로젝트 설치
- MLOps와 LLMOps 도구
- 비정형 데이터와 벡터 데이터를 저장하기 위한 데이터베이스
- AWS 사용 준비

이 장을 마치면 여러분은 이 책에서 다루는 모든 도구를 이해하게 될 것이다. 책에서 제공하는 깃허브 리포지토리를 설치하는 방법과 필요한 도구를 설정하는 방법을 배우고, 책의 예제를 따라가며 이러한 도구를 실제로 활용하는 방법까지 익히게 된다.

2.1 파이썬 생태계와 프로젝트 설치

파이썬 프로젝트는 기본적으로 파이썬 인터프리터, 의존성 관리, 작업 실행 도구가 필요하다. 이 중 파이썬 인터프리터는 프로젝트의 코드를 실행하며, 이 책의 모든 코드는 파이썬 3.11.8을 사용한다. 파이썬 인터프리터는 다음 링크에서 다운로드할 수 있다.[2] 프로젝트를 실행하기 위해 정확히 동일한 파이썬 버전(파이썬 3.11.8)을 사용하는 것을 권장하며, pyenv를 사용하면 설치 과정을 간단하게 만들 수 있다.

여러 개의 글로벌 파이썬 버전을 설치하는 대신 pyenv를 사용해 파이썬 버전을 관리하는 것을 권장한다. pyenv는 프로젝트 간에 여러 파이썬 버전을 관리할 수 있게 해주는 파이썬 버전 관리 도구이다. pyenv는 다음 링크에서 설치할 수 있다.[3]

pyenv를 설치한 후 다음 명령어를 사용해 pyenv로 최신 파이썬 3.11 버전을 설치한다.

---

[2] https://www.python.org/downloads/
[3] https://github.com/pyenv/pyenv?tab=readme-ovfile#installation 윈도우의 경우 https://github.com/pyenv-win/pyenv-win 참조

```
pyenv install 3.11.8
```

이제 설치된 모든 파이썬 버전을 나열해 올바르게 설치되었는지 확인한다.

```
pyenv versions
```

다음과 같은 내용이 표시된다.

```
# * system
# 3.11.8
```

새 터미널을 열 때마다 전체 시스템에서 파이썬 3.11.8을 기본 버전으로 설정하려면 다음 명령을 사용한다.

```
pyenv global 3.11.8
```

그러나 우리는 파이썬 3.11.8을 로컬에서 해당 리포지터리 내에서만 사용할 계획이다. 이를 위해 먼저 리포지터리를 클론하고 해당 디렉터리로 이동한다.

```
git clone https://github.com/PacktPublishing/LLM-Engineers-Handbook.git
cd LLM-Engineers-Handbook
```

리포지터리 안에 .python-version 파일을 정의했기 때문에 pyenv는 .python-version 파일에 지정된 파이썬 버전을 인식해, 해당 디렉터리에서 작업할 때 로컬에서 지정된 파이썬 버전을 사용하게 된다. 이를 확인하기 위해 리포지터리 안에서 다음 명령어를 실행한다.

```
python --version
```

다음과 같은 출력이 표시되어야 한다.

```
# Python 3.11.8
```

.python-version 파일을 만들려면 pyenv local 3.11.8을 한 번 실행해야 한다. 이 명령

어를 실행하면 .python-version 파일이 생성되며, 특정 디렉터리에서 작업할 때 pyenv는 항상 .python-version 파일에서 지정한 파이썬 버전(3.11.8)을 사용하게 된다.

이제 pyenv를 사용해 올바른 파이썬 버전을 설치했으니, 의존성 및 가상 환경 관리 도구로 사용할 Poetry로 넘어가보자.

2.1.1 Poetry: 의존성 및 가상 환경 관리 도구

Poetry는 파이썬 생태계에서 가장 인기 있는 의존성 및 가상 환경 관리자다. 그 전에 먼저 의존성 관리자가 무엇인지 명확히 해야 한다. 파이썬에서 의존성 관리자는 프로젝트에 필요한 외부 라이브러리와 패키지(의존성)를 지정하고 관리하는 도구다. 이를 통해 필요한 패키지의 설치, 업데이트, 버전 관리를 수행한다. 다음은 파이썬 3.11과 requests, numpy 패키지를 사용하는 간단한 Poetry 요구 사항 파일의 예시다.

```
[tool.poetry.dependencies]
python = "^3.11"
requests = "^2.25.1"
numpy = "^1.19.5"

[build-system]
requires = ["poetry-core"]
build-backend = "poetry.core.masonry.api"
```

Poetry를 사용해 의존성을 고정하면 언제든지 프로젝트에 필요한 패키지들을 오류 없이 정확한 버전으로 설치할 수 있다. Poetry는 기본적으로 모든 요구 사항을 pyproject.toml 파일에 저장하며, 이 파일은 로컬에 복제된 리포지터리의 루트 디렉터리에 저장된다.

Poetry의 또 다른 장점은 지정된 파이썬 버전과 필요한 패키지들을 포함한 새로운 가상 환경을 생성할 수 있다는 점이다. 가상 환경은 프로젝트의 의존성을 전역 파이썬 의존성과 다른 프로젝트로부터 분리할 수 있도록 해준다. 이를 통해 프로젝트 간에 버전 충돌이 발생하지 않도록 보장할 수 있다. 예를 들어, 프로젝트 A는 numpy == 1.19.5가 필요하고, 프로젝트 B는 numpy == 1.26.0이 필요하다고 가정해보자. 두 프로젝트를 전역 파이썬 환경에 두면, 프로젝트 B가 프로젝트 A의 numpy 설치를 덮어쓰게 되어 프로젝트 A가 손상되고 작동하지 않게 된다. Poetry를 사용하면 각 프로젝트를 자체 파이썬 환경에 격리하고, 각 환경이 자체 파이썬 의존성을 가지도록 하여 의존성 충돌을 방지할 수 있다.

Poetry는 다음 링크에서 설치할 수 있다.[4] 이 책에서는 Poetry 1.8.3을 사용한다. Poetry를 설치하고 로컬에 복제된 리포지터리로 이동한다. 그리고 다음 명령어를 실행해 필요한 모든 파이썬 의존성을 설치한다.

```
poetry install --without aws
```

이 명령어는 `pyproject.toml` 및 `poetry.lock` 파일에 나열된 리포지터리의 모든 의존성을 가져와 설치하도록 되어 있다. 설치 후, 터미널에서 `poetry shell`을 실행해 Poetry 환경을 활성화하거나, 모든 CLI 명령어 앞에 다음과 같이 접두사를 붙여 사용할 수 있다(예: `poetry run <your command>`).

Poetry 사용 시 주의할 점은, 프로젝트의 `pyproject.toml` 파일에 추가된 설정을 기반으로 의존성 트리의 정확한 버전을 `poetry.lock` 파일에 고정한다는 것이다. `pyproject.toml` 파일은 버전 범위(예: `requests = "^2.25.1"`)를 지정할 수 있지만, `poetry.lock` 파일은 설치된 정확한 버전(예: `requests = "2.25.1"`)을 기록한다. 또한 `pyproject.toml` 파일에 명시적으로 나열되지 않을 수 있는 하위 의존성(의존성의 의존성)의 버전도 고정한다. 모든 의존성과 하위 의존성을 특정 버전으로 고정함으로써 `poetry.lock` 파일은 모든 프로젝트 설치가 동일한 패키지 버전을 사용하게 한다. 즉, 실행 환경에 관계없이 예측 가능한 일관된 동작을 보장하며 '내 컴퓨터에서만 작동하는' 문제를 방지할 수 있다.

Poetry와 유사한 도구로는 가상 환경을 생성하는 Venv와 Conda가 있다. 하지만 이들은 의존성 관리 옵션이 부족하다. 따라서 파이썬의 기본 `requirements.txt` 파일을 통해 이를 처리해야 하는데, 이는 Poetry의 `lock` 파일보다 덜 강력하다. 또 다른 옵션으로는 Pipenv가 있는데, 기능 면에서는 Poetry와 더 유사하지만 속도가 느리다. 러스트로 개발된 uv는 Poetry를 대체하기 위해 만들어졌으며 매우 빠른 속도를 자랑한다. uv는 Poetry를 대체할 가능성이 높아 테스트해볼 가치가 있다.[5]

---

[4] https://python-poetry.org/docs/
  윈도우의 경우 다음과 같이 설치한다.
  1) scoop으로 pipx 설치: https://pipx.pypa.io/stable/installation/
  2) pipx로 poetry 설치: https://python-poetry.org/docs/#installing-with-pipx

[5] https://github.com/astral-sh/uv

마지막 퍼즐의 완성은 우리가 모든 CLI 명령어를 관리하기 위해 사용한 작업 실행 도구를 살펴보는 것이다.

2.1.2 Poe the Poet: 작업 실행 도구

Poe the Poet는 프로젝트와 상호작용하는 데 필요한 모든 CLI 명령어를 관리하고 실행하기 위해 Poetry 위에서 동작하는 플러그인이다. 이는 파이썬 프로젝트 내에서 작업을 정의하고 실행할 수 있도록 도와주며, 자동화와 스크립트 실행을 단순화한다. Makefile, invoke, 셸 스크립트와 같은 다른 인기 있는 도구들도 있지만, Poe the Poet를 사용하면 프로젝트 작업 관리를 위한 별도의 스크립트나 Makefile이 필요하지 않다. Poetry의 의존성 관리에 사용되는 동일한 구성 파일로 작업을 관리할 수 있어 더욱 효율적이다.

Poe the Poet를 사용할 때 모든 명령어를 README 파일이나 기타 문서에 기록하는 대신, `pyproject.toml` 파일에 직접 추가하고 별칭[alias]을 사용해 커맨드 라인에서 명령어를 실행할 수 있다. 예를 들어, Poe the Poet를 사용해 `pyproject.toml` 파일에 다음과 같은 작업을 정의한다.

```
[tool.poe.tasks]
test = "pytest"
format = "black ."
start = "python main.py"
```

그런 다음, `poe` 명령을 사용해 `pyproject.toml` 파일에 정의한 작업을 실행한다.

```
poetry poe test
poetry poe format
poetry poe start
```

Poe the Poet는 다음과 같이 Poetry 플러그인으로 설치한다.

```
poetry self add 'poethepoet[poetry_plugin]'
```

결론적으로 모든 CLI 명령어 위에 파사드[facade6] 역할을 하는 도구를 사용하는 것은 애플리케이션을 실행하는 데 필수적이다. 이는 애플리케이션의 복잡성을 크게 단순화하고, 즉시 활용 가능한 문서화 역할을 하여 협업을 강화한다.

pyenv와 Poetry가 설치되었다고 가정하면, 다음 명령어로 이 책의 깃허브 리포지터리 복제와 의존성, Poe the Poet(플러그인) 설치를 실행한다.

```
git clone https://github.com/PacktPublishing/LLM-Engineers-Handbook.git
cd LLM-Engineers-Handbook
poetry install --without aws
poetry self add 'poethepoet[poetry_plugin]'
```

프로젝트를 완전히 구동하려면 .env 파일에 자격 증명을 입력하고 오픈AI 및 허깅 페이스에서 토큰을 가져오는 등 몇 가지 단계를 더 실행해야 한다. 하지만 이 책은 설치 가이드북이 아니므로, 리포지터리의 코드 전체 실행을 위한 세부 사항은 이 책의 깃허브 리포지터리의 README[7]를 참고하길 바란다.

파이썬 프로젝트를 성공적으로 설치했다. 이제 이 책에서 사용할 MLOps 도구를 살펴보자. 이미 MLOps 도구에 익숙하다면 2.3절로 바로 넘어가도 된다.

2.2 MLOps와 LLMOps 도구

이번 절에서는 책 전반에서 사용할 MLOps와 LLMOps 도구들을 살펴보고, 이를 활용한 ML 시스템의 효율적인 구축 방법을 다룬다. 여기에서는 모델 레지스트리, 오케스트레이터와 같은 MLOps 구성 요소들을 자세히 설명하지 않는다. 대신 각 도구의 개념과 기본적인 사용법만 간단히 소개한다. LLM Twin 프로젝트를 개발하면서 이러한 도구들의 실제 활용 사례를 살펴볼 것이다. MLOps와 LLMOps는 매우 실용적인 분야이므로, 먼저 LLM Twin 구현을 통해 실무를 경험한 후 11장에서 관련 이론을 깊이 있게 다룬다. 이렇게 하면 개념들을 더 쉽게 이해할

---

[6] 옮긴이_ 소프트웨어 디자인 패턴 중 하나로 복잡한 시스템의 내부 구현 세부 사항을 감추고, 단순화된 인터페이스를 제공해 시스템을 더 쉽게 사용할 수 있도록 한다.

[7] https://github.com/PacktPublishing/LLM-Engineers-Handbook/blob/main/README.md

수 있다.

이번 절은 도구들의 설정 방법을 설명하는 데 중점을 두지 않는다. 대신 각 도구가 어떤 목적으로 사용되는지 설명하고, 책 전반에서 활용할 핵심 기능들을 중심으로 소개한다. 도커를 사용하면 전체 인프라를 로컬에서 빠르게 실행할 수 있다. 책에 나오는 과정을 직접 실행해보고 싶다면 다음 세 가지 단계로 애플리케이션을 로컬에서 호스팅한다.

1 도커 27.1.1(또는 그 이상의 버전)을 설치한다.
2 깃허브 리포지터리의 README 설명에 따라 .env 파일에 모든 필요한 자격 증명을 채운다.
3 `poetry poe local-infrastructure-up` 명령을 실행해 ZenML,[8] 몽고DB, Qdrant 데이터베이스를 로컬에서 실행한다.

LLM Twin의 모든 코드를 로컬에서 실행하는 방법에 대한 자세한 내용은 이 책의 깃허브 리포지터리의 README에서 확인할 수 있다. 또한 각 구성 요소를 설명하는 장에서는 요소별 클라우드 배포하는 방법도 다룬다.

2.2.1 허깅 페이스: 모델 레지스트리

모델 레지스트리model registry는 ML 모델의 라이프사이클을 관리하는 중앙화된 저장소이다. 이 저장소는 모델과 함께 메타데이터, 버전 기록, 성능 지표를 저장하며, 신뢰할 수 있는 정보 소스의 역할을 한다. MLOps에서 모델 레지스트리는 모델 버전을 추적, 공유 및 문서화해 팀 간 협업을 용이하게 하는 데 꼭 필요한 도구다. 또한 CI/CD 파이프라인과 통합되므로 배포 과정에서 기본적인 요소로 작용한다.

허깅 페이스를 모델 레지스트리로 사용해, 이 책을 읽는 모든 이가 파인튜닝된 LLM Twin 모델을 쉽게 공유받을 수 있도록 했다. 또한 허깅 페이스 모델 레지스트리 인터페이스를 활용하면 Unsloth와 같은 파인튜닝 도구나 세이지메이커와 같은 추론 서비스 등 LLM 생태계에 속한 다양한 프레임워크와 모델을 손쉽게 통합할 수 있다.

우리가 파인튜닝한 LLM은 허깅 페이스에 다음과 같이 등록되어 있다.

- TwinLlama-3.1-8B (파인튜닝 버전): https://huggingface.co/mlabonne/TwinLlama-3.1-8B

---

[8] ZenML의 로컬 대시보드 주소(http://127.0.0.1:8237/)

- TwinLlama-3.1-8B DPO (선호도 정렬 버전): https://huggingface.co/mlabonne/TwinLlama-3.1-8B-DPO

그림 2-1 허깅 페이스 모델 레지스트리 화면

데모 버전은 허깅 페이스 스페이스에서 바로 사용해볼 수 있다.

- TwinLlama-3.1-8B: https://huggingface.co/spaces/mlabonne/TwinLlama-3.1-8B
- TwinLlama-3.1-8B DPO: https://huggingface.co/spaces/mlabonne/TwinLlama-3.1-8B-DPO

대부분의 ML 도구는 모델 레지스트리 기능을 제공한다. 예를 들어 앞으로 소개할 ZenML, Comet, 세이지메이커 또한 자체적인 모델 레지스트리를 제공한다. 이들 모두 훌륭한 도구이지만 이 책에서는 허깅 페이스를 선택했다. 이는 오픈 소스 전반에서 쉽게 공유하고 통합할 수 있는 환경을 제공하기 때문이다. 일반적으로 프로젝트의 도구와 요구 사항에 가장 잘 통합되는 모델 레지스트리를 선택하면 된다.

2.2.2 ZenML: 오케스트레이터, 아티팩트, 메타데이터

ZenML은 머신러닝과 MLOps를 연결하는 다리 역할을 한다. 즉, ML 파이프라인의 추적 가능성, 재현성, 배포, 유지 관리 등을 더 쉽게 만들어주는 다양한 MLOps 기능을 제공한다. ZenML의 핵심 목표는 머신러닝에서 재현 가능한 워크플로를 생성하는 것이다. 주피터 노트북 환경에서의 초기 실험을 프로덕션 준비 환경으로 전환하는 과정에서 발생하는 문제를 해결한다. 또한 버전 관리의 어려움, 실험 재현, 복잡한 ML 워크플로 구성, 학습-서빙 왜곡, 메타데이터 추적 등 프로덕션 환경에서 마주하는 문제를 다룬다. 즉, ZenML은 ML 파이프라인 관리, 파이프라인 결과물 저장 및 버전 관리, 메타데이터 태깅을 통해 시스템의 가시성을 향상시킨다.

ZenML은 스택stack 개념을 통해 다양한 인프라에서 편리하게 실행할 수 있다. 이 스택을 활용하면 여러 클라우드 서비스와 연동할 수 있다. 예를 들어 다음과 같은 서비스들과 연동이 가능하다.

- 오케스트레이터와 컴퓨팅 엔진(AWS 세이지메이커, Vertex AI 등)
- 원격 스토리지(AWS S3, 구글 클라우드 스토리지 버킷 등)
- 컨테이너 레지스트리(도커 레지스트리, AWS ECR 등)

ZenML은 스택 기능을 통해 모든 인프라와 도구를 한 곳에 통합하는 역할을 한다. 이를 통해 개발 과정을 빠르게 반복하고, 전체 ML 시스템을 쉽게 모니터링할 수 있다. ZenML의 장점은 특정 클라우드 플랫폼에 종속되지 않는 것이다. 파이썬 코드를 인프라 환경과 분리함으로써 어떤 클라우드나 서버에서도 동일한 코드를 그대로 사용할 수 있다. 즉, 인프라가 바뀌어도 코드를 수정할 필요가 없으므로 개발과 관리가 한층 수월해진다. LLM Twin 프로젝트에서는 다음과 같은 AWS 스택을 사용한다.

- **세이지메이커**: 오케스트레이터 및 컴퓨팅 엔진
- **S3**: 원격 스토리지로 아티팩트 저장 및 추적
- **ECR**: 컨테이너 레지스트리

파이썬 코드는 S3나 ECR 관련 세부 설정을 포함하지 않는다. ZenML이 이러한 설정들을 자동으로 처리하므로, 구글 클라우드 스토리지나 애저Azure와 같은 다른 클라우드 서비스로 쉽게 전환할 수 있다. ZenML 스택에 대한 자세한 내용은 다음 링크에서 확인할 수 있다.[9]

이 책에서는 ZenML의 기능 중 오케스트레이션, 아티팩트, 메타데이터 등만 다룬다. ZenML에 대한 자세한 내용은 공식 문서에서 확인할 수 있다.[10]

로컬 버전의 ZenML은 파이썬 패키지로 설치한다. `poetry install` 명령을 실행하면 로컬에서 사용할 수 있는 ZenML 디버깅 서버를 설치할 수 있다. 11장에서는 ML 파이프라인을 AWS에 배포하기 위해 ZenML에서 클라우드 서버리스를 적용하는 방법에 대해 설명한다.

---

9 https://docs.zenml.io/user-guide/productionguide/understand-stacks
10 https://docs.zenml.io/user-guide/starter-guide

오케스트레이터

오케스트레이터orchestrator는 ML 파이프라인 전체를 자동화하고 스케줄링하며 조정하는 시스템이다. 데이터 수집, 전처리, 모델 학습, 배포와 같은 각 파이프라인이 올바른 순서로 실행하고 의존성을 효율적으로 관리한다. 또한 자원을 최적화하고 오류를 안정적으로 처리하며, 확장성을 높여 복잡한 ML 파이프라인을 더 안정적이고 관리하기 쉽게 만든다.

그렇다면 ZenML은 어떻게 오케스트레이터로 작동할까? 파이프라인과 스텝을 사용해 작동한다. 파이프라인은 여러 스텝을 포함하는 상위 레벨 객체다. 함수에 `@pipeline` 데코레이터를 사용하면 ZenML 파이프라인이 되고, `@step` 데코레이터를 사용하면 스텝이 된다. 이는 오케스트레이터 사용의 표준 패턴으로, 보통 파이프라인이라 불리는 상위 레벨 함수가 여러 단위/스텝/작업을 호출한다.

ZenML 파이프라인 구현 예시를 살펴보자. 아래 코드 조각에서는 사용자의 전체 이름으로 데이터베이스를 쿼리하고, 해당 사용자가 제공한 모든 링크를 크롤링하는 ZenML 파이프라인을 정의했다.

```python
from zenml import pipeline
from steps.etl import crawl_links, get_or_create_user
@pipeline
def digital_data_etl(user_full_name: str, links: list[str]) -> None:
    user = get_or_create_user(user_full_name)
    crawl_links(user=user, links=links)
```

파이프라인은 다음 CLI 명령(`poetry poe run-digital-data-etl`)으로 실행할 수 있다. 파이프라인의 실행 결과를 시각화하려면 ZenML 대시보드[11]에 접속한 후 왼쪽 패널에서 'Pipelines' 탭을 클릭하고 'digital_data_etl' 파이프라인을 선택한다(그림 2-2 참조).

---

[11] http://127.0.0.1:8237/

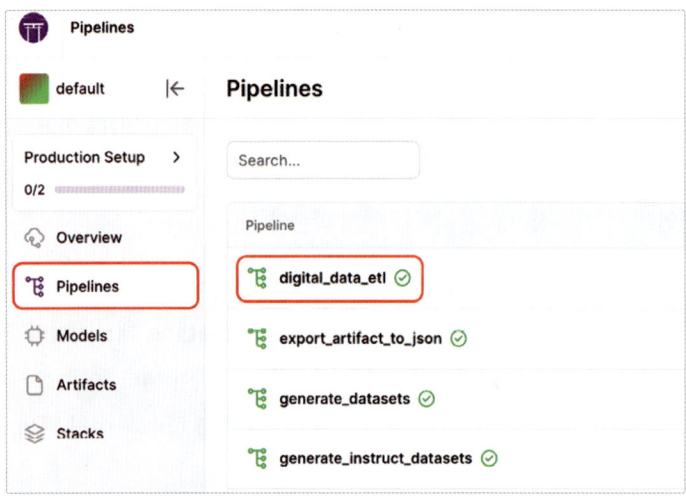

그림 2-2 ZenML의 파이프라인 대시보드

'digital_data_etl' 파이프라인을 클릭하면 [그림 2-3]처럼 이전 및 현재의 모든 파이프라인 실행 내역을 시각화한다. 성공, 실패, 실행 중의 상태를 모두 확인할 수 있다. 또한 파이프라인 실행에 사용된 스택도 확인할 수 있는데, 기본 스택은 로컬에서 ML 파이프라인을 실행할 때 사용되는 스택이다.

그림 2-3 ZenML의 'digital_data_etl' 파이프라인 대시보드 화면

이제 'digital_data_etl' 파이프라인의 최신 실행 결과(또는 성공했거나 현재 실행 중인 다른 실행)를 클릭하면, [그림 2-4]처럼 파이프라인의 스텝, 출력, 인사이트를 시각화한다. 이러한 구조는 흔히 **방향성 비순환 그래프**$^{\text{directed acyclic graph}}$(DAG)라고 부른다. DAG에 대한 자세한 내용은 11장에서 다룬다.

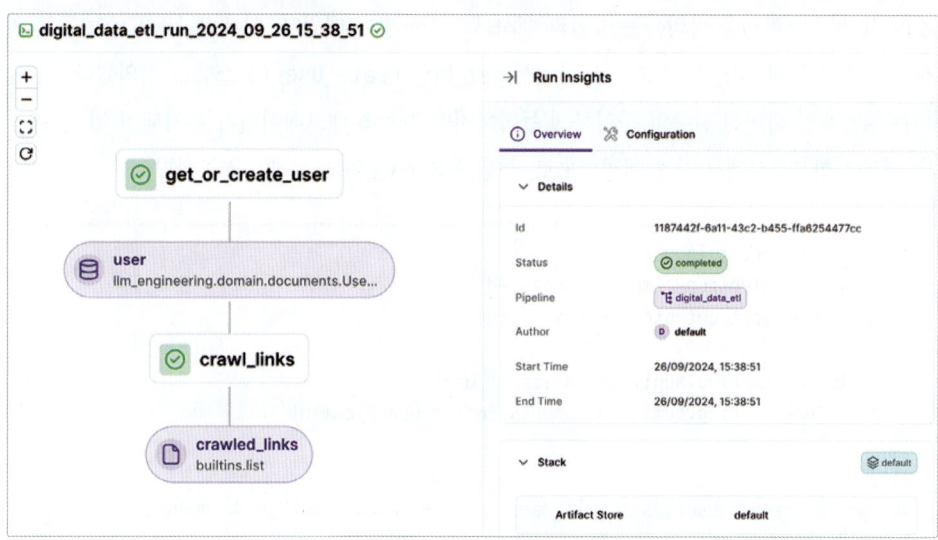

그림 2-4 ZenML의 'digital_data_etl' 파이프라인 대시보드 실행 화면

특정 스텝을 클릭하면 해당 스텝의 코드와 설정에 대한 자세한 정보를 출력한다. 또한 [그림 2-5]와 같이 각 스텝의 모든 로그를 한곳에서 확인할 수 있어, 여러 도구를 오가며 확인할 필요가 없다.

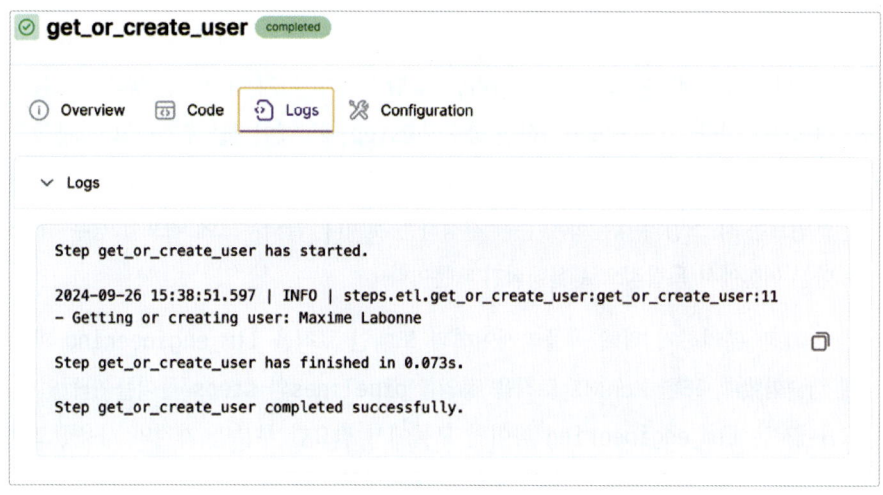

그림 2-5 'digital_data_etl' 파이프라인의 스텝 클릭 시 출력되는 로그 화면

ZenML 파이프라인을 정의하는 방법과 대시보드 사용법을 배웠다. 이제 ZenML 스텝을 정의하는 방법을 살펴보자. 아래 코드 조각에서 `get_or_create_user()` 스텝을 정의했다. 이 함수는 일반적인 파이썬 함수와 동일하게 동작하지만 `@step` 데코레이터가 추가되어 있다. 로직의 세부 사항은 3장에서 다룰 예정이므로, 지금은 ZenML의 기능에만 집중한다.

```python
from loguru import logger
from typing_extensions import Annotated
from zenml import get_step_context, step

from llm_engineering.application import utils
from llm_engineering.domain.documents import UserDocument

@step
def get_or_create_user(user_full_name: str) -> Annotated[UserDocument, "user"]:
    logger.info(f"Getting or creating user: {user_full_name}")
    first_name, last_name = utils.split_user_full_name(user_full_name)
    user = UserDocument.get_or_create(first_name=first_name, last_name=last_name)

    return user
```

ZenML 스텝 내에서는 파이썬 로직을 자유롭게 정의할 수 있다. 예제에서는 사용자를 생성하거나 조회하는 작업만 수행하지만, 이 코드를 데이터 수집, 특성 엔지니어링, 학습 등으로 대체할 수도 있다. 다만 ZenML을 코드에 통합하려면 각 함수가 한 가지 작업만 수행하는 모듈화된 코드를 작성해야 한다. 코드를 모듈화하면 함수에 `@step` 데코레이터를 추가하고, 스텝들을 `@pipeline` 데코레이터를 사용한 메인 함수 내에서 쉽게 결합할 수 있다. 애플리케이션 설계 시 중요한 포인트는 각 스텝의 세분화 수준을 결정하는 것이다. 클라우드에 배포할 경우 각 스텝이 서로 다른 머신에서 독립적으로 실행되기 때문이다.

코드를 ZenML과 분리하기 위해 애플리케이션과 도메인 로직을 `llm_engineering` 파이썬 모듈에 캡슐화했다. 또한 ZenML 로직을 정의할 `pipelines`와 `steps` 폴더를 만들었다. `steps` 모듈에서는 `llm_engineering` 파이썬 모듈에서 필요한 부분만 가져와 사용했으며 (마치 파이썬 패키지를 사용하는 것처럼), `pipelines` 모듈에서는 ZenML 스텝을 모아 최종 파이프라인으로 결합했다. 이러한 설계를 사용하면 ZenML을 다른 오케스트레이터로 쉽게 교체할 수 있고, 애플리케이션 로직을 REST API와 같은 다른 용도에서도 재사용할 수 있다.

ZenML 코드를 교체하기만 하면 되고, 모든 로직이 포함된 `llm_engineering` 모듈은 수정할 필요가 없다.

`pipelines`와 `steps` 폴더 구조는 [그림 2-6]처럼 이 책의 깃허브 리포지터리 루트에서 확인할 수 있다.

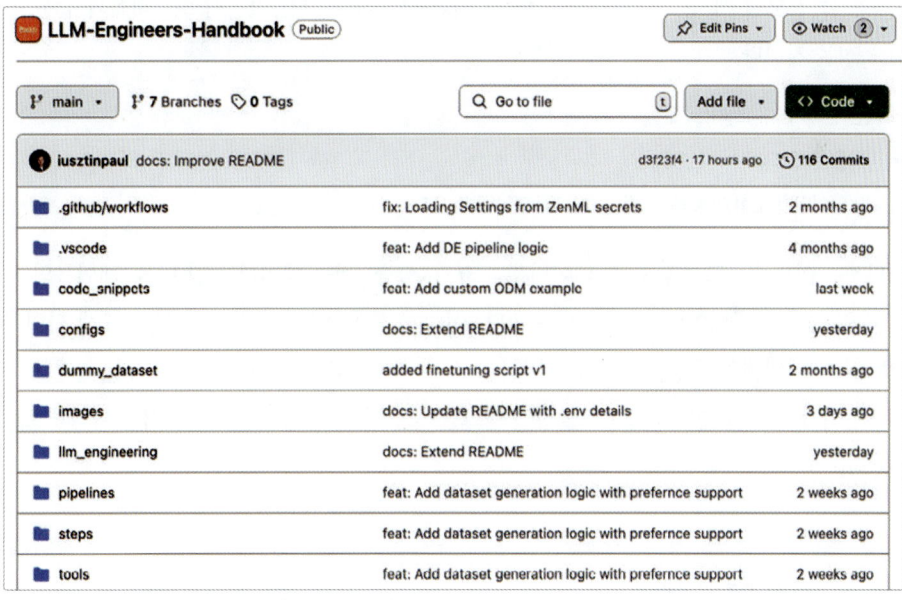

그림 2-6 깃허브 리포지터리의 폴더 구조

ZenML 스텝을 만들 때 반환값이 있는 경우 해당 값은 직렬화(저장하거나 전송 가능)가 가능해야 한다. ZenML은 대부분의 객체를 직렬화할 수 있지만, 몇 가지 예외가 있다. 예를 들어 코드 전체에서 ID로 UUID 타입을 사용했으나, 이는 ZenML에서 지원하지 않는다. UUID를 사용하기 위해서는 ZenML의 매터리얼라이저^{materializer}[12]를 확장해야 한다. 이 문제는 현재 ZenML에서 검토 중이며, 향후 버전에서는 UUID를 지원할 예정이다.

---

12 옮긴이_ZenML에서 데이터를 특정 형식으로 저장하거나, 저장된 데이터를 다시 로드하는 역할을 하는 컴포넌트

아티팩트와 메타데이터

ZenML은 모든 스텝의 출력을 아티팩트로 변환한다. 먼저 아티팩트가 무엇인지 간단히 알아보자. MLOps에서 아티팩트는 머신러닝 라이프사이클 동안 생성된 데이터 파일을 의미하며, 데이터셋, 학습된 모델, 체크포인트, 로그 등이 해당된다. 아티팩트는 실험을 재현하거나 모델을 배포하는 데 사용되므로 매우 중요하다. ZenML은 어떤 데이터든 아티팩트로 변환할 수 있다. 예를 들어 모델 레지스트리는 아티팩트의 대표적인 사례이다. 아티팩트는 다음과 같은 독특한 특성을 지닌다.

- 버전 관리가 가능하다.
- 공유할 수 있다.
- 메타데이터가 포함되어 있어 내용을 빠르게 파악할 수 있다.

데이터셋을 아티팩트로 변환할 때 데이터셋의 크기, 학습-검증 데이터 분할 비율, 레이블의 크기와 타입 등을 메타데이터로 추가할 수 있다. 이렇게 하면 실제 데이터를 다운로드해 확인하지 않고도 데이터셋의 특성을 빠르게 파악할 수 있다. 'digital_data_etl' 파이프라인 예제를 다시 보자. 여기서 스텝 출력값으로 크롤링된 링크를 생성했고, 이는 [그림 2-7]처럼 아티팩트로 처리된다.

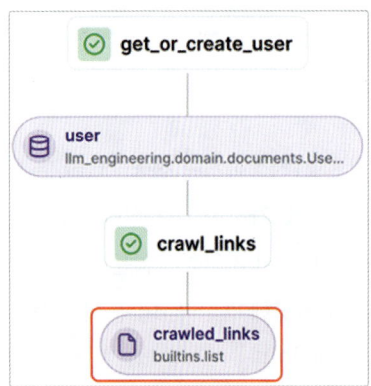

그림 2-7 'digital_data_etl' 파이프라인의 ZenML 아티팩트 예시

'crawled_links' 아티팩트를 클릭하고 'Metadata' 탭으로 이동하면 특정 저자에 대해 크롤링된 모든 도메인, 각 도메인에서 크롤링된 링크 수, 그중 성공적으로 크롤링된 링크 수를 빠르게

확인할 수 있다(그림 2-8 참조).

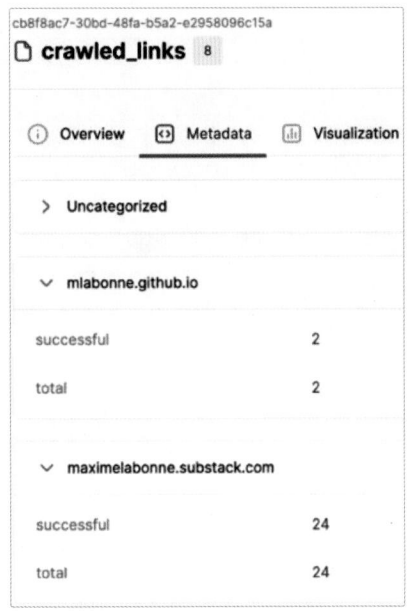

그림 2-8 'digital_data_etl' 파이프라인의 ZenML 메타데이터 예시

이번엔 데이터셋 아티팩트를 살펴보자. [그림 2-9]에서는 자동으로 생성된 'instruct_datasets' 아티팩트의 메타데이터를 시각화한 모습을 볼 수 있다. 이 데이터셋은 LLM Twin 모델을 파인튜닝하는 데 사용된다. 'instruct_datasets'은 5장에서 다룬다. 지금은 데이터셋 메타데이터에 유용한 정보가 포함되어 있다는 점만 확인하자. 예를 들어 데이터셋에 포함된 데이터 카테고리 수, 저장 용량, 학습 및 테스트 분할당 샘플 개수 등이 해당된다.

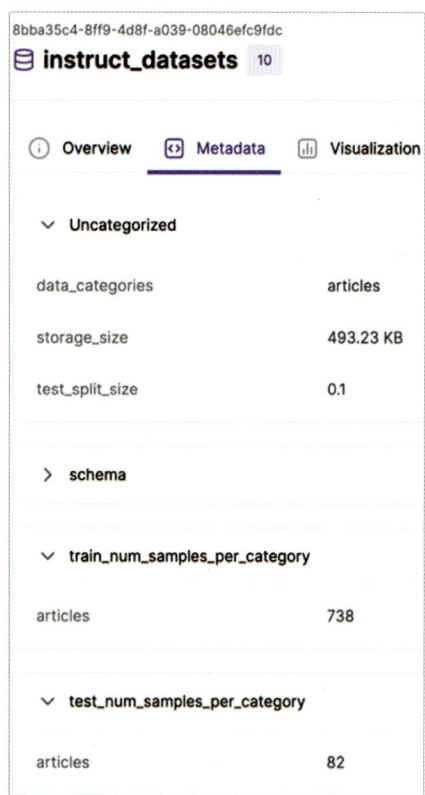

그림 2-9 'instruct_datasets' 아티팩트의 ZenML 메타데이터 예시

아래 코드에서 볼 수 있듯이 메타데이터는 아티팩트에 직접 추가할 수 있다. 따라서 데이터셋을 탐색할 때 비즈니스와 프로젝트 전반에서 유용하다고 판단되는 정보를 미리 추출해 아티팩트의 메타데이터에 첨부할 수 있다.

```python
... # 모듈 임포트 생략
from zenml import ArtifactConfig, get_step_context, step

@step
def generate_intruction_dataset(
    prompts: Annotated[dict[DataCategory,
list[GenerateDatasetSamplesPrompt]], "prompts"]) -> Annotated[
    InstructTrainTestSplit,
    ArtifactConfig(
        name="instruct_datasets",
```

```python
        tags=["dataset", "instruct", "cleaned"],
    ),
]:
    datasets = ... # 데이터셋 생성

    step_context = get_step_context()
    step_context.add_output_metadata(output_name="instruct_datasets",
metadata=_get_metadata_instruct_dataset(datasets))
    return datasets

def _get_metadata_instruct_dataset(datasets: InstructTrainTestSplit) ->
dict[str, Any]:
    instruct_dataset_categories = list(datasets.train.keys())
    train_num_samples = {
        category: instruct_dataset.num_samples for category, instruct_
dataset in datasets.train.items()
    }
    test_num_samples = {category: instruct_dataset.num_samples for
category, instruct_dataset in datasets.test.items()}

    return {
        "data_categories": instruct_dataset_categories,
        "test_split_size": datasets.test_split_size,
        "train_num_samples_per_category": train_num_samples,
        "test_num_samples_per_category": test_num_samples,
    }
```

ZenML 대시보드나 CLI를 통해 확인할 수 있는 범용 고유 식별자^{universally unique identifier}(UUID)를 사용해 특정 버전의 데이터셋을 쉽게 다운로드하고 접근할 수 있다.

```python
from zenml.client import Client

artifact = Client().get_artifact_version('8bba35c4-8ff9-4d8f-a039-08046efc9fdc')
loaded_artifact = artifact.load()
```

이제 마지막으로 ZenML 파이프라인을 실행하고 구성하는 방법을 알아보자.

ZenML 파이프라인 실행과 구성

모든 ZenML 파이프라인은 `run.py` 파일에서 호출할 수 있다. 이는 깃허브 리포지터리의 `tools/run.py`에서 확인할 수 있다. `run.py` 파일에는 실행할 파이프라인을 선택할 수 있는 간단한 CLI가 구현되어 있다. 예를 들어 Maxime의 콘텐츠를 크롤링하려면 `digital_data_etl` 파이프라인을 호출하는 명령어를 실행한다.

```
python -m tools.run --run-etl --no-cache --etl-config-filename digital_data_etl_maxime_labonne.yaml
```

또는 Paul의 콘텐츠를 크롤링하려면 다음 명령어를 실행한다.

```
python -m tools.run --run-etl --no-cache --etl-config-filename digital_data_etl_paul_iusztin.yaml
```

Poe the Poet를 소개할 때 설명했듯이, 프로젝트와 상호작용하는 모든 CLI 명령어는 Poe를 통해 실행한다. 이는 프로젝트를 단순화하고 표준화한다. 따라서 이러한 파이썬 호출을 다음과 같은 Poe CLI 명령어로 캡슐화했다.

```
poetry poe run-digital-data-etl-maxime
poetry poe run-digital-data-etl-paul
```

다른 사람의 콘텐츠를 스크래핑할 때는 ETL 구성 파일의 이름만 변경한다. ZenML은 특정 config 파일을 다음과 같이 주입할 수 있다.

```
config_path = root_dir / "configs" / etl_config_filename
assert config_path.exists(), f"Config file not found: { config_path }"
run_args_etl = {
    "config_path": config_path,
    "run_name": f"digital_data_etl_run_{dt.now().strftime('%Y_%m_%d_%H_%M_%S')}"
}
digital_data_etl.with_options()(**run_args_etl)
```

config 파일에는 파이프라인에 입력으로 전달될 모든 매개변수를 정의한다. 예를 들어 configs/digital_data_etl_maxime_labonne.yaml 설정 파일은 다음과 같은 형태를 가진다.

```
parameters:
  user_full_name: Maxime Labonne # [First Name(s)] [Last Name]
  links:
    # 개인 블로그
    - https://mlabonne.github.io/blog/posts/2024-07-29_Finetune_Llama31.html
    - https://mlabonne.github.io/blog/posts/2024-07-15_The_Rise_of_Agentic_Data_Generation.html
    # 서브스택
    - https://maximelabonne.substack.com/p/uncensor-any-llm-withabliteration-d30148b7d43e
    ... # 추가 링크
```

digital_data_etl 함수의 이름과 매개변수, 타입은 다음과 같다.

```
@pipeline
def digital_data_etl(user_full_name: str, links: list[str]) -> str:
```

이 접근법을 사용하면 코드 수정 없이 각 파이프라인을 구성할 수 있다. 또한 모든 파이프라인의 입력을 명확히 추적할 수 있어 재현성을 보장할 수 있다. [그림 2-10]에서 볼 수 있듯이, 각 파이프라인에 대해 하나 이상의 설정 파일을 사용할 수 있다.

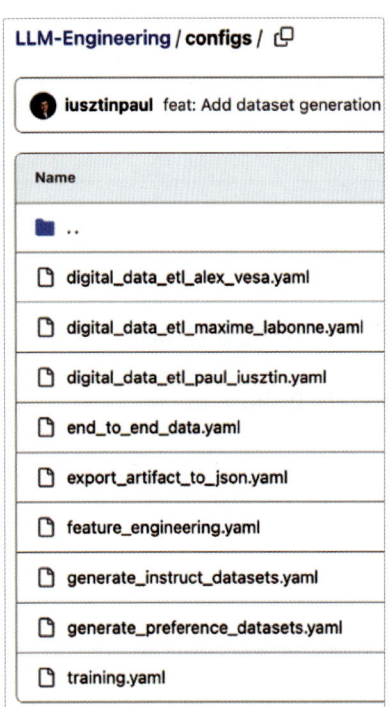

그림 2-10 ZenML 파이프라인 구성

ZenML과 비슷한 인기 있는 오케스트레이터로는 에어플로^{Airflow}, Prefect, 메타플로^{Metaflow}, Dagster가 있다. 쿠버네티스를 많이 사용하는 경우에는 아르고 워크플로$^{Argo\ Workflow}$나 쿠브플로^{Kubeflow}를 선택할 수도 있다. 단 쿠브플로는 쿠버네티스 환경에서만 작동한다. ZenML은 사용 편의성, 기능, 비용 면에서 가장 균형 잡힌 선택이라고 본다. 또한 이 도구들 중 ZenML만 제공하는 스택^{stack} 기능이 있는데, 이는 특정 클라우드 환경에 종속되지 않도록 해준다.

11장에서는 오케스트레이터를 활용해 MLOps의 모범 사례를 구현하는 방법을 더 깊이 알아볼 것이다. 지금까지 ZenML의 개념, 활용 사례, 사용 방법을 이해했으니, 이제 실험 추적 도구에 대해 살펴보자.

2.2.3 Comet ML: 실험 추적 도구

머신러닝 모델을 훈련하는 과정은 실험의 무한 반복이다. 전통적인 소프트웨어 개발과는 달리, 여러 실험을 병렬로 실행하고 평가 지표를 기반으로 비교한 다음 어느 모델을 프로덕션에 적용할지 결정한다. 실험 추적 도구는 지표나 모델 예측의 시각적 표현과 같은 모든 정보를 기록해, 실험을 비교하고 가장 좋은 모델을 선택할 수 있도록 돕는다. LLM 프로젝트도 마찬가지다.

[그림 2-11]처럼 Comet을 사용해 모든 실험에서 학습 및 평가 손실, 그레이디언트 노름$^{gradient\ norm}$[13] 값과 같은 지표를 추적할 수 있다.

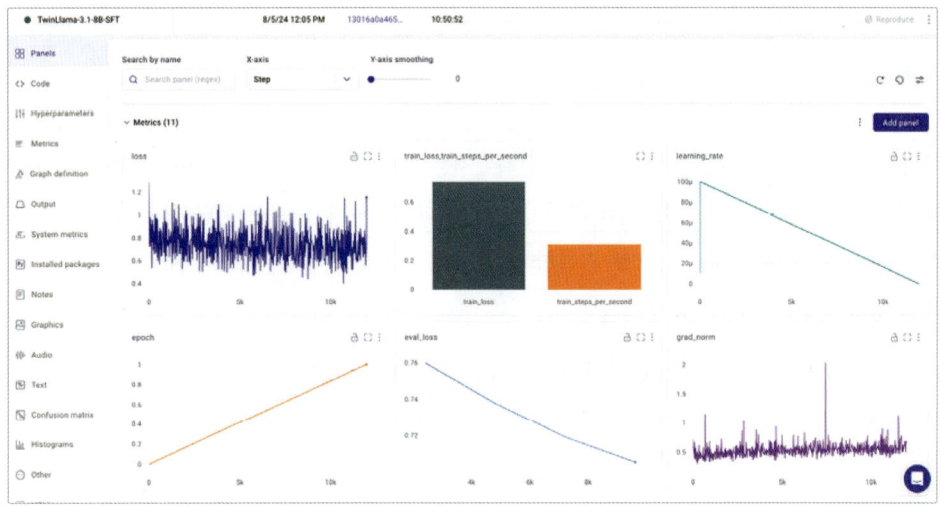

그림 2-11 Comet ML 학습 지표 예시

실험 추적 도구를 사용하면 학습 및 평가 지표뿐 아니라 학습 하이퍼파라미터도 기록해 실험 간의 다양한 설정을 추적할 수 있다.

또한 [그림 2-12]와 같이 GPU, CPU, 메모리 사용량 등의 시스템 지표도 자동으로 기록되어 학습에 필요한 자원과 병목 지점을 파악하는 데 도움을 준다.

---

[13] 옮긴이_손실 함수에 대한 기울기의 크기를 나타내며, 학습이 안정적으로 진행되는지 확인하는 데 활용한다.

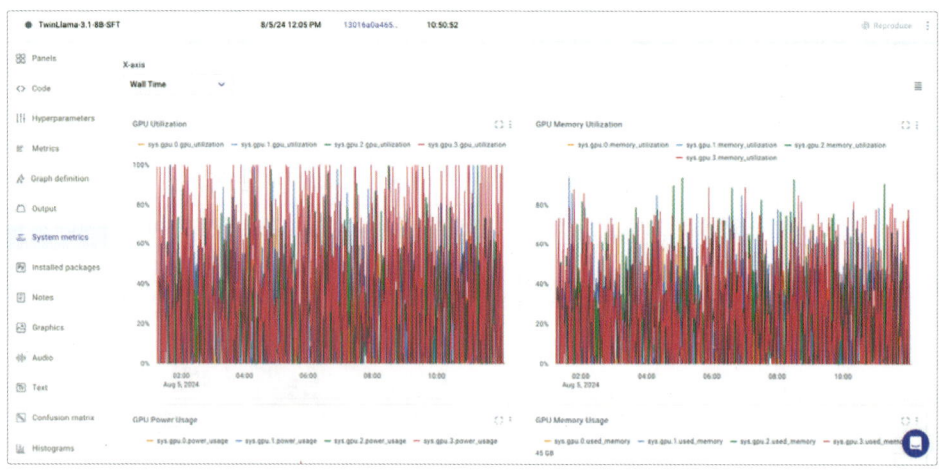

그림 2-12 Comet ML 시스템 지표 예시

Comet을 로컬에 설치할 필요는 없다. 이 책에서는 제한 없이 무료로 사용할 수 있는 온라인 버전을 사용한다. Comet ML 실험 추적기에 대해 더 자세히 살펴보고 싶다면, LLM Twin 모델을 파인튜닝할 때 Comet ML로 기록한 학습 실험 결과를 공개해두었으니 참고해볼 수 있다. 다음 링크에서 확인할 수 있다.[14]

다른 인기 있는 실험 추적기로는 W&B, MLflow, Neptune 등이 있다. 이들을 모두 사용해본 결과, 제공하는 기능은 대부분 비슷하다. 하지만 Comet ML이 가장 사용하기 쉽고 직관적인 인터페이스를 제공한다. 이제 MLOps 퍼즐의 마지막 부분인 프롬프트 모니터링을 위한 Opik으로 넘어가보자.

2.2.4 Opik: 프롬프트 모니터링

프롬프트의 로깅과 모니터링에는 일반적인 도구와 기법을 적용할 수 없다. 그 이유는 11장에서 자세히 설명하겠지만, 간단히 말하면 프롬프트가 복잡하고 비정형 문자열로 이루어져 있어 표준화된 로깅이 어렵기 때문이다. LLM 애플리케이션에서는 여러 프롬프트의 입력과 출력이 서로 연결되어 하나의 흐름을 형성하며, 각 프롬프트는 이전 프롬프트의 영향을 받게 된다.

따라서 단순한 텍스트 로그가 아닌, 흐름을 그룹화해 디버깅과 프롬프트 추적 모니터링을 더

---

[14] https://www.comet.com/mlabonne/llm-twin-training/view/new/panels

쉽게 할 수 있는 대시보드가 필요하다.

프롬프트 모니터링 도구로는 Comet에서 만든 오픈 소스 도구인 Opik을 사용한다. Opik은 단순함과 사용 편의성을 중시하는 Comet의 철학을 따르며, 보기 드문 프롬프트 모니터링 도구이다. 비슷한 기능을 제공하는 다른 도구로는 Langfuse,[15] Galileo,[16] LangSmith[17]가 있지만, 이들 솔루션은 사용 및 구현이 번거롭다. Opik은 서버리스 옵션과 함께 완전한 제어가 가능한 무료 오픈 소스 버전도 제공한다. Opik에 대한 더 자세한 내용은 `https://github.com/comet-ml/opik`에서 확인할 수 있다.

2.3 비정형 데이터와 벡터 데이터를 저장하기 위한 데이터베이스

이 절에서는 예제에서 사용할 NoSQL 데이터베이스와 벡터 DB도 소개한다. 로컬 환경에서 작업할 때 NoSQL 데이터베이스와 벡터 DB는 이미 도커를 통해 통합되었다. 따라서 2.2절에서 설명한 대로 `poetry poe local-infrastructure-up` 명령을 실행하면 두 데이터베이스의 도커 로컬 이미지가 자동으로 다운로드되고 실행된다. 또한 11장에서 두 데이터베이스를 서버리스로 배포하는 방법과 LLM Twin 프로젝트의 나머지 구성 요소와 통합하는 방법도 다룬다.

2.3.1 몽고DB: NoSQL 데이터베이스

몽고DBMongoDB는 현재 가장 많이 사용되는 NoSQL 데이터베이스로, 뛰어난 성능과 다양한 기능을 제공한다. AWS, 구글 클라우드, 애저, 데이터브릭스Databricks와 같은 대부분의 클라우드 생태계와도 잘 통합된다. 이러한 이유로 몽고DB를 NoSQL 데이터베이스로 선택하는 것은 당연한 일이다.

이 책을 집필할 당시 몽고DB는 Novo Nordisk, Delivery Hero, Okta, Volvo와 같은 주요 기업에서 사용되고 있었다. 이러한 기업들의 폭넓은 채택은 몽고DB가 장기적으로 선도적인

---

[15] 오픈 소스, `https://langfuse.com`
[16] 비공개 소스, `rungalileo.io`
[17] 비공개 소스, `https://www.langchain.com/langsmith`

NoSQL 데이터베이스로 자리 잡을 수 있음을 시사했다. 몽고DB는 NoSQL 데이터베이스로, 인터넷에서 수집한 원시 데이터를 처리하기 전에 저장하는 용도로 사용한다. 비정형 텍스트 데이터를 다루기 때문에 NoSQL 데이터베이스의 유연성이 이 작업에 딱 맞는다.

2.3.2 Qdrant: 벡터 DB

Qdrant[18]는 현재 가장 인기 있고 강력한 벡터 DB로, 다양한 기능을 갖추고 있다. 작은 MVP 개발 목적으로는 다른 선택지가 많이 있었지만, 우리는 가볍고 앞으로도 오랫동안 업계에서 사용될 가능성이 높은 것을 선택했다. Qdrant는 몽고DB에서 처리하고 변환된 데이터를 생성형 AI에 활용할 수 있도록 저장하는 데 사용한다.

Qdrant는 X(구 트위터), 디즈니, 마이크로소프트, 디스코드, 존슨앤드존슨(J&J) 등 주요 기업들에서 사용되고 있다. 따라서 Qdrant가 벡터 DB 분야에서 지속적으로 중요한 역할을 할 것임을 시사한다.

책을 집필할 당시 Milvus, Redis, Weaviate, Pinecone, Chroma, pgvector(PostgreSQL의 벡터 인덱스 플러그인)와 같은 다른 인기 있는 벡터 DB도 있었다. 하지만 Qdrant는 초당 요청 처리량request per second(RPS), 지연 시간, 인덱스 생성 시간 사이에서 가장 균형 잡힌 성능을 보여줬으며, 많은 생성형 AI 애플리케이션에 적합한 선택이라고 판단했다.

모든 벡터 DB를 비교하는 것은 그 자체로 하나의 장chapter을 통째로 할애해야 한다. 여기서는 자세히 다루지 않지만 궁금하다면, Superlinked에서 제공하는 Vector DB Comparison[19]를 참고하기 바란다. 이 자료는 라이선스와 출시 연도부터 데이터베이스 기능, 임베딩 모델, 지원하는 프레임워크까지 다양한 측면에서 주요 벡터 DB를 비교하고 있다.

---

[18] https://qdrant.tech/
[19] https://superlinked.com/vector-db-comparison

2.4 AWS 사용 준비

2장의 마지막 부분에서는 AWS 계정 설정(계정이 없는 경우), AWS 액세스 키 생성, CLI 설정 방법에 대해 다룬다. 또한 세이지메이커가 무엇인지와 이를 사용하는 이유에 대해서도 살펴본다.

AWS를 클라우드 플랫폼으로 선택한 이유는 가장 인기 있는 서비스이자 필자에게 가장 익숙한 플랫폼이기 때문이다. 사실 GCP나 애저와 같은 다른 주요 클라우드도 유사한 서비스를 제공한다. 애플리케이션 개발 시 개발 시간(가장 익숙한 플랫폼에서 작업하는 시간), 기능, 비용 간의 균형을 고려해야 한다. AWS는 S3(객체 스토리지), ECR(컨테이너 레지스트리), 세이지메이커(학습 및 추론을 위한 컴퓨팅) 등 LLM Twin 개발에 필요한 모든 기능을 안정적으로 제공하므로 좋은 선택이다.

2.4.1 AWS 계정, 액세스 키, CLI 설정

AWS의 UI/UX는 수시로 변경될 수 있으므로 AWS 계정 생성을 위해서는 항상 공식 튜토리얼을 참조하는 것이 가장 정확하다. 최신 가이드는 다음 링크를 통해 확인할 수 있다.[20]

AWS 계정을 생성한 후에는 http://console.aws.amazon.com에서 AWS 콘솔에 접속할 수 있다. [Sign in] 버튼 아래에 있는 [Sign in using root user email]을 선택한 다음 계정의 이메일 주소와 비밀번호를 입력한다.

다음으로, AWS에 프로그래밍 방식으로 접근하기 위해 액세스 키를 생성해야 한다. 이를 위해 가장 좋은 방법은 관리자 권한이 있는 IAM 사용자를 생성하는 것이다. 자세한 방법은 AWS 공식 튜토리얼[21]을 참조하면 된다.

프로덕션 계정의 경우 최소 권한 정책을 통해 각 사용자에게 필요한 권한만 부여하는 것이 가장 좋은 방법이다. 그러나 테스트 계정 설정을 간소화하기 위해 [그림 2-13]처럼 사용자에게 전체 액세스 권한을 제공하는 'AdministratorAccess' 관리형 정책을 사용할 것이다.

---

[20] https://docs.aws.amazon.com/accounts/latest/reference/manage-acct-creating.html
[21] https://docs.aws.amazon.com/streams/latest/dev/setting-up.html

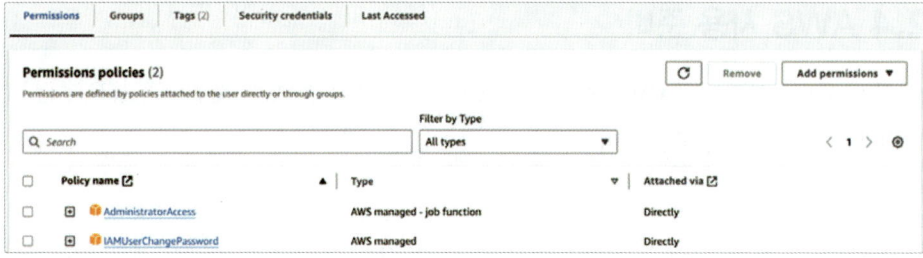

그림 2-13 IAM 사용자 권한 정책 화면

이제 방금 생성한 IAM 사용자에 대한 액세스 키를 생성해야 한다. 이를 위한 자세한 방법은 다음 튜토리얼에서 확인할 수 있다.[22]

액세스 키는 다음과 같은 형태로 표시된다.

```
aws_access_key_id = <your_access_key_id>
aws_secret_access_key = <your_secret_access_key>
```

액세스 키는 최초 생성 시에만 확인할 수 있으므로 유출되지 않도록 안전하게 보관해야 한다. 또한 액세스 키를 공유할 때는 매우 조심해야 한다. 이 키를 통해 AWS 계정에 접근하거나 다양한 AWS 리소스를 조작할 수 있다.

마지막 단계는 AWS CLI를 설치하고 새롭게 생성한 액세스 키로 이를 구성하는 것이다. AWS CLI는 아래 링크를 통해 설치할 수 있다.[23]

AWS CLI를 설치한 후 `aws configure` 명령어로 설정할 수 있다. 아래는 AWS 설정의 예시다.

```
[default]
aws_access_key_id = *************
aws_secret_access_key = ************
region = eu-central-1
output = json
```

AWS CLI를 구성하는 방법에 대한 자세한 내용은 다음 튜토리얼을 참조하면 된다.[24]

---

[22] https://docs.aws.amazon.com/IAM/latest/UserGuide/id_credentials_access-keys.html
[23] https://docs.aws.amazon.com/cli/latest/userguide/getting-started-install.html
[24] https://docs.aws.amazon.com/cli/v1/userguide/cli-configure-files.html

또한 프로젝트를 AWS 자격 증명으로 구성하려면 `.env` 파일 내에 다음 변수를 채워야 한다.

```
AWS_REGION="eu-central-1" # Change it with your AWS region. By default, we
use "eu-central-1".
AWS_ACCESS_KEY="<your_aws_access_key>"
AWS_SECRET_KEY="<your_aws_secret_key>"
```

이 책에서 다루는 실습과 관련된 비용에 대한 주의

이 책에서 사용하는 클라우드 서비스들은 대부분 무료 옵션을 제공하지만, AWS는 예외다. 개인 AWS 계정을 사용하는 경우 이 책을 따라하며 발생하는 AWS 비용은 본인 책임이다. 일부 서비스는 AWS 프리 티어 free tier 범위에 포함되지만 그렇지 않은 서비스도 있다. 따라서 반드시 정기적으로 AWS 결제 콘솔을 확인해 비용을 관리해야 한다. 비용 대부분은 세이지메이커를 사용해 학습 및 추론을 테스트할 때 발생한다. 테스트 결과에 따르면 이 책과 리포지터리에서 제시한 사양을 사용할 경우 AWS는 약 $50~$100의 비용을 부과할 수 있다. 비용 모니터링을 위해 결제 알림을 설정하는 방법은 AWS 문서를 참조하길 바란다. 자세한 내용은 다음 링크에서 확인할 수 있다.[25]

2.4.2 세이지메이커: 학습 및 추론을 위한 컴퓨팅

이제 세이지메이커를 이해하고 이를 선택한 이유를 알아보자. 세이지메이커는 ML 모델을 학습하고 배포하는 데 사용하는 플랫폼이다. AWS 세이지메이커는 개발자와 데이터 과학자가 머신러닝 모델을 대규모로 구축, 학습, 배포할 수 있는 AWS의 완전 관리형 머신러닝 서비스이다. 세이지메이커는 기본 인프라 관리를 처리하고 사용자가 고품질 모델 개발에 집중할 수 있도록 과정을 단순화한다.

세이지메이커를 사용해 GPU 클러스터에서 학습 파이프라인을 파인튜닝하고 운영할 것이다. 그리고 커스텀 LLM Twin 모델을 REST API로 배포해 전 세계 어디서나 실시간으로 접근할 수 있도록 한다.

---

[25] https://docs.aws.amazon.com/AmazonCloudWatch/latest/monitoring/monitor_estimated_charges_with_cloudwatch.html

AWS 세이지메이커를 사용하는 이유

AWS 세이지메이커의 선택 배경과 더불어 상대적으로 간단하고 비용 효율적인 AWS Bedrock을 채택하지 않은 이유를 살펴보겠다. 그 전에 먼저 Bedrock의 특징을 알아보자.

아마존 Bedrock은 LLM을 배포하기 위한 서버리스 솔루션이다. 서버리스는 서버나 인프라를 관리할 필요가 없다는 것을 의미한다. Bedrock은 사전 학습된 모델을 제공하며, API 호출을 통해 직접 사용할 수 있다. 집필 당시에는 미스트랄, 플랜^{Flan}, 라마 2, 라마 3만 지원해서 선택할 수 있는 LLM의 종류가 상당히 제한적이었다. 입력 데이터를 보내면 모델로부터 쉽게 예측 결과를 받을 수 있으며, 기본 인프라나 소프트웨어를 관리할 필요가 없다. 이런 방식은 AI 기능을 애플리케이션에 통합하는 데 필요한 복잡성과 시간을 크게 줄여 머신러닝 지식이 부족한 개발자도 쉽게 개발할 수 있게 한다. 그러나 이러한 용이성은 커스터마이징이 제한된다는 단점도 있다. 제공되는 제한된 모델과 API만 사용할 수 있기 때문이다. 사용 비용은 API 호출 수를 기반으로 부과된다. 이러한 심플한 가격 정책은 비용을 예측하고 효율적으로 관리하는 데 용이하다.

세이지메이커는 머신러닝 모델을 구축, 학습, 배포할 수 있는 범용적인 플랫폼이다. 이 플랫폼은 머신러닝 프로세스를 완전히 커스터마이징할 수 있으며, 연구 목적으로도 사용할 수 있다. 이러한 이유로 세이지메이커는 프로그래밍에 능하고 머신러닝 개념에 정통하며, AWS 같은 클라우드 플랫폼 활용에 익숙한 데이터 과학자와 머신러닝 전문가들이 사용한다. 그러나 고성능 리소스와 확장성을 제공하는 만큼 세이지메이커는 비용 관리에 주의해야 한다. 대부분의 AWS 서비스와 마찬가지로 사용한 만큼 지불하는 pay-as-you-go 가격 정책을 따르고 있어, 애플리케이션 구축에 필요한 컴퓨팅 리소스, 스토리지, 기타 서비스 사용량에 따라 비용을 지불해야 한다.

Bedrock과 달리 세이지메이커는 API를 사용하지 않더라도 AWS에 배포된 리소스(예: EC2 인스턴스)에 대한 비용이 계속 발생한다. 따라서 사용되지 않는 리소스는 삭제하는 자동 스케일링 시스템을 설계해야 한다. 정리하면, Bedrock은 제공되는 기본 모델 중 하나를 API로 빠르게 배포할 수 있는 간편한 솔루션을 제공한다. 반면, 세이지메이커는 머신러닝 로직을 완전히 커스터마이징할 수 있는 플랫폼이다.

그렇다면 왜 Bedrock 대신 세이지메이커를 선택했을까? Bedrock은 빠르게 프로토타입을 개발하는 데 탁월한 선택이 될 수 있다. 그러나 이 책의 목표는 단순화된 요소를 넘어 LLM 엔지니어링의 전체 과정을 심층적으로 탐구하는 것이다. 이에 모델 배포에 필요한 포괄적인 엔지니어링 과정을 상세히 보여줄 수 있는 높은 수준의 커스터마이징이 가능한 세이지메이커가 가장 적절한 선택이었다.

세이지메이커도 100% 완전한 커스터마이징을 지원하는 것은 아니다. 배포를 완전히 제어하고 싶다면 AWS의 쿠버네티스 관리 서비스인 EKS를 사용하는 것이 좋다. EKS를 사용하면 가상 머신에 직접 접근할 수 있어, 머신러닝 파이프라인을 구축하는 방식, 상호작용 방식, 리소스를 관리하는 방식을 완전히 커스터마이징할 수 있다. 같은 방식으로 AWS의 쿠버네티스 버전인 ECS를 사용할 수도 있다. EKS나 ECS는 비용이 상대적으로 저렴해 비용 절감 측면에서 좋은 선택이다.

세이지메이커는 완전한 커스터마이징과 단순한 API 제공 사이에서 최적의 균형을 이루는 유연한 플랫폼이다. LLM Twin에 특화된 기능을 직접 개발하면서 관리형 서비스의 편리함도 누릴 수 있는 합리적인 선택이다.

요약

2장에서는 앞으로 사용하게 될 핵심 도구들을 살펴봤다. 깃허브 리포지터리 실행을 위해 올바른 버전의 파이썬을 설치하는 방법을 알아봤고, Poetry를 활용해 가상 환경을 생성하고 패키지 의존성을 설치하는 방법을 다뤘다. 마지막으로 Poe the Poet과 같은 작업 실행 도구를 통해 애플리케이션 실행에 필요한 모든 명령을 통합하는 방법을 살펴봤다.

그리고 MLOps의 모범 사례를 위해 사용되는 다양한 도구들을 폭넓게 다뤘다. 모델 공유를 위한 모델 레지스트리, 학습 실험을 관리하기 위한 실험 추적 도구, 머신러닝 파이프라인과 산출물을 관리하기 위한 오케스트레이터, 파일과 데이터셋을 관리하기 위한 메타데이터 도구 등을 상세히 소개했다. 또한 LLM Twin 사용 사례에 적합한 데이터베이스 유형을 파악했다. 마지막으로, AWS 계정 설정부터 액세스 키 생성, AWS CLI 구성을 통해 AWS 클라우드에 프로그래밍 방식으로 접근하는 전 과정을 상세히 다루었다. 아울러 LLM Twin 애플리케이션 구축을 위해 AWS 세이지메이커를 선택한 이유에 대해 심층적으로 설명했다.

다음 장에서는 LLM Twin 프로젝트의 본격적인 개발을 위한 데이터 수집 ETL 과정을 다룬다. 구체적으로는 인터넷에서 게시물, 기사, 리포지터리를 스크래핑해 이를 데이터 웨어하우스에 저장하는 방법을 상세히 살펴볼 예정이다.

참고 문헌

- Acsany, P. (2024, February 19). *Dependency Management With Python Poetry*. https://realpython.com/dependency-management-python-poetry/

- Comet.ml. (n.d.). *comet-ml/opik: Open-source end-to-end LLM Development Platform. GitHub*. https://github.com/comet-ml/opik

- Czakon, J. (2024, September 25). *ML Experiment Tracking: What It Is, Why It Matters, and How to Implement It. neptune.ai*. https://neptune.ai/blog/ml-experiment-tracking

- Hopsworks. (n.d.). *ML Artifacts (ML Assets)? Hopsworks*. https://www.hopsworks.ai/dictionary/ml-artifacts

- *Introduction | Documentation | Poetry – Python dependency management and packaging made easy. (n.d.)*. https://python-poetry.org/docs

- Jones, L. (2024, March 21). *Managing Multiple Python Versions With pyenv*. https://realpython.com/intro-to-pyenv/

- Kaewsanmua, K. (2024, January 3). *Best Machine Learning Workflow and Pipeline Orchestration Tools. neptune.ai*. https://neptune.ai/blog/best-workflow-and-pipeline-orchestration-tools

- MongoDB. (n.d.). *What is NoSQL? NoSQL databases explained*. https://www.mongodb.com/resources/basics/databases/nosql-explained

- Nat-N. (n.d.). *nat-n/poethepoet: A task runner that works well with poetry. GitHub*. https://github.com/nat-n/poethepoet

- Oladele, S. (2024, August 29). *ML Model Registry: The Ultimate Guide. neptune.ai*. https://neptune.ai/blog/ml-model-registry

- Schwaber-Cohen, R. (n.d.). *What is a Vector Database & How Does it Work? Use Cases + Examples. Pinecone*. https://www.pinecone.io/learn/vector-database/

- *Starter guide | ZenML Documentation. (n.d.)*. https://docs.zenml.io/user-guide/starter-guide

- *Vector DB Comparison. (n.d.)*. https://superlinked.com/vector-db-comparison

CHAPTER 3

데이터 엔지니어링

이제 LLM Twin 프로젝트 개발을 본격적으로 시작해보자. 파인튜닝이나 추론 같은 LLM 작업을 수행하려면 원시 데이터 수집이 필요하다. 이 장에서는 이러한 작업에 필요한 데이터를 수집하기 위한 데이터 수집 파이프라인을 설계하고 구현하는 방법을 알아본다. 이 책에서 데이터 엔지니어링은 주된 내용이 아니므로, 원시 데이터를 수집하는 데 반드시 필요한 내용만 간략히 다룬다. 4장부터는 LLM과 생성형 AI^{GenAI}의 이론을 설명하고, 이를 실제로 구현하는 방법을 자세히 다룬다.

토이 프로젝트$^{toy\ project}$나 연구를 할 때는 일반적으로 고정된 데이터셋을 사용한다. LLM Twin 프로젝트는 데이터의 지속적인 수집 및 처리가 필요하다. 이는 실제 머신러닝 프로젝트와 같다. 데이터 파이프라인 구현을 통해 엔드투엔드 머신러닝 프로젝트를 보다 쉽게 이해할 수 있다. 이 장에서는 여러 소셜 플랫폼(예: 미디엄, 서브스택, 깃허브)에서 데이터를 수집하고 이를 몽고DB 데이터 웨어하우스에 저장하는 ETL 파이프라인을 설계하고 구현하는 방법을 다룬다. 구체적으로는 다양한 크롤링 기법을 적용하고, 수집한 데이터를 표준화한 후 데이터 웨어하우스에 적재하는 과정을 배운다.

먼저 데이터 수집 파이프라인 설계와 ETL 파이프라인의 아키텍처를 설명한다. 이어서 ZenML을 사용해 전체 프로세스를 구성하는 파이프라인을 구현한다. 크롤러를 개발하면서 제공된 링크의 도메인에 따라 적합한 크롤러 클래스를 호출하는 디스패처[1] 계층을 소프트웨어의 모범

---

[1] 옮긴이_ 주어진 입력(이 경우 링크의 도메인)에 따라 적절한 작업을 수행하거나 올바른 클래스를 호출하는 역할을 하는 소프트웨어 컴포넌트

사례에 맞춰 구현하는 방법을 살펴본다. 또한 각 크롤러를 개별적으로 구현하는 방법을 다룬다. 그다음 몽고DB를 기반으로 한 데이터 계층을 구현해 모든 문서를 구조화하고 데이터베이스와 상호작용하는 방법을 배운다.

마지막으로 ZenML을 사용해 데이터 수집 파이프라인을 실행하고 몽고DB에서 수집된 데이터를 쿼리하는 방법을 살펴본다.

이 장의 주요 내용은 다음과 같다.

- LLM Twin의 데이터 수집 파이프라인 설계
- LLM Twin의 데이터 수집 파이프라인 구현
- 원시 데이터를 데이터 웨어하우스로 수집

이 장을 마치면 머신러닝 애플리케이션에 활용할 수 있는 데이터 ETL 파이프라인을 설계하고 구현하는 방법을 알게 될 것이다.

3.1 LLM Twin의 데이터 수집 파이프라인 설계

본격적인 시작에 앞서, LLM Twin의 데이터 수집 ETL 아키텍처를 이해해야 한다(그림 3-1). 어떤 플랫폼에서 데이터를 크롤링해 추출할 것인지, 데이터 구조와 프로세스를 어떻게 설계할 것인지를 생각해보자. 가장 중요한 첫 번째 단계는 데이터 수집 파이프라인이 ETL 프로세스에 어떻게 연계되는지를 이해하는 것이다.

ETL 파이프라인은 세 가지 기본 단계로 구성된다.

1 다양한 소스에서 데이터를 추출한다. 미디엄, 서브스택, 깃허브 같은 플랫폼에서 데이터를 크롤링하여 원시 데이터를 수집한다.
2 수집한 데이터를 변환하여 정제하고 표준화된 형식으로 가공한다. 이렇게 하면 저장 및 분석에 적합한 일관된 형식으로 만들 수 있다.
3 변환된 데이터를 데이터 웨어하우스나 데이터베이스에 저장한다.

LLM Twin 프로젝트에서는 몽고DB를 NoSQL 데이터 웨어하우스로 사용한다. 이는 일반적인 방식은 아니지만, 우리 프로젝트에는 적합한 선택이며 그 이유는 후에 다시 설명한다.

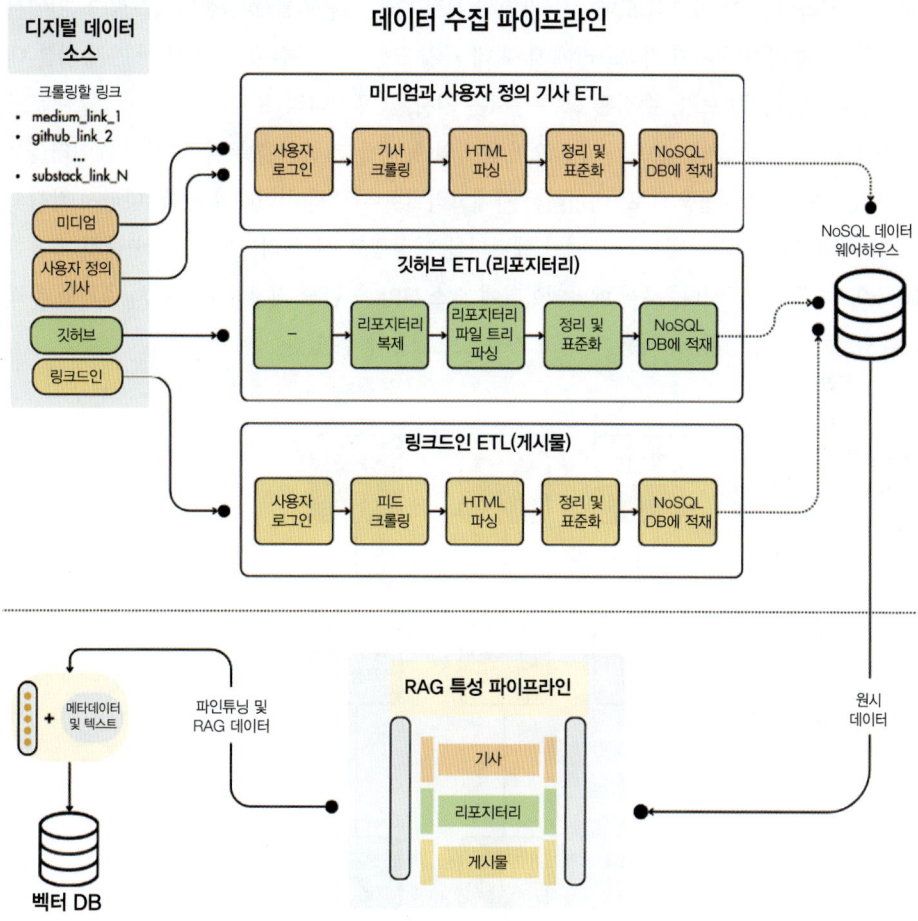

그림 3-1 LLM Twin의 데이터 수집 ETL 파이프라인 아키텍처

ETL 파이프라인은 사용자와 링크 목록을 입력받는다. 이후 각 링크를 하나씩 크롤링해 수집한 콘텐츠를 표준화한다. 그리고 이 데이터를 해당 작성자의 콘텐츠로 몽고DB 데이터 웨어하우스에 저장한다. 데이터 수집 파이프라인의 구조는 다음과 같이 정의된다.

- **입력**: 링크 목록과 관련된 사용자(작성자)
- **출력**: NoSQL 데이터 웨어하우스에 저장된 원시 문서 목록

추출된 콘텐츠의 작성자가 사용자인 경우가 대부분이고, 데이터 웨어하우스에서는 사용자 컬렉션만 존재하므로 작성자는 사용자로 대체한다.

ETL 파이프라인은 각 링크의 도메인을 감지해 서로 다른 크롤러를 호출한다. [그림 3-2]에서 볼 수 있듯, 세 가지 데이터 카테고리에 대해 네 가지 크롤러를 구현했다. 먼저 세 가지 기본 데이터 카테고리를 살펴보자. 수집된 모든 문서는 기사, 리포지터리(또는 코드), 게시물로 분류할 수 있다. 데이터 출처는 중요하지 않으며 문서의 형식에 더 중점을 둔다. 수집된 데이터들은 각기 다른 목적으로 사용되므로, 데이터를 카테고리별로 다르게 처리해야 한다. 따라서 각각의 데이터 카테고리에 대해 별도의 도메인 엔티티를 생성했고 각 엔티티는 몽고DB에서 고유한 클래스와 컬렉션을 가진다. 문서 메타데이터에 소스 URL을 함께 저장해 데이터의 출처를 추적할 수 있고, 이는 생성형 AI 사용 시 참고 자료로도 활용할 수 있다.

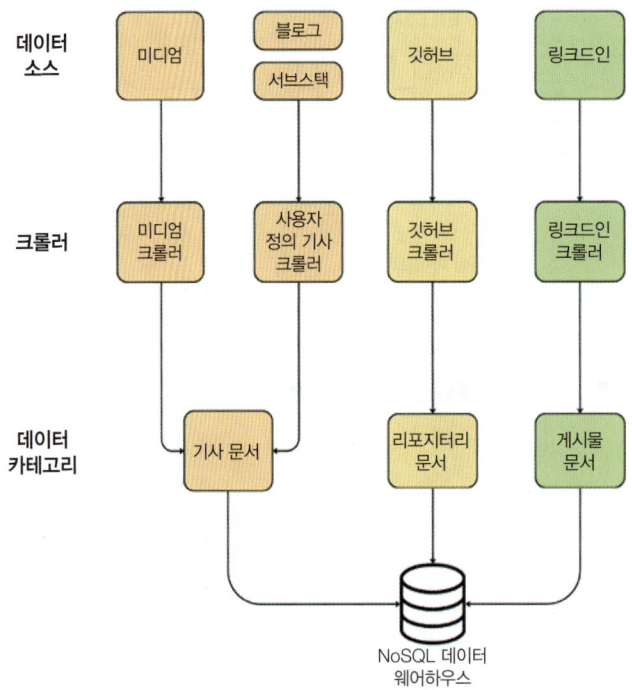

그림 3-2 크롤러와 데이터 카테고리 관계도

코드베이스는 네 가지 크롤러를 지원한다.

- **미디엄 크롤러**: 미디엄에서 데이터를 수집한다. 미디엄에 로그인한 후 기사 링크의 HTML을 크롤링한다. 그 다음 HTML에서 텍스트를 추출 및 정리, 표준화하고 NoSQL 데이터 웨어하우스에 적재한다.
- **사용자 정의 기사 크롤러**: 미디엄 크롤러와 작동 방식은 유사하지만 여러 사이트의 기사를 수집한다는 점이

다르다. 로그인 단계 없이 특정 링크에서 모든 HTML을 단순히 수집한다. 이는 서브스택이나 개인 블로그처럼 누구나 접근할 수 있는 글을 수집하는 데 적합하다. 이 크롤러는 다른 크롤러들이 처리하지 못하는 링크에 대한 백업(안전장치) 역할을 한다. 예를 들어 서브스택 링크를 입력하면 기본적으로 사용자 정의 기사 크롤러가 작동하고, 미디엄 링크를 입력하면 미디엄 크롤러가 작동한다.

- **깃허브 크롤러**: 깃허브에서 데이터를 수집한다. 리포지터리를 복제한 후, 리포지터리 파일 트리를 파싱하고 파일을 정리 및 표준화하여 데이터베이스에 적재한다.
- **링크드인 크롤러**: 링크드인에서 데이터를 수집하는 데 사용된다. 링크드인에 로그인한 다음 사용자의 피드로 이동해 최신 게시물을 모두 크롤링한다. 각 게시물의 HTML을 추출 및 정리, 표준화해서 몽고DB에 적재한다.

각 크롤러의 구현은 다음 절에서 자세히 설명할 것이다. 지금은 크롤러가 특정 플랫폼이나 사이트에 고유한 방식으로 접근해 HTML을 추출한다는 점에 주목하자. 이후 모든 크롤러는 HTML을 파싱해 텍스트를 추출한 다음 이를 정리하고 표준화해 동일한 인터페이스로 데이터 웨어하우스에 적재한다.

수집 데이터를 세 가지 데이터 카테고리로 단순화하고 데이터 소스마다 새로운 데이터 카테고리를 생성하지 않음으로써 이 아키텍처를 다양한 데이터 소스로 확장할 수 있다. 예를 들어 x라는 새로운 데이터를 수집하려면 게시물 문서 카테고리에 새로운 크롤러를 구현하면 된다. 나머지 코드는 수정할 필요가 없다. 반면 클래스와 문서 구조에 소스 차원을 도입했다면 새로운 데이터 소스를 지원하기 위해 모든 후속 계층에 코드를 추가해야 한다. 예를 들어 새로운 소스마다 새로운 문서 클래스를 구현하고 이를 지원할 수 있도록 특성 파이프라인을 수정해야 한다.

개념 증명proof of concept 단계에서는 수백 개의 문서를 크롤링하는 것으로 충분하지만, 프로덕션 수준의 제품 개발을 위해서는 더 많은 데이터 소스를 크롤링해야 한다. LLM은 많은 데이터가 필요하므로, 수백 개보다는 수천 개의 문서를 학습했을 때 더 나은 결과를 얻을 수 있다. 하지만 처음부터 완벽한 성능을 추구하기보다는, 전체 기능이 작동하는 기본 버전을 먼저 만들고 점진적으로 개선하는 것이 더 효율적이다. 이 아키텍처를 사용하면 앞으로 더 많은 데이터 소스를 쉽게 추가해 더 큰 데이터셋을 수집할 수 있다. LLM 파인튜닝과 데이터셋 크기에 관한 자세한 내용은 5장에서 다시 설명한다.

ETL 프로세스는 특성 파이프라인과 어떻게 연결되는가? 특성 파이프라인은 몽고DB 데이터 웨어하우스에서 원시 데이터를 가져와 추가로 정리한 후, 이를 특성으로 변환해 Qdrant 벡터 DB에 저장한다. 이렇게 하면 LLM 학습 및 추론 파이프라인에서 데이터를 활용할 수 있다. 특성 파이프라인에 대한 자세한 내용은 4장에서 다룬다. ETL 프로세스는 특성 파이프라인과 독립적으로 작동하며, 두 파이프라인은 몽고DB 데이터 웨어하우스를 통해서만 데이터를 주고받는다. 데이터 수집 파이프라인은 몽고DB에 데이터를 기록하고 특성 파이프라인은 필요할 때 기록된 데이터를 읽는다.

왜 몽고DB를 데이터 웨어하우스로 사용하는가? 몽고DB와 같은 트랜잭션 데이터베이스를 데이터 웨어하우스로 사용하는 것은 흔한 일이 아니다. 그러나 LLM Twin 프로젝트의 경우 다루는 데이터의 양이 적어서 몽고DB로도 충분히 처리할 수 있다. 몽고DB 컬렉션에서 통계 수치 연산이 필요해도 LLM Twin 데이터(수백 개의 문서) 규모에서는 문제없이 작동한다. 몽고DB를 선택한 주된 이유는 인터넷에서 크롤링한 텍스트와 같은 비정형 데이터를 저장하기에 적합하기 때문이다. 주로 비정형 텍스트를 다루는 경우 스키마 제약이 없는 NoSQL 데이터베이스를 선택하면 개발이 더 쉽고 빨라진다. 또한 몽고DB는 안정적이며 사용이 간편하다. 파이썬 SDK는 직관적이고 로컬 환경에서 바로 작동하는 도커 이미지와 개념 증명에 적합한 클라우드 무료 요금제를 제공하므로 로컬과 클라우드 환경에서 자유롭게 작업할 수 있다. 그러나 대규모 데이터(수백만 개 이상의 문서)를 다룰 때는 스노우플레이크^{Snowflake}나 빅쿼리^{BigQuery}와 같은 전용 데이터 웨어하우스를 사용하는 것이 이상적이다.

지금까지 LLM Twin의 데이터 수집 파이프라인의 아키텍처를 알아보았다. 이제 구현 단계로 넘어가보자.

3.2 LLM Twin의 데이터 수집 파이프라인 구현

2장에서 설명했듯이, LLM Twin 프로젝트에서 각 파이프라인의 진입점은 ZenML 파이프라인이다. 이는 YAML 파일을 통해 구성할 수 있으며 ZenML 생태계를 통해 실행된다. 먼저 ZenML의 `digital_data_etl` 파이프라인부터 살펴보자. 이 파이프라인은 2장에서 ZenML을 설명할 때 예제로 사용한 것과 동일하다. 다만 이번에는 데이터 수집 과정의 작동 원리와 구현 방법을 더 자세히 살펴보도록 하겠다. 먼저 파이프라인의 전반적인 동작 방식을 이해한 후, 각 크롤러가 다양한 사이트에서 어떻게 데이터를 수집하는지, 몽고DB에서 이 데이터를 어떻게 저장하고 검색하는지 알아보도록 하겠다.

3.2.1 ZenML 파이프라인과 스텝

아래 코드 조각은 ZenML의 `digital_data_etl` 파이프라인을 보여준다. 이 파이프라인은 사용자의 전체 이름과 해당 사용자가 작성자로 간주되는 링크 목록(이 링크에서 추출된 콘텐츠의 작성자)을 입력받는다. 함수 내부에서는 두 스텝을 호출한다. 첫 번째 스텝에서는 사용자의 전체 이름을 기반으로 데이터베이스에서 사용자를 조회한다. 그다음 모든 링크를 반복적으로 순회하며 각 링크를 독립적으로 크롤링한다. 이 파이프라인의 코드는 리포지터리의 `pipelines/digital_data_etl.py`에서 확인할 수 있다.

```python
from zenml import pipeline

from steps.etl import crawl_links, get_or_create_user

@pipeline
def digital_data_etl(user_full_name: str, links: list[str]) -> str:
    user = get_or_create_user(user_full_name)
    last_step = crawl_links(user=user, links=links)

    return last_step.invocation_id
```

[그림 3-3]은 ZenML 대시보드에서 `digital_data_etl` 파이프라인 실행 화면을 보여준다. `get_or_create_user`와 `crawl_links` 스텝에 대해서는 바로 이어서 설명한다. 해당 스텝의 구현은 리포지터리의 `steps/etl`에서 확인할 수 있다.

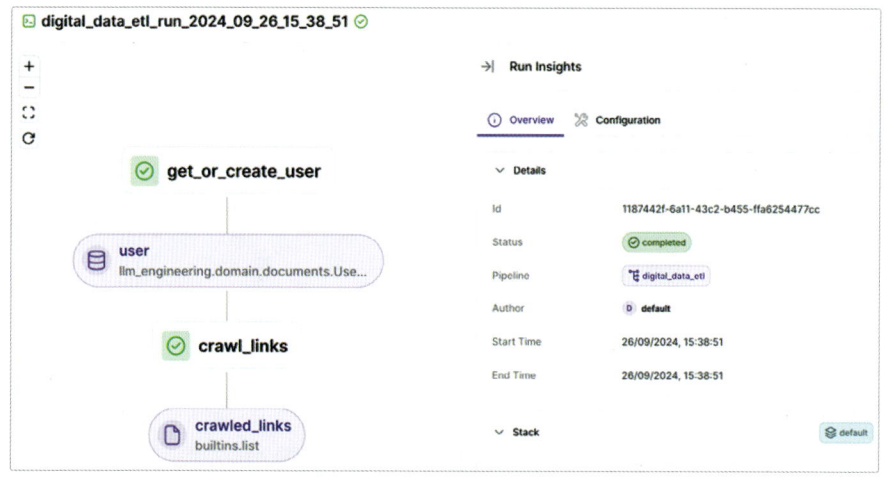

그림 3-3 `digital_data_etl` 파이프라인의 ZenML 대시보드 실행 화면

get_or_create_user ZenML 스텝의 구현부터 시작해보자. 가장 먼저 스크립트에 필요한 모듈과 함수들을 임포트한다.

```
from loguru import logger
from typing_extensions import Annotated
from zenml import get_step_context, step

from llm_engineering.application import utils
from llm_engineering.domain.documents import UserDocument
```

다음으로 함수를 정의한다. 이 함수는 사용자의 전체 이름을 입력으로 받아, 해당 사용자가 몽고DB 데이터베이스에 존재하면 기존 사용자를 가져오고, 존재하지 않으면 새로 생성한다.

```
@step
def get_or_create_user(user_full_name: str) -> Annotated[UserDocument, "user"]:
```

유틸리티 함수를 사용해 성명full name을 이름first name과 성last name으로 분리한다. 그다음 데이터베이스에서 사용자를 조회한다. 사용자가 존재하지 않으면 새로 생성한다. 또한 현재 스텝의 문맥을 가져와 출력에 사용자 관련 메타데이터를 추가한다. 이는 ZenML 출력 아티팩트의 메타데이터에 반영된다.

```
    logger.info(f"Getting or creating user: {user_full_name}")

    first_name, last_name = utils.split_user_full_name(user_full_name)

    user = UserDocument.get_or_create(first_name=first_name, last_ name=last_name)

    step_context = get_step_context()
    step_context.add_output_metadata(output_name="user", metadata=_get_
metadata(user_full_name, user))

    return user
```

추가로 _get_metadata()라는 헬퍼 함수를 정의한다. 이 함수는 쿼리 파라미터와 조회된 사용자 정보를 딕셔너리로 만들어 사용자 아티팩트의 메타데이터에 추가한다.

```python
def _get_metadata(user_full_name: str, user: UserDocument) -> dict:
    return {
        "query": {
            "user_full_name": user_full_name,
         },
        "retrieved": {
            "user_id": str(user.id),
            "first_name": user.first_name,
            "last_name": user.last_name,
        },
    }
```

crawl_links 스텝으로 넘어가자. 이 스텝은 제공된 링크들에서 데이터를 수집한다. 코드는 웹 크롤링에 필요한 주요 모듈과 라이브러리를 임포트하는 것부터 시작한다.

```python
from urllib.parse import urlparse
from loguru import logger

from tqdm import tqdm
from typing_extensions import Annotated
from zenml import get_step_context, step

from llm_engineering.application.crawlers.dispatcher import CrawlerDispatcher
from llm_engineering.domain.documents import UserDocument
```

임포트한 다음 메인 함수는 특정 작성자가 작성한 링크 목록을 입력받는다. 이 함수 내부에서는 크롤러 디스패처crawler dispatcher를 초기화하고 링크드인, 미디엄, 깃허브 등 특정 도메인을 처리하도록 설정한다.

```python
@step
def crawl_links(user: UserDocument, links: list[str]) -> Annotated[list[str],
"crawled_links"]:
    dispatcher = CrawlerDispatcher.build().register_linkedin().register_medium().
register_github()

    logger.info(f"Starting to crawl {len(links)} link(s).")
```

이 함수는 출력 메타데이터를 저장할 변수와 성공적으로 크롤링된 횟수를 저장할 변수를 초기화한다. 그다음 각 링크를 순회하며 크롤링 및 데이터 추출을 시도하고 성공적으로 크롤링된 횟수를 갱신하며 각 URL에 대한 메타데이터를 누적한다.

```python
metadata = {}
successfull_crawls = 0
for link in tqdm(links):
    successfull_crawl, crawled_domain = _crawl_link(dispatcher, link, user)

    successfull_crawls += successfull_crawl

    metadata = _add_to_metadata(metadata, crawled_domain, successfull_crawl)
```

모든 링크를 처리한 후, 함수는 누적된 메타데이터를 출력 아티팩트에 기록한다.

```python
step_context = get_step_context()
step_context.add_output_metadata(output_name="crawled_links", metadata=metadata)

logger.info(f"Successfully crawled {successfull_crawls} / {len(links)} links.")

return links
```

코드에는 각 링크의 도메인에 따라 적절한 크롤러를 사용해 정보를 추출하려고 시도하는 헬퍼 함수가 포함되어 있다. 이 함수는 추출 과정에서 발생할 수 있는 예외를 처리하고, 크롤링 결과와 링크 도메인을 나타내는 튜플을 반환한다.

```python
def _crawl_link(dispatcher: CrawlerDispatcher, link: str, user: UserDocument) -> tuple[bool, str]:
    crawler = dispatcher.get_crawler(link)
    crawler_domain = urlparse(link).netloc

    try:
        crawler.extract(link=link, user=user)
        return (True, crawler_domain)
    except Exception as e:
        logger.error(f"An error occurred while crawling: {e!s}")

        return (False, crawler_domain)
```

또 다른 헬퍼 함수는 각 크롤링 결과를 메타데이터 딕셔너리에 업데이트한다.

```
def _add_to_metadata(metadata: dict, domain: str, successful_crawl: bool) -> dict:
    if domain not in metadata:
        metadata[domain] = {}
    metadata[domain]["successful"] = metadata.get(domain, {}).get("successful", 0)
+ successful_crawl
    metadata[domain]["total"] = metadata.get(domain, {}).get("total", 0) + 1

    return metadata
```

앞서 언급한 `_crawl_link()` 함수에서 볼 수 있듯이, `CrawlerDispatcher` 클래스는 각 링크의 도메인에 따라 어떤 크롤러를 호출할지 결정한다. 이후 로직은 크롤러의 `extract()` 메서드로 추상화되어 처리된다. 이 작동 방식을 이해하기 위해 `CrawlerDispatcher` 클래스를 자세히 살펴보자.

3.2.2 디스패처: 적절한 크롤러는 어떻게 호출하는가?

크롤링 로직의 진입점은 `CrawlerDispatcher` 클래스이다. [그림 3-4]와 같이 디스패처는 URL과 크롤러를 연결하는 중간 계층으로, 각 URL에 적합한 크롤러를 지정하는 역할을 한다.

`CrawlerDispatcher` 클래스는 각 링크의 도메인을 확인해 해당 사이트에 맞는 크롤러를 호출한다. 예를 들어 링크에서 https://medium.com 도메인이 확인되면 미디엄 플랫폼 전용 크롤러인 `MediumCrawler` 인스턴스를 생성한다. 이제 `CrawlerDispatcher` 클래스의 실제 구현 코드를 살펴보자.

 모든 크롤링 로직과 코드는 이 책의 깃허브 리포지터리 'llm_engineering/application/crawlers'에서 확인할 수 있다.

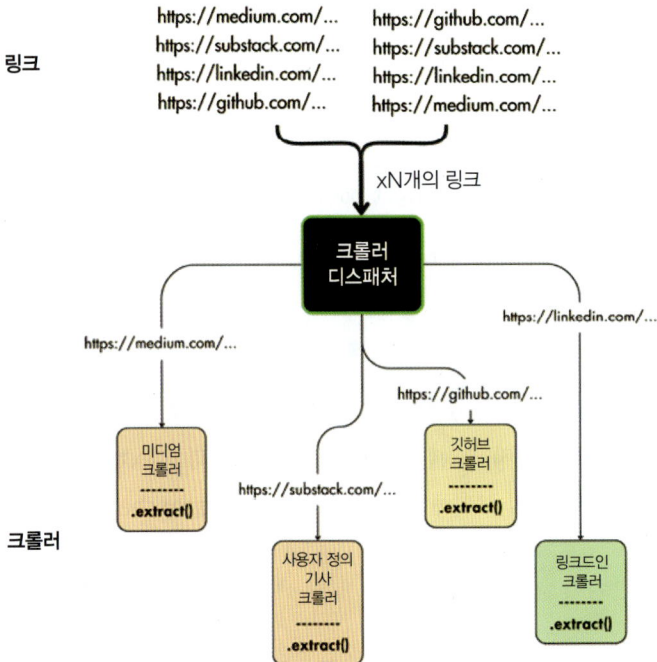

그림 3-4 도메인 링크, 크롤러 디스패처, 크롤러의 관계도

필요한 파이썬 모듈을 임포트하는 것으로 시작한다. 여기에는 URL 처리와 정규식을 위한 모듈 뿐만 아니라 크롤러 클래스들도 함께 임포트한다.

```
import re
from urllib.parse import urlparse

from loguru import logger

from .base import BaseCrawler
from .custom_article import CustomArticleCrawler
from .github import GithubCrawler
from .linkedin import LinkedInCrawler
from .medium import MediumCrawler
```

CrawlerDispatcher 클래스는 주어진 URL과 도메인에 따라 적절한 크롤러 인스턴스를 관리하고 디스패치하기 위해 정의된다. 이 클래스의 생성자constructor는 등록된 크롤러를 저장할 레지스트리를 초기화한다.

```python
class CrawlerDispatcher:
    def __init__(self) -> None:
        self._crawlers = {}
```

디스패처 생성과 구성시 빌더 생성 패턴[2]을 사용하므로, 디스패처 인스턴스를 반환하는 build() 클래스 메서드를 다음과 같이 정의한다.

```python
@classmethod
def build(cls) -> "CrawlerDispatcher":
    dispatcher = cls()

    return dispatcher
```

디스패처는 미디엄, 링크드인, 깃허브와 같은 특정 플랫폼용 크롤러를 등록하는 메서드들을 포함한다. 이러한 메서드들은 register()를 사용해 각 크롤러를 레지스트리에 추가한다. 이때 self를 반환함으로써 빌더 생성 패턴을 따르며, 디스패처를 인스턴스화할 때 여러 register_*() 메서드를 연달아 호출할 수 있다(예: CrawlerDispatcher.build().register_linkedin().register_medium()).

```python
    def register_medium(self) -> "CrawlerDispatcher":
        self.register("https://medium.com", MediumCrawler)

        return self

    def register_linkedin(self) -> "CrawlerDispatcher":
        self.register("https://linkedin.com", LinkedInCrawler)

        return self

    def register_github(self) -> "CrawlerDispatcher":
        self.register("https://github.com", GithubCrawler)

        return self
```

---

[2] 옮긴이_복잡한 객체의 생성 과정과 표현 방법을 분리해 더 유연하게 객체를 만드는 생성 패턴을 의미한다(https://refactoring.guru/design-patterns/builder).

register() 메서드는 각 도메인 주소의 형식을 일관된 형식으로 변환한다. 변환된 도메인 주소는 self._crawlers 레지스트리에 키로 추가되며, 이 키를 사용해 크롤러가 특정 도메인의 링크를 인식하고 처리할 수 있게 한다.

```python
def register(self, domain: str, crawler: type[BaseCrawler]) -> None:
    parsed_domain = urlparse(domain)
    domain = parsed_domain.netloc

    self._crawlers[r"https://(www\.)?{}/*".format(re.escape(domain))] = crawler
```

마지막으로, get_crawler() 메서드는 주어진 URL을 등록된 도메인과 비교해 적절한 크롤러를 결정한다. 일치하는 도메인이 없으면 경고를 남기고 기본적으로 CustomArticleCrawler를 사용한다.

```python
def get_crawler(self, url: str) -> BaseCrawler:
    for pattern, crawler in self._crawlers.items():
        if re.match(pattern, url):
            return crawler()
    else:
        logger.warning(f"No crawler found for {url}. Defaulting to CustomArticleCrawler.")

        return CustomArticleCrawler()
```

데이터 수집 파이프라인의 작동 방식을 이해하기 위해, 다음 절에서는 각 크롤러를 개별적으로 분석해보자.

3.2.3 크롤러

각 크롤러를 살펴보기 전에 먼저 모든 크롤러의 공통 인터페이스를 정의하는 기본 클래스base class를 살펴보자. [그림 3-4]에서 볼 수 있듯이 모든 크롤러가 같은 시그니처[3]를 따르므로 디스패처 계층을 구현할 수 있다. 각 클래스는 extract() 메서드를 구현하며, 이를 통해 객체 지

---

[3] 옮긴이_함수나 메서드의 이름, 매개변수(입력값) 및 반환값(출력값)에 대한 정보를 나타내는 표현 방식이다. 즉, 함수가 어떻게 호출되고, 어떤 데이터를 입력받으며, 어떤 데이터를 반환하는지를 정의한다.

향 프로그래밍object-oriented programming (OOP)의 다형성polymorphism[4]과 같은 기법을 활용할 수 있다. 이로써 구체적인 서브클래스를 알지 않고도 추상 객체를 다룰 수 있다. 예를 들어 ZenML 스텝의 `_crawl_link()` 함수에서는 아래와 같은 코드가 사용되었다.

```
crawler = dispatcher.get_crawler(link)
crawler.extract(link=link, user=user)
```

`extract()` 메서드를 호출할 때 어떤 크롤러를 인스턴스화했는지에 대해 신경 쓰지 않는다. 이처럼 추상 인터페이스를 사용하면 재사용성과 확장 용이성을 보장한다.

Base 클래스

이제 BaseCrawler 인터페이스를 살펴보자. 코드는 다음 리포지터리에서 확인할 수 있다.[5]

```python
from abc import ABC, abstractmethod

class BaseCrawler(ABC):
    model: type[NoSQLBaseDocument]

    @abstractmethod
    def extract(self, link: str, **kwargs) -> None:
        ...
```

앞서 언급했듯이, 이 인터페이스는 링크를 입력으로 받는 `extract()` 메서드를 정의한다. 또한 클래스 수준에서 모델 속성을 정의한다. 이는 추출된 데이터를 몽고DB 데이터 웨어하우스에 저장할 때 사용되는 데이터 카테고리 문서 유형을 나타낸다. 이를 통해 클래스 수준의 동일한 속성을 유지하면서 각 하위 클래스를 다양한 데이터 카테고리로 맞춤 설정할 수 있다. NoSQLBaseDocument 클래스는 문서 엔티티를 살펴볼 때 자세히 다룬다.

BaseCrawler 클래스를 확장해 BaseSeleniumCrawler 클래스를 구현할 수 있다. 이 클래스는 셀레늄Selenium을 사용해 미디엄이나 링크드인 같은 다양한 사이트를 크롤링할 때 반복적으

---

4 옮긴이_ OOP의 핵심 개념 중 하나인 다형성은 같은 이름의 메서드나 연산자가 객체에 따라 다르게 동작하는 특성을 말한다. 이는 하나의 인터페이스로 다양한 객체를 처리할 수 있는 능력을 의미한다.

5 https://github.com/PacktPublishing/LLM-Engineers-Handbook/blob/main/llm_engineering/application/crawlers/base.py

로 사용할 수 있는 기능을 구현한다. 셀레늄은 웹 브라우저를 자동화하는 도구로, 링크드인에 로그인하거나 프로필을 탐색하는 등의 작업을 프로그래밍적으로 웹 페이지와 상호작용하기 위해 사용된다.

셀레늄은 크롬, 파이어폭스, 브레이브Brave와 같은 다양한 브라우저를 프로그래밍 방식으로 제어할 수 있다. 이런 플랫폼에서는 셀레늄을 사용해 브라우저를 조작하고 로그인한 후, 뉴스피드나 기사를 스크롤해 전체 HTML을 추출해야 한다. 반면, 로그인 절차가 필요 없거나 페이지 전체를 바로 로드할 수 있는 다른 사이트에서는 셀레늄을 사용하는 대신 간단하게 특정 URL에서 HTML을 추출할 수 있다.

 셀레늄 기반 크롤러를 사용하려면 컴퓨터에 크롬(또는 브레이브와 같은 크로미엄Chromium 기반 브라우저)을 설치해야 한다.

코드는 웹 크롤링을 위해 필요한 임포트와 설정을 구성하는 것부터 시작한다. `chromedriver_autoinstaller`는 적합한 버전의 ChromeDriver를 설치하고 시스템 경로에 추가해, 설치된 구글 크롬 브라우저(또는 다른 크로미엄 기반 브라우저)와의 호환성을 유지한다. 셀레늄은 ChromeDriver를 사용해 브라우저와 통신하며, 헤드리스 세션을 열어 브라우저를 프로그래밍 방식으로 조작한다. 이를 통해 다양한 URL에 접근하거나 버튼과 같은 특정 요소를 클릭하거나 뉴스피드를 스크롤할 수 있다. `chromedriver_autoinstaller`를 사용하면 항상 컴퓨터에 설치된 크롬 브라우저 버전에 맞는 올바른 ChromeDriver 버전을 설치할 수 있다.

```
import time
from tempfile import mkdtemp

import chromedriver_autoinstaller
from selenium import webdriver
from selenium.webdriver.chrome.options import Options

from llm_engineering.domain.documents import NoSQLBaseDocument

# chromedriver의 현재 버전을 체크한다.
# chomedriver가 없을 경우 자동으로 설치한 후 설치 경로를 추가한다.
chromedriver_autoinstaller.install()
```

다음으로 미디엄이나 링크드인에서 크롤링하는 등 셀레늄이 필요한 경우를 위해 **BaseSeleniumCrawler** 클래스를 정의한다.

생성자에서는 성능 최적화, 보안 강화, 헤드리스 브라우징 환경을 보장하기 위해 다양한 크롬 옵션을 초기화한다. 이러한 옵션은 GPU 렌더링, 확장 프로그램, 알림 등 자동 브라우징을 방해할 수 있는 불필요한 기능을 비활성화한다. 이는 일반적으로 헤드리스 모드로 크롤링할 때 사용하는 표준 설정이다.

```python
class BaseSeleniumCrawler(BaseCrawler, ABC):
    def __init__(self, scroll_limit: int = 5) -> None:
        options = webdriver.ChromeOptions()

        options.add_argument("--no-sandbox")
        options.add_argument("--headless=new")
        options.add_argument("--disable-dev-shm-usage")
        options.add_argument("--log-level=3")
        options.add_argument("--disable-popup-blocking")
        options.add_argument("--disable-notifications")
        options.add_argument("--disable-extensions")
        options.add_argument("--disable-background-networking")
        options.add_argument("--ignore-certificate-errors")
        options.add_argument(f"--user-data-dir={mkdtemp()}")
        options.add_argument(f"--data-path={mkdtemp()}")
        options.add_argument(f"--disk-cache-dir={mkdtemp()}")
        options.add_argument("--remote-debugging-port=9226")
```

크롬 옵션을 설정한 후, **set_extra_driver_options()** 메서드를 호출해 하위 클래스가 추가적인 드라이버 옵션을 설정할 수 있도록 한다. 그다음 스크롤 한계를 초기화하고 지정된 옵션으로 새로운 구글 드라이버 인스턴스를 생성한다.

```python
        self.set_extra_driver_options(options)

        self.scroll_limit = scroll_limit
        self.driver = webdriver.Chrome(
            options=options,
        )
```

BaseSeleniumCrawler 클래스에는 set_extra_driver_options()와 login() 메서드에 대한 플레이스홀더placeholder[6]가 포함되어 있으며, 하위 클래스가 이를 오버라이딩해 특정 기능을 제공할 수 있다. 이는 각 플랫폼마다 로그인 페이지의 HTML 구조가 달라서, 모듈성을 유지하기 위해 필요하다.

```python
def set_extra_driver_options(self, options: Options) -> None:
        pass

def login(self) -> None:
        pass
```

마지막으로, scroll_page() 메서드는 링크드인과 같은 페이지에서 지정된 스크롤 제한까지 탐색하기 위한 스크롤 메커니즘을 구현한다. 이 메서드는 페이지의 하단까지 스크롤한 후, 새로운 콘텐츠가 로드되기를 기다리고 페이지 끝에 도달하거나 스크롤 제한을 초과할 때까지 이 과정을 반복한다. 이 메서드는 스크롤을 해야 나타나는 피드를 처리하는 데 필수적이다.

```python
    def scroll_page(self) -> None:
        """Scroll through the LinkedIn page based on the scroll limit."""
        current_scroll = 0
        last_height = self.driver.execute_script("return document.body.scrollHeight")

        while True:
            self.driver.execute_script("window.scrollTo(0, document.body.scrollHeight);")
            time.sleep(5)
            new_height = self.driver.execute_script("return document.body.scrollHeight")

            if new_height == last_height or (self.scroll_limit and current_scroll >= self.scroll_limit):
                break

            last_height = new_height
            current_scroll += 1
```

---

[6] 옮긴이_ 특정 기능이나 구현 내용을 나중에 추가할 수 있도록 준비된 빈 메서드나 구조. 예를 들어 set_extra_driver_options()와 login() 메서드에서 'pass'로 작성된 부분

크롤러의 기본 클래스가 어떻게 구성되어 있는지 살펴봤다. 이제, 다음으로 아래에 소개한 특정 크롤러들의 구현을 알아보자.

- GitHubCrawler(BaseCrawler)
- CustomArticleCrawler(BaseCrawler)
- MediumCrawler(BaseSeleniumCrawler)

 위 크롤러의 구현은 깃허브 리포지터리[7]에서 확인할 수 있다.

GitHubCrawler 클래스

GithubCrawler 클래스는 BaseCrawler를 상속받아 깃허브 리포지터리를 스크래핑하도록 설계되었다. 깃허브에 브라우저를 통해 로그인할 필요 없이 깃Git의 클론clone 기능을 활용하기 때문에 셀레늄 기능을 사용할 필요가 없다. 초기화 시, 깃허브 리포지터리에서 흔히 보이는 .git, .toml, .lock, .png 등과 같은 표준 파일 및 디렉터리를 무시할 수 있도록 패턴 목록을 설정해, 불필요한 파일을 스크래핑하지 않게 한다.

```
class GithubCrawler(BaseCrawler):
    model = RepositoryDocument

    def __init__(self, ignore=(".git", ".toml", ".lock", ".png")) -> None:
        super().__init__()
        self._ignore = ignore
```

다음으로, extract() 메서드를 구현한다. 이 메서드에서 크롤러는 먼저 해당 리포지터리가 이미 처리되어 데이터베이스에 저장되어 있는지 확인한다. 리포지터리가 존재하면 중복 저장을 방지하기 위해 메서드를 종료한다.

```
def extract(self, link: str, **kwargs) -> None:
    old_model = self.model.find(link=link)
```

---

[7] https://github.com/PacktPublishing/LLM-Engineers-Handbook/tree/main/llm_engineering/application/crawlers

```
if old_model is not None:
    logger.info(f"Repository already exists in the database: {link}")
    return
```

리포지터리가 새로 발견된 경우 크롤러는 링크에서 리포지터리 이름을 추출한다. 그다음 임시 디렉터리를 생성해 리포지터리를 클론한 후, 클론된 리포지터리를 로컬 디스크에서 삭제한다.

```
logger.info(f"Starting scraping GitHub repository: {link}")
repo_name = link.rstrip("/").split("/")[-1]
local_temp = tempfile.mkdtemp()
```

try 블록 안에서 크롤러는 현재 작업 디렉터리를 임시 디렉터리로 변경한다. 이후, 별도의 프로세스에서 `git clone` 명령을 실행한다.

```
try:
    os.chdir(local_temp)
        subprocess.run(["git", "clone", link])
```

리포지터리를 성공적으로 클론한 후 크롤러는 클론된 리포지터리의 경로를 생성한다. 표준화된 방식으로 파일 내용을 수집하기 위해 빈 딕셔너리를 생성한다. 디렉터리 트리를 순회하며, 무시 패턴ignore pattern에 해당하는 디렉터리나 파일은 건너뛴다. 관련 있는 각 파일에 대해 내용을 읽고 공백을 제거한 뒤 파일 경로를 키로 하여 딕셔너리에 저장한다.

```
repo_path = os.path.join(local_temp, os.listdir(local_temp)[0])
tree = {}
for root, _, files in os.walk(repo_path):
    dir = root.replace(repo_path, "").lstrip("/")
    if dir.startswith(self._ignore):
        continue

    for file in files:
        if file.endswith(self._ignore):
            continue

        file_path = os.path.join(dir, file)
        with open(os.path.join(root, file), "r", errors="ignore") as f:
            tree[file_path] = f.read().replace(" ", "")
```

그 후, RepositoryDocument 모델의 새 인스턴스를 생성하고 리포지터리 내용, 이름, 링크, 플랫폼 정보 및 작성자 세부 정보를 작성한다. 생성된 인스턴스는 몽고DB에 저장된다.

```
user = kwargs["user"]
instance = self.model(
    content=tree,
    name=repo_name,
    link=link,
    platform="github",
    author_id=user.id,
    author_full_name=user.full_name,
)
instance.save()
```

마지막으로 스크래핑이 성공하든 예외가 발생하든 상관없이 크롤러는 프로세스 중 사용된 리소스를 정리하기 위해 임시 디렉터리를 삭제한다.

```
except Exception:
    raise
finally:
    shutil.rmtree(local_temp)

logger.info(f"Finished scraping GitHub repository: {link}")
```

CustomArticleCrawler 클래스

CustomArticleCrawler 클래스는 인터넷에서 데이터를 수집하기 위해 다른 방식을 사용한다. 이 클래스는 AsyncHtmlLoader 클래스를 활용해 링크에서 전체 HTML을 읽고 Html2TextTransformer 클래스를 사용해 해당 HTML에서 텍스트를 추출한다. 두 클래스는 langchain_community 파이썬 패키지에서 제공한다. 다음 코드 조각에서는 CustomArticleCrawler 클래스 구현에 필요한 모든 파이썬 모듈을 가져오는 과정을 보여준다.

```
from urllib.parse import urlparse

from langchain_community.document_loaders import AsyncHtmlLoader
from langchain_community.document_transformers.html2text import Html2TextTransformer
```

```python
from loguru import logger

from llm_engineering.domain.documents import ArticleDocument

from .base import BaseCrawler
```

다음으로, `BaseCrawler`를 상속받는 `CustomArticleCrawler` 클래스를 정의한다. 이전과 마찬가지로 로그인이나 셀레늄이 제공하는 스크롤 기능을 사용할 필요가 없다. `extract` 메서드에서는 먼저 해당 기사가 데이터베이스에 존재하는지 확인해 콘텐츠 중복을 방지한다.

```python
class CustomArticleCrawler(BaseCrawler):
    model = ArticleDocument

    def extract(self, link: str, **kwargs) -> None:
        old_model = self.model.find(link=link)
        if old_model is not None:
            logger.info(f"Article already exists in the database: {link}")

            return
```

데이터베이스에 기사가 존재하지 않는 경우 스크래핑을 진행한다. `AsyncHtmlLoader` 클래스를 사용해 데이터베이스에 없는 새로운 기사 링크에서 HTML을 불러온 후, `Html2TextTransformer` 클래스를 이용해 HTML을 일반 텍스트로 변환한다. 이 과정에서 문서 리스트가 반환되며, 여기서 첫 번째 문서만 활용한다. 이 두 클래스는 텍스트 추출과 변환 과정을 전담한다. 세부 방법은 커스터마이징하지 않는다. 커스텀 구현이 없는 도메인에서 대체 시스템fallback으로 사용된다. 두 클래스는 랭체인에서 제공하는 유틸리티이며, 대부분의 상황에서 적절히 작동하는 고수준의 클래스이다. 구현이 빠르다는 장점이 있지만 커스터마이징이 어렵다는 단점이 있다. 이런 이유로 많은 개발자가 랭체인을 실제 프로덕션 환경에서는 잘 사용하지 않는다.

```python
        logger.info(f"Starting scraping article: {link}")

        loader = AsyncHtmlLoader([link])
        docs = loader.load()

        html2text = Html2TextTransformer()
```

```
docs_transformed = html2text.transform_documents(docs)
doc_transformed = docs_transformed[0]
```

추출된 문서에서 페이지 콘텐츠와 함께 제목, 부제목, 내용, 언어와 같은 관련 메타데이터를 가져온다.

```
content = {
    "Title": doc_transformed.metadata.get("title"),
    "Subtitle": doc_transformed.metadata.get("description"),
    "Content": doc_transformed.page_content,
    "language": doc_transformed.metadata.get("language"),
}
```

다음으로, URL을 파싱해 기사가 스크래핑된 플랫폼(또는 도메인)을 확인한다.

```
parsed_url = urlparse(link)
platform = parsed_url.netloc
```

그 후, 추출된 콘텐츠로 채워진 기사 모델의 새 인스턴스를 생성한다. 마지막으로, 이 인스턴스를 몽고DB 데이터 웨어하우스에 저장한다.

```
instance = self.model(
    content=content,
    link=link,
    platform=platform,
    author_id=user.id,
    author_full_name=user.full_name,
)
instance.save()

logger.info(f"Finished scraping custom article: {link}")
```

지금까지 랭체인 유틸리티 함수로 깃허브 리포지터리와 다양한 사이트를 크롤링하는 방법을 살펴봤다. 마지막으로, 브라우저를 프로그래밍적으로 제어하기 위해 셀레늄을 사용하는 크롤러를 알아보겠다. 이어서 `MediumCrawler` 구현을 살펴보자.

MediumCrawler 클래스

먼저 필수 라이브러리를 임포트하고 `BaseSeleniumCrawler`를 상속받는 `MediumCrawler` 클래스를 정의한다.

```python
from bs4 import BeautifulSoup
from loguru import logger

from llm_engineering.domain.documents import ArticleDocument

from .base import BaseSeleniumCrawler

class MediumCrawler(BaseSeleniumCrawler):
    model = ArticleDocument
```

`MediumCrawler` 클래스에서는 셀레늄에서 사용하는 기본 드라이버 옵션을 확장하기 위해 `set_extra_driver_options()` 메서드를 활용한다.

```python
    def set_extra_driver_options(self, options) -> None:
        options.add_argument(r"--profile-directory=Profile 2")
```

`extract()` 메서드는 크롤러의 핵심 기능을 구현하며 데이터베이스에 기사가 존재하는지 확인해 중복 입력을 방지한다.

기사가 새로 추가된 경우 메서드는 해당 기사 링크로 이동한 후 페이지를 스크롤해 모든 콘텐츠가 로드되도록 한다.

```python
    def extract(self, link: str, **kwargs) -> None:
        old_model = self.model.find(link=link)
        if old_model is not None:
            logger.info(f"Article already exists in the database: {link}")

            return

        logger.info(f"Starting scraping Medium article: {link}")

        self.driver.get(link)
        self.scroll_page()
```

페이지가 완전히 로드된 후, 메서드는 BeautifulSoup을 사용해 HTML 콘텐츠를 파싱하고 기사의 제목, 부제목, 전체 텍스트를 추출한다. BeautifulSoup은 HTML나 XML 문서를 스크래핑하고 파싱하는 데 널리 사용되는 파이썬 라이브러리다. 따라서 셀레늄으로 접근한 HTML에서 필요한 모든 HTML 요소를 추출하기 위해 이를 사용했다. 마지막으로, 모든 데이터를 하나의 딕셔너리로 정리한다.

```python
soup = BeautifulSoup(self.driver.page_source, "html.parser")
title = soup.find_all("h1", class_="pw-post-title")
subtitle = soup.find_all("h2", class_="pw-subtitle-paragraph")

data = {
    "Title": title[0].string if title else None,
    "Subtitle": subtitle[0].string if subtitle else None,
    "Content": soup.get_text(),
}
```

마지막으로, 메서드는 WebDriver를 종료하고 리소스를 해제한다. 그다음 추출한 콘텐츠와 kwargs를 통해 제공된 사용자 정보를 사용해 새로운 `ArticleDocument` 인스턴스를 생성하고 이를 데이터베이스에 저장한다.

```python
self.driver.close()

user = kwargs["user"]
instance = self.model(
    platform="medium",
    content=data,
    link=link,
    author_id=user.id,
    author_full_name=user.full_name,
)
instance.save()

logger.info(f"Successfully scraped and saved article: {link}")
```

이로써 `MediumCrawler` 구현을 마친다. 링크드인 크롤러는 미디엄 크롤러와 유사한 패턴을 따르며, 셀레늄을 사용해 로그인하고 사용자의 최신 게시물 피드에 접근한다. 이후 게시물을 추출하고 다음 페이지를 로드하기 위해 피드를 스크롤하며 정해진 한도까지 반복한다. 전체 구

현은 다음 리포지터리에서 확인할 수 있다.[8]

LLM의 부상과 함께 인터넷에서 데이터를 수집하는 것은 실제 AI 응용 프로그램에서 중요한 단계가 되었다. 이에 따라 파이썬 생태계에서는 더욱 고수준의 도구들이 등장했다. 예를 들어 Scrapy[9]는 웹사이트를 크롤링하고 페이지에서 구조화된 데이터를 추출하고, Crawl4AI[10]는 LLM 및 AI 응용 프로그램을 위한 데이터를 크롤링한다.

이번 절에서는 세 가지 유형의 크롤러 구현을 살펴봤다. 첫 번째는 하위 프로세스에서 git 실행 파일을 사용해 깃허브 리포지터리를 클론하는 크롤러, 두 번째는 랭체인 유틸리티를 활용해 단일 웹 페이지의 HTML을 추출하는 크롤러, 세 번째는 로그인 페이지를 통과하고 기사를 스크롤해 전체 HTML을 로드한 후 텍스트 형식으로 추출하는 등 더 복잡한 시나리오에 셀레늄을 사용하는 크롤러이다.

3.2.4 NoSQL 데이터 웨어하우스 문서

데이터 카테고리를 구조화하기 위해 세 개의 문서 클래스를 구현했다. 각 클래스는 콘텐츠, 작성자, 출처 링크 등 문서의 구체적인 속성들을 정의한다. 데이터 구조를 딕셔너리 대신 클래스로 정의하는 것은 각 항목의 속성을 명확히 정의해 런타임 오류를 줄일 수 있는 일반적인 모범 사례이다. 예를 들어 파이썬 딕셔너리에서 값을 접근할 때 해당 값이 존재하는지, 또는 타입이 올바른지 보장할 수 없지만 데이터를 클래스에 래핑wrapping하면 각 속성이 예상한대로 존재하고 올바른 타입인지 보장할 수 있다.

파이썬의 Pydantic과 같은 패키지를 활용하면 기본적으로 타입 검증이 제공되어 데이터셋의 일관성을 보장할 수 있다. 이를 통해 데이터 카테고리를 다음과 같은 문서 클래스로 모델링했으며, 이는 지금까지의 앞서 사용한 코드와 임포트한 모듈에서 이미 사용되었다.

- ArticleDocument 클래스
- PostDocument 클래스
- RepositoryDocument 클래스

---

[8] https://github.com/PacktPublishing/LLM-Engineers-Handbook/blob/main/llm_engineering/application/crawlers/linkedin.py
[9] https://github.com/scrapy/scrapy
[10] https://github.com/unclecode/crawl4ai

이 클래스들은 단순한 파이썬 데이터 클래스나 Pydantic 모델이 아니다. 이들은 몽고DB 데이터 웨어하우스에서 읽기/쓰기 작업을 지원한다. 모든 문서 클래스에 읽기/쓰기 기능을 중복 없이 주입하기 위해, 객체-관계 매핑object-document mapping (ORM) 패턴을 기반으로 한 객체-문서 매핑object-relational mapping (ODM) 소프트웨어 패턴을 사용했다. 따라서 먼저 ORM을 살펴본 후 ODM으로 넘어가고, 마지막으로 커스텀 ODM 구현과 문서 클래스에 대해 알아본다.

ORM 및 ODM 소프트웨어 패턴

소프트웨어 패턴에 대해 이야기하기 전에 먼저 ORM이 무엇인지 알아보자. ORM은 객체 지향 패러다임object-oriented paradigm을 사용해 데이터베이스에서 데이터를 쿼리하고 조작할 수 있게 해주는 기술이다. SQL이나 특정 API에 종속된 쿼리를 작성하는 대신, 데이터베이스 작업 (CRUD 작업)을 처리할 줄 아는 ORM 클래스에 모든 복잡성을 캡슐화한다. 따라서 ORM을 사용하면 데이터베이스 작업을 수동으로 처리할 필요가 없고, 반복적인 보일러플레이트boilerplate[11] 코드를 작성할 필요도 줄어든다. ORM은 PostgreSQL이나 MySQL과 같은 SQL 데이터베이스와 상호작용한다.

대부분의 현대적인 파이썬 애플리케이션은 데이터베이스와 상호작용할 때 ORM을 사용한다. SQL이 여전히 데이터 분야에서 인기 있는 선택이지만 파이썬 백엔드 구성 요소에서는 원시 SQL 쿼리를 거의 찾아볼 수 없다. 가장 인기 있는 파이썬 ORM은 SQLAlchemy[12]이다. 또한 FastAPI[13]의 부상과 함께 SQLAlchemy를 감싸고 FastAPI와의 통합을 쉽게 해주는 SQLModel[14]도 일반적으로 사용된다.

예를 들어 SQLAlchemy를 사용해 ID와 이름 필드를 가진 User ORM을 정의했다. 이 User ORM은 SQL 데이터베이스의 users 테이블에 매핑된다. 따라서 새로운 사용자를 생성하고 이를 데이터베이스에 커밋하면 자동으로 users 테이블에 저장된다. 동일한 방식이 User 클래스에 대해 수행되는 모든 CRUD 작업에도 적용된다.

---

[11] 옮긴이_ 코드 작성 시 반복적으로 작성해야 하는 코드 조각이나 템플릿
[12] https://www.sqlalchemy.org/
[13] 옮긴이_ API를 만들기 위한 파이썬 웹 프레임워크 중 하나로, 비동기 처리 방식의 빠른 속도와 자동 문서화가 장점이다.
[14] https://github.com/fastapi/sqlmodel

```python
from sqlalchemy import Column, Integer, String, create_engine
from sqlalchemy.orm import declarative_base, sessionmaker

Base = declarative_base()

# 사용자의 테이블에 매핑되는 클래스를 정의
class User(Base):
    __tablename__ = "users"

    id = Column(Integer, primary_key=True)
    name = Column(String)
```

User ORM을 사용하면 한 줄의 SQL도 작성하지 않고 파이썬에서 직접 사용자 데이터를 삽입하거나 쿼리할 수 있다. ORM은 일반적으로 모든 CRUD 작업을 지원한다. 아래는 User ORM 인스턴스를 SQLite 데이터베이스에 저장하는 방법을 보여주는 코드 예시이다.

```python
engine = create_engine("sqlite:///:memory:")
Base.metadata.create_all(engine)

# 데이터베이스와 상호작용하기 위한 세션을 생성
Session = sessionmaker(bind=engine)
session = Session()

# 새로운 사용자를 추가
new_user = User(name="Alice")
session.add(new_user)
session.commit()
```

다음은 users SQLite 테이블에서 사용자를 쿼리하는 방법이다.

```python
user = session.query(User).first()
if user:
    print(f"User ID: {user.id}")
    print(f"User name: {user.name}")
```

 전체 스크립트와 실행 방법은 이 책의 깃허브 리포지터리 'code_snippets/03_orm.py'에서 확인할 수 있다.

ODM 패턴은 ORM과 매우 유사하지만 SQL 데이터베이스와 테이블 대신 NoSQL 데이터베이스(예: 몽고DB)와 비구조적 컬렉션을 다룬다. NoSQL 데이터베이스에서는 데이터 구조가 컬렉션을 중심으로 이루어지며 컬렉션은 테이블의 행 대신 JSON과 유사한 문서를 저장한다.

결론적으로, ODM은 문서 기반 NoSQL 데이터베이스 작업을 단순화하고 객체 지향 코드를 JSON과 유사한 문서에 매핑한다. ODM의 작동 방식을 완전히 이해하기 위해 몽고DB 위에 가벼운 ODM 모듈을 구현해보자.

ODM 클래스 구현

이제 ODM 클래스를 처음부터 구현하는 방법을 살펴보자. 이는 ODM이 어떻게 동작하는지 배우고, 모듈화와 재사용이 가능한 파이썬 클래스를 작성하는 기술을 익히기 위한 좋은 연습이 된다. 몽고DB 데이터 웨어하우스와 상호작용하기 위해 다른 문서들이 상속받을 기본 ODM 클래스인 NoSQLBaseDocument를 구현한다.

 NoSQLBaseDocument 클래스는 이 책의 깃허브 리포지터리 'llm_engineering/domain/base/nosql.py' 경로에서 확인할 수 있다.

먼저 필수 모듈을 임포트하고 데이터베이스를 연결한다. _database 변수는 설정에서 지정된 데이터베이스(기본값은 twin)와 연결한다.

```
import uuid
from abc import ABC
from typing import Generic, Type, TypeVar

from loguru import logger
from pydantic import UUID4, BaseModel, Field
from pymongo import errors

from llm_engineering.domain.exceptions import ImproperlyConfigured
from llm_engineering.infrastructure.db.mongo import connection
from llm_engineering.settings import settings

_database = connection.get_database(settings.DATABASE_NAME)
```

다음으로, `NoSQLBaseDocument` 클래스에 바인딩된 타입 변수 `T`를 정의한다. 이 변수는 파이썬의 제네릭 모듈을 활용해 클래스의 타입을 일반화할 수 있도록 한다. 예를 들어 `NoSQLBaseDocument`를 상속받는 `ArticleDocument` 클래스를 구현할 때 함수의 시그니처를 분석하는 동안 `T`가 사용된 모든 곳이 `ArticleDocument` 타입으로 대체된다. (파이썬 제네릭에 대한 자세한 내용은 https://realpython.com/python312-typing을 참조하길 바란다.)

`NoSQLBaseDocument` 클래스는 Pydantic의 BaseModel, 파이썬의 제네릭, ABC(클래스를 추상 클래스로 만드는 역할) 클래스를 상속받아 선언된다. 이 클래스는 기본 ODM 클래스 역할을 한다.

```
T = TypeVar("T", bound="NoSQLBaseDocument")

class NoSQLBaseDocument(BaseModel, Generic[T], ABC):
```

`NoSQLBaseDocument` 클래스 내에서 `id` 필드는 UUID4 타입으로 정의되며, 기본 팩토리를 사용해 고유한 UUID를 자동으로 생성한다. 또한 이 클래스는 `__eq__`와 `__hash__` 메서드를 구현해 인스턴스를 고유한 `id` 속성을 기준으로 비교하거나, 집합과 같은 해시 가능한 컬렉션에서 사용하거나, 딕셔너리의 키로 사용할 수 있도록 한다.

```
id: UUID4 = Field(default_factory=uuid.uuid4)

def __eq__(self, value: object) -> bool:
    if not isinstance(value, self.__class__):
        return False
    return self.id == value.id

def __hash__(self) -> int:
    return hash(self.id)
```

이 클래스는 몽고DB 문서와 클래스 인스턴스 간의 변환을 위한 메서드를 제공한다. `from_mongo()` 클래스 메서드는 몽고DB에서 가져온 딕셔너리를 클래스 인스턴스로 변환한다. `to_mongo()` 인스턴스 메서드는 모델 인스턴스를 몽고DB에 삽입하기 적합한 딕셔너리로 변환한다.

```python
@classmethod
def from_mongo(cls: Type[T], data: dict) -> T:
    if not data:
        raise ValueError("Data is empty.")

    id = data.pop("_id")
    return cls(**dict(data, id=id))

def to_mongo(self: T, **kwargs) -> dict:
    exclude_unset = kwargs.pop("exclude_unset", False)
    by_alias = kwargs.pop("by_alias", True)

    parsed = self.model_dump(exclude_unset=exclude_unset, by_alias=by_alias, **kwargs)

    if "_id" not in parsed and "id" in parsed:
        parsed["_id"] = str(parsed.pop("id"))

    for key, value in parsed.items():
        if isinstance(value, uuid.UUID):
            parsed[key] = str(value)

    return parsed
```

save() 메서드는 모델 인스턴스를 몽고DB 컬렉션에 삽입한다. 이 메서드는 적절한 컬렉션을 불러온 뒤, 앞서 설명한 to_mongo() 메서드를 사용해 인스턴스를 몽고DB에 적합한 문서로 변환한다. 변환된 문서를 데이터베이스에 삽입하고, 이때 발생할 수 있는 쓰기 오류를 처리한다.

```python
def save(self: T, **kwargs) -> T | None:
    collection = _database[self.get_collection_name()]
    try:
        collection.insert_one(self.to_mongo(**kwargs))
        return self
    except errors.WriteError:
        logger.exception("Failed to insert document.")

        return None
```

get_or_create() 클래스 메서드는 제공된 필터 옵션에 맞는 문서를 데이터베이스에서 찾으려고 시도한다. 일치하는 문서를 찾으면 해당 문서를 클래스 인스턴스로 변환한다. 일치하는 문서가 없으면 필터 옵션을 초기 데이터로 사용해 새 인스턴스를 생성하고 이를 데이터베이스에 저장한다.

```python
@classmethod
def get_or_create(cls: Type[T], **filter_options) -> T:
    collection = _database[cls.get_collection_name()]
    try:
        instance = collection.find_one(filter_options)
        if instance:
            return cls.from_mongo(instance)

        new_instance = cls(**filter_options)
        new_instance = new_instance.save()

        return new_instance
    except errors.OperationFailure:
        logger.exception(f"Failed to retrieve document with filter options: {filter_options}")

        raise
```

bulk_insert() 클래스 메서드는 여러 문서를 한 번에 데이터베이스에 삽입한다.

```python
@classmethod
def bulk_insert(cls: Type[T], documents: list[T], **kwargs) -> bool:
    collection = _database[cls.get_collection_name()]
    try:
        collection.insert_many([doc.to_mongo(**kwargs) for doc in documents])
        return True
    except (errors.WriteError, errors.BulkWriteError):
        logger.error(f"Failed to insert documents of type {cls.__name__}")

        return False
```

find() 클래스 메서드는 주어진 필터 옵션에 맞는 단일 문서를 데이터베이스에서 검색한다.

```python
@classmethod
def find(cls: Type[T], **filter_options) -> T | None:
    collection = _database[cls.get_collection_name()]
    try:
        instance = collection.find_one(filter_options)
        if instance:
            return cls.from_mongo(instance)

        return None
    except errors.OperationFailure:
        logger.error("Failed to retrieve document.")

        return None
```

마찬가지로, **bulk_find()** 클래스 메서드는 필터 옵션에 맞는 여러 문서를 검색한다. 검색된 각 몽고DB 문서를 모델 인스턴스로 변환한 다음 이를 리스트로 수집한다.

```python
@classmethod
def bulk_find(cls: Type[T], **filter_options) -> list[T]:
    collection = _database[cls.get_collection_name()]
    try:
        instances = collection.find(filter_options)
        return [document for instance in instances if (document := cls.from_mongo(instance)) is not None]
    except errors.OperationFailure:
        logger.error("Failed to retrieve document.")

        return []
```

마지막으로, **get_collection_name()** 클래스 메서드는 클래스와 연관된 몽고DB 컬렉션의 이름을 결정한다. 이 메서드는 클래스 안에 **Settings**라는 중첩 클래스를 두고, 그 안에 컬렉션 이름을 지정하는 **name** 속성이 정의되어 있어야 한다. 만약 이 속성이 정의되어 있지 않으면, '중첩된 **Settings** 클래스를 정의해야 한다'는 메시지와 함께 **ImproperlyConfigured** 예외가 발생한다.

```python
@classmethod
def get_collection_name(cls: Type[T]) -> str:
    if not hasattr(cls, "Settings") or not hasattr(cls.Settings, "name"):
```

```
        raise ImproperlyConfigured(
            "Document should define a Settings configuration class with the name
of the collection."
        )

    return cls.Settings.name
```

각 서브클래스는 중첩된 Settings 클래스로 구성할 수 있다. 여기에는 컬렉션 이름이나 해당 서브클래스에 특화된 다른 설정들을 정의할 수 있다. 파이썬 생태계에는 몽고DB를 위한 ODM 구현체인 mongoengine이 있으며, 깃허브에서 확인할 수 있다. 이 구현체는 우리의 코드와 유사하지만 더 포괄적인 기능을 제공한다. 이 장에서는 이를 직접 구현하며 OOP의 모범 사례를 따르는 모듈화와 범용 코드를 실습해보았다. 이러한 연습은 프로덕션 수준의 코드를 구현하는 데 도움이 된다.

데이터 카테고리와 사용자 문서 클래스

마지막으로 살펴볼 부분은 NoSQLBaseDocument 기본 클래스를 상속받는 서브클래스들의 구현이다. 이 클래스들은 데이터 카테고리를 정의하는 구체적인 클래스들이다. 이들은 기사, 게시물, 리포지터리 등의 데이터를 크롤링하고 처리하는 데 사용된다.

먼저 필수 파이썬 모듈과 ODM 기본 클래스를 임포트한다.

```
from abc import ABC
from typing import Optional

from pydantic import UUID4, Field

from .base import NoSQLBaseDocument
from .types import DataCategory
```

데이터 카테고리 타입을 중앙에서 관리하기 위해 enum 클래스를 정의한다. 이 변수들은 책 전반에 걸쳐 모든 ODM 클래스 설정에서 상수로 사용된다.

 해당 클래스는 이 책의 깃허브 리포지터리 'llm_engineering/domain/types.py'에서 확인할 수 있다.

```python
from enum import StrEnum

class DataCategory(StrEnum):
    PROMPT = "prompt"
    QUERIES = "queries"

    INSTRUCT_DATASET_SAMPLES = "instruct_dataset_samples"

    INSTRUCT_DATASET = "instruct_dataset"
    PREFERENCE_DATASET_SAMPLES = "preference_dataset_samples"
    PREFERENCE_DATASET = "preference_dataset"

    POSTS = "posts"
    ARTICLES = "articles"
    REPOSITORIES = "repositories"
```

Document 클래스는 NoSQLBaseDocument라는 ODM 클래스를 기반으로 한, 다른 문서들의 추상 기본 모델이다. 이 클래스는 콘텐츠, 플랫폼, 작성자 정보와 같은 공통 속성을 포함하며, 이를 상속받는 문서들에 표준화된 구조를 제공한다.

```python
class Document(NoSQLBaseDocument, ABC):
    content: dict
    platform: str
    author_id: UUID4 = Field(alias="author_id")
    author_full_name: str = Field(alias="author_full_name")
```

리포지터리, 게시물, 기사 등 각각의 문서 유형은 Document 클래스를 상속받아 개별적으로 정의한다. RepositoryDocument, PostDocument, ArticleDocument 클래스는 각각 서로 다른 데이터 카테고리를 나타내며, 각 클래스는 고유한 필드와 설정을 통해 데이터베이스에서 해당 컬렉션 이름을 지정한다.

```python
class RepositoryDocument(Document):
    name: str
    link: str

    class Settings:
        name = DataCategory.REPOSITORIES
```

```python
class PostDocument(Document):
    image: Optional[str] = None
    link: str | None = None

    class Settings:
        name = DataCategory.POSTS


class ArticleDocument(Document):
    link: str

    class Settings:
        name = DataCategory.ARTICLES
```

마지막으로, `UserDocument` 클래스를 정의한다. 이는 LLM Twin 프로젝트의 모든 사용자 정보를 저장하고 쿼리하는 데 사용한다.

```python
class UserDocument(NoSQLBaseDocument):
    first_name: str
    last_name: str

    class Settings:
        name = "users"

    @property
    def full_name(self) -> str:
        return f"{self.first_name} {self.last_name}"
```

NoSQLBaseDocument ODM 클래스를 구현하면 각 문서와 도메인 엔티티의 필드 및 고유 기능에만 집중할 수 있다. 모든 CRUD 기능은 부모 클래스에 위임된다. 또한 Pydantic을 활용해 필드를 정의함으로써 기본적으로 타입 검증이 가능하다. 예를 들어 `ArticleDocument` 클래스의 인스턴스를 생성할 때 제공된 링크가 `None`이거나 문자열이 아니면 해당 데이터가 유효하지 않음을 나타내는 오류가 발생한다.

지금까지 데이터 수집 파이프라인과 크롤러의 구현, ODM 클래스와 데이터 카테고리 문서에 대해 알아보았다. 이제 데이터 수집 파이프라인을 실행해 몽고DB 데이터 웨어하우스에 원시 데이터를 수집하는 과정을 구현해보자.

3.3 원시 데이터를 데이터 웨어하우스로 수집

ZenML은 데이터 수집 파이프라인을 오케스트레이션한다. ZenML을 사용하면 데이터 수집 파이프라인을 수동으로 직접 실행하거나, 계획된 일정 또는 특정 이벤트에 의해 실행할 수 있다. 여기서는 수동으로 실행하는 방법을 설명하며, 다른 실행 방법은 11장에서 MLOps를 자세히 다룰 때 살펴본다.

각 게시물 작성자에 대해 서로 다른 파이프라인이 실행되도록 구성했다. Paul Iusztin이나 Maxime Labonne의 데이터를 위한 ZenML 구성 파일을 제공했다. 예를 들어 Maxime의 데이터를 수집하기 위해 데이터 수집 파이프라인을 호출하려면 다음 CLI 명령어를 실행하면 된다.

```
poetry poe run-digital-data-etl-maxime
```

이는 다음 ZenML YAML 구성 파일을 사용해 파이프라인을 호출한다.

```
parameters:
  user_full_name: Maxime Labonne # [First Name(s)] [Last Name]
  links:
    # 개인 블로그
    - https://mlabonne.github.io/blog/posts/2024-07-29_Finetune_Llama31.html
    - https://mlabonne.github.io/blog/posts/2024-07-15_The_Rise_of_Agentic_Data_Generation.html
    # 서브스택
    - https://maximelabonne.substack.com/p/uncensor-any-llm-with-abilteration-d30148b7d43e
    - https://maximelabonne.substack.com/p/create-mixtures-of-experts-with-mergekit-11b318c99562
    - https://maximelabonne.substack.com/p/merge-large-language-models-with-mergekit-2118fb392b54
    ... # 서브스택 링크 생략
```

[그림 3-3]에서 ZenML 대시보드에 표시된 파이프라인 실행 DAG와 세부 정보를 확인했다. [그림 3-5]는 데이터 수집 파이프라인에서 생성된 사용자 출력 아티팩트를 보여준다. 여기서 `query user_full_name`과 몽고DB 데이터베이스에서 검색된 사용자를 확인할 수 있으며, 이번 실행에서 수집한 링크와 관련된 데이터를 검사할 수 있다.

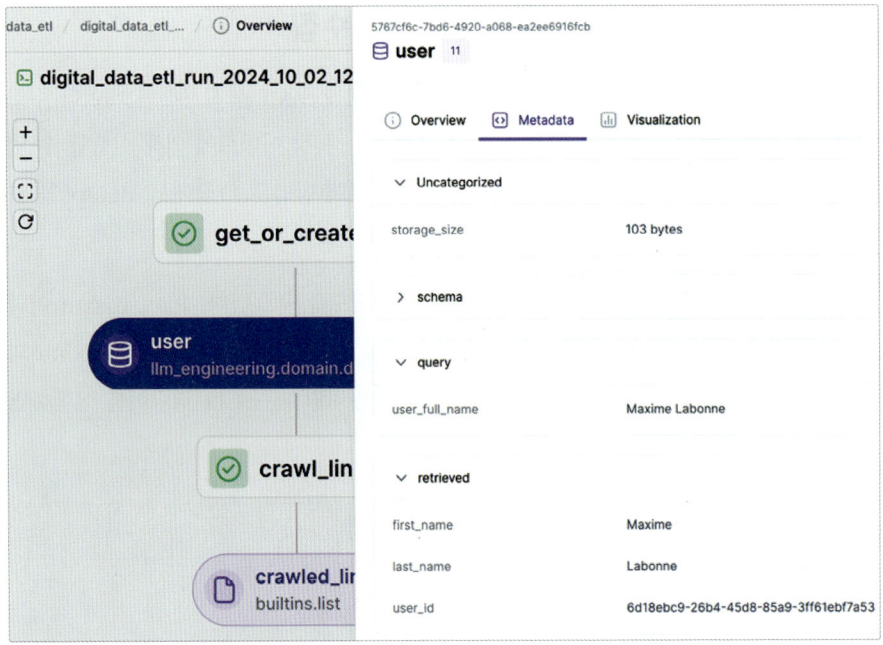

그림 3-5 Maxime의 구성 파일을 사용해 데이터 수집 파이프라인을 실행한 후 생성된 사용자 출력 아티팩트의 예시

[그림 3-6]에서는 crawled_links 출력 아티팩트를 확인할 수 있다. 이 아티팩트에는 데이터를 수집한 모든 도메인, 각 도메인에서 크롤링된 링크의 총 개수와 성공적으로 수집된 링크의 개수가 나열되어 있다.

이 아티팩트는 각 파이프라인의 결과와 메타데이터를 추적해 개별 파이프라인 실행을 모니터링하고 디버깅하기 매우 편리하게 해준다.

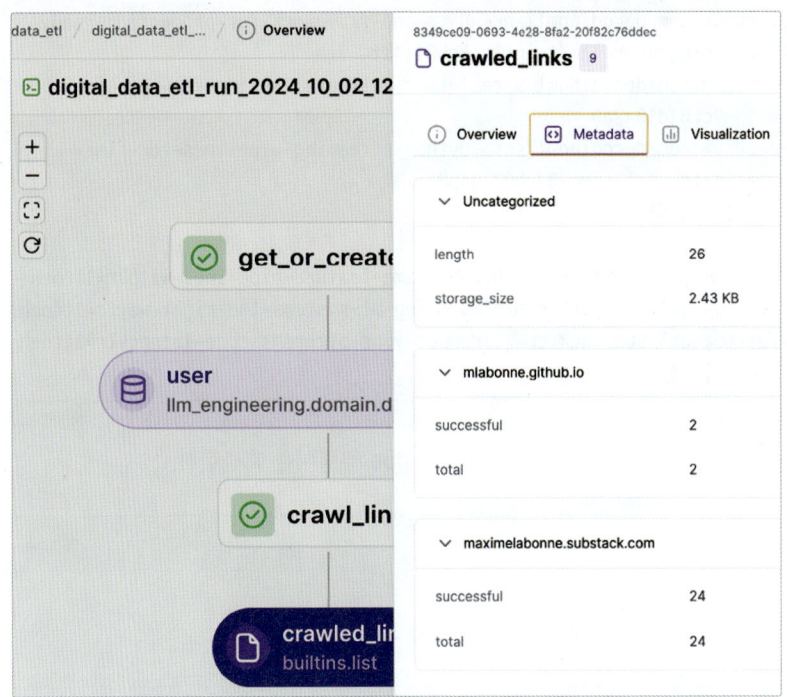

그림 3-6 Maxime의 구성 파일을 사용해 데이터 수집 파이프라인을 실행한 후 생성된 crawled_links 출력 아티팩트의 예시

ZenML에서 버전별로 고유한 아티팩트의 ID를 확인할 수 있다. 아래 코드를 실행하면 해당 ID를 사용해 코드 어디에서나 `crawled_links` 아티팩트를 다운로드할 수 있다.

```python
from zenml.client import Client

artifact = Client().get_artifact_version('8349ce09-0693-4e28-8fa2-20f82c76ddec')
loaded_artifact = artifact.load()
```

다른 게시물 작성자의 데이터 수집을 위해서는 아래의 Paul Iusztin의 예시로 작성된 YAML 구성 파일을 사용해 쉽게 동일한 데이터 수집 파이프라인을 실행할 수 있다.

```yaml
parameters:
  user_full_name: Paul Iusztin # [First Name(s)] [Last Name]
  links:
    # 미디엄
```

```
        - https://medium.com/decodingml/an-end-to-end-framework-for-production-ready-
llm-systems-by-building-your-llm-twin-2cc6bb01141f
        - https://medium.com/decodingml/a-real-time-retrieval-system-for-rag-on-
social-media-data-9cc01d50a2a0
        - https://medium.com/decodingml/sota-python-streaming-pipelines-for-fine-
tuning-llms-and-rag-in-real-time-82eb07795b87
        ... # 미디엄 링크 생략
        # 서브스택
        - https://decodingml.substack.com/p/real-time-feature-pipelines-with?r=1ttoeh
        - https://decodingml.substack.com/p/building-ml-systems-the-right-way?r=1ttoeh
        - https://decodingml.substack.com/p/reduce-your-pytorchs-code-latency?r=1ttoeh
        .. # 서브스택 링크 생략
```

Paul의 구성을 사용해 파이프라인을 실행하려면 다음 **poe** 명령어를 호출한다.

```
poetry poe run-digital-data-etl-paul
```

이는 Paul의 구성 파일을 참조하는 다음 CLI 명령어를 호출한다.

```
poetry run python -m tools.run --run-etl --no-cache --etl-config-filename digital_
data_etl_paul_iusztin.yaml
```

모든 구성 파일은 리포지터리의 **configs/directory**에서 확인할 수 있다. 또한 **poe**를 사용해 지원하는 모든 저자를 대상으로 데이터 수집 파이프라인을 호출하는 명령어는 아래와 같다.

```
poetry poe run-digital-data-etl
```

ODM 클래스를 사용해 몽고DB 데이터 웨어하우스를 쉽게 쿼리할 수 있다. 예를 들어 Paul Iusztin의 모든 기사를 쿼리하려면 다음과 같이 하면 된다.

```
from llm_engineering.domain.documents import ArticleDocument, UserDocument

user = UserDocument.get_or_create(first_name="Paul", last_name="Iusztin")
articles = ArticleDocument.bulk_find(author_id=str(user.id))

print(f"User ID: {user.id}")
print(f"User name: {user.first_name} {user.last_name}")
```

```
print(f"Number of articles: {len(articles)}")
print("First article link:", articles[0].link)
```

위 코드의 출력 결과는 다음과 같다.

```
User ID: 900fec95-d621-4315-84c6-52e5229e0b96
User name: Paul Iusztin
Number of articles: 50
First article link: https://medium.com/decodingml/an-end-to-end-framework-for-
production-ready-llm-systems-by-building-your-llm-twin-2cc6bb01141f
```

이와 같이 단 두 줄의 코드로 프로젝트 내에서 정의된 ODM을 사용해 몽고DB 데이터 웨어하우스를 쿼리하고 필터링할 수 있다.

데이터 수집 파이프라인이 예상대로 작동하는지 확인하기 위해 몽고DB 플러그인을 사용해 몽고DB 컬렉션을 검색할 수 있다. VSCode에서 다음 링크에서 제공되는 몽고DB 플러그인을 사용할 수 있다.[15] 다른 IDE의 경우 유사한 플러그인이나 외부 NoSQL 시각화 도구를 사용할 수 있다. 몽고DB 시각화 도구에 연결한 후 다음 URI (mongodb://llm_engineering:llm_engineering@127.0.0.1:27017)를 사용해 로컬 데이터베이스에 연결할 수 있다. 클라우드 몽고DB 클러스터의 경우 URI를 변경해야 한다. 이에 대해서는 11장에서 더 자세히 다룬다.

이와 같이, 서로 다른 ZenML 구성으로 데이터 수집 파이프라인을 실행하는 방법과 각 실행의 출력 아티팩트를 시각화하는 방법을 배웠다. 또한 특정 데이터 카테고리와 저자를 기준으로 데이터 웨어하우스를 쿼리하는 방법도 살펴봤다. 이것으로 데이터 엔지니어링 부분을 마무리하고, 이제 결론으로 넘어가도록 하자.

3.3.1 트러블 슈팅

몽고DB 데이터베이스에 저장된 원시 데이터는 앞으로 살펴본 모든 단계에서 중요한 역할을 한다. 이 절에서는 크롤러 실행과 관련된 문제로 발생하는 오류에 대한 해결 방안을 알아본다.

---

[15] https://www.mongodb.com/products/tools/vs-code

셀레늄 이슈

셀레늄 실행 시 ChromeDriver와 같은 브라우저 드라이버 문제로 인해 종종 크롤링 오류가 발생한다. MediumCrawler와 같이 셀레늄을 사용하는 크롤러가 ChromeDriver 문제로 실패하는 경우 데이터 수집 YAML 구성에서 미디엄 링크를 주석 처리해 간단히 우회할 수 있다. 예를 들어 configs/directory로 이동해서 digital_data_etl_maxime_labonne.yaml처럼 digital_data_etl_*로 시작하는 모든 YAML 파일을 찾는다. 그다음 해당 파일을 열어 [그림 3-7]처럼 미디엄 관련 URL을 모두 주석 처리한다. 서브스택 또는 개인 블로그 URL은 CustomArticleCrawler를 사용하며 셀레늄에 의존하지 않으므로 그대로 두어도 된다.

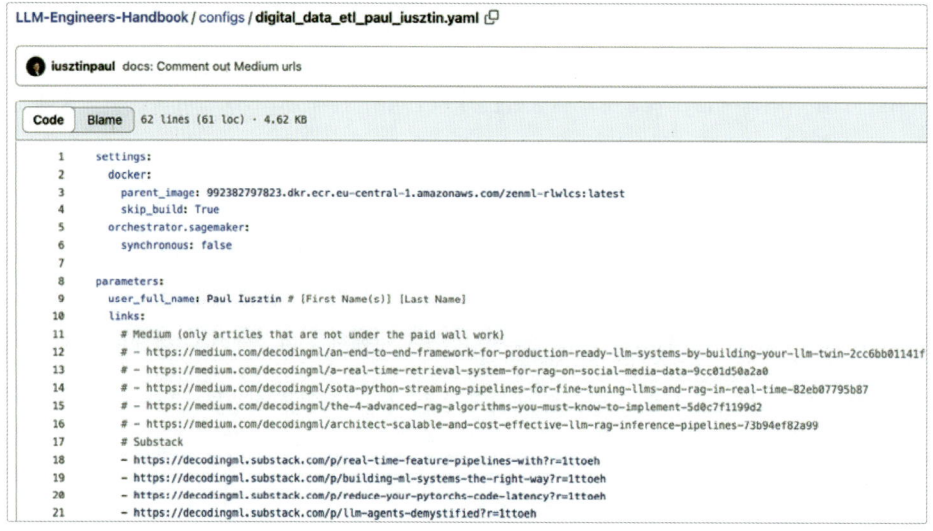

그림 3-7 셀레늄 이슈 해결 방법

백업 데이터 가져오기

위 방법으로 해결되지 않는다면 data/data_warehouse_raw_data directory에 저장된 백업 데이터를 사용해 몽고DB 데이터베이스를 채우자. 이를 통해 데이터 수집 ETL 코드를 실행하지 않고도 파인튜닝 및 추론 단계를 진행할 수 있다. 이 디렉터리의 모든 데이터를 가져오기 위해 다음 명령어를 실행한다.

```
poetry poe run-import-data-warehouse-from-json
```

위의 CLI 명령어를 실행하면 LLM Twin 코드 작성 시 사용했던 데이터셋을 가져올 수 있다. 실행 후 몽고DB 데이터베이스에 기사 88개와 사용자 3명이 있다면 성공적으로 백업 데이터를 가져온 것이다.

요약

이 장에서는 LLM Twin을 위한 데이터 수집 파이프라인을 설계하고 구축하는 방법을 배웠다. 정적 데이터셋이 아니라 실제 프로덕션 개발 상황처럼 커스텀 데이터를 수집하는 파이프라인을 구현했다.

먼저, ETL 프로세스로 작동하는 LLM Twin의 데이터 수집 파이프라인 아키텍처를 살펴보았다. 그다음 파이프라인 구현을 위해 ZenML을 사용한 오케스트레이션 방법과 세 가지 데이터 크롤링 방식을 배웠다. 구체적으로 하위 프로세스의 CLI 명령어 활용법, 랭체인과 셀레늄 유틸리티 함수 사용법, 브라우저를 프로그래밍 방식으로 제어하는 맞춤형 로직 구현법을 다뤘다. 그리고 기사, 게시물, 리포지터리와 같은 엔티티를 포함하는 ODM 클래스를 구축해 문서 클래스의 계층 구조를 정의하는 방법을 알아보았다.

마지막으로 다양한 YAML 구성 파일로 ZenML 파이프라인을 실행하고 대시보드에서 결과를 탐색하는 방법을 배웠다. 또한 ODM 클래스를 통해 몽고DB 데이터 웨어하우스와 상호작용하는 방법도 살펴봤다.

4장에서는 RAG 특성 파이프라인의 핵심 단계를 다룬다. RAG 성능 향상을 위한 청킹, 임베딩, 벡터 DB에 문서 삽입, 검색 전 최적화 방법들을 설명한다.

참고 문헌

- Breuss, M. (2023, July 26). *Beautiful Soup: Build a Web Scraper With Python.* https://realpython.com/beautiful-soup-web-scraper-python/

- David, D. (2024, July 8). *Guide to Web Scraping with Selenium in 2024. Bright Data.* https://brightdata.com/blog/how-tos/using-selenium-for-web-scraping

- Hjelle, G. A. (2023, October 21). *Python 3.12 Preview: Static Typing Improvements.* https://realpython.com/python312-typing/

- *ORM Quick Start — SQLAlchemy 2.0 documentation.* (n.d.). https://docs.sqlalchemy.org/en/20/orm/quickstart.html#orm-quick-start

- Ramos, L. P. (2023, August 4). *Python and MongoDB: Connecting to NoSQL Databases.* https://realpython.com/introduction-to-mongodb-and-python/

- Refactoring.Guru. (2024, January 1). *Builder.* https://refactoring.guru/design-patterns/builder

- *What is ETL? A complete guide.* (n.d.). Qlik. https://www.qlik.com/us/etl

CHAPTER 4

RAG 특성 파이프라인

검색 증강 생성retrieval-augmented generation(RAG)은 생성형 AI 응용 프로그램에 반드시 필요한 기술이다. RAG의 핵심 역할은 LLM에 학습되지 않은 외부 데이터를 추가로 입력해 특정 작업(예: 요약, 재구성, 데이터 추출)을 수행하는 것이다. LLM을 사용할 때는 LLM에 학습되지 않은 데이터(예: 기업 및 조직의 프라이빗 데이터private data,[1] LLM 학습 이후 나온 최신 데이터)로 작업해야 하는 경우가 많다. LLM에 데이터를 학습시키기 위해서는 사전 학습이나 파인튜닝이 필요하다. 하지만 대규모 데이터 수집과 전처리, 고사양 GPU 등에 대한 투자 부담이 매우 크다. 그러므로 추가 학습 없이도 외부 데이터를 활용할 수 있는 RAG는 효율적인 해결책이 될 수 있다.

이 장에서는 RAG의 기본 개념과 작동 원리를 중심으로 이론적 배경을 다룬다. 이어서 **단순한 RAG 시스템**naïve RAG system의 구성 요소인 청킹chunking, 임베딩embedding, 벡터vector DB를 설명한다. 다음으로 **고급 RAG 시스템**advanced RAG system을 위한 다양한 기법을 소개하고, LLM Twin의 RAG 특성 파이프라인 아키텍처를 앞서 다룬 이론적 개념과 연계해 설명한다. 마지막으로 LLM Twin의 RAG 특성 파이프라인을 구현하는 실제 예제를 살펴본다.

이 장의 주요 내용은 다음과 같다.

- RAG 이해
- 고급 RAG 개요

---

[1] 옮긴이_기업, 조직, 또는 특정 개인의 소유로서 외부에 공개되지 않은 데이터. (기업의 기밀 문서, 사내 연구 자료, 개인 정보 등)

- LLM Twin의 RAG 특성 파이프라인 아키텍처
- LLM Twin의 RAG 특성 파이프라인 구현

이 장이 끝나면 RAG가 무엇인지, 그리고 LLM Twin 프로젝트에 어떻게 적용되는지에 대해 명확하게 이해할 수 있다.

4.1 RAG 이해

RAG는 외부 정보를 활용해 LLM의 기존 지식을 보완하고, 보완된 지식을 바탕으로 LLM의 결괏값에 대한 정확도와 신뢰도를 높인다. 본격적인 설명에 앞서, RAG의 주요 개념을 알아보자.

- **검색**retrieval: 관련 데이터를 검색
- **증강**augmented: 데이터를 프롬프트의 맥락으로 추가
- **생성**generation: 증강된 프롬프트를 사용해 LLM이 답변을 생성

모든 LLM은 학습된 데이터에 기반한 지식, 즉 **매개변수화된 지식**parameterized knowledge으로 그 정보가 한정된다. 따라서 LLM은 과거의 사건에 대해서는 비교적 정확하게 답변할 수 있지만, 최신 데이터나 학습되지 않은 외부 정보에 대해서는 접근하거나 답변하기 어렵다.

예를 들어 2024년 여름 기준 오픈AI의 최신 모델인 GPT-4o는 2023년 10월까지의 데이터로 학습되었다. 이 모델은 2020년 팬데믹 관련 질문에는 매개변수화된 지식으로 정확히 답할 수 있지만, 2024년 유럽 축구 선수권 대회 결과는 학습 범위를 벗어나 답변하기 어렵다. 때로는 확신에 찬 잘못된 답변을 생성하는 환각 현상hallucination이 발생하기도 한다.

RAG는 LLM의 이러한 두 가지 한계를 극복한다. 외부 또는 최신 데이터에 접근할 수 있게 하고, 환각 현상을 방지해 생성형 AI 모델의 정확도와 신뢰도를 높인다.

4.1.1 RAG 사용 이유

지금까지 RAG의 개념과 의의를 간략히 살펴봤다. 이제 RAG를 '왜' 사용하는지 자세히 알아보고 단순한 RAG 프레임워크에 대해 배워보자.

RAG의 프로세스는 간단하다. 먼저 사용자 질문에 필요한 정보를 프롬프트에 주입한다. 그다음 증강된 프롬프트를 LLM에 전달해 답변을 생성한다. LLM은 추가된 맥락(프롬프트에 주입된 정보)을 활용해 질문에 정확하게 답한다.

RAG가 해결하는 두 가지 주요 문제는 다음과 같다.

- 환각 현상
- 오래된 또는 프라이빗 정보

환각 현상

RAG 기반이 아닌 챗봇의 경우 LLM이 학습하지 않은 주제에 대해 질문을 받으면 사실과 다른 엉뚱한 내용을 마치 정답인 것처럼 자신 있게 답변한다. 예를 들어 2023년 10월까지의 데이터로 학습된 LLM이 2024년 유럽 축구 선수권 대회에 대한 질문을 받으면, 그럴듯하지만 사실이 아닌 답변을 할 가능성이 높다. 이로 인해 'LLM의 답변을 신뢰할 수 있는가?'와 '답변의 정확성을 어떻게 확인할 수 있는가?'라는 의문이 항상 따라온다.

RAG를 활용하면 LLM이 제공된 맥락 내에서만 답변하도록 제어할 수 있다. 이때 LLM은 답변을 생성하는 추론 엔진으로 작동하며, RAG를 통해 추가된 정보는 답변의 신뢰도를 높이는 기반이 된다. 이러한 방식으로 LLM이 제시한 답변이 실제 외부 데이터에 근거하는지 신속하게 검증할 수 있다.

오래된 정보

모든 LLM은 세계 지식 데이터셋의 일부에 대해서만 학습하거나 특정 작업을 위해 파인튜닝된다. 이는 다음 세 가지 문제 때문이다.

- **프라이빗 데이터**: 소유권이 없거나 사용할 권리가 없는 데이터로 모델을 학습시킬 수 없다.
- **새로운 데이터**: 매순간 새로운 데이터가 생성된다. LLM이 모든 데이터를 이해하려면 지속적으로 학습해야 한다.
- **비용**: LLM을 학습하거나 파인튜닝하는 것은 비용이 많이 든다. 따라서 이를 시간 단위나 주기적으로 수행하는 것은 비현실적이다.

RAG는 이러한 문제들을 해결해준다. RAG를 적용하면 새로운 데이터(또는 프라이빗 데이터)

를 지속적으로 LLM에 학습시킬 필요가 없다. LLM에 전달하는 프롬프트에 필요한 데이터를 직접 주입함으로써 올바른 답변을 생성할 수 있다.

결론적으로, RAG는 강력하고 유연한 생성형 AI 시스템을 구현하기 위한 핵심 기술이다. 그렇다면 사용자 질문에 맞는 적절한 데이터를 프롬프트에 어떻게 반영할 수 있을까? 이어지는 내용에서 RAG의 기술적 측면을 자세히 살펴보자.

4.1.2 기본 RAG 프레임워크

대부분의 RAG 시스템은 거의 비슷하다. 먼저 가장 단순한 형태의 RAG를 살펴본 후, 시스템 성능을 높이기 위한 고급 RAG 기술을 단계적으로 다룰 것이다. 이 책에서는 **기본 RAG**vanilla RAG와 **단순한 RAG**naive RAG를 같은 의미로 사용한다.

RAG 시스템은 서로 독립적인 세 가지 주요 파이프라인으로 구성된다.

- **수집 파이프라인**ingestion pipeline: 배치 또는 스트리밍 방식으로 벡터 DB를 채우는 파이프라인
- **검색 파이프라인**retrieval pipeline: 벡터 DB 검색을 통해 사용자의 입력과 관련된 항목을 검색하는 파이프라인
- **생성 파이프라인**generation pipeline: 검색된 데이터를 사용해 프롬프트를 증강하고 LLM을 통해 답변을 생성하는 파이프라인

이 세 가지 구성 요소에 대해서는 앞으로 깊이 다룰 것이다. 먼저 이 파이프라인들이 어떤 흐름으로 연결되는지 간단히 살펴보자.

1 백엔드 측에서는 수집 파이프라인이 일정에 따라 또는 지속적으로 실행되어 외부 데이터를 벡터 DB에 축적한다.
2 클라이언트 측에서는 사용자가 질문을 입력한다.
3 질문은 검색 파이프라인으로 전달되어 사용자의 입력을 전처리하고 벡터 DB를 검색한다.
4 생성 파이프라인은 프롬프트 템플릿, 사용자 입력, 검색된 문맥을 사용해 프롬프트를 생성한다.
5 생성된 프롬프트는 LLM에 전달되어 답변을 생성한다.
6 생성된 답변은 사용자에게 표시된다.

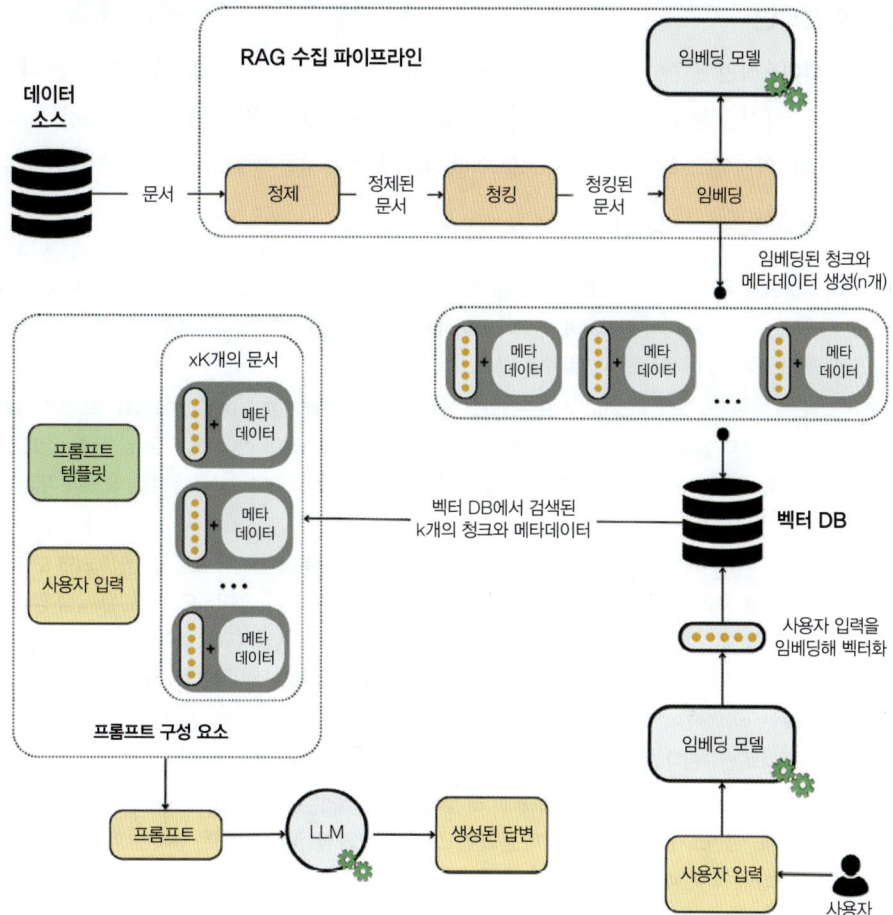

그림 4-1 기본 RAG 아키텍처

생성형 AI 응용 프로그램에서 외부 정보에 접근이 필요한 경우, 반드시 RAG를 구현해야 한다. 예를 들어 금융 비서 챗봇은 유용한 답변을 제공하기 위해 최신 뉴스, 보고서, 시장 가격 등의 정보가 필요하다. 또한 여행 추천 시스템은 관광지, 맛집, 체험 활동 등의 데이터를 검색해야 한다. LLM 자체로는 이러한 외부 정보를 활용할 수 없기 때문에, 대부분의 생성형 AI 프로젝트에서 RAG는 필수 요소가 되었다. 이제 정보의 수집, 검색, 생성으로 이어지는 파이프라인을 상세히 살펴보자.

수집 파이프라인

RAG 수집 파이프라인RAG ingestion pipeline은 데이터 웨어하우스, 데이터 레이크, 웹 페이지 등 다양한 데이터 소스에서 원본 문서를 추출한다. 이후 문서를 정제하고 작은 단위로 분할(청킹)한 다음 임베딩한다. 마지막으로 임베딩된 청크를 벡터 DB(또는 유사한 벡터 저장소)에 저장한다.

RAG 수집 파이프라인은 다음과 같이 구성된다.

- **데이터 추출 모듈**data extraction module: DB, API, 웹 페이지 등 다양한 소스에서 필요한 데이터를 수집한다. 이 모듈은 사용하는 데이터에 따라 달라지며, 데이터 웨어하우스를 쿼리하는 간단한 작업일 수도 있고 위키피디아를 크롤링하는 것처럼 더 복잡한 작업일 수도 있다.
- **정제 모듈**cleaning module: 추출된 데이터를 표준화하고 불필요한 문자를 제거한다. 예를 들어 입력 텍스트에서 비 ASCIInon-ASCII 문자, 볼드체, 이탤릭체 같은 유효하지 않은 문자를 제거해야 한다. 또 다른 일반적인 정제 전략으로는 URL을 플레이스홀더로 대체하는 방법이 있다. 정제 전략은 데이터 소스와 임베딩 모델에 따라 달라진다.
- **청킹 모듈**chunking module: 정제된 문서를 작은 단위로 분할한다. 문서 내용을 임베딩 모델에 전달하려면 모델의 입력 최대 크기를 초과하지 않도록 하기 위해 분할이 필요하다. 또한 청킹은 의미적으로 관련된 특정 영역을 분리하는 데 필요하다. 예를 들어 책의 한 장chapter을 나눌 때는 서로 관련된 단락끼리 묶어서 하나의 단위로 만드는 것이 가장 효과적이다. 이렇게 하면 검색 시점에 프롬프트에 꼭 필요한 데이터만 추가할 수 있다.
- **임베딩 모듈**embedding module: 임베딩 모델을 사용해 청크의 내용(텍스트, 이미지, 오디오 등)을 받아 의미를 반영한 밀집 벡터로 변환한다. 임베딩에 대한 자세한 내용은 4.1.3절에서 다룬다.
- **로딩 모듈**loading module: 임베딩된 청크와 메타데이터 문서를 함께 처리한다. 메타데이터에는 임베딩된 내용, 청크의 소스 URL, 콘텐츠가 웹에 게시된 날짜 등의 중요한 정보가 포함된다. 임베딩은 유사한 청크를 쿼리하기 위한 인덱스로 사용되며, 메타데이터는 프롬프트를 보강하는 데 필요한 정보를 제공한다.

RAG 수집 파이프라인은 원본 문서를 입력받아 처리한 뒤 벡터 DB를 채우는 작업을 수행한다. 다음 단계는 이 벡터 DB에서 관련 데이터를 올바르게 검색하는 것이다.

검색 파이프라인

검색 파이프라인retrieval pipeline은 사용자의 입력(텍스트, 이미지, 오디오 등)을 받아 이를 임베딩한 후, 벡터 DB에서 사용자 입력과 유사한 벡터를 쿼리한다.

검색 단계의 주요 기능은 사용자의 입력을 벡터 DB에서 인덱스로 사용된 임베딩과 동일한 벡터 공간에 투영하는 것이다. 이를 통해 벡터 DB의 임베딩과 사용자 입력 벡터를 비교해 가장 유사한 상위 K개의 항목을 찾을 수 있다. 이 항목들은 프롬프트를 보강하는 데 활용되며 이를

LLM에 전달해 답변을 생성한다.

두 벡터를 비교하기 위해 유클리드 거리$^{Euclidean\ distance}$[2]나 맨해튼 거리$^{Manhattan\ distance}$[3]와 같은 거리 측정 공식을 사용할 수 있다. 하지만 가장 보편적으로 사용되는 공식은 코사인 거리$^{cosine\ distance}$로, 이는 두 벡터 사이 각도의 코사인값을 1에서 뺀 값과 같다. 코사인 거리는 다음과 같이 계산된다.

$$\text{Cosine Distance} = 1 - \cos(\theta) = 1 - \frac{A \cdot B}{\|A\| \cdot \|B\|}$$

코사인값의 범위는 −1에서 1 사이이다. 두 벡터가 서로 반대 방향일 때 −1, 수직일 때 0, 같은 방향일 때 1의 값을 갖는다.

대부분의 경우 코사인 거리는 비선형적이고 복잡한 벡터 공간에서 효과적인 측정 방식이다. 그러나 코사인 거리가 언제나 유효한 것은 아니다. 데이터와 임베딩 모델에 따라 최적의 거리 측정 공식이 달라질 수 있음을 유의해야 한다.

사용자 입력과 임베딩은 반드시 같은 벡터 공간에 존재해야만 두 벡터 간 거리를 계산할 수 있다. 이를 위해 RAG 수집 파이프라인에서 원본 문서를 처리했던 방식과 동일하게 사용자 입력도 전처리해야 한다. 즉, 동일한 함수와 모델, 하이퍼파라미터를 사용해 입력 데이터를 정제하고, 필요한 경우 청킹해 임베딩해야 한다. 이는 마치 머신러닝에서 학습 데이터와 추론 데이터를 동일한 방식으로 전처리하는 것과 비슷하다. 그렇지 않으면 추론 결과가 부정확해지며, 이를 학습-서빙 왜곡$^{training-serving\ skew}$ 현상이라 한다.

생성 파이프라인

RAG 시스템의 마지막 단계는 사용자의 입력을 받아 데이터를 검색하고, 이를 LLM에 전달해 유용한 답변을 생성하는 것이다.

최종 프롬프트는 시스템 프롬프트와 프롬프트 템플릿에 사용자의 질문과 검색된 문맥을 채워 넣어 생성된다. 응용 프로그램에 따라 하나의 프롬프트 템플릿을 사용할 수도 있고, 여러 개의

---

[2] 옮긴이_두 점 사이의 **직선 거리**를 측정하는 방법이다. 피타고라스의 정리를 기반으로 계산한다.
[3] 옮긴이_두 점 사이의 거리를 축을 따라 이동하는 경로의 합으로 측정하는 방법이다. 뉴욕 맨해튼의 격자형 도로망에서 유래됐다.

프롬프트 템플릿을 사용할 수도 있다. 일반적으로 프롬프트 엔지니어링은 프롬프트 템플릿 단계에서 이루어진다.

다음은 일반적인 시스템 프롬프트와 프롬프트 템플릿의 예시다. 이를 검색 로직과 LLM을 통해 최종 답변을 생성하는 과정을 설명하겠다.

```
system_template = """
You are a helpful assistant who answers all the user's questions politely.
"""
prompt_template = """
Answer the user's question using only the provided context. If you cannot answer
using the context, respond with "I don't know."

Context: {context}
User question: {user_question}
"""

user_question = "<your_question>"
retrieved_context = retrieve(user_question)

prompt = f"{system_template}\n"
prompt += prompt_template.format(context=retrieved_context, user_question=user_question)

answer = llm(prompt)
```

프롬프트 템플릿을 업데이트할 때는 모든 변경 사항을 기록하고 버전을 관리해야 한다. 이를 위해 MLOps의 모범 사례를 따르면 좋다. 이렇게 하면 각각의 답변이 어떤 버전의 LLM과 프롬프트 템플릿에서 생성되었는지 명확히 추적할 수 있다. 이를 위해 깃[Git]을 활용하거나 프롬프트 템플릿을 데이터베이스에 저장하거나, LangFuse 같은 전문 관리 도구를 사용할 수 있다.

앞서 살펴본 검색 파이프라인에서 알 수 있듯이, RAG 시스템의 성능은 여러 요소에 영향을 받는다. 핵심 요소는 외부 데이터와 사용자 질문의 임베딩, 그리고 이 두 임베딩 간의 유사도를 계산하는 방식(예: 코사인 거리)이다. 이를 더 잘 이해하기 위해 임베딩이 무엇이며 어떻게 계산되는지 살펴보자.

4.1.3 임베딩이란?

컴퓨터에게 세상을 이해하도록 가르친다고 상상해보자. 임베딩은 이러한 개념들을 숫자 코드로 변환하는 일종의 번역기와 같다. 이 코드는 무작위로 생성되는 것이 아니라, 비슷한 의미를 가진 단어나 항목들이 서로 가까운 코드로 변환된다 이는 마치 비슷한 뜻을 가진 단어들이 지도에서 서로 가까이 위치하는 것과 같다.

임베딩은 단어, 이미지, 추천 시스템의 항목 등과 같은 객체를 연속적인 벡터 공간에 벡터로 인코딩한 밀집된 숫자 표현이다. 이러한 변환은 객체 간의 **의미론적 의미**semantic meaning와 **의미론적 관계**semantic relationship를 포착하는 데 도움을 준다. 예를 들어, 자연어 처리(NLP)에서 임베딩은 단어를 벡터로 변환하며, 의미적으로 유사한 단어들이 벡터 공간에서 서로 가까운 위치에 배치되도록 한다.

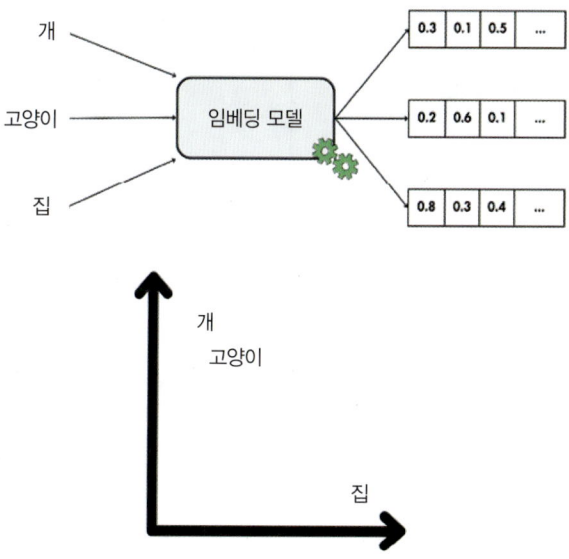

그림 4-2 임베딩이란?

임베딩의 기하학적 관계를 이해하고 평가하기 위한 방법은 임베딩을 시각화하는 것이다. 하지만 임베딩은 일반적으로 64차원에서 2048차원 사이이며, 사람이 인지할 수 있는 수준인 2차원이나 3차원보다 더 높은 차원을 가진다. 따라서 이를 2차원이나 3차원으로 차원을 축소하여 시각화해야 한다.

UMAP[4]는 임베딩을 2차원이나 3차원으로 투영할 때 점들 간의 기하학적 속성을 잘 유지하는 차원 축소 방법으로 잘 알려져 있다. 또 다른 차원 축소 알고리즘으로는 t-SNE[5]가 있다. 그러나 t-SNE는 UMAP에 비해 더 무작위적이며, 점들 간의 위상적 관계를 잘 유지하지 못하는 단점이 있다.

차원 축소 알고리즘dimensionality reduction algorithm(PCA, UMAP, t-SNE 등)은 데이터셋의 입력 변수나 특성 수를 줄이면서 데이터의 주요 패턴, 구조, 관계를 유지하는 수학적 기법이다. 고차원 데이터를 저차원으로 변환하면 시각화와 해석, 처리가 쉬워지면서도 중요한 정보는 유지할 수 있다. 이는 '차원의 저주curse of dimensionality 문제를 해결하고 계산 효율을 높일 뿐 아니라, 머신러닝 알고리즘의 성능 향상에도 도움이 된다.

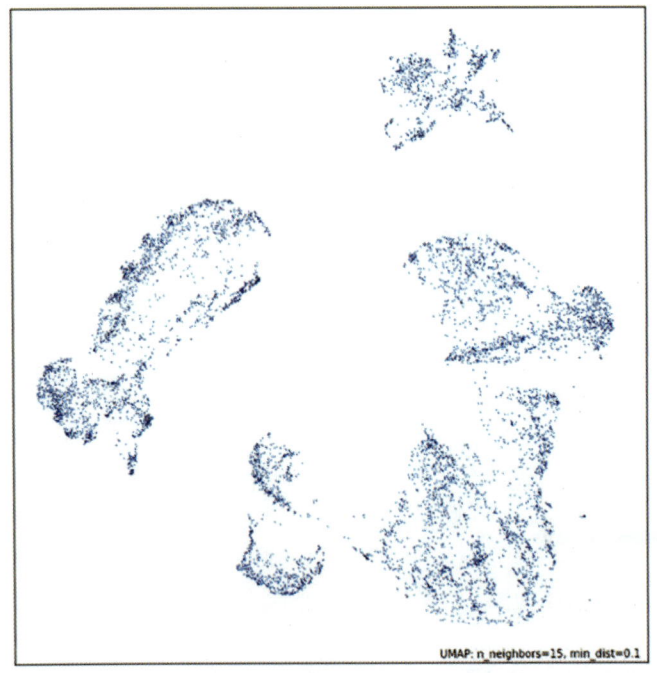

그림 4-3 UMAP를 사용한 임베딩 시각화[6]

---

4 https://umap-learn.readthedocs.io/en/latest/index.html
5 https://scikit-learn.org/stable/modules/generated/sklearn.manifold.TSNE.html
6 출처: UMAP 문서

임베딩이 강력한 이유

ML 모델은 오직 숫자만 처리할 수 있다. 표 형태의 데이터는 이미 숫자이거나 쉽게 숫자로 바꿀 수 있어 문제가 없다. 하지만 텍스트나 이미지, 오디오와 같은 비정형 데이터는 임베딩을 통해 모델이 처리할 수 있는 형태로 변환해야 한다.

예를 들어 트랜스포머 모델은 입력된 텍스트를 토큰 단위로 나누고 각 토큰을 임베딩으로 변환한다. 이렇게 만들어진 임베딩들은 신경망의 밀집 계층에서 효과적으로 처리된다.

이처럼 임베딩을 사용해 범주형 변수를 인코딩하고 이를 머신러닝 모델에 입력할 수 있다. 그런데 원-핫 인코딩one-hot encoding 같은 간단한 인코딩 방법은 왜 사용하지 않는 것일까? 범주형 변수가 높은 카디널리티(고유 값의 수)를 가질 때(예를 들어 언어의 어휘), 원-핫 인코딩 같은 고전적인 방법을 사용하면 '차원의 저주' 문제가 발생한다. 10,000개의 토큰이 있다면 원-핫 인코딩을 적용했을 때 하나의 토큰은 길이가 10,000인 벡터로 표현된다. 입력 시퀀스가 N개의 토큰을 가진다면 입력 파라미터는 N * 10,000이 된다. 특히 N >= 100일 경우(예: 텍스트 입력), 입력 데이터가 너무 커져서 실용적이지 않게 된다. 또한 차원의 저주를 겪지 않는 해싱hashing과 같은 다른 고전적인 방법을 사용할 경우, 벡터 간의 의미적 관계를 잃는다. 임베딩은 이러한 한계를 극복하면서 효율적으로 데이터를 표현할 수 있다.

원-핫 인코딩은 범주형 변수를 이진 행렬로 변환하는 기법으로, 각 범주를 고유한 이진 벡터로 표현한다. 고유한 범주의 개수와 동일한 길이의 이진 벡터가 생성되며, 모든 값은 0으로 설정되고 특정 범주에 해당하는 인덱스만 1로 설정된다. 이 기법은 범주의 정보를 손실 없이 보존하며, 단순하면서도 해석하기 쉬운 장점이 있다. 그러나 범주형 변수가 많은 고유 값을 가질 경우 고차원의 특성 공간이 형성된다는 단점이 있다. 이는 계산량이 증가하고 비효율적으로 만들어 이 방법을 실용적이지 않게 만들 수 있다.

해싱은 특성 해싱feature hashing, 해싱 인코딩hashing encoding 또는 해싱 트릭hashing trick이라고도 불린다. 이 기술은 범주형 변수에 해시 함수를 적용해 숫자 특성으로 변환하는 기법이다. 원-핫 인코딩과 비교했을 때 이 방법은 고유 범주의 개수에 의존하지 않으며, 범주를 고정된 개수의 빈bin이나 버킷bucket에 매핑해 특성 공간의 차원을 줄인다. 따라서 고차원 범주형 변수를 다룰 때 특성 공간의 차원을 줄여 메모리 사용량과 계산 시간을 효율적으로 줄일 수 있다. 하지만 이 방법에는 몇 가지 단점도 있다. 첫째, 충돌 위험이 있다. 서로 다른 범주가 동일한 빈으로 매핑될 가능성이 있어 정보 손실이 발생할 수 있다. 둘째, 해석이 불가능할 수 있다. 해싱 매핑 과정으로 인해 원래 범주와 해싱된 특성 간의 관계를 이해하기 어렵다. 셋째, 범주 간 관계를 파악하기 어렵다. 해싱된 특성에서는 원래 범주 간의 관계를 파악하기가 어렵다. 따라서 특성 해싱은

> 고차원 범주형 데이터를 효율적으로 처리할 수 있는 강력한 도구이지만, 충돌 문제와 해석 가능성 부족을 고려해야 한다.
>
> **임베딩**embedding은 범주형 변수를 인코딩하면서 출력 벡터의 차원을 제어할 수 있도록 도와준다. 또한 단순한 해싱 트릭보다 더 정교한 방법을 사용해 정보를 더 낮은 차원 공간에 압축한다.

그리고 입력 데이터를 임베딩하면 차원의 크기를 줄이고 의미를 모두 밀집된 벡터에 압축할 수 있다. 이는 이미지를 다룰 때 매우 널리 사용되는 기술이다. CNN 인코더 모듈이 고차원적 의미를 임베딩으로 매핑한 뒤, 이를 CNN 디코더가 처리해서 분류나 회귀 작업을 수행한다.

[그림 4-4]는 일반적인 CNN 레이아웃이다. 각 계층 내의 작은 정사각형들은 **수용 영역**receptive field이다. 각 정사각형은 이전 층의 뉴런에 정보를 전달한다. 이 과정에서 네트워크를 통해 두 가지 변화가 일어난다.

- **이미지 응축**: 특수한 '서브샘플링subsampling' 작업을 통해 계층의 크기를 줄이고 중요한 세부 정보에 집중한다.
- **특성 학습**: 반면 '합성곱convolution' 작업은 계층의 크기를 증가시키며 네트워크가 이미지로부터 더 복잡한 특성을 학습하도록 한다.

마지막으로 끝 부분의 완전 연결 계층fully connected layer이 이전 단계에서 처리된 모든 정보를 받아들여 최종 임베딩 벡터로 변환한다. 이는 곧 이미지를 수치화된 형태로 표현한 것이다.

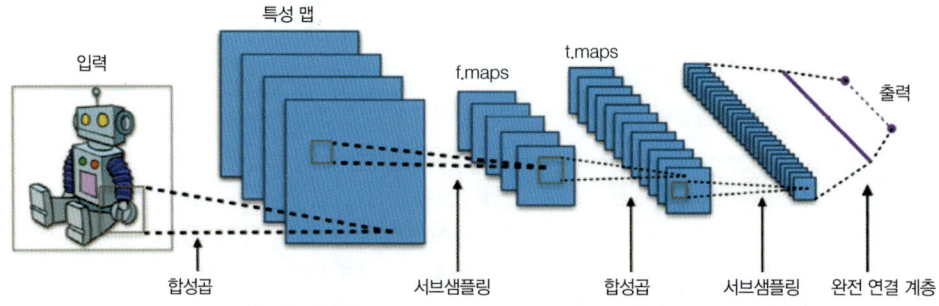

그림 4-4 CNN을 사용한 이미지의 임베딩 생성

[그림 4-4]는 Wikimedia Commons[7]에서 가져왔다. Creative Commons Attribution-ShareAlike 4.0 International License(CC BY-SA 4.0)[8] 하에 사용되었다.

임베딩 기법

딥러닝 모델은 입력 데이터의 문맥과 의미를 파악하여 이를 연속적인 벡터 공간에 투영하는 방식으로 임베딩을 생성한다.

입력 데이터의 유형에 따라 임베딩 생성에 활용할 수 있는 딥러닝 모델도 다양하다. 따라서 임베딩 모델을 선택하기 전에 데이터의 특성과 임베딩을 통해 얻고자 하는 목표를 명확히 이해하는 것이 중요하다.

예를 들어, 텍스트 데이터의 경우 Word2Vec과 GloVe가 초기 임베딩 방법으로 사용되었으며, 오늘날에도 간단한 애플리케이션에서는 이 방법들이 널리 활용되고 있다.

BERT나 RoBERTa와 같은 인코더 전용 트랜스포머 모델도 널리 사용되는 방법이다. 이러한 모델들은 트랜스포머 아키텍처의 인코더를 활용해 입력 데이터를 효과적으로 밀집 벡터 공간으로 변환한다.

파이썬에서는 Sentence Transformers 패키지를 사용해 쉽고 빠르게 임베딩할 수 있다(이 패키지는 허깅 페이스의 트랜스포머 패키지에서도 사용 가능하다). 이 도구는 사용자 친화적인 인터페이스를 제공해 임베딩 과정을 간단하고 효율적으로 수행할 수 있게 한다. 아래 코드 예제는 Sentence Transformers에서 모델을 불러와 세 문장의 임베딩을 계산하고, 이들 간의 코사인 유사도를 측정하는 과정을 보여준다. 같은 문장 간의 유사도는 항상 1이 된다. 첫 번째와 두 번째 문장은 공통점이 없어 유사도가 0에 가깝지만, 첫 번째와 세 번째 문장은 문맥이 일부 겹쳐 더 높은 유사도를 보인다.

```
from sentence_transformers import SentenceTransformer

model = SentenceTransformer("all-MiniLM-L6-v2")
```

---

7 https://commons.wikimedia.org/wiki/File:Typical_cnn.png
8 https://creativecommons.org/licenses/by-sa/4.0/deed.en

```python
sentences = [
    "The dog sits outside waiting for a treat.",
    "I am going swimming.",
    "The dog is swimming."
]

embeddings = model.encode(sentences)
print(embeddings.shape)
# 출력: [3, 384]

similarities = model.similarity(embeddings, embeddings)
print(similarities)
# 출력:
# tensor([[ 1.0000, -0.0389,  0.2692],
#         [-0.0389,  1.0000,  0.3837],
#         [ 0.2692,  0.3837,  1.0000]])

# 유사도 해석:
# similarities[0, 0]: 첫 번째 문장과 자기 자신 간의 유사도
# similarities[0, 1]: 첫 번째 문장과 두 번째 문장 간의 유사도
# similarities[2, 1]: 세 번째 문장과 두 번째 문장 간의 유사도
```

이 코드 조각은 다음 링크에서 확인할 수 있다.[9]

 4.1.3 절의 코드 예제들은 책 전반에서 사용되는 가상 환경에서 실행 가능하다. 해당 환경에는 필요한 모든 의존성이 포함되어 있다.

최적의 임베딩 모델은 시간이 지남에 따라 변화할 수 있으며, 특정 사용 사례에 따라 다를 수 있다. 허깅 페이스의 MTEB^Massive Text Embedding Benchmark를 통해 임베딩 모델들의 성능을 비교할 수 있다. 요구 사항에 따라 최고 성능을 제공하는 모델, 가장 높은 정확도를 보장하는 모델 또는 메모리 사용량이 가장 적은 모델을 선택할 수 있다. 허깅 페이스와 **Sentence Transformers**를 활용하면 모델 간 전환이 간편해져, 다양한 임베딩 모델을 손쉽게 테스트하고 비교할 수 있다.

데이터 형태에 따라 다양한 임베딩 기법이 사용된다. 이미지의 경우, ResNet 아키텍처를 기반

---

[9] https://github.com/PacktPublishing/LLM-Engineering/blob/main/code_snippets/08_text_embeddings.py

으로한 합성곱 신경망convolutional neural network(CNN)을 사용해 임베딩한다. 오디오의 경우, 오디오 소스를 스펙트로그램spectrogram과 같은 시각적으로 표현한 데이터로 변환한 다음 해당 데이터를 이미지 임베딩 모델에 적용한다.

CLIP과 같은 모델은 텍스트와 이미지를 하나의 공통된 벡터 공간으로 임베딩할 수 있다. 이러한 특징을 활용하면 문장을 입력해서 유사한 이미지를 검색하거나, 반대로 이미지를 입력해서 관련된 문장을 찾아낼 수 있다.

다음 코드 조각에서는 CLIP을 사용해 '이상한 고양이' 이미지를 인코딩하고 문장 3개를 임베딩한다. 최종적으로 코사인 유사도를 계산해 이미지와 문장 간의 유사도를 측정한다.

```python
from io import BytesIO

import requests
from PIL import Image
from sentence_transformers import SentenceTransformer

response = requests.get(
"https://github.com/PacktPublishing/LLM-Engineering/blob/main/images/crazy_cat.jpg?raw=true"
)

image = Image.open(BytesIO(response.content))

model = SentenceTransformer("clip-ViT-B-32")

img_emb = model.encode(image)
text_emb = model.encode([
    "A crazy cat smiling.",
    "A white and brown cat with a yellow bandana.",
    "A man eating in the garden."
])
print(text_emb.shape)
# 출력: (3, 512)

similarity_scores = model.similarity(img_emb, text_emb)
print(similarity_scores)
# 출력: tensor([[0.3068, 0.3300, 0.1719]])
```

해당 소스 코드는 다음 링크에서 확인할 수 있다.[10]

지금까지 다양한 임베딩 방법들을 간단히 살펴봤다. 각각의 기법은 서로 다르지만, 핵심은 단어, 문장, 문서부터 이미지, 비디오, 그래프에 이르기까지 거의 모든 디지털 데이터를 임베딩으로 표현할 수 있다는 점이다.

문장과 이미지와 같이 서로 다른 데이터 유형 간의 거리를 계산하려면, CLIP과 같이 이를 위해 개발된 모델을 사용하는 것이 중요하다. 이러한 모델은 두 데이터 유형을 동일한 벡터 공간에 투영하도록 설계되어 있으며, 다른 유형의 데이터 간의 유사도 계산을 잘 수행한다.

임베딩 사용

생성형 AI의 혁신과 함께 임베딩은 텍스트, 코드, 이미지, 오디오의 의미론적 검색semantic search 및 에이전트의 장기 기억long-term memory과 같은 정보 검색 작업에서 많이 사용되고 있다. 하지만 생성형 AI 이전에도 임베딩은 다음과 같은 분야에서 이미 활발히 사용되고 있었다.

- **범주형 변수 표현**: ML 모델에 입력되는 범주형 변수(예: 어휘 토큰)를 임베딩으로 표현한다.
- **추천 시스템**: 사용자와 아이템을 임베딩해서 관계를 분석하고 관계성이 높은 아이템을 추천한다.
- **클러스터링 및 이상치 탐지**
- **데이터 시각화**: UMAP과 같은 알고리즘을 사용하여 고차원 데이터를 저차원으로 변환하고 시각화한다.
- **분류 작업**: 임베딩을 특성으로 활용해 데이터를 분류한다.
- **제로샷 분류**: 각 클래스의 임베딩과 비교해서 가장 유사한 클래스를 선택한다.

이제 RAG의 작동 원리를 완전히 이해하기 위해 벡터 DBvector DB와 임베딩을 활용해 데이터를 검색하는 방법을 알아보자.

4.1.4 벡터 DB의 역할

벡터 DBvector DB는 벡터 임베딩을 효율적으로 저장하고 인덱싱하며 검색할 수 있도록 특별히 설계된 데이터베이스이다. 전통적인 스칼라 기반 데이터베이스는 벡터 데이터의 복잡성을 처리하는 데 한계가 있어서, 실시간 의미론적 검색과 같은 작업에서는 벡터 DB가 필수다.

---

[10] https://github.com/PacktPublishing/LLM-Engineering/blob/main/code_snippets/08_text_image_embeddings.py

FAISS와 같은 독립형 벡터 인덱스도 유사도 검색에 효과적이지만, 벡터 DB에 비해 포괄적인 데이터 관리 기능은 부족하다. 벡터 DB는 CRUD 작업, 메타데이터 필터링, 확장성, 실시간 업데이트, 백업, 생태계 통합, 강력한 데이터 보안 등을 지원해 독립형 인덱스보다 프로덕션 환경에 더 적합하다.

벡터 DB 작동 방식

전통적인 데이터베이스는 특정 값을 입력하면 시스템이 정확히 일치하는 결과를 반환한다. 벡터 DB는 이와 다르다. 완벽히 일치하는 결과가 아닌, 쿼리 벡터와 가까운 '이웃neighbor'을 찾는다. 내부적으로 벡터 DB는 최근접 이웃 탐색approximate nearest neighbor(ANN) 알고리즘을 사용해 가까운 이웃들을 찾아낸다.

최근접 이웃 탐색 대신 가장 가까운 이웃을 정확하게 찾는 표준 최근접 이웃standard nearest neighbor 알고리즘을 사용할 수도 있다. 그러나 표준 최근접 이웃 알고리즘은 프로덕션에서 사용하기엔 속도가 너무 느리며, 최근접 이웃 탐색 대비 큰 성능의 차이가 없다. 즉 정확성과 처리 속도의 균형을 고려해 일반적으로 최근접 이웃 탐색 알고리즘을 사용한다.

다음은 벡터 DB의 일반적인 프로세스다.

1. **벡터 인덱싱**: 벡터를 고차원 데이터에 최적화된 데이터 구조를 사용해 인덱싱한다. 대표적인 알고리즘으로는 계층적 탐색 가능한 작은 세계hierarchical navigable small world(HNSW), 랜덤 프로젝션random projection, 곱 양자화product quantization(PQ), 지역 민감 해싱locality-sensitive hashing(LSH) 등이 있다.
2. **유사도 검색**: 데이터베이스는 인덱싱된 벡터 중 입력 벡터와 가장 유사한 벡터를 찾는다. 이 과정에서는 코사인 유사도, 유클리드 거리, 내적과 같은 유사도 측정 방법을 사용해 벡터를 비교한다. 각 방법은 고유한 장점이 있으며 사례에 따라 적절한 방법을 선택한다.
3. **결과 후처리**: 잠재적인 매칭 결과를 식별한 후 정확성을 향상시키기 위해 결과를 후처리한다. 이 단계는 가장 관련성 높은 벡터가 사용자에게 반환되도록 보장한다.

벡터 DB는 벡터 검색 전이나 후에 메타데이터를 기반으로 결과를 필터링할 수 있다. 두 방식은 성능과 정확성 측면에서 각각의 장단점이 있다. 쿼리는 벡터 인덱스뿐만 아니라 메타데이터에도 의존하므로, 메타데이터의 필터링을 위해서는 메타데이터 인덱스가 관리되어야 한다.

벡터 인덱싱 알고리즘

벡터 DB는 벡터 인덱싱을 하고 데이터를 효율적으로 검색하기 위해 다양한 알고리즘을 사용한다.

- **랜덤 프로젝션**: 랜덤 프로젝션은 랜덤 행렬을 사용해 벡터를 더 낮은 차원 공간으로 투영해서 차원을 줄인다. 이 알고리즘 기법은 벡터 간의 상대적 거리를 유지해 더 빠른 검색을 가능하게 한다.
- **곱 양자화**(PQ): PQ는 벡터를 더 작은 서브벡터로 나눈 뒤, 이 서브벡터들을 대표 코드로 양자화한다. 이를 통해 메모리 사용량을 줄이고 유사도 검색 속도를 높인다.
- **지역 민감 해싱**(LSH): LSH는 유사한 벡터를 동일한 버킷으로 매핑한다. 이 방법은 데이터의 일부에 초점을 맞춰 최근접 이웃 탐색을 빠르게 수행하며 계산 복잡성을 줄인다.
- **계층적 탐색 가능한 작은 세계**(HNSW): HNSW는 각 노드가 벡터 집합을 나타내는 다층 그래프를 구성한다. 유사한 노드들이 연결되며 알고리즘은 이 그래프를 탐색해서 최근접 이웃을 효율적으로 찾는다.

이 알고리즘들은 벡터 DB가 대규모 데이터를 효율적으로 처리할 수 있도록 한다.

벡터 DB 특징

벡터 DB는 프로덕션 환경에서 높은 성능과 관리 용이성을 보장하기 위해 다음과 같은 일반적인 표준 데이터베이스의 특징을 갖추고 있다.

- **샤딩과 복제**: 데이터를 여러 노드에 분할(샤딩)해 확장성과 높은 가용성을 보장한다. 노드 간 데이터를 복제해서 일부 노드에 장애가 발생하더라도 데이터의 무결성과 가용성을 유지한다.
- **모니터링**: 쿼리 지연 시간, 리소스 사용량(RAM, CPU, 디스크) 등 데이터베이스의 성능을 지속적으로 모니터링해서 최적의 상태를 유지하고, 문제가 시스템에 영향을 미치기 전에 미리 감지한다.
- **접근 제어**: 강력한 접근 제어 메커니즘을 구현해 허가된 사용자만 데이터에 접근하고 수정할 수 있도록 한다. 여기에는 역할 기반 접근 제어 및 민감한 정보를 보호하기 위한 기타 보안 프로토콜이 포함된다.
- **백업**: 정기적인 데이터베이스 백업은 재해 복구에 필수적이다. 자동화된 백업 프로세스를 통해 데이터가 손상되거나 유실되었을 때 이전 상태로 안전하게 복구할 수 있다.

4.2 고급 RAG 개요

앞서 설명한 기본 RAG 프레임워크에서는 검색 및 답변 생성의 품질에 영향을 미치는 다양한 요인들에 대해 자세하게 다루지 않았다. 이제 이러한 요소들을 살펴보겠다.

- 검색된 문서가 사용자의 질문과 관련이 있는가?
- 검색된 문맥이 사용자의 질문에 답하기에 충분한가?
- 증강된 프롬프트에 불필요한 정보가 포함되어 있는가?
- 검색 소요 시간이 요구 사항을 충족하는가?
- 검색된 정보를 사용해 유효한 답변을 생성할 수 없는 경우에는 어떻게 해야 하는가?

위 질문들을 통해 두 가지 결론을 도출할 수 있다. 첫 번째는 RAG 시스템을 위해 사용자 질문에 대한 검색 데이터의 품질과 생성된 답변을 정량적으로 평가할 수 있는 평가 모듈이 필요하다는 것이다. 이 주제는 9장에서 더 자세히 다룬다. 두 번째는 검색의 한계를 알고리즘에서 직접 해결할 수 있도록 RAG 프레임워크를 개선해야 한다는 것이다. 이런 점을 고려해서 개선된 프레임워크를 **고급 RAG**$^{advanced\ RAG}$라고 한다.

고급 RAG는 다음 세 가지 단계에서 기본 RAG를 개선할 수 있다.

- **검색 전처리**$^{pre-retrieval}$: 데이터 인덱싱 최적화와 쿼리 최적화를 위해 데이터를 구성하고 전처리하는 데 중점을 둔다.
- **검색**^{retrieval}: 임베딩 모델과 메타데이터 필터링을 개선해 벡터 검색 단계를 향상시키는 데 초점을 맞춘다.
- **검색 후처리**$^{post-retrieval}$: 검색된 문서에서 노이즈를 제거하고 LLM에 답변 생성을 요청하기 전에 프롬프트를 압축하는 다양한 방법을 적용한다.

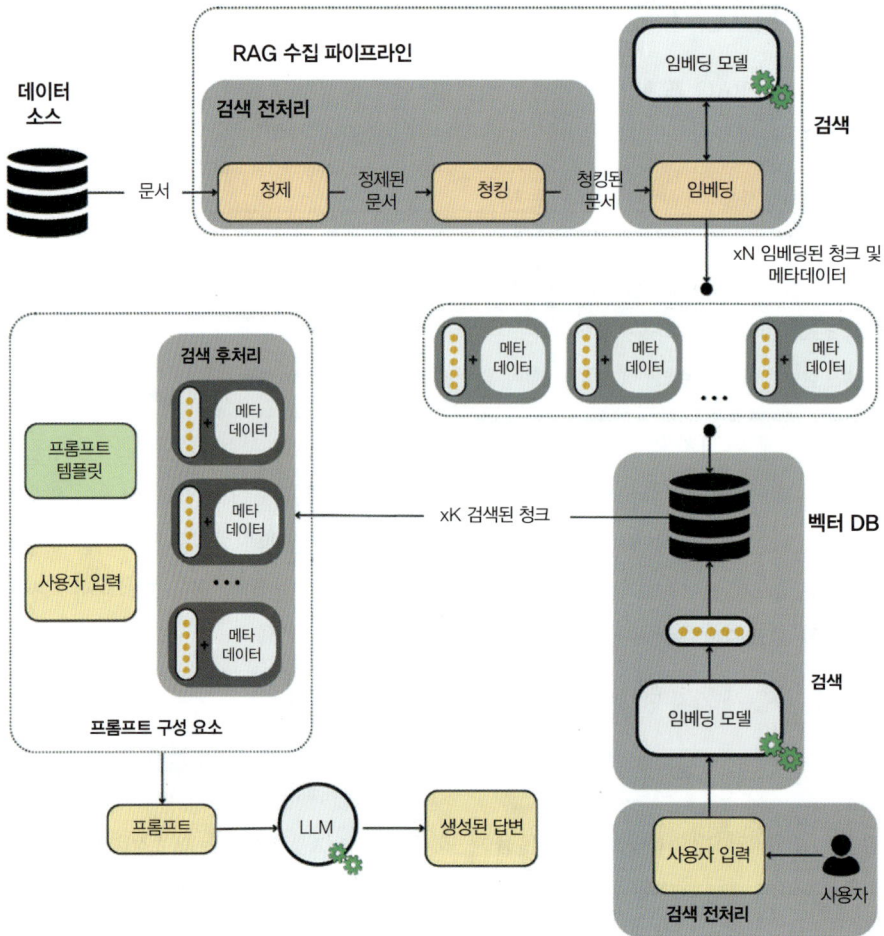

그림 4-5 고급 RAG의 세 가지 단계

4.2.1 검색 전처리

검색 전처리pre-retrieval는 두 가지 방식으로 수행된다.

- **데이터 인덱싱**: RAG 수집 파이프라인의 일부로, 주로 정제나 청킹 모듈에서 구현되어 데이터를 더 나은 인덱싱을 위해 전처리한다.
- **쿼리 최적화**: 사용자의 쿼리를 임베딩하고 벡터 DB에서 청크를 검색하기 전에 알고리즘을 직접 적용해서 최적화한다.

청크는 임베딩을 통해 의미를 반영한 벡터로 변환되고 검색을 위해 인덱싱된다. 검색의 효율을 향상시키기 위해 데이터의 전처리와 구조화에 초점을 맞춘 다양한 데이터 인덱싱 기법이 사용된다. 주로 사용되는 기법은 다음과 같다.

- **슬라이딩 윈도우**sliding window: 텍스트 청크의 일부를 겹치게 하여 청크의 경계에 위치한 문맥을 보존한다. 이는 법률 문서, 과학 논문, 고객 지원 로그, 의료 기록처럼 중요한 정보가 여러 섹션에 걸쳐 있는 도메인에서 검색 정확도를 높이는 데 유용하다. 임베딩은 청크와 겹치는 부분을 함께 계산하고, 이를 통해 관련성 있고 일관된 정보를 검색하는 시스템의 능력을 향상시킨다.
- **데이터 세분화 개선**enhancing data granularity: 관련 없는 정보를 제거하고 사실 여부를 검증하며, 오래된 정보를 업데이트하는 등의 기법을 포함한다. 개선된 데이터셋은 더 나은 검색 성능을 만든다.
- **메타데이터**metadata: 날짜, URL, 외부 ID, 챕터 마커chapter marker[11]와 같은 메타데이터 태그를 추가하면 검색 시 결과를 효율적으로 필터링할 수 있다.
- **인덱싱 구조 최적화**optimizing index structure: 다양한 청크 크기, 다중 인덱싱 전략과 같은 다양한 데이터 인덱싱 방법을 적용해 인덱스 구조를 최적화한다.
- **small-to-big**: 검색에 사용되는 청크와 최종 답변 생성을 위해 LLM에 입력되는 청크를 분리한다. 검색에는 크기가 작은 청크를 사용한다. 문서를 작은 청크로 나눌때 청크 주변에 있는 청크들의 정보를 메타데이터에 포함시킨다. 그리고 검색된 작은 청크가 답변 생성에 사용될 때에는 청크 주변에 있는 청크들도 함께 LLM에 입력된다. 즉, 작은 청크로 검색 정확도를 향상시키고 큰 청크로 LLM에 더 풍부한 문맥 정보를 제공한다. 이 기법이 유효한 이유는 큰 텍스트 단위로 임베딩을 계산하면 너무 많은 노이즈나 여러 주제가 포함될 수 있기 때문이다. 이는 임베딩의 의미적 표현 수준을 저하시킨다.

---

11 옮긴이_주로 문서, 오디오, 비디오 등에서 특정 구간이나 섹션을 구분하기 위해 사용되는 지표나 태그

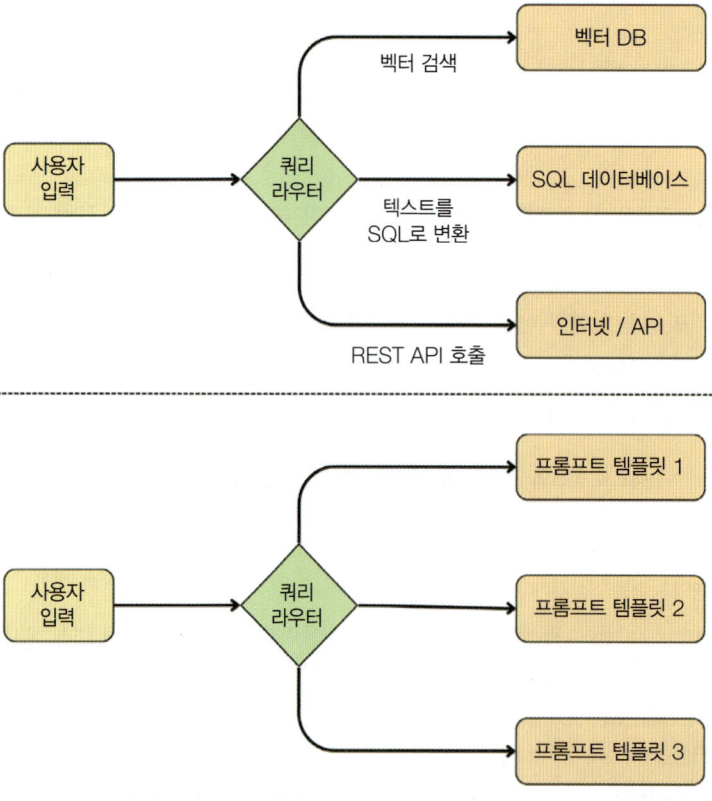

그림 4-6 쿼리 라우팅

쿼리 최적화query optimization 측면에서는 쿼리 라우팅, 쿼리 재작성, 쿼리 확장과 같은 기법을 활용해 LLM을 위한 검색 정보를 더욱 정교하게 개선할 수 있다.

- **쿼리 라우팅**query routing: 사용자의 입력에 따라 서로 다른 데이터 카테고리와 상호작용해야 하며, 각 카테고리별로 서로 다른 방식으로 쿼리를 수행할 수 있다. 쿼리 라우팅은 사용자의 입력을 기반으로 어떤 작업을 수행할지 결정하는 데 사용되고, if/else 문과 유사하다. 그러나 이러한 결정은 if/else 와 같은 논리적 연산이 아닌 자연어만을 사용해 이루어진다. [그림 4-6]에서 설명한 것처럼, 사용자의 입력에 따라 RAG를 수행하기 위해 추가적인 문맥을 벡터 검색 쿼리를 통해 벡터 DB에서 검색하거나, 사용자의 쿼리를 SQL 명령으로 변환해 표준 SQL DB에서 검색하거나, REST API 호출을 활용해 인터넷에서 검색할 수 있다. 쿼리 라우터는 문맥이 필요한지 여부를 감지해 외부 데이터 저장소의 불필요한 호출을 줄여준다. 또한 쿼리 라우팅은 주어진 입력에 적합한 프롬프트 템플릿을 선택하는 데 사용될 수 있다. 예를 들어, LLM Twin 사용 사례에서 사용자가 기사 단락, 게시물, 코드 조각 중 무엇을 원하는지에 따라 생성 과정을 최적화하기 위해 서로 다른 프롬프트 템플릿이 필요하다. 라우팅은 일반적으로 LLM을 사용해 어떤 경로를 선택할지 결정하거나, 가장 유사한 벡터를 가진 경로를 선택하도록 임베딩을 사용한다. 요약하면, 쿼리 라우팅은 if/else 문과 동일한 개념이지만 자연어를

직접 처리하기 때문에 훨씬 더 유연하게 작동한다.
- **쿼리 재작성**query rewriting : 이 기법은 사용자가 입력한 쿼리가 실제 데이터 구조와 잘 맞지 않을 때 활용된다. 이는 질문을 다시 다듬어 인덱싱된 정보와 더 잘 부합하도록 재구성하는 과정으로, 다음과 같은 기법들을 사용한다.
  - 의역paraphrasing : 사용자 질문의 의미를 유지하면서 표현을 바꾼다. 예를 들어, 'What are the causes of climate change?'를 'Factors contributing to global warming'으로 재작성한다.
  - 동의어 대체synonym substitution : 검색 범위를 넓히기 위해 다소 특수한 단어를 보편적인 동의어로 교체한다. 예를 들어, 'joyful'을 더 일반적인 표현인 'happy'로 바꾸는 것이다.
  - 하위 쿼리sub-query : 긴 질문을 더 짧고 명확한 여러 개의 하위 질문으로 나누면, 검색 과정에서 관련 문서를 더 정확하게 찾을 수 있다.
- **가상 문서 임베딩**hypothetical document embedding(HyDE) : 이 기법은 LLM을 활용해 주어진 질문에 대한 가상의 답변을 먼저 생성하고, 이 답변과 원본 질문을 함께 검색 과정의 입력으로 사용하는 방식이다.
- **쿼리 확장**query expansion : 사용자의 질문에 추가적인 용어나 개념을 추가해 원본 질문의 다양한 관점을 반영하도록 풍부하게 만든다. 예를 들어, 'disease'를 검색할 때 원본 쿼리 단어와 관련된 동의어와 연관 용어를 활용해 'illnesses'나 'ailments'를 함께 포함할 수 있다.
- **셀프 쿼리**self-query : 비정형의 자연어 질문에서 구조적인 검색 쿼리를 추출하는 기법이다. LLM이 입력 텍스트에서 주요 엔티티, 이벤트, 관계 등을 파악한다. 이렇게 파악된 요소들을 필터링 매개변수로 활용해 벡터 검색 범위를 좁힐 수 있다. 예를 들어, 쿼리에서 'Paris'와 같은 도시명을 인식하고 이를 필터로 사용하면 벡터 검색 범위를 효과적으로 축소할 수 있다.

데이터 인덱싱과 쿼리 최적화 같은 검색 전처리 기법은 데이터의 유형, 구조, 출처에 크게 의존한다. 따라서 다른 데이터 처리 파이프라인과 마찬가지로, 모든 상황에 완벽하게 들어맞는 방법은 없다. 각 사용 사례의 특성을 잘 이해하고 신중하게 접근해야 한다. 검색 전처리 기법을 최적화하는 과정은 반복 실험이 많이 필요하다. 앞서 살펴본 다양한 방법들을 시도하고 반복하면서, 여러분의 상황에 가장 적합한 방법을 찾아내는 것이 중요하다.

4.2.2 검색

검색retrieval은 다음 두 가지 기본적인 방법으로 최적화할 수 있다.

- **임베딩 모델 개선**: RAG 수집 파이프라인에서 사용되는 임베딩 모델을 개선해 청킹된 문서와 사용자의 입력을 인코딩한다.
- **데이터베이스의 필터 및 검색 기능 활용**: 추론 시점에 사용자의 입력을 기반으로 가장 유사한 청크를 검색할 때 사용된다.

두 방법 모두 쿼리와 인덱싱된 데이터 간의 의미적 유사도를 활용해 벡터 검색 성능을 향상시킨다.

임베딩 모델을 개선할 때는 주로 사전 학습된 임베딩 모델을 특정 도메인의 전문 용어와 의미에 맞게 파인튜닝한다. 이는 특히 용어의 의미가 계속 변화하거나 생소한 전문 용어가 많은 분야에서 더욱 중요하다.

임베딩 모델을 파인튜닝하는 대신, **Instructor 모델**[12]을 활용하면 도메인에 특화된 지시문을 통해 더 적합한 임베딩 생성을 효과적으로 유도할 수 있다. 이러한 모델을 사용해 임베딩 네트워크를 데이터에 맞게 조정하는 것은 많은 컴퓨팅 리소스를 투입해 파인튜닝하는 것보다 효율적이고 좋은 선택이 될 수 있다.

아래 코드 조각에서는 Instructor 모델을 사용해 AI 관련 기사 제목을 임베딩하는 예제를 보여준다.

```python
from InstructorEmbedding import INSTRUCTOR

model = INSTRUCTOR("hkunlp/instructor-base")

sentence = "RAG Fundamentals First"

instruction = "Represent the title of an article about AI:"
embeddings = model.encode([[instruction, sentence]])
print(embeddings.shape)
# 출력: (1, 768)
```

소스 코드는 다음 링크에서 확인할 수 있다.[13]

 위 Instructor 코드를 실행하려면 아래와 같이 가상 환경을 생성하고 활성화해야 한다.

```
python3 -m venv instructor_venv && source instructor_venv/bin/activate
```

---

[12] https://huggingface.co/hkunlp/instructor-xl
[13] https://github.com/PacktPublishing/LLM-Engineering/blob/main/code_snippets/08_instructor_embeddings.py

> 가상 환경을 활성화한 후, 필요한 파이썬 의존성을 설치한다

```
pip install sentence-transformers==2.2.2 InstructorEmbedding==1.0.1
```

반면, 데이터베이스 필터 및 검색 기능을 활용해 검색 성능을 향상시키는 방법은 다음과 같다.

- **하이브리드 검색** hybrid search : 벡터 검색과 키워드 기반 검색을 결합한 방식이다. 키워드 기반 검색은 특정 키워드를 포함한 문서를 식별하는 데 뛰어나며, 정확도가 중요한 작업이나 검색된 정보가 특정 키워드를 반드시 포함해야 할 때 유용하다. 반면, 벡터 검색은 더 일반적인 의미적 유사도를 찾는 데는 뛰어나지만 정확한 매칭에서는 취약할 수 있다. 두 방법을 결합하면 키워드 매칭과 의미적 유사도를 모두 활용할 수 있다. 이 방법에서는 보통 '알파 alpha'라고 불리는 파라미터를 사용해 두 방식의 가중치를 조정한다. 각각의 방법으로 두 번 검색한 뒤, 그 결과를 하나로 통합한다.
- **필터링된 벡터 검색** filtered vector search : 메타데이터 인덱스를 활용해 메타데이터 내 특정 키워드를 필터링하는 검색 방식이다. 하이브리드 검색과 달리, 벡터 인덱스를 사용해 데이터를 한 번 검색한 후, 검색 전이나 후에 필터링 단계를 수행해 검색 범위를 줄인다.

검색 성능을 높이기 위해 필터링된 벡터 검색이나 하이브리드 검색을 임베딩 모델 개선보다 먼저 적용하는 경우가 많다. 이 방법들은 비교적 구현이 간단하며, 성능에 따라 유연하게 조정할 수 있다. 위 방법으로도 검색 결과가 기대에 미치지 못한다면, 그때 임베딩 모델을 파인튜닝하는 것을 고려하면 된다.

4.2.3 검색 후처리

검색 후처리 최적화 post-retrieval optimization 는 검색된 데이터를 가공하거나 재구성하는 프로세스이다. 이는 문맥 크기의 제한이나 불필요한 정보로 인해 LLM의 성능이 저하되는 것을 방지한다. 검색된 문맥이 너무 방대하거나 관련 없는 정보를 포함하면 LLM의 답변 생성 능력이 떨어질 수 있다.

다음 두 가지 방법이 자주 사용된다.

- **프롬프트 압축** prompt compression : 데이터의 핵심을 유지하면서 불필요한 세부 정보를 제거한다.
- **리랭킹** re-ranking : 크로스 인코더 모델을 사용해 사용자의 입력과 검색된 각 청크 간의 유사도 점수를 다시 계산한다. 검색된 항목은 이 점수에 따라 정렬되며, 상위 N개의 결과만 가장 관련도가 높은 데이터로 유지한다. [그

림 4-7]에서 볼 수 있듯이, 리랭킹 모델은 기본 유사도 검색보다 사용자 입력과 콘텐츠 간의 복잡한 관계를 더 깊이 이해하고, 정확하게 파악한다. 하지만 이 모델을 초기 검색에 적용하기에는 비용이 많이 든다. 그래서 일반적으로 사용하는 전략은 [그림 4-8]처럼 기본 유사도 검색으로 데이터를 검색한 다음 리랭킹 모델을 사용해 검색된 데이터의 순위를 재조정하는 것이다.

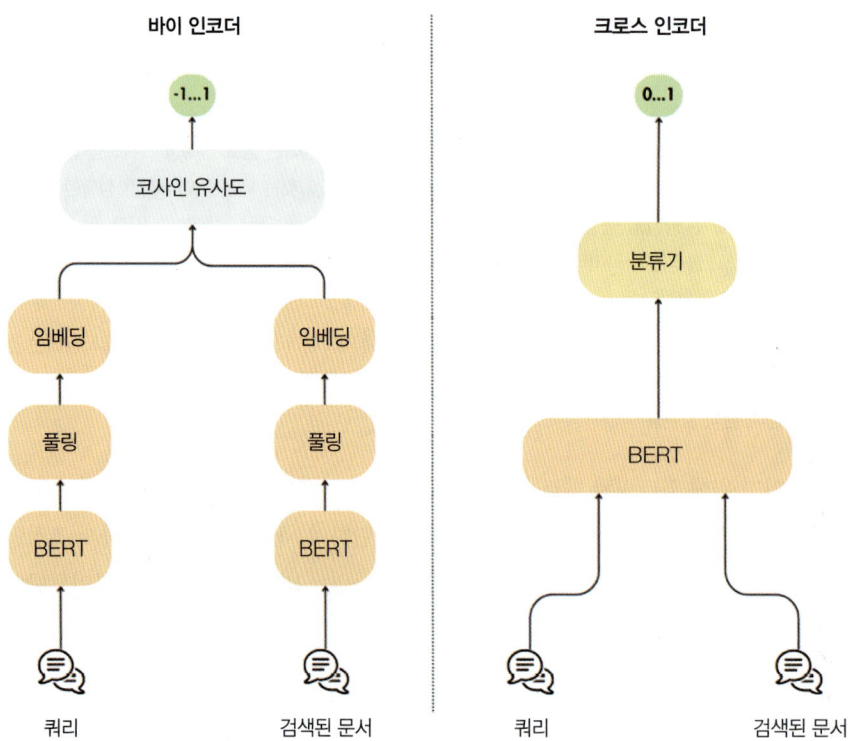

그림 4-7 바이 인코더(기본 임베딩 모델) vs 크로스 인코더

위에서 언급한 기법들은 RAG의 각 단계에서 어떤 최적화가 가능한지를 보여주는 일부 예시일 뿐이다. 실제로 다루는 데이터의 특성에 따라 매우 다양한 최적화 방법이 존재할 수 있다. 예를 들어 텍스트와 이미지와 같은 멀티모달 데이터를 다룬다면 앞서 설명한 텍스트용 기법들은 사용할 수 없다.

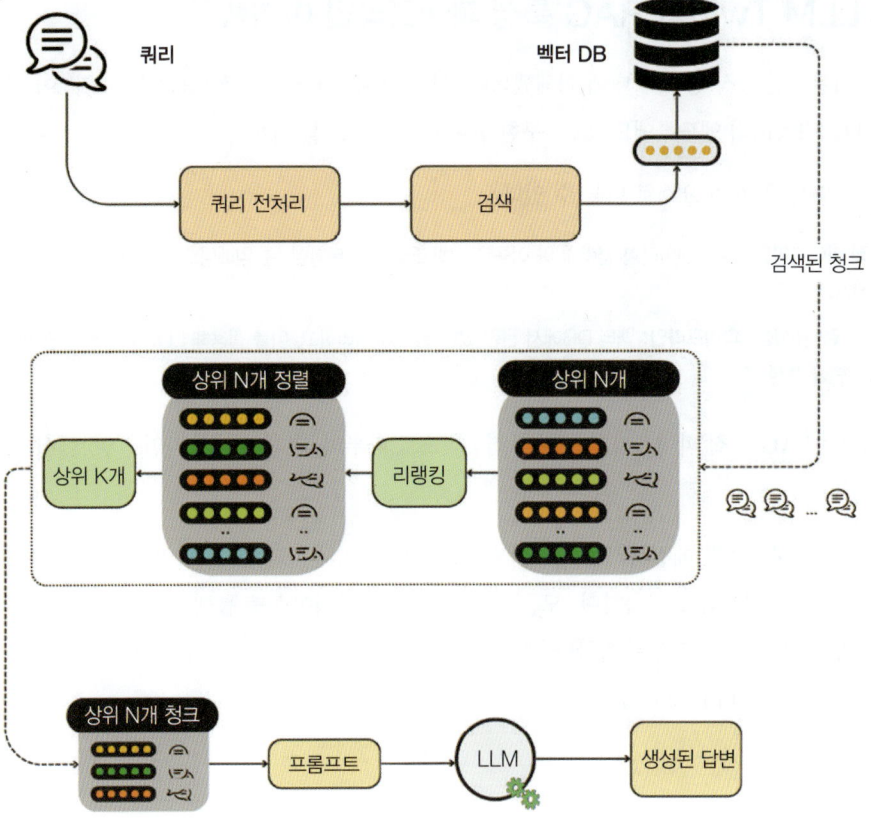

그림 4-8 리랭킹 알고리즘

정리하면, RAG의 최적화는 '검색 전처리', '검색', '검색 후처리'라는 세 가지 핵심 단계를 개선하는 것이다. 여기에는 벡터 인덱싱 향상을 위한 데이터 전처리, 검색 정확도 개선을 위한 쿼리 최적화, 임베딩 모델 강화, 데이터베이스 필터링, 그리고 불필요한 데이터 제거 등이 포함된다. 이러한 기법들을 익혀두면 데이터 처리와 검색을 위한 RAG 워크플로를 효과적으로 최적화할 수 있다.

4.3 LLM Twin의 RAG 특성 파이프라인 아키텍처

RAG의 기본적인 동작 방식에 대해 이해했으니, 이제 LLM Twin 프로젝트를 살펴보자. 이 절에서는 LLM Twin의 엔드투엔드 RAG 구현을 위한 실습 코드를 다룬다.

RAG 시스템은 두 개의 요소로 나눌 수 있다.

- **수집 파이프라인**: 원시 데이터를 입력 받아 이를 정제하고 청크로 분할한 뒤, 임베딩으로 변환해 벡터 DB에 저장한다.
- **추론(검색+생성) 파이프라인**: 벡터 DB에서 관련 있는 문맥을 쿼리하고, 이를 활용해 LLM을 통해 최종적으로 답변을 생성한다.

이 장에서는 RAG 수집 파이프라인 구현을 집중적으로 다루며, 추론 파이프라인은 9장에서 자세히 다룬다.

LLM Twin 프로젝트가 해결하려는 문제와 원시 데이터를 얻는 경로를 리마인드해보자. 우리는 종합적인 ML 시스템을 구축하며, 모든 구성 요소는 인터페이스를 통해 서로 연결되고, 각 파이프라인은 하나의 역할만 수행한다. 예를 들어 수집 파이프라인은 원시 문서를 수집하고, 이를 전처리한 후 벡터 DB에 저장한다.

4.3.1 문제 정의

이 책은 프로덕션 수준의 종합적인 ML 시스템인 LLM Twin을 구축하는 방법에 대해 이야기한다. 이번 장에서는 몽고DB 데이터 웨어하우스에서 원시 소셜 미디어 데이터(예: 기사, 코드 리포지터리, 게시물 등)를 가져오는 RAG 특성 파이프라인을 설계한다. 원시 문서의 텍스트는 정제, 청킹, 임베딩 과정을 거쳐 최종적으로 특성 저장소에 저장된다. 1장에서 이야기한 것처럼, ZenML 아티팩트와 Qdrant 벡터 DB를 사용해 논리적 특성 저장소를 구현한다.

완전 자동화된 특성 파이프라인을 구축하기 위해 데이터 웨어하우스와 논리적 특성 저장소를 동기화 한다. 추론 시점에는 답변 생성을 위한 문맥이 벡터 DB에서 검색되므로, 데이터 웨어하우스와 특성 저장소 간의 동기화 속도는 RAG 알고리즘의 정확도에 직접적인 영향을 미친다.

또 다른 중요한 포인트는 특성 파이프라인을 자동화하고 이를 ML 시스템의 다른 구성 요소들과 통합하는 것이다. 이때 두 데이터 저장소 간의 비동기화를 최소화해야 한다. 이는 시스템의 무결성을 위해 중요하다.

결론적으로, 데이터 웨어하우스와 논리적 특성 저장소를 지속적으로 동기화하면서 데이터를 적절히 처리하는 특성 파이프라인의 설계가 필요하다. 이때 특성 저장소는 데이터를 보관하는 역할을 하며, LLM Twin 추론 파이프라인은 RAG를 위해 이 데이터를 쿼리한다. 또한 학습 파이프라인에서는 버전 관리가 된 파인튜닝 데이터셋을 활용한다.

4.3.2 특성 저장소

특성 저장소feature store는 학습 및 추론 파이프라인에서 사용하는 모든 특성의 중요 기점이 된다. 학습 파이프라인은 특성 저장소에 저장된 정제된 데이터(아티팩트 형태로 저장)를 사용해 LLM을 파인튜닝한다. 추론 파이프라인은 RAG를 위해 벡터 DB에서 청킹된 문서를 쿼리한다. 이러한 이유로 단순히 RAG 수집 파이프라인이 아니라 특성 파이프라인 설계가 필요하다. 특성 파이프라인은 여러 하위 구성 요소를 포함하며, 그중 하나가 RAG이다.

특성 파이프라인은 주로 복잡한 ML 시스템을 이해하기 위한 마인드맵으로 사용된다. 이 파이프라인은 원시 데이터를 입력받아 특성과 필요한 레이블을 생성해 특성 저장소에 저장한다. 데이터 웨어하우스와 특성 저장소 사이의 모든 로직은 하나 이상의 하위 파이프라인으로 구성된 특성 파이프라인 범주에 포함된다고 이해하면 된다. 예를 들어, 정제된 데이터를 입력받아 이를 지시문 데이터셋으로 처리한 후 아티팩트로 저장하는 또 다른 파이프라인을 구현한다. 이는 아티팩트가 논리적 특성 저장소의 일부이므로 특성 파이프라인의 범주에 속한다. 또 다른 예로는 원시 데이터나 계산된 특성에 데이터 검증 파이프라인을 구현하는 것이 있다.

또 하나 중요한 점은, 단순히 문자열로 저장된 텍스트 데이터는 특성으로 볼 수 없다는 것이다. 특성은 모델에 직접 입력되는 데이터여야 한다. 예를 들어, 지시문 데이터셋이나 청킹된 문서를 특성으로 사용하려면 토큰화 과정이 필요하다. 모델은 문자열 형태의 문장이 아닌 토큰을 입력으로 사용하기 때문이다. 모든 데이터를 미리 토큰화하면 시스템이 복잡해지고 유연성이 떨어진다. 일반적으로 토큰화는 데이터 수집이나 전처리 단계가 아닌, 실제 데이터를 사용하는 시점에 수행한다. FTI 아키텍처는 너무 엄격하게 적용할 필요는 없으며, 각 프로젝트의 상황과 특성에 맞게 유연하게 적용하는 것이 중요하다.

4.3.3 원시 데이터의 수집 경로

모든 원시 문서는 몽고DB 데이터 웨어하우스에 저장된다. 이 데이터 웨어하우스는 3장에서 설명한 데이터 수집 ETL 파이프라인에 의해 수집된 데이터로 채워진다. ETL 파이프라인은 미디엄, 서브스택 같은 다양한 플랫폼에서 데이터를 크롤링하고, 이를 표준화해 몽고DB에 적재한다. 이와 관련된 자세한 내용은 3장을 참고하자.

4.3.4 RAG 특성 파이프라인의 아키텍처 설계

마지막 단계는 LLM Twin 애플리케이션의 RAG 특성 파이프라인 아키텍처를 설계하는 것이다. 배치 방식으로 몽고DB 데이터 웨어하우스에서 데이터를 주기적으로 가져오고 이를 처리한 뒤 Qdrant 벡터 DB에 저장한다. 여기서 가장 먼저 고려해야 할 핵심은 '왜 배치 파이프라인인가?'이다.

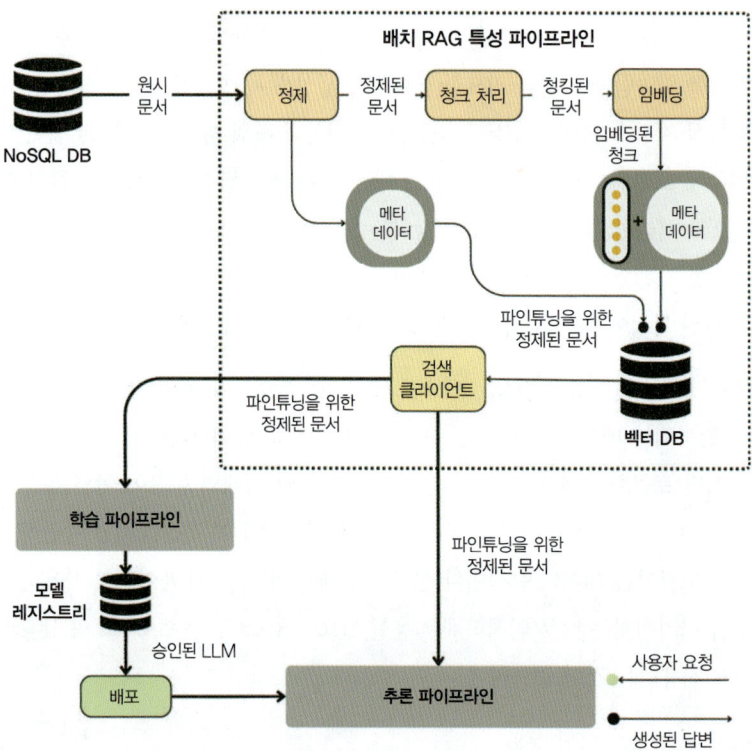

그림 4-9 LLM Twin의 RAG 특성 파이프라인 아키텍처

이 질문에 답하기에 앞서, 먼저 배치 아키텍처의 작동 방식과 스트리밍 설계와의 비교를 통해 그 특성을 간략히 살펴보자.

배치 파이프라인

데이터 시스템에서 배치 파이프라인batch pipeline은 데이터를 미리 정의된 주기마다 대량으로 수집, 처리, 저장하는 데이터를 처리하는 파이프라인이며, 이러한 방식을 '배치batch'라고 한다. 이 방식은 데이터가 도착하는 즉시 지속적으로 처리하는 실시간 또는 스트리밍 데이터 처리와는 다르다. 배치 파이프라인에서는 다음과 같은 작업이 진행된다.

1. **데이터 수집**: 다양한 소스로부터 데이터를 수집해 처리에 필요한 충분한 양이 누적될 때까지 저장한다. 여기에는 데이터베이스, 로그, 파일, 기타 소스의 데이터가 포함된다.
2. **예약 처리**: 데이터 처리는 정기적인 간격(예: 매시간 또는 매일)으로 예약된다. 이 시간 동안 수집된 데이터를 일괄적으로 처리한다. 이 과정에는 데이터 정제, 변환, 집계 등의 작업이 포함된다.
3. **데이터 적재**: 처리된 데이터는 데이터베이스, 데이터 웨어하우스, 데이터 레이크 또는 특성 저장소 등 대상 시스템에 저장된다. 이렇게 처리된 데이터는 분석, 쿼리 또는 추가 처리에 활용할 수 있다.

배치 파이프라인은 즉각적인 처리가 필요하지 않은 대량의 데이터를 다룰 때 유용하다. 이러한 파이프라인은 다음과 같은 여러 이점을 제공한다.

- **효율성**: 배치 처리는 대량의 데이터를 실시간 처리보다 더 효율적이며, 자원 할당을 최적화하고 병렬 처리를 가능하게 한다.
- **복잡한 처리**: 배치 파이프라인은 실시간 처리로는 자원 소모가 너무 큰 복잡한 데이터 변환과 집계를 수행할 수 있다.
- **단순성**: 배치 처리 시스템의 아키텍처는 실시간 시스템보다 더 단순해 구현과 유지 관리가 용이하다.

배치 파이프라인 vs 스트리밍 파이프라인

특성 파이프라인을 설계할 때 배치 방식과 스트리밍 방식 중에 선택해야 한다. 이 둘의 차이를 살펴보고, LLM Twin 사례에서 스트리밍 대신 배치 아키텍처를 선택하는 이유를 알아보자.

스트리밍 파이프라인에 대해 설명하려면 하나의 장chapter이 필요할 정도로 스트리밍 설계는 복잡하다. 하지만 스트리밍 아키텍처가 점점 더 인기를 얻고 있는 만큼, 아키텍처가 어떻게 작동하는지에 대한 이해가 필요하다.

스트리밍 애플리케이션의 핵심 요소는 여러 클라이언트로부터 이벤트를 저장하는 분산 이벤트 스트리밍 플랫폼(예: 아파치 카프카Apache Kafka, Redpanda)과 이벤트를 처리하는 스트리밍 엔진(예: 아파치 플링크Apache Flink, Bytewax)이다. 아키텍처를 단순화하려면 이벤트 스트리밍 플랫폼 대신 RabbitMQ 같은 큐를 사용해 이벤트가 처리될 때까지 저장할 수 있다. [표 4-1]은 처리 일정, 복잡성 등 여러 기준에 따라 배치 파이프라인과 스트리밍 파이프라인을 비교해서 보여준다.

표 4-1 배치 파이프라인 vs 스트리밍 파이프라인

	배치 파이프라인	스트리밍 파이프라인
처리 주기	정기적인 간격(예: 매분, 매시간, 매일)으로 데이터를 처리한다.	데이터를 지속적으로 처리하며, 지연 시간이 최소화된다.
효율성	대량의 데이터를 더 효율적으로 처리하며, 자원 할당 최적화와 병렬 처리가 가능하다.	단일 데이터 포인트를 처리하며, 즉각적인 통찰과 업데이트를 제공해 빠르게 변화에 대응할 수 있다.
처리 복잡도	복잡한 데이터 변환과 집계를 수행할 수 있다.	낮은 지연 시간으로 고속 데이터 스트림을 처리하도록 설계되었다.
사용 사례	즉각적인 데이터 처리가 필요하지 않은 시나리오에 적합하다. 데이터 웨어하우징, 보고, ETL 처리, 특성 파이프라인에서 주로 사용된다.	실시간 분석, 특성 생성, 모니터링, 이벤트 기반 아키텍처가 필요한 애플리케이션에 이상적이다.
시스템 복잡성	스트리밍 파이프라인에 비해 시스템 구현 및 유지 관리가 일반적으로 더 간단하다.	낮은 지연 시간 처리, 장애 허용성, 확장성 등의 요구로 인해 구현 및 유지 관리가 더 복잡하다. 도구도 더 발전되고 복잡하다.

예를 들어, 스트리밍 파이프라인은 틱톡TikTok과 같은 소셜 미디어 추천 시스템에서 필수적이다. 소셜 미디어의 사용자 행동은 자주 변한다. 특정 시점에 강아지 동영상에 열중하다가, 불과 15분만에 지루함을 느끼고 교육적인 콘텐츠나 뉴스를 찾게 되는 경우가 대부분이다. 추천 시스템이 이러한 행동 변화를 실시간으로 포착해야만 사용자의 관심을 유지할 수 있다. 관심사 전환은 예측할 수 없기에, 30분 또는 1시간 간격으로 실행되는 배치 파이프라인으로는 새로운 콘텐츠를 시의적절하게 생성할 수 없다. 1분마다 배치 파이프라인을 실행하는 방안도 고려해볼 수 있지만, 대부분의 예측 결과가 활용되지 않아 오히려 불필요한 비용이 발생한다. 반면 스트리밍 파이프라인은 사용자의 특성을 실시간으로 업데이트해, 이를 즉시 새로운 추천 예측 모델에 반영할 수 있다.

스트리밍 아키텍처는 스트라이프Stripe나 페이팔PayPal에서 사용하는 실시간 사기 탐지 알고리즘에도 사용된다. 이러한 맥락에서는 사기 가능성이 있는 거래를 발생 시점에 즉시 식별하는 것이 중요하다. 배치 파이프라인처럼 몇 분 또는 몇 시간 후에 처리해서는 안 된다. 마찬가지로 주식 예측 분야의 고빈도 거래 플랫폼에서도 시장 데이터를 지속적으로 수집하고 분석해 거래자들이 밀리초 단위로 신속한 의사결정을 내릴 수 있도록 지원한다.

반면, 오프라인 추천 시스템에는 배치 아키텍처를 사용할 수 있다. 예를 들어, 전자상거래나 스트리밍 플랫폼을 위한 추천 시스템을 구현할 때는 사용자의 행동이 자주 변하지 않으므로 시스템이 즉각적으로 반응할 필요가 없다. 따라서 배치 파이프라인을 사용해 사용자의 과거 행동 데이터를 기반으로 매일 밤과 같이 주기적으로 추천을 업데이트하는 방식이 구현하기도 쉽고 비용도 적게 든다.

배치 파이프라인의 또 다른 대표적인 예로 데이터를 추출, 변환, 적재하는 ETL 설계를 들 수 있다. 이 ETL 설계는 데이터를 한 데이터베이스에서 다른 데이터베이스로 이동시키는 데이터 파이프라인에서 널리 사용된다. 실용적인 사용 사례로는 데이터를 집계해 분석에 활용하는 경우가 있다. 여기서는 여러 소스에서 데이터를 추출하고, 집계한 후 대시보드와 연결된 데이터 웨어하우스에 저장한다. 분석 도메인은 전자상거래, 마케팅, 금융, 연구 등 매우 다양하다.

LLM Twin 사례의 데이터 수집 파이프라인은 인터넷에서 데이터를 추출하고, 수집된 데이터를 구조화한 후, 향후 처리를 위해 데이터 웨어하우스에 저장하는 ETL 파이프라인의 전형적인 예시이다.

배치 파이프라인의 또 다른 한계는, 즉각적인 특성 반영의 어려움뿐만 아니라 불필요한 예측을 수행한다는 점이다. 넷플릭스와 같은 스트리밍 플랫폼의 추천 시스템을 예로 들어보면, 매일 밤 모든 사용자에 대한 예측을 수행할 경우 상당수의 사용자가 그날 로그인하지 않을 가능성이 크다. 게다가 사용자들은 대개 모든 추천 콘텐츠를 탐색하지 않고, 초기 추천에만 머무르는 경향이 있다. 결과적으로 예측의 일부만 실제로 활용되며, 나머지 예측에 소모된 컴퓨팅 자원은 사실상 낭비된다.

일반적으로 사용하는 전략은 **배치 아키텍처로 시작하는 것이다**. 이는 구현이 더 빠르고 간단하기 때문이다. 제품이 자리 잡은 후에는 점진적으로 스트리밍 설계로 전환해 비용을 줄이고 사용자 경험을 개선한다. 결론적으로, LLM Twin의 특성 파이프라인을 구현하기 위해 스트리밍 아키텍처가 아닌 배치 아키텍처를 선택한 이유는 다음과 같다.

- **즉각적인 데이터 처리가 필요하지 않음**: 데이터 웨어하우스와 특성 저장소의 동기화가 정확한 RAG 시스템에 중요하더라도, 몇 분의 지연은 허용 가능하다. 따라서 배치 파이프라인을 1분 간격으로 실행해 두 데이터 저장소를 지속적으로 동기화할 수 있다. 이 기법이 가능한 이유는 데이터의 양이 적기 때문이다. 전체 데이터 웨어하우스에는 수천 개의 레코드만 존재하며, 수백만 또는 수십억 개는 아니다. 따라서 데이터를 빠르게 처리하고 두 데이터베이스를 동기화할 수 있다.
- **단순성**: 앞서 언급했듯이 스트리밍 파이프라인을 구현하는 것은 두 배 더 복잡하다. 실제 환경에서는 시스템의 복잡성을 최소화해 이해하기 쉽고, 디버깅과 유지보수를 용이하게 만드는 것이 중요하다. 또한 단순성은 일반적으로 인프라 및 개발 비용을 줄이는 데도 기여한다.

[그림 4-10]에서 아키텍처(스트리밍과 배치)와 처리할 데이터의 양(소규모와 대규모 데이터)에 따라 사용할 수 있는 도구들을 비교해서 보여준다. LLM Twin은 소규모 데이터와 배치 영역에 해당하여, 파이썬과 랭체인, Sentence Transformers, Unstructured와 같은 생성형 AI 도구를 조합해 선택했다.

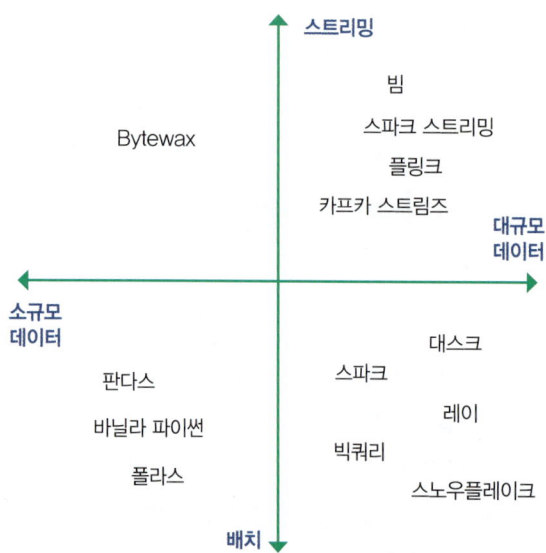

그림 4-10 스트리밍/배치 여부와 데이터 크기에 따른 도구 선택 가이드

'(다음 페이지에 나오는) 데이터 변경 감지: 데이터 웨어하우스와 특성 저장소 동기화'에서 배치 아키텍처에서 스트리밍 아키텍처로 전환하는 적절한 시점에 대해 다룬다.

다섯 가지 핵심 단계

대부분의 RAG 특성 파이프라인은 다섯 가지 핵심 단계로 구성된다. LLM Twin 아키텍처에서 구현한 것도 예외는 아니며, 다음과 같은 파이프라인 구성을 갖는다.

1. **데이터 추출**: 몽고DB 데이터 웨어하우스에서 최신 글, 코드 리포지터리, 게시물을 추출한다. 추출 단계에서는 일반적으로 처리해야 하는 모든 데이터를 모은다.

2. **정제**: 데이터 웨어하우스의 데이터는 표준화되어 있고 일부 정제되어 있지만 그것만으로는 충분하지 않다. 텍스트가 유용한 정보만 포함하고 중복되지 않으며 임베딩이 유용할 수 있도록 보장해야 한다. 예를 들어, 텍스트를 임베딩 모델에 전달하기 전에 모든 비ASCII 문자를 정제하고 표준화해야 한다. 또한 정보의 의미를 잘 보존하기 위해 모든 URL을 플레이스홀더로 대체하고 모든 이모지를 제거한다. 정제 단계는 과학보다는 예술에 가깝다. 따라서 평가 메커니즘이 구축된 첫 번째 이터레이션 이후에 계속 반복하고 개선해야 한다.

3. **청킹**: 각 데이터 카테고리와 임베딩 모델에 따라 다양한 청킹 전략을 선택한다. 예를 들어, 코드 리포지터리 작업 시에는 더 큰 청크가 필요하고, 기사 글은 더 작은 청크나 문단 수준의 범위가 필요하다. 데이터에 따라 장chapter, 절section, 문단, 문장 또는 고정 윈도우 크기(고정된 청크 사이즈)를 기준으로 문서를 분할할지 결정해야 한다. 또한 청크 크기가 임베딩 모델의 최대 입력 크기를 초과하지 않도록 해야 한다. 이러한 이유로 일반적으로 데이터 구조와 모델의 최대 입력 크기를 기준으로 문서를 청킹한다.

4. **임베딩**: 청크를 임베딩 모델에 전달한다. 구현 측면에서 이 단계는 단순한데, Sentence Transformers와 허깅 페이스 같은 도구들이 대부분의 임베딩 모델에 대해 고수준 인터페이스를 제공하기 때문이다. 4.1.3절에서 설명했듯이, 이 단계에서 가장 중요한 결정은 어떤 모델을 사용할지, 그리고 파인튜닝을 할지 여부다. 예를 들어, Sentence Transformers의 'all-mpnet-base-v2' 임베딩 모델을 사용했는데, 이 모델은 비교적 크기가 작아 대부분의 머신에서 실행 가능하다. 하지만 이 책을 읽는 시점에서의 최신 임베딩 모델로 빠르게 설정할 수 있도록 구성 파일을 제공한다. 허깅 페이스의 MTEB[14]에서 고려해볼 만한 다른 임베딩 모델들을 쉽게 찾을 수 있다.

5. **데이터 적재**: 마지막 단계는 청킹된 문서의 임베딩과 작성자, 문서 ID, 콘텐츠, URL, 플랫폼, 생성 날짜와 같은 메타데이터를 결합한다. 최종적으로 벡터와 메타데이터를 Qdrant와 호환되는 구조로 감싸서 벡터 DB에 저장한다. Qdrant를 특성의 단일 진실 공급원single source of truth[15]으로 사용하므로, 정제된 문서(청킹 이전)도 Qdrant에 저장한다. Qdrant의 메타데이터 인덱스가 NoSQL DB처럼 작동하므로 벡터 없이도 데이터를 저장할 수 있다. 벡터가 첨부되지 않은 메타데이터를 저장하는 것은 표준 NoSQL 엔진을 사용하는 것과 같다.

---

[14] https://huggingface.co/spaces/mteb/leaderboard
[15] 옮긴이_데이터의 일관성 유지 및 신뢰성 향상을 위해, 모든 데이터가 신뢰할 수 있는 하나의 중앙 저장소에서 관리되어야 한다는 것을 의미한다.

데이터 변경 감지: 데이터 웨어하우스와 특성 저장소 동기화

여러 번 강조했듯이 데이터는 지속적으로 변화하며, 이로 인해 DB, 데이터 레이크, 데이터 웨어하우스, 특성 저장소가 동기화되지 않을 수 있다. **데이터 변경 감지**change data capture (CDC)는 컴퓨팅과 I/O 오버헤드 없이 두 개 이상의 데이터 저장소 유형을 최적으로 동기화 상태로 유지할 수 있게 하는 전략이다. 소스 DB에서 수행된 모든 CRUD 작업을 감지하고 이를 대상 DB에 복제한다. 선택적으로 복제 사이에 전처리 단계를 추가할 수 있다.

특성 파이프라인을 구축할 때도 동기화 문제가 중요하다. 설계 시 주요 고려 사항 중 하나는 특정 사용 사례에 맞춰 최신 데이터를 유지하기 위해 데이터 웨어하우스와 특성 저장소를 어떻게 효과적으로 동기화할지에 대한 방법이다.

LLM Twin 사용 사례에서는 단순함을 추구하기 위해 단순한 접근 방식을 선택했다. 스트리밍 파이프라인 대신 주기적으로 또는 수동으로 실행되는 배치 파이프라인을 구현했다. 이 파이프라인은 데이터 웨어하우스에서 모든 원시 데이터를 읽고, 배치로 처리한 다음, Qdrant 벡터 DB에 새로운 레코드를 삽입하거나 기존 레코드를 업데이트한다. 이는 수천 또는 수만 단위의 적은 수의 레코드로 작업할 때는 잘 작동한다. 하지만 이러한 접근 방식은 다음과 같은 사항을 고민해야 한다.

- 데이터가 갑자기 수백만 건(또는 그 이상)으로 증가하면 어떻게 되는가?
- 데이터 웨어하우스에서 레코드가 삭제되면 어떻게 되는가? 이는 특성 저장소에 어떻게 반영되는가?
- 데이터 웨어하우스의 모든 항목이 아닌 새로운 항목이나 업데이트된 항목만 처리하고 싶으면 어떻게 해야 하는가?

다행히도 CDC 패턴은 이러한 모든 문제를 해결할 수 있다. CDC를 구현할 때 여러 가지 접근 방식을 취할 수 있지만, 대부분 푸시 또는 풀 전략을 사용한다.

- **푸시**push: 푸시 접근 방식에서는 소스 DB가 주요 동인이다. 데이터 수정 사항을 능동적으로 식별하고 처리하기 위해 대상 시스템으로 전송한다. 이 방식은 즉각적인 업데이트를 보장하지만, 대상 시스템에 접근할 수 없는 경우 데이터 손실이 발생할 수 있다. 이를 완화하기 위해 일반적으로 메시징 시스템을 버퍼로 사용한다.
- **풀**pull: 풀 방식에서는 소스 DB가 데이터 변경 사항만 기록하는 더 수동적인 역할을 한다. 대상 시스템이 주기적으로 이러한 변경 사항을 요청하고 그에 따라 업데이트를 처리한다. 이 접근 방식은 소스의 부하를 줄이지만 데이터 전파에 지연이 발생한다. 대상 시스템을 사용할 수 없는 기간 동안 데이터 손실을 방지하기 위해 메시징 시스템이 다시 한번 필요하다.

요약하면, 푸시 방식은 즉각적인 데이터 액세스가 필요한 애플리케이션에 이상적이며, 풀 방식은 실시간 업데이트가 중요하지 않은 대규모 데이터 전송에 더 적합하다. 이를 고려해 업계에서 사용되는 주요 CDC 패턴을 나열해보자.

- **타임스탬프 기반** timestamp-based: 타임스탬프 기반 접근 방식은 DB 테이블에 LAST_MODIFIED 또는 LAST_UPDATED라고 하는 수정 시간 열을 추가하는 것이다. 다운스트림 시스템은 이 열을 쿼리해서 마지막 확인 이후 업데이트된 레코드를 식별할 수 있다. 이 방식이 구현은 간단하지만 변경 사항만 추적할 수 있고 삭제된 레코드는 추적할 수 없으며 전체 테이블을 스캔해야 하므로 성능면에서 상당한 오버헤드가 발생한다.
- **트리거 기반** trigger-based: 트리거 기반 접근 방식은 DB 트리거를 활용해 INSERT, UPDATE 또는 DELETE 작업 시 데이터 수정 사항을 이벤트 테이블이라고 하는 별도의 테이블에 자동으로 기록한다. 이 방식은 포괄적인 변경 추적을 제공하지만 이벤트마다 쓰기 작업이 추가로 필요해 DB 성능에 영향을 미친다.
- **로그 기반** log-based: DB는 타임스탬프를 포함한 모든 데이터 수정 사항을 기록하기 위해 트랜잭션 로그를 유지한다. 주로 DB 복구에 사용되는 이 로그는 실시간으로 변경 사항을 대상 시스템에 전파하는 데도 활용할 수 있다. 이 접근 방식은 소스 DB의 성능 영향을 최소화한다. 주요 장점으로는 다음과 같은 특징이 있다. 소스 DB에 추가 처리 오버헤드가 없고 모든 데이터 변경을 캡처하며 스키마 수정이 필요하지 않다. 반면에 표준화된 로그 형식이 없어 벤더별 구현이 필요하다는 단점이 있다.

 CDC에 대한 자세한 내용은 Confluent 블로그의 'What is Change Data Capture?'를 참고하길 바란다.[16]

이러한 CDC 기술을 고려할 때 데이터가 증가하면서 데이터 웨어하우스와 특성 저장소를 최적으로 동기화하기 위해 RAG 특성 파이프라인에 풀 타임스탬프 기반 전략을 빠르게 구현할 수 있다. 현재 구현은 여전히 풀 기반이지만 소스 DB에서 마지막 업데이트 필드를 확인하지 않고 데이터 웨어하우스에서 모든 것을 가져온다.

하지만 업계에서 가장 인기 있고 최적화된 기술은 **로그 기반 방식**이다. 이는 소스 DB에 I/O 오버헤드를 추가하지 않고 지연 시간이 짧으며 모든 CRUD 작업을 지원한다. 그러나 가장 큰 단점은 개발 복잡성이며, 모든 CRUD 이벤트를 캡처하기 위한 큐와 이를 처리하기 위한 스트리밍 파이프라인이 필요하다.

이 책은 데이터 엔지니어링 전문서가 아니라 관련 내용은 생략했지만, 어떤 데이터 엔지니어링 기술이 있는지는 알고 있을 필요가 있다. 현재 구현 방식이 애플리케이션 요구 사항에 맞지 않을 때, 언제든 업그레이드할 수 있다는 점을 인식해두자.

---

16 https://www.confluent.io/en-gb/learn/change-data-capture/

두 가지 스냅샷에 데이터가 저장되는 이유

논리적 특성 저장소에 데이터의 두 가지 스냅샷을 저장한다.

- **데이터가 정제된 후**: LLM 파인튜닝용
- **문서가 청킹되고 임베딩된 후**: RAG용

왜 이렇게 설계했는가? 학습과 추론을 위해서는 특성 저장소에서만 특성에 접근하는 점을 기억하자. 이는 설계에 일관성을 더하고 더 깔끔하게 만든다.

또한 몽고DB 데이터 웨어하우스에 파인튜닝과 임베딩을 위해 특별히 정제된 데이터를 저장하는 것은 안티패턴이다. 데이터 웨어하우스의 데이터는 회사 전체에서 공유된다. 따라서 특정 사용 사례를 위해 이를 처리하는 것은 좋은 방법이 아니다. 데이터를 다르게 정제하고 전처리해야 하는 또 다른 사례를 상상해보자. 사용 사례 이름이 접두사로 붙은 새로운 '정제된 데이터' 테이블을 만들어야 한다. 새로운 사용 사례마다 이를 반복한다. 따라서 스파게티 데이터 웨어하우스[17]가 되는 것을 피하기 위해, 데이터 웨어하우스의 데이터는 일반적이며 다운스트림 컴포넌트(우리의 경우 특성 저장소)에서만 특정 애플리케이션에 맞게 모델링된다.

'다섯 가지 핵심 단계'에서 언급했듯이 벡터 DB의 메타데이터 인덱스를 NoSQL DB로 사용할 수 있다. 이러한 요소들을 기반으로 정제된 데이터를 청킹되고 임베딩된 버전의 문서와 함께 Qdrant에 유지하기로 결정했다.

LLM Twin 시스템을 운영할 때 5장에서 설명한 지시문 데이터셋 생성 파이프라인은 Qdrant에서 정제된 문서를 읽고 처리한 다음 버전이 지정된 ZenML 아티팩트로 저장한다. 학습 파이프라인은 일반 문서가 아닌 데이터셋을 필요로 한다. 논리적 특성 저장소는 온라인 서빙을 위한 Qdrant 벡터 DB와 오프라인 학습을 위한 ZenML 아티팩트로 구성되어 있다는 점을 기억하자.

오케스트레이션

ZenML은 배치 RAG 특성 파이프라인을 조율한다. ZenML을 사용하면 스케줄을 설정해 매시간 실행하거나 수동으로 빠르게 실행할 수 있다. 다른 방법으로는 ETL 데이터 수집 파이프라

---

[17] 옮긴이_스파게티 면이 접시에 엉켜 있는 것처럼, 구조적 일관성이 부족하고 복잡하게 얽혀 있어 관리하기 어려운 상태의 데이터 웨어하우스를 의미한다.

인이 완료된 후 실행되도록 트리거할 수도 있다.

ZenML(또는 다른 오케스트레이션 도구)로 특성 파이프라인을 조율하고 통합함으로써 **지속적 학습**continuous training (CT)이라는 최종 목표를 가지고 특성 파이프라인을 운영할 수 있다. 오케스트레이션, 스케줄링, CT에 관한 상세한 내용은 11장에서 다룬다.

4.4 LLM Twin의 RAG 특성 파이프라인 구현하기

이제 이 장에서 논의한 모든 내용을 어떻게 적용했는지 확인하기 위해 LLM Twin의 RAG 특성 파이프라인 코드를 검토해보자. 다음 내용을 주로 살펴본다.

- ZenML 코드
- Pydantic 도메인 객체
- 커스텀 객체-벡터 매핑 구현
- 모든 데이터 카테고리에 대한 정제, 청킹, 임베딩 로직

`Settings` 클래스와 ZenML 파이프라인부터 탑 다운 방식으로 하나씩 살펴보자.

4.4.1 설정

Pydantic Settings[18]를 사용해 `.env` 파일에서 민감하지 않은 변수를 로드하는 전역 `Settings` 클래스를 정의한다. 이 접근 방식은 타입 검증과 같은 Pydantic의 장점을 활용한다. 예를 들어, `QDRANT_DATABASE_PORT` 변수에 정수 대신 문자열이 입력되면 프로그램이 중단된다. 이는 전체 애플리케이션 동작을 신뢰할 수 있게 만든다.

RAG 특성 파이프라인을 구축하는 데 필요한 모든 변수가 포함된 `Settings` 클래스는 다음과 같다.

```
from pydantic import BaseSettings

class Settings(BaseSettings):
```

---

[18] https://docs.pydantic.dev/latest/concepts/pydantic_settings/

```
    class Config:
        env_file = ".env"
        env_file_encoding = "utf-8"

    ... # 다른 설정 코드...

    # RAG
    TEXT_EMBEDDING_MODEL_ID: str = "sentence-transformers/all-MiniLM-L6-v2"
    RERANKING_CROSS_ENCODER_MODEL_ID: str = "cross-encoder/ms-marco-MiniLM-L-4-v2"
    RAG_MODEL_DEVICE: str = "cpu"

# QdrantDB 벡터 DB
USE_QDRANT_CLOUD: bool = False
QDRANT_DATABASE_HOST: str = "localhost"
QDRANT_DATABASE_PORT: int = 6333
QDRANT_CLOUD_URL: str = "str"
QDRANT_APIKEY: str | None = None

... # 다른 설정 코드...

settings = Settings()
```

Config 클래스에 명시된 대로 모든 변수는 기본값을 가지고 있거나 .env 파일을 통해 재정의할 수 있다.

4.4.2 ZenML 파이프라인과 스텝

ZenML 파이프라인은 RAG 특성 엔지니어링 파이프라인의 진입점이다. 이는 RAG 데이터 수집 코드의 다섯 가지 핵심 단계(원시 문서 추출, 정제, 청킹, 임베딩, 논리적 특성 저장소 저장)를 반영한다. feature_engineering() 함수 내의 호출은 ZenML 스텝이며, 이는 RAG의 다섯 단계를 수행하는 단일 실행 단위를 나타낸다. 코드는 깃허브 리포지터리[19]에서 확인할 수 있다.

```
from zenml import pipeline
from llm_engineering.interfaces.orchestrator.steps import feature_engineering as fe_steps
```

---

[19] https://github.com/PacktPublishing/LLM-Engineers-Handbook/blob/main/pipelines/feature_engineering.py

```python
@pipeline
def feature_engineering(author_full_names: list[str]) -> None:
    raw_documents = fe_steps.query_data_warehouse(author_full_names)

    cleaned_documents = fe_steps.clean_documents(raw_documents)
    last_step_1 = fe_steps.load_to_vector_db(cleaned_documents)

    embedded_documents = fe_steps.chunk_and_embed(cleaned_documents)
    last_step_2 = fe_steps.load_to_vector_db(embedded_documents)

    return [last_step_1.invocation_id, last_step_2.invocation_id]
```

[그림 4-11]은 ZenML 대시보드에서 여러 특성 엔지니어링 파이프라인 실행이 어떻게 보이는지 보여준다.

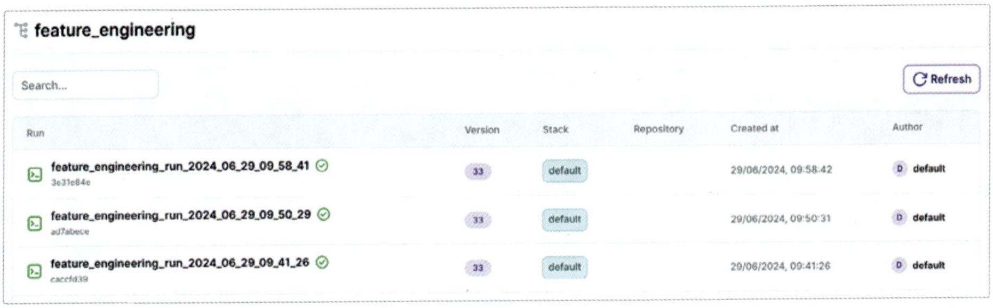

그림 4-11 특성 파이프라인 실행 대시보드 화면

[그림 4-12]는 RAG 특성 파이프라인의 DAG를 보여준다. 이를 통해 모든 파이프라인 스텝과 출력 아티팩트를 확인할 수 있다. ZenML 스텝에서 반환되는 모든 결과는 자동으로 아티팩트로 저장되어 ZenML의 아티팩트 레지스트리에 저장되고, 버전이 관리되며, 애플리케이션 전체에서 공유할 수 있다는 점을 기억하자.

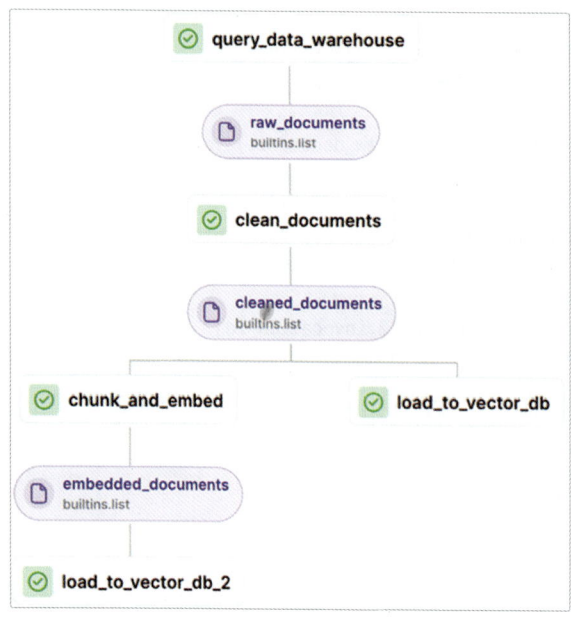

그림 4-12 특성 파이프라인 DAG 대시보드

마지막 퍼즐 조각은 RAG 특성 파이프라인을 동적으로 구성하는 방법을 이해하는 것이다. 사용 가능한 모든 설정은 함수 매개변수로 노출된다. 여기서는 함수 시그니처인 `feature_engineering(author_full_names: list[str])`에서 볼 수 있듯이 작성자 이름의 리스트만 필요하다. 런타임 시 다양한 사용 사례에 맞춰 필요한 모든 값을 포함한 YAML 구성 파일을 주입한다. 예를 들어, 다음 구성은 특성 저장소에 우리 모두의 데이터를 채우기 위해 이 책의 저자 3명을 리스트에 입력한다(이 책의 깃허브 리포지터리 'configs/feature_engineering.yaml'에서 확인 가능).

```
parameters:
  author_full_names:
    - Alex Vesa
    - Maxime Labonne
    - Paul Iusztin
```

이 방식의 장점은 다른 입력값으로 특성 파이프라인을 구성하기 위해 코드를 수정할 필요가 없다는 것이다. 실행할 때 다른 구성 파일만 제공하면 된다.

```
feature_engineering.with_options(config_path=".../feature_engineering.yaml") ()
```

구성 파일의 경로를 하드코딩하거나 CLI에서 `config_path`를 제공할 수 있다. 이를 통해 서로 다른 실행 간에 파이프라인의 구성을 수정할 수 있다. 단순화를 위해 구성 파일을 하드코딩했다. 따라서 다음과 같이 `run.py` 스크립트를 호출해 특성 엔지니어링 파이프라인을 실행한다.

```
python -m tools.run --no-cache --run-feature-engineering
```

하지만 `config_path` 변수를 전달하기 위해 다른 CLI 인수를 쉽게 추가할 수 있다. 또한 다음 poe 명령을 사용해 특성 파이프라인을 실행할 수 있다.

```
poetry poe run-feature-engineering-pipeline
```

ZenML 스텝으로 가서 모든 스텝을 하나씩 살펴보자. 모든 특성 엔지니어링 파이프라인 스텝의 소스 코드는 깃허브의 `steps/feature_engineering`에서 확인할 수 있다. 새로운 콘텐츠를 특성으로 처리하기 위해 데이터 웨어하우스를 쿼리하는 첫 번째 스텝부터 알아보자.

데이터 웨어하우스 쿼리

먼저 ZenML 스텝은 `@step`으로 데코레이트된 파이썬 함수라는 것을 기억하자. 이는 ZenML 파이프라인이 작동하는 방식과 비슷하다. 아래 함수는 저자 3명의 전체 이름 리스트를 입력받아 다음을 수행한다.

- 이름과 성을 사용해 `UserDocument` 인스턴스를 가져오거나 생성을 시도하며, 이 인스턴스를 `authors` 리스트에 추가한다. 사용자가 존재하지 않으면 에러를 발생시킨다.
- 데이터 웨어하우스에서 사용자의 모든 원시 데이터를 가져와 `documents` 리스트에 이 사용자 문서들을 추가한다.
- 마지막으로 ZenML에서 기록되고 추적되는 메타데이터 딕셔너리를 생성한다.

```
... # 다른 import
from zenml import get_step_context, step

@step
def query_data_warehouse(
```

```
        author_full_names: list[str],
) -> Annotated[list, "raw_documents"]:
    documents = []
    authors = []
    for author_full_name in author_full_names:
        logger.info(f"Querying data warehouse for user: {author_full_name}")

        first_name, last_name = utils.split_user_full_name(author_full_name)
        logger.info(f"First name: {first_name}, Last name: {last_name}")

        user = UserDocument.get_or_create(first_name=first_name, last_name=last_name)
        authors.append(user)

        results = fetch_all_data(user)
        user_documents = [doc for query_result in results.values() for doc in query_result]

        documents.extend(user_documents)

    step_context = get_step_context()
    step_context.add_output_metadata(output_name="raw_documents",
        metadata=_get_metadata(documents))

    return documents
```

fetch 함수는 각 쿼리를 서로 다른 스레드에서 실행하기 위해 스레드 풀thread pool을 활용한다. 데이터가 여러 카테고리로 나뉘어 있으므로, 각 카테고리에 대해 별도의 쿼리가 필요하다. 예를 들어, 기사, 게시물, 리포지터리는 각각 다른 컬렉션에 저장되어 있으므로 개별적으로 쿼리를 실행해야 한다. 각 쿼리는 네트워크 I/O와 데이터 웨어하우스의 지연 시간에 의해 제한되며, 머신의 CPU에는 크게 영향을 받지 않는다. 따라서 각 쿼리를 별도의 스레드에서 실행하면 병렬 처리할 수 있다. 결과적으로, 각 쿼리의 지연 시간을 모두 합산하는 대신, fetch 함수 실행 시간은 모든 호출 중 가장 긴 지연 시간으로 결정된다.

I/O에 제한을 받는 호출을 병렬 처리할 때 스레드를 사용하는 것은 파이썬에서 좋은 방법이다. 이러한 작업이 파이썬 **전역 인터프리터 락**global interpreter lock (GIL)의 제약을 받지 않기 때문이다. 반면 각 호출을 다른 프로세스로 분산하면 오버헤드가 크게 증가한다. 이는 프로세스가 스레드보다 생성하는 데 더 많은 시간이 소요되기 때문이다.

파이썬에서 CPU나 메모리에 제한을 받는 작업(CPU-bound 또는 memory-bound)을 병렬 처리하려면 프로세스를 사용하는 것이 적합하다. 이는 각 프로세스가 독립적인 GIL을 가지기 때문이다. 따라서 메모리에 이미 로드된 문서나 이미지를 처리하는 등의 연산 로직을 병렬화할 때는 파이썬의 GIL 제한에 영향을 받지 않는다. 이런 경우 프로세스를 사용하는 것이 효과적이다.

```python
def fetch_all_data(user: UserDocument) -> dict[str, list[NoSQLBaseDocument]]:
    user_id = str(user.id)
    with ThreadPoolExecutor() as executor:
        future_to_query = {
            executor.submit(__fetch_articles, user_id): "articles",
            executor.submit(__fetch_posts, user_id): "posts",
            executor.submit(__fetch_repositories, user_id): "repositories",
        }

        results = {}
        for future in as_completed(future_to_query):
            query_name = future_to_query[future]
            try:
                results[query_name] = future.result()
            except Exception:
                logger.exception(f"'{query_name}' 요청 실패.")
                results[query_name] = []

    return results
```

_get_metadata() 함수는 쿼리된 문서와 저자 리스트를 입력받아, 각 데이터 카테고리(예: 기사, 게시물, 리포지터리)별로 문서의 수를 계산한다. 이를 통해 생성되는 메타데이터는 카테고리별 문서 및 저자의 수를 요약해서 나타내며, 데이터 파이프라인의 분석 및 관리에 유용하게 사용된다.

```python
def _get_metadata(documents: list[Document]) -> dict:
    metadata = {
        "num_documents": len(documents),
    }

    for document in documents:
        collection = document.get_collection_name()
        if collection not in metadata:
```

```python
            metadata[collection] = {}
        if "authors" not in metadata[collection]:
            metadata[collection]["authors"] = list()

        metadata[collection]["num_documents"] = metadata[collection].get("num_
  documents", 0) + 1
        metadata[collection]["authors"].append(document.author_full_name)

    for value in metadata.values():
        if isinstance(value, dict) and "authors" in value:
            value["authors"] = list(set(value["authors"]))

    return metadata
```

이 메타데이터는 ZenML 대시보드를 통해 로드된 데이터의 통계를 빠르게 파악할 수 있게 한다. 예를 들어, [그림 4-13]에서는 `query_data_warehouse()` 스텝의 메타데이터 탭에 접근한 화면을 보여준다. 해당 특성 파이프라인 실행에서 저자 3명으로부터 문서 76개를 로드한 것을 확인할 수 있다. 이런 기능은 배치 파이프라인의 모니터링 및 디버깅에 매우 유용하다. 데이터를 시각적으로 확인함으로써 문제를 빠르게 파악하고 효율적으로 해결할 수 있다.

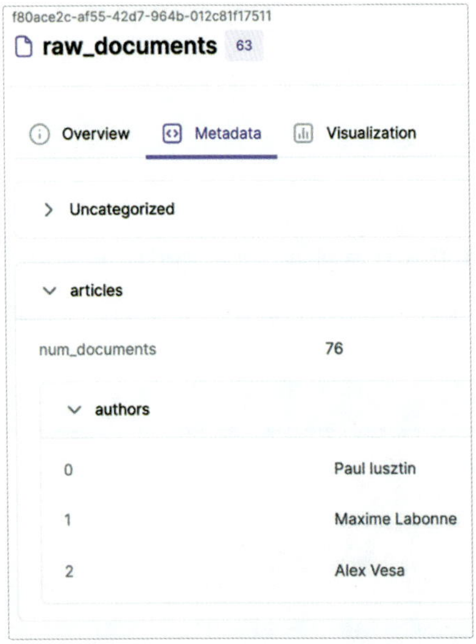

그림 4-13 데이터 웨어하우스 쿼리 스텝의 메타데이터

이 메타데이터는 사용 사례에 맞게 언제든지 확장할 수 있다. 필요에 따라 더 많은 정보를 추가하거나, 특정 요구 사항에 맞춘 새로운 통계를 포함해 대시보드를 더욱 유용하게 만들 수 있다.

문서 정제

정제 단계에서는 모든 문서를 반복적으로 처리하며, 정제 처리 로직은 `CleaningDispatcher`가 수행한다. `CleaningDispatcher`는 데이터 카테고리에 따라 어떤 정제 로직을 적용해야 하는지 알고 있다. 이를 통해 기사, 게시물, 코드 리포지터리에 대해 서로 다른 정제 기법을 적용하거나, 나중에 필요할 경우 해당 기능을 추가할 수 있는 유연성을 보장한다.

```python
@step
def clean_documents(
    documents: Annotated[list, "raw_documents"],
) -> Annotated[list, "cleaned_documents"]:
    cleaned_documents = []

    for document in documents:
        cleaned_document = CleaningDispatcher.dispatch(document)
        cleaned_documents.append(cleaned_document)

    step_context = get_step_context()
    step_context.add_output_metadata(
        output_name="cleaned_documents",
        metadata=_get_metadata(cleaned_documents)
    )

    return cleaned_documents
```

계산된 메타데이터는 `query_data_warehouse()` 스텝에서 기록된 메타데이터와 유사하다. 이제는 정제 문서의 청킹과 임베딩으로 넘어가자.

정제 문서의 청킹과 임베딩

문서 정제 단계와 마찬가지로, 청크로 나누고 임베딩하는 로직은 각 데이터 카테고리를 처리할 수 있는 디스패처에 위임한다. 청크 디스패처는 단일 객체가 아닌 리스트를 반환하는데, 이는 문서가 여러 청크로 분할되기 때문에 합리적이다. 디스패처에 대한 자세한 내용은 이 장의 4.4.4절에서 다룬다.

```python
@step
def chunk_and_embed(
    cleaned_documents: Annotated[list, "cleaned_documents"],
) -> Annotated[list, "embedded_documents"]:
    metadata = {"chunking": {}, "embedding": {}, "num_documents": len(cleaned_documents)}

    embedded_chunks = []
    for document in cleaned_documents:
        chunks = ChunkingDispatcher.dispatch(document)
        metadata["chunking"] = _add_chunks_metadata(chunks, metadata["chunking"])

        for batched_chunks in utils.misc.batch(chunks, 10):
            batched_embedded_chunks = EmbeddingDispatcher.dispatch(batched_chunks)
            embedded_chunks.extend(batched_embedded_chunks)

    metadata["embedding"] = _add_embeddings_metadata(embedded_chunks, metadata["embedding"])
    metadata["num_chunks"] = len(embedded_chunks)
    metadata["num_embedded_chunks"] = len(embedded_chunks)

    step_context = get_step_context()
    step_context.add_output_metadata(output_name="embedded_documents", metadata=metadata)

    return embedded_chunks
```

[그림 4-14]에서는 청킹과 임베딩에 대한 ZenML 스텝의 메타데이터를 확인할 수 있다. 예를 들어, 문서 76개를 청크 2,373개로 변환했음을 파악할 수 있다. 그리고 청킹 시 사용된 속성 (예: **chunk_size 500, chunk_overlap 50**)도 알 수 있다.

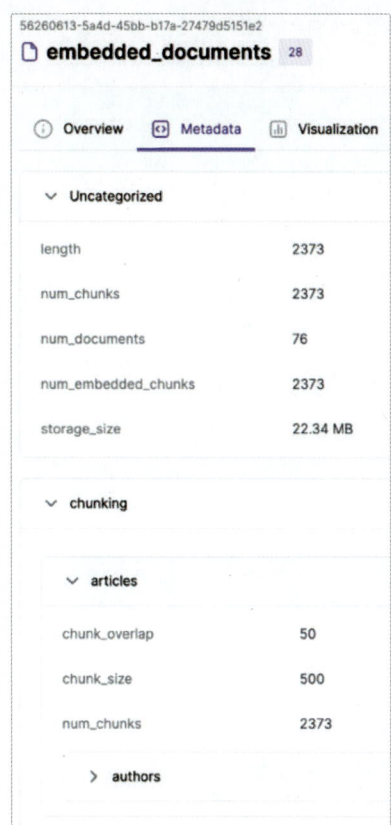

그림 4-14 청킹 및 임베딩 스텝의 메타데이터(청킹 세부 사항)

[그림 4-15]는 임베딩 및 청킹 스텝에서 사용된 임베딩 모델을 보여준다. 이와 함께 벡터 계산에 활용된 속성에 대한 ZenML 메타데이터의 상세 정보도 확인할 수 있다.

ML 시스템은 데이터 드리프트나 예상치 못한 사용 사례로 인해 프로덕션 환경에서 언제든지 문제가 발생할 수 있다. [그림 4-15]의 메타데이터 섹션을 활용해 입력 데이터를 모니터링하면 디버깅에 소요되는 시간을 크게 줄일 수 있다. 이는 비즈니스에서 수만 달러 이상의 비용 절감으로 이어진다.

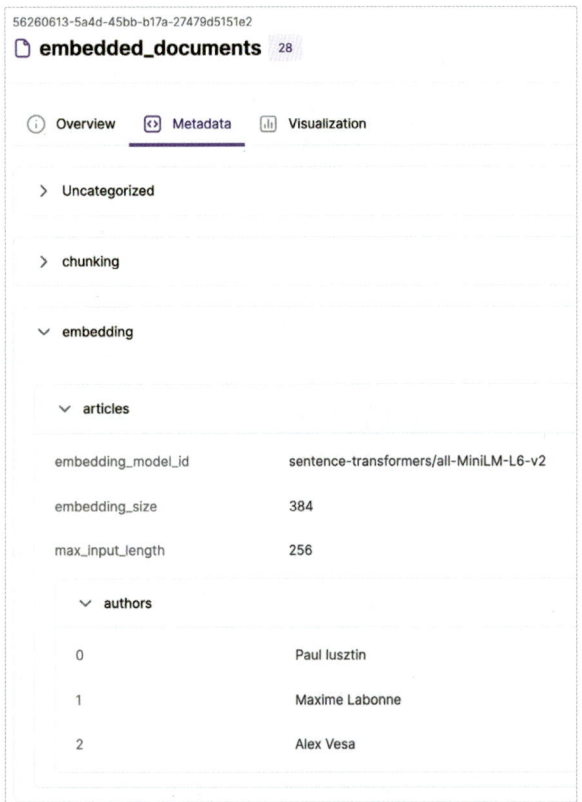

그림 4-15 청킹과 임베딩 스텝의 메타데이터(임베딩 세부 사항)

벡터 DB 저장

각각의 기사, 게시물, 코드 리포지터리는 벡터 DB 내에서 서로 다른 컬렉션에 저장되므로, 모든 문서를 데이터 카테고리에 따라 그룹화해야 한다. 그런 다음, 각 그룹을 Qdrant 벡터 DB에 일괄적으로 저장한다.

```
@step
def load_to_vector_db(
    documents: Annotated[list, "documents"],
) -> None:
    logger.info(f"Loading {len(documents)} documents into the vector database.")

    grouped_documents = VectorBaseDocument.group_by_class(documents)
```

```
    for document_class, documents in grouped_documents.items():
        logger.info(f"Loading documents into {document_class.get_collection_
name()}")

        for documents_batch in utils.misc.batch(documents, size=4):
            try:
                document_class.bulk_insert(documents_batch)
            except Exception:
                return False

    return True
```

4.4.3 Pydantic 도메인 엔티티

디스패처를 파악하기 전에 도메인 객체를 먼저 이해해야 한다. LLM Twin은 도메인 주도 설계domain-driven design(DDD) 원칙을 따르며, 도메인 엔티티는 애플리케이션의 핵심이다. 따라서 진행하기 전에 작업 중인 도메인 클래스의 계층 구조를 이해하는 것이 중요하다.

 도메인 엔티티에 대한 코드는 이 책의 깃허브[20]에서 확인할 수 있다.

도메인 엔티티를 모델링하기 위해 Pydantic을 사용했다. 이 책을 집필할 당시 Pydantic의 선택은 당연한 결정이었다. Pydantic은 즉시 사용할 수 있는 타입 검증 기능을 제공하며, 데이터 구조를 작성할 때 가장 많이 사용하는 파이썬 패키지이다. 파이썬은 동적 타입 언어이기 때문에 Pydantic을 사용해 런타임에 타입을 검증하면 항상 올바른 타입의 데이터를 다룬다는 것을 확신할 수 있어 시스템의 안정성이 크게 향상된다.

LLM Twin 애플리케이션의 도메인은 두 가지 측면으로 나뉜다.

- **데이터 범주**: 게시물post, 기사article, 리포지터리repository
- **데이터 상태**: 정제, 청크, 임베딩

문서의 각 상태에 대해 다음과 같은 기본 클래스들이 만들어진다.

---

[20] https://github.com/PacktPublishing/LLM-Engineering/tree/main/llm_engineering/domain

- class CleanedDocument(VectorBaseDocument, ABC)
- class Chunk(VectorBaseDocument, ABC)
- class EmbeddedChunk(VectorBaseDocument, ABC)

위의 클래스들은 VectorBaseDocument 클래스를 상속받고 있으며, VectorBaseDocument 클래스에 대해서는 다음 'OVM' 절에서 다시 자세히 살펴본다. 위 클래스들은 ABC도 함께 상속받기 때문에 추상 클래스가 된다. 추상 클래스는 객체를 직접 생성할 수 없고, 오직 상속만 가능하다. 이러한 이유로 기본 클래스들은 항상 추상 클래스로 표시된다.

앞서 언급한 각 추상 클래스(상태를 모델링하는 클래스)들은 데이터 범주 차원을 추가하는 하위 클래스를 갖는다. 예를 들어, CleanedDocument 클래스는 다음과 같은 하위 클래스들을 가진다.

- class CleanedPostDocument(CleanedDocument)
- class CleanedArticleDocument(CleanedDocument)
- class CleanedRepositoryDocument(CleanedDocument)

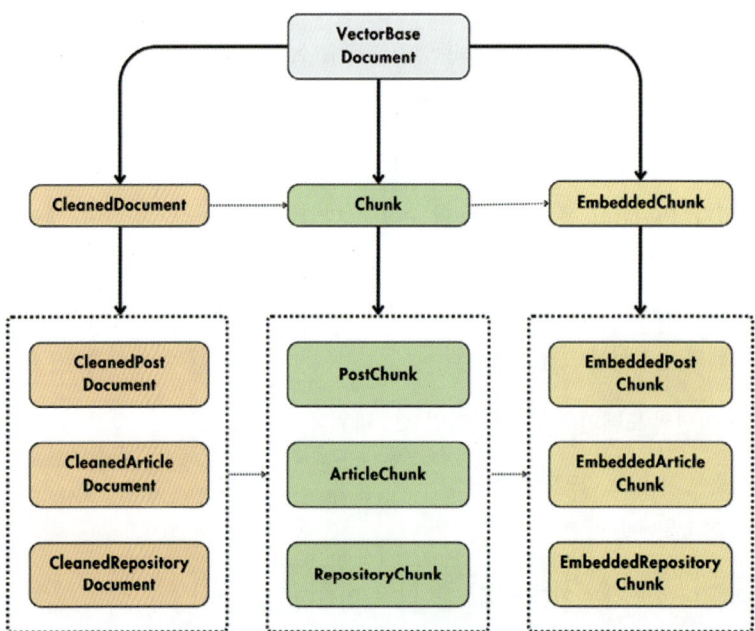

그림 4-16 도메인 엔티티 클래스 계층 구조 및 상호작용

[그림 4-16]에서 볼 수 있듯이, 동일한 로직을 **Chunk** 및 **EmbeddedChunk** 기본 클래스에도 적용한다. 각 데이터 범주와 상태 조합에 대해 구체적인 문서 클래스를 구현하며, 9개의 도메인 엔티티가 생성된다. 예를 들어, 원시 문서를 가져올 때 정제 단계는 **CleanedArticle Document** 인스턴스를 생성하고, 청크 단계는 **ArticleChunk** 객체 리스트를 반환하며, 임베딩 작업은 벡터 DB에 삽입할 임베딩과 필요한 모든 메타데이터를 포함하는 **Embedded ArticleChunk** 인스턴스를 반환한다. 게시물과 리포지터리에도 동일한 과정이 적용된다.

이 설계를 선택한 이유는 상태 목록이 비교적 안정적이며, 향후 데이터 범주 확장을 고려했기 때문이다. 따라서 상태를 기준으로 기본 클래스를 구조화하면 이를 상속해서 새로운 데이터 범주를 쉽게 추가할 수 있다.

정제된 문서 계층 구조에 대한 전체 코드를 살펴보자. 정제된 문서의 모든 속성은 벡터 DB의 메타데이터에 저장된다. 예를 들어, 정제된 기사 문서의 메타데이터에는 항상 기사의 콘텐츠, 플랫폼, 작성자 ID, 작성자 전체 이름, 링크가 포함된다.

또 다른 중요한 포인트는 **Config** 내부 클래스이다. 이 클래스는 벡터 DB 내 컬렉션의 이름, 엔티티의 데이터 범주, 컬렉션 생성 시 벡터 인덱스를 사용할지 여부를 정의한다.

```python
class CleanedDocument(VectorBaseDocument, ABC):
    content: str   # 콘텐츠
    platform: str   # 플랫폼
    author_id: UUID4   # 작성자 ID
    author_full_name: str   # 작성자 전체 이름


class CleanedPostDocument(CleanedDocument):
    image: Optional[str] = None   # 이미지 (선택 사항)

    class Config:
        name = "cleaned_posts"   # 이름: cleaned_posts
        category = DataCategory.POSTS   # 카테고리: POSTS
        use_vector_index = False   # 벡터 인덱스 사용 여부: False


class CleanedArticleDocument(CleanedDocument):
    link: str   # 링크

    class Config:
```

```
        name = "cleaned_articles"    # 이름: cleaned_articles
        category = DataCategory.ARTICLES   # 카테고리: ARTICLES
        use_vector_index = False    # 벡터 인덱스 사용 여부: False


class CleanedRepositoryDocument(CleanedDocument):
    name: str   # 이름
    link: str   # 링크

    class Config:
        name = "cleaned_repositories"   # 이름: cleaned_repositories
        category = DataCategory.REPOSITORIES  # 카테고리: REPOSITORIES
        use_vector_index = False    # 벡터 인덱스 사용 여부: False
```

이제 청크와 임베딩된 청크의 기본 추상 클래스도 살펴보자.

```
class Chunk(VectorBaseDocument, ABC):
    content: str    # 콘텐츠
    platform: str   # 플랫폼
    document_id: UUID4  # 문서 ID
    author_id: UUID4    # 작성자 ID
    author_full_name: str   # 작성자 전체 이름
    metadata: dict = Field(default_factory=dict)   # 메타데이터 (기본값: 빈 딕셔너리)

# PostChunk, ArticleChunk, RepositoryChunk

class EmbeddedChunk(VectorBaseDocument, ABC):
    content: str    # 콘텐츠
    embedding: list[float] | None   # 임베딩 (리스트 또는 None)
    platform: str   # 플랫폼
    document_id: UUID4  # 문서 ID
    author_id: UUID4    # 작성자 ID
    author_full_name: str   # 작성자 전체 이름
    metadata: dict = Field(default_factory=dict)   # 메타데이터 (기본값: 빈 딕셔너리)

# EmbeddedPostChunk, EmbeddedArticleChunk, EmbeddedRepositoryChunk
```

모든 데이터 범주를 하나의 상수 구조로 묶는 열거형^{enum}을 정의했다.

```
class DataCategory(StrEnum):
    POSTS = "posts"   # 게시물
```

```
ARTICLES = "articles"  # 기사
REPOSITORIES = "repositories"  # 리포지터리
```

도메인 객체가 어떻게 작동하는지 완전히 이해하기 위해 VectorBaseDocument OVM 클래스에 대해 자세히 살펴보자.

OVM

OVM이라는 용어는 3장에서 다룬 객체-관계 매핑^{object-relational mapping}(ORM) 패턴에서 영감을 받았다. OVM이라는 이름을 사용한 이유는 구조화된 데이터와 SQL 테이블 대신 임베딩과 벡터 DB를 사용하기 때문이다. 그렇지 않으면 ORM 패턴과 동일한 원칙을 따른다.

3장의 접근 방식과 유사하게, 자체적인 OVM 버전을 구현한다. 비록 이 예제가 단순하지만, 객체지향 프로그래밍(OOP)의 모범 사례와 원칙을 적용해 모듈화되고 확장 가능한 클래스 설계의 효과적인 모델을 제시한다.

 VectorBaseDocument 클래스의 전체 구현은 이 책의 깃허브에서 확인할 수 있다.[21]

OVM 기본 클래스는 VectorBaseDocument라고 불린다. 이 클래스는 Qdrant에서 CRUD 작업을 지원한다. 애플리케이션의 요구 사항에 따라 생성^{create} 및 읽기^{read} 작업만 지원하도록 제한했지만, 업데이트^{update}와 삭제^{delete} 기능으로 쉽게 확장할 수 있다.

VectorBaseDocument 클래스의 정의를 살펴보자.

```
from pydantic import UUID4, BaseModel, Field
from typing import Generic, Type, TypeVar

from llm_engineering.infrastructure.db.qdrant import connection

T = TypeVar("T", bound="VectorBaseDocument")

class VectorBaseDocument(BaseModel, Generic[T], ABC):
    id: UUID4 = Field(default_factory=uuid.uuid4)  # 고유 ID 생성
```

---

[21] https://github.com/PacktPublishing/LLM-Engineering/blob/main/llm_engineering/domain/base/vector.py

```python
@classmethod
def from_record(cls: Type[T], point: Record) -> T:
    _id = UUID(point.id, version=4)  # 레코드의 ID를 UUID로 변환
    payload = point.payload or {}  # 레코드에서 페이로드를 가져옴

    attributes = {
        "id": _id,
        **payload,
    }
    if cls._has_class_attribute("embedding"):
        payload["embedding"] = point.vector or None

    return cls(**attributes)

def to_point(self: T, **kwargs) -> PointStruct:
    exclude_unset = kwargs.pop("exclude_unset", False)
    by_alias = kwargs.pop("by_alias", True)

    payload = self.dict(exclude_unset=exclude_unset, by_alias=by_alias, **kwargs)

    _id = str(payload.pop("id"))  # ID를 문자열로 변환
    vector = payload.pop("embedding", {})  # 임베딩 값 추출
    if vector and isinstance(vector, np.ndarray):
        vector = vector.tolist()

    return PointStruct(id=_id, vector=vector, payload=payload)
```

- VectorBaseDocument 클래스는 Pydantic의 BaseModel을 상속받아 벡터 DB에서 단일 레코드의 속성을 구조화하는 데 도움을 준다. 모든 OVM은 기본적으로 고유 식별자로 UUID4를 사용해 초기화된다. 보다 정확히 말하면 Generic[T]를 상속함으로써, VectorBaseDocument 클래스의 모든 하위 클래스의 시그니처가 해당 클래스에 맞게 조정된다. 예를 들어, VectorBaseDocument를 상속받는 Chunk 클래스의 from_record() 메서드는 Chunk 타입을 반환한다. 이는 정적 분석기와 mypy[22] 같은 타입 검사 도구를 사용하는 데 크게 도움을 준다.

from_record() 메서드는 Qdrant의 포맷에서 Pydantic을 기반으로 한 내부 구조로 데이터 포인트를 변환한다. 반면 to_point() 메서드는 현재 인스턴스의 속성을 가져와 Qdrant의 PointStruct() 포맷에 맞게 변환한다. 이 두 메서드는 생성 및 읽기 작업에서 활용된다.

---

[22] https://mypy.readthedocs.io/en/stable/

즉, Qdrant에 대한 모든 작업은 애플리케이션의 인프라 계층에서 인스턴스화된 연결 인스턴스를 통해 이루어진다.

bulk_insert() 메서드는 각 문서를 포인트로 매핑한 다음, Qdrant 연결 인스턴스를 사용해 모든 포인트를 Qdrant의 지정된 컬렉션에 로드한다. 삽입이 한 번 실패하면 컬렉션을 생성한 후 다시 삽입을 시도한다. 일반적으로 로직을 함수 2개로 나누는 것이 좋은 관행이다. 하나는 로직을 포함하는 비공개 함수(이 경우 _bulk_insert()), 다른 하나는 모든 에러와 실패 시 나리오를 처리하는 공개 함수다.

```python
class VectorBaseDocument(BaseModel, Generic[T], ABC):
    # 클래스의 나머지 부분

    @classmethod
    def bulk_insert(cls: Type[T], documents: list["VectorBaseDocument"]) -> bool:
        try:
            cls._bulk_insert(documents)
        except exceptions.UnexpectedResponse:
            logger.info(
                f"Collection '{cls.get_collection_name()}'does not exist. Trying to create the collection and reinsert the documents. "
            )

    cls.create_collection()

        try:
            cls._bulk_insert(documents)
        except exceptions.UnexpectedResponse:
            logger.error(f"Failed to insert documents in '{cls.get_collection_name()}'.")
            return False

        return True

    @classmethod
    def _bulk_insert(cls: Type[T], documents: list["VectorBaseDocument"]) -> None:
        points = [doc.to_point() for doc in documents]

        connection.upsert(
            collection_name=cls.get_collection_name(),
            points=points
        )
```

컬렉션 이름은 OVM을 상속하는 하위 클래스에서 정의된 Config 클래스에서 추론된다.

```python
class VectorBaseDocument(BaseModel, Generic[T], ABC):
    # 클래스의 나머지 부분

    @classmethod
    def get_collection_name(cls: Type[T]) -> str:
        if not hasattr(cls, "Config") or not hasattr(cls.Config, "name"):
            raise ImproperlyConfigured(
                "The class should define a Config class with" "the 'name' property that reflects the collection's name."
            )

        return cls.Config.name
```

이제 벡터 유사도 검색 로직을 사용하지 않고 벡터 DB에서 모든 레코드를 읽을 수 있는 메서드를 정의해야 한다. `bulk_find()` 메서드는 컬렉션에서 모든 레코드를 스크롤(또는 나열)할 수 있도록 한다. 아래 함수는 Qdrant 벡터 DB를 스크롤하며, 데이터 포인트 리스트를 반환한다. 이 데이터 포인트들은 최종적으로 `from_record()` 메서드를 사용해 내부 구조로 매핑된다. `limit` 매개변수는 한 번에 반환하는 항목의 수를 제어하며, `offset`은 Qdrant가 레코드를 반환하기 시작하는 포인트의 ID를 나타낸다.

```python
class VectorBaseDocument(BaseModel, Generic[T], ABC):
    # 클래스의 나머지 부분

    @classmethod
    def bulk_find(cls: Type[T], limit: int = 10, **kwargs) -> tuple[list[T], UUID | None]:
        try:
            documents, next_offset = cls._bulk_find(limit=limit, **kwargs)
        except exceptions.UnexpectedResponse:
            logger.error(f"""Failed to search documents in '{cls.get_ collection_name()}'.""")
            documents, next_offset = [], None

        return documents, next_offset

    @classmethod
    def _bulk_find(cls: Type[T], limit: int = 10, **kwargs) -> tuple[list[T], UUID
```

```python
    | None]:
        collection_name = cls.get_collection_name()

        offset = kwargs.pop("offset", None)
        offset = str(offset) if offset else None

        records, next_offset = connection.scroll(
            collection_name=collection_name,
            limit=limit,
            with_payload=kwargs.pop("with_payload", True),
            with_vectors=kwargs.pop("with_vectors", False),
            offset=offset,
            **kwargs,
        )

        documents = [cls.from_record(record) for record in records]
        if next_offset is not None:
            next_offset = UUID(next_offset, version=4)

        return documents, next_offset
```

마지막으로, 제공된 쿼리 임베딩에 대해 벡터 유사도 검색을 수행하는 메서드를 정의해야 한다. 이전과 마찬가지로 공개 메서드인 search()와 비공개 메서드인 _search()를 정의했다. 검색은 connection.search() 함수를 호출함으로써 Qdrant에서 수행된다.

```python
class VectorBaseDocument(BaseModel, Generic[T], ABC):
    # 클래스의 나머지 부분

    @classmethod
    def search(cls: Type[T], query_vector: list, limit: int = 10, **kwargs) -> list[T]:
        try:
            documents = cls._search(query_vector=query_vector, limit=limit, **kwargs)
        except exceptions.UnexpectedResponse:
            logger.error(f"Failed to search documents in '{cls.get_ collection_name()}'.")
            documents = []

        return documents

    @classmethod
```

```python
    def _search(cls: Type[T], query_vector: list, limit: int = 10, **kwargs) -> list[T]:
        collection_name = cls.get_collection_name()
        records = connection.search(
            collection_name=collection_name,
            query_vector=query_vector,
            limit=limit,
            with_payload=kwargs.pop("with_payload", True),
            with_vectors=kwargs.pop("with_vectors", False),
            **kwargs,
        )

        documents = [cls.from_record(record) for record in records]
        return documents
```

도메인 엔티티의 구조와 OVM이 어떻게 작동하는지 이해했으니, 이제 문서를 정제하고 청크로 나누고 임베딩하는 작업을 수행하는 디스패처로 넘어가보자.

4.4.4 디스패처 계층

디스패처는 문서를 입력받아 해당 문서의 데이터 범주(기사, 게시물, 리포지터리)에 따라 전용 핸들러를 적용한다. 핸들러는 문서를 정제하고, 청크로 분할하며, 임베딩하는 작업을 수행할 수 있다.

`CleaningDispatcher`를 자세히 살펴보자. 이 디스패처는 주로 **dispatch()** 메서드를 구현하며, 이는 원시 문서를 입력으로 받는다. 데이터 범주에 따라 핸들러를 인스턴스화하고 호출해 해당 데이터 포인트에 맞는 정제 로직을 적용한다.

```python
class CleaningDispatcher:
    cleaning_factory = CleaningHandlerFactory()

    @classmethod
    def dispatch(cls, data_model: NoSQLBaseDocument) -> VectorBaseDocument:
        data_category = DataCategory(data_model.get_collection_name())
        handler = cls.cleaning_factory.create_handler(data_category)
        clean_model = handler.clean(data_model)

        logger.info(
```

```
            "Data cleaned successfully.",
            data_category=data_category,
            cleaned_content_len=len(clean_model.content),
        )

        return clean_model
```

디스패처 로직의 핵심은 `CleaningHandlerFactory()`이다. 이 팩토리는 문서의 데이터 범주에 따라 서로 다른 정제 핸들러를 인스턴스화한다.

```
class CleaningHandlerFactory:
    @staticmethod
    def create_handler(data_category: DataCategory) -> CleaningDataHandler:
        if data_category == DataCategory.POSTS:
            return PostCleaningHandler()
        elif data_category == DataCategory.ARTICLES:
            return ArticleCleaningHandler()
        elif data_category == DataCategory.REPOSITORIES:
            return RepositoryCleaningHandler()
        else:
            raise ValueError("Unsupported data type")
```

디스패처나 팩토리 클래스는 특별한 복잡함이 없지만, 문서에 다양한 작업을 적용할 수 있는 직관적이고 간단한 인터페이스를 제공한다. 문서를 다룰 때 데이터 범주를 걱정하거나 `if-else` 문으로 비즈니스 로직을 복잡하게 만드는 대신, 이를 처리하는 전용 클래스를 사용할 수 있다. 예를 들어, 하나의 클래스에서 모든 문서를 정제하도록 소프트웨어 공학의 DRY[don't repeat yourself] [23] 원칙을 준수한다. DRY를 준수함으로써 단일 실패 지점만 존재하며 코드 확장이 용이해진다. 예를 들어, 새로운 유형을 추가할 경우 코드 곳곳을 수정하는 대신 팩토리 클래스만 확장하면 된다.

`ChunkingDispatcher`와 `EmbeddingDispatcher`도 동일한 패턴을 따른다. 이들은 각각 `ChunkingHandlerFactory`와 `EmbeddingHandlerFactory`를 사용해 입력 문서의 데이터 범주에 따라 올바른 핸들러를 초기화한다. 그런 다음 핸들러를 호출하고 결과를 반환한다.

---

[23] 옮긴이_ 소프트웨어 공학에서 중복을 최소화하고 코드의 재사용성을 높이는 설계 원칙

모든 디스패처와 팩토리의 소스 코드는 이 책의 깃허브에서 확인할 수 있다.[24]

팩토리 클래스는 추상 팩토리 생성 패턴[25]을 활용해 동일한 인터페이스를 구현하는 클래스 계열을 인스턴스화한다. 이 경우 핸들러의 유형에 상관없이 모든 핸들러는 `clean()` 메서드를 구현한다. 또한 핸들러 클래스 계열은 전략 패턴[26]을 활용한다. 이 패턴은 객체 내에서 알고리즘의 다양한 변형을 사용하고 런타임 동안 한 알고리즘에서 다른 알고리즘으로 전환할 수 있도록 할 때 사용된다. 직관적으로, 디스패처 계층에서 팩토리 패턴과 전략 패턴의 조합은 다음과 같이 작동한다.

1 처음에는 데이터를 정제하고자 했지만, 데이터 범주는 런타임에만 알 수 있기 때문에 어떤 전략을 적용할지 사전에 결정할 수 없었다.
2 정제 코드 주변의 전체 코드를 작성하고, 이를 `Handler()` 인터페이스 아래에 추상화해서 설계자의 전략을 나타내도록 할 수 있다.
3 데이터를 받으면 추상 팩토리 패턴을 적용해 해당 데이터 유형에 적합한 정제 핸들러를 생성한다.
4 결국 디스패처 계층은 핸들러를 사용해 올바른 전략을 실행한다.

이를 통해 다음을 구현할 수 있다.

- 특정 데이터 범주에 대한 로직을 분리한다.
- 다형성을 활용해 수백 개의 `if-else` 문으로 코드를 채우는 것을 피한다.
- 코드를 모듈화하고 확장 가능하게 만든다. 새로운 데이터 범주가 추가되면 새로운 핸들러를 구현하고 팩토리 클래스를 수정한다. 코드의 다른 부분은 수정할 필요가 없다.

 지금까지는 엔티티를 모델링하고 애플리케이션 내에서 데이터가 흐르는 방식을 정의했을 뿐이다. 아직 정제, 청킹, 임베딩 코드를 한 줄도 작성하지 않았다. 이것이 빠른 데모와 실제 운영 준비가 된 애플리케이션의 큰 차이점이다. 데모에서는 소프트웨어 공학의 모범 사례나 미래에도 사용 가능한 구조를 만드는 데 신경 쓰지 않는다. 하지만 실제 애플리케이션을 구축할 때는 깨끗하고 모듈화되며 확장 가능한 코드를 작성하는 것이 애플리케이션의 장기적인 생명력을 위해 매우 중요하다.

---

24 https://github.com/PacktPublishing/LLM-Engineers-Handbook/blob/main/llm_engineering/application/preprocessing/dispatchers.py
25 https://refactoring.guru/design-patterns/abstract-factory
26 https://refactoring.guru/design-patterns/strategy

RAG 특성 파이프라인의 마지막 구성 요소는 정제, 청킹, 임베딩 핸들러의 구현이다.

4.4.5 핸들러

핸들러는 도메인과 일대일 구조를 가진다. 즉 모든 엔티티는 자체 핸들러를 가진다. [그림 4-17]에서 이를 확인할 수 있다. 핸들러 클래스가 총 9개가 있으며, 다음과 같은 기본 인터페이스를 따른다.

- class CleaningDataHandler()
- class ChunkingDataHandler()
- class EmbeddingDataHandler()

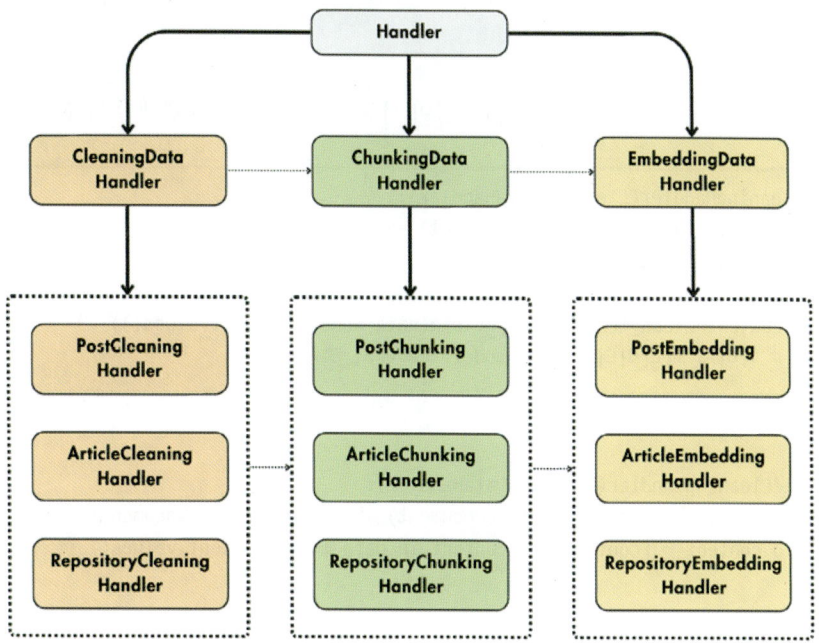

그림 4-17 핸들러 클래스 계층 구조 및 상호작용

 모든 핸들러의 코드는 이 책의 깃허브에서 확인할 수 있다.[27]

---

[27] https://github.com/PacktPublishing/LLM-Engineering/tree/main/llm_engineering/application/preprocessing

각 핸들러를 살펴보고, 그것이 어떻게 구현되었는지 확인해보자.

정제 핸들러

`CleaningDataHandler()` 전략 인터페이스의 구조는 다음과 같다.

```python
from typing import Generic, TypeVar
from abc import ABC, abstractmethod

DocumentT = TypeVar("DocumentT", bound=Document)
CleanedDocumentT = TypeVar("CleanedDocumentT", bound=CleanedDocument)

class CleaningDataHandler(ABC, Generic[DocumentT, CleanedDocumentT]):
    @abstractmethod
    def clean(self, data_model: DocumentT) -> CleanedDocumentT:
        pass
```

이제 각 게시물, 기사 및 리포지터리마다 다음과 같이 서로 다른 핸들러를 구현해야 한다.

```python
class PostCleaningHandler(CleaningDataHandler):
    def clean(self, data_model: PostDocument) -> CleanedPostDocument:
        return CleanedPostDocument(
            id=data_model.id,
            content=clean_text(" #### ".join(data_model.content.values())),
            # 나머지 파라미터를 data_model 객체에서 복사
            ...
        )

class ArticleCleaningHandler(CleaningDataHandler):
    def clean(self, data_model: ArticleDocument) -> CleanedArticleDocument:
        valid_content = [content for content in data_model.content.values() if content]

        return CleanedArticleDocument(
            id=data_model.id,
            content=clean_text(" #### ".join(valid_content)),
            platform=data_model.platform,
            link=data_model.link,
            author_id=data_model.author_id,
            author_full_name=data_model.author_full_name,
        )
```

```python
class RepositoryCleaningHandler(CleaningDataHandler):
    def clean(self, data_model: RepositoryDocument) -> CleanedRepositoryDocument:
        return CleanedRepositoryDocument(
            id=data_model.id,
            content=clean_text(" #### ".join(data_model.content.values())),
            # 나머지 파라미터를 data_model 객체에서 복사
            ...
        ).
```

핸들러는 원시 문서 도메인 엔티티를 입력받아 콘텐츠를 정리하고, 정제된 문서를 반환한다. 모든 핸들러는 텍스트를 정제하기 위해 `clean_text()` 함수를 사용한다. 이 예시에서는 모든 데이터 카테고리에 동일한 정제 방법을 적용했지만, 실제 운영 환경에서는 각 데이터 특성에 맞는 맞춤형 정제 함수를 개발해야 한다. 전략 패턴[28]을 활용하면 핸들러의 정제 함수를 손쉽게 교체할 수 있어 이러한 최적화 작업이 매우 용이해진다.

`clean_text()` 함수에서 적용되는 정제 단계는 5.1절에서 자세히 살펴본다. 여기서는 전체 로직을 RAG 특성 파이프라인에 자동화하고 통합하는 데 집중한다. 따라서 ML 시스템을 운영화한 후에는 파인튜닝에 사용되는 모든 정제된 데이터가 논리적 특성 저장소에서 접근 가능하게 된다. 이를 통해 데이터 접근의 단일 진실 공급원 single source of truth[29] 역할을 수행한다.

청킹 핸들러

먼저, `ChunkingDataHandler()` 전략 핸들러를 살펴본다. 청킹에 필요한 모든 속성을 하나의 구조로 모으기 위해 메타데이터 딕셔너리를 속성으로 노출했다. 이렇게 구조화하면 ZenML에 모든 것을 쉽게 로깅해서 청킹 로직을 추적하고 디버깅할 수 있다. 이 핸들러는 정리된 문서를 입력으로 받아 청킹 엔티티를 반환한다. 모든 핸들러는 깃허브에서 확인할 수 있다.[30]

```python
from typing import Generic, TypeVar
from abc import ABC, abstractmethod

CleanedDocumentT = TypeVar("CleanedDocumentT", bound=CleanedDocument)
```

---

[28] 옮긴이_객체의 특정 동작(알고리즘, 정책 등)을 캡슐화하고, 이를 필요에 따라 동적으로 교체할 수 있도록 설계하는 디자인 패턴
[29] 옮긴이_데이터의 일관성 유지 및 신뢰성 향상을 위해, 모든 데이터가 신뢰할 수 있는 하나의 중앙 저장소에서 관리되어야 한다는 것을 의미한다.
[30] https://github.com/PacktPublishing/LLM-Engineering/tree/main/llm_engineering/application/preprocessing

```python
ChunkT = TypeVar("ChunkT", bound=Chunk)

class ChunkingDataHandler(ABC, Generic[CleanedDocumentT, ChunkT]):
    @property
    def metadata(self) -> dict:
        return {
            "chunk_size": 500,
            "chunk_overlap": 50,
        }

    @abstractmethod
    def chunk(self, data_model: CleanedDocumentT) -> list[ChunkT]:
        pass
```

ArticleChunkingHandler() 클래스가 어떻게 구현되는지 살펴보자. 첫 번째 단계는 메타데이터 속성을 재정의하고, 청킹 로직에 필요한 속성 유형을 커스터마이징하는 것이다. 예를 들어, 기사 데이터를 처리할 때는 청크의 최소 길이와 최대 길이에 관심을 갖는다.

핸들러의 chunk() 메서드는 정리된 기사 문서를 입력받아 기사 청크 엔티티 목록을 반환한다. 이 메서드는 chunk_text() 함수를 사용해 정리된 콘텐츠를 청크로 분할한다. 청킹 함수는 min_length와 max_length 메타데이터 필드를 기반으로 커스터마이징된다. chunk_id는 청크 콘텐츠의 MD5 해시값으로 계산된다. 따라서 두 청크의 내용이 완전히 동일하다면 동일한 ID를 가지며, 이를 통해 쉽게 중복을 제거할 수 있다. 마지막으로 청크 엔티티 목록을 생성해 반환한다.

```python
class ArticleChunkingHandler(ChunkingDataHandler):
    @property
    def metadata(self) -> dict:
        return {
            "min_length": 1000,
            "max_length": 1000,
        }

    def chunk(self, data_model: CleanedArticleDocument) -> list[ArticleChunk]:
        data_models_list = []

        cleaned_content = data_model.content
        chunks = chunk_article(
            cleaned_content,
```

```python
            min_length=self.metadata["min_length"],
            max_length=self.metadata["max_length"]
        )

        for chunk in chunks:
            chunk_id = hashlib.md5(chunk.encode()).hexdigest()
            model = ArticleChunk(
                id=UUID(chunk_id, version=4),
                content=chunk,
                platform=data_model.platform,
                link=data_model.link,
                document_id=data_model.id,
                author_id=data_model.author_id,
                author_full_name=data_model.author_full_name,
                metadata=self.metadata,
            )
            data_models_list.append(model)

        return data_models_list
```

마지막 단계는 chunk_article() 함수를 살펴보는 것이다. 이 함수는 주로 두 가지 작업을 수행한다.

- 정규식을 사용해 주어진 텍스트에서 마침표, 물음표, 느낌표 뒤에 공백이 있는 경우를 찾아 모든 문장을 추출한다. 그러나 'e.g.'나 'Dr.'처럼 구두점이 약어나 두문자어의 일부인 경우는 청킹하지 않는다.
- 최대 길이 제한에 도달할 때까지 문장을 하나의 청크로 그룹화한다. 최대 크기에 도달했을 때, 청크 크기가 허용된 최솟값보다 크다면 해당 청크를 함수가 반환하는 최종 목록에 추가한다.

```python
def chunk_article(text: str, min_length: int, max_length: int) -> list[str]:
    sentences = re.split(r"(?<!\w\.\w.)(?<![A-Z][a-z]\.)(?<=\.|\?|!)\s", text)

    extracts = []
    current_chunk = ""
    for sentence in sentences:
        sentence = sentence.strip()
        if not sentence:
            continue

        if len(current_chunk) + len(sentence) <= max_length:
            current_chunk += sentence + " "
        else:
```

```
            if len(current_chunk) >= min_length:
                extracts.append(current_chunk.strip())
            current_chunk = sentence + " "

    if len(current_chunk) >= min_length:
        extracts.append(current_chunk.strip())

    return extracts
```

PostChunkingHandler와 RepositoryChunkingHandler는 깃허브의 llm_engineering/application/preprocessing/chunking_data_handlers.py에서 확인할 수 있으며, ArticleChunkingHandler와 유사한 구조를 가진다. 하지만 이들은 더 일반적인 청킹 함수인 chunk_text()를 사용한다. chunk_text() 함수는 두 단계로 이루어진 과정으로, 다음과 같은 로직을 가진다.

1 RecursiveCharacterTextSplitter()를 랭체인에서 사용해 주어진 구분자 또는 청크 크기를 기준으로 텍스트를 분할한다. 구분자를 사용해 먼저 주어진 텍스트에서 단락을 찾으려고 시도하지만, 단락이 없거나 너무 길다면 지정된 청크 크기에서 분할한다.
2 청크가 임베딩 모델의 최대 입력 길이를 초과하지 않도록 보장해야 한다. 이를 위해, 위에서 생성된 모든 청크를 모델의 최대 입력 길이를 고려하는 SentenceTransformersTokenTextSplitter()에 전달한다. 이 단계에서 청크가 충분히 작은지 확인한 후에만 chunk_overlap 로직을 적용한다.

```
from langchain.text_splitter import RecursiveCharacterTextSplitter, SentenceTransformersTokenTextSplitter
from llm_engineering.application.networks import EmbeddingModelSingleton

def chunk_text(text: str, chunk_size: int = 500, chunk_overlap: int = 50) -> list[str]:
    character_splitter = RecursiveCharacterTextSplitter(
        separators=["\n\n"], chunk_size=chunk_size, chunk_overlap=0
    )
    text_split_by_characters = character_splitter.split_text(text)

    embedding_model = EmbeddingModelSingleton()
    token_splitter = SentenceTransformersTokenTextSplitter(
        chunk_overlap=chunk_overlap,
        tokens_per_chunk=embedding_model.max_input_length,
        model_name=embedding_model.model_id,
    )
```

```
    chunks_by_tokens = []
    for section in text_split_by_characters:
        chunks_by_tokens.extend(token_splitter.split_text(section))

    return chunks_by_tokens
```

결과적으로, 위 함수는 제공된 청크 파라미터와 임베딩 모델의 최대 입력 길이를 모두 준수하는 청크 목록을 반환한다.

임베딩 핸들러

임베딩 핸들러는 다른 핸들러들과 약간 다르다. `EmbeddingDataHandler()` 인터페이스에 대부분의 로직을 포함한다. 이러한 방식을 채택한 이유는 임베딩 모델을 호출할 때 가능한 한 많은 샘플을 배치 처리해서 추론 프로세스를 최적화하기 위함이다. GPU에서 모델을 실행할 경우 배치된 샘플은 독립적이고 병렬적으로 처리된다. 따라서 청크를 배치로 묶으면 배치 크기와 사용하는 하드웨어에 따라 추론 프로세스를 10배 이상 최적화할 수 있다.

단일 데이터 포인트에서 추론을 실행할 수 있도록 `embed()` 메서드를 구현했으며, 배치 처리를 위한 `embed_batch()` 메서드도 함께 구현했다. `embed_batch()` 메서드는 청크를 입력받아 리스트로 저장하고, 이를 임베딩 모델에 전달한다. 그런 다음 임베딩 결과를 원본 문서와 결합해 특정 데이터 구조로 변환한다. 이 변환 작업은 `map_model()` 추상 메서드를 통해 이루어지며, 각 데이터 카테고리에 맞게 커스터마이징이 필요하다.

```
from typing import Generic, TypeVar, cast
from llm_engineering.application.networks import EmbeddingModelSingleton

ChunkT = TypeVar("ChunkT", bound=Chunk)
EmbeddedChunkT = TypeVar("EmbeddedChunkT", bound=EmbeddedChunk)

embedding_model = EmbeddingModelSingleton()

class EmbeddingDataHandler(ABC, Generic[ChunkT, EmbeddedChunkT]):
    """
    모든 임베딩 데이터 핸들러를 위한 추상 클래스.
    """

    def embed(self, data_model: ChunkT) -> EmbeddedChunkT:
```

```python
        return self.embed_batch([data_model])[0]

    def embed_batch(self, data_model: list[ChunkT]) -> list[EmbeddedChunkT]:
        embedding_model_input = [data_model.content for data_model in data_model]
        embeddings = embedding_model(embedding_model_input, to_list=True)

        embedded_chunk = [
            self.map_model(data_model, cast(list[float], embedding))
            for data_model, embedding in zip(data_model, embeddings, strict=False)
        ]

        return embedded_chunk

    @abstractmethod
    def map_model(self, data_model: ChunkT, embedding: list[float]) -> EmbeddedChunkT:
        pass
```

다른 임베딩 핸들러들은 대부분 비슷하기 때문에 여기서는 `ArticleEmbeddingHandler()`만 살펴본다. 구현해야 할 것은 **map_model()** 메서드로, 이 메서드는 청크를 입력받아 배치 모드로 임베딩을 계산한다. 그 후 임베딩 결과를 `EmbeddedArticleChunk`라는 Pydantic 엔티티로 매핑한다.

```python
class ArticleEmbeddingHandler(EmbeddingDataHandler):
    def map_model(self, data_model: ArticleChunk, embedding: list[float]) -> EmbeddedArticleChunk:
        return EmbeddedArticleChunk(
            id=data_model.id,
            content=data_model.content,
            embedding=embedding,
            platform=data_model.platform,
            link=data_model.link,
            document_id=data_model.document_id,
            author_id=data_model.author_id,
            author_full_name=data_model.author_full_name,
            metadata={
                "embedding_model_id": embedding_model.model_id,
                "embedding_size": embedding_model.embedding_size,
                "max_input_length": embedding_model.max_input_length,
            },
        )
```

마지막 단계는 EmbeddingModelSingleton()이 어떻게 작동하는지 이해하는 것이다. 이는 Sentence Transformers의 SentenceTransformer() 클래스를 감싸는 래퍼로, 임베딩 모델을 초기화한다. 외부 패키지 위에 래퍼를 작성하는 것은 종종 좋은 관행이다. 이를 통해 서드 파티 도구를 변경할 때 래퍼의 내부 로직만 수정하면 되며, 전체 코드베이스를 수정할 필요가 없기 때문이다.

SentenceTransformer() 클래스는 Settings 클래스에 정의된 model_id로 초기화된다. 이를 통해 코드가 아닌 설정 파일만 변경해 여러 임베딩 모델을 빠르게 테스트할 수 있다. 이 때문에 특정 임베딩 모델 사용을 고집하지 않는다. 어떤 모델을 사용할지는 사용 사례, 데이터, 하드웨어, 지연 시간에 따라 계속 달라진다. 하지만 빠르게 설정할 수 있는 범용 클래스를 작성하면 여러 임베딩 모델을 실험해가며 최적의 모델을 찾을 수 있다.

```python
from sentence_transformers.SentenceTransformer import SentenceTransformer
from llm_engineering.settings import settings
from .base import SingletonMeta

class EmbeddingModelSingleton(metaclass=SingletonMeta):
    def __init__(
        self,
        model_id: str = settings.TEXT_EMBEDDING_MODEL_ID,
        device: str = settings.RAG_MODEL_DEVICE,
        cache_dir: Optional[Path] = None,
    ) -> None:
        self._model_id = model_id
        self._device = device

        self._model = SentenceTransformer(
            self._model_id,
            device=self._device,
            cache_folder=str(cache_dir) if cache_dir else None,
        )
        self._model.eval()

    @property
    def model_id(self) -> str:
        return self._model_id

    @cached_property
    def embedding_size(self) -> int:
        dummy_embedding = self._model.encode("")
```

```
        return dummy_embedding.shape[0]

    @property
    def max_input_length(self) -> int:
        return self._model.max_seq_length

    @property
    def tokenizer(self) -> AutoTokenizer:
        return self._model.tokenizer

    def __call__(
        self, input_text: str | list[str], to_list: bool = True
    ) -> NDArray[np.float32] | list[float] | list[list[float]]:
        try:
            embeddings = self._model.encode(input_text)
        except Exception:
            logger.error(f"Error generating embeddings for {self._model_id} and {input_text=}")
            return [] if to_list else np.array([])

        if to_list:
            embeddings = embeddings.tolist()

        return embeddings
```

임베딩 모델 클래스는 싱글턴 패턴[31]을 구현한다. 이는 생성 디자인 패턴으로, 클래스가 단 하나의 인스턴스만 가지도록 보장하면서 해당 인스턴스에 대한 전역 접근 지점을 제공한다. `EmbeddingModelSingleton()` 클래스는 `SingletonMeta` 클래스를 상속받아, `EmbeddingModelSingleton()`이 인스턴스화될 때마다 동일한 인스턴스를 반환하도록 한다. 이 패턴은 머신러닝 모델에 잘 맞는다. 싱글턴 패턴을 통해 모델을 메모리에 한 번만 로드하면, 이후 코드 어디에서든 이를 사용할 수 있기 때문이다. 그렇지 않으면 모델을 사용할 때마다 메모리에 다시 로드하거나 여러 번 로드하게 되어 메모리 문제가 발생할 위험이 있다. 또한, 이는 `embedding_size`와 같은 속성에 접근하는 데 매우 편리하다. 출력 크기를 알아내기 위해 임베딩 모델에 더미 입력을 넣어 한 번의 순방향 패스를 수행해야 하는 경우가 있는데, 싱글턴으로 구현하면 이 작업을 단 한 번만 수행하면 되고, 이후 프로그램 실행 중 언제든 해당 값을 사용할 수 있다.

---

31 https://refactoring.guru/design-patterns/singleton

요약

이 장에서는 RAG에 대한 간단한 소개와 이를 언제 그리고 왜 사용해야 하는지에 대해 다뤘다. 또한 임베딩과 벡터 DB가 어떻게 작동하는지 이해했으며, 이들이 모든 RAG 시스템의 핵심이라는 점을 살펴봤다. 이후 고급 RAG의 필요성과 그 이유를 알아보았고, RAG의 어떤 부분을 최적화할 수 있는지에 대해 깊이 배워보고, 텍스트 데이터를 다루기 위한 몇 가지 인기 있는 고급 RAG 기법을 제시했다. 다음으로, RAG에 대해 배운 모든 내용을 활용해 LLM Twin의 RAG 특성 파이프라인 아키텍처를 설계했다. 배치 파이프라인과 스트리밍 파이프라인의 차이를 이해하고, 두 DB를 동기화하는 데 도움을 주는 CDC 패턴에 대한 간단한 소개도 제시했다.

즉, LLM Twin의 RAG 특성 파이프라인 구현을 단계별로 다뤘다. 여기에서는 ZenML을 오케스트레이터로 통합하는 방법, 애플리케이션의 도메인 엔티티를 설계하는 방법, OVM 모듈을 구현하는 방법을 배웠다. 또한, 추상 팩토리와 전략 소프트웨어 패턴과 같은 소프트웨어 엔지니어링의 모범 사례를 적용해 각 문서의 데이터 카테고리에 따라 다양한 정리, 청킹, 임베딩 기술을 적용할 수 있는 모듈형이고 확장 가능한 계층을 구현하는 방법도 이해했다.

이 장에서는 표준 RAG 애플리케이션의 한 구성 요소인 데이터 수집 파이프라인 구현에만 집중했다. 9장에서는 RAG 시스템을 종합하며 검색 및 생성 구성 요소를 구현하고 이를 추론 파이프라인에 통합할 것이다. 다음 장에서는 수집한 데이터를 활용해 커스텀 데이터셋을 생성하고 이를 사용해 LLM을 파인튜닝하는 방법을 살펴본다.

참고 문헌

- Kenton, J.D.M.W.C. and Toutanova, L.K., 2019, June. Bert: Pre-training of deep bidirectional transformers for language understanding. *In Proceedings of naacL-HLT* (Vol. 1, p. 2).
- Liu, Y., 2019. Roberta: A robustly optimized bert pretraining approach. *arXiv preprint arXiv:1907.11692*.
- Mikolov, T., 2013. Efficient estimation of word representations in vector space. arXiv preprint *arXiv:1301.3781*.
- Jeffrey Pennington, Richard Socher, and Christopher Manning. 2014. GloVe: *Global Vectors for Word Representation. In Proceedings of the 2014 Conference on Empirical Methods in*

- *Natural Language Processing* (EMNLP), pages 1532–1543, Doha, Qatar. Association for Computational Linguistics.

- He, K., Zhang, X., Ren, S. and Sun, J., 2016. Deep residual learning for image recognition. *In Proceedings of the IEEE conference on computer vision and pattern recognition* (pp. 770–778).

- Radford, A., Kim, J.W., Hallacy, C., Ramesh, A., Goh, G., Agarwal, S., Sastry, G., Askell, A., Mishkin, P., Clark, J. and Krueger, G., 2021, July. Learning transferable visual models from natural language supervision. In *International conference on machine learning* (pp. 8748–8763). PMLR.

- *What is Change Data Capture (CDC)? | Confluent.* (n.d.). Confluent. https://www.confluent.io/en-gb/learn/change-data-capture/

- Refactoring.Guru. (2024, January 1). *Singleton*. https://refactoring.guru/design-patterns/singleton

- Refactoring.Guru. (2024b, January 1). *Strategy*. https://refactoring.guru/design-patterns/strategy

- Refactoring.Guru. (2024a, January 1). Abstract Factory. https://refactoring.guru/design-patterns/abstract-factory

- Schwaber-Cohen, R. (n.d.). *What is a Vector Database & How Does it Work? Use Cases + Examples*. Pinecone. https://www.pinecone.io/learn/vector-database/

- Monigatti, L. (2024, February 19). *Advanced Retrieval-Augmented Generation: From Theory to LlaMaIndex Implementation. Medium*. https://medium.com/towards-data-science/advanced-retrieval-augmented-generation-from-theory-to-llamaindex-implementation-4de1464a9930

- Monigatti, L. (2023, December 6). A guide on 12 tuning Strategies for Production-Ready RAG applications. *Medium*. https://medium.com/towards-data-science/a-guide-on-12-tuning-strategies-for-production-ready-rag-applications-7ca646833439

- Maameri, S. (2024, May 10). Routing in RAG-Driven applications — towards data science. *Medium*. https://medium.com/towards-data-science/routing-in-rag-driven-applications-a685460a7220

CHAPTER 5

지도 학습 파인튜닝

지도 학습 파인튜닝supervised fine-tuning(SFT)은 LLM을 실제 응용 프로그램에 효과적으로 적용하기 위해 반드시 거쳐야 하는 중요한 단계이다. LLM 초기 사전 학습 단계에서 다음 토큰을 예측하는 방법을 학습하고, 이후 SFT를 통해 선별된 지시문-답변 쌍으로 모델의 성능을 개선한다. 이 과정은 두 가지 주요 목적을 가진다. 첫째, 모델이 특정한 대화 형식을 이해하고 따르도록 학습시켜 대화형 에이전트로 전환하도록 한다. 둘째, 모델이 광범위한 지식 기반을 조정해 특정 작업이나 전문 도메인에서 우수한 성능을 발휘할 수 있도록 한다.

SFT는 모델의 일반적인 언어 이해 능력과 실전 문제 해결 능력의 격차를 메우는 데 있다. 원하는 입력-출력 패턴의 예시를 모델에 제공함으로써, SFR는 LLM의 출력을 특정 목표에 맞게 조정한다. 이는 작업 수행(예: 요약이나 번역)부터 도메인 전문성(의료나 법률 지식)에 이르기까지 다양한 목표를 포함한다. 이러한 맞춤형 접근은 모델이 의도된 영역에서의 성능을 향상시킬 뿐만 아니라, 지시를 더 잘 따르고 관련성 있고 일관된 답변을 생성하는 능력도 개선한다.

이 장에의 주요 내용은 다음과 같다.

- 지시문 데이터셋 생성
- SFT 기술
- 파인튜닝 구현

이 장을 마치고 나면 지시문 데이터셋을 직접 생성하고 이 데이터셋을 활용해 LLM을 효율적으로 파인튜닝할 수 있게 된다.

이 장의 모든 코드 예제는 이 책의 깃허브[1]에서 확인할 수 있다.

5.1 지시문 데이터셋 생성

지시문 데이터셋instruction dataset을 생성하는 것은 다양한 이유로 파인튜닝 과정에서 가장 어려운 부분이다. 일반적인 LLM 활용 사례에서는 자연스러운 지시문-답변 쌍을 찾는 일은 쉽지 않다. 이를 위해서는 원시 텍스트를 지시문-답변 쌍의 형식으로 변환해야 한다. 특히 데이터의 품질이 매우 중요한데, 이로 인해 개별 샘플을 수동으로 검증하는 데 상당한 시간이 소요된다. 이러한 데이터 품질에 대한 면밀한 검토는 모델 학습에 효과적인 데이터셋을 구축하는데 매우 중요하다.

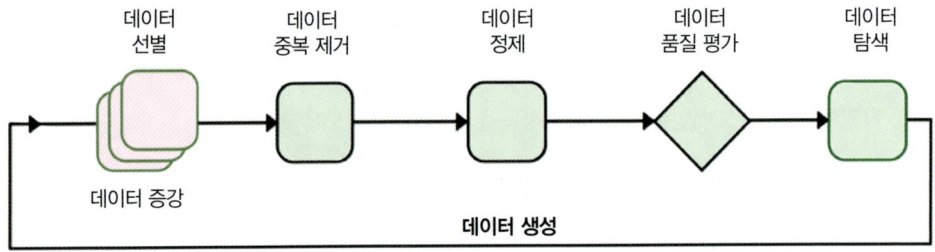

그림 5-1 5장에서 다루는 학습 후(post-training) 데이터 파이프라인

이 절에서는 자체 지시문 데이터셋을 생성하기 위한 일반적인 프레임워크를 소개한다. 이후 3장에서 수집한 데이터를 지시문 데이터셋으로 변환한다. 데이터 생성 파이프라인의 단계는 [그림 5-1]을 참고하자.

---

[1] https://github.com/PacktPublishing/LLM-Engineering

5.1.1 일반적인 프레임워크

지시문 데이터셋은 지시문-답변 쌍으로 정의된다. 지시문^{instruction}은 모델의 입력값으로, 파인튜닝 과정에서 문맥으로 사용된다. 답변^{answer}은 모델이 예측한 출력값이다. 파인튜닝 과정에서 지시문-답변 쌍 모두를 학습하거나, 답변만 학습하도록 선택할 수 있다. 지시문-답변 쌍은 특정한 템플릿을 따른다. 예를 들어, 알파카^{Alpaca}와 같은 지시문 템플릿은 `input`과 `system`과 같은 추가 필드를 도입한다. 이들은 모두 `instruction` 필드의 하위 필드로 간주할 수 있다. 이 경우 'inputs'은 모델이 명령을 완수하는 데 필요한 데이터를 포함하며, 'system'은 모델의 일반적인 동작을 유도하기 위한 메타 프롬프트 역할을 한다. 다음은 'system'과 'instruction' 필드를 포함한 SlimOrca 데이터셋의 예제다.

표 5-1 Open-Orca/SlimOrca 데이터셋 예시

시스템(system)
당신은 무엇이든 답하는 챗봇입니다. 다섯 살 아이에게 말하듯 쉽게 설명하세요.
지시문(instruction)
제시어: 건물, 가게, 마을 제시어를 모두 포함한 문장을 작성하세요.
출력(output)
우리 마을에는 사람들이 좋아하는 과일 가게와 식료품 가게가 한 건물 안에 있습니다.

이 예제는 'system' 필드가 모델의 특정 동작을 정의하는 데 어떻게 사용되는지를 보여준다. 예를 들어, 친절한 조수처럼 상세히 설명하거나 어린아이의 눈높이에 맞추는 등 모델의 답변 방식을 지정할 수 있다. 'instruction' 필드는 필요한 데이터(개념)와 수행할 작업(문장 구성)을 담고 있으며, 'output' 필드는 예상되는 답변을 보여준다.

지시문 데이터셋을 구축하기 위해, 모델의 실제 활용 사례를 다양하게 반영한 데이터를 수집해야 한다. 충분한 데이터 샘플을 수집한 후에는 이를 필터링해서 고품질 데이터만 선별한다. 이때 고품질 데이터는 다음 세 가지 주요 측면으로 정의할 수 있다.

- **정확성**^{accuracy}: 데이터 샘플의 사실적 정확성과 관련성을 의미한다. 다시 말해 답변이 사실에 부합할 뿐만 아니라 주어진 지시문과의 관련성을 보장하는 것이다. 정확성 높은 데이터로 학습된 모델은 신뢰할 수 있는 정보를 제공한다.

- **다양성**diversity : 고품질 데이터셋은 LLM이 실제 마주할 수 있는 다양한 쿼리와 작업을 폭넓게 다루어야 한다. 주제, 맥락, 텍스트 길이, 문체 등 여러 측면의 다양성이 필요하며, 다양한 데이터로 학습해야 모델이 안정적으로 지시를 수행할 수 있다.
- **복잡성**complexity : 단순하거나 지나치게 간단한 데이터셋은 LLM의 능력을 크게 높일 수 없다. 따라서 데이터셋에는 복잡한 다단계 추론 문제와 모델이 처리할 것으로 예상되는 도전적인 작업을 포함해야 한다. 이러한 복잡성은 복잡한 실제 문제를 해결할 수 있는 모델을 개발하는 데 도움을 준다.

다음 절에서는 앞서 언급한 기준에 따라 지시문 데이터를 필터링하고 평가하는 방법을 설명한다.

데이터 품질

허깅 페이스 허브Hugging Face Hub는 다양한 지시문 데이터셋을 포함한다. 이는 범용적으로 사용하거나 특정 작업이나 도메인을 위해 설계되었다. 새로운 활용 사례를 작업할 때 관련된 오픈 소스 데이터셋을 찾아 파인튜닝에 활용하면 효과적이다. 이는 특히 샘플 수가 1,000개 미만처럼 너무 적을 경우, 고품질 데이터를 추가해 보강해야 하는 상황에서 중요하게 작용한다.

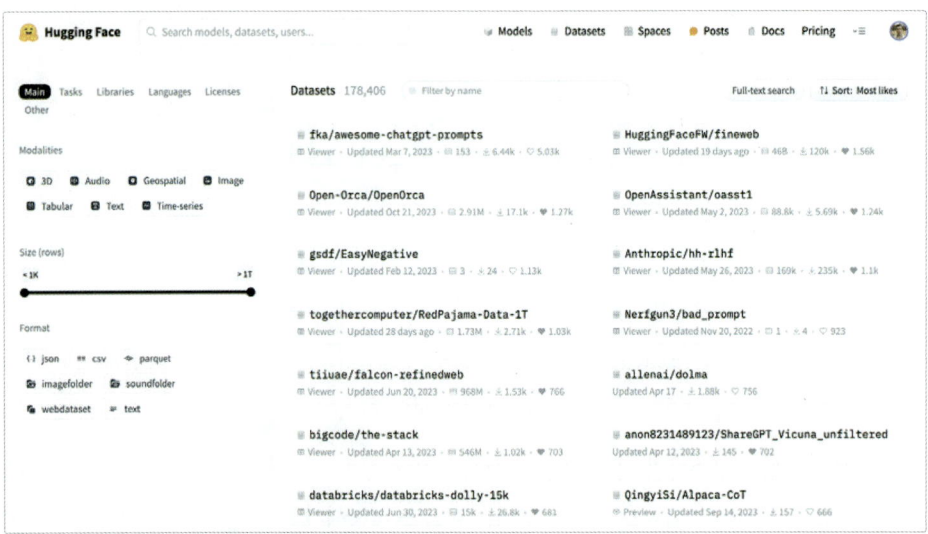

그림 5-2 허깅 페이스 허브 데이터셋 스크린샷

파인튜닝에 필요한 이상적인 데이터 샘플 수를 계산하는 것은 어렵다. 데이터의 품질과 모델의 크기가 큰 영향을 미치기 때문이다. 대규모 모델(예: 약 700억 개의 파라미터)의 경우, 1,000개의 고품질 데이터 샘플만으로도 충분할 수 있다(5장의 참고문헌 'LIMA 논문'[2] 참조). 그러나 소규모 모델(예: 약 70억 개의 파라미터)의 경우 올바른 대화 템플릿을 학습하기 위해 더 많은 데이터 샘플이 필요하다. 어떤 경우든 데이터의 품질이 핵심이며, 데이터 샘플의 수는 많을수록 좋다.

기업과 오픈 소스 커뮤니티에서 개발된 파인튜닝된 모델들을 살펴보자. 두 가지 유형의 파인튜닝 모델로 구분할 수 있다. 첫째로 GPT와 같이 다양한 작업을 수행할 수 있는 범용 모델이 있고, 둘째로 특정 분야에 최적화된 도메인 특화 모델이 있다.

범용 모델은 다양한 주제와 작업을 다루기 때문에 추가적인 데이터 샘플이 필요하다. 기업 사례를 보면 광범위한 데이터 샘플 수가 관찰된다. 예를 들어, 01-ai의 Yi[3] 모델은 10,000개 미만의 데이터 샘플을 사용한다. 반대로, 메타(구 페이스북)는 라마 3의 전체 파인튜닝 과정(선호도 정렬 포함)에서 1,000만 개의 데이터 샘플을 사용했다고 보고했다. 오픈 소스 커뮤니티에 공개된 모델 중에서는 OpenHermes와 Dolphin 같은 모델의 경우 약 100만 개의 데이터 샘플을 사용한다. 품질 좋은 파인튜닝을 위해, 양질의 범용 지시 모델을 생성하려면 최소 100만 개의 데이터 샘플로 구성된 지시문 데이터셋을 권장한다. 반면 특정 목적에 맞게 파인튜닝된 모델은 더 적은 데이터 샘플을 필요로 한다. 여기에서 작업 특화 모델과 도메인 특화 모델을 구분한다.

LM을 파인튜닝을 하는 주요 목적은 **작업 특화 모델**task-specific model과 **도메인 특화 모델**domain-specific model을 개발하는 것이다. 먼저 작업 특화 모델은 번역, 요약, 감정 분석과 같은 특정 작업에서 뛰어난 성능을 발휘하도록 개발되었다. 이러한 모델은 단일 작업에 집중된 학습을 통해 상대적으로 작은 모델 크기(보통 80억 파라미터 미만)에서도 효율적인 성능을 발휘한다. 작업 특화 파인튜닝에 필요한 데이터는 일반적으로 관리가 용이하며 샘플 수는 보통 100개에서 100,000개 사이이다. 이는 자원이 제한된 많은 응용 분야에서 작업 특화 파인튜닝이 매력적인 선택이 되는 이유이다.

반면 도메인 특화 모델은 특정 분야의 전문 지식과 그 분야만의 용어, 언어 패턴을 LLM이 습득하도록 조정한다. 이러한 모델은 의료, 법률, 금융, 전자상거래, 엔지니어링, 서비스업 등에서

---

[2] Chunting Zhou et al.. "LIMA: Less Is More for Alignment." arXiv preprint arXiv:2305.11206, May 2023
[3] 옮긴이_ https://huggingface.co/01-ai

유용하다. 도메인 특화 파인튜닝에 필요한 데이터의 양은 도메인의 복잡성과 범위에 따라 크게 달라질 수 있다. 예를 들어, 의료나 법률처럼 전문 용어가 많은 분야는 범용 파인튜닝과 비슷한 수준의 데이터가 필요하다. 반면 전자상거래나 서비스업 분야는 작업 특화 파인튜닝과 유사한 적은 양의 데이터 샘플로도 충분하다.

도메인 특화 모델을 위한 데이터의 요구 사항은 두 가지 요소로 결정된다. 하나는 해당 분야의 '규모'(전문 지식과 용어의 범위)이고, 다른 하나는 해당 분야가 모델의 사전 학습 데이터에 얼마나 반영되어 있는지다. 사전 학습 데이터에 잘 반영된 도메인은 더 적은 데이터로 파인튜닝이 가능하겠지만, 더 전문적이거나 부족하게 반영된 도메인은 더 광범위한 데이터셋이 필요할 수 있다. 오픈 소스 LLM을 사용하더라도, 많은 사전 학습 데이터셋은 비공개인 경우가 많아 그 구성(예: 30% 코드, 20% 수학 등)을 추정해야 하는 상황이 발생한다.

5.1.2 데이터 선별

파인튜닝을 위한 데이터를 준비할 때 작업 특화 모델과 도메인 특화 모델의 접근 방식은 다르다. 작업 특화 모델의 경우 데이터 선별 data curation 은 기존 데이터셋에서 원하는 작업의 예제를 수집하거나 새로운 데이터셋을 생성하는 과정을 포함한다. 예를 들어, 요약 모델의 경우 원문-요약문 쌍을 수집하거나, 번역 모델의 경우 서로 다른 언어로 된 문장 쌍을 수집하는 방식이 이에 해당한다.

도메인 특화 데이터 선별 domain-specific data curation 은 더 어렵다. 관련 텍스트, 연구 논문, 기술 문서 및 기타 도메인 특화 콘텐츠를 수집하고 검증하기 위해 종종 분야 전문가와의 협력이 필요하다. 일부 경우에는 대규모 전문 정보 저장소에 접근할 수 있는 조직이나 기관과의 협력이 요구되기도 한다. 이러한 데이터의 품질과 적합성은 매우 중요하다. 이는 모델이 대상 도메인의 내용을 이해하고 생성하는 능력에 직접적으로 영향을 미친다.

퓨-샷 프롬프팅 few-shot prompting 은 특히 작업 특화 응용 분야에서 파인튜닝의 대안 전략으로 떠오르고 있다. 이 접근 방식은 입력 프롬프트에 원하는 작업의 몇 가지 예제를 제공함으로써 LLM의 범용적 수행능력을 최대한 활용한다. 이는 모든 상황에서 파인튜닝을 대체할 수는 없지만(예: 새로운 도메인을 학습하려는 경우), 광범위한 추가 학습 없이도 모델을 새로운 작업에 적응할 수 있는 효율적인 방법이 될 수 있다.

실제로, 작업 특화 모델과 도메인 특화 모델의 경계가 모호해지는 경우도 있다. 예를 들어, 의료 진단을 위해 파인튜닝된 모델은 진단이라는 특정 작업에 초점을 맞춘 작업 특화 모델이면서, 의료 지식에 특화된 도메인 특화 모델로도 간주될 수 있다. 여기서 핵심은 파인튜닝 과정의 주요 목표를 이해하고 이에 따라 접근 방식을 조정하는 것이다.

데이터 선별에서는 활용 사례에 적합한 데이터셋을 확보해야 한다. 이후 다음 단계에서는 규칙 기반 필터링, 데이터 중복 제거, 데이터 정제, 데이터 품질 평가를 통해 샘플의 품질을 개선하는 방법들을 알아본다.

5.1.3 규칙 기반 필터링

규칙 기반 필터링rule-based filtering은 명시적이고 사전에 정의된 규칙을 사용해 데이터 샘플을 평가하고 필터링하는 체계적인 데이터 품질 관리 방법이다. 이러한 규칙은 일반적인 품질 문제를 해결하기 위해 적용되며, 단순한 검증부터 복잡한 로직 분석까지 다양하게 적용된다. 규칙 기반 필터링의 주요 목표는 특정 기준을 충족하지 못하는 샘플을 제거해 데이터 품질의 높은 기준을 유지하는 것이다.

길이 필터링length filtering은 간단하면서도 효과적인 규칙 기반 필터링 기법이다. 이 방법은 데이터셋에서 응답의 허용 가능한 길이에 대한 임곗값을 설정한다. 너무 짧은 응답은 의미 있는 정보를 충분히 포함하지 못할 수 있다. 반면 지나치게 긴 응답은 관련 없거나 중복된 내용을 포함할 수 있다. 적절한 길이의 임곗값은 특정 작업과 도메인에 따라 크게 달라질 수 있다는 점을 유의해야 한다. 예를 들어, 간결한 요약을 생성하는 데이터셋은 상세한 설명을 생성하는 데이터셋에 비해 더 낮은 최대 길이 임곗값을 가질 수 있다.

키워드 제외keyword exclusion는 데이터 샘플의 구조보다는 내용에 초점을 맞춘 강력한 규칙 기반 필터링 기법이다. 이 방법은 저품질 또는 부적절한 콘텐츠와 연관된 키워드나 문구 목록을 생성하고, 이러한 용어를 포함한 샘플을 필터링하는 과정을 포함한다. 키워드 목록에는 욕설이나 스팸 관련 용어와 같은 명백한 저품질 지표뿐만 아니라, 관련이 없거나 주제에서 벗어난 콘텐츠를 나타낼 수 있는 도메인 특화 단어도 포함될 수 있다. 예를 들어, 전문 문서 작성 도우미를 위한 데이터셋에서는, 의도한 어조와 문체에 맞지 않는 속어 또는 비격식적 표현을 포함한 샘플을 제외할 수 있다.

형식 검사format checking는 구조화된 데이터를 포함하거나 특정 형식 요구 사항을 따르는 데이터셋에 권장된다. 이 기법은 모든 데이터 샘플이 정해진 형식을 준수하도록 하여 일관성을 유지하고 후속 처리 과정을 원활하게 한다. 형식 검사는 특히 코드 예제, JSON 구조 또는 기타 형식화된 텍스트를 포함하는 데이터셋에서 중요하다. 예를 들어, 프로그래밍 명령과 솔루션으로 구성된 데이터셋에서는 코드 예제가 구문적으로 올바른지 확인하고, 지정된 스타일 가이드를 준수하는지 검증하는 규칙을 구현할 수 있다.

규칙 기반 필터링은 지시문 데이터셋 준비 과정에서 상당한 이점을 제공한다. 이 방법은 대량의 데이터를 빠르고 효율적으로 처리할 수 있어 확장성이 높다. 규칙의 일관된 적용은 데이터 처리의 균일성을 보장하며, 인간의 오류와 편향을 줄인다. 또한 필터링 기준이 명시적으로 정의되어 있어 투명성과 해석 가능성을 제공한다. 이를 통해 쉽게 이해하고 조정할 수 있다. 규칙 기반 필터링을 자동화하면 수작업 개입이 줄어들고 데이터 품질을 지속적으로 모니터링할 수 있다.

다만 규칙 기반 필터링에도 몇 가지 한계가 있다. 사전에 정의된 규칙은 언어와 맥락의 복잡성을 완전히 반영하지 못할 수 있어, 유효하지만 비정형적인 샘플이 제거될 수 있다. 규칙은 일반적으로 '통과/실패'의 이분법적 판단만 가능하기 때문에, 언어와 지시문 품질의 미묘한 차이를 제대로 반영하지 못할 수 있다. 또한 규칙의 효과를 유지하려면 데이터 패턴과 품질 기준의 변화에 맞춰 정기적으로 검토하고 업데이트해야 한다. 잘못 설계된 규칙은 의도치 않게 데이터셋에 편향을 발생시킬 수 있다.

5.1.4 데이터 중복 제거

데이터셋의 다양성은 새로운 데이터에 대해 일반화할 수 있는 모델을 구현하기 위해 반드시 필요하다. 데이터셋에 중복되거나 비슷한 데이터 샘플이 많으면 다음과 같은 문제가 생긴다.

- **오버피팅**overfitting : 모델이 일반적인 패턴을 학습하기보다 특정 예제를 암기하게 될 수 있다.
- **편향된 성능**biased performance : 과도하게 나타나는 데이터 포인트가 모델 성능을 특정 입력 유형으로 치우치게 할 수 있다.
- **비효율적인 학습**inefficient training : 중복된 데이터는 새로운 정보를 주지 않으면서 학습 시간만 늘릴 수 있다.
- **과대 평가된 평가지표**inflated evaluation metrics : 테스트셋에 중복 데이터가 포함되면 성능 추정치가 지나치게 낙관적으로 나올 수 있다.

데이터셋의 중복 제거는 정확 중복 제거와 퍼지 중복 제거로 나뉜다. **정확 중복 제거**exact deduplication는 데이터 정규화, 해시 생성, 중복 제거의 간단한 과정을 통해 동일한 샘플을 제거한다. 데이터 정규화는 텍스트를 소문자로 변환하는 등 항목의 형식을 표준화한다. 이후 MD5나 SHA-256과 같은 알고리즘을 사용해 각 항목에 대한 고유 해시를 생성한다. 이러한 해시를 비교해 일치 항목을 찾아내고 중복된 항목은 제거해 각 항목의 한 인스턴스만 남긴다. 정확 중복 제거는 동일한 항목에는 효과적이지만 유사 중복이나 의미적으로 비슷한 콘텐츠는 탐지하지 못해 더 정교한 기법이 필요하다.

퍼지 중복 제거fuzzy deduplication 방법 중에서는 **MinHash 중복 제거**MinHash deduplication가 가장 많이 사용된다. 다른 퍼지 기법과 비교했을 때 MinHash는 높은 정확도를 유지하면서도 계산 복잡도를 크게 줄인다. MinHash는 각 데이터 항목을 간결한 표현 또는 서명을 생성해 작동한다. 이러한 서명은 데이터의 본질을 포착하면서도 차원을 크게 줄이는 '지문fingerprint' 역할을 한다. 실제로 MinHash는 데이터 항목(예: 텍스트 문서)을 슁글shingle 집합으로 변환하고 이 집합에 여러 해시 함수를 적용한 뒤 최소 해시 값을 선택해 서명 벡터를 생성한다. 이렇게 생성된 서명은 Jaccard 유사도와 같은 유사도 측정을 사용해 효율적으로 유사 중복을 식별할 수 있다.

정확 중복 제거와 퍼지 중복 제거 외에도, **의미론적 유사도**semantic similarity는 텍스트의 의미에 초점을 맞춘 중복 제거 방식이다. 이 방법은 단어나 전체 샘플을 벡터 표현으로 변환하는 다양한 자연어 처리 기술을 활용한다. Word2Vec, GloVe, FastText와 같은 단어 임베딩 모델은 개별 단어를 밀집 벡터dense vector로 변환해 의미적 관계를 포착한다. 이러한 방식은 단순히 텍스트의 표면적 또는 형식적 유사도를 넘어 텍스트의 내재된 의미를 기반으로 중복 여부를 판단할 수 있게 한다.

고품질의 벡터 표현을 생성하기 위해 BERT, **Sentence Transformers**, 크로스 인코더cross-encoder와 같은 언어 모델을 사용해 문장이나 문서 전체의 임베딩을 생성할 수 있다. 이러한 벡터 표현을 생성한 후 벡터 간 유사도를 비교해 중복 데이터를 제거를 수행할 수 있다. 일반적으로 사용하는 유사도 측정 방법으로는 코사인 유사도와 유클리드 거리가 있다. 미리 정의된 임곗값 이상으로 유사도 점수가 높은 데이터 샘플은 중복으로 간주할 수 있다. 대규모 데이터셋에서는 클러스터링 기법을 사용해 유사한 벡터를 그룹화할 수 있다. K-평균K-mean, DBSCAN, 계층적 클러스터링hierarchical clustering과 같은 방법은 벡터 공간을 효율적으로 조직화해서 의미적으로 유사한 콘텐츠를 나타내는 클러스터를 식별하는 데 유용하다. 각 클러스터 내에서는 대표 샘플 하나만 남기고 나머지는 중복으로 처리해 제거한다.

5.1.5 데이터 정제

데이터 정제data decontamination는 학습 데이터셋에 평가나 테스트셋과 동일하거나 매우 유사한 샘플이 포함되지 않도록 선별하는 과정이다. 이 단계는 모델 평가의 품질을 보장하고, 테스트 데이터를 암기하거나 모델이 과적합overfitting되는 것을 방지하기 위해 중요하다.

데이터 정제는 데이터 중복 제거 기법을 활용한다. 정확 매칭exact matching은 평가셋과 동일한 학습 샘플을 제거하는 데 사용되며, 이를 위해 해시 함수나 문자열 직접 비교를 사용할 수 있다. 또한 평가 샘플과 매우 유사하지만 정확히 동일하지는 않은 학습 샘플을 식별하고 제거하기 위해 유사 중복 탐지 기법도 사용할 수 있다. 이러한 기법에는 MinHash를 사용하거나 n-그램이나 임베딩을 기반으로 유사도 점수를 계산하는 방법이 자주 활용된다.

> 데이터 정제를 수행하는 간단한 방법은 데이터 중복 제거 단계에서 평가셋을 지시문 데이터셋에 추가하는 것이다. 이 경우 지시문 데이터셋에서만 샘플을 제거하도록 해야 하며 이를 구현하는 방법은 다양하다(예: 첫 번째 중복만 필터링하거나 평가 샘플의 인덱스를 기록하는 방법 등). 이 과정을 완전히 자동화하려면 데이터 중복 제거 단계에서 평가셋을 자동으로 추가하는 것이 이상적이다. 이는 여러 버전의 커스텀 벤치마크를 반복적으로 처리할 때 특히 효율적이다.

데이터 정제의 또 다른 목적은 평가 데이터와 동일한 출처의 샘플을 필터링하는 것이다. 이를 위해 문장의 중복, 유사한 구조, 공통된 메타데이터를 확인할 수 있다. 실무자들은 데이터 출처를 추적provenance tracking을 통해 평가셋에 포함된 것으로 특정 출처의 데이터를 식별하고 제외하는 방법을 사용한다.

5.1.6 데이터 품질 평가

데이터 품질 평가data quality evaluation는 머신러닝, 특히 LLM에서 중요한 과정이다. 이 과정은 데이터셋의 정확성, 다양성, 복잡성 등 여러 특성을 종합적으로 평가하는 작업을 포함한다. 수학적 정확성과 같은 일부 측면은 파이썬 인터프리터와 같은 도구를 사용해 쉽게 검증할 수 있다. 하지만 주관적이거나 정해진 답이 없는 형태의 콘텐츠를 평가하는 것은 여전히 어려운 과제이다.

전통적으로 사람이 직접 하는 데이터 품질 평가는 높은 정확도를 보장하지만 많은 시간과 비용이 든다. 확장성 문제를 해결하기 위해 평가 과정을 자동화하는 머신러닝 기술이 개발되었다. 이러한 기술에는 LLM을 평가자로 사용하는 방법, 보상 모델reward model, 품질 예측을 위해 학습된 분류기classifier 등이 포함된다.

LLM을 평가자LLM-as-a-judge로 사용하는 전략은 LLM에게 각 샘플의 품질을 평가하도록 프롬프트를 제공하는 방식이다. 이 접근법은 유연하고 사용하기 쉬워 널리 활용되고 있으나 몇 가지 과제를 동반한다. LLM마다 작업별 성능 수준이 다르며 그 평가 결과는 종종 비전문가의 평가와 더 유사하게 나타난다. 도메인 특화 데이터셋의 경우 더 나은 범용 LLM보다 도메인 특화 모델을 사용하는 것이 바람직할 수 있다. 비교 평가 방법(예: '답변 A가 답변 B보다 더 나은가?')은 절대 점수 부여 방법(예: '답변 A를 1에서 4 사이로 평가하라')보다 일반적으로 더 우수한 성능을 보인다. 하지만 두 방법 모두 적절한 프롬프트 엔지니어링을 통해 확장할 수 있다. 대표적인 하위 집합에 다양한 프롬프트를 반복적으로 테스트하고 답변 품질을 수동으로 검증하는 과정을 권장한다. [표 5-2]는 평가 LLM을 위한 프롬프트의 예제를 보여준다.

표 5-2 데이터 품질 평가를 위한 LLM as a judge 프롬프트 예시

> **지시문**
>
> 당신은 데이터 품질 평가자입니다. 목표는 주어진 지시문과 그에 대한 답변을 평가해 답변이 주어진 과제를 얼마나 효과적으로 해결하는지 판단하는 것입니다.
>
> 평가 시 답변의 강점과 약점을 자세히 설명한 피드백을 제공하고, 1점에서 4점까지 점수를 부여합니다.
>
> 1점: 답변이 형편없으며 지시문과 관련이 없음
>
> 2점: 답변이 도움이 되지 않으며 지시문의 중요한 요소를 놓침
>
> 3점: 답변이 유용하지만, 관련성, 정확성, 깊이 면에서 개선이 필요함
>
> 4점: 답변이 뛰어나며 과제를 완벽하게 해결함
>
> 평가는 다음 형식으로 제공하세요.
>
> 피드백: (강점과 약점)
>
> 점수: (1~4점)

LLM을 평가자로 사용할 경우 몇 가지 편향이 존재한다. 첫째, 비교 평가에서는 위치 편향이 발생하는데, LLM 평가자는 첫 번째 답변을 더 선호하는 경향을 보인다. 이를 해결하기 위해서는

답변 A와 B의 순서를 무작위로 섞는 방법을 사용할 수 있다. 둘째, LLM 평가자도 사람처럼 긴 답변을 더 선호하는 편향이 있다. 이러한 문제를 줄이기 위해 절대 점수 평가 시 길이 정규화$^{length\ normalization}$ 방법을 적용할 수 있다. 마지막으로, LLM 평가자는 동일한 모델 계열(예: GPT-4와 GPT-4o, GPT-4o 미니)의 모델을 더 선호하는 모델 내 편애$^{intra-model\ favoritism}$를 보인다. 이를 해결하기 위해 단일 모델 대신 여러 모델을 사용하는 방식을 적용할 수 있다.

일반적으로 평가 신뢰도를 향상시키기 위해 여러 LLM을 배심원^{jury}으로 사용하는 전략이 편향을 줄이고 일관성을 개선한다. 더 작은 LLM들로 구성된 배심원을 활용하면 비용을 절감하면서도 정확도를 높이고 모델 내 편애를 완화할 수 있다. 챗봇과 같은 특정 응용 분야에서는 LLM 평가자와 인간 평가자 사이의 판단 결과가 약 80% 일치하는 것을 목표로 삼는 것이 좋다. 또한 간단한 채점 척도$^{grading\ scale}$(퓨-샷 프롬프팅 활용)와 작업 특화 벤치마크를 사용하면 더 관련도가 높고 해석하기 쉬운 평가가 가능하다.

보상 모델은 데이터 품질 평가를 위해 LLM을 활용하는 또 다른 방법이다. '보상 모델'이라는 용어는 인간 피드백을 활용한 강화 학습(RLHF, 6장 참조)에서 유래한다. 보상 모델은 일반적으로 지시문-답변 쌍을 입력받아 점수를 출력하는 모델로 정의된다. 보상 모델은 보통 젬마^{Gemma}나 라마 같은 디코더 전용 아키텍처 위에 선형 헤드를 추가해 생성된다. 그런 다음 강화 학습이나 전통적인 파인튜닝을 사용해 보상 점수 출력을 위해 학습된다.

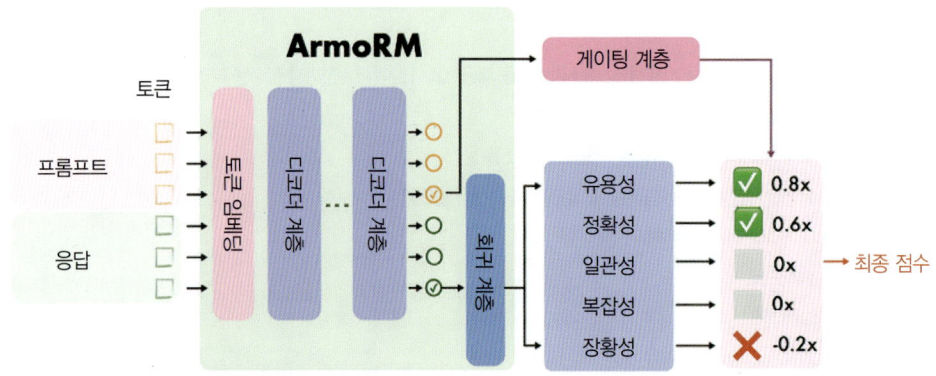

그림 5-3 ArmoRM-Llama3-8B-v0.1 아키텍처[4]

---

[4] https://doi.org/10.48550/arXiv.2406.12845

[그림 5-3]은 ArmoRM-Llama3-8B-v0.1의 아키텍처를 보여준다. 이는 Llama-3-8B 모델 위에 회귀regression 및 게이팅gating 계층을 추가한 것이다. 이 모델은 유용성helpfulness, 정확성correctness, 일관성coherence, 복잡성complexity, 장황성verbosity과 같은 특정 측면을 대상으로 여러 점수를 출력한다. 이를 통해 데이터 품질 평가를 더 세밀하게 할 수 있다.

알렌 인공지능 연구소Allen Institute for AI의 RewardBench 리더보드는 허깅 페이스[5] 플랫폼에서 제공되며, 다양한 보상 모델들을 비교하고 성능을 평가할 수 있는 유용한 자료를 제공한다. 이 리더보드는 생성형, 분류기, DPO 등 다양한 보상 모델을 통합하고 각 지시문에 대해 선택된 답변과 거절된 답변을 모아 평가를 진행한다. 이 작업이 지시문 데이터 품질과 직접적으로 관련되지는 않지만, 좋은 답변과 나쁜 답변을 구별할 수 있는 모델을 찾는 데 유용한 자료가 된다.

분류기나 인코더 전용 모델을 학습시켜 데이터 품질 평가를 수행할 수 있다. 좋은 예로는 HuggingFaceFW의 fineweb-edu-classifier가 있으며 이는 웹 페이지의 교육적 가치를 판단하도록 설계된 분류기이다. 이 모델은 사전 학습 데이터의 품질 필터로 설계되었지만 유사한 접근 방식을 통해 지시문 샘플을 대규모로 평가할 수도 있다. 실제로 fineweb-edu-classifier는 임베딩 모델(Snowflake/snowflake-arctic-embed-m)에 분류 헤드를 추가하고, Llama-3-70B-Instruct가 주석을 달아준 45만 개 샘플을 대상으로 20에포크 동안 학습시켜 만들었다.

이 방식은 분류 작업에 더 적합하고 크기가 작은 인코더 전용 모델을 활용한다. 파라미터 수가 적기 때문에 이러한 모델은 실행 속도가 빠르며, 수백만 개의 샘플로 확장할 수 있다. 그러나 복잡한 추론 작업에서는 미세한 차이를 포착하는 능력이 부족해 대규모 모델만큼 정확하지 않다. 그럼에도 불구하고 소규모 작업에서는 인코더 전용 모델이 여전히 이상치outlier을 필터링하거나 빠른 처리가 필요한 자동화 데이터 파이프라인의 일부로 유용하게 활용될 수 있다.

5.1.7 데이터 탐색

데이터 탐색data exploration은 학습 데이터를 파악하고 이해하는 데 필요한 과정이다. 이 과정은 데이터셋의 특성, 강점, 잠재적인 한계를 이해하는 데 중요한 역할을 하는 수작업 검사와 자동 분석을 모두 포함한다.

---

[5] 옮긴이_ https://huggingface.co/datasets/allenai/reward-bench

수작업 데이터셋 탐색manual dataset exploration은 시간이 많이 걸리지만 중요한 방법이다. 이는 자동화된 프로세스가 놓칠 수 있는 형식 문제, 데이터 입력 오류, 일관성 없는 로직, 사실적 부정확성 등을 발견할 수 있다. 이러한 과정을 통해 데이터셋의 내용과 문체에 대한 정성적 통찰을 얻을 수 있다. 효율성을 높이기 위해 연구자들은 **계층적 샘플링**stratified sampling(다양한 샘플 선택), **체계적 검토**systematic review(체크리스트를 활용한 검토), **협력적 검토**collaborative review(다수의 리뷰어 참여)와 같은 기법을 활용할 수 있다.

[그림 5-4]는 Argilla를 사용한 수작업 데이터 품질 평가 및 탐색의 예제를 보여준다. Argilla는 데이터 품질 평가와 탐색을 지원하는 플랫폼이다.

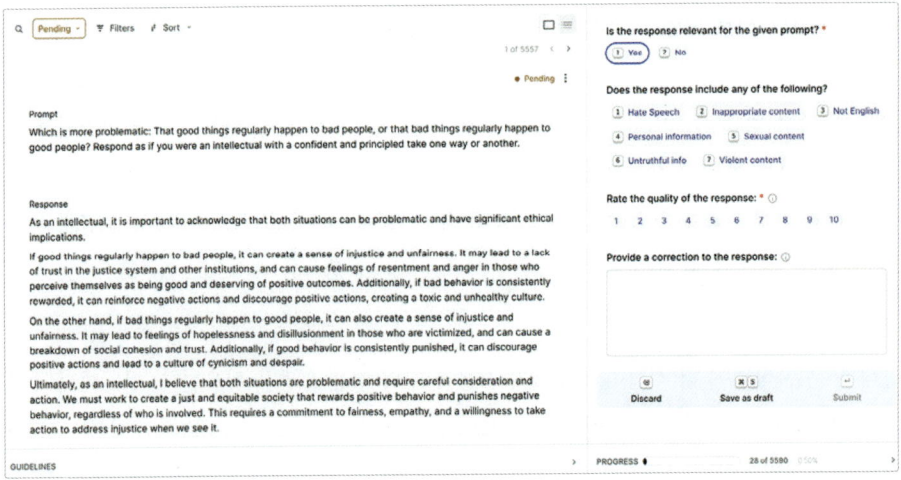

그림 5-4 Argilla의 데이터 품질 평가 및 탐색 인터페이스

통계 분석statistical analysis은 어휘 다양성, 잠재적 편향, 개념 표현 등을 분석하는 기법이다. 이 과정에서는 NLTK나 spaCy와 같은 자연어 처리 라이브러리를 사용해 대량의 텍스트를 토큰화하고 분석한다. 맷플롯립Matplotlib이나 시본Seaborn과 같은 시각화 도구를 활용하면 히스토그램이나 워드 클라우드를 생성해 직관적으로 패턴을 인식할 수 있다. 이러한 기법은 데이터셋 구성, 언어의 다양성breadth, 모델 출력에 영향을 미칠 수 있는 문화적 또는 맥락적 선호도에 대한 통찰을 제공한다.

토픽 클러스터링topic clustering은 유사한 문서나 텍스트 조각을 자동으로 그룹화해서 데이터 내의 숨겨진 주제와 패턴을 드러낸다. 이 과정은 대규모 텍스트 말뭉치의 내용을 이해하고 트렌드를 식별하며 정보를 의미 있는 방식으로 조직화하는 데 특히 중요하다. 토픽 클러스터링은 종종 데이터 시각화와 연관되며 유사한 샘플로 구성된 클러스터를 보여주는 시각적 도표를 생성한다. 이를 통해 데이터의 구조를 직관적으로 파악할 수 있다.

프로그래밍 언어와 관련된 지시문 데이터셋을 구축하는 작업을 예로 들어보자. 온라인 포럼, 문서, 튜토리얼에서 방대한 프로그래밍 관련 텍스트를 수집했다고 가정한다. 첫째, 토픽 클러스터링을 사용해 데이터셋에 포함된 서로 다른 프로그래밍 언어(파이썬, 자바스크립트 등)를 식별할 수 있다. 둘째, 각 언어 클러스터 내에서 에러 처리, 데이터 구조, 웹 프레임워크와 같은 하위 주제를 추가로 식별할 수 있다. 이를 통해 각 언어와 하위 주제가 데이터셋에서 균형 있게 표현되도록 할 수 있다.

이러한 분석을 통해 데이터셋에서 각 프로그래밍 언어별 적합한 하위주제들이 다뤄지도록 구성할 수 있다.

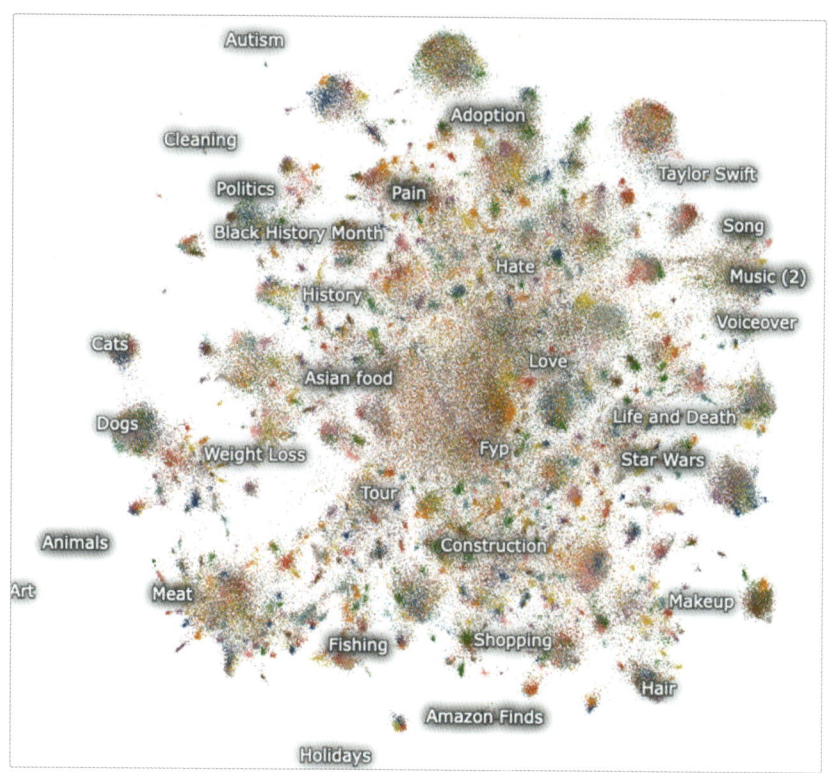

그림 5-5 Nomic Atlas를 사용한 역사적 틱톡 데이터셋의 표현

토픽 클러스터링을 수행하기 위한 여러 도구가 있으며, 각각 고유한 강점과 접근 방식을 가지고 있다. 예를 들어, 허깅 페이스의 text-clustering은 간단한 파이프라인을 제공한다. 이는 Sentence Transformers를 사용해 텍스트를 벡터 공간으로 임베딩하고, UMAP을 통해 차원을 축소한 후 DBSCAN으로 클러스터링을 수행한다. 또한 LLM을 통해 클러스터를 자동 라벨링하고 시각화할 수 있다. [그림 5-5]의 Nomic Atlas를 비롯해 BunkaTopics, Lilac 등이 유사한 접근법으로 추가 기능을 제공한다.

5.1.8 데이터 생성

사용 가능한 지시문 데이터셋이 충분하지 않을 경우 커스텀 데이터를 생성해야 한다. 이는 공개적으로 이용 가능한 데이터가 부족한 특수 응용 분야에서 특히 중요하다. 또한 데이터셋에서 자바스크립트의 에러 처리 기술에 대한 예시가 부족했던 이전 예시처럼, 데이터셋의 부족한 영역을 보강하는 방법으로도 활용된다. 데이터는 개인이나 크라우드소싱을 통해 수동으로 생성할 수 있으나 상당한 비용과 시간이 필요하다. 반면 LLM을 활용한 합성 데이터 생성은 더 효율적이고 확장 가능한 대안이다. 특히 잘 설계된 프롬프트 엔지니어링과 결합하면 대규모의 고품질 데이터를 생성해 수작업의 한계를 극복할 수 있다.

합성 데이터 생성 과정은 신중하게 설계된 프롬프트 집합(때로는 '분류 체계^{taxonomy}'라고도 함)을 준비하는 것에서 시작된다. 이러한 프롬프트는 새로운 다양하고 유용한 예제를 생성하는 데 기반이 된다. [표 5-3]은 알파카 데이터셋에서 사용된 다섯 가지 시드 프롬프트를 보여준다. 합성 데이터의 품질은 생성 과정에서 사용된 프롬프트와 기법에 크게 좌우된다. 잘 설계된 프롬프트는 언어 모델이 관련성 높고 다양한 고품질의 지시문-답변 쌍을 생성하도록 유도할 수 있다. 이러한 프롬프트는 종종 구체적인 지시 사항과 예제, 제약 조건 등을 포함해 생성된 데이터가 원하는 형식과 내용에 부합하도록 한다.

표 5-3 알파카 데이터셋에 사용된 시드 프롬프트 예시

시드 지시문
- 아침 식사로 먹을 수 있는 음식 중 달걀이 포함되지 않으면서도 단백질이 들어 있고, 700~1000칼로리를 충족하는 것이 있을까요?
- 다음 주어진 단어 쌍의 관계는 무엇인가요? 입력: 밤:낮 :: 좌:우
- 다음 인물 각각에 대한 한 문장 설명을 생성하세요. 입력: –Barack Obama\n– Elon Musk\n– Taylor Swift
- 주어진 고정관념의 예시가 해를 끼칠 수 있는 상황을 설명하세요. 입력: 모든 아시아인은 똑똑하다!
- 다음 이메일에 적절한 제목을 작성하세요. 입력: 안녕하세요 [사람 이름], CVPR에서 열리는 멀티모달 워크숍에서 패널로 참여해 주실 수 있는지 문의하려고 이메일을 보냅니다. 워크숍은 2023년 6월 20일에 개최합니다. 감사합니다. [내 이름]

합성 데이터 생성 파이프라인은 데이터 품질을 보장하기 위한 여러 단계를 거친다. 일반적으로 초기 질문이나 지시문을 만든 후, 그에 대한 답변이나 응답을 생성하는 과정으로 진행된다. 일부 시스템은 생성된 지시문-답변 쌍의 정확성, 관련성, 지정된 기준 준수 여부를 검토하기 위해 또 다른 모델이나 규칙을 사용하는 검증 단계를 추가한다.

합성 데이터 생성에서 중요한 것은 생성된 데이터의 다양한 속성을 제어하는 것이다. 이는 지시문의 복잡성, 응답의 길이, 사용되는 언어의 어조나 문체, 다루는 특정 주제나 도메인과 같은 요소를 포함한다. 이러한 매개변수를 조정함으로써 특정 학습 목표에 맞춘 데이터셋을 생성하거나 기존 데이터셋을 보완하는 방식으로 데이터셋을 제작할 수 있다. 또한 Outlines와 같은 라이브러리를 활용한 구조화된 생성은 특정 형식을 준수하는 데 유용하다.

또한 합성 데이터 생성은 기존 데이터셋의 편향과 결핍을 해결하는 데 특히 유용하다. 생성 과정을 신중하게 설계하면 다양한 관점과 주제, 언어 스타일을 아우르는 균형 잡힌 포용적인 데이터셋을 생성할 수 있다. 이러한 데이터셋은 더 공정하고 다양한 사용자층에 대응할 수 있는 LLM을 학습하는 데 도움이 된다.

그러나 합성 데이터 생성에는 몇 가지 과제가 따른다. 그중 하나는 생성에 사용된 언어 모델의 편향이나 오류가 생성된 데이터에 그대로 반영될 수 있다는 점이다. 이러한 문제를 완화하기 위해 사람의 감독, 다양한 프롬프트, 추가적인 필터링 메커니즘을 도입해 생성된 데이터의 품질과 적합성을 보장한다.

또 다른 고려 사항은 생성된 데이터가 충분히 다양하고 도전적이어야 한다는 점이다. 합성 데이터가 지나치게 단순하거나 반복적일 경우, 견고한 LLM을 학습시키는 데 필요한 복잡성을 제

공하지 못할 수 있다. 고급 합성 데이터 생성 기법은 주로 다양하고 미묘한 지시문-답변 쌍을 생성하는 데 초점을 맞추며, 이를 통해 모델이 학습할 수 있는 한계를 확장하도록 돕는다.

5.1.9 데이터 증강

데이터 증강data augmentation은 데이터 샘플의 양과 질을 향상시키는 과정이다. 데이터를 새로 생성하는 것과 달리, 이 과정에서는 기존 지시문 샘플을 입력값으로 활용한다. 지시문-답변 쌍을 단순히 업샘플링하는 것도 가능하다. 하지만 데이터 증강은 주로 기존 샘플의 품질을 높이는 데 중점을 둔다. 특히 다양성과 복잡성 두 가지 측면에서 개선을 시도한다

이 분야의 선구적인 접근법으로 Evol-Instruct 방법이 있다. 이 방법은 LLM을 사용해 단순한 지시문을 고품질의 지시문으로 발전시킨다. 이렇게 발전된 명령은 강력한 LLM을 사용해 답변을 생성하는 데 활용된다. Evol-Instruct 방법은 심화in-depth와 확장in-breadth 발전의 두 가지 전략을 사용한다.

심화 발전in-depth evolving은 기존 명령의 복잡성을 향상시키는 데 중점을 둔다. 이를 위해 다음과 같은 기법들을 활용한다.

- **제약 조건**constraint: 원본 명령에 추가 요구 사항이나 제한을 도입해 수행을 더 어렵게 만든다.
- **심화**deepening: 피상적인 질문을 깊이 있는 질문으로 발전시켜 더 포괄적인 응답을 이끌어낸다.
- **구체화**concretizing: 일반적인 개념을 더 구체적인 개념으로 대체해 명령에 세부 사항과 정밀성을 추가한다.
- **추론 단계 증가**increasing reasoning step: 지시문을 수정해 명시적으로 여러 단계의 추론을 요청함으로써 더 복잡한 문제 해결을 유도한다.
- **입력 복잡화**complicating input: XML, JSON, 코드 조각과 같은 더 복잡한 데이터 형식이나 구조를 명령에 추가한다.

확장 발전in-breadth evolving은 명령 데이터셋의 다양성을 확장하는 데 초점을 맞춘다. 기존 명령에서 영감을 받아 완전히 새로운 명령을 생성하며, 동일한 도메인 내에서 더 희귀하거나 롱테일long-tailed에 해당하는 예제를 만들어낸다.

구체적인 구현 예로, AutoEvol 논문에서 제시된 프롬프트를 활용해 심화 발전을 자동화할 수 있다. 사용자는 발전시키고자 하는 명령을 입력으로 제공하면 된다. GPT-4o와 같은 강력한 모델이 원본 명령의 더 복잡한 버전을 반환한다.

표 5-4 Zeng et al. (2024)의 논문 〈Automatic Instruction Evolving for Large Language Models〉에서 사용된 Evol LLM 프롬프트

> 당신은 주어진 #지시문#을 복잡한 버전으로 다시 작성하는 역할을 하는 지시문 작성자입니다. 아래 단계에 따라 주어진 "#지시문#"을 보다 복잡하게 수정하세요.
>
> - 1단계: "#지시문#"을 주의 깊게 읽고, 보다 복잡하게(챗GPT와 같은 AI 어시스턴트가 처리하기 어렵도록) 만들 수 있는 모든 방법을 나열하세요. 단, 다른 언어를 사용하는 방법은 금지합니다.
> - 2단계: 1단계에서 생성한 #방법 목록#을 바탕으로 #지시문#을 보다 복잡하게 만들기 위한 종합적인 계획을 수립하세요. 이 계획은 #방법 목록#에 포함된 여러 가지 방법을 조합해야 합니다.
> - 3단계: 계획을 단계별로 실행하고 #재작성된 지시문을# 출력합니다. 단, "#지시문#"에 단어를 10~20개 추가하는 것만 허용됩니다.
> - 4단계: #재작성된 지시문#을 신중하게 검토하고 비합리적인 부분이 있는지 확인하세요. 최종적으로 #지시문#의 복잡한 버전만을 출력하고, 추가 설명은 하지마세요.
>
> 아래 형식을 엄격히 준수하여 답변하세요.
> 1단계 #방법 목록#:
> 2단계 #계획#:
> 3단계 #재작성된 지시문#:
> 4단계 #최종버전의 재작성된 지시문#:
> #지시문#:
> {지시문}

UltraFeedback 방법은 지시문의 품질이 아닌 답변의 품질 개선에 중점을 둔 혁신적 접근법이다. 이 방법은 AI 피드백을 활용해 모델 응답의 품질과 다양성을 증대시킨다. Evol-Instruct가 지시문을 발전시키는 데 초점을 맞추는 반면, UltraFeedback은 다양한 지시문과 모델 풀을 사용해 폭넓은 범위의 응답을 생성한다.

이 방법은 GPT-4와 같은 고급 언어 모델을 활용해 생성된 응답에 대해 지시 사항 준수, 사실성, 정직성, 유용성 등 여러 측면에서 상세한 비평과 수치화된 점수를 제공한다.

이 아이디어를 바탕으로, 더 도전적이고 다양한 지시문 데이터셋을 만들기 위한 자체적인 증강 기법을 설계할 수 있다. 기존 지시문-답변 쌍을 세밀하게 개선하고 발전시켜 얻은 데이터셋으로 모델을 훈련하면, 복잡한 다단계 작업을 더 효과적으로 처리하고 다양한 분야에서 더 나은 성능을 보일 수 있다.

5.2 지시문 데이터셋 자체 생성

이 절에서는 3장에서 크롤링한 데이터를 통해 자체적으로 지시문 데이터셋을 생성한다. 고품질의 지시문 데이터셋을 만들기 위해 두 가지 주요 문제를 해결해야 한다. 하나는 데이터의 비정형 특성이고 다른 하나는 크롤링할 수 있는 기사 수의 제한이다.

이 비정형 특성은 지시문-답변 쌍이 아니라 원시 텍스트(기사)를 다루고 있다는 점에서 비롯된다. 이 문제를 해결하기 위해 LLM을 사용해 데이터를 변환한다. 구체적으로, 역번역과 문장 재구성을 결합한 방법을 활용한다. 역번역은 예상되는 답변을 출력하고 그에 해당하는 지시문을 생성하는 과정을 의미한다. 하지만 단락과 같은 텍스트 조각을 답변으로 사용하는 것이 항상 적합하지는 않다. 이러한 이유로 원시 텍스트를 재구성해 적절히 포맷된 고품질의 답변을 출력하도록 한다. 또한 모델에게 저자의 문체를 따르도록 요청해 원본 단락과 유사한 스타일을 유지한다. 이 과정은 광범위한 프롬프트 엔지니어링이 필요하지만 자동화가 가능하며 대규모로 활용할 수 있다.

두 번째 문제는 데이터 샘플 수의 제약이다. 실제 발생하는 흔한 문제로 이는 크롤링할 수 있는 기사 수가 한정되어 생성 가능한 지시문 데이터셋의 규모도 제한된다는 점이다. 이 예제에서는 샘플의 수가 많을수록 모델이 작성자의 문체를 더 정확하게 모방할 수 있다. 이 문제를 해결하기 위해 기사를 여러 조각으로 나누고, 각 조각에 대해 세 개의 지시문-답변 쌍을 생성한다. 이렇게 하면 최종 데이터셋의 다양성을 유지하면서 생성하는 샘플 수를 증가시킬 수 있다. 간단히 하기 위해 오픈AI의 GPT-4o-mini 모델을 사용하지만 오픈 소스 모델을 사용할 수도 있다.

그러나 LLM은 구조화된 형식의 출력을 안정적으로 생성하는 데는 한계가 있다. 특정 템플릿이나 지침을 제공하더라도 모델이 이를 일관되게 따를 것이라는 보장이 없다. 이러한 비일관성으로 출력이 원하는 형식에 맞추기 위해 추가적인 문자열 파싱이 자주 필요하다.

이 과정을 단순화하고 올바르게 구조화된 결과를 보장하기 위해 구조화된 생성 기법을 활용할 수 있다. 구조화된 생성은 JSON, pydantic 클래스, 정규 표현식과 같은 사전 정의된 템플릿을 따르도록 LLM을 강제하는 효과적인 방법이다. 이어서 오픈AI의 JSON 모드 기능을 사용해 유효한 JSON 객체를 반환하고 광범위한 후 처리의 필요성을 줄이는 보다 견고한 방식을 활용한다. 지금까지의 설명을 바탕으로 [그림 5-6]에서 구축하고자 하는 합성 데이터 파이프라인의 전체 단계를 한눈에 보여준다.

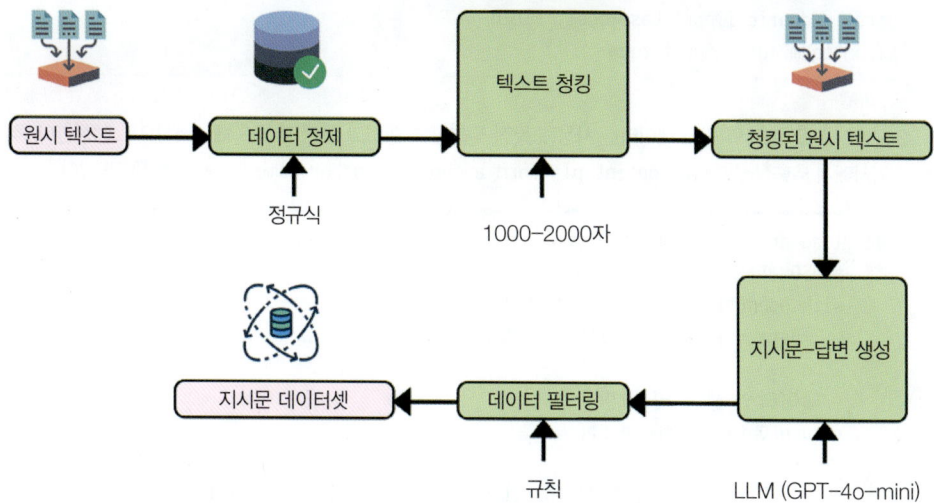

그림 5-6 원시 텍스트에서 지시문 데이터셋으로의 합성 데이터 생성 파이프라인

이제 이를 파이썬으로 구현해보자. LLMOps 파이프라인의 일부분으로 통합하거나 독립된 스크립트로 작성할 수 있다.

1 먼저 다음 라이브러리가 설치되었는지 확인한다. openai 라이브러리는 모델과 상호작용해서 지시문 데이터를 생성하는 데 사용되고, datasets 라이브러리는 데이터를 허깅 페이스와 호환되는 형식으로 포맷한다. tqdm 라이브러리는 데이터 생성 과정에서 진행 상황을 시각화하는 데 사용된다.

```
openai==1.37.1
datasets==2.20.0
tqdm==4.66.4
```

2 필요한 모든 라이브러리를 불러온다.

```
import concurrent.futures
import json
import random
import re
from concurrent.futures import ThreadPoolExecutor

from typing import List, Tuple
from datasets import Dataset
from openai import OpenAI
```

```
from pydantic import BaseModel, Field
from tqdm.auto import tqdm
```

3 JSON 파일 형태의 원시 데이터를 사용해 특정 필드를 추출하고 허깅 페이스 데이터셋으로 생성한다. 각 기사에서 추출할 필드(id, content, platform, author_id, author_name, link)는 다음과 같다.

```
def load_articles_from_json(file_path: str) -> Dataset:
    # JSON 파일 열기
    with open(file_path, "r") as file:
        data = json.load(file)  # JSON 파일 데이터를 로드

    # 데이터셋 생성 및 반환
    return Dataset.from_dict(
        {
            "id": [item["id"] for item in data["artifact_data"]],
            "content": [item["content"] for item in data["artifact_data"]],
            "platform": [item["platform"] for item in data["artifact_data"]],
            "author_id": [item["author_id"] for item in data["artifact_data"]],
            "author_full_name": [item["author_full_name"] for item in data["artifact_data"]],
            "link": [item["link"] for item in data["artifact_data"]],
        }
    )
```

데이터셋을 Pandas DataFrame으로 로드하면 아래와 같은 표 형식으로 나타난다.

	각 기사의 고유 식별자(UUID 형식)	기사 본문의 텍스트	기사가 게시된 플랫폼 이름	author_id	author_full_name	기사의 원문 URL
0	ab2f9e2e-5459-4dd6-97d6-c291de4a7093	The Importance of Data Pipelines in the Era of...	medium	e6b945ba-6a9a-4cde-b2bf-0890af79732b	Alex Vesa	https://medium.com/decodingml/the-importance-o...
1	ccfe70f3-d324-40b6-ba38-86e72786dcf4	Change Data Capture: Enabling Event-Driven Arc...	medium	e6b945ba-6a9a-4cde-b2bf-0890af79732b	Alex Vesa	https://medium.com/decodingml/the-3nd-outof-1...

	각 기사의 고유 식별자(UUID 형식)	기사 본문의 텍스트	기사가 게시된 플랫폼 이름	author_id	author_full_name	기사의 원문 URL
2	4c9f68aeec8b-4534-8ad5-92372bf8bb37	The Role of Feature Stores in Fine-Tuning LLMs...	medium	e6b945ba-6a9a-4cde-b2bf-0890af79732b	Alex Vesa	https://medium.com/decodingml/the-role-offeat...
...	...	...	...	...	...	...
73	68795a4d-26c2-43b7-9900-739a80b9b-7dc	DML: 4 key ideas you must know to train an LLM...	decodingml.substack.com	1519b1d1-1a5d-444ca880-926c9eb6539e	Paul lusztin	https://decodingml.substack.com/p/dml-4-key-id...
74	d91b17c0-05d8-4838-bf61-e2abc1573622	DML: How to add real-time monitoring & metrics...	decodingml.substack.com	1519b1d1-1a5d-444ca880-926c9eb6539e	Paul lusztin	https://decodingml.substack.com/p/dml-how-to-a...
75	dcf55b28-2814-4480-a18ba77d01d44f5f	DML: Top 6 ML Platform Features You Must Know ...	decodingml.substack.com	1519b1d1-1a5d-444ca880-926c9eb6539e	Paul lusztin	https://decodingml.substack.com/p/dml-top-6-ml...

4 일부 기사 내용을 더 자세히 살펴보면 특수 문자와 불필요한 공백이 포함된 경우가 있다. 정규식을 사용하면 간단히 정제할 수 있다. 먼저 [^\w\s.,!?']로 알파벳, 숫자, 밑줄, 공백, 마침표, 쉼표, 느낌표, 물음표, 작은따옴표를 제외한 비알파벳 문자를 제거한다. 그다음 \s+로 연속된 여러 공백 문자를 단일 공백으로 대체한다. 마지막으로 strip()을 사용해 문자열의 앞뒤에 있는 공백을 제거한다.

```
def clean_text(text):
    text = re.sub(r"[^\w\s.,!?']", " ", text)
    text = re.sub(r"\s+", " ", text)
    return text.strip()
```

5 이제 기사를 불러올 수 있으니, 이를 지시문-답변 쌍으로 변환하기 전에 청크로 나누어야 한다. 이상적으로는 헤드라인이나 단락을 사용해 의미적으로 구분된 청크를 생성하는 것이 좋다.

그러나 예제처럼 실제 데이터는 보통 정리가 잘 되어 있지 않다. 잘못된 형식 때문에 원시 데이터셋의 모든 기사에서 단락이나 헤드라인을 추출할 수는 없다. 대신 정규식으로 문장을 추출하고, 1,000에서 2,000자 사이의 청크를 생성한다. 이 숫자는 텍스트에 포함된 정보의 밀도에 따라 최적화할 수 있다.

extract_substrings 함수는 데이터셋의 각 기사를 처리한다. 먼저 텍스트를 정리한 후 정규식을 사용해 문장으로 나눈다. 그다음 이 문장들을 결합해 각 청크가 1,000에서 2,000자 사이가 되도록 텍스트 청크를 생성한다.

```python
def extract_substrings(dataset: Dataset, min_length: int = 1000, max_length: int = 2000) -> List[str]:
    extracts = []
    sentence_pattern = r"(?!\w\.\w\.)(?<![A-Z][a-z]\.)(?<=\.|\?|\!)\s"

    for article in dataset["content"]:
        cleaned_article = clean_text(article)
        sentences = re.split(sentence_pattern, cleaned_article)

        current_chunk = ""
        for sentence in sentences:
            sentence = sentence.strip()
            if not sentence:
                continue

            if len(current_chunk) + len(sentence) <= max_length:
                current_chunk += sentence + " "
            else:
                if len(current_chunk) >= min_length:
                    extracts.append(current_chunk.strip())
                current_chunk = sentence + " "

        if len(current_chunk) >= min_length:
            extracts.append(current_chunk.strip())

    return extracts
```

6 추출된 텍스트 청크에서 지시문-답변 쌍을 생성한다. 지시문-답변 쌍을 효율적으로 관리하기 위해 InstructionAnswerSet 클래스를 도입한다. 이 클래스는 JSON 문자열로부터 인스턴스를 직접 생성해 OpenAI API의 출력을 파싱할 때 유용하다.

```python
class InstructionAnswerSet:
    def __init__(self, pairs: List[Tuple[str, str]]):
        self.pairs = pairs
```

```
    @classmethod
    def from_json(cls, json_str: str) -> 'InstructionAnswerSet':
        data = json.loads(json_str)
        pairs = [(pair['instruction'], pair['answer']) for pair in
data['instruction_answer_pairs']]
        return cls(pairs)

    def __iter__(self):
        return iter(self.pairs)
```

7 이제 적절한 길이로 추출한 기사를 LLM을 활용해 지시문-답변 쌍으로 변환할 수 있다. 이 단계는 특정 모델에 의존하지 않고 오픈 소스나 상용 모델을 모두 활용할 수 있다. 제공된 문맥에 기반하여 출력이 생성되므로 복잡한 추론이나 고성능 모델이 필요하지 않다.

편의를 위해 이 예제에서는 GPT-4o-mini를 사용한다. 이 모델을 선택한 이유는 낮은 비용과 우수한 성능 때문이다. 이 데이터 변환 단계에서 가장 중요한 요소는 프롬프트 엔지니어링이며, 기대하는 출력을 얻기 위해 반복이 여러 번 필요하다. 간단한 프롬프트로 시작하고 정확성을 높이거나 스타일을 수정하거나 여러 응답을 출력해야 할 경우 점진적으로 복잡성을 추가하는 것을 권장한다.

예제에서는 'X 주제에 대해 한 단락을 작성하세요'와 같은 지시문을 만들고, 사실에 기반하며 작성자의 문체를 모방한 답변을 생성하고자 한다. 이를 구현하기 위해 모델의 응답을 뒷받침할 추출된 텍스트를 제공해야 한다. 효율성을 위해 각 추출물당 5개의 지시문-답변 쌍을 생성하도록 한다. 아래는 지시문 생성 함수의 시작 부분과 프롬프트를 포함한 코드이다.

```
def generate_instruction_answer_pairs(
    extract: str, client: OpenAI
) -> List[Tuple[str, str]]:
    prompt = f"""Based on the following extract, generate five
instruction-answer pairs. Each instruction \
must ask to write about a specific topic contained in the context.
Each answer \
must provide a relevant paragraph based on the information found in
the \
context. Only use concepts from the context to generate the
instructions. \
Instructions must never explicitly mention a context, a system, a
course, or an extract. \
Instructions must be self-contained and general. \
Answers must imitate the writing style of the context. \
Example instruction: Explain the concept of an LLM Twin. \
Example answer: An LLM Twin is essentially an AI character that
mimics your writing style, personality, and voice. \
It's designed to write just like you by incorporating these elements
```

```
    into a language model. \
    The idea is to create a digital replica of your writing habits using
    advanced AI techniques. \
    Provide your response in JSON format with the following structure:
    {{
        "instruction_answer_pairs": [
            {{"instruction": "...", "answer": "..."}},
            ...
        ]
    }}
    Extract:
    {extract}
    """

        # Generate response from OpenAI client
        response = client.generate(prompt)

        # Parse the JSON response to extract instruction-answer pairs
        data = json.loads(response)
        pairs = [
            (pair["instruction"], pair["answer"])
            for pair in data["instruction_answer_pairs"]
        ]
        return pairs
```

8 사용자 프롬프트 외에도, 시스템 프롬프트를 지정해 모델이 기대하는 지시문을 생성하도록 유도할 수 있다. 시스템 프롬프트에는 상위 수준의 작업을 반복해 명시한다.

시스템 프롬프트와 사용자 프롬프트를 결합해 OpenAI API에 입력하며 GPT-4o-mini 모델을 JSON 모드로 사용하고 답변의 최대 토큰 수를 1,200으로 설정한다. 또한 다양한 응답을 생성하도록 표준 온도 값인 0.7을 사용한다. 생성된 텍스트는 InstructionAnswerSet 클래스를 사용해 직접 파싱하고 지시문-답변 쌍을 반환한다.

```
completion = client.chat.completions.create(
    model="gpt-4o-mini",
    messages=[
        {
            "role": "system",
            "content": "You are a helpful assistant who generates instruction-answer pairs based on the given context. Provide your response in JSON format.",
        },
        {
            "role": "user",
            "content": prompt,
```

```
        },
    ],
    response_format={"type": "json_object"},
    max_tokens=1200,
    temperature=0.7,
)

# 구조화된 출력 파싱
result = InstructionAnswerSet.from_json(completion.choices[0].message.content)

# 튜플 리스트로 변환
return result.pairs
```

9 주요 함수를 생성해 프로세스를 자동화한다. 이 함수는 입력 데이터셋에서 서브스트링을 추출한 후 파이썬의 ThreadPoolExecutor를 사용한 동시 처리를 통해 각 추출된 서브스트링에 대해 효율적으로 지시문-답변 쌍을 생성한다.

기본 max_workers 값을 4로 설정한다. 이는 더 높은 값을 사용할 경우 오픈AI의 속도 제한을 초과해 API 요청 실패나 제한이 발생할 가능성이 있기 때문이다.

```
def create_instruction_dataset(
    dataset: Dataset, client: OpenAI, num_workers: int = 4
) -> Dataset:
    extracts = extract_substrings(dataset)
    instruction_answer_pairs = []
    with concurrent.futures.ThreadPoolExecutor(max_workers=num_workers) as executor:
        futures = [
            executor.submit(generate_instruction_answer_pairs, extract, client)
            for extract in extracts
        ]
        for future in tqdm(concurrent.futures.as_completed(futures), total=len(futures)):
            instruction_answer_pairs.extend(future.result())
    instructions, answers = zip(*instruction_answer_pairs)
    return Dataset.from_dict(
        {"instruction": list(instructions), "output": list(answers)}
    )
```

10 이 함수를 호출해 지시문 데이터셋을 생성할 수 있다. 이를 GPT-4o-mini를 사용해 원시 데이터에 실행하면 비용이 0.5달러 미만으로 든다.

11 이제 전체 파이프라인을 조율하는 주요 함수를 생성할 수 있다. 이 함수는 원시 데이터를 로드하고 지시문 데이터셋을 생성하며, 이를 학습용과 테스트용 세트로 분리한 뒤 결과를 허깅 페이스 허브에 업로드한다.

```
def main(dataset_id: str) -> Dataset:
    client = OpenAI()

    # 1. 원시 데이터 로드
    raw_dataset = load_articles_from_json("cleaned_documents.json")
    print("Raw dataset:")
    print(raw_dataset.to_pandas())

    # 2. 지시문 데이터셋 생성
    instruction_dataset = create_instruction_dataset(raw_dataset, client)
    print("Instruction dataset:")
    print(instruction_dataset.to_pandas())

    # 3. 학습/테스트 데이터 분할 및 내보내기
    filtered_dataset = instruction_dataset.train_test_split(test_size=0.1)
    filtered_dataset.push_to_hub("mlabonne/LLM Twin")

    return filtered_dataset

Dataset({
    features: ['instruction', 'output'],
    num_rows: 3335
})
```

이 과정으로부터 3,335쌍의 데이터를 얻었다. 해당 데이터셋은 https://huggingface.co/datasets/mlabonne/llmtwin에서 확인할 수 있다. 허깅 페이스 허브는 [그림 5-7]처럼 지시문-답변을 탐색하며 샘플에 명백한 오류가 없는지 확인할 수 있는 편리한 데이터셋 뷰어를 제공한다. 데이터셋의 크기가 작아서 종합적인 탐색이나 주제 클러스터링은 필요하지 않다.

5.1절에서 살펴본 것처럼 데이터 샘플의 다양성과 복잡성을 높여 이 지시문 데이터셋을 개선할 수 있다. 더 발전된 프롬프트 엔지니어링을 활용하면, 예를 들어 기대하는 결과의 예시를 제공하는 등의 방법을 사용하면 생성 데이터의 품질을 높일 수 있으며, 개별 검토를 통한 저품질 샘플 필터링으로도 품질을 관리할 수 있다. 다만 이 지시문 데이터셋에서는 간결성과 단순성을 위해 기본적인 접근법을 유지하고, 더 발전된 방법론은 6장에서 선호도 데이터셋을 생성할 때 다룬다. 이어서 SFT 기법과 관련된 개념을 소개한다.

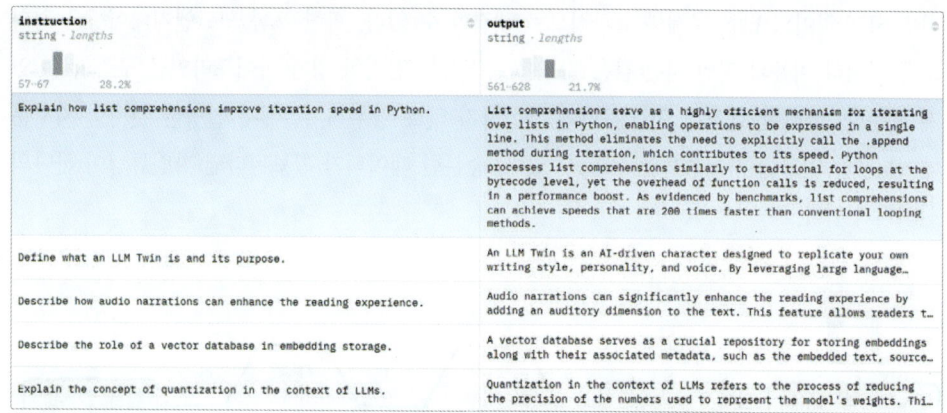

그림 5-7 mlabonne/LLM Twin 지시문 데이터셋(허깅 페이스 허브)

5.3 SFT 기법

SFT는 지시문-답변 쌍으로 구성된 소규모 데이터셋을 사용해 사전 학습된 모델을 다시 학습시키는 과정이다. SFT의 목표는 다음 토큰 예측만 수행할 수 있는 기본 모델을 질문에 답하고 지시문을 따를 수 있는 유용한 어시스턴트로 개선하는 것이다. 또한 SFT는 기본 모델의 전반적인 성능을 향상시키는 데 사용되거나(범용 SFT), 새로운 지식(예: 새로운 언어, 도메인 등)을 추가하고 특정 작업에 집중하거나 특정 문체나 어조를 적용하는 데 활용할 수 있다.

이 절에서는 파인튜닝을 언제 사용하는지에 대해 다루고, 저장 형식과 챗 템플릿과 관련된 개념을 살펴본다. 마지막으로 SFT를 구현하는 세 가지 주요 방법인 전체 파인튜닝, **저랭크 적응**low-rank adaptation (LoRA), **양자화 인식 저랭크 적응**quantization-aware low-rank adaptation (QLoRA)을 소개한다.

5.3.1 파인튜닝이 필요한 경우

대부분의 경우 모델을 직접 파인튜닝하기보다는 프롬프트 엔지니어링부터 시작하는 것을 권장한다. 프롬프트 엔지니어링은 공개된 가중치를 사용하는 모델이든, 폐쇄형 모델이든 모두 활용할 수 있다. 퓨-샷 프롬프팅이나 **검색 증강 생성**retrieval augmented generation (RAG) 같은 기법을 활용하면 SFT 없이도 많은 문제를 효과적으로 해결할 수 있다. 또한 프롬프트 엔지니어링은 정확도뿐 아니라 비용과 지연 시간 같은 지표를 측정하는 강력한 평가 파이프라인을 구축할 수 있게 해준다. 이러한 결과가 요구 사항에 부합하지 않을 경우 5.2절에서 설명한 것처럼 지시문 데이터셋을 만드는 가능성을 탐구할 수 있다. 충분한 데이터가 확보된다면 파인튜닝이 하나의 선택지가 된다.

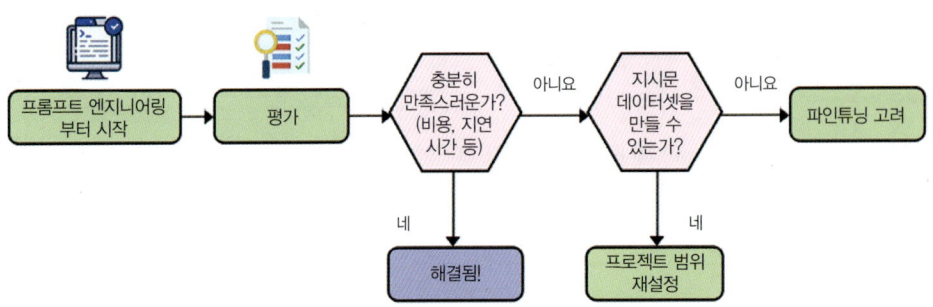

그림 5-8 파인튜닝이 기술적으로 적합한 선택인지 판단하는 흐름도

이러한 기술적 고려 사항 외에도, SFT는 데이터 파악과 고유한 커스텀 모델 개발이라는 일반적인 니즈를 충족한다. 단순히 챗봇 중심의 애플리케이션을 구축하는 대신, 파인튜닝을 통해 LLM과의 상호작용을 더욱 다양화할 수 있다. 이를 통해 도구 분석, 콘텐츠 조정, 추가적인 문맥 제공과 같은 다양한 활용이 가능해진다.

이 책에서는 공개된 가중치 모델을 주로 다루지만, 여러 LLM 서비스 업체들이 자동화된 파인튜닝 설루션을 제공하고 있다. 이러한 서비스는 직접 파인튜닝 파이프라인을 구축하고 관리하는 것에 비해 제어와 커스터마이징 수준이 다소 제한적이다. 그러나 머신러닝 엔지니어링 인력이 부족한 경우와 같은 특정 상황에서는 실용적인 대안이 될 수 있다.

이와 같은 장점들이 있음에도 파인튜닝은 여전히 한계를 지닌다. 일반적으로 SFT는 기본 모델의 가중치에 내재된 기존 지식을 활용하며, 특정 목적에 맞게 파라미터를 재조정한다는 점이 알려져 있다. 이는 여러 가지 시사점을 가진다. 우선 사전 학습 데이터셋에서 학습된 내용과 지나치게 동떨어진 지식(예: 알려지지 않았거나 희귀한 언어)은 효과적으로 학습하기 어려울 수 있다.

한 연구에 따르면, 새로운 지식을 학습하기 위한 파인튜닝 과정에서 오히려 환각 현상의 발생 빈도가 증가할 수 있는 것으로 나타났다. 또한 사용하는 SFT 기법에 따라서는 기존 모델이 보유하고 있던 지식이 소실될 위험도 존재하는데, 이는 '치명적 망각catastrophic forgetting'이라 불리는 잘 알려진 문제이다.

5.3.2 지시문 데이터셋 형식

지시문 데이터셋은 지시문-답변을 체계적으로 구성하기 위해 특정 형식으로 저장된다. 일반적으로 데이터셋의 각 샘플은 파이썬 딕셔너리로 표현된다. 키^{key}는 system, instruction, output과 같은 프롬프트 유형이고, 값^{value}은 실제 텍스트에 해당한다. 가장 표준적인 형식으로는 알파카, ShareGPT, 오픈AI가 있으며, 아래 표는 이들 데이터 형식의 일반적인 구성을 보여준다.

표 5-5 지시문 데이터 저장 형식 예시

종류	JSON 포맷
알파카	{"instruction": "...", "input": "...", "output": "..."} {"instruction": "...", "output": "..."}
ShareGPT	{"conversations": [{"from": "...", "value": "..."}, ...]}
오픈AI	{"conversations": [{"role": "...", "content": "..."}, ...]}
OASST	{"INSTRUCTION": "...", "RESPONSE": "..."}
원시 텍스트	{"text": "..."}

알파카 형식에서 'input' 필드는 선택 사항이다. 'input' 필드가 존재하는 경우, 'instruction' 필드 뒤에 'input'이 추가된다. 또한 SFT가 사전 학습과 본질적으로 다르지 않음을 보여주기 위해 'raw text' 데이터 형식을 추가했다. 모델을 원시 텍스트$^{raw\ text}$로 다시 학습시키는 것을 선택한다면 이는 일반적으로 '지속적 사전 학습$^{continual\ pre\text{-}training}$'이라 불리는 파인튜닝의 한 유형이다.

5.2절에서 생성한 데이터셋은 'instruction'과 'output'의 열로 구성되어 있으며, 이는 알파카 형식에 해당한다. 알파카 형식은 싱글턴$^{single\text{-}turn}$ 지시문-답변에 충분하며, 하나의 지시문과 하나의 답변으로 제한된다. 대화를 처리할 때(여러 지시문-답변이 있는 경우) ShareGPT나 오픈AI와 같은 형식이 더 적합하다. 이러한 형식은 각 메시지를 리스트 안의 딕셔너리로 저장해 각 샘플에서 임의로 긴 대화를 표현할 수 있다.

싱글턴 대화와 멀티턴 대화의 선택은 데이터 저장 방식에 직접적으로 영향을 미치며, 최종 사용 사례에 따라 결정된다.

5.3.3 챗 템플릿

데이터셋 형식에서 지시문-답변 쌍을 추출한 후 이를 **챗 템플릿**chat template으로 구조화한다. 챗 템플릿은 모델에 지시문- 답변을 제시하는 통일된 방식을 제공한다.

일반적으로 챗 템플릿에는 메시지의 시작과 끝을 표시하거나 메시지 작성자를 식별하기 위한 특수 토큰이 포함된다. 기본 모델은 지시문을 따르도록 설계되지 않아서 기본적으로 챗 템플릿이 없다. 따라서 기본 모델을 파인튜닝할 때는 원하는 템플릿을 자유롭게 선택할 수 있다. 하지만 지시문 모델instruct model을 파인튜닝하려면(권장하지 않음), 동일한 템플릿을 사용해야 한다. 그렇지 않으면 성능이 저하될 수 있다.

지시문 데이터셋 형식과 마찬가지로 챗 템플릿도 다양하다. 대표적인 예로는 ChatML, 라마 3, 미스트랄 등이 있다. 오픈 소스 커뮤니티에서는 오픈AI에서 처음 선보인 ChatML 템플릿이 널리 사용된다. 이 템플릿은 <|im_start|>와 <|im_end|>의 특수 토큰을 추가해 발화자를 표시한다. 예를 들어 [표 5-1]에 제시된 지시문-답변 쌍에 ChatML 템플릿을 적용했을 때의 결과는 다음과 같다.

표 5-6 ChatML 챗 템플릿이 적용된 [표 5-1]의 예시

> <|im_start|>시스템(system)
> 당신은 설명을 잘 해주는 친절한 어시스턴트입니다. 다섯 살 아이에게 말하듯 쉽게 설명해주세요.<|im_end|>
> <|im_start|>사용자(user)
> 제시어: 건물, 가게, 마을
> 이 모든 단어를 포함하는 문장을 작성해주세요.<|im_end|>
> <|im_start|>어시스턴트(assistant)
> 우리 작은 마을에는 사람들이 좋아하는 장난감 가게와 사탕가게가 한 건물 안에 있어요.<|im_end|>

보시다시피 시스템(**system**), 사용자(**user**), 어시스턴트(**assistant**)의 세 영역으로 구분되어 있다. 각 부분은 <|im_start|> 토큰으로 시작하고 <|im_end|> 토큰으로 끝난다. 현재 발화자는 특수 토큰 대신 '**system**'과 같은 문자열로 식별된다. 이 문자열 자체가 토큰화되어 파

인튜닝 과정에서 모델의 입력값으로 사용된다.

그러나 추론 단계에서는 예상 답변을 제공할 수 없다. 이런 경우 [그림 5-6]처럼 시스템(system)과 사용자(user) 부분을 제공하고 <|im_start|>assistant\n을 추가해 모델이 답변하도록 프롬프트를 제공한다.

모델이 이 템플릿으로 파인튜닝되므로 사용자 지시문과 관련된 답변을 생성하는 방법을 학습하게 된. 이를 통해 모델은 주어진 지시문을 효과적으로 수행할 수 있는 능력을 갖추게 된다.

챗 템플릿에서는 공백이나 줄 바꿈 하나까지도 매우 중요하다. 단 하나의 문자를 추가하거나 삭제하는 것만으로도 토큰화 오류가 발생해 모델 성능이 저하될 수 있다. 이러한 이유로 **Transformers** 라이브러리에서 구현된 Jinja와 같은 신뢰할 수 있는 템플릿을 사용하는 것을 권장한다. [표 5-7]은 이러한 템플릿의 몇 가지 예시를 보여준다. 여기에는 지시문 데이터셋 형식이자 챗 템플릿인 알파카도 포함되어 있다.

표 5-7 일반적인 챗 템플릿 예시

종류	Jinja 템플릿
알파카	### Instruction: What is the capital of France? ### Response: The capital of France is Paris.\<EOS\>
ChatML	<|im_start|>user What is the capital of France?<|im_end|> <|im_start|>assistant The capital of France is Paris.<|im_end|>
라마 3	<|begin_of_text|><|start_header_id|>user<|end_header_id|> What is the capital of France?<|eot_id|><|start_header_id|>assistant<|end_header_id|> The capital of France is Paris.<|eot_id|>
Phi-3	<|user|> What is the capital of France?<|end|> <|assistant|> The capital of France is Paris.<|end|>

종류	Jinja 템플릿

젬마	`<bos><start_of_turn>user`
	`What is the capital of France?<end_of_turn>`
	`<start_of_turn>model`
	`The capital of France is Paris.<end_of_turn>`

Jinja는 반복문과 조건문을 구현해 동일한 템플릿을 학습과 추론 모두에 사용할 수 있도록 한다(**add_generation_prompt** 기능 추가).

5.3.4 파라미터 효율적인 파인튜닝 기법

최근 연구에는 다양한 파인튜닝 기법이 존재하지만, SFT는 주로 세 가지 주요 기법인 전체 파인튜닝, LoRA, QLoRA로 정리된다. 각 기법을 개별적으로 소개하고 사용 사례에 따라 이들의 장·단점을 살펴보자.

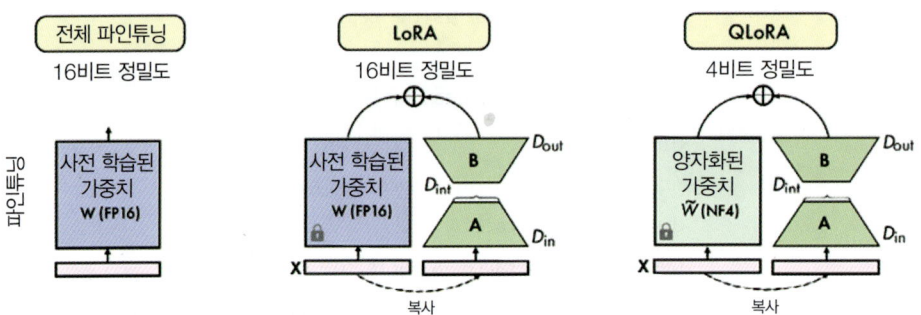

그림 5-9 세 가지 주요 SFT 기법의 구조적 차이

전체 파인튜닝

전체 파인튜닝full fine-tuning은 가장 단순한 SFT 기법으로, 기본 모델의 모든 파라미터를 다시 학습시키는 것을 의미한다. 사전 학습과 마찬가지로 SFT에서도 다음 토큰 예측을 학습 목표로 사용한다. 즉, 지속적 사전 학습과 전체 파인튜닝의 주요 차이는 앞서 논의한 데이터셋의 구조에 있다고 볼 수 있다. 이 방법은 종종 최고의 결과를 제공하지만, 상당한 계산 자원이 필요하다. 메모리 사용량은 모델 크기, 학습 기법, 최적화 방법 등 여러 요인에 따라 달라진다. 가장 단순한 형태로, 단일 GPU 환경에서 필요한 메모리는 다음 공식으로 추정할 수 있다.

$$메모리 = 파라미터 + 그레이디언트 + 옵티마이저\ 상태 + 활성화값$$

32비트 부동소수점 32-bit floating point (fp32) 정밀도를 사용하는 기본 설정에서는 다음과 같이 메모리 비용을 추정할 수 있다.

- **파라미터**: 신경망 내에서 학습 가능한 가중치와 편향을 의미한다. LLM에서는 주로 어텐션 메커니즘, 피드포워드 계층, 임베딩 계층의 가중치를 포함한다.

  비용: FP32: 4바이트/파라미터 (FP32) 혹은 2바이트/파라미터 (FP16/BF16)

- **그레이디언트**: 손실 함수의 각 모델 파라미터에 대한 편미분값으로, 손실을 최소화하기 위해 각 파라미터를 얼마나 조정해야 하는지 나타낸다. 학습 과정에서 역전파 backpropagation 를 통해 각 파라미터의 그레이디언트를 계산한다. 이를 사용해 모델 파라미터를 업데이트한다.

  비용: 4바이트/파라미터

- **옵티마이저 상태**: 옵티마이저(예: Adam, AdamW)에서 유지되는 추가 값들로, 각 파라미터에 대한 이전 그레이디언트와 이전 제곱 그레이디언트의 이동 평균을 포함한다. 이러한 값은 각 파라미터에 적응적인 학습률을 제공하고 손실 함수의 경사를 효과적으로 탐색하도록 돕는다. 예를 들어 Adam 옵티마이저는 파라미터당 두 개의 추가 값(모멘텀과 분산)을 유지한다.

  비용: Adam 옵티마이저의 경우 8바이트/파라미터

- **활성화값**: 활성화값은 순전파 과정에서 신경망 각 계층의 중간 출력값을 의미한다. 트랜스포머 기반 모델에서는 주로 어텐션 메커니즘, 피드포워드 계층, 정규화 계층의 출력값을 포함한다. 활성화값은 역전파 과정에서 그레이디언트를 계산하기 위해 순전파 동안 메모리에 유지되어야 한다. 다만, 활성화 점검 activation checkpointing 같은 기법을 사용하면 메모리 사용량을 줄일 수 있다.

  비용: 가변적이지만, 배치 크기가 작은 경우에는 종종 무시할 수 있을 정도로 적다.

이를 통해 파라미터당 기본적으로 16바이트의 메모리가 필요함을 알 수 있다. 이를 기준으로 계산하면, 70억(7B) 파라미터 모델은 약 112GB의 VRAM이 필요하며, 700억(70B) 파라미터 모델은 약 1,120GB의 VRAM이 필요하다. 그러나 이는 활성화값, 임시 버퍼, 다양한 학습 기법에서 발생하는 오버헤드 등을 고려하지 않아서 종종 과소 추정된 값이다.

LLM 파인튜닝 시 메모리 사용량을 줄이기 위해 여러 기술을 활용할 수 있다. 모델 병렬 처리는 작업을 여러 GPU에 분산해 처리하지만, 약간의 추가 오버헤드가 발생한다. 그레이디언트 누적은 메모리가 비례적으로 증가하지 않으면서도 더 큰 효과적인 배치 크기를 가능하게 한다. 8-bit Adam과 같은 메모리 효율적인 옵티마이저는 옵티마이저 상태의 메모리 사용량을 줄인다. 활성화 점검은 특정 활성화를 다시 계산함으로써 메모리 대신 계산량을 증가시키는 방식을 사용한다. 이러한 기술들을 결합하면 메모리 사용량을 크게 줄일 수 있다. 예를 들어, 혼합 정밀도와 모델 병렬 처리를 함께 사용하면 매개변수당 약 14~15바이트로 메모리 비용을 줄일 수 있다. 이는 16바이트의 기준치보다 낮은 수준이다. 하지만 이러한 최적화를 적용하더라도 대규모 모델의 메모리 요구량은 여전히 상당히 크다.

또한 전체 파인튜닝은 사전 학습된 가중치를 직접 수정하므로 본질적으로 파괴적인 특성을 가진다. 학습이 기대대로 이루어지지 않을 경우 이전에 학습된 지식과 능력이 사라질 수 있다. 이를 '치명적 망각catastrophic forgetting'이라 한다. 이 현상은 지속적 사전 학습에서도 발생할 수 있으며, 이러한 기법을 사용하는 데 있어 어려움을 증가시키는 원인이 된다. 이처럼 추가적인 복잡성과 높은 계산 요구 사항 때문에, 작업 및 도메인 특화 모델을 만들기 위해 전체 파인튜닝보다 파라미터 효율적인 기법이 더 선호되는 경우가 많다.

LoRA

LoRA는 LLM을 파인튜닝하기 위해 설계된 파라미터 효율적인 기법 중 하나다. 거대한 신경망을 조정하는 데 따르는 복잡한 연산 문제를 해결하기 위해 개발된 LoRA는, LLM 파인튜닝 분야에서 빠르게 핵심 기술로 자리 잡았다.

LoRA의 주요 목적은 LLM을 파인튜닝할 때 필요한 계산 자원을 크게 절감하는 것이다. 이를 위해 학습 가능한 저차원의 저랭크 행렬을 도입해, 모델의 원래 파라미터를 변경하지 않고도 모델의 동작을 조정한다. LoRA의 장점은 다음과 같다.

- 학습 중 메모리 사용량 대폭 감소
- 더 빠른 파인튜닝 과정
- 사전 학습된 모델 가중치 보존 (비파괴적 방식)
- LoRA 가중치를 교체해 작업 간 효율적으로 전환 가능

이러한 장점으로 LoRA는 컴퓨팅 자원이 제한된 연구자와 개발자들 사이에서 큰 주목을 받게 되었고, LLM 파인튜닝을 대중화하는 데 중요한 역할을 하고 있다.

LoRA는 기본적으로 저랭크 분해 기법을 활용해 모델 가중치를 효율적으로 업데이트한다. 원래의 가중치 행렬 W를 직접 수정하는 대신, LoRA는 더 작은 행렬 A와 B를 도입해 W에 저랭크 업데이트를 적용한다.

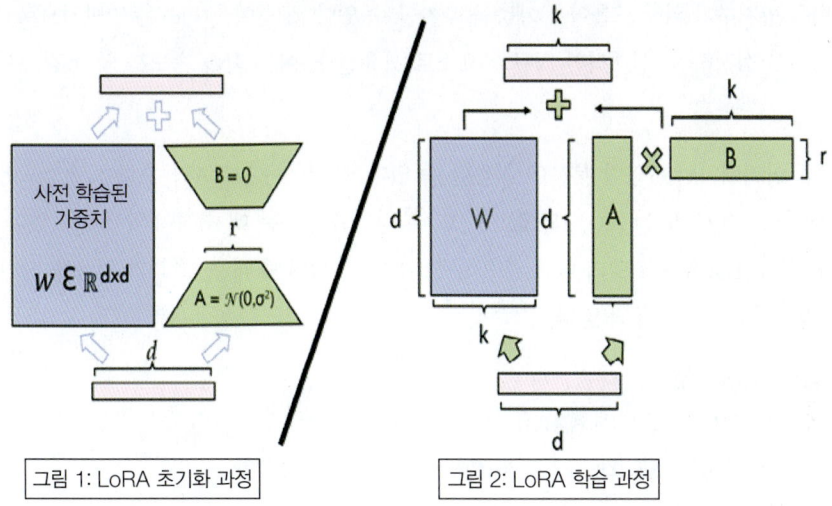

| 그림 1: LoRA 초기화 과정 | 그림 2: LoRA 학습 과정 |

그림 5-10 LoRA는 학습 가능한 행렬 A와 B를 추가하고, 사전 학습된 가중치 W는 고정된 상태로 유지

수학적으로 표현하면 다음과 같다.

$$W' = W + BA$$

여기서 W는 원래의 가중치 행렬이고, B와 A는 LoRA 행렬이며, W'는 추론 시 사용되는 유효 가중치 행렬이다.

행렬 A와 B의 차원은 두 행렬의 곱이 W와 동일한 형태를 가지도록 설정하지만, 훨씬 낮은 랭크를 가지도록 한다. 이 랭크는 일반적으로 r로 표시되며, LoRA에서 중요한 하이퍼파라미터이다. 학습 중에는 원래의 가중치 W는 고정되고, A와 B만 업데이트된다. 이 접근법은 학습 가능한 파라미터 수를 크게 줄여 메모리를 절약하고 학습 시간을 단축한다.

LoRA를 효과적으로 구현하려면 적절한 하이퍼파라미터와 타겟 모듈을 선택해야 한다. LoRA에는 두 가지 하이퍼파라미터가 있다.

- 랭크(r): LoRA 행렬의 크기를 결정한다. 일반적인 시작점은 작은 r 값이지만 경우에 따라 256까지의 값도 좋은 결과를 보인 사례가 있다. 랭크가 높을수록 더 다양한 작업을 수행할 수 있으나 과적합이 발생할 위험이 있다.
- 알파(α): LoRA 업데이트에 적용되는 스케일링 계수이다. 실제로는 고정된 가중치 W에 α만큼의 계수를 곱해 업데이트한다. LoRA 업데이트에서는 일반적으로 α를 r의 2배로 설정해 스케일링 계수 2를 적용하는 방식이 널리 사용된다. 과적합이나 과소적합이 발생할 경우 다양한 비율을 실험해볼 수 있다.

또한 과적합을 방지하기 위해 드롭아웃 계층을 추가할 수 있다. 드롭아웃 비율은 일반적으로 0에서 0.1 사이로 설정하며, 선택적인 정규화 요소로 사용된다. 이는 학습 속도를 약간 감소시킬 수 있다.

LoRA는 모델 아키텍처의 다양한 부분에 적용할 수 있다. 초기에는 LoRA가 주로 트랜스포머의 어텐션 메커니즘에서 **쿼리**^{query}(Q)와 **값**^{value}(V) 행렬을 수정하는 데 초점이 맞춰져 있었다. 그러나 실험 결과, LoRA를 모델의 다른 주요 구성 요소에 확장했을때 큰 효과가 있음을 확인했다. 확장 적용된 대상은 다음과 같다.

- 어텐션 계층의 키(K) 행렬
- 어텐션 메커니즘에서 출력 프로젝션 계층(O)
- 어텐션 계층 사이의 피드포워드 또는 다층 퍼셉트론$^{multi-layer\ perceptron}$(MLP) 블록
- 선형 출력 계층

그러나 LoRA가 적용된 모듈의 수를 늘리면 학습 가능한 파라미터 수와 이에 따른 메모리 요구량도 증가한다는 점을 유의해야 한다.

LoRA를 사용하면 특정 설정에 따라 VRAM 14-18GB만으로도 단일 GPU에서 70억 개 파라미터 모델을 파인튜닝할 수 있다. 이는 전체 파인튜닝에 비해 큰 폭으로 감소한 것으로, 일반적으로 전체 파인튜닝은 여러 대의 고급 GPU를 필요로 한다. 학습 가능한 파라미터 수 측면에서도 LoRA는 전체 파인튜닝에 비해 크게 줄어든다. 예를 들어, 모든 모듈에 랭크 16을 적용하더라도 라마 380억 개 파라미터 모델에서 LoRA 학습 가능한 파라미터는 4200만 개에 불과하며, 이는 모델 파라미터의 0.5196%에 해당한다.

품질 측면에서 LoRA는 전체 파인튜닝과 비슷하거나 때로는 더 나은 결과를 달성할 수 있다. 서로 다른 작업이나 도메인에 대해 여러 세트의 LoRA 가중치를 결합할 수 있어 재학습 없이 유연한 배포와 작업 전환이 가능하다. LoRAX와 같은 프로젝트는 다중 LoRA 서비스를 전문적으로 다루고 있다. 또한 허깅 페이스의 TGI$^{text\ generation\ inference}$와 NIM$^{nvidia\ inference\ microservices}$에서도 이러한 기능을 지원한다.

QLoRA

Dettmers 연구 팀이 제안한 QLoRA는 LLM 파인튜닝의 높은 계산 비용 문제를 해결하는 방법이다. 양자화 기술과 LoRA를 결합해 QLoRA는 비교적 작은 GPU에서도 모델을 파인튜닝

할 수 있도록 한다.

QLoRA의 핵심 접근법은 기본 모델 파라미터를 4비트 커스텀 NormalFloat(NF4) 데이터 타입으로 양자화해서 메모리 사용량을 크게 줄이는 것이다. LoRA와 마찬가지로, 파인튜닝 시 모든 모델 파라미터를 업데이트하는 대신 QLoRA는 모델의 특정 계층에 작은 학습 가능한 저랭크 행렬(어댑터)을 도입한다. 학습 중에는 이 어댑터들만 업데이트되며, 원래의 모델 가중치는 변경되지 않는다. 메모리 사용량을 추가로 줄이기 위해 QLoRA는 양자화 상수 자체를 양자화하는 이중 양자화를 사용한다. 또한 엔비디아의 통합 메모리 기능을 활용해 학습 중 메모리 급증을 관리하기 위해 페이지드 옵티마이저Paged Optimizers를 사용한다.

QLoRA는 LoRA에 비해 GPU 메모리 사용량을 크게 절감하며, 최대 75%까지 메모리 사용량을 줄인다. 예를 들어, 70억 파라미터 모델의 경우 QLoRA는 초기화 시 최대 메모리 사용량을 14GB에서 9.1GB로 줄여 35%를 절감한다. 파인튜닝 중에는 LoRA의 15.6GB에서 QLoRA의 9.3GB로 메모리 사용량이 40% 감소한다. 그러나 이러한 메모리 효율성은 학습 시간이 증가하는 대가를 수반하며, QLoRA는 LoRA보다 약 30% 느리다. 모델 성능 측면에서는 QLoRA와 LoRA의 차이가 미미하다.

요약하면, QLoRA는 매우 큰 모델을 다루거나 GPU 메모리가 제한된 하드웨어처럼 메모리 제약이 주요 고려 사항일 때 특히 유용하다. 그러나 학습 속도가 중요하고 충분한 메모리가 확보된 경우에는 LoRA가 더 적합한 선택일 수 있다.

QLoRA와 LoRA 중 어떤 것을 선택할지는 프로젝트의 구체적인 요구 사항, 사용 가능한 하드웨어, 메모리 사용량, 학습 속도, 모델 성능 간의 균형을 어떻게 맞출 것인지에 따라 결정해야 한다.

5.3.5 학습 파라미터

LLM을 파인튜닝할 때 여러 하이퍼파라미터가 학습 과정을 이끌며, 모델의 수렴, 일반화 및 전반적인 효과에 큰 영향을 미친다.

학습률과 스케줄러

가장 중요한 하이퍼파라미터인 학습률은 학습 과정에서 모델의 파라미터가 얼마나 업데이트될지를 결정한다. 일반적으로 1e-6과 같은 매우 작은 값에서 1e-3과 같은 큰 값까지 범위가 설정된다. 트랜스포머 모델의 경우 보통 1e-5 정도가 일반적인 시작점이다. 학습률이 너무 낮으면 학습이 느리게 진행되고 최적이 아닌 솔루션에 갇힐 수 있다. 반대로 학습률이 너무 높으면 학습이 불안정해지거나 발산해 성능이 저하될 수 있다. 최적의 학습률을 찾기 위해서는 여러 값을 실험해보는 것이 가장 효과적인 방법이다.

학습률 스케줄러는 학습 과정 전반에 걸쳐 학습률을 조정한다. 초기에는 더 높은 학습률로 빠른 초기 진행을 가능하게 하고, 이후 단계에서는 학습률을 점진적으로 낮춰 모델을 더 정밀하게 파인튜닝한다. 가장 일반적인 두 가지 스케줄러는 선형 스케줄러와 코사인 스케줄러이다. 선형 스케줄러는 학습률을 일정하게 감소시키고 코사인 스케줄러는 코사인 곡선을 따라 초기에는 천천히 감소하다가 학습 후반부에 더 빠르게 감소한다. 예를 들어, 학습률을 3e-4로 시작해 학습 과정에서 1e-7까지 줄일 수 있다. 구체적인 값과 감소 스케줄은 모델과 데이터셋에 따라 다르지만, 흔히 사용하는 접근법은 워밍업 기간(예: 전체 스텝의 5%) 동안 학습률을 0에서 초기 값까지 증가시키고, 나머지 95%의 스텝 동안 감소시키는 것이다. 이 방법은 초기 학습을 안정화하고 모델이 수렴하면서 더 정밀한 업데이트를 가능하게 한다. 일반적으로 선형 스케줄러와 코사인 스케줄러는 비슷한 수준의 성능을 제공한다.

배치 크기

배치 크기는 모델의 가중치가 업데이트되기 전에 처리되는 데이터 샘플의 수를 결정한다. LLM 파인튜닝에서 일반적인 배치 크기는 1에서 32 사이이며, 주로 1, 2, 4, 8, 16과 같은 값이 사용된다. 배치 크기가 크면 일반적으로 더 안정적인 그레이디언트 추정을 가능하게 한다. 그리고 전체 데이터셋의 실제 그레이디언트에 대한 더 나은 근사치를 제공하기 때문에 학습 속도를 향상시킬 수 있다.

다만 배치 크기가 커질수록 더 많은 메모리가 필요해 VRAM이 제한된 GPU에서는 한계로 작용할 수 있다. 예를 들어, 배치 크기 16은 24GB 메모리를 가진 고급 GPU에서는 잘 동작할 수 있지만, 8GB 메모리를 가진 소형 GPU에서는 배치 크기 2나 4 정도만 처리할 수 있다.

메모리 제약을 극복하면서도 더 큰 배치 크기의 이점을 활용하기 위해 그레이디언트 누적$^{gradient\ accumulation}$이라는 기법을 사용할 수 있다. 이 방법은 더 작은 미니배치로 여러 번의 순방향 및 역방향 계산을 수행한 후, 이러한 단계에서 그레이디언트를 누적해 모델 파라미터를 한 번 업데이트하는 방식으로 작동한다. 이 접근법은 큰 모델이나 제한된 GPU 메모리를 사용할 때 특히 유용하다. 예를 들어, 효과적인 배치 크기를 32로 설정하고 싶지만 GPU가 한 번에 8개의 샘플만 처리할 수 있다면, 그레이디언트 누적 단계를 4로 설정할 수 있다. 이는 8개의 샘플로 이루어진 4개의 미니배치를 처리하면서 그레이디언트를 누적하고, 32개의 샘플을 한 번에 처리한 것처럼 모델을 업데이트하는 것을 의미한다.

그레이디언트 누적 단계 수는 일반적으로 1(누적 없음)에서 8 또는 16 사이로 설정된다. 이는 원하는 효과적인 배치 크기와 사용 가능한 계산 자원에 따라 달라진다. 단계 수를 선택할 때는 학습 속도와 메모리 사용량 간의 트레이드오프를 고려해야 한다. 누적 단계를 늘리면 더 큰 효과적인 배치 크기를 사용할 수 있지만, 각 업데이트에 소요되는 시간이 증가한다. 효과적인 배치 크기를 계산하는 간단한 공식은 다음과 같다.

$$\text{효과적인 배치 크기} = \text{배치 크기} \times GPU \text{ 개수} \times \text{그레이디언트 누적 단계 수}$$

예를 들어, 2개의 GPU를 사용하고 각각 4개의 샘플로 구성된 배치를 처리하며, 그레이디언트 누적 단계가 4일 때 효과적인 배치 크기는 4 × 2 × 4 = 32 샘플이 된다.

최대 길이와 패킹

최대 시퀀스 길이는 모델이 처리할 수 있는 가장 긴 입력의 길이를 결정한다. 일반적으로 512에서 4,096 토큰 사이로 설정되지만, 작업의 특성과 사용 가능한 GPU 메모리에 따라 128,000 토큰 이상으로 설정될 수도 있다. 예를 들어, 언어 생성 작업에서는 최대 길이를 2,048 토큰으로 설정하는 것이 일반적이며, RAG 응용에서는 8,192 토큰 또는 그 이상을 사용할 수 있다. 입력 데이터를 처리할 때 시퀀스가 이 한도를 초과하면 초과된 토큰은 잘리게 된다. 잘림^{truncation}은 시퀀스의 시작 부분(왼쪽 잘림)이나 끝부분(오른쪽 잘림)에서 발생할 수 있다. 예를 들어, 최대 길이가 1,024 토큰으로 설정된 경우 1,500 토큰의 입력 중 476 토큰이 제거된다. 이 파라미터는 배치 크기와 메모리 사용량에 직접적인 영향을 미친다. 예를 들어, 배치 크기가 12이고 최대 길이가 1,024인 경우 총 12,288 토큰(12 × 1,024)이 포함되지만, 동일한 배치 크기에서 최대 길이가 512라면 총 6,144 토큰만 포함된다. GPU 성능과 학습 데이터의 특성을 고려해 이 파라미터를 조정함으로써 성능과 자원 활용을 최적화하는 것이 중요하다.

패킹은 각 학습 배치의 활용도를 극대화하는 기법이다. 배치당 하나의 샘플을 할당하는 대신,

여러 작은 샘플을 하나의 배치로 결합해 각 반복iteration에서 처리되는 데이터 양을 효과적으로 늘린다. 예를 들어, 최대 시퀀스 길이가 1,024 토큰이지만, 많은 샘플이 200~300 토큰에 불과한 경우 패킹을 통해 각 배치 슬롯에 3~4개의 샘플을 포함할 수 있다. 이러한 접근법은 짧은 시퀀스가 많은 데이터셋을 처리할 때 학습 효율을 크게 높일 수 있다. 그러나 패킹을 구현할 때는 모델의 어텐션이 패킹된 샘플 간에 교차하지 않도록 주의해야 한다. 이를 위해 일반적으로 어텐션 마스크를 사용해 모델이 동일한 패킹된 시퀀스 내에서 다른 샘플의 토큰에 주의를 기울이지 않도록 한다.

에포크 수

에포크 수는 또 다른 중요한 파라미터로, 전체 학습 데이터셋을 완전히 통과하는 횟수를 나타낸다. LLM 파인튜닝에서는 일반적으로 1~10에포크 범위가 사용되며, 성공적인 학습 사례에서는 주로 2~5에포크를 사용한다. 최적의 에포크 수는 작업의 복잡성, 데이터셋 크기, 모델 아키텍처와 같은 요인에 따라 달라진다. 더 많은 에포크를 사용하면 모델이 학습을 더 정제할 수 있어 성능이 향상된다. 그러나 여기에 중요한 트레이드오프가 있다. 에포크 수가 너무 적으면 과소적합이 발생할 수 있고, 너무 많으면 과적합이 생길 수 있다. 예를 들어, 작은 데이터셋에 대규모 모델을 파인튜닝할 경우 1~3에포크만 필요할 수 있지만, 큰 데이터셋에 소형 모델을 파인튜닝하면 5~10에포크가 효과적일 수 있다. 학습 중 검증 성능을 모니터링하고 모델 성능이 정체되거나 저하되면 조기 종료early stop를 구현하는 것이 유용하다. 이러한 접근법은 최적의 에포크 수를 동적으로 결정하고 과적합을 방지하는 데 도움을 준다.

옵티마이저

옵티마이저optimizer는 손실 함수를 최소화하기 위해 모델의 파라미터를 조정한다. LLM 파인튜닝에서는 AdamW(가중치 감소를 포함한 적응적 모멘트 추정)를 특히 권장한다. 그중에서도 8비트 버전을 추천한다. AdamW 8비트는 32비트 버전과 유사한 성능을 제공하면서도 GPU 메모리 사용량을 줄일 수 있다(단, 학습 속도는 개선되지 않는다). AdamW는 적응형 학습률과 가중치 감소 정규화를 결합해 학습 안정성과 모델 성능을 향상시키는 경우가 많다.

메모리 제약이 심한 상황에서는 AdaFactor가 메모리 효율성을 위해 설계된 대안으로 사용될 수 있다. AdaFactor는 학습률을 명시적으로 조정하지 않아도 잘 작동하므로, 자원이 제한된 환경에서 특히 유용하다. 그러나 모든 경우에서 AdamW의 성능을 완전히 따라잡지는 못할 수 있다. 매우 큰 모델이나 제한된 GPU 메모리를 다루는 상황에서는 paged AdamW 8-bit 과 같은 페이지드 옵티마이저를 사용해 CPU RAM으로 데이터를 오프로드함으로써 메모리 소비를 더욱 줄일 수 있다. 반면, 메모리가 충분하고 최대 성능이 우선시되는 경우, 비양자화된 adamw_torch 옵티마이저가 가장 적합한 선택일 수 있다.

가중치 감소

가중치 감소weight decay는 손실 함수에 큰 가중치에 패널티를 부과해 모델이 더 단순하고 일반화된 특성을 학습하도록 한다. 이는 모델이 특정 입력 데이터의 특성에 과도하게 의존하는 것을 막아 새로운 데이터에 대한 성능을 높일 수 있다. 일반적으로 가중치 감소 값은 0.01~0.1 사이로 설정되며 0.01이 흔히 사용되는 시작점이다. 예를 들어, AdamW 옵티마이저를 사용하는 경우 가중치 감소를 0.01로 설정할 수 있다.

가중치 감소는 유용할 수 있지만 값을 너무 높게 설정하면 데이터에서 중요한 패턴을 포착하기 어렵게 되어 학습을 방해할 수 있다. 반대로 값을 너무 낮게 설정하면 충분한 정규화를 제공하지 못할 수 있다. 최적의 가중치 감소 값은 특정 모델 아키텍처와 데이터셋에 따라 달라지므로 다양한 값을 실험해보는 것이 일반적으로 좋은 방법이다.

그레이디언트 체크포인팅

그레이디언트 체크포인팅gradient checkpointing은 순방향 연산에서 생성된 중간 활성화 값 중 일부만 메모리에 저장해 학습 중 메모리 소비를 줄이는 기술이다. 일반적인 학습 절차에서는 역방향 연산 시 그레이디언트 계산을 위해 모든 중간 활성화 값을 메모리에 보관한다. 그러나 LLM과 같은 매우 깊은 네트워크에서는 이러한 접근 방식이 하드웨어 제한, 특히 메모리 용량이 제한된 GPU에서 비현실적으로 될 수 있다.

그레이디언트 체크포인팅은 네트워크 내 특정 계층에서만 활성화 값을 선택적으로 저장함으로써 이러한 문제를 해결한다. 활성화 값이 저장되지 않은 계층의 경우 역방향 연산 중 그레이디언트 계산에 필요할 때 활성화 값을 다시 계산한다. 이 접근법은 계산 시간과 메모리 사용량 간의 트레이드오프를 만든다. 메모리 요구량을 크게 줄일 수 있지만 일부 활성화 값을 다시 계산해야 하므로 전체 계산 시간이 증가할 수 있다.

다른 파라미터와 기술도 존재하지만 앞서 논의한 것들에 비해 중요성은 상대적으로 낮다. 이어서 구체적인 예제를 통해 이러한 파라미터를 선택하고 조정하는 방법을 살펴본다.

5.4 실전 파인튜닝

이제 오픈 소스 모델을 사용자 정의 데이터셋에 파인튜닝해보자. 이 절에서는 효율성을 위해 LoRA와 QLoRA를 구현하는 예제를 보여준다. 사용 가능한 하드웨어에 따라 구성에 가장 적합한 기술을 선택하면 된다.

작업 또는 도메인별 사용 사례에 활용할 수 있는 효율적인 오픈 모델이 많이 있다. 가장 적합한 LLM을 선택하기 위해 세 가지 주요 요인을 고려한다.

- **라이선스**: 일부 모델 라이선스는 비상업적 작업만 허용하며, 기업용으로 파인튜닝하려는 경우 문제가 될 수 있다. 이 분야에서는 사용자 수가 일정 기준을 초과하는 기업을 대상으로 하는 등 맞춤형 라이선스가 일반적이다.
- **예산**: 매개변수 크기가 10억 미만(〈10B)인 모델은 더 큰 모델에 비해 파인튜닝 및 추론 배포 비용이 훨씬 적게 든다. 이는 이러한 모델이 더 저렴한 GPU에서 실행 가능하고 초당 더 많은 토큰을 처리할 수 있기 때문이다.
- **성능**: 범용 벤치마크 또는 최종 사용 사례와 관련된 도메인 또는 작업별 벤치마크에서 기본 모델을 평가하는 것이 중요하다. 이는 파인튜닝 후 모델이 목표 작업에서 우수한 성능을 발휘할 수 있는 역량을 갖추고 있는지 확인하는 데 도움이 된다.

이 장에서는 메타(구 페이스북)에서 출시한 오픈 가중치 모델인 Llama-3.1-8B를 선택한다. 이 모델은 상업적 사용을 허용하는 'Llama 3.1 Community License Agreement'라는 라이선스를 가지고 있다. 8억 개의 매개변수를 가진 이 모델은 대부분의 GPU에 적합할 만큼 작으면서도 경쟁 모델에 비해 높은 성능을 발휘한다. 이를 Open LLM Leaderboard와 모델 카드에 상세히 나와 있는 다른 벤치마크를 통해 확인할 수 있다.

모델을 파인튜닝하기 위한 다양한 도구와 라이브러리가 있지만, 다음을 추천한다.

- **TRL**: 이 라이브러리는 허깅 페이스에서 SFT와 선호도 정렬을 사용해 LLM을 학습하기 위해 개발 및 유지 관리하고 있다. 알고리즘 측면에서 가장 최신 상태를 유지하는 인기 있고 신뢰할 수 있는 라이브러리이다. FSDP와 DeepSpeed를 사용해 단일 GPU와 다중 GPU 환경에서 모두 작동한다.
- **Axolotl**: 윙 리안(Wing Lian)이 개발한 이 도구는 재사용 가능한 YAML 구성 파일을 통해 LLM의 파인튜닝 과정

을 간소화한다. TRL 기반이지만 다양한 형식으로 저장된 데이터셋을 자동으로 결합하는 등의 추가 기능을 포함하고 있다. FSDP와 DeepSpeed를 사용해 단일 GPU와 다중 GPU 설정을 모두 지원한다.

- **Unsloth**: 대니얼Daniel과 마이클 한Michael Han이 개발한 Unsloth는 커스텀 커널을 사용해 학습 속도를 2~5배로 높이고 메모리 사용량을 최대 80%까지 줄인다. TRL 기반으로 하며, 모델을 GGUF 양자화 형식으로 자동 변환하는 등의 다양한 유틸리티를 제공한다. 작성 시점 기준으로는 단일 GPU 설정에서만 사용할 수 있다.

효율성을 극대화하기 위해 Unsloth 라이브러리를 사용해 파인튜닝을 진행한다. 아래 코드는 LLMOps 파이프라인의 일부로 설계되었지만, 독립적인 스크립트로도 사용할 수 있다. 또한 세이지메이커, 클라우드 GPU(Lambda Labs, RunPod 등), 구글 코랩 등 다양한 환경에서 실행할 수 있다. 이 코드는 A40, A100, L4와 같은 여러 GPU에서 테스트되었다.

Unsloth 라이브러리와 그 종속성을 설치하려면 이 책의 깃허브[6]나 Unsloth의 리포지터리[7]에서 직접 설치하는 것을 추천한다. 이 방법은 종속성 충돌 문제를 해결하기 위해 설치 단계가 정기적으로 업데이트된다.

1 먼저, 제한된 모델에 접근하고 (선택적으로) 파인튜닝한 모델을 허깅 페이스[8]에 업로드하려면 허깅 페이스 계정에 로그인해야 한다. 계정이 없다면 회원가입으로 계정을 생성한 후, API 키를 생성해([Settings]을 클릭하고 'Access Tokens'를 선택한 후 'Create new token'를 누른다.) .env 파일에 저장하면 된다.

```
HUGGINGFACE_ACCESS_TOKEN=YOUR_API_KEY
```

2 Comet ML API 키도 .env 파일에 저장되어 있는지 확인한다.

```
COMET_API_KEY = YOUR_API_KEY
```

3 필요한 모든 패키지를 가져온다.

```
import os
import torch
from trl import SFTTrainer
from datasets import load_dataset, concatenate_datasets
from transformers import TrainingArguments, TextStreamer
from unsloth import FastLanguageModel, is_bfloat16_supported
```

---

6 https://github.com/PacktPublishing/LLM-Engineering
7 https://github.com/unslothai/unsloth
8 https://huggingface.co/

4 이제 파인튜닝할 모델과 해당하는 토크나이저를 로드한다. Unsloth의 FastLanguageModel 클래스를 사용하며, .from_pretrained() 메서드를 활용한다. 모델 이름 외에도 최대 시퀀스 길이를 지정해야 하며(이 예제에서는 2,048로 설정), load_in_4bit 인수는 QLoRA(양자화된 사전 학습 가중치) 또는 LoRA를 사용할지를 나타낸다. 이 예제에서는 더 빠른 학습 속도와 높은 품질 때문에 LoRA를 사용하지만, VRAM 요구 사항을 충족하지 못할 경우 QLoRA로 쉽게 전환할 수 있다.

```
max_seq_length = 2048
model, tokenizer = FastLanguageModel.from_pretrained(
    model_name="meta-llama/Meta-Llama-3.1-8B",
    max_seq_length=max_seq_length,
    load_in_4bit=False,
)
```

5 이제 모델이 로드되었으니 LoRA 설정을 정의한다. 여기에서는 32의 rank를 사용한다. 이는 주어진 명령어 샘플로부터 작성 스타일을 모방하고 지식을 복사하기에 충분하다. 결과가 만족스럽지 않을 경우 이 값을 64 또는 128로 증가시킬 수 있다. 또한 학습 속도를 높이기 위해 alpha 값을 32로 설정하고, 드롭아웃과 바이어스를 사용하지 않는다. 마지막으로 모든 선형 계층을 대상으로 설정해 파인튜닝 품질을 극대화한다.

```
model = FastLanguageModel.get_peft_model(
    model,
    r=32,
    lora_alpha=32,
    lora_dropout=0,
    target_modules=["q_proj", "k_proj", "v_proj", "up_proj", "down_proj", "o_proj", "gate_proj"],
)
```

6 다음으로, 파인튜닝을 위해 데이터를 올바른 형식으로 준비해야 한다. 이 예제에서는 LLM Twin 데이터셋에 샘플이 많지 않다(3,000개 샘플). 이로 인해 모델이 대화 템플릿을 제대로 학습하지 못할 가능성이 있다. 이를 해결하기 위해 FineTome이라는 고품질 범용 데이터셋을 사용해 업샘플링한다. FineTome은 fineweb-edu-classifier를 사용해 arcee-ai/The-Tome을 필터링한 버전이다. 이 데이터셋의 10만 개 샘플 대신, 학습 분할에서 1만 개만 사용하도록 지정한다. 그런 다음 이 두 데이터셋을 결합해 최종 데이터셋을 생성한다.

```
dataset1 = load_dataset("mlabonne/LLM Twin")
dataset2 = load_dataset("mlabonne/FineTome-Alpaca-100k",
                        split="train[:10000]")
dataset = concatenate_datasets([dataset1, dataset2])
```

7 이제 이 데이터를 대화 템플릿을 사용해 형식화해야 한다. 편의를 위해 알파카 템플릿을 사용한다. 이 템플릿은 추가 토큰을 필요로 하지 않으므로 오류 가능성이 적지만, ChatML과 비교했을 때 성능에 약간의 영향을 줄 수 있다. 여기서는 모든 지시문-답변을 알파카 템플릿에 맞게 매핑한다. 각 메시지의 끝에 문장의 끝을 나타내는 EOS 토큰을 수동으로 추가해 모델이 이를 출력하도록 학습시킨다. EOS 토큰이 없으면 모델이 답변을 멈추지 않고 계속 생성하게 된다.

```
alpaca_template = """Below is an instruction that describes a task.
Write a response that appropriately completes the request.

### Instruction:
{}

### Response:
{}
"""

EOS_TOKEN = tokenizer.eos_token
dataset = dataset.map(format_samples, batched=True, remove_columns=dataset.
column_names)
```

8 데이터셋이 준비되면 학습 중 검증을 위해 이를 학습용(95%)과 테스트용(5%) 세트로 나눈다.

```
dataset = dataset.train_test_split(test_size=0.05)
```

9 이제 모델을 학습할 준비가 되었다. SFTTrainer() 클래스는 학습에 필요한 모든 하이퍼파라미터를 저장한다. 이 클래스에는 모델, 토크나이저, LoRA 설정, 데이터셋을 제공한다. 5.3절의 권장 사항에 따라 학습률을 3e-4로 설정하고, 선형 스케줄러와 최대 시퀀스 길이를 2048로 설정한다. 이 모델은 3번의 에포크 동안 학습하며, 배치 크기를 2로 설정하고 그레이디언트 누적 단계를 8로 설정해 실제 배치 크기를 16으로 만든다. 옵티마이저로는 adamw_8bit를 선택하고, weight_decay 값을 0.01로 설정한다. 사용하는 GPU에 따라 FP16 또는 BF16 활성화를 자동으로 사용한다. 마지막으로, Comet ML을 활용해 실험 기록을 추적한다.

```
trainer = SFTTrainer(
    model=model,
    tokenizer=tokenizer,
    train_dataset=dataset["train"],
    eval_dataset=dataset["test"],
    dataset_text_field="text",
    max_seq_length=max_seq_length,
    dataset_num_proc=2,
```

```
        packing=True,
        args=TrainingArguments(
            learning_rate=3e-4,
            lr_scheduler_type="linear",
            per_device_train_batch_size=2,
            gradient_accumulation_steps=8,
            num_train_epochs=3,
            fp16=not is_bfloat16_supported(),
            bf16=is_bfloat16_supported(),
            logging_steps=1,
            optim="adamw_8bit",
            weight_decay=0.01,
            warmup_steps=10,
            output_dir="output",
            report_to="comet_ml",
            seed=0,
        ),
)

trainer.train()
```

이 모델을 결합된 데이터셋에서 학습하는 데는 몇 시간이 걸릴 수 있다. 예를 들어, A100 GPU에서는 약 50분이 소요된다.

10 학습이 완료되면 간단한 예제를 사용해 테스트할 수 있다. 이 단계의 목적은 파인튜닝된 모델을 제대로 평가하는 것이 아니라, 토크나이저나 대화 템플릿과 관련된 명백한 오류가 없는지 확인하는 것이다.

빠른 추론을 위해 Unsloth의 FastLanguageModel.for_inference()를 사용할 수 있다. 알파카 형식을 사용해 지시문을 직접 포맷한다. 이때 사용자 지시문의 끝에 어시스턴트 헤더(### Response:)를 추가하기 위해 빈 답변을 제공한다. 이를 통해 모델이 지시문을 완성하는 대신 응답하도록 강제한다. 또한 텍스트 스트리머를 사용해 생성이 완료되기를 기다리지 않고 실시간으로 결과를 출력한다.

```
FastLanguageModel.for_inference(model)
message = alpaca_prompt.format("Write a paragraph to introduce supervised fine-tuning.", "")
inputs = tokenizer([message], return_tensors="pt").to("cuda")

text_streamer = TextStreamer(tokenizer)
_ = model.generate(**inputs, streamer=text_streamer, max_new_tokens=256, use_cache=True)
```

11 우리의 파인튜닝 모델이 생성한 답변을 확인해보자.

> Supervised fine-tuning is a method used to enhance a language model by responses with human expectations, thereby improving its accuracy and

이것은 알파카 챗 템플릿에 맞게 올바르게 형식화되었으며 정확하다.

12 모델이 성공적으로 파인튜닝되었으므로, 아래의 함수를 사용해 로컬에 저장하거나 허깅 페이스 허브에 업로드할 수 있다.

```
model.save_pretrained_merged("model", tokenizer, save_method="merged_1")
model.push_to_hub_merged("mlabonne/TwinLlama-3.1-8B", tokenizer, save_method="merged_1")
```

기본 모델을 처음부터 파인튜닝한 것을 축하한다! 학습 중에는 Comet ML을 사용해 학습 손실, 검증 손실 및 다양한 지표를 모니터링할 수 있다. 이러한 지표가 예상과 일치하는지 확인하는 것이 중요하다.

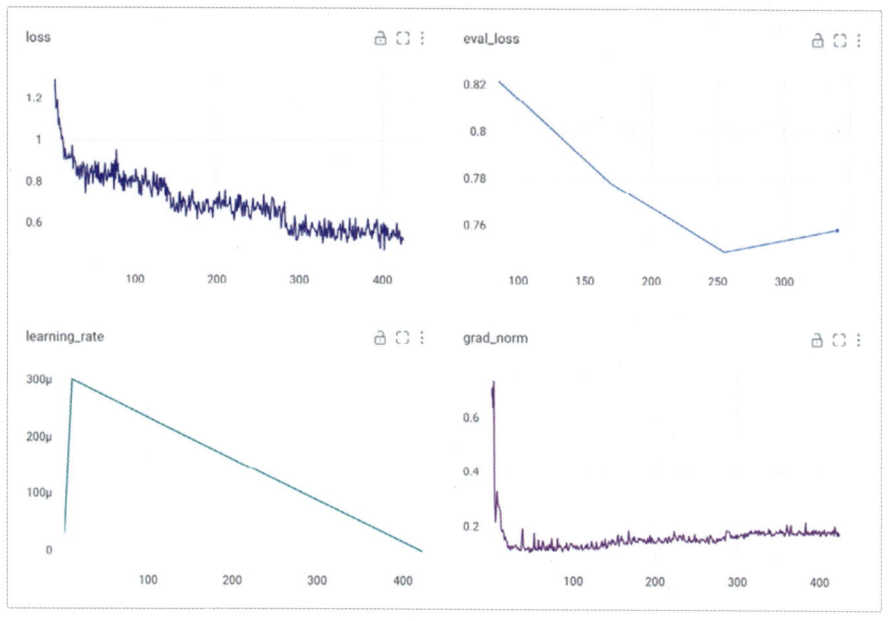

그림 5-11 Comet ML에서 파인튜닝 중 모니터링된 네 가지 지표

5장 지도 학습 파인튜닝

특히 이 지표들 중 세 가지는 모니터링하는 데 중요하다.

- **학습 손실**: 모델이 학습 중인 작업을 얼마나 잘 수행하는지 측정한다. 손실 값은 평균적으로 지속적으로 감소해야 하며, 이는 성능이 향상되고 있음을 나타낸다. 학습 초반에는 손실 값이 빠르게 감소하고 이후에는 긴 정체 구간이 이어지는 것이 일반적이다. 손실 값이 급등하거나 지속적으로 증가하는 것은 학습 실패의 신호이다. 이 경우 데이터 품질, 토크나이저의 문제, 학습률이나 배치 크기와 같은 파라미터를 점검하고 조정해야 한다. [그림 5-11]의 손실 그래프에서는 3개의 에포크에 해당하는 세 가지 구간을 확인할 수 있다.
- **검증 손실**: 학습 데이터가 아닌 검증 데이터를 사용해 손실을 측정한다. 잘 학습된 모델은 학습 손실과 검증 손실이 모두 감소하다가 결국 안정화되며, 두 값 사이에 작은 차이가 존재하는 것이 일반적이다. 이 차이는 최소화되어야 하지만 모델이 학습 데이터에서 항상 약간 더 잘 동작하기 때문에 어느 정도의 차이는 예상된다. 학습 손실은 계속 감소하는데 검증 손실이 증가하기 시작한다면 이는 과적합의 신호이다. 반대로, 두 곡선이 상대적으로 높은 손실 값에서 평평하게 유지된다면 이는 과소적합을 나타낸다. 손실 값에 대한 보편적인 '권장 범위'는 존재하지 않는다. 이는 특정 문제와 사용된 손실 함수에 따라 달라지기 때문이다. 그러나 두 곡선에서 수렴과 안정성을 확인하는 것이 중요하다. 검증 손실 그래프는 250스텝부터 조금씩 증가한다. 이는 모델이 조금씩 과적합되기 시작함을 보여준다.
- **그레이디언트 노름**: 학습 중 그레이디언트 벡터의 크기를 나타낸다. 그레이디언트 노름이 크다면, 특히 학습 손실과 검증 손실 간의 차이가 커질 경우 이는 과적합과 같은 학습 불안정을 나타낼 수 있다. 반대로, 그레이디언트 노름이 안정적이거나 감소하는 경우 모델이 지역 최적값에 수렴하고 있음을 의미한다. 그레이디언트 노름이 큰 것과 관련된 문제를 완화하기 위해 그레이디언트 클리핑을 사용할 수 있다. 이 기법은 그레이디언트 노름에 최대 임곗값을 설정해 파라미터 업데이트 크기를 제한하는 방식이다.

다양한 학습률을 시도해보고 최소 손실을 기준으로 최적의 모델을 선택하는 것도 흥미로운 접근이다. 이는 실제 평가의 대안적인 방법이며, 실제 평가는 다음 장에서 다룬다.

요약

이번 장에서는 LLM 파인튜닝의 이론과 실습을 중심으로 살펴봤다. 특히 지시문 데이터 파이프라인과 고품질 데이터셋 생성 과정을 데이터 선별부터 증강까지 단계별로 다루었다. 각 단계에서는 품질 평가와 데이터 생성, 개선 등 다양한 최적화가 가능하며, 이러한 유연한 파이프라인은 필요에 따라 적절한 기법을 선택해 활용할 수 있다.

3장에서 다룬 실제 데이터에 이 프레임워크를 적용해 LLM으로 원시 텍스트를 지시문-답변 쌍으로 변환했다. 이어서 SFT 기법을 살펴봤는데, 여기에는 SFT의 장단점, 지시문 데이터셋의 저장과 파싱 방법, 챗 템플릿을 활용한 데이터셋 구성, 전체 파인튜닝, LoRA, QLoRA와 같은 주요 SFT 기법들이 포함된다. 이들 기법을 메모리 사용량, 학습 효율성, 출력 품질 측면에서 서로 비교했다. 마지막으로 Llama-3.1-8B 모델을 사용자 정의 데이터셋으로 파인튜닝하는 실습을 통해 성공적인 파인튜닝의 핵심 단계와 구현 세부 사항을 제시했다.

다음 장에서는 선호도 정렬 기술을 사용해 TwinLlama-3.1-8B의 새로운 버전을 생성한다. 선택된 답변과 거절된 답변으로 구성된 데이터셋을 통해 모델의 응답 방식을 조정할 것이다. 이러한 접근법이 유용한 다양한 적용 사례와 구현 방안을 자세히 살펴본다.

참고 문헌

- Tahori, Gulrajani, Zhang, Dubois, et al.. "Alpaca: A Strong, Replicable InstructionFollowing Model" crfm.stanford.edu, March

- Subhabrata Mukherjee et al.. "Orca: Progressive Learning from Complex Explanation Traces of GPT— Subhabrata Mukherjee et al.. "Orca: Progressive Learning from Complex Explanation Traces of GPT-4." arXiv preprint arXiv:2306.02707, June 2023.

- Wing Lian and Bleys Goodson and Eugene Pentland and Austin Cook and Chanvichet Vong and "Teknium". "Open-Orca/OpenOrca." huggingface.co, 2023, `https://huggingface.co/datasets/Open-Orca/OpenOrca`

- Weihao Zeng et al.. "Automatic Instruction Evolving for Large Language Models." arXiv preprint arXiv:2406.00770, June 2024.

- Chunting Zhou et al.. "LIMA: Less Is More for Alignment." arXiv preprint arXiv:2305.11206, May 2023.

- 01. AI. "Yi: Open Foundation Models by 01.AI." arXiv preprint arXiv:2403.04652, March 2024.

- Alex Birch. "LLM finetuning memory requirements." blog.scottlogic.com, November 24, 2023, `https://blog.scottlogic.com/2023/11/24/llm-mem.html`

- Quentin Anthony et al.. "Transformer Math 101." blog.eleuther.ai, April 18, 2023, https:// blog.eleuther.ai/transformer-math/.

- Edward J. Hu et al.. "LoRA: Low-Rank Adaptation of Large Language Models." arXiv preprint arXiv:2106.09685, June 2021.

- Tim Dettmers et al.. "QLoRA: Efficient Finetuning of Quantized LLMs." arXiv preprint arXiv:2305.14314, May 2023.

CHAPTER 6

선호도 정렬을 활용한 파인튜닝

지도 학습 파인튜닝(SFT)은 LLM을 특정 작업에 적합하도록 조정하는 데 중요한 역할을 한다. 그러나 SFT는 인간의 선호도와 모델이 마주할 수 있는 다양한 상호작용의 세부적인 차이를 포착하는 데 한계를 지닌다. 이러한 한계로 AI 시스템을 인간의 선호도에 맞추기 위한 더 발전된 기술들이 개발되었으며, 이를 **선호도 정렬**preference alignment이라는 포괄적인 용어로 묶어서 부른다.

선호도 정렬은 학습 과정에 인간 또는 AI의 직접적인 피드백을 반영해 SFT의 한계를 보완한다. 이를 통해 단순한 지도 학습으로는 파악하기 어려운 복잡한 상황에서도 인간의 선호도를 더 정교하게 이해할 수 있다. 선호도 정렬을 위한 다양한 기술이 있지만, 이 장에서는 간결성과 효율성을 고려해 **직접 선호 최적화**direct preference optimization(DPO)를 중심으로 살펴본다.

이번 장에서는 DPO와 같은 선호도 정렬 알고리즘에 필요한 데이터 유형에 대해 다룬다. 모델이 생성하는 텍스트를 더 자연스럽게 만들기 위한 데이터셋을 직접 구축한다. 또한 DPO 알고리즘을 소개하고 5장에서 학습한 모델에 이를 적용하는 과정을 소개한다.

이 장의 주요 내용은 다음과 같다.

- 선호도 데이터셋 이해
- 선호도 데이터셋 생성
- 직접 선호 최적화(DPO)
- DPO를 활용한 모델 정렬 실습

이 장이 끝나면 직접 선호 데이터셋을 생성하고 다양한 기술을 활용해 모델을 정렬할 수 있게 된다.

 이 장의 모든 코드 예제는 이 책의 깃허브에서 확인할 수 있다.[1]

6.1 선호도 데이터셋 이해

고품질 선호도 데이터셋을 생성하기 위한 원칙은 5장에서 다룬 지시문 데이터셋과 같다. 데이터 샘플의 정확성, 다양성, 복잡성을 극대화하는 것이 핵심이다. 이를 달성하기 위해 [그림 6-1]에 제시된 단계를 따른다. 즉, 데이터 선별, 중복 제거, 정제, 품질 평가, 탐색, 생성, 증강 과정을 거친다.

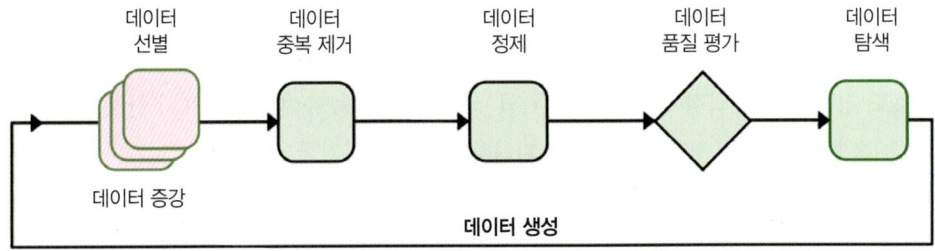

그림 6-1 6장에서 다루는 학습 후 데이터 파이프라인 개요

데이터셋 생성 과정에 대한 자세한 사항은 5장을 참고하기 바란다. 이 절에서는 지시문 데이터셋과 선호도 데이터셋의 차이점을 다룬다. 먼저 선호도 샘플의 구조와 선호도 데이터셋의 이상적인 크기를 소개한다. 그 다음엔 지시문 데이터셋과 선호도 데이터셋의 생성 과정에서 가장 큰 차이를 보이는 두 단계인 데이터 생성과 평가를 중점적으로 소개한다.

---

[1] https://github.com/PacktPublishing/LLM-Engineering

6.1.1 선호도 데이터

선호도 데이터셋은 학습 알고리즘마다 데이터 요구 사항이 다르기 때문에 지시문 데이터셋과 달리 표준화된 형식이 없다. 선호도 데이터preference data는 주어진 지시문에 대한 응답들의 모음이며, 각 응답은 인간이나 언어 모델이 순위를 매긴다. 이 장에서는 DPO를 중심으로 다루므로, 이 알고리즘에 필요한 구체적인 데이터 형식을 살펴본다.

[표 6-1]과 같이 DPO 데이터셋의 구조는 간단하다. 각 지시문마다 선택된 답변과 거절된 답변이 한 쌍으로 구성되어 있으며, 모델은 거절된 답변 대신 선택된 답변을 생성하도록 학습한다.

표 6-1 mlabonne/orpo-dpo-mix-40k 데이터셋의 샘플 예시

지시문	
문어에 관한 재미있는 농담 하나 들려주세요.	
선택된 답변	**거절된 답변**
왜 문어들은 카지노에서 카드 게임을 하지 않을까요? 여덟 이상은 셀 수 없기 때문이죠.	문어를 웃게 만들려면 몇 번 간지럼을 태워야 할까요? 열 번이요ten tickles[2]

선호도 데이터셋에서는 거절된 답변이 선택된 답변만큼이나 중요하다. 거절된 답변이 없다면 데이터셋은 단순한 지시문 집합에 불과할 것이다. 거절된 답변은 모델에서 제거하고자 하는 행동을 나타낸다. 이를 통해 데이터셋은 높은 유연성을 가지며 다양한 상황에서 활용할 수 있다. 아래는 SFT만 사용하는 것보다 선호도 데이터셋을 사용하는 것이 더 유용한 몇 가지 사례이다.

- **챗봇**: 대화형 AI에서 응답의 품질은 자연스러움, 참여도, 맥락 적합성 같은 주관적인 요소에 크게 좌우된다. 선호도 데이터셋은 더 나은 응답과 덜 좋은 응답을 비교함으로써 모델이 이러한 미묘한 차이를 학습하도록 돕는다. 단순한 SFT만으로는 특정 맥락에서 어떤 응답이 더 나은지를 결정하는 세부적인 요소를 포착하기 어렵다.
- **콘텐츠 관리**: 콘텐츠가 적절한지, 혹은 가이드라인을 위반했는지를 판단하는 과정에서는 종종 세부적인 판단이 필요하다. 선호도 데이터셋은 수용 가능한 콘텐츠와 그렇지 않은 콘텐츠의 사례를 비교해 모델이 경계선에 있는 사례를 구분하도록 돕는다. 이는 단순한 SFT를 통한 이진 분류보다 효과적이며 모델이 관리 결정의 근거를 이해하도록 하는 데 유용하다.
- **요약**: 요약의 품질은 간결성, 관련성, 일관성 같은 요소에 따라 달라진다. 선호도 데이터셋을 활용하면 모델이 사람들이 더 유용하고 정보성이 높다고 느끼는 요약을 생성하도록 학습할 수 있다. 단순한 SFT만으로는 기술적으로는 정확하지만 독자에게는 덜 선호되는 요약을 생성할 가능성이 있다.

---

2 옮긴이_ten tickles는 간지럼 열 번이란 뜻이며, tentacles(촉수)와 발음이 비슷한 언어유희

- **코드 생성**: 코딩 작업에는 올바른 해결 방법이 다양하게 존재할 수 있지만, 그중에서도 효율성, 가독성, 코딩 관행 준수 측면에서 더 뛰어난 방법들이 있다. 선호도 데이터셋은 단순히 정확성에 기반한 SFT로는 포착하기 어려운 코드 품질의 정성적 측면을 모델이 학습하도록 돕는다.
- **창의적 글쓰기**: 이야기 생성이나 시 작성 같은 작업에서는 결과물의 품질이 매우 주관적이고 다면적이다. 선호도 데이터셋은 스타일, 창의성, 감정적 울림에 대한 인간의 판단을 기술적 정확성이나 지시에 대한 충실성에 더 중점을 두는 지시문 데이터셋보다 더 잘 반영할 수 있다.
- **번역**: BLEU 점수와 같은 전통적인 지표는 번역의 정확성을 측정할 수 있지만, 번역의 유창함이나 자연스러움까지는 반영하지 못한다. 선호도 데이터셋은 기술적으로는 모두 올바른 번역 중에서도 원어민이 선호하는 번역을 생성하도록 모델을 학습시키는 데 도움을 줄 수 있다.

이 모든 사례에서 선호도 데이터셋은 더 정교한 학습 방식을 가능하게 한다. 선호도 데이터셋은 단순한 정확성이나 지시문 준수를 넘어서는 주관적인 품질 평가와 인간의 선호를 포착한다. 이 방법은 기술적으로 정확할 뿐만 아니라 복잡하고 개방형 과제에서 인간의 판단과 선호에 더 잘 부합하는 결과를 생성하는 모델을 만들어낼 수 있다.

지시문 데이터셋과 달리, 선호도 데이터셋에는 알파카나 ShareGPT와 같은 표준화된 저장 형식이 없다. 대부분의 선호도 데이터셋은 [표 6-1]과 유사한 구조를 따르며, 여기에는 지시문, 선호되는 답변, 거절된 답변이 열로 포함된다. 선호 정렬에서는 멀티턴 대화가 드물다. 작성 시점 기준으로 주요 파인튜닝 라이브러리들은 멀티턴 대화를 지원하지 않으며, 일반적으로 대화에서 첫 번째 또는 마지막 메시지만 추출한다.

데이터 양

DPO 데이터셋은 모델의 행동에 중요한 영향을 주기 위해 지시문 데이터셋보다 적은 샘플을 필요로 한다. 지시문 데이터셋과 마찬가지로, 필요한 데이터 샘플 수는 모델 크기와 작업의 복잡성에 따라 달라진다. 더 큰 모델은 샘플 효율성이 높아 적은 데이터로도 충분하지만, 복잡한 작업일수록 원하는 행동을 포착하기 위해 더 많은 예제가 필요하다. 또한 데이터의 품질이 매우 중요하며, 선호 쌍의 개수가 많을수록 일반적으로 유리하다.

범용 정렬은 LLM 제공업체들이 파인튜닝된 모델의 전반적인 성능을 개선하기 위해 사용하는 방법이다. 이를 위해 수백만 개의 샘플을 포함하는 선호도 데이터셋이 필요하다. 엔비디아와 메타(구 페이스북) 등 주요 AI 기업들은 선호도 정렬의 반복과 대규모 합성 데이터 활용을 포함하는 학습 후 처리 파이프라인에 집중하고 있다. 이는 이러한 접근 방식이 언어 모델의 한계를 확장하는 데 가장 효과적임을 입증하고 있음을 보여준다.

소규모에서는 오픈 소스 커뮤니티가 10,000~100,000개의 샘플로 구성된 데이터셋을 사용해 모델 성능을 향상시킨다. 이러한 접근 방식은 벤치마크 점수를 개선할 뿐만 아니라 병합, 가지치기, 기타 최적화 작업 이후 성능을 복원하는 데도 효과적이다. 일반적으로 DPO는 SFT보다 모델에 미치는 영향이 적으며, 최종 모델에 더 영향을 미친다.

반면, 앞서 언급한 작업과 같은 경우에는 더 적은 수의 선호 쌍이 필요하다. 작업별 정렬은 문체 수정, 특정 지시 거부 등 특정 기능에서 모델 성능을 개선하는 데 초점을 맞춘다. 이러한 정렬은 작업의 복잡성에 따라 100~10,000개의 선호 쌍으로 구성된 더 작은 데이터셋으로도 달성할 수 있다.

적은 샘플로 가능한 작업의 예는 모델에게 자신이 오픈AI, 메타 또는 다른 LLM 제공업체에 의해 학습되지 않았다고 말하도록 가르치는 것이다. 이는 선호도 데이터셋을 사용해 달성할 수 있으며, 여기서 거절된 답변은 다른 출처에서 학습되었다고 주장하는 경우다. 선택된 답변은 모델이 사용자에 의해 학습된 것임을 올바르게 명시하는 경우이다. 이 작업에는 비교적 적은 200~500쌍의 데이터셋으로도 충분하다.

6.1.2 데이터 생성 및 평가

선호도 데이터셋을 생성하는 과정에서 데이터 생성과 평가는 서로 긴밀하게 연관되어 있다. 먼저 답변을 생성한 후 이를 평가해 최종 데이터셋을 만든다. 이어서 이 두 단계를 별개의 과정으로 나누기보다는 하나의 통합된 과정으로 소개한다.

선호도 생성

새로운 선호도 데이터를 만들기 전에 관련 오픈 소스 데이터셋을 살펴보는 것이 좋다. 선호도 데이터셋은 지시문 데이터셋보다 수가 적지만, 허깅 페이스 허브에서 고품질의 선호도 데이터셋을 찾을 수 있다. 이러한 데이터셋은 특정 작업에 활용하거나 자체 데이터셋에 추가할 수 있다. 대표적인 선호도 데이터셋으로는 인간이 평가한 유용하고 무해한 AI 응답에 대한 선호도를 담은 Anthropic HH-RLHF 데이터셋과 기사 요약에 중점을 둔 OpenAI Summarize from Human Feedback 데이터셋이 있다.

DPO 데이터셋은 다양한 방법으로 생성할 수 있으며, 각 방법은 품질, 비용, 확장성 간의 상충 관계가 있다. 이러한 방법들은 특정 응용 분야에 맞게 조정될 수 있으며, 필요한 인간 피드백의 수준도 다양하다. 이는 크게 네 가지 유형으로 구분할 수 있다.

- **인간 생성, 인간 평가 데이터셋**: 이 방법에서는 사람이 지시문에 대한 응답을 생성하고, 그 응답의 품질을 평가한다. 이 접근법은 세밀한 인간의 선호도를 반영할 수 있으며 복잡한 작업에 적합하다. 하지만 매우 많은 자원이 필요하고 확장하기 어렵다. 따라서 주로 대규모 자원을 보유한 주요 AI 기업에서 사용된다.
- **인간 생성, LLM 평가 데이터셋**: 이 방법은 기존에 사람이 생성한 콘텐츠가 많은 경우 유용하다. 하지만 응답 생성에 여전히 상당한 인간의 노력이 필요하고 LLM 평가 단계에서 미묘한 선호를 놓칠 가능성이 있어서 실제로는 거의 사용되지 않는다.
- **LLM 생성, 인간 평가 데이터셋**: 이 방법은 품질과 효율성 간의 균형을 잘 맞춘다. LLM이 지시문에 대해 여러 응답을 생성하고, 인간이 이를 평가해 순위를 매긴다. 이 접근법은 사람이 처음부터 직접 응답을 작성하는 것보다 평가하는 데 더 능숙하다는 점에서 선호된다. 이를 통해 다양한 응답을 신속히 생성하면서도 인간의 선호를 효과적으로 반영할 수 있다. 다만 사람이 생성할 수 있는 창의적이거나 예상치 못한 응답은 포함되지 않을 수 있다.
- **LLM 생성, LLM 평가 데이터셋**: 생성과 평가를 모두 LLM이 수행하는 완전 합성 데이터셋은 확장성과 비용 효율성 때문에 점점 더 보편화되고 있다. 이 방법은 대규모 데이터셋을 빠르게 생성할 수 있으며, LLM의 성능이 향상됨에 따라 그 효과도 증가한다. 그러나 품질과 다양성을 보장하기 위해 세심한 프롬프트 엔지니어링이 필요하며, 생성하는 LLM의 편향이나 한계를 그대로 반영할 위험이 있다.

실제로 인간이 생성한 데이터셋은 비용이 많이 들고 확장하기 어려우며 반드시 최고 품질을 보장하지는 않는다. 반면, 인간 평가 자체는 매우 가치 있지만 역시 확장성이 부족하다는 한계가 있다. 이러한 이유로 대규모 데이터셋에서는 LLM 평가가 유용하다. 이와 같은 고차원적인 고려 사항 외에도 데이터를 얻는 방식과 이를 활용할 계획도 중요한 요소이다. 예를 들어, 사용자 수가 많은 애플리케이션은 피드백 메커니즘을 내장해 선호도 데이터를 제공받을 수 있다. 이는 '좋아요'와 '싫어요' 점수로 구현되거나, 더 심도 있는 텍스트 피드백 형태로 제공될 수 있다.

평가가 항상 필요한 것은 아니며, 생성 과정에서 자연스럽게 선호도를 도출할 수도 있다. 예를 들어, 고품질 모델로는 선호되는 출력을, 품질이 낮거나 의도적으로 결함을 준 모델로는 덜 선호되는 출력을 생성할 수 있다. 이렇게 하면 선호도 데이터셋에서 품질 차이가 뚜렷해지며, AI 시스템이 고품질 출력을 식별하고 모방하는 학습을 더 효과적으로 할 수 있다. 허깅 페이스 허브의 `Intel/orca_dpo_pairs` 데이터셋이 이러한 방식으로 만들어진 대표적인 사례다.

또 다른 접근법은 모델이 생성한 결과를 사람이 작성한 응답과 비교하는 것이다. 이를 통해 모델이 실제 인간의 선호도에 얼마나 잘 부합하는지에 대한 통찰을 얻을 수 있으며, 모델의 부족한 점을 확인할 수 있다. 이 방법은 특정 스타일을 모방하거나 모델에 더 진정성 있는 톤을 부여하는 데 활용될 수 있다.

데이터 생성 팁

데이터 생성은 지시문 데이터셋과 선호도 데이터셋 모두에서 일관된 방식으로 이루어진다. 프롬프트는 모델의 응답에서 다양성과 복잡성을 유도하도록 설계해야 한다. 서로 다른 접근 방식이나 스타일을 명시적으로 요청하는 프롬프트를 작성함으로써, 인간의 다양한 선호도를 반영할 수 있는 폭넓은 결괏값을 확보할 수 있다.

예를 들어, 텍스트를 요약할 때 간결한 요약, 상세한 요약, 핵심 포인트에 중점을 둔 요약 등 다양한 형태로 작성할 수 있다. 이러한 접근법은 다양한 데이터셋을 생성할 뿐만 아니라, 서로 다른 스타일과 접근 방식이 인간의 선호도와 어떻게 연관되는지 이해하는 데도 도움이 된다.

결괏값에 변화를 적용하는 것도 합성 선호도 데이터셋을 생성할 때 중요한 요소이다. 이는 LLM의 온도 설정을 조정하거나 여러 LLM으로 다양한 결괏값을 샘플링하는 방식이다. 높은 온도 설정은 더 창의적이고 다양한 응답을 생성하는 반면, 낮은 온도 설정은 더 집중적이고 결정론적인 출력을 생성한다. 이는 생성하고자 하는 데이터 유형에 따라 다양성과 일관성 간의 균형을 결정짓는다. 예를 들어, 코드를 생성할 때는 낮은 창의성이 요구되므로 낮은 온도가 적합하며, 기사 작성과 같은 작업에는 높은 온도가 적합하다.

다양한 LLM을 활용하면 단일 모델 사용보다 더 좋은 샘플을 얻을 수 있다. 각 LLM이 가진 특정 작업에서의 강점이 다르고, 이를 통해 더 다양한 출력을 얻을 수 있기 때문이다. argilla/Capybara-Preferences와 같은 인기 오픈 소스 데이터셋도 이 방식을 채택해 GPT-4와 오픈 소스 모델을 함께 활용해 데이터를 생성하고, 평가를 거쳐 선택된 답변과 거절된 답변을 구분한다.

선호도 평가

데이터 평가는 인간 평가자가 수행하거나 LLM을 사용해 자동화할 수 있다. LLM 평가는 세부적인 평가 기준을 개발하고, 이러한 기준을 명확히 전달하는 프롬프트를 작성한 뒤, 모델이 선택된 답변과 거절된 답변을 선택하도록 하는 과정을 포함한다. LLM 평가는 인간 평가보다 확장성이 뛰어나고 기준을 일관적으로 적용할 수 있다. 하지만 이 평가의 품질은 모델의 성능과 제공된 지시문에 직접적으로 의존한다. 따라서 미묘한 인간 선호도나 문화적 뉘앙스를 놓칠 가능성이 있다. 하지만 LLM이 지속적으로 발전함에 따라 더욱 세밀한 판단을 내릴 수 있는 능력도 향상되고 있다. 이는 시간이 지남에 따라 더 높은 품질의 데이터셋을 생성하는 데 기여할 수 있다.

선호도 데이터셋에 대한 LLM 평가를 구현할 때 절대 점수$^{\text{absolute score}}$ 방식과 쌍별 순위$^{\text{pairwise ranking}}$ 방식을 사용할 수 있다. 절대 점수 방식은 LLM이 사전에 정의된 기준에 따라 각 응답에 숫자 점수나 범주형 평가를 할당한다. 이 방법은 간단하지만 서로 다른 프롬프트나 평가 세션 간에 일관성이 부족할 수 있다. 쌍별 순위 방식은 LLM에 두 개의 응답을 제시하고 더 나은 응답을 선택하거나 순위를 매기도록 요청한다. 이 방법은 인간 평가 형식을 더 잘 모방하며 더 일관된 결과를 도출할 가능성이 높다. 쌍별 순위 방식은 평가의 신뢰도와 정확도를 높이는 데 효과적이며 선호도 데이터셋을 구성할 때 흔히 사용된다.

절대 점수 방식에서는 평가 기준을 명시한 프롬프트를 작성하고, LLM이 특정 척도(예: 1~5 또는 나쁨/보통/좋음/아주 좋음)로 응답을 평가하도록 요청한다.

> 프롬프트 예시: '다음 응답을 관련성, 일관성, 유용성을 기준으로 1~5의 척도로 평가하세요: [INSERT RESPONSE]'

쌍별 순위 방식에서는 두 개의 응답을 비교하도록 프롬프트를 작성한다. LLM은 더 나은 응답을 선택하거나 순위를 매긴다.

> 프롬프트 예시: '다음 두 응답을 비교하세요. 관련성, 일관성, 유용성 측면에서 어느 쪽이 더 낫습니까? 응답 A: [INSERT RESPONSE A], 응답 B: [INSERT RESPONSE B]'

선호도 데이터셋의 비교적 특성 때문에 쌍별 순위 방식이 평가에 이상적인 접근법이다. 이 방법은 일반적으로 더 정확하며 절대 점수 방식보다 인간 판단과의 상관성이 더 높다. 쌍별 순위 방식은 인간이 2개의 선택지를 비교하는 자연스러운 방식을 모방하므로 인간 평가자와 LLM 모두 일관되고 의미 있는 평가를 제공하기가 더 쉽다.

생각의 사슬$^{\text{chain-of-thought}}$ 추론을 사용하고 정답을 제공함으로써 쌍별 순위 평가의 정확도를 더욱 향상시킬 수 있다. 이 접근법은 평가를 수행하는 LLM이 여러 응답의 다양한 측면을 고려하고, 그 의사결정 과정을 명확히 서술하도록 유도해 보다 철저하고 정당한 평가를 가능하게 한다. 정답이 주어지지 않은 경우에는 LLM이 예상 답변에 대한 설명인 채점 노트를 작성하도록 프롬프트를 제공할 수 있다. 이 기술은 LLM이 특정 주제에 대한 지식이 충분하지 않은 상황에서도 특히 효과적인데, 이는 모델이 평가를 시작하기 전에 명확한 평가 기준을 설정하도록 강제하기 때문이다.

다음은 쌍별 순위 평가를 수행하기 위해 LLM을 심판으로 활용하는 프롬프트의 구체적인 구현 예시이다.

표 6-2 LLM을 평가자로 활용해 하나의 지시 사항과 두 개의 답변에 대해 쌍 순위 평가를 수행하는 프롬프트 예제

> **지시문**
>
> 당신은 답변 평가자입니다. 당신의 목표는 답변 A와 답변 B를 비교하는 것입니다. 나는 어느 답변이 지시문을 더 충실히 따르는지 알고 싶습니다. 평가 기준은 관련성, 정확성, 완전성, 명확성, 구성, 간결성입니다. 지시문: {지시문}
>
> 답변 A: {답변 a}
>
> 답변 B: {답변 b} 추론 과정을 단계별로 설명하고, 다음과 같은 구조를 사용하여 최적의 답변을 출력하세요.
>
> 추론: (두 답변 비교)
>
> 최적의 답변: (A 또는 B)

그러나 LLM 기반 평가에는 여러 유형의 편향이 발생할 수 있다는 점을 주의해야 한다.

- **위치 편향** position bias: 상대적 점수를 매길 때 LLM 평가자는 제시된 첫 번째 답변을 선호하는 경향이 있다. 이 편향은 결과를 왜곡하고 부정확한 선호도로 이어질 수 있다.
- **길이 편향** length bias: 인간과 마찬가지로 LLM 평가자는 종종 더 긴 답변을 선호하는 경향이 있다. 이로 인해 더 짧고 간결한 답변의 품질을 간과할 수 있다.
- **가족 편향** family bias: LLM 평가자는 자신이 생성한 응답이나 동일한 계열의 모델에서 생성된 응답을 선호할 가능성이 있다. 이는 언어 패턴이나 지식 기반의 유사도 때문일 수 있다.

이러한 편향을 줄이고 선호도 데이터셋의 품질을 높이기 위해 몇 가지 해결책을 적용할 수 있다. 주요 접근법 중 하나는 답변 A와 답변 B의 순서를 무작위로 배치하는 것이다. 이는 제시 순서가 평가에 지속적으로 영향을 미치지 않도록 하여 위치 편향을 완화할 수 있다. 또 다른 유용한 전략은 점수의 균형 잡힌 분포를 보여주는 퓨–샷 예제를 제공하는 것이다. 이러한 예제는 심판 역할을 하는 LLM의 내부 점수 매기기 메커니즘을 보정하는 데 도움을 준다. 특히, 짧은 답변이나 다른 모델 계열에서 생성된 답변도 높은 품질을 가질 수 있음을 보여줌으로써 길이 편향과 가족 편향을 효과적으로 완화할 수 있다. 추가적으로, 단일 LLM 심판에 의존하지

않고 여러 모델을 배심원으로 활용하는 방법은 평가 프로세스의 견고성을 크게 향상시킨다. 이러한 다중 모델 접근법은 개별 모델에 존재할 수 있는 편향을 상쇄해 보다 포괄적이고 정확한 응답 평가를 가능하게 한다.

다음 절에서는 선호도 데이터셋을 직접 생성한다. 데이터 생성 과정을 통해 자연스럽게 선택된 (사람이 생성한) 답변과 거절된(LLM이 생성한) 답변을 만든다.

6.2 선호도 데이터셋 생성

현재 우리 모델은 머신러닝과 관련된 주제의 글을 작성할 수 있지만, 특정 저자의 문체나 스타일을 반영하지는 못한다. 이는 선호도 정렬을 적용하는 대표적인 사례로, 모델의 스타일을 원본 데이터와 유사하게 조정하려는 것이다. 다만 DPO를 적용할 때는 모델이 불필요하게 장황해지거나 지나치게 격식있는 언어를 사용하게 되는 경향이 있음에 주의해야 한다. 따라서 학습 과정에서 이러한 문제점을 피하고 블로그 게시물에서 볼 수 있는 보다 자연스러운 스타일을 구현하기 위해서는 DPO를 신중하게 활용해야 한다.

이번 절에서는 선호도 데이터셋을 생성한다. 여기서 선택된 답변은 텍스트에서 추출된 내용을 사용하고, 거절된 답변은 모델이 생성한 내용을 사용한다. 이를 구현하기 위해, 5장에서 작성한 코드를 수정한다.

6.1절에서 보았듯이, 선호도 데이터셋과 지시문 데이터셋은 동일한 원칙에 기반한다. 지시문-답변 쌍 대신, 여기서는 삼중항(지시, 답변 1, 답변 2)이 필요하다. 이 설정에서 흥미로운 점은 텍스트 조각에 정답이 포함되어 있어 LLM 평가와 같은 복잡한 평가 과정이 필요하지 않다는 것이다. 이러한 추출물이 고품질임을 보장하기 위해, 길이와 구두점 기준으로 두 가지 추가 품질 필터를 구현할 것이다. [그림 6-2]는 전체 프로세스를 요약해서 보여준다.

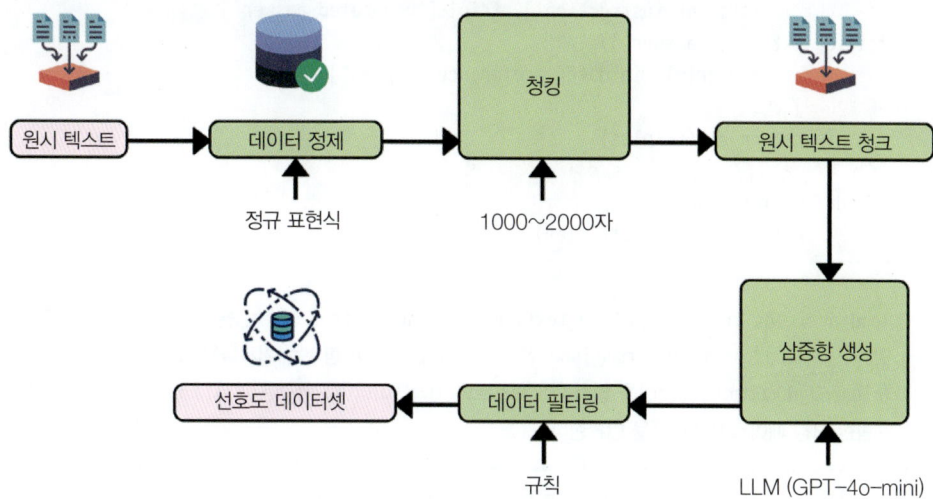

그림 6-2 원시 텍스트에서 선호도 데이터셋으로 변환하는 합성 데이터 생성 파이프라인

이제 선호도 데이터 생성 파이프라인을 구현할 준비가 되었다.

1 필요한 라이브러리를 가져오는 것으로 시작한다.

```python
import concurrent.futures
import json
import re
from typing import List, Tuple

from datasets import Dataset
from openai import OpenAI
from tqdm.auto import tqdm
```

2 이제 InstructionAnswerSet 클래스 대신 PreferenceSet 클래스를 사용한다. 이 클래스는 지시문, 생성된 답변(거절된 답변), 추출된 답변(선택된 답변)의 삼중항을 처리하도록 설계되었다.

```python
class PreferenceSet:
    def __init__(self, triples: List[Tuple[str, str, str]]):
        self.triples = triples

    @classmethod
    def from_json(cls, json_str: str) -> 'PreferenceSet':
        data = json.loads(json_str)
        triples = [
```

6장 선호도 정렬을 활용한 파인튜닝   **271**

```
            (triple['instruction'], triple['generated_answer'],
triple['extracted_answer'])
            for triple in data['preference_triples']
        ]
        return cls(triples)

    def __iter__(self):
        return iter(self.triples)
```

3 load_articles_from_json, clean_text, extract_substrings 함수는 원래 코드에서 변경되지 않았다. 먼저 load_articles_from_json 함수부터 살펴보자. 이 함수는 기사들을 포함하는 JSON 파일(cleaned_documents.json)을 입력받아 텍스트와 메타데이터(ID, 플랫폼, 저자 ID, 저자 이름, 링크)를 포함한 허깅 페이스 데이터셋을 반환한다.

```
def load_articles_from_json(file_path: str) -> Dataset:
    with open(file_path, "r") as file:
        data = json.load(file)

    return Dataset.from_dict({
        "id": [item["id"] for item in data["artifact_data"]],
        "content": [item["content"] for item in data["artifact_data"]],
        "platform": [item["platform"] for item in data["artifact_data"]],
        "author_id": [item["author_id"] for item in data["artifact_data"]],
        "author_full_name": [item["author_full_name"] for item in data["artifact_
data"]],
        "link": [item["link"] for item in data["artifact_data"]],
    })
```

4 clean_text 함수는 알파벳이나 숫자가 아닌 문자를 제거한다. 단, 작은따옴표('), 마침표(.), 쉼표(,), 느낌표(!), 물음표(?)는 예외로 둔다. 또한 여러 개의 공백을 단일 공백으로 대체해 적절한 형식을 유지한다.

```
def clean_text(text: str) -> str:
    text = re.sub(r"[^\w\s.,!?']", " ", text)
    return text.strip()
```

5 extract_substrings 함수는 기사를 1,000자에서 2,000자 사이의 길이를 가진 청크로 분할한다. 청킹 과정에서 문장의 의미를 변경시킬 수 있는 문장 중단을 방지하기 위해, 문장의 끝에서만 청킹되도록 정규표현식을 사용한다.

```
def extract_substrings(dataset: Dataset, min_length: int = 1000, max_length: int
= 2000) -> List[str]:
```

```python
    extracts = []
    sentence_pattern = r"(?<!\w\.\w.)(?<![A-Z][a-z]\.)(?<=\.|\?|!)\s"

    for article in dataset["content"]:
        cleaned_article = clean_text(article)
        sentences = re.split(sentence_pattern, cleaned_article)
        current_chunk = ""

        for sentence in sentences:
            sentence = sentence.strip()
            if not sentence:
                continue
            if len(current_chunk) + len(sentence) <= max_length:
                current_chunk += sentence + " "
            else:
                if len(current_chunk) >= min_length:
                    extracts.append(current_chunk.strip())
                current_chunk = sentence + " "

        if len(current_chunk) >= min_length:
            extracts.append(current_chunk.strip())

    return extracts
```

6 generate_preference_triples 함수는 기존의 generate_instruction_answer_pairs 함수를 대체한다. 프롬프트는 이전의 지시문 버전에서 수정되었으며, 쌍 대신 삼중항을 생성하도록 설계되었다. 또한 우리가 관심 있는 지시문 유형, 기사에서 답변을 추출하는 방법, 이를 스타일링하는 방법에 대한 일반적인 지침도 제공한다.

```
def generate_preference_triples(extract: str, client: OpenAI) -> List[Tuple[str, str, str]]:
    prompt = f"""Based on the following extract, generate five instruction-answer triples. Each triple should consist of::
1. An instruction asking about a specific topic in the context.
2. A generated answer that attempts to answer the instruction based on the extract.
3. An extracted answer that is a relevant excerpt directly from the given context.

Instructions must be self-contained and general, without explicitly mentioning a context, system, course, or extract.

Important:
```

- Ensure that the extracted answer is a verbatim copy from the context, including all punctuation and apostrophes.
- Do not add any ellipsis (...) or [...] to indicate skipped text in the extracted answer.
- If the relevant text is not continuous, use two separate sentences from the context instead of skipping text.

Provide your response in JSON format with the following structure:

{{
    "preference_triples": [
        {{
            "instruction": "...",
            "generated_answer": "...",
            "extracted_answer": "..."
        }},
        ...
    ]
}}

    Extract:
    {extract}
"""
```

7 동일한 함수에서 GPT-4o-mini를 사용해 JSON 모드로 답변을 생성한다. 시스템 프롬프트에서 쌍 대신 삼중항을 원한다고 명시한다. JSON 형식의 답변은 PreferenceSet 클래스를 통해 직접 파싱되어 예상되는 튜플 목록으로 반환된다.

```
        completion = client.chat.completions.create(
            model="gpt-4o-mini",
            messages=[
                {
                  "role": "system",
                  "content": "You are a helpful assistant who generates instruction-answer triples based on the given context. Each triple should include an instruction, a generated answer, and an extracted answer from the context. Provide your response in JSON format. "
                },
                {"role": "user", "content": prompt},
            ],
            response_format={"type": "json_object"},
            max_tokens=2000,
            temperature=0.7,
```
```

```
        )
        result = PreferenceSet.from_json(completion.choices[0].message.content)
        return result.triples
```

8 선호도 데이터 파이프라인에 두 가지 새로운 필터링 함수인 filter_short_answers와 filter_answer_format이 도입되었다. 이 함수들은 짧은 답변을 필터링하고 답변이 대문자로 시작하며 적절한 문장 부호로 끝나도록 한다. 이러한 함수는 품질이 낮은 샘플을 걸러내는 휴리스틱으로 사용된다.

```python
def filter_short_answers(dataset: Dataset, min_length: int = 100) -> Dataset:
    def is_long_enough(example):
        return len(example['chosen']) >= min_length
    return dataset.filter(is_long_enough)

def filter_answer_format(dataset: Dataset) -> Dataset:
    def is_valid_format(example):
        chosen = example['chosen']
        return (
            len(chosen) > 0 and
            chosen[0].isupper() and
            chosen[-1] in ('.', '!', '?')
        )
    return dataset.filter(is_valid_format)
```

9 create_preference_dataset 함수는 기존의 create_instruction_dataset 함수를 대체한다. 이 함수는 이제 쌍 대신 삼중항으로 작업하며 생성된 데이터셋에서 다른 열 이름을 사용한다.

```python
def create_preference_dataset(dataset: Dataset, client: OpenAI, num_workers: int = 4) -> Dataset:
    extracts = extract_substrings(dataset)
    preference_triples = []

    with concurrent.futures.ThreadPoolExecutor(max_workers=num_workers) as executor:
        futures = [
            executor.submit(generate_preference_triples, extract, client)
            for extract in extracts
        ]
        for future in tqdm(concurrent.futures.as_completed(futures), total=len(futures)):
            preference_triples.extend(future.result())
```

```
            instructions, generated_answers, extracted_answers = zip(*preference_triples)
            return Dataset.from_dict(
                {
                    "prompt": list(instructions),
                    "rejected": list(generated_answers),
                    "chosen": list(extracted_answers),
                }
            )
```

10 main 함수는 새로운 필터링 단계를 포함하도록 업데이트되었으며 선호도 데이터셋 생성 함수를 사용하도록 변경되었다.

```
def main(dataset_id: str) -> Dataset:
    client = OpenAI()

    # 1. 원시 데이터 불러오기
    raw_dataset = load_articles_from_json("cleaned_documents.json")
    print("Raw dataset:")
    print(raw_dataset.to_pandas())

    # 2. 선호도 데이터셋 생성
    dataset = create_preference_dataset(raw_dataset, client)
    print("Preference dataset:")
    print(dataset.to_pandas())

    # 3. 답변이 짧은 샘플 필터링
    dataset = filter_short_answers(dataset)

    # 4. 형식에 안맞는 샘플 필터링
    dataset = filter_answer_format(dataset)

    # 5. 내보내기
    dataset.push_to_hub(dataset_id)
    return dataset
```

create_preference_dataset() 함수는 2,970개의 샘플을 생성했다. 이 데이터셋은 짧거나 형식이 제대로 갖춰지지 않은 답변(예: 대문자로 시작하지 않거나 마침표, 느낌표, 또는 물음표로 끝나지 않는 답변)을 제거해 1,467개의 샘플만 남도록 대폭 필터링되었다.

최종 데이터셋은 허깅 페이스 허브에서 다음 주소[3]를 통해 확인할 수 있다. [그림 6-3]은 문체 측면에서 미묘한 차이를 포착한 예제를 볼 수 있다. 두 답변 모두 정답이지만, 선택된(추출된) 답변은 약간 더 캐주얼한 어조를 띠고 있다.

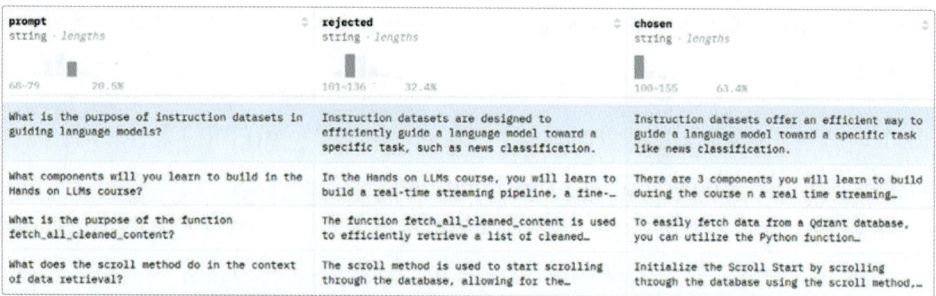

그림 6-3 허깅 페이스 허브에 게시된 mlabonne/LLM Twin-dpo preference 데이터셋의 스크린샷

이 데이터셋을 생성하기 위해 프롬프트를 여러 번 반복해서 수정하며 데이터를 생성했다. 이 과정에서는 만족스러운 결과에 도달할 때까지 일부 수작업 평가와 실험이 필요했다. 프롬프트의 품질은 이 과정에서 매우 중요하며, 자체 선호도 데이터셋을 생성하려는 경우 유사한 과정을 따를 것을 권한다.

다음 절에서는 인간 피드백을 활용한 강화 학습^{reinforcement learning from human feedback}(RLHF)과 DPO와 관련 개념을 소개한다. 그리고 이 개념들로 구현되는 새로운 파라미터와 아이디어를 6.4절에서 설명한다.

6.3 선호도 정렬

선호도 정렬은 선호도 데이터를 기반으로 모델을 파인튜닝하는 기술이다. 이 절에서는 해당 분야를 개괄적으로 살펴보고, 이후 구현할 기술인 직접 선호 최적화^{direct preference optimization}(DPO)를 중점적으로 다룬다.

---

[3] https://huggingface.co/datasets/mlabonne/LLMTwin-dpo

6.3.1 인간 피드백을 활용한 강화 학습

인간 피드백을 활용한 강화 학습^{reinforcement learning from human feedback}(RLHF)은 강화 학습(RL)과 인간의 입력을 결합해 모델을 인간의 선호도와 가치에 맞게 조정한다. RLHF는 전통적인 강화 학습이 가진 한계를 극복하기 위해 등장했다. 특히 복잡한 작업의 보상 함수를 명확히 정의하기 어렵다는 점과, 설계된 보상이 의도한 목표와 일치하지 않을 수 있다는 문제에 대한 해결책으로 제시되었다.

RLHF의 기원은 선호도 기반 강화 학습^{preference-based reinforcement learning}(PBRL) 분야로 거슬러 올라갈 수 있다. 이는 2011년 Akrour 등과 Cheng 등이 각각 독립적으로 제안한 것이다. PBRL은 정량적인 보상 신호에 의존하는 대신, 행동 간의 쌍별 선호도와 같은 정성적 피드백을 바탕으로 목표를 추론하는 것을 목표로 한다. 이러한 접근법은 전통적인 강화 학습이 가진 여러 한계점을 해결했다. 특히 보상 함수를 적절히 정의하기 어렵다는 문제와, 보상 해킹이나 의도하지 않은 행동이 발생할 수 있다는 위험을 크게 완화했다.

RLHF라는 용어는 2021~2022년경 LLM 학습 분야에서 이 접근법이 주목받으면서 등장했다. 그러나 그 핵심 아이디어는 이미 수년 전부터 발전해왔다. 2017년 Christiano 연구진은 인간의 선호도를 기반으로 보상 모델을 학습하고, 이를 활용해 RL 에이전트를 학습하는 방법의 효과를 입증하는 획기적인 논문을 발표했다. 이 연구는 RLHF가 수작업으로 설계된 보상으로 학습된 에이전트와 동등하거나 더 우수한 성능을 달성하면서도, 훨씬 적은 인간의 노력만으로도 가능하다는 것을 보여주었다. RLHF의 핵심은 보상 모델과 정책을 반복적으로 개선하는 데 있다.

- **보상 모델 학습**: 미리 정의된 보상 함수를 사용하는 대신, RLHF는 인간 피드백을 통해 보상 모델을 학습한다. 이는 일반적으로 사람들에게 여러 답변을 제시하고 선호하는 답변을 선택하도록 요청하는 방식으로 이루어진다. 이러한 선호도 데이터를 활용해 보상 모델을 학습하며 종종 Bradley-Terry 모델이나 유사한 접근법을 사용해 선호도를 기본적인 유틸리티 함수로 매핑한다.
- **정책 최적화**: 학습된 보상 모델을 바탕으로, 표준 강화 학습 알고리즘을 사용해 정책을 최적화한다. 이 정책은 학습된 모델이 예측하는 보상을 극대화하도록 새로운 행동을 생성한다.
- **반복적 개선**: 정책이 개선됨에 따라 새로운 행동이 생성된다. 이는 인간에 의해 평가되어 보상 모델의 정교화로 이어진다. 이러한 사이클이 계속 반복되며, 궁극적으로 인간의 선호와 잘 맞는 정책이 도출된다.

RLHF의 주요 혁신은 고비용의 인간 피드백을 효율적으로 활용하는 방식에 있다. 지속적인 인간의 감독이 필요했던 기존 방식과 달리, RLHF는 비동기적이고 간헐적인 피드백만으로도 학습이 가능하다. 학습된 보상 모델은 인간 선호도를 대체하는 역할을 하여, 강화 학습 알고리즘이 모든 행동마다 직접적인 인간의 입력 없이도 지속적으로 학습할 수 있게 한다.

예를 들어, [그림 6-4]는 RLHF 알고리즘 중 가장 널리 사용되는 알고리즘인 근접 정책 최적화$^{proximal\ policy\ optimization}$(PPO) 알고리즘의 높은 수준 개요를 보여준다. 여기서 보상 모델은 학습된 모델이 생성한 텍스트에 점수를 부여하는 데 사용된다. 이 보상은 추가적인 쿨백-라이블러$^{Kullback-Leibler}$(KL) 발산 계수를 통해 정규화되며, 학습 이전의 모델(고정된 모델)과 유사한 토큰 분포를 유지하도록 보장한다.

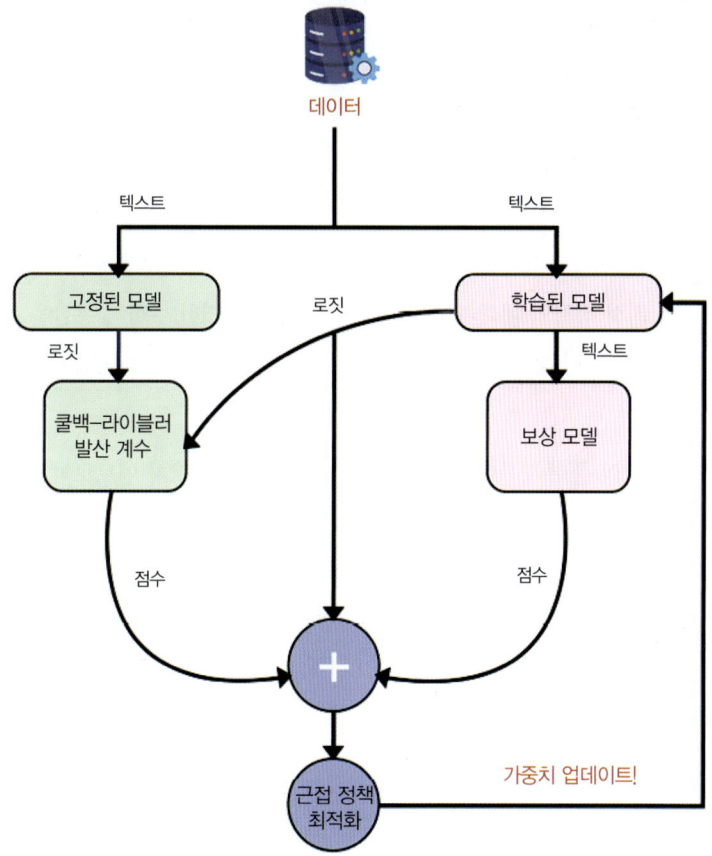

그림 6-4 선호도 정렬을 위한 PPO 알고리즘의 개요

RLHF는 AI 시스템을 인간의 선호에 맞추는 데 효과적임이 입증되었지만, 반복적인 과정과 별

도의 보상 모델 의존성 때문에 여러 한계에 부딪힌다. 이러한 특성은 계산 비용이 많이 들고 잠재적으로 불안정할 수 있다. 이론적으로는 우수하다고 평가되지만, RLHF 알고리즘은 실험적으로 더 간단한 접근법에 비해 성능이 떨어지는 경우도 있었다. 이러한 간단한 접근법 중 하나로 주목받고 있는 것이 직접 선호 최적화 direct preference optimization (DPO)이다.

6.3.2 직접 선호 최적화

Rafailov 등은 2023년 논문 〈Direct Preference Optimization: Your Language Model is Secretly a Reward Model〉에서 DPO를 소개했다. DPO는 전통적인 RLHF 방법에 대한 간소화된 대안을 제공한다.

DPO의 핵심 혁신은 선호 학습 문제를 재구성한 데 있다. RLHF는 일반적으로 별도의 보상 모델을 학습하고, 이후 PPO와 같은 강화 학습 알고리즘으로 언어 모델을 파인튜닝한다. 반면 DPO는 이보다 더 직접적인 방식을 택한다.

DPO는 참조 정책과 학습 모델의 쿨백-라이블러 발산 제약을 만족하며 기대 보상을 최대화하는 표준 RLHF 목표에 따라 최적 정책의 폐쇄형 표현식을 도출한다. 이러한 수학적 통찰을 통해 DPO는 선호 학습 문제를 정책 관점에서 직접 표현할 수 있으며, 별도의 보상 모델이나 복잡한 강화 학습 알고리즘이 필요 없게 된다.

실질적으로, DPO는 언어 모델의 출력 확률에 직접 작동하는 간단한 이진 교차 엔트로피 손실 함수로 구현할 수 있다. 이 손실 함수는 선호되는 응답에는 더 높은 확률을, 선호되지 않는 응답에는 더 낮은 확률을 할당하도록 모델을 유도하면서, 참조 모델(고정된 모델)과의 유사도를 유지하도록 한다. 참조 모델의 반영 정도는 0에서 1 사이의 베타(β) 파라미터를 통해 조절된다. 베타 값이 0이면 참조 모델이 무시되어, 학습된 모델이 SFT 모델과 매우 다를 수 있음을 의미한다. 실무에서는 0.1의 값이 가장 일반적으로 사용되지만, 이는 다음 절에서 살펴볼 수 있듯이 조정이 가능하다.

이 접근법의 단순성은 표준 그레이디언트 디센트(경사 하강법)를 사용한 최적화를 가능하게 하며, 학습 중 모델에서 샘플링하거나 복잡한 강화 학습 알고리즘을 구현할 필요가 없다. [그림 6-5]는 DPO 알고리즘의 높은 수준 개요를 보여준다. [그림 6-4]와 비교했을 때 학습 과정을 크게 단순화한 것을 확인할 수 있다.

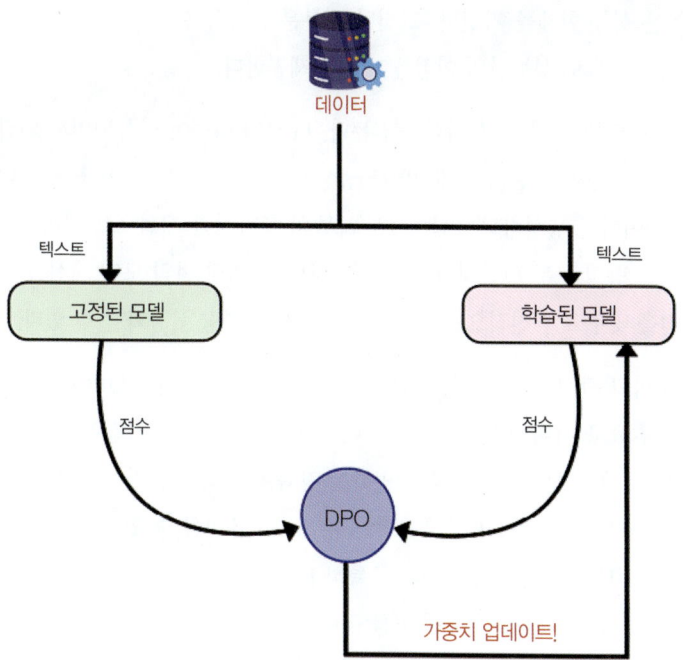

그림 6-5 선호도 정렬을 위한 DPO 알고리즘의 상위 수준 개요

DPO는 기존 RLHF 방법에 비해 몇 가지 장점을 가진다. 앞서 언급한 바와 같이, 선호 학습 파이프라인을 크게 단순화해 RLHF 방법과 관련된 엔지니어링 복잡성을 줄인다. 별도의 보상 모델과 RL 알고리즘이 필요하지 않기 때문에, DPO는 기존 RLHF 접근 방식보다 계산 효율성이 높다. 특히 어댑터(LoRA, QLoRA)를 사용해 학습할 때 고정된 모델과 학습된 모델을 분리할 필요가 없다. 실제로 어댑터만 학습하기 때문에 학습된 모델은 수정되지 않는다. 이를 통해 두 개의 모델 대신 하나의 모델만 로드하면 되므로 VRAM을 추가로 절약할 수 있다.

DPO는 단순함에도 불구하고 더 복잡한 RLHF 방법과 성능이 종종 비슷하다. 또한 학습 중 더 안정적이고 하이퍼파라미터에 덜 민감한 경향이 있다. 이 단순화된 접근 방식은 DPO를 구현하고 확장하기 쉽게 만들어, 특히 광범위한 RL 지식이 없는 소규모 팀에게 적합하다.

RLHF는 여러 번의 학습 라운드를 통해 반복적인 개선이 가능하고 새로운 선호도에 동적으로 적응할 수 있다. 하지만 DPO는 비슷한 결과를 달성하기 위한 더 간단한 경로를 제공한다. DPO와 PPO 기반 RLHF 중 무엇을 선택할지는 구현의 용이성과 잠재적인 최고 성능 간의 균형에 따라 달라진다. 수백만 개의 선호도 샘플을 사용하는 대규모 학습에서는 PPO를 기반으로 한 방법이 여전히 더 높은 성능 한계를 가진다. 그러나 대부분의 응용 분야에서는 DPO가 더 낮은 계산 및 엔지니어링 비용으로 성능상의 이점을 대부분 제공한다.

RLHF와 DPO 모두 합성 데이터 통합에서 큰 이점을 얻는다. LLM의 성능이 향상되면서 인간이 만든 콘텐츠보다 품질과 다양성이 더 뛰어난 데이터를 생성할 수 있게 되었다. 이를 통해 더 나은 모델이 더 나은 학습 데이터를 생성하고, 이는 다시 모델의 추가적인 개선으로 이어지는 선순환이 가능해진다. 두 접근 방식 모두 반복적인 특성을 가지므로, 여러 번의 모델 개선을 통해 다양한 성능 측면에 초점을 맞추고 점진적으로 여러 도메인에서의 역량을 강화할 수 있다.

DPO는 여러 장점에도 불구하고 단점이 없는 것은 아니다. RLHF와 마찬가지로 DPO도 쌍으로 구성된 선호도 데이터를 필요로 하며, 이는 수집하는 데 비용이 많이 들고 시간이 걸릴 수 있다. 또한 DPO는 수학적으로 최적성과 안정성을 증명하는 강화 학습의 이론적 근거가 부족하다. 특히 복잡한 작업이나 환경에서는 RLHF의 추가적인 유연성이 유리할 수 있는 상황이 있을 수 있다. 그럼에도 불구하고 DPO는 대부분의 경우, 특히 LLM Twin 프로젝트와 같은 경우에 이상적이다. 다음 절에서는 Unsloth를 사용해 이를 구현한다.

6.4 DPO 구현

이번 절에서는 5장에서 생성한 TwinLlama-3.1-8B 모델을 DPO로 파인튜닝한다. Unsloth 라이브러리를 활용하면 DPO를 쉽게 구현하면서도 최적의 성능을 얻을 수 있다. 사용 가능한 VRAM에 따라 LoRA(더 높은 품질, 속도 및 VRAM 사용량)와 QLoRA(더 낮은 품질, 속도 및 VRAM 사용량) 중에서 선택할 수 있다. 이 기법은 TRL 및 Axolotl에서도 다른 선호도 정렬 알고리즘과 함께 제공된다.

이 예제는 DPO의 고급 응용 사례로 볼 수 있다. 실제로, 문체를 모방하려는 목표는 DPO가 형식적인 언어를 권장하는 자연스러운 경향과 충돌한다. 이는 선택된 답변이 거절된 답변보다 더 형식적인 경우가 많기 때문이다. 실질적으로, 이는 낮은 학습률과 적은 에포크 수를 사용해 가볍게 파인튜닝해야 한다는 것을 의미한다. 최적의 하이퍼파라미터를 찾기 위해 20개 이상의 모델을 학습시키고, '지도 학습 파인튜닝을 소개하는 단락을 작성하라'와 같은 질문셋에 대한 결괏값을 비교했다. 이를 통해 이 작업에 가장 적합한 모델과 파라미터를 선택할 수 있었다.

필수 종속성은 5장에서 SFT와 함께 사용된 것과 동일하다. 이 책의 깃허브[4]나 Unsloth의 리포지터리[5]에서 확인할 수 있다.

1. 먼저, 모델에 액세스하고 (선택적으로) 파인튜닝된 모델을 허깅 페이스[6]에 업로드한다. 허깅 페이스에 업로드하기 위해서는 계정 로그인이 필요하다. 계정이 없다면 새로 생성한 후 API 키를 .env 파일에 저장한다(경로: **Settings | Access Tokens | Create new token**).

   ```
   HUGGINGFACE_ACCESS_TOKEN = YOUR_API_KEY
   ```

2. Comet ML API 키도 .env 파일에 포함되어 있는지 확인한다. 그렇지 않으면 학습을 시작할 때 코드가 충돌하면서 오류가 발생한다.

   ```
   COMET_API_KEY = YOUR_API_KEY
   ```

3. 필요한 패키지를 모두 임포트하기 전에 TRL의 DPOTrainer 클래스에 패치를 적용한다. 이는 노트북 환경에서 DPO 로그를 수정하는 역할을 한다.

   ```python
   from unsloth import PatchDPOTrainer
   PatchDPOTrainer()
   ```

4. 이제 다른 라이브러리를 임포트한다. DPO와 SFT의 주요 차이점은 DPO 학습에 특화된 DPOConfig와 DPOTrainer를 TRL에서 임포트하는 것이다.

   ```python
   import os
   import torch
   from datasets import load_dataset
   from transformers import TrainingArguments, TextStreamer
   from unsloth import FastLanguageModel, is_bfloat16_supported
   from trl import DPOConfig, DPOTrainer
   ```

5. 이 단계에서는 5장에서 파인튜닝한 모델을 로드한다. max_seq_length는 2048로 설정하며 동일한 구성을 사용한다. load_in_4bit를 True로 설정하면 QLoRA를 활성화할 수 있다. 이후 단계에서는 속도와 품질 향상을 위해 LoRA DPO 파인튜닝을 수행한다.

   ```python
   max_seq_length = 2048
   ```

---

[4] https://github.com/PacktPublishing/LLM-Engineering
[5] https://github.com/unslothai/unsloth
[6] https://huggingface.co/

```
model, tokenizer = FastLanguageModel.from_pretrained(
    model_name="mlabonne/TwinLlama-3.1-8B",
    max_seq_length=max_seq_length,
    load_in_4bit=False,
)
```

6 이제 LoRA 구성을 사용해 PEFT를 위한 모델을 준비한다. rank(r)와 lora_alpha를 5장에서 설정한 32에서 64로 증가시킨다. 이를 통해 더 표현력 있는 파인튜닝이 가능해진다. 속도를 위해 드롭아웃을 0으로 유지하며, 일반적으로 모든 선형 모듈을 대상으로 한다.

```
model = FastLanguageModel.get_peft_model(
    model,
    r=32,
    lora_alpha=64,
    lora_dropout=0,
    target_modules=["q_proj", "k_proj", "v_proj", "up_proj", "down_proj", "o_proj", "gate_proj"]
)
```

7 LLM Twin-dpo 데이터셋의 학습 분할 training split 을 로드한다. 이 데이터셋에는 프롬프트, 선택된 답변 chosen answer 과 거절된 답변 rejected answer 이 포함되어 있다.

```
dataset = load_dataset("mlabonne/LLM Twin-dpo", split="train")
```

8 데이터 준비 과정은 5장의 SFT 예제와 상당히 다르다. 여기서는 프롬프트, 선택된 답변, 거절된 답변으로 구성된 삼중 데이터를 사용한다. format_samples 함수에서는 각 메시지에 알파카 챗 템플릿을 적용한다. 참고로, 지시문은 챗 형식 chat format 을 요구하는 유일한 항목이다. 선택된 답변과 거절된 답변은 문장의 끝 (EOS) 토큰으로 연결만 하면 된다. 마지막으로, 데이터셋을 95%/5% 비율로 학습/테스트로 나눈다.

```
alpaca_template = """Below is an instruction that describes a task. Write a response that appropriately completes the request.
### Instruction:
{}
### Response:
"""

EOS_TOKEN = tokenizer.eos_token

def format_samples(example):
    example["prompt"] = alpaca_template.format(example["prompt"])
    example["chosen"] = example["chosen"] + EOS_TOKEN
```

```
    example["rejected"] = example["rejected"] + EOS_TOKEN
    return {"prompt": example["prompt"], "chosen": example["chosen"], "rejected":
example["rejected"]}

dataset = dataset.map(format_samples)
dataset = dataset.train_test_split(test_size=0.05)
```

9 이제 모델과 데이터가 준비되었으므로 파인튜닝을 시작할 수 있다. SFT와 비교했을 때, ref_model과 beta와 같은 새로운 파라미터가 추가되었다. LoRA나 QLoRA를 사용하기 때문에 직접적으로 모델을 학습시키는 대신 어댑터를 학습시킨다. 이를 통해 어댑터가 없는 원본 모델을 참조 모델로 사용할 수 있으며, 이는 많은 VRAM을 절약해준다. beta 파라미터는 참조 모델의 중요도를 제어한다. 일반적으로 0.1의 표준 값이 대부분의 시나리오에서 잘 작동하지만, 실험 결과를 기반으로 값을 0.5로 증가시켰다. 이는 낮은 값에서 학습된 모델이 형식적인 언어를 사용하는 경향을 보였기 때문이다. 참조 모델에 더 가깝게 설정하면 이 문제를 해결하는 데 도움이 된다.

학습률은 SFT에서 사용한 3e-4보다 낮은 2e-6으로 설정된다. 학습은 3에포크 대신 1에포크만 진행되며, max_seq_length 파라미터는 max_prompt_length(프롬프트만 해당)와 max_length(프롬프트와 답변 포함)라는 두 개의 새로운 파라미터로 분리되었다 또한 TrainingArguments 클래스가 DPOConfig로 대체되었다는 점에 유의해야 한다.

```
trainer = DPOTrainer(
    model=model,
    ref_model=None,
    tokenizer=tokenizer,
    beta=0.5,
    train_dataset=dataset["train"],
    eval_dataset=dataset["test"],
    max_length=max_seq_length // 2,
    max_prompt_length=max_seq_length // 2,
    args=DPOConfig(
        learning_rate=2e-6,
        lr_scheduler_type="linear",
        per_device_train_batch_size=2,
        per_device_eval_batch_size=2,
        gradient_accumulation_steps=8,
        num_train_epochs=1,
        fp16=not is_bfloat16_supported(),
        bf16=is_bfloat16_supported(),
        optim="adamw_8bit",
        weight_decay=0.01,
        warmup_steps=10,
        output_dir="output",
```

```
            eval_strategy="steps",
            eval_steps=0.2,
            logging_steps=1,
            report_to="comet_ml",
            seed=0,
        ),
    )
    trainer.train()
```

10 모델 학습이 끝난 후 간단히 검증해볼 수 있다. 이 단계는 SFT 예제와 유사하며, 모델을 추론에 사용할 수 있도록 준비하고 프롬프트에 대한 응답을 생성한다.

```
FastLanguageModel.for_inference(model)
message = alpaca_template.format("Write a paragraph to introduce supervised fine-tuning.", "")
inputs = tokenizer([message], return_tensors="pt").to("cuda")
text_streamer = TextStreamer(tokenizer)
_ = model.generate(**inputs, streamer=text_streamer, max_new_tokens=256, use_cache=True)
```

11 학습된 DPO 모델은 다음과 같은 응답을 반환한다.

> Supervised fine-tuning is a method used to enhance the performance of pre-trained language models by utilizing labeled data. This technique involves taking a pre-trained model and refining it on a specific task, such as content creation or customer service. By providing the model with relevant data and guidance, it can learn to generate outputs that align more closely with the desired outcomes. This approach allows for the creation of more specialized models that can tackle complex tasks with greater accuracy and efficiency.

SFT 모델이 제공한 응답과 비교할 수 있다. 이를 통해 DPO 모델이 학습 과정에서 어떤 개선을 이루었는지 확인할 수 있다.

> Supervised fine-tuning is a method used to enhance a language model by providing it with a curated dataset of instructions and their corresponding answers. This process is designed to align the model's responses with human expectations, thereby improving its accuracy and relevance. The goal is to ensure that the model can respond effectively to a wide range of queries, making it a valuable tool for applications such as chatbots and virtual assistants.

DPO 모델은 더 정확하면서도 원하는 문체에 가까운 답변을 제공한다. 이 모델은 SFT의 소스 모델로서 사전 학습된 언어 모델을 올바르게 식별한다. 또한, '인간 기대치에 맞춤'이라는 표현 대신 도메인 또는 작업 특화 파인튜닝을 언급해, 선호도 조정 단계에 더 가까운 내용을 다룬다. 답변은 더 편안한 말투로 작성되어 블로그 게시물과 비슷한 느낌으로 작성된다.

12 마지막 단계는 학습된 모델을 로컬에 저장하고 이를 허깅 페이스 허브에 업로드하는 것이다.

```
model.save_pretrained_merged("model", tokenizer, save_method="merged_16bit")
```

축하한다! DPO 모델 학습과 내보내기가 완료되었다. 이제 허깅 페이스 허브에서 모델을 확인할 수 있다.[7] SFT와 비교했을 때 DPO는 학습 중 추적해야 할 몇 가지 추가 지표가 존재한다. [그림 6-6]에서는 주요 지표를 보여주는 Comet ML 대시보드를 확인할 수 있다. 다음 URL을 통해 대시보드에 공개적으로 접근할 수 있다.[8]

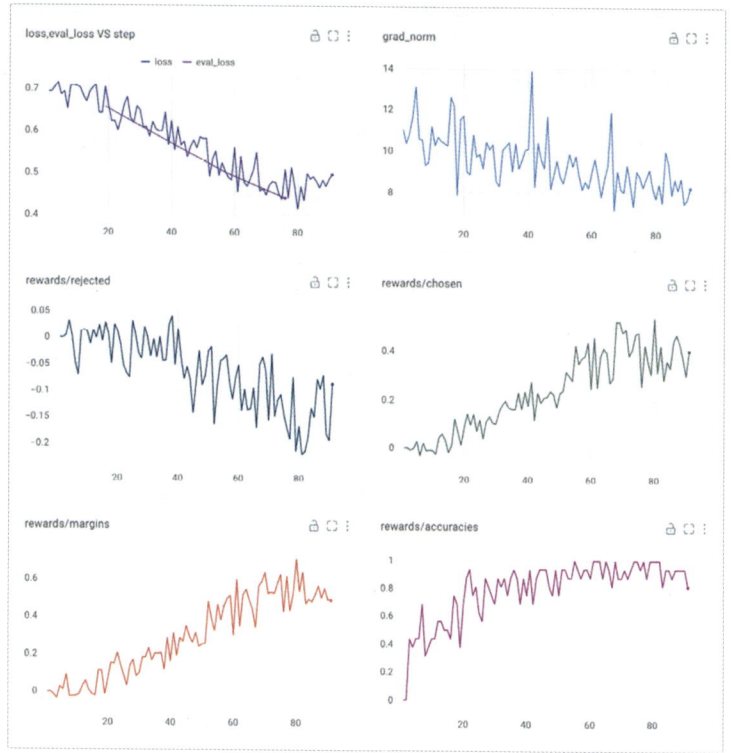

그림 6-6 Comet ML에서 DPO 지표로 실험 결과를 추적하는 화면

---

7 https://huggingface.co/mlabonne/TwinLlama-3.1-8B-DPO
8 https://www.comet.com/mlabonne/llm-twin-training/

이 지표들을 살펴보자.

- **학습 손실** training loss : 손실은 평균적으로 계속 감소하는 것이 바람직하다. 하지만 손실이 급격히 0으로 떨어질 경우 모델이 더 이상 학습하지 않는다는 것을 의미할 수 있다. 이러한 현상이 반드시 과적합이나 성능 저하로 이어지지는 않지만, 주의 깊게 모니터링해야 한다.
- **검증 손실** validation loss : 검증 손실에 대해서도 동일하게 적용된다. 학습 손실과 비교했을 때 작은 차이가 있는 것이 바람직하다.
- **그레이디언트 노름** Gradient norm : 작은 값을 유지하며 급격한 변동이 적은 것이 바람직하다.
- **보상** reward : 선택된 보상과 거절된 보상 두 가지가 있다. 이는 학습된 모델과 기준 모델이 출력한 로그 확률의 평균 차이를 나타낸다. 시간이 지나면서 모델이 선택된 답변을 더 선호하고 거절된 답변은 더 회피하게 되어, 두 답변의 보상 차이가 점점 커진다. 이 차이는 '마진' margin 지표로 직접 추적되며, 이는 선택된 보상과 거절된 보상의 차이로 정의된다. 잘 학습된 모델의 마진은 빠르게 증가한 뒤 안정화된다.
- **정확도** accuracy : 이 지표는 모델이 선택된 답변을 올바르게 식별한 비율을 나타낸다. 학습이 진행됨에 따라 이 정확도가 점진적으로 증가하는 것이 바람직하다. 하지만 반드시 100%에 도달할 필요는 없다. 특히, 정확도가 빠르게 100%에 도달한다면 선호도 데이터셋이 모델에게 너무 쉬울 수 있음을 의미한다. 이러한 데이터셋에서도 LLM이 학습할 수는 있지만, 더 어려운 예제를 추가하는 것이 유익할 수 있다.

일반적으로 DPO는 참조 모델을 포함하는 복잡한 과정이기 때문에 SFT보다 모니터링하고 디버깅하기가 약간 더 어렵다. 하지만 PPO나 기타 RLHF 알고리즘보다는 훨씬 사용하기 쉽다. 고품질의 선호도 데이터셋과 강력한 파인튜닝 모델만 있다면, 다양한 랭크, 베타 파라미터, 학습률, 에포크 수를 실험해서 선호도를 가장 잘 반영하는 설정을 찾아볼 수 있다.

이 장의 목적은 아니지만, 특정 문체를 모방하도록 설계된 모델의 평가를 자동화하는 것도 가능하다. 한 가지 가능한 해결책은 SFT와 DPO 같은 모델이 생성한 텍스트의 단어 분포를 실제 데이터셋과 비교하는 것이다. 이 예시에서는 SFT 모델이 GPT-4o-mini에서 과도하게 나타나는 단어(예: 'delve into')를 많이 출력할 것으로 예상한다. DPO 모델이 출력하는 분포는 선택된 정답에 훨씬 더 가까워야 한다.

요약

이 장에서는 LLM의 성능을 개선하기 위한 선호도 정렬 기법을 다루었다. 선호도 데이터셋의 개념을 소개하며, 이러한 데이터셋의 구조와 세부적인 인간의 선호를 반영하는 데 있어 그 중요성을 설명했다. 실제 기사에서 추출한 원본 텍스트와 AI가 생성한 텍스트를 비교해 커스텀 선호도 데이터 생성 파이프라인을 구현했다. 이 파이프라인은 사용 사례에 따라 재사용 및 커스터마이징 할 수 있다.

RLHF의 발전 과정을 개괄적으로 설명하며, 더 간단하고 효율적인 대안으로서 DPO를 소개했다. 마지막으로, Unsloth 라이브러리를 사용해 5장에서 다룬 TwinLlama-3.1-8B 모델을 파인튜닝하며 DPO를 구현했다. 단계별 튜토리얼을 통해 모델 학습에 대한 실질적인 지침을 제공했으며, SFT와의 주요 차이점도 강조했다. 최종 모델은 허깅 페이스 허브에서 제공된다.

다음 장에서는 LLM 평가라는 중요한 주제를 다루며, LLM 성능 평가에서의 과제와 현재 접근 방식을 살펴본다. 도메인 특화 평가셋의 생성 방법을 다루고, 평가가 여전히 이 분야에서 지속적인 문제로 남아 있는 이유를 분석하며, 더 큰 모델을 사용해 작은 모델을 평가하는 'LLM-as-a-judge' 개념을 소개한다. 이 장은 일관되고 효과적인 LLM 평가를 위한 체계적인 프레임워크를 제공하는 종합적인 평가 파이프라인으로 마무리한다.

참고 문헌

- Rafael Rafailov et al., *"Direct Preference Optimization: Your Language Model is Secretly a Reward Model."* arXiv preprint arXiv:2305.18290, May 2023.
- Timo Kaufmann et al., *"A Survey of Reinforcement Learning from Human Feedback."* arXiv preprint arXiv:2312.14925, December 2023.
- Anthropic. *"GitHub - anthropics/hh-rlhf: Human preference data for "Training a Helpful and Harmless Assistant with Reinforcement Learning from Human Feedback"."* github.com, 2022, `https://github.com/anthropics/hh-rlhf`
- Nisan Stiennon et al., *"Learning to summarize from human feedback."* arXiv preprint arXiv:2009.01325, September 2020.
- Intel(R) Neural Compressor. *"Supervised Fine-Tuning and Direct Preference Optimization on Intel Gaudi2."* medium.com, March 26, 2024, `https://medium.com/intel-analyticssoftware/the-practice-of-supervised-finetuning-and-direct-preferenceoptimization-on-habana-gaudi2-a1197d8a3cd3`
- Argilla. *"GitHub - argilla-io/distilabel."* github.com, August 23, 2024, `https://github.com/argilla-io/distilabel`

- Databricks. *"Enhancing LLM-as-a-Judge with Grading Notes."* databricks.com, July 22, 2024, https://www.databricks.com/blog/enhancing-llm-as-a-judge-with-grading-notes

- Akrour, Riad & Schoenauer, Marc & Sebag, Michèle. (2011). *Preference-Based Policy Learning*. 12-27. 10.1007/978-3-642-23780-5_11.

- Cheng, Weiwei & Fürnkranz, Johannes & Hüllermeier, Eyke & Park, Sang-Hyeun. (2011). *Preference-Based Policy Iteration: Leveraging Preference Learning for Reinforcement Learning*. 312-327. 10.1007/978-3-642-23780-5_30.

- Paul Christiano et al.. *"Deep reinforcement learning from human preferences."* arXiv preprint arXiv:1706.03741, June 2017.

- Long Ouyang et al.. *"Training language models to follow instructions with human feedback."* arXiv preprint arXiv:2203.02155, March 2022.

- John Schulman et al.. *"Proximal Policy Optimization Algorithms."* arXiv preprint arXiv:1707.06347, July 2017.

- unslothai. *"GitHub - unslothai/unsloth: Finetune Llama 3.1, Mistral, Phi & Gemma LLMs 2-5x faster with 80% less memory."* github.com, August 21, 2024, https://github.com/unslothai/unsloth

CHAPTER 7

LLM 평가

LLM 평가^{LLM evaluation}는 LLM 모델의 성능과 역량을 확인하기 위한 중요한 과정이다. 이는 다지선다형 질문-답변, 개방형 지시 수행, 실제 사용자 피드백 등 다양한 형태로 이루어진다. 현재 모델 성능을 측정하는 통일된 방법은 없지만, 특정 사용 사례에 맞게 적용할 수 있는 패턴과 방안들이 존재한다.

일반적인 평가 방식으로는 대규모 멀티태스킹 언어 이해^{Massive Multitask Language Understanding}(MMLU)나 LMSYS Chatbot Arena와 같은 벤치마크를 활용하는 방법이 가장 널리 사용된다. 하지만 도메인 및 작업 특화 모델의 경우, 보다 좁은 범위의 접근 방식이 더 효과적이다. 특히 RAG 파이프라인을 중심으로 구성된 전체 LLM 시스템을 다룰 때 두드러진다. 이러한 경우, 평가 프레임워크를 확장해 검색기와 후처리기 같은 추가 모듈을 포함한 시스템 전반을 평가해야 한다.

이 장의 내용은 다음과 같다.

- 모델 평가
- RAG 평가
- TwinLlama-3.1-8B 평가

이 장을 마치면 가장 널리 사용되는 LLM 평가 방법을 이해할 수 있다. 또한 다양한 기법을 사용해 모델과 RAG 시스템을 평가하는 방법을 알게 된다.

7.1 모델 평가

모델 평가는 프롬프트 엔지니어링이나 RAG 파이프라인과 같은 추가 요소 없이, 단일 모델의 성능만을 측정하는 것을 목적으로 한다. 평가는 가장 적합한 LLM을 선택하거나 파인튜닝 과정이 실제로 모델을 개선했는지 확인하는 등의 이유로 중요하다. 이 절에서는 ML 평가와 LLM 평가를 비교해 두 분야의 주요 차이점을 살펴본다. 이후, 범용 모델, 도메인 및 작업 특화 모델을 위한 벤치마크를 소개한다.

7.1.1 ML 평가와 LLM 평가 비교

ML 평가는 예측, 분류, 회귀와 같은 작업을 수행하는 모델의 성능을 평가하는 데 중점을 둔다. LLM 평가가 주로 모델이 언어를 얼마나 잘 이해하고 생성하는지에 초점을 맞추는 것과 달리, ML 평가는 모델이 구조화된 데이터를 얼마나 정확하고 효율적으로 처리해 특정 결과를 도출하는지를 더 중요하게 여긴다.

이 차이는 모델이 다루는 작업의 본질에서 비롯된다. ML 모델은 주로 주가 예측이나 이상치 탐지처럼 명확히 정의된 문제를 해결하기 위해 설계되며, 이러한 작업은 대개 수치 데이터나 범주형 데이터를 포함하므로 평가 과정이 비교적 단순하다. 반면, LLM은 언어를 해석하고 생성하는 작업을 수행하며, 이는 평가 과정에 주관성을 더한다. LLM 평가는 단순히 수치적 벤치마크에만 의존할 것이 아니라, 모델이 맥락에 맞게 일관성 있고 적절한 자연어 응답을 생성하는지 살펴보는 정성적 평가를 포함한 종합적인 접근이 필요하다.

특히, 이러한 모델의 작동 방식에서 평가 과정에 영향을 미치는 세 가지 주요 차이를 확인할 수 있다.

- **수치적 지표** numerical metrics: ML 모델 평가는 일반적으로 작업 유형에 따라 정확도, 정밀도, 재현율, 평균 제곱 오차 등 객관적인 성능 지표를 측정하는 방식으로 이루어진다. 반면, LLM은 여러 작업을 수행할 수 있으므로 다양한 평가가 필요하며 동일한 수치적 지표에 의존하는 경우가 드물다.
- **특성 엔지니어링**: 전통적인 ML에서는 학습 전에 관련 데이터 특성을 수동으로 선택하고 변환하는 과정이 중요한 부분을 차지한다. 이러한 특성 엔지니어링의 성공 여부를 평가하는 것도 전체 모델 평가의 일부가 된다. 그러나 LLM은 원시 텍스트 데이터를 직접 처리하도록 설계되어 수동적인 특성 엔지니어링의 필요성이 줄어든다.
- **해석 가능성**: ML 모델은 특정 예측이나 분류를 내린 이유를 비교적 쉽게 해석할 수 있으며, 이러한 해석 가능

성은 모델 평가의 핵심 요소가 되기도 한다. 반면, LLM은 이러한 직접적인 해석이 어렵다. 그러나 생성 과정에서 설명을 요청함으로써 모델의 의사결정 과정을 이해할 단서를 얻을 수 있다.

이어지는 절에서 여러 유형의 LLM을 구체적으로 살펴본다. 범용 모델을 평가하는 방식은 ML 평가와 상당히 다른 반면, 작업 특화 LLM의 평가는 전통적인 ML 평가와 더 밀접하게 연관되어 있다.

7.1.2 범용 LLM 평가

범용 평가general-purpose evaluation는 기본 모델과 범용 파인튜닝 모델에 특화된 평가 지표를 의미한다. 이는 특정 작업이나 도메인에 국한되지 않고 지식과 유용성과 관련된 다양한 능력을 포괄적으로 다룬다. 이를 통해 개발자는 모델의 전반적인 성능을 파악하고 경쟁 모델과 비교해 강점과 약점을 찾아낼 수 있다. 이러한 결과를 바탕으로 데이터셋과 하이퍼파라미터를 조정하거나 모델 아키텍처를 수정하는 것도 가능하다.

범용 평가는 사전 학습 중during pre-training, 사전 학습 후after pre-training, 파인튜닝 후after fine-tuning의 세 단계로 나눌 수 있다

사전 학습 중during pre-training에는 모델이 학습하는 과정을 면밀히 모니터링한다. 이는 5장 말미에서 설명된 바와 같다. 가장 기본적인 지표는 낮은 수준의 지표로, 모델 학습 과정에 직접적으로 관련된다.

- **학습 손실**: 크로스 엔트로피 손실을 기반으로 모델이 예측한 다음 토큰의 확률 분포와 실제 분포 간의 차이를 측정한다.
- **검증 손실**: 학습 손실과 동일한 방식으로 계산하지만 분리된 검증셋에서 수행해 모델의 일반화 성능을 평가한다.
- **퍼플렉시티**perplexity: : 크로스 엔트로피 손실의 지수값으로, 데이터에 대해 모델이 얼마나 '헷갈리는지'를 나타낸다. 값이 낮을수록 더 좋은 성능을 의미한다.
- **그레이디언트 노름**: 학습 중 그레이디언트의 크기를 모니터링해서 잠재적인 불안정성이나 그레이디언트 소실/폭발 문제를 감지한다.

이 단계에서 HellaSwag(상식 추론)과 같은 벤치마크를 포함할 수도 있지만, 이러한 평가에 과적합될 위험이 있다.

사전 학습 후after pre-training, 기본 모델을 평가하기 위해 평가 도구 모음을 사용하는 것이 일반적

이다. 이 도구 모음에는 내부 벤치마크internal benchmark와 공개 벤치마크public benchmark가 포함될 수 있다. 아래는 일반적으로 사용되는 공개 사전 학습 평가 목록의 일부이다.

- **MMLU(지식)**: 다양한 분야에서 객관식 질문을 통해 모델의 성능을 테스트한다.
- **HellaSwag(추론)**: 여러 선택지 중에서 주어진 문맥 뒤에 이어질 가장 적절한 문장을 고르도록 하여 모델의 상식 추론능력을 평가한다.
- **ARC-C(추론)**: 초등학교 과학 수준의 객관식 문제를 활용해 모델의 인과적 추론 능력을 평가한다.
- **Winogrande(추론)**: 문장에서 대명사가 가리키는 대상을 문맥과 상식을 바탕으로 파악하는 능력을 평가한다.
- **PIQA(추론)**: 일상생활에서 일어나는 물리적 현상에 관한 문제를 통해 모델의 기본적인 물리 상식을 평가한다.

이러한 데이터셋의 상당수는 범용 파인튜닝 모델의 평가에도 활용된다. 이때는 기본 모델과 파인튜닝 모델 사이의 성능 차이를 중점적으로 살펴본다. 예를 들어, 부적절한 파인튜닝은 MMLU로 측정한 모델의 지식 수준을 떨어뜨릴 수 있다. 반면, 효과적인 파인튜닝은 모델에 새로운 지식을 보강해 MMLU 점수를 높일 수 있다.

이러한 평가는 모델이 테스트셋과 지나치게 유사한 데이터로 파인튜닝되었는지를 확인해 데이터 오염 여부를 파악하는 데도 유용하다. 예를 들어, 파인튜닝 단계에서 기본 모델의 MMLU 점수가 10점이나 상승했다면, 이는 지시문 데이터가 오염될 가능성을 의심해볼 수 있다. 이러한 사전 학습 평가 외에도, 파인튜닝된 모델은 자체적인 벤치마크를 가진다. 여기서 '파인튜닝된 모델'이란 지도 파인튜닝supervised fine-tuning(SFT)과 선호도 정렬을 통해 학습된 모델을 의미한다. 이러한 벤치마크는 파인튜닝된 모델이 질문을 이해하고 답변하는 능력과 관련된 역량을 평가한다. 특히, 지시 수행instruction-following, 멀티턴 대화multi-turn conversation, 에이전틱 스킬agentic skill을 테스트한다.

- **IFEval(지시 수행)**: 모델이 특정 제약 조건(예: 답변에 쉼표를 사용하지 않기)을 포함한 지시를 따르는 능력을 평가한다.
- **Chatbot Arena(대화)**: 두 모델을 1:1 대화로 비교해 주어진 지시에 대한 최고의 답변을 인간이 투표로 평가하는 프레임워크이다.
- **AlpacaEval(지시 수행)**: 파인튜닝된 모델을 자동으로 평가하는 방식으로, Chatbot Arena와 높은 상관성을 가진다.
- **MT-Bench(대화)**: 멀티턴 대화를 통해 모델의 맥락 유지 및 일관성 있는 응답 생성 능력을 평가한다.
- **GAIA(에이전틱 스킬)**: 도구 사용 및 웹 브라우징과 같은 다양한 능력을 다단계 방식으로 테스트한다.

이러한 평가가 어떻게 설계되고 사용되는지를 이해하는 것은 특정 응용 분야에 적합한 LLM을 선택하는 데 중요하다. 예를 들어, 모델을 파인튜닝하는 경우 주어진 크기에서 지식과 추론 면에서 최고의 기본 모델을 선택하고자 할 것이다. 이를 통해 다양한 LLM의 역량을 비교하고 파인튜닝에 가장 강력한 기반을 제공할 모델을 선택할 수 있다.

모델을 파인튜닝하지 않더라도 Chatbot Arena나 IFEval과 같은 벤치마크는 다양한 지시 기반 모델을 비교하는 데 유용하다. 예를 들어, 챗봇을 개발할 때는 뛰어난 대화 능력이 핵심이다. 그러나 비구조화된 문서에서 정보를 추출하는 것과 같은 과제가 최종 목표라면, 대화 능력은 그다지 중요하지 않다. 이 경우에는 오히려 주어진 과제를 정확히 이해하고 수행하는 지시 이행 능력이 더욱 중요하다.

이러한 벤치마크는 널리 활용되고 유용하지만 여러 한계점을 지니고 있다. 예를 들어, 공개 벤치마크의 경우 모델을 테스트셋이나 벤치마크 데이터셋과 매우 유사한 샘플로 학습시켜 결과를 '조작'할 수 있다는 취약점이 있다. 인간 평가 역시 완벽하지 않다. 특히 마크다운과 같은 형식으로 잘 정리된 긴 답변을 보면 그 내용을 과대평가하는 경향이 있다. 한편, 비공개 테스트셋은 공개 테스트셋에 비해 검증이 충분히 이루어지지 않아 고유의 문제점이나 편향성을 내포할 수 있다.

따라서 벤치마크는 절대적인 기준이 아니라 하나의 신호로 사용되어야 함을 의미한다. 여러 평가에서 비슷한 결과가 나올 경우, 모델의 실제 역량에 대한 신뢰 수준을 높일 수 있다.

7.1.3 도메인 특화 LLM 평가

도메인 특화 LLM은 범용 모델과 적용 범위가 다르다. 평가도 특정 도메인에 초점을 맞추기 때문에, 기존 벤치마크보다 해당 도메인에서 요구되는 세부적인 기능과 능력을 심층적으로 평가하는 데 유용하다.

도메인의 특성에 따라 적합한 벤치마크가 결정된다. 특히 특정 언어나 코드 생성과 같은 일반적인 응용 분야에서는 이미 검증된 평가 방법과 벤치마크를 활용하는 것이 바람직하다. 이러한 평가 방법들은 다양한 벤치마크를 포함하며, 동일한 조건에서 반복적으로 일관된 평가 결과를 얻을 수 있도록 설계되었다. 도메인의 다양한 측면을 종합적으로 평가함으로써 실제 성능을 더 정확하게 측정할 수 있다.

이해를 돕기 위해 허깅 페이스 허브에서 제공하는 도메인 특화 벤치마크 목록을 살펴보면 다음과 같다.

- **오픈 Medical-LLM 리더보드**:[1] 의료 분야 질문-답변 작업에서 LLM의 성능을 평가한다. 이 리더보드는 9가지 평가 지표로 구성되며, 미국 의사 면허 시험US medical license exams(MedQA)의 1,273개 질문, PubMed 논문PubMed articles(PubMedQA)의 500개 질문, 인도 의학 입학 시험Indian medical entrance exams(MedMCQA)의 4,183개 질문, MMLU의 6개 하위 카테고리(임상 지식clinical knowledge, 의학유전학medical genetics, 해부학anatomy, 전문 의학professional medicine, 대학 생물학college biology, 대학 의학college medicine)에서 나온 1,089개 질문을 포함한다.

- **BigCodeBench 리더보드**:[2] 코드 LLM의 성능을 평가하며 두 가지 주요 카테고리를 포함한다. BigCodeBench-Complete는 구조화된 도크스트링 기반의 코드 완성을, BigCodeBench-Instruct는 자연어 지시로부터의 코드 생성을 평가한다. 모델은 탐욕적 디코딩greedy decoding을 사용한 Pass@1 점수에 따라 순위가 매겨지며, Complete 변형에는 추가적으로 Elo 점수가 부여된다. 이는 LLM의 구성적 추론 및 지시 수행 능력을 테스트하는 다양한 프로그래밍 문제를 다룬다.

- **Hallucinations 리더보드**:[3] 5개의 카테고리에 걸친 16개의 다양한 작업에서 LLM이 허위 정보나 근거 없는 내용을 생성하는 경향을 평가한다. 여기에는 다음이 포함된다. 질문-답변(데이터셋 NQ Open, TruthfulQA, SQuADv2 사용), 독해(TriviaQA와 RACE 사용), 요약(HaluEval Summ, XSum, CNN/DM 활용), 대화(HaluEval Dial과 FaithDial 포함), 그리고 사실 검증(MemoTrap, SelfCheckGPT, FEVER, TrueFalse 활용). 또한 IFEval을 사용해 지시 수행 능력도 평가한다.

- **Enterprise Scenarios 리더보드**:[4] 기업의 실제 활용 사례를 바탕으로 한 6개의 작업에서 LLM의 성능을 평가하며, 비즈니스 응용 분야와 관련된 다양한 작업을 다룬다. 벤치마크에는 FinanceBench(100개의 금융 관련 질문, 문맥 제공), Legal Confidentiality(LegalBench에서 가져온 100개의 법적 추론 프롬프트), Writing Prompts(창의적 글쓰기 평가), Customer Support Dialogue(고객 서비스 상호작용에서의 적합성), Toxic Prompts(유해 콘텐츠 생성의 안전성 평가), Enterprise PII(민감 정보 보호를 위한 비즈니스 안전성)가 포함된다. 일부 테스트셋은 리더보드 조작을 방지하기 위해 비공개로 유지된다. 평가는 답변 정확성, 법적 추론, 창의적 글쓰기, 문맥 적합성, 안전 조치와 같은 특정 능력에 초점을 맞추어, LLM이 기업 환경에 적합한지를 포괄적으로 평가한다.

리더보드는 도메인에 따라 다양한 접근 방식을 가질 수 있다. 예를 들어, BigCodeBench는 도메인 전체를 충분히 반영할 수 있는 두 가지 평가 지표만을 사용하는 점에서 다른 리더보드와 크게 다르다. 반면, Hallucinations 리더보드는 16개의 평가 지표를 포함하며, 여러 범용 평가를 통합한다. 이는 커스텀 벤치마크 외에도 범용 벤치마크를 재사용해 자체 평가 모음을 완성할 수 있음을 보여준다.

---

1 옮긴이_ https://huggingface.co/spaces/openlifescienceai/open_medical_llm_leaderboard
2 옮긴이_ https://bigcode-bench.github.io/
3 옮긴이_ https://huggingface.co/spaces/hallucinations-leaderboard/leaderboard
4 옮긴이_ https://huggingface.co/blog/leaderboard-patronus

특히 특정 언어에 특화된 LLM은 범용 벤치마크를 해당 언어로 번역해 활용하는데, 여기에 그 언어로 직접 만든 평가 데이터셋을 추가해 보완할 수 있다. 기계 번역을 사용하는 벤치마크도 있지만, 번역 품질을 높이기 위해서는 사람이 번역한 평가 데이터셋을 사용하는 것이 바람직하다. 이를 참고해 여러분의 상황에 적합한 평가 방법을 설계하기 위해, 참고할 만한 세 가지 벤치마크를 소개한다.

- **OpenKo-LLM 리더보드**:[5] 한국어 LLM의 성능을 9개의 평가 지표로 평가한다. 이 평가 지표는 한국어로 번역된 범용 벤치마크(GPQA, Winogrande, GSM8K, EQ-Bench, IFEval)와 커스텀 평가(Knowledge, Social Value, Harmlessness, Helpfulness)를 결합한 것이다.

- **Open Portuguese LLM 리더보드**:[6] 포르투갈어 LLM의 성능을 9개의 다양한 벤치마크로 평가한다. 이 벤치마크에는 교육 평가(1,430개의 질문으로 구성된 ENEM, 대학 입학 시험 질문 724개를 포함한 BLUEX), 전문 시험(OAB 시험, 2,000개 이상의 질문 포함), 언어 이해 작업(ASSIN2 RTE, STS, FAQAUD NLI), 소셜 미디어 콘텐츠 분석(HateBR의 인스타그램 댓글 7,000개, PT Hate Speech의 5,668개 트윗, tweetSentBR)이 포함된다.

- **Open Arabic LLM 리더보드**:[7] 아랍어 LLM의 성능을 아랍어 고유 작업과 번역된 데이터셋을 포함한 포괄적인 벤치마크셋을 사용해 평가한다. 리더보드에는 AlGhafa와 Arabic-Culture-Value-Alignment라는 두 가지 아랍어 고유 벤치마크가 포함되어 있다. 또한, MMLU, ARC-Challenge, HellaSwag, PIQA 등 다양한 도메인을 다루는 12개의 번역된 벤치마크도 포함된다.

범용 평가와 도메인 특화 평가는 모두 세 가지 주요 원칙에 따라 설계된다. 첫째, 평가는 복잡성을 가지고 모델이 좋은 출력과 나쁜 출력을 구별할 수 있도록 도전 과제를 제공해야 한다. 둘째, 평가가 다양성을 갖추어 가능한 한 많은 주제와 적용 상황을 다뤄야 한다. 하나의 벤치마크만으로 충분하지 않은 경우, 추가적인 벤치마크를 통해 더 강력한 평가 모음을 구성할 수 있다. 마지막으로, 평가는 실용적이고 실행이 쉬워야 한다. 이는 평가 라이브러리의 복잡성에 크게 좌우된다. 벤치마크를 실행하기 위해 Eleuther AI의 **lm-evaluation-harness**[8]와 허깅 페이스의 **lighteval**[9]을 추천한다.

---

5 옮긴이_ https://huggingface.co/spaces/upstage/open-ko-llm-leaderboard
6 옮긴이_ https://huggingface.co/spaces/eduagarcia/open_pt_llm_leaderboard
7 옮긴이_ https://huggingface.co/OALL
8 github.com/EleutherAI/lm-evaluation-harness
9 github.com/huggingface/lighteval

7.1.4 작업별 LLM 평가

범용 평가와 도메인 특화 평가는 모델의 기본 성능이나 지시 수행 능력을 잘 보여준다. 하지만 이러한 평가만으로는 모델이 특정 작업에서 실제로 얼마나 효과적으로 작동하는지 파악하기 어렵다. 이를 위해서는 다운스트림 성능을 측정할 수 있도록 특별히 설계된 벤치마크가 필요하다.

작업별 LLM은 좁은 적용 영역에 집중하기 때문에 기존의 범용적인 평가 데이터셋을 그대로 활용하는 경우가 드물다. 그러나 이러한 모델들은 특정 기준에 따라 출력이 구조화되는 경우가 많아, 기존의 전통적인 머신러닝 평가 지표를 적용하기 용이하다. 예를 들어, 요약 작업에서는 n-그램을 사용해 생성된 텍스트와 참조 텍스트 간의 중첩을 측정하는 ROUGE$^{\text{Recall-Oriented Understudy for Gisting Evaluation}}$를 활용할 수 있다.

마찬가지로, 분류 작업에서도 이와 같은 장점이 있으며 다음과 같은 전통적인 평가 지표를 활용할 수 있다.

- **정확도**accuracy: 정확도는 전체 데이터 중에서 올바르게 예측된 사례의 비율을 의미한다. 이는 범주형 출력이 있거나 정답과 오답이 명확히 구분되는 작업, 예를 들어 개체명 인식$^{\text{named-entity recognition}}$(NER)과 같은 작업에서 특히 유용하다.
- **정밀도**precision: 모델이 예측한 긍정 결과 중 실제로 긍정인 결과의 비율을 의미한다.
- **재현율**recall: 실제 긍정 사례 중에서 모델이 올바르게 예측한 긍정 결과의 비율을 의미한다.
- **F1 점수**F1 score: 정밀도와 재현율의 조화 평균으로, 두 평가 지표의 균형을 맞추는 데 사용된다. 이는 분류나 개체 추출과 같은 작업에서 특히 유용하다.

평가 대상 작업이 분류 등 전통적인 머신러닝 작업 유형과 다른 경우, 해당 작업에 맞는 커스텀 벤치마크를 생성해야 한다. 커스텀 벤치마크를 생성할 때 범용 또는 도메인 특화 평가 데이터셋에서 영감을 얻을 수 있다. 일반적으로 효과적인 방법은 다지선다형 질문-답변 형태로 벤치마크를 생성하는 것이다. 이 방식은 질문과 여러 선택지로 구성된다. 다음은 MMLU 데이터셋(추상대수학)의 질문을 사용한 예시이다.

표 7-1 MMLU 데이터셋의 예시

지시문
주어진 체 확장 Q(sqrt(2), sqrt(3))가 Q위에서 가지는 차수를 구하세요. A. 0 B. 4 C. 2 D. 6

출력
B

모델 평가의 주요 방법은 텍스트 생성$^{\text{text generation}}$과 로그-우도$^{\text{log-likelihood}}$다.

- **텍스트 생성 평가**는 모델이 생성한 텍스트 응답을 미리 준비된 정답과 비교해 평가한다. 예를 들어, 모델이 A, B, C, D 중 하나의 답을 생성하면 이를 정답과 대조해 확인한다. 이 방법은 모델이 실제 응용 환경에서 사용될 형식과 유사하게 일관되고 정확한 응답을 생성하는 능력을 테스트한다.

- **로그-우도 평가**는 텍스트 생성을 요구하지 않고 다양한 선택지에 대해 모델이 예측한 확률을 분석한다. MMLU의 경우 lm-evaluation-harness는 각 선택지의 전체 텍스트에 대한 확률을 비교한다. 이 접근법은 모델이 정확한 정답을 출력하지 않더라도, 각 선택지에 대한 상대적 신뢰도를 측정할 수 있어 문제에 대한 모델의 이해 수준을 더 정교하게 평가할 수 있다.

일반적인 경우, 사용의 간편함을 위해 인간의 시험 방식을 모방한 텍스트 생성 평가 방식을 추천한다. 이 방식은 구현이 용이할 뿐만 아니라, 로그-우도 평가에서 나타나는 저성능 모델의 과대평가 문제를 피할 수 있어 더 정확한 변별이 가능하다. 또한 이러한 평가 방식은 특정 작업이나 도메인의 특성에 맞게 유연하게 조정할 수 있다는 장점이 있다.

반대로, 작업이 지나치게 개방적이라면 전통적인 머신러닝 평가 지표나 다지선다형 질문-답변 방식이 적합하지 않을 수 있다. 이 경우 5장에서 소개된 LLM 평가자$^{\text{LMM-as-a-judge}}$ 기법을 활용해 답변의 품질을 평가할 수 있다. 정답이 있다면 이를 추가적인 문맥으로 제공하면 평가의 정확성이 높아진다. 그렇지 않은 경우 작업에 따라 관련성^{relevance}이나 유해성^{toxicity} 등 다양한 기준을 정의해 평가를 보다 해석 가능한 범주에 기반하도록 만들 수도 있다.

평가에는 대규모 언어 모델을 사용하는 것이 권장되며, 프롬프트를 반복적으로 개선하는 과정을 거친다. 이 과정에서 모델이 출력하는 설명은 모델의 추론 과정에서 발생한 오류를 이해하고, 그 오류를 바탕으로 프롬프트를 수정하거나 추가 지시를 통해 개선하는 데 중요한 역할을 한다.

답변을 쉽게 파싱하기 위해 지시문에 구조를 명시하거나 Outlines나 오픈AI의 JSON 모드와 같은 구조화된 생성 방식을 사용할 수 있다. 아래는 구조를 포함한 지시문의 예시이다.

표 7-2 답변 평가를 위한 범용 LLM 평가자 프롬프트 예시

> 당신은 지시에 대한 답변의 품질을 평가하는 평가자입니다.
> 답변이 지시를 얼마나 잘 충족하는지를 나타내는 점수를 제공하는 것을 목표로 합니다.
> 아래와 같이 1에서 4까지의 척도를 사용하여 평가하세요.
> 1. 답변이 지시와 관련이 없습니다.
> 2. 답변이 관련은 있지만 도움이 되지 않습니다.
> 3. 답변이 관련 있고 도움이 되지만, 더 자세한 내용이 필요합니다.
> 4. 답변이 관련 있고, 도움이 되며, 상세합니다.
>
> 다음 형식으로 평가 결과를 작성해 주세요.
>
> ##평가 결과##
> 평가 결과: (답변의 관련성, 유용성, 복잡성을 분석하세요.)
> 최종 점수: (1에서 4 사이의 숫자로 기입하세요.)
> 지시문:
> {instruction}
>
> 답변:
> {answer}
>
> ##평가 결과##
> 평가 결과:

필요에 따라 프롬프트의 길이, 구성 등 세부 사항을 조정하거나 정답을 추가하는 등 자신의 상황에 맞게 평가 방식을 커스터마이징 할 수 있다. 그러나 LLM 평가자는 단호하거나 장황한 답변에 높은 점수를 주는 경향이 있어, 자신감 있게 표현된 부정확한 답변을 실제보다 좋게 평가할 수 있다는 문제가 있다. 더욱이 전문 지식의 부족으로 특정 분야의 내용을 잘못 평가할 수

있으며, 비슷한 답변에 대해 일관되지 않은 점수를 부여하는 문제도 있다. 또한 실제 정답 여부보다는 특정 표현 방식을 선호하는 경향도 보인다. 이러한 한계점들을 보완하기 위해서는 다른 평가 지표와 결합, 복수 평가자 활용, 편향을 최소화하도록 설계된 프롬프트 사용 등의 방법을 고려할 수 있다.

모델이 적절히 평가되고 의도한 대로 작동하면, 더 큰 시스템에 포함될 수 있다. 다음 절에서는 시스템이 평가 프레임워크를 어떻게 변화시키는지 살펴본다.

7.2 RAG 평가

전통적인 LLM 평가가 모델의 고유한 능력에 중점을 두는 반면, RAG 평가는 모델의 생성 능력뿐만 아니라 외부 정보 소스와의 상호작용까지 고려하는 보다 포괄적인 접근 방식을 요구한다.

RAG 시스템은 LLM의 강점과 정보 검색 기술을 결합한다. 이를 통해 일관성 있고, 맥락에 맞는 응답을 생성할 수 있을 뿐 아니라, 최신 외부 정보를 활용한 응답도 제공할 수 있다. 이는 뉴스 보도, 연구, 고객 지원과 같이 최신 정보와 정확한 정보가 중요한 분야에서 RAG가 특히 유용하게 사용된다.

RAG 시스템은 LLM만을 평가하는 것이 아니라, 시스템 전체의 성능을 종합적으로 평가해야 한다.

- **검색 정확도**: 시스템이 관련 정보를 얼마나 잘 가져오는가?
- **통합 품질**: 검색된 정보가 생성된 응답에 얼마나 효과적으로 통합되는가?
- **사실성과 관련성**: 최종 출력이 검색된 내용과 생성된 내용을 자연스럽게 결합하면서 쿼리에 적절히 답하고 있는가?

RAG의 주요 평가 지표에는 검색된 정보의 정확성과 포괄성을 측정하는 검색 정밀도와 재현율이 포함된다. 또한 검색된 데이터와 생성된 텍스트 간의 통합 품질, 결괏값의 전반적인 사실성과 일관성도 중요하다.

이러한 평가 지표가 실제로 어떻게 적용되는지 설명하기 위해 온라인 쇼핑 고객 지원 챗봇의 RAG 시스템을 예로 살펴보자. 이 예시에서 사용자가 '특별 할인 행사 기간 동안 구매한 노트북의 환불 정책은 무엇인가요?'라고 묻는다. RAG 파이프라인은 전자제품 환불 정책과 특별 할인 조건에 관한 관련 문서를 찾아낸다. 이 추가적인 문맥은 질문 끝에 추가되며 모델은 이를 활용해 응답한다.

표 7-3 고객 지원을 위해 설계된 RAG 시스템의 출력 예시

> 특별 할인 행사 기간 동안 구매한 노트북은 구매일로부터 60일까지 환불이 가능하다. 이는 전자제품의 일반적인 환불 기간인 30일보다 두 배 길다. 다만 전액 환불을 받기 위해서는 노트북과 모든 액세서리를 구매 당시의 포장 상태 그대로 반품해야 한다.

이 시스템에서는 검색된 문서가 예상된 내용에 부합하는지(검색 정확도)를 평가할 수 있다. 추가적인 문맥이 포함된 응답과 포함되지 않은 응답 간의 차이(통합 품질)도 측정할 수 있다. 마지막으로, 출력이 문서에서 제공된 정보에 기반해 적절하고 관련성이 있는지(사실성과 관련성)를 평가할 수 있다.

이어서 RAG 모델이 외부 정보를 응답에 얼마나 잘 통합하는지를 평가하는 두 가지 방법을 소개한다.

7.2.1 Ragas

Ragas$^{\text{Retrieval-Augmented Generation Assessment}}$는 RAG 시스템의 평가와 최적화를 위해 개발자에게 포괄적인 도구 세트를 제공하는 오픈 소스 툴킷이다. 이는 데이터에 기반해 신중한 결정을 내리는 '지표 기반 개발$^{\text{metrics-driven development}}$(MDD)' 원칙에 따라 설계되었으며, 핵심 지표를 지속적으로 모니터링해서 애플리케이션의 성능을 파악하는 방식을 취한다. Ragas를 통해 개발자는 RAG 시스템을 객관적으로 평가하고, 개선이 필요한 부분을 찾아내며, 시간에 따른 성능 변화를 추적할 수 있다.

Ragas의 주요 기능 중 하나는 다양한 복잡한 테스트 데이터셋을 자동으로 생성하는 능력이다. 이 기능은 RAG 개발에서 수백 개의 질문, 답변, 문맥을 수동으로 생성하는 데 소요되는 시간과 노력을 줄이는 데 도움을 준다. Evol-Instruct 등의 연구에서 착안한 진화적 방식을 활용해 아래에 설명된 다양한 특성을 고려한 질문을 만들어내며, 이를 통해 RAG 파이프라인의 각 구성 요소를 빠짐없이 평가할 수 있다.

- **추론 난이도**: 답을 도출하기 위해 필요한 논리적 사고의 복잡성을 의미한다.

- **조건부 상황**: 특정 조건이 충족되어야만 답할 수 있는 문제를 뜻한다.
- **여러 문맥 고려**: 다양한 정보와 배경을 동시에 통합해 답을 도출해야 하는 경우를 의미한다.

추가로, Ragas는 대화 기반의 질문과 후속 질문 상호작용을 시뮬레이션하는 대화 샘플을 생성할 수 있어, 개발자가 보다 현실적인 시나리오에서 시스템을 평가할 수 있도록 한다.

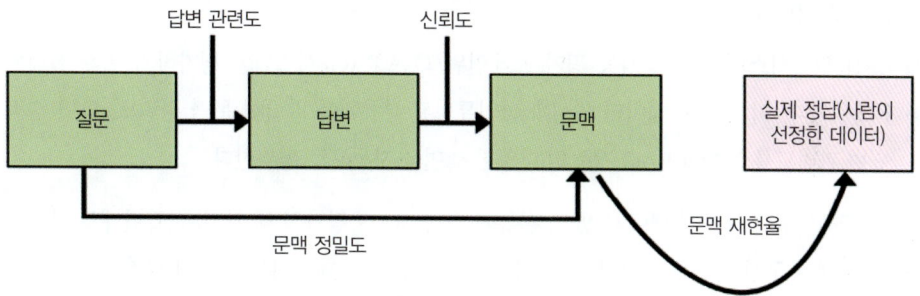

그림 7-1 Ragas 평가 프레임워크 개요

[그림 7-1]에서 설명한 것처럼, Ragas는 RAG 시스템의 다양한 성능을 객관적으로 측정할 수 있는 LLM 기반 평가 지표를 제공한다. 이러한 지표에는 다음이 포함된다.

- **신뢰도** faithfulness: 이 지표는 생성된 답변이 주어진 문맥과 얼마나 사실적으로 일치하는지를 측정한다. 답변을 개별 주장으로 분리한 뒤, 각 주장이 제공된 문맥에서 추론 가능한 내용인지 검증한다. 신뢰도 점수는 검증 가능한 주장 수를 답변 내 전체 주장 수로 나눈 비율로 계산된다.
- **답변 관련도** answer relevancy: 이 지표는 생성된 답변이 주어진 질문에 얼마나 적합한지 평가한다. LLM을 활용해 생성된 답변에 대한 여러가지 질문을 생성한 후, 생성된 질문들과 원본 질문의 평균 코사인 유사도를 계산하는 혁신적인 방법을 사용한다. 이 방법은 질문에 대한 답변이 사실적으로는 맞지만 주제에서 벗어나거나 불완전한 경우를 식별하는 데 도움을 준다.
- **문맥 정밀도** context precision: 이 지표는 질문과 관련된 문맥을 검색했을 때, 해당 질문에 가장 적합한 문맥이 검색 결과 상위에 얼마나 잘 배치되어 있는지를 평가한다. 즉, 검색된 문맥이 관련성이 높은 순서대로 정렬되었는지를 측정해 정보 검색의 정확성과 효율성을 평가한다.
- **문맥 재현율** context recall: 이 지표는 검색된 문맥이 실제 정답 annotated answer과 얼마나 일치하는지를 측정한다. 실제 정답에 포함된 각 주장이 검색된 문맥에서 추론 가능한지를 분석해서 검색된 정보의 완전성을 평가한다.

Ragas는 운영 환경에서 RAG 시스템의 성능을 모니터링할 수 있는 구성 요소를 제공해 RAG 시스템을 지속적으로 개선할 수 있게 한다. 테스트 데이터셋의 평가 결과와 운영 모니터링에서 얻은 통찰을 바탕으로 개발자는 애플리케이션을 반복적으로 개선할 수 있다. 이는 검색 알고리즘의 파인튜닝, 프롬프트 엔지니어링 전략 조정, 검색된 문맥과 LLM 생성 간의 균형 최적화 등을 포함할 수 있다.

Ragas는 커스텀 분류기를 기반으로 한 다른 접근 방식과 함께 활용할 수 있다.

7.2.2 ARES

ARES(RAG 시스템을 위한 자동 평가 프레임워크)는 RAG 시스템을 평가하기 위해 설계된 종합 도구이다. 이는 합성 데이터 생성과 파인튜닝된 분류기를 결합해 문맥 관련도, 답변 신뢰도, 답변 관련도를 포함한 RAG 성능의 다양한 측면을 자동으로 평가한다.

ARES 프레임워크는 합성 데이터 생성, 분류기 학습, RAG 평가의 세 가지 주요 단계로 작동한다. 각 단계는 구성 가능하며, 사용자가 자신의 특정 요구와 데이터셋에 맞게 평가 프로세스를 조정할 수 있도록 설계되었다.

합성 데이터 생성 단계에서 ARES는 현실 세계의 시나리오를 밀접하게 모방하는 데이터셋을 생성해 견고한 RAG 테스트를 지원한다. 사용자는 문서 파일 경로, 몇 가지 샘플 프롬프트 파일, 합성 쿼리의 출력 위치를 지정해 이 프로세스를 구성할 수 있다. 이 프레임워크는 이 작업을 위해 다양한 사전 학습된 언어 모델을 지원하며, 기본 모델은 google/flan-t5-xxl이다. 사용자는 샘플링할 문서 수와 기타 매개변수를 조정해 포괄적인 커버리지와 계산 효율성 간의 균형을 맞출 수 있다.

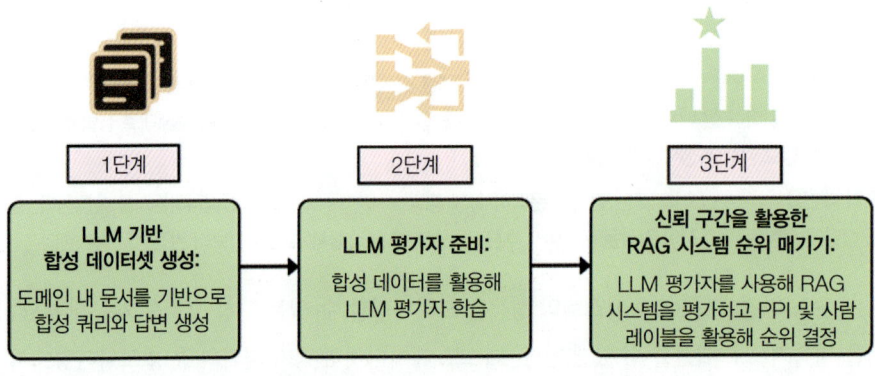

그림 7-2 ARES 평가 프레임워크 개요

LLM 평가자의 학습 단계에서는 RAG 출력의 관련도와 신뢰도를 판단하기 위한 정밀도 높은 LLM 평가자를 만든다. 사용자는 이전 단계에서 생성된 데이터셋, 평가용 테스트셋, 레이블 열, 모델 선택 등을 선택해 학습시킬 수 있다. ARES는 LLM 평가자의 기본 모델로 microsoft/deberta-v3-large를 사용하지만, 다른 허깅 페이스 모델도 지원한다. 학습 성능을 최적화하기 위해 에포크 수, 조기 종료를 위한 대기 허용 값(patience value), 학습률 등의 학습 매개변수를 조정할 수 있다.

마지막 단계인 RAG 평가는 학습된 평가자와 합성 데이터를 활용해 RAG 모델의 성능을 평가한다. 사용자는 평가 데이터셋, 평가를 안내하기 위한 몇 가지 샘플 예시, 평가자 체크포인트, 정답 레이블 경로를 제공한다. ARES는 다양한 평가 지표를 지원하며 평가 결과에 대해 신뢰 구간을 생성할 수 있다.

ARES는 vLLM 통합을 통해 클라우드 기반 실행과 로컬 실행을 모두 지원하는 유연한 모델 실행 옵션을 제공한다. 또한 코드 조각, 문서, HTML, 이미지 등 다양한 아티팩트 유형을 지원해 서로 다른 RAG 시스템 출력에 대한 포괄적인 평가를 가능하게 한다.

요약하면, Ragas와 ARES는 평가 및 데이터셋 생성에 대한 서로 다른 접근 방식을 통해 상호 보완적인 역할을 한다. Ragas는 운영 모니터링과 LLM 기반 지표에서 강점을 가지며, ARES는 고도로 구성 가능한 평가 프로세스와 평가자 기반 평가를 제공한다. Ragas는 LLM 기능에 기반한 세밀한 평가를 제공하는 반면, ARES는 평가자 학습 후 일관되고 빠른 평가를 수행할 수 있다. 이 두 가지를 결합하면, Ragas를 통한 빠른 반복 평가와 ARES를 활용한 심층적이고 커스터마이징된 평가를 주요 단계에서 수행할 수 있는 포괄적인 평가 프레임워크를 구성할 수 있다.

다음 절에서는 특정 작업에 맞춘 TwinLlama-3.1-8B 모델을 평가하기 위한 자체 평가 프레임워크를 구축한다.

7.3 TwinLlama-3.1-8B 평가

6장에서 고품질 게시물과 기사를 생성하기 위해 파인튜닝된 모델(TwinLlama-3.1-8B와 TwinLlama-3.1-8B-DPO)을 만들었다. 이제 이 두 모델이 얼마나 정확하고 완성도 높은 텍스트를 생성할 수 있는지 평가해보자. 일반 목적으로 파인튜닝된 모델은 폭넓은 지식을 바탕으로 정확한 내용을 생성하지만, 불필요하게 격식을 차리거나 장황한 표현을 자주 사용한다. 파인튜닝된 두 모델은 학습 데이터셋의 원본 기사에 기반해 보다 자연스러운 문체를 채택하는 것을 목표로 한다.

이 문제는 정답이 하나로 고정되지 않고 다양한 해석과 답변이 가능하다는 열린 특성을 가지고 있다. 따라서 생성된 텍스트의 품질을 평가하기 위해 판별용 LLM을 활용한다. 이 LLM은 지시문-답변 쌍을 입력받아 두 가지 기준에 따라 1점부터 3점까지 평가한다.

- **정확성**accuracy: 답변에 제시된 정보의 사실적 정확성과 포괄성의 정도
- **문체**style: 블로그 게시물이나 소셜 미디어 콘텐츠에 적합한 어조와 글쓰기 스타일의 적절성(형식적이거나 학문적인 표현은 배제).

우리의 평가 프레임워크에서는 지시문 데이터셋의 테스트 분할test split을 사용해 테스트 지시문을 얻는다. 이를 모델에 입력해 답변을 생성하며 생성된 답변은 설정된 기준에 따라 판별용 LLM(GPT-4o-mini)을 통해 평가된다. 마지막으로 점수를 분석하고 정성적 및 정량적 평가를 바탕으로 결론을 도출한다.

7.3.1 답변 생성

첫 번째 단계는 테스트셋의 각 지시문에 대해 효율적으로 답변을 생성하는 것이다. 두 모델 외에도, 우리가 선택한 절충점을 더 잘 이해하기 위해 기준점으로 meta-llama/Meta-Llama-3.1-8B 모델을 함께 사용한다.

첫 번째 단계의 구현을 시작해보자.

1 답변 생성 코드 실행에 필요한 라이브러리를 가져온다. 여기에는 빠른 생성에 유용한 vLLM이 포함된다. 이 라이브러리는 로컬 모델로 배치 생성 시 transformers보다 훨씬 빠르게 동작한다.

```
from vllm import LLM, SamplingParams
from datasets import load_dataset
from tqdm.auto import tqdm
import gc
```

2 generate_answers 함수는 데이터셋을 처리하고 지정된 모델을 사용해 답변을 생성한다. 이 함수는 사용하려는 모델의 ID와 테스트 데이터셋의 이름, 두 가지 입력을 받는다. 아래는 해당 함수의 예시 코드이다.

```python
def generate_answers(model_id, dataset_name):
    dataset = load_dataset(dataset_name, split="test")
```

3 원시 지시문을 모델이 학습한 챗 템플릿에 맞게 포맷팅해야 한다. Llama-3.1-8B-Instruct는 다른 템플릿을 사용했지만, 이 간단한 포맷을 따를 수 있다. 여기서는 모든 모델에 동일한 챗 템플릿을 사용해 간소화한다. 테스트셋 전체를 이 템플릿에 맞추기 위해 format() 함수를 사용한다.

```python
def format(sample):
    return "Below is an instruction that describes a task. Write a response that appropriately completes the request.\n\n### Instruction:\n{}\n\n### Response:\n".format(sample["instruction"])
dataset = dataset.map(lambda sample: {"prompt": format(sample)})
```

4 vLLM에서 사용할 LLM 객체를 최대 토큰 길이 4,096으로 초기화한다. 또한 디코딩 전략에서 사용되는 변수를 지정하는 샘플링 파라미터를 설정할 수 있다. 여기서는 다양성을 높이기 위해 높은 온도temperature를 사용하고, 가장 가능성이 낮은 토큰들을 제거하기 위해 top_p와 min_p를 설정한다. 마지막으로, dataset["prompt"]에 있는 프롬프트 리스트를 제공해 텍스트 생성을 시작한다.

```python
llm = LLM(model=model_id, max_model_len=4096)
sampling_params = SamplingParams(temperature=0.8, top_p=0.95, min_p=None)
outputs = llm.generate(dataset["prompt"], sampling_params)
```

5 이 과정은 334개의 프롬프트를 처리하는 데 몇 분 정도 소요된다. 완료 후에는 vLLM이 출력한 객체에서 답변을 추출한다. 그런 다음, 이 답변들을 데이터셋의 새로운 열에 추가한다. 이는 답변을 기록하고 추후 검토할 수 있도록 하는 데 유용하다.

```python
answers = [output.outputs[0].text for output in outputs]
dataset = dataset.add_column("answers", answers)
```

6 결과를 나중에 쉽게 접근할 수 있도록 허깅 페이스 허브에 저장한다. 그런 다음, 다음 모델을 처리할 때 공간 부족을 방지하기 위해 GPU 메모리를 정리한다.

```python
print(f"Uploading results for {model_id}")
dataset.push_to_hub(f"mlabonne/{model_id.split('/')[-1]}-results")
gc.collect()

return dataset
```

7 테스트하려는 세 개의 모델 목록을 생성한다. 그런 다음, 각 모델에 대해 generate_answers() 함수를 하나씩 실행한다. 이를 통해 각 모델에 대한 개별 결과를 생성하고 업로드한다.

```python
model_ids = [
    'mlabonne/TwinLlama-3.1-8B',
    'mlabonne/TwinLlama-3.1-8B-DPO',
    'meta-llama/Meta-Llama-3.1-8B-Instruct'
]

for model_id in model_ids:
    generate_answers(model_id, "mlabonne/LLM Twin")
```

이제 답변 생성이 완료되었다. 평가 과정으로 넘어가보자.

7.3.2 답변 평가

답변을 평가하기 위해 GPT-4o-mini를 평가자로 사용한다. 이 전략은 데이터를 생성할 때 사용한 방법과 유사하다. 실제로 이는 데이터 생성 과정에서 부적절한 샘플을 걸러내는 데도 활용할 수 있다. 여기에서는 각 모델이 생성한 답변을 정확성과 문체 측면에서 점수화한다. 평균 점수를 통해 Llama-3.1-8B-Instruct와 비교했을 때 파인튜닝의 품질을 평가한다.

1 먼저 OpenAI를 포함한 필요한 라이브러리를 임포트한다.

```python
import json
from typing import List
from datasets import Dataset, load_dataset
from openai import OpenAI
from tqdm.auto import tqdm
import concurrent.futures
```

2 evaluate_answer() 함수를 정의한다. 이 함수는 정확성과 문체를 기준으로 답변을 평가하기 위한 평가 프롬프트를 설정해 평가의 맥락을 구성한다.

```python
def evaluate_answer(
    instruction: str, answer: str, client: OpenAI) -> dict:
    prompt = f"""You are an expert judge. Please evaluate the quality of a given answer to an instruction based on two criteria:
    1. Accuracy: How factually correct is the information presented in the
```

```
answer? You are a technical expert in this topic.
    2. Style: Is the tone and writing style appropriate for a blog post or social
media content? It should use simple but technical words and avoid formal or
academic language.
```

3 동일한 프롬프트에서 각 평가 기준에 대한 척도를 정의한다. 이 척도는 각 점수에 대한 명확한 정의를 포함한 3점 리커트 척도^{Likert scale}로 설정한다.

```
Accuracy scale:
1 (Poor): Contains factual errors or misleading information
2 (Good): Mostly accurate with minor errors or omissions
3 (Excellent): Highly accurate and comprehensive

Style scale:
1 (Poor): Too formal, uses some overly complex words
2 (Good): Good balance of technical content and accessibility, but still uses
formal words and expressions
3 (Excellent): Perfectly accessible language for blog/social media, uses simple
but precise technical terms when necessary
```

4 마지막으로, 프롬프트를 '복잡한 단어'와 '형식적이거나 학문적인 언어'의 의미를 설명하기 위한 두 가지 예시로 마무리한다. 해당 예시에서는 적절한 '지시문-답변' 쌍을 제공하고, 모델이 JSON 형식으로 응답을 반환하도록 요청한다.

```
Example of bad style: The Llama2 7B model constitutes a noteworthy progression
in the field of artificial intelligence, serving as the successor to its
predecessor, the original Llama architecture. Example of excellent style: Llama2
7B outperforms the original Llama model across multiple benchmarks.

Instruction: {instruction}

Answer: {answer}

Provide your evaluation in JSON format with the following structure:
{
    "accuracy": {
        "analysis": "...",
        "score": 0
    },
    "style": {
        "analysis": "...",
        "score": 0
```

```
        }}
    }}
    """
```

5 이 프롬프트는 GPT-4o-mini 모델에 사용자 쿼리로 제공된다. 시스템 프롬프트 내용을 살펴보면, 정확성과 문제를 기준으로 답변 평가에 초점을 맞추고 있음을 알 수 있다.

```
    completion = client.chat.completions.create(
            model="gpt-4o-mini",
            messages=[
            {
                "role": "system",
                "content": "You are a helpful assistant who evaluates answers based
on accuracy and style. Provide your response in JSON format with a short analysis
and score for each criterion.",
            },
            {"role": "user", "content": prompt},
        ],
        response_format={"type": "json_object"},
        max_tokens=1000,
        temperature=0.8,
    )
```

6 6장에서와 마찬가지로, 요청 처리를 더 빠르게 하기 위해 배치 방식으로 요청을 처리한다. 이를 위해 evaluate_batch() 함수를 생성하며 이 함수는 구조화된 출력 데이터를 파싱한 리스트와 해당 인덱스를 반환한다. 이 인덱스는 평가 결과의 올바른 순서를 보장하기 위해 중요하다.

```
def evaluate_batch(batch, start_index):
    client = OpenAI(api_key=OPENAI_KEY)
    return [
        (i, evaluate_answer(instr, ans, client))
        for i, (instr, ans) in enumerate(batch, start=start_index)
    ]
```

7 이제 이전 코드를 evaluate_answers() 함수로 통합한다. 이 함수는 모델 ID, 스레드 개수, 배치 크기를 입력으로 받는다. 먼저, 이전에 저장했던 생성 데이터를 포함한 데이터셋을 로드한다.

```
def evaluate_answers(model_id: str, num_threads: int = 10, batch_size: int = 5)
-> Dataset:
    dataset = load_dataset(f"mlabonne/{model_id.split('/')[-1]}-result",
split="all")
```

8 데이터셋에서 지시문-답변 쌍을 배치로 생성한다. 각 배치는 batch_size 개수의 쌍을 포함한다.

```
batches = [
    (i, list(zip(dataset["instruction"][i:i+batch_size], dataset["
        for i in range(0, len(dataset), batch_size)
]
```

9 여러 스레드를 사용해 지시문-답변 쌍의 배치를 병렬로 평가한다. 병렬 처리를 통해 여러 배치를 동시에 평가해 전체 평가 과정을 가속화한다. ThreadPoolExecutor를 사용해 각 배치를 evaluate_batch() 함수에 제출하고 결과는 evaluations 리스트에 저장된다.

```
evaluations = [None] * len(dataset)

with concurrent.futures.ThreadPoolExecutor(max_workers=num_threads) as executor:
    futures = [executor.submit(evaluate_batch, batch, start_index) for start_index, batch in batches]
        for future in tqdm(concurrent.futures.as_completed(futures), total=len(futures)):
            for index, evaluation in future.result():
                evaluations[index] = evaluation
```

10 평가 프로세스의 결과를 저장할 새로운 열을 생성한다. 이 열에는 판정 모델이 반환한 원시 JSON 출력이 포함되며, 점수와 분석(설명)이 담겨 있다.

```
if 'evaluation' in dataset.column_names:
    dataset = dataset.remove_columns(['evaluation'])
dataset = dataset.add_column("evaluation", evaluations)
```

11 JSON 객체를 json.loads()를 사용해 직접 파싱하고, 생성된 정확성과 문체 점수를 가져온다. 이 과정은 '최선의 노력 모드^{best-effort mode}'로 수행되며, 점수 생성이 보장되지 않는다. 파싱 중 오류가 발생하면 None 값을 기본값으로 사용해 대체한다.

```
accuracy_scores = []
style_scores = []

for evaluation in dataset['evaluation']:
    try:
        eval_dict = json.loads(evaluation) if isinstance(evaluation, str) else evaluation
        accuracy_score = eval_dict['accuracy']['score']
```

```
                style_score = eval_dict['style']['score']
                accuracy_scores.append(accuracy_score)
                style_scores.append(style_score)
            except (json.JSONDecodeError, KeyError, TypeError):
                accuracy_scores.append(None)
                style_scores.append(None)
```

12 추가 분석을 위해 정확성(accuracy) 점수와 문체(style) 점수를 저장할 새로운 열 2개를 데이터셋에 추가한다.

```
    if 'accuracy' in dataset.column_names:
            dataset = dataset.remove_columns(['accuracy'])
    dataset = dataset.add_column('accuracy', accuracy_scores)
    if 'style' in dataset.column_names:
            dataset = dataset.remove_columns(['style'])
    dataset = dataset.add_column('style', style_scores)
```

13 생성된 답변, 평가 결과, 점수가 포함된 최종 데이터셋을 허깅 페이스 허브에 업로드한다.

```
    dataset.push_to_hub(f"mlabonne/{model_id.split('/')[-1]}-results")
    return dataset
```

14 이제 선택한 세 가지 모델을 대상으로 evaluate_answers() 함수를 호출해 평가한다.

```
model_ids = [
    'mlabonne/TwinLlama-3.1-8B',
    'mlabonne/TwinLlama-3.1-8B-DPO',
    'meta-llama/Meta-Llama-3.1-8B-Instruct'
]
for model_id in model_ids:
    evaluate_answers(model_id)
```

평가 프레임워크는 중간 결과를 저장함으로써 오류에 대한 대응력을 높일 수 있다. 또한, 이를 통해 다양한 모델과 데이터셋, 평가 기준으로 쉽게 확장할 수 있다.

7.3.3 결과 분석

이 평가 과정의 마지막에는 모델 답변, 평가에서 도출된 설명, 점수의 세 가지 요소를 검토할 수 있다. 답변을 검토하는 것은 잘못된 챗 템플릿이나 모델 오류와 같은 일반적인 실수를 식별하는 중요한 단계이다. 여기에서는 하나의 지시문을 중심으로 두 모델과 Llama-3.1-8B-Instruct가 제공한 답변을 살펴본다.

표 7-4 주어진 지시문에 대한 생성된 답변 예시

지시문
알고리즘 편향의 개념과 그 함의를 살펴본다.

TwinLlama-3.1-8B
알고리즘 편향은 알고리즘이 내재된 가정이나 프로그래밍 편향으로 인해 치우치거나 불공정한 결과를 생성하는 경향을 말한다. 이는 특히 머신러닝과 AI처럼 알고리즘에 의존해 중요한 결정을 내리는 분야에서 중대한 영향을 미칠 수 있다. 알고리즘의 편향을 적절히 검토하지 않으면, 특정 인구 집단에 불리한 대출 관행이나 특정 후보를 부당하게 우대하는 채용 절차와 같은 차별적 결과를 초래할 수 있다. 이러한 위험을 줄이기 위해 알고리즘을 설계하고 구현할 때 공정성과 정확성을 반드시 고려해야 한다.

TwinLlama-3.1-8B-DPO
알고리즘 편향은 알고리즘이 내재된 가정이나 프로그래밍 편향으로 인해 치우치거나 불공정한 결과를 생성하는 경향을 말한다. 이는 특히 머신러닝과 AI처럼 알고리즘이 중요한 결정을 내리는 데 의존하는 분야에서 큰 영향을 미칠 수 있다. 알고리즘의 편향을 제대로 검토하지 않으면 특정 인구 집단에 대출을 거부하거나 고정관념을 강화하는 등 차별적인 결과를 초래할 수 있다. 따라서 우리가 개발하는 기술이 공정하고 정의롭게 작동하도록 알고리즘 편향을 선제적으로 해결하는 것이 중요하다.

Llama-3.1-8B-Instruct
알고리즘 편향, 또는 알고리즘적 편향은 머신러닝 모델에 내재되거나 의도치 않게 발생하는 편향으로, 모델의 성능, 정확성, 공정성에 영향을 미칠 수 있다. 이러한 편향은 모델 학습에 사용된 데이터, 알고리즘 자체, 또는 사회나 문화에 존재하는 편향 등 다양한 요인에서 비롯된다. 알고리즘 편향의 가장 큰 문제는 기존의 사회적 불평등을 지속시키거나 악화시킬 가능성이 있다는 점이다. 예를 들어, 안면 인식 소프트웨어는 유색 인종에 대해 정확도가 낮은 것으로 나타나 부당한 체포와 차별을 초래하기도 한다. 마찬가지로, 언어 처리 모델은 지배적 집단의 언어나 방언에 편향되어 소외된 커뮤니티가 정보와 서비스에 접근하기 어렵게 만든다. 알고리즘 편향은 의료, 교육, 고용과 같은 분야에서도 심각한 결과를 초래할 수 있다. 예를 들어, 특정 인구 집단에 편향된 의료 진단 알고리즘은 다른 그룹의 질병을 오진하거나 진단하지 못해 치료가 지연되거나 부적절한 치료로 이어질 수 있다. 교육 분야에서는 특정 학습 스타일에 편향된 알고리즘이 다양한 학습 능력을 가진 학생들에게 불균형적인 영향을 미쳐 동등한 기회를 저해할 수 있다. 알고리즘 편향의 영향을 줄이기 위해서는 편향의 근본 원인을 해결하고, 머신러닝 모델에서 공정성과 투명성을 보장하는 조치를 시행하는 것이 중요하다. 이를 위해 데이터 정제, 정규화, 디바이어싱debiasing 같은 기법을 활용하고, 다양하고 대표성을 갖춘 데이터셋을 사용하는 방법이 있다. 또한 소외된 커뮤니티의 구성원을 포함한 다양한 이해관계자를 알고리즘 개발과 테스트 과정에 참여시키는 것이 필수적이다. 이를 통해 알고리즘이 공정하고 형평성 있게 작동하도록 보장할 수 있다. 결론적으로, 알고리즘 편향은 개인과 사회 전반에 걸쳐 광범위한 영향을 미칠 수 있는 중요한 문제이다. 머신러닝 모델에 존재할 수 있는 편향을 인식하고, 그 영향을 완화하기 위한 선제적 조치를 취하는 것이 필수적이다. 이를 통해 배경이나 인구 통계적 특성과 관계없이 모두에게 혜택을 주는 보다 공정하고 정의로운 시스템을 구축할 수 있다.

위 예시를 보면 대부분의 모델 답변이 상당히 유사하다. 하지만 Llama-3.1-8B-Instruct의 답변은 다르다. 이 모델의 답변은 불필요하게 길고 과도한 예시를 포함하고 있다. 이러한 답변들은 대체로 정확하지만, 과도한 길이로 인해 인위적이고 불편하게 느껴질 수 있다. 반면, DPO 모델은 SFT 버전의 언어를 좀 더 간결하게 다듬어 학술적 어투를 완화하고 있다. 이것이 바로 이상적인 접근 방식으로, 답변의 본질적 내용은 그대로 유지하면서 단지 문체만을 개선하는 것이다. 이제 각 답변에 대해 GPT-4o-mini가 제공한 평가를 살펴보자.

표 7-5 GPT-4o-mini가 각 답변에 대해 문체와 정확성을 기준으로 수행한 평가

TwinLlama-3.1-8B

정확성	문체
답변은 알고리즘 편향을 정확히 정의하고, 이를 머신러닝 및 AI 같은 분야에서의 영향을 강조한다. 편향된 알고리즘으로 인해 발생할 수 있는 차별적 결과의 위험을 올바르게 지적하고 있다. 명백한 사실 오류가 없으며, 전반적으로 포괄적인 답변이다. 점수: 3	어조는 유익하고 비교적 이해하기 쉬우나, 일부 부분에서는 다소 격식을 갖춘 톤을 사용하고 있다(예: '내재된 가정이나 프로그래밍 편향'). 기술 용어를 적절히 사용하고 있지만, 블로그나 소셜 미디어 콘텐츠를 대상으로 한다면 좀 더 쉽게 표현할 필요가 있다. 점수: 2

TwinLlama-3.1-8B-DPO

정확성	문체
답변은 알고리즘 편향을 정확히 정의하고, 머신러닝과 AI 같은 중요한 분야에서의 영향을 개괄적으로 설명하고 있다. 차별적 결과가 발생할 가능성을 강조하며, 주제에 대해 사실 오류 없이 포괄적인 개요를 제공하고 있다. 점수: 3	문체는 명확하고 접근하기 쉬우며, 알고리즘 편향이라는 기술적 개념을 과도하게 격식 차리지 않고 효과적으로 전달하고 있다. 일부 기술 용어를 사용하지만, 적절하게 설명해 일반 대중도 이해할 수 있도록 잘 표현했다. 점수: 3

Llama-3.1-8B-Instruct

정확성	문체
답변은 알고리즘 편향을 정확히 정의하고, 얼굴 인식, 의료, 교육 등 다양한 분야에서의 원인과 영향을 다루고 있다. 또한 다양한 이해관계자를 참여시키거나 디바이어싱 기법을 활용하는 등 편향을 완화하는 방법을 정확히 식별하고 있다. 전반적으로 정보에 사실 오류가 없으며 포괄적이다. 점수: 3	어조는 유익하고 이해하기 쉬우며, 기술 용어도 명확히 설명하고 있다. 그러나 '의도하지 않은 또는 내재된 편향', '다양하고 대표적인 데이터셋의 구현'과 같은 표현은 더 폭넓은 독자를 위해 단순화할 수 있다. 글은 블로그나 소셜 미디어 콘텐츠에 적합하지만, 좀 더 대화체로 표현하면 더 효과적일 것이다. 점수: 2

LLM 평가자에 따르면 답변의 정확성에는 문제가 없으며 만점 점수를 받았다. 그러나 TwinLlama-3.1-8B(SFT)와 Llama-3.1-8B-Instruct의 문체는 지나치게 형식적이라고 간주되어 문체 점수로 2점을 받았다. LLM 평가자는 이전 분석과 일치하게 TwinLlama-3.1-8B-DPO의 답변이 '알고리즘 편향이라는 기술적 개념을 지나치게 형식적이지 않게 전달한다'는 점에서 만점을 부여했다. 이 경향은 각 모델이 얻은 평균 점수로 확인된다.

```
TwinLlama-3.1-8B - Accuracy: 2.45
TwinLlama-3.1-8B - Style: 2.04
TwinLlama-3.1-8B-DPO - Accuracy: 2.46
TwinLlama-3.1-8B-DPO - Style: 2.12
Llama-3.1-8B-Instruct - Accuracy: 2.62
Llama-3.1-8B-Instruct - Style: 1.86
```

정확성 측면에서, 두 파인튜닝 모델은 비슷한 수준의 점수를 받았다. 그중에서도 Llama-3.1-8B-Instruct가 2.62점으로 가장 높은 정확성 점수를 기록했다. 이는 Instruct 튜닝된 라마 모델이 사실적으로 정확한 정보를 제공하는 데 약간의 우위를 가질 수 있음을 시사한다. 이는 아마도 해당 모델이 1,000만 개 이상의 샘플로 진행된 광범위한 후속 학습 과정을 거쳤기 때문이다(우리의 경우 13,000개와 비교됨).

그러나 문체 측면에서는 다른 패턴이 나타난다. TwinLlama-3.1-8B-DPO가 2.12점으로 선두를 차지했다. 이 모델은 원래 내용의 품질은 그대로 유지하면서, 더 이해하기 쉽고 덜 딱딱한 문체를 성공적으로 구현했다. TwinLlama-3.1-8B(SFT)는 2.04점으로 뒤를 이으며 개선된 모습을 보였지만 여전히 딱딱한 문체를 유지하고 있다. 반면, Llama-3.1-8B-Instruct는 1.86점으로 가장 낮은 점수를 받았으며, 장황한 경향을 보인다.

이 피드백과 생성된 답변에 대한 수동 검토를 기반으로 오류를 발견하고 개선이 필요한 부분을 식별할 수 있다. 이는 추가 필터링을 통해 데이터 생성 과정을 개선하거나 누락된 정보를 데이터셋에 보강하는 데 필수적이다. 첫 번째 버전에서도 이미 유망한 결과를 보여주지만, 다양한 데이터셋과 모델을 반복적으로 활용하면 기준 모델을 크게 능가하며 사용 사례에 최적화된 모델을 만들 수 있다.

요약

이 장에서는 모델과 RAG 시스템을 활용한 LLM 평가를 살펴봤다. MMLU와 같은 고전적인 벤치마크를 해석해 강력한 후보를 선택하거나 파인튜닝에 활용하는 방법을 다루었다. 또한 도메인 및 작업 특화 평가가 어떻게 작동하는지 상세히 설명하고, 공개된 예시를 기반으로 자체 평가를 생성하는 방법도 논의했다.

우리는 이러한 커스텀 평가 프레임워크의 근간이 되는 두 가지 기법(다지선다형 질문-답변과 LLM을 평가자로 사용하는 방법)에 초점을 맞추었다.

그러나 모델은 일반적으로 추가적인 문맥을 제공하는 더 넓은 시스템에 통합된다. 우리는 RAG 시스템 평가를 위한 Ragas와 ARES라는 두 가지 프레임워크를 소개했다. 이 두 프레임워크가 RAG 시스템을 평가하는 방식에서의 유사점(예: 합성 데이터 생성)과 차이점(문맥 기반 지표 대 학습된 분류기)을 살펴보았다. 마지막으로, LLM 평가자를 사용해 TwinLlama-3.1-8B를 관련성, 일관성, 간결성이라는 세 가지 기준에 따라 평가했다. 이를 통해 개선 방안을 도출할 수 있었다.

다음 장에서는 추론 최적화 기법을 심도 있게 탐구한다. 모델의 성능을 최대한 유지하면서 추론 속도를 높이고 메모리 사용량을 획기적으로 줄이는 방법을 다룬다. 구체적으로 다양한 최적화 방법, 모델 병렬 처리 전략, 그리고 양자화 접근법을 자세히 살펴본다.

참고 문헌

- Lianmin Zheng et al.. "Judging LLM-as-a-Judge with MT-Bench and Chatbot Arena." arXiv preprint arXiv:2306.05685, June 2023.
- Aymeric Roucher. "Using LLM-as-a-judge for an automated and versatile evaluation - Hugging Face Open-Source AI Cookbook." huggingface.co, No date found. https://huggingface.co/learn/cookbook/en/llm_judge
- LangChain. "Aligning LLM-as-a-Judge with Human Preferences." blog.langchain.dev, June 26, 2024. https://blog.langchain.dev/aligning-llm-as-a-judge-with-human-preferences/
- Dan Hendrycks et al.. "Measuring Massive Multitask Language Understanding." arXiv preprint arXiv:2009.03300, September 2020.

- Jeffrey Zhou et al., "*Instruction-Following Evaluation for Large Language Models.*" arXiv preprint arXiv:2311.07911, November 2023.

- Yann Dubois et al., "*Length-Controlled AlpacaEval: A Simple Way to Debias Automatic Evaluators.*" arXiv preprint arXiv:2404.04475, April 2024.

- Grégoire Mialon et al., "*GAIA: a benchmark for General AI Assistants.*" arXiv preprint arXiv:2311.12983, November 2023.

- Giwon Hong et al., "*The Hallucinations Leaderboard -- An Open Effort to Measure Hallucinations in Large Language Models.*" arXiv preprint arXiv:2404.05904, April 2024.

- Shahul Es et al., "*RAGAS: Automated Evaluation of Retrieval Augmented Generation.*" arXiv preprint arXiv:2309.15217, September 2023.

- Jon Saad-Falcon et al., "*ARES: An Automated Evaluation Framework for Retrieval-Augmented Generation Systems.*" arXiv preprint arXiv:2311.09476, November 2023.

CHAPTER 8

추론 최적화

LLM을 배포하는 것은 막대한 연산 비용과 대규모 메모리 확보의 어려움으로 인해 쉽지 않다. 모델을 효율적으로 실행하려면 GPU나 TPU와 같은 특수한 가속기가 필요하다. 이러한 하드웨어는 연산을 병렬로 처리할 수 있다. 문서 생성처럼 배치로 처리할 수 있는 작업은 밤새 실행할 수 있지만, 코드 자동 완성처럼 낮은 지연 시간과 빠른 처리가 필요한 작업도 있다. 따라서 추론 프로세스, 즉 입력 데이터를 기반으로 예측을 생성하는 과정을 최적화하는 것은 대부분의 실전 응용 분야에서 중요하다. 이는 첫 번째 토큰을 생성하는 데 걸리는 시간을 줄이는 것(지연 시간), 초당 생성되는 토큰 수를 늘리는 것(처리량), LLM의 메모리 점유율을 최소화하는 것을 포함한다.

단순한 배포 방식은 하드웨어 자원을 효율적으로 활용하지 못하고, 처리 성능과 응답 속도 측면에서 기대에 미치지 못하는 결과를 초래한다. 다행히 추론 속도를 크게 향상시키는 다양한 최적화 기법들이 등장했다. 이 장에서는 추론 성능을 2~4배 이상 향상시킬 수 있는 주요 방법들인 추측 디코딩speculative decoding, 모델 병렬 처리model parallelism, 가중치 양자화weight quantization를 살펴본다. 또한 세 가지 인기 있는 추론 엔진(Text Generation Inference, vLLM, TensorRT-LLM)을 소개하고, 추론 최적화 관점에서 이들의 특징을 비교한다.

이 장의 주요 내용은 다음과 같다.

- 모델 최적화 전략
- 모델 병렬 처리
- 모델 양자화

이 장을 마치면 LLM 추론의 핵심 과제를 이해하고, 모델 병렬 처리와 가중치 양자화를 포함한 최신 최적화 기술에 익숙해질 것이다.

 이 장의 모든 코드 예제는 이 책의 깃허브[1]에서 확인할 수 있다.

8.1 모델 최적화 전략

현재 널리 사용되는 GPT나 라마와 같은 대부분의 LLM은 디코더 전용 Transformer 아키텍처를 기반으로 한다. 디코더 전용 아키텍처는 텍스트 생성 작업을 위해 설계되었으며, 이전 단어들을 기반으로 다음 단어를 예측한다. 이를 통해 문맥에 맞는 텍스트를 효과적으로 생성할 수 있다.

반면, BERT와 같은 인코더 전용 아키텍처는 입력 텍스트를 이해하고 세부적인 임베딩으로 표현하는 데 초점을 맞춘다. 이 아키텍처는 텍스트 분류나 개체명 인식처럼 문장의 전체 의미와 맥락을 깊이 있게 파악해야 하는 작업에서 강점을 보인다. 마지막으로, T5와 같은 인코더-디코더 아키텍처는 두 가지 기능을 결합한 구조이다. 인코더는 입력 텍스트를 처리해 문맥이 풍부한 표현을 생성하고, 디코더는 이를 사용해 출력 텍스트를 생성한다. 이중 구조는 번역이나 요약과 같은 시퀀스-투-시퀀스(sequence-to-sequence) 작업에서 특히 효과적이다. 입력 문맥을 정확히 이해하고 그에 기반한 출력을 생성해야 하는 작업에 최적화되어 있다. 이 책에서는 최근 LLM 분야에서 주류를 이루고 있는 디코더 전용 아키텍처에만 집중한다.

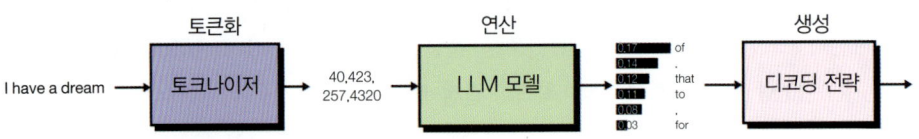

그림 8-1 디코더 전용 모델을 이용한 추론 과정

---

1 https://github.com/PacktPublishing/LLM-Engineering

[그림 8-1]에서 보여주듯이, 디코더 전용 모델의 기본 추론 과정은 다음과 같다.

1. 입력 프롬프트를 토큰화한 다음 임베딩 계층과 포지션 인코딩을 거친다.
2. 멀티헤드 어텐션 메커니즘을 사용해 각 입력 토큰에 대한 키-값 쌍을 계산한다.
3. 계산된 키와 값을 이용해 출력 토큰을 하나씩 순차적으로 생성한다.

1단계와 2단계는 계산 비용이 많이 들지만, 행렬 곱셈을 고도로 병렬화할 수 있어 GPU나 TPU 같은 하드웨어 가속기의 성능을 최대한 끌어낼 수 있다. 하지만 3단계에서는 토큰 생성이 본질적으로 순차적이다. 다음 토큰을 생성하려면 이전 토큰이 모두 생성되어야 하므로, 출력 시퀀스를 한 번에 한 토큰씩 확장하는 반복적인 과정이 발생한다. 이로 인해 하드웨어의 병렬 계산 능력을 제대로 활용하지 못한다. 이 병목 현상을 해결하는 것이 추론 최적화의 핵심 과제 중 하나이다.

이번 절에서는 추론 속도를 높이고 비디오 랜덤 액세스 메모리$^{Video\ Random-Access\ Memory}$(VRAM) 사용량을 줄이기 위해 자주 사용되는 최적화 전략들을 자세히 다룬다. 주요 내용으로는 (정적) KV 캐시 구현, 지속적 배칭$^{continuous\ batching}$, 추측 디코딩$^{speculative\ decoding}$, 최적화된 어텐션 메커니즘이 있다.

8.1.1 KV 캐시

LLM은 토큰 단위로 텍스트를 생성한다. 이는 출력 예측이 이전 문맥 전체에 의존하기 때문에 속도가 느리다. 예를 들어, 시퀀스의 100번째 토큰을 예측하려면 모델은 1번째부터 99번째 토큰까지의 문맥이 필요하다. 101번째 토큰을 예측할 때도 다시 1번째부터 99번째 토큰, 그리고 100번째 토큰의 정보가 필요하다. 이러한 반복적인 계산은 매우 비효율적이다.

키-값$^{key-value}$(KV) 캐시는 이 문제를 해결하기 위해 셀프 어텐션 계층에서 생성된 키-값 쌍을 저장한다. 새로운 토큰을 생성할 때마다 키-값 쌍을 매번 다시 계산하는 대신, 이전 계산 결과를 캐시에서 불러와 사용함으로써 생성 속도를 크게 향상시킨다. 이 기법의 예시는 [그림 8-2]에서 보여준다.

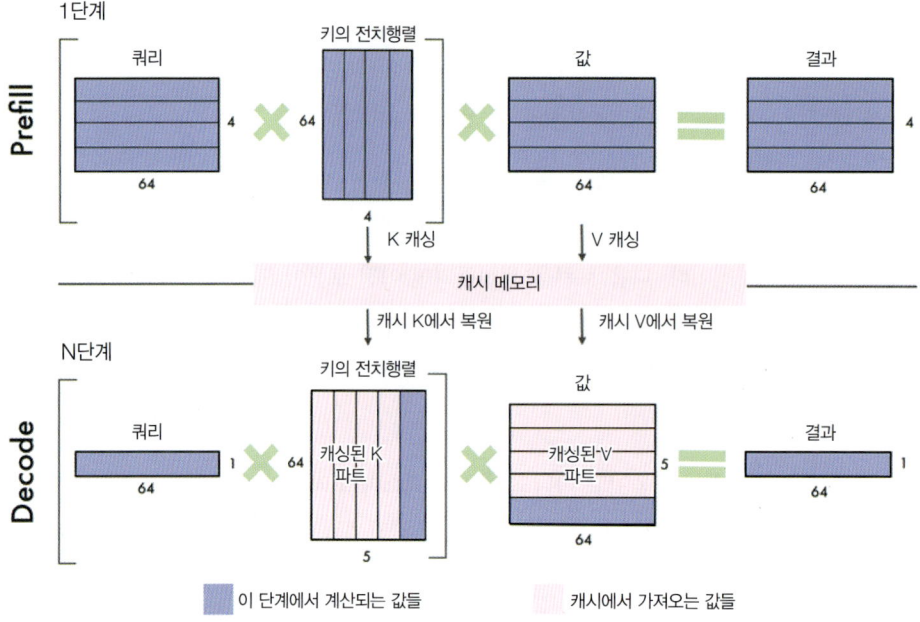

그림 8-2 KV 캐시의 예시

새 토큰이 생성되면 해당 단일 토큰에 대한 키-값만 계산되어 캐시에 추가된다. KV 캐시는 널리 사용되는 도구와 라이브러리에서 즉시 구현 가능한 최적화 기법이다. 일부 구현에서는 모델의 각 층에 대해 별도의 KV 캐시를 유지한다.

KV 캐시의 크기는 토큰 수(n_{tokens})와 여러 모델 차원에 따라 증가한다. 여기에는 층 수(n_{layers}), 어텐션 헤드 수(n_{heads}), 그 차원(dim_{head}), 파라미터의 바이트 단위 정밀도(n_{bytes})가 포함된다.

$$\text{size}(\text{KV cache}) = 2n_{tokens}n_{layers}n_{heads}dim_{head}n_{bytes}$$

일반적으로 70억 개의 파라미터를 가진 모델이 16비트 정밀도로 작동할 때, 시퀀스 길이가 2,048 토큰을 넘어서면 KV 캐시 크기가 2GB를 상회한다. 더욱이 층의 개수가 많고 임베딩 차원이 높은 대규모 모델일수록 메모리 요구량은 더욱 커진다.

KV 캐시는 생성 과정에서 동적으로 크기가 변화하기 때문에, 코드 최적화를 위한 강력한 도구인 `torch.compile`의 활용을 제한한다. 이에 반해 정적 KV 캐시는 최대 크기로 메모리를 미리 할당함으로써 이러한 제약을 해결하며, `torch.compile`과 결합할 경우 순전파 단계에서 최대 4배의 성능 향상을 달성할 수 있다. `transformers` 라이브러리에서 정적 KV 캐시를 사용하도록 모델을 설정하려면 다음 단계를 따른다.

1 최적화하려는 토크나이저와 모델을 가져온다.

```python
import torch
from transformers import AutoTokenizer, AutoModelForCausalLM

model_id = "google/gemma-2b-it"
tokenizer = AutoTokenizer.from_pretrained(model_id)
model = AutoModelForCausalLM.from_pretrained(model_id, device_map="auto")
```

2 정적 캐시를 구현하기 위해 모델의 생성 설정에서 캐시 구현을 정적으로 변경한다.

```python
model.generation_config.cache_implementation = "static"
```

3 KV 캐시를 정적으로 설정한 후, `torch.compile`을 사용해 모델을 컴파일한다.

```python
compiled_model = torch.compile(model, mode="reduce-overhead", fullgraph=True)
```

4 입력 질문 "What is 2+2?"를 토큰화하고, GPU가 사용 가능하면 GPU에 저장하고, 그렇지 않으면 CPU에 저장한다.

```python
device = "cuda" if torch.cuda.is_available() else "cpu"
inputs = tokenizer("What is 2+2?", return_tensors="pt").to(device)
```

5 `generate()` 메서드를 사용해 모델의 출력을 얻고, 이를 `batch_decode()`로 디코딩해 결과를 출력한다.

```python
outputs = model.generate(**inputs, do_sample=True, temperature=0.7, max_length=20)
print(tokenizer.batch_decode(outputs, skip_special_tokens=True))
['What is 2+2?\n\nThe answer is 4. 2+2 = 4.']
```

이렇게 하면 입력과 출력을 모두 포함하는 리스트를 반환하며, 질문에 정확하게 답변한다.

정적 캐시^{static cache}는 모든 아키텍처에서 작동하지 않는다. 어떤 아키텍처가 지원되는지에 대한 자세한 내용은 transformers 공식 문서를 참고하자.

KV 캐시를 효율적으로 관리하는 것은 매우 중요하다. KV 캐시는 빠르게 GPU 메모리를 소진시킬 수 있으며, 처리 가능한 배치 크기를 제한할 수 있다. 이러한 문제를 해결하기 위해 메모리 효율적인 어텐션 메커니즘과 기타 기술들이 개발되었으며, 이는 마지막 절에서 다룬다.

8.1.2 연속 배칭

배칭^{batching}은 여러 추론 요청을 동시에 처리해 높은 처리량을 달성하는 표준적인 방법이다. 배치 크기가 클수록 모델 가중치의 메모리 비용을 분산시키고 더 많은 데이터를 한 번에 GPU로 전송해서 GPU의 병렬 연산 능력을 더욱 효율적으로 활용할 수 있다.

그러나 디코더 전용 모델은 입력 프롬프트 길이와 원하는 출력 길이의 높은 가변성 때문에 어려움이 따른다. 어떤 요청은 짧은 프롬프트와 간단한 답변을 필요로 하는 반면, 다른 요청은 긴 문맥을 입력하고 여러 문단에 걸친 상세한 응답을 기대할 수 있기 때문이다.

전통적인 배칭 방식에서는 배치 내에서 가장 긴 요청이 완료될 때까지 기다려야 새 배치를 시작할 수 있다. 이로 인해 일부 요청이 끝날 때까지 가속기(예: GPU)가 부분적으로 유휴 상태에 머물러 자원이 비효율적으로 활용된다. **연속 배칭**^{continuous batching} 또는 **인플라이트 배칭**^{in-flight batching}은 한 요청이 완료되는 즉시 새로운 요청을 배치에 즉각 추가해 가속기의 유휴 시간을 최소화하는 기법이다.

배칭 프로세스는 초기 요청들로 배치를 채우면서 시작한다. 요청이 텍스트 생성 작업을 완료하면 즉시 배치에서 제거되고, 새로운 요청이 그 자리를 곧바로 채운다. 이러한 방식으로 가속기는 항상 포화 상태의 배치를 처리하게 되어 하드웨어 활용도를 극대화할 수 있다. 한편, 대기 중인 요청들의 프리필^{prefill} 작업, 즉 임베딩과 인코딩을 실행하기 위해 생성 프로세스를 주기적으로 일시 중지해야 한다는 점도 고려해야 한다. 생성과 프리필 사이의 최적의 균형을 위해 대기-서비스 비율^{waiting-served ratio} 하이퍼파라미터를 조정해야 하는 작업이 필요하다.

연속 배칭은 허깅 페이스의 TGI^{Text Generation Inference}, vLLM, 엔비디아 TensorRT-LLM과 같은 대부분의 추론 프레임워크에서 기본적으로 구현되어 있다.

8.1.3 추측 디코딩

또 다른 강력한 최적화 기술로 추측 디코딩speculative decoding (또는 보조 생성assisted generation이라고도 부른다)이 있다. 이 기법의 핵심은, 연속 배칭을 사용하더라도 토큰을 한 번에 하나씩 생성하는 과정이 가속기의 병렬 처리 능력을 완전히 활용하지 못한다는 점이다. 추측 디코딩은 이러한 여유 계산 자원으로 더 작은 프록시 모델proxy model을 사용해 여러 토큰을 동시에 예측하는 것을 목표로 한다([그림 8-3] 참조).

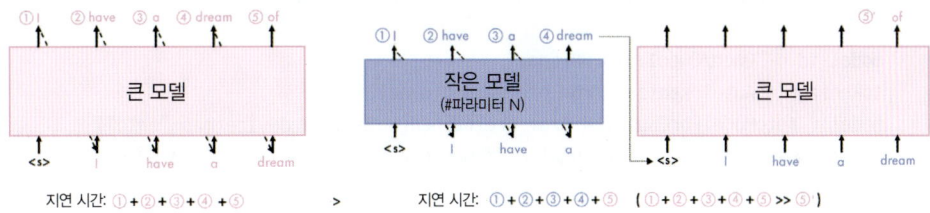

그림 8-3 전통적 디코딩(왼쪽)과 추측 디코딩(오른쪽)의 예시

일반적인 접근 방식은 다음과 같다.

- 주요 모델의 축소 버전(예: 증류distilled 또는 가지치기pruned된 모델)을 사용해 여러 토큰을 병렬로 생성한다. 이때 한 번의 단계에서 5~10개의 토큰을 생성할 수 있다.
- 축소된 모델이 생성한 토큰들을 원본 모델에 입력해, 원본 모델이 생성했을 결과와 일치하는지를 검증한다.
- 축소된 모델이 생성한 토큰들 중에서 원본 모델이 생성했을 결과와 가장 길게 일치하는 토큰을 취하고, 나머지는 버린다.

결과적으로, 축소된 모델이 원본 모델의 출력을 정확하게 예측할 수 있다면 여러 토큰을 한 번에 생성할 수 있다. 이는 비용이 많이 드는 큰 모델을 여러 번 반복 실행하지 않아도 되게 한다. 속도 향상의 정도는 작은 모델의 예측 정확도에 따라 달라지며, 예를 들어 90%의 정확도를 달성하면 3~4배의 속도 향상을 얻을 수 있다.

두 모델이 동일한 토크나이저를 사용하는 것이 매우 중요하다. 그렇지 않으면 초안 모델이 생성한 토큰이 큰 모델이 생성한 토큰과 일치하지 않아 호환되지 않는다. 이를 transformers 라이브러리를 사용해 구현해보자. 이번 예제에서는 Alibaba Cloud의 Qwen1.5 모델 2개를 사용한다. 18억 매개변수 모델을 메인 모델로, 5억 매개변수 모델을 초안 모델로 사용한다. 참고로, 충분한 VRAM이 있다면 140억, 320억, 720억, 1,100억 매개변수 모델과 같은 더 큰 모델을 메인 모델로 사용할 수도 있다.

여기서는 구글 코랩의 T4 GPU의 VRAM 용량에 제한을 받지만, 최대 속도 향상을 얻으려면 보조 모델은 큰 모델보다 훨씬 작아야 한다.

다음은 추측 디코딩speculative decoding의 구현을 단계별로 설명한다.

1 토크나이저와 두 모델을 로드한다.

```python
import torch
from transformers import AutoTokenizer, AutoModelForCausalLM

model_id = "Qwen/Qwen1.5-1.8B-Chat"
tokenizer = AutoTokenizer.from_pretrained(model_id)
model = AutoModelForCausalLM.from_pretrained(model_id, device_map="auto")
draft_model = AutoModelForCausalLM.from_pretrained("Qwen/Qwen1.5-0.5B-Chat", device_map="auto")
```

2 동일한 입력을 토큰화한 후, 가속기를 사용할 수 있으면 그 안에 저장한다.

```python
device = "cuda" if torch.cuda.is_available() else "cpu"
inputs = tokenizer("What is 2+2?", return_tensors="pt").to(device)
```

3 이제 model.generate()에 assistant_model 인수를 사용해 추측 디코딩을 실행할 수 있다.

```python
outputs = model.generate(**inputs, do_sample=True, assistant_model=draft_model,
temperature=0.7, max_new_tokens=64)
print(tokenizer.batch_decode(outputs, skip_special_tokens=True))
['What is 2+2? 2 + 2 equals 4!']
```

이 예제에서는 속도 향상이 크지 않지만, 더 큰 모델을 사용하면 속도 향상이 확연히 눈에 띈다.

프롬프트 조회 디코딩prompt lookup decoding은 추측 디코딩의 변형으로, 요약과 같이 입력과 출력 간에 중복되는 부분이 많은 입력 기반 작업에 맞게 설계되었다. 공유된 n그램이 LLM의 후보 토큰으로 사용된다. model.generate() 함수에서 prompt_lookup_num_tokens 파라미터를 사용하면 프롬프트 조회 디코딩을 활성화할 수 있다.

```python
outputs = model.generate(**inputs, prompt_lookup_num_tokens=4)
```

정적 KV 캐시와 torch.compile을 결합하고 연속 배칭을 구현하며 추측 디코딩 기법을 활용하면 품질 저하 없이 LLM의 추론 속도를 2~4배 이상 높일 수 있다.

작은 프록시 모델을 만드는 또 다른 접근 방식은 작은 모델과 큰 모델을 함께 파인튜닝해서 최대한 정확도를 높이는 것이다. 이를 대표하는 기법으로 메두사Medusa가 있다. 이는 메인 모델에 전용 추론 헤드speculation head를 삽입한다. Medusa-2 방식은 추론 헤드와 큰 모델을 함께 파인튜닝한다. 메두사 기법은 인상적인 결과를 보여주었으며, 7천만 매개변수 모델이 70억 매개변수 모델의 성능을 다양한 작업에서 근접하게 재현하도록 했다. 추측 디코딩은 TGI^{Text Generation Inference}에서 기본적으로 지원된다.

8.1.4 최적화된 어텐션 메커니즘

트랜스포머 아키텍처의 핵심인 어텐션 메커니즘은 입력 토큰(또는 길이)의 수가 증가함에 따라 계산 복잡도가 제곱으로 증가한다. 이로 인해 시퀀스 길이가 길어질수록 계산 비용이 급격히 높아지고, KV 캐시의 크기 또한 빠르게 증가한다. Kwon, Li 등(2023)이 발표한 PagedAttention은 운영체제의 가상 메모리와 페이징에서 영감을 받아 이러한 메모리 문제를 해결한다. 이는 KV 캐시를 블록으로 분할해 연속된 메모리 할당의 필요성을 없앤다. 각 블록은 고정된 수의 토큰에 대한 키와 값을 포함한다. 어텐션을 계산할 때 PagedAttention 커널은 블록의 물리적 메모리 위치에 관계없이 효율적으로 이 블록들을 가져온다.

이러한 블록 분할 방식은 메모리 활용을 거의 최적 수준으로 끌어올릴 수 있다. 이를 통해 더 많은 시퀀스를 배치에 포함할 수 있어 처리량과 GPU 활용률이 증가한다. 또한 PagedAttention의 블록 기반 접근 방식은 동일한 프롬프트에서 생성된 여러 출력 시퀀스 간 메모리 공유를 자연스럽게 지원한다. 이는 병렬 샘플링과 빔 서치와 같이 동일한 프롬프트로 여러 출력을 생성해야 할 때 특히 유리하다. 공유된 메모리 블록은 불필요한 계산과 메모리 사용을 줄여 메모리 오버헤드를 최대 55%까지 감소시키고 처리량을 최대 2.2배까지 높일 수 있다고 연구 논문에서 말한다. vLLM 라이브러리가 PagedAttention의 첫 번째 구현을 제공했으며, 이후 TGI와 TensorRT-LLM에서도 PagedAttention이 구현되었다.

또 다른 인기 있는 최적화 기법은 FlashAttention-2이다. Tri Dao(2023)가 개발한 이 기법은 전통적인 어텐션의 이차적 실행 시간과 메모리 제약을 극복하기 위해 획기적인 새로운 접근 방식을 도입했다. 입력과 출력 행렬을 더 작은 블록으로 나누어 FlashAttention-2는 이러한 블록들이 GPU의 온칩 SRAM^{on-chip SRAM}에 맞게 한다. 온칩 SRAM은 고대역폭 메모리에 비해 훨씬 빠르므로, 이 접근 방식은 GPU의 메인 메모리와 처리 장치 간 데이터 전송 빈도를 크게 줄인다.

여기에 온라인 소프트맥스를 결합해 FlashAttention-2는 어텐션 점수 행렬 전체가 아닌 각 블록에 대해 독립적으로 소프트맥스 함수를 계산한다. 실행 중인 최댓값과 지수합을 유지함으로써 큰 중간 행렬을 저장할 필요 없이 어텐션 확률을 계산할 수 있다.

또한 FlashAttention-2의 온라인 소프트맥스 계산은 블록 단위 처리를 가능하게 하여 정확도를 유지하면서 메모리 요구량을 크게 줄인다. 이는 학습할 때 특히 중요한데, 역전파 단계에서 중간값을 저장하는 대신 다시 계산하도록 설계했다. 이 방식은 시퀀스 길이에 따라 메모리 사용량이 길이의 제곱으로 증가하던 것을 길이에 비례해서만 증가하도록 하여 메모리 사용을 최적화한다.

PagedAttention과 달리, FlashAttention-2는 `attn_implementation` 파라미터를 통해 transformers 라이브러리에서 쉽게 사용할 수 있다.

1 `--no-build-isolation` 설정을 사용해 flash-attn 라이브러리를 설치한다. 이렇게 하면 종속성이 설치되지 않는다.

```
pip install flash-attn --no-build-isolation
```

2 추론에 FlashAttention-2를 사용하려면 모델을 로드할 때 `attn_implementation` 파라미터에 `flash_attention_2`를 지정한다. 예를 들어, Mistral-7B-Instruct-v0.3 모델을 FlashAttention-2와 함께 로드하는 방법은 다음과 같다.

```
from transformers import AutoModelForCausalLM
model = AutoModelForCausalLM.from_pretrained(
    "mistralai/Mistral-7B-Instruct-v0.3",
    attn_implementation="flash_attention_2",
)
```

이 절에서 소개한 기술들은 모델이 토큰을 처리하는 효율성을 개선하는 데 중점을 두었다. 이어서 모델과 계산을 여러 GPU에 분산하는 방법에 대해 다룬다.

8.2 모델 병렬 처리

모델 병렬 처리model parallelism는 LLM의 메모리 및 연산 요구를 여러 GPU에 분산할 수 있게 한다. 이를 통해 하나의 장치에 수용하기 어려운 모델도 학습 및 추론할 수 있으며, 초당 처리 토큰 수와 같은 성능 또한 향상된다.

모델 병렬 처리에는 세 가지 주요 접근 방식(**데이터 병렬 처리**data parallelism, **파이프라인 병렬 처리**pipeline parallelism, **텐서 병렬 처리**tensor parallelism)이 있다. 각 방식은 모델의 가중치와 계산을 서로 다른 방식으로 분할한다. 이러한 접근 방식들은 원래 학습을 위해 개발되었지만, 순전파forward pass만을 집중적으로 사용함으로써 추론에도 재활용할 수 있다.

8.2.1 데이터 병렬 처리

데이터 병렬 처리data parallelism(DP)는 가장 단순한 형태의 모델 병렬 처리이다. 모델의 복제본을 생성하고 이를 여러 GPU에 분산시킨다(그림 8-4). 각 GPU는 데이터의 일부를 동시에 처리한다. 학습 과정에서 각 GPU가 계산한 그레이디언트를 평균화해서 모델 파라미터를 업데이트하고, 이를 통해 모든 모델 복제본을 동일한 상태로 유지한다. 이 접근 방식은 배치 크기가 하나의 장치에 수용하기에 너무 크거나 학습 속도를 높이고자 할 때 특히 유용하다.

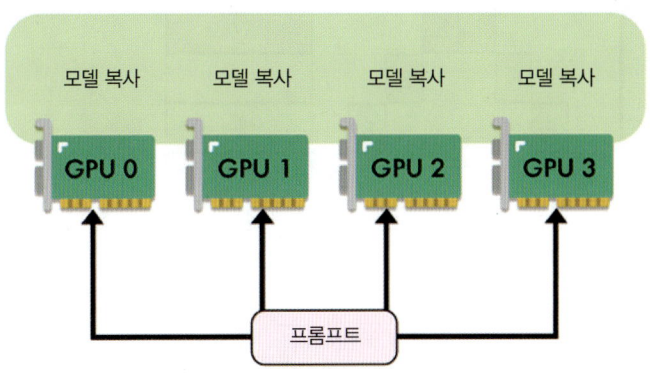

그림 8-4 GPU 4개를 사용한 데이터 병렬 처리

추론 시 DP는 동시에 들어오는 여러 요청을 처리하는 데 유용하다. 작업 부하를 여러 GPU에 분산함으로써 여러 요청을 동시에 처리할 수 있어 지연 시간을 줄일 수 있다. 이러한 병렬 처리는 처리량도 증가시키며, 더 많은 요청을 동시에 처리할 수 있게 한다.

그러나 DP의 효과는 모델 크기와 GPU 간 통신 오버헤드에 의해 제한된다. 각 GPU에 모델의 파라미터를 복제하는 것은 비효율적이며, 이 기법은 모델이 단일 GPU에 수용될 수 있을 만큼 작을 때만 작동한다. 이 경우 입력 데이터를 위한 메모리 공간이 줄어들어 배치 크기가 제한된다. 따라서 모델이 크거나 메모리 제약이 있는 경우, 이러한 점은 상당한 단점이 될 수 있다. 일반적으로 DP는 주로 학습에 사용되며, 추론에서는 파이프라인 병렬 처리와 텐서 병렬 처리가 더 선호된다.

8.2.2 파이프라인 병렬 처리

Huang et al.이 2019년 GPipe 논문에서 발표한 **파이프라인 병렬 처리**pipeline parallelism (PP)는 대규모 신경망의 가중치를 조정하는 학습 단계와 신규 데이터에 대한 예측 단계의 계산 부하를 여러 GPU에 분산시키기 위한 전략이다.

전통적인 DP가 각 GPU에 전체 모델을 복사하는 것과 달리, 파이프라인 병렬 처리는 모델의 계층을 여러 GPU에 분할한다. 이를 통해 각 GPU가 모델의 특정 부분만 처리하게 되므로 개별 GPU의 메모리 부담이 줄어든다.

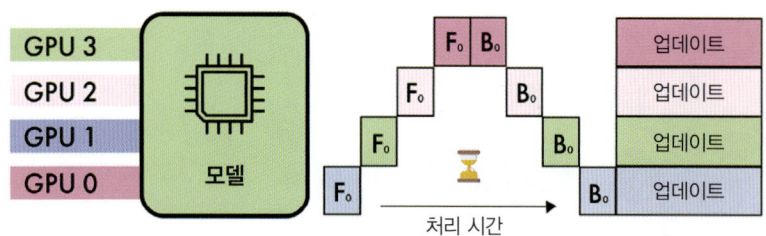

그림 8-5 GPU 4개를 사용한 파이프라인 병렬 처리

[그림 8-5]에서 볼 수 있듯이, 4분할 파이프라인 병렬 처리에서는 모델을 세그먼트 4개로 나누고 각 세그먼트를 서로 다른 GPU에 할당한다. 이를테면 모델 계층의 첫 25%는 GPU 1, 그 다음 25%는 GPU 2가 처리하는 방식으로 나눈다. 순전파 동안에는 활성화값activations이 계산되고 다음 GPU로 전달된다. 학습 시에는 역전파도 이와 유사한 방식으로 반대 방향에서 진

행되며, 그레이디언트가 GPU를 거쳐 되돌아간다. 이때 GPU의 수는 곧 병렬 처리 수$^{degree\ of}$ ^{parallelism}이다.

파이프라인 병렬 처리의 주요 장점은 GPU당 메모리 요구량을 크게 줄일 수 있다는 점이다. 하지만 이 접근 방식은 파이프라인의 순차적 특성으로 인해 새로운 문제를 야기한다. 주요 문제는 '파이프라인 버블$^{pipeline\ bubble}$'의 발생이다. 파이프라인 버블은 일부 GPU가 앞선 계층에서의 활성화값을 기다리며 유휴 상태가 되는 경우 발생한다. 이러한 유휴 시간은 전체 프로세스의 효율성을 저하시킬 수 있다.

마이크로 배칭$^{micro-batching}$은 파이프라인 버블의 영향을 줄이기 위해 개발되었다. 이 방식은 입력 배치를 더 작은 서브 배치로 나누어 처리함으로써, 이전 서브 배치가 완전히 끝나기 전에 다음 서브 배치의 처리를 시작할 수 있게 한다. 결과적으로 GPU의 유휴 시간을 최소화하고 연산 자원을 더욱 효율적으로 활용할 수 있다.

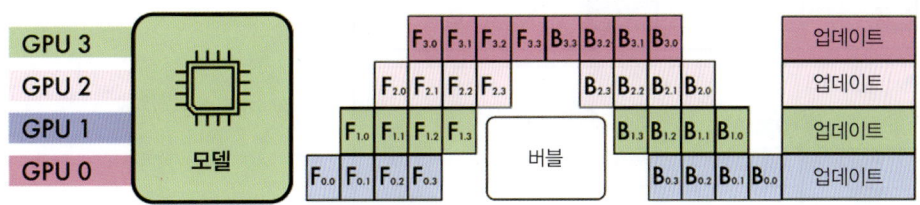

그림 8-6 마이크로 배칭을 활용한 파이프라인 병렬 처리

[그림 8-6]은 마이크로 배칭을 활용한 파이프라인 병렬 처리의 예시를 보여준다. 이 예시에서 파이프라인은 네 단계 (F0, F1, F2, F3)로 구성되며, 입력 배치는 마이크로 배치 4개로 나뉜다. GPU 0은 순차적으로 F0,0, F0,1, F0,2, F0,3의 순서로 순방향 경로를 처리한다. F0,0이 완료되면 GPU 1은 즉시 F1,0을 처리하기 시작한다. 모든 순방향 경로 처리가 완료되면, GPU 0은 다른 GPU들의 순방향 계산이 끝나기를 기다린 후 역방향 경로 (B0,3, B0,2, B0,1, B0,0)를 시작한다.

파이프라인 병렬 처리는 Megatron-LM, DeepSpeed (ZeRO), 파이토치와 같은 분산 학습 프레임워크에서 구현되며, 파이토치의 전용 파이프라인 병렬 라이브러리인 PiPPy를 통해 지원된다. 작성 시점 기준으로, TensorRT-LLM과 같은 특정 추론 프레임워크만이 파이프라인 병렬 처리를 지원한다.

8.2.3 텐서 병렬 처리

Shoeby, Patwary, Puri 등이 2019년 Megatron-LM 논문에서 제안한 **텐서 병렬 처리**tensor parallelism(TP)는 LLM의 층 계산을 여러 장치에 분산하는 또 다른 널리 사용되는 기법이다. 파이프라인 병렬 처리와 달리, TP는 개별 층에 있는 가중치 행렬을 분할한다. 이를 통해 동시 계산이 가능해져 메모리 병목 현상을 크게 줄이고 처리 속도를 높일 수 있다.

TP에서는 MLP의 가중치 행렬이나 셀프 어텐션 층의 어텐션 헤드와 같은 큰 행렬이 여러 GPU에 걸쳐 분할된다. 각 GPU는 이러한 행렬의 일부를 저장하고 해당 부분에 대해 계산을 수행한다.

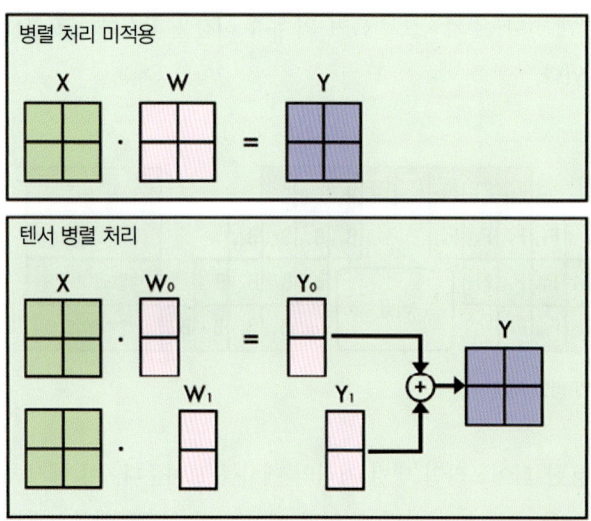

그림 8-7 MLP 층(W)에서 열 방향 텐서 병렬 처리

예를 들어, MLP 층에서 가중치 행렬은 각 GPU가 일부 가중치만 처리하도록 분할된다([그림 8-7] 참조). 입력은 모든 GPU에 브로드캐스팅되며, 각 GPU는 독립적으로 해당 부분의 출력을 계산한다. 이후 부분 결과들은 올리듀스all-reduce 연산을 통해 집계되어 최종 출력을 생성한다.

셀프 어텐션 층의 경우, TP는 어텐션 헤드의 고유한 병렬 처리 덕분에 특히 효율적이다. 각 GPU는 이러한 헤드의 일부를 독립적으로 계산할 수 있어 모델이 대규모 시퀀스를 더 효과적으로 처리하도록 한다. 이는 이전 층의 완료를 기다려야 하는 파이프라인 병렬 처리보다 TP를 더 효율적으로 만든다.

TP는 여러 이점이 있지만, 모든 신경망의 층에 보편적으로 적용할 수 있는 방법은 아니다. LayerNorm이나 Dropout과 같이 전체 입력에 걸쳐 의존성이 있는 층은 효율적으로 분할하기 어려워 보통 장치 간에 복제된다. 하지만 이러한 연산은 입력의 시퀀스 차원에서 분할될 수 있다(시퀀스 병렬 처리). 서로 다른 GPU는 입력 시퀀스를 나눈 부분에서 이러한 층을 계산하므로 가중치의 복제를 피할 수 있다. 이 기법은 특정 층에만 적용되지만, 특히 매우 큰 입력 시퀀스 길이의 경우 추가적인 메모리 절약을 제공할 수 있다. 또한 TP는 장치 간 통신 오버헤드를 최소화하기 위해 고속 인터커넥트를 필요로 하므로, 충분한 인터커넥트 대역폭이 없는 노드 간에는 구현이 비효율적이다.

TP는 Megatron-LM, DeepSpeed(ZeRO), 파이토치(FSDP)와 같은 분산 학습 프레임워크에서 구현된다. 또한 TGI, vLLM, TensorRT-LLM과 같은 대부분의 추론 프레임워크에서도 사용할 수 있다.

8.2.4 접근 방식 결합

데이터 병렬 처리, 텐서 병렬 처리, 파이프라인 병렬 처리는 상호 독립적인 기법으로 결합해 사용할 수 있다. [그림 8-8]은 주어진 모델을 각 접근 방식에 따라 어떻게 분할할 수 있는지를 보여준다.

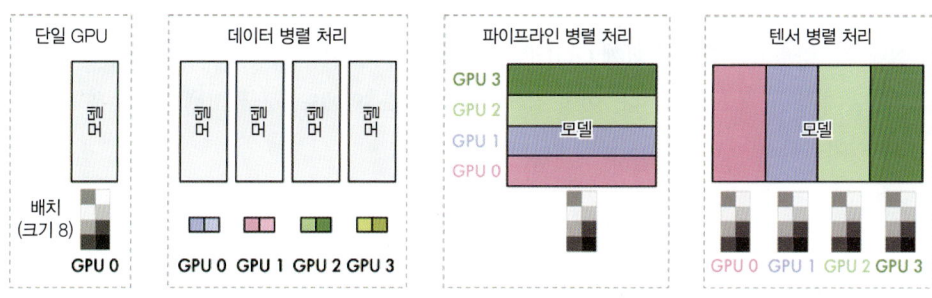

그림 8-8 다양한 모델의 병렬 처리 기법

이러한 기법들을 결합하면 각 기법의 한계를 상호 보완할 수 있다. 파이프라인 병렬 처리는 메모리 사용량을 크게 줄일 수 있지만, 파이프라인 버블로 인해 효율성이 떨어진다. 따라서 모델을 GPU 메모리에 맞추는 것이 주요 제약이라면 이 방법이 적합하다. 반면, 지연 시간을 최소화하는 것이 더 중요하다면 텐서 병렬 처리를 우선시하고 더 많은 메모리 사용을 감수하는 것이 더 나은 선택일 수 있다. 실제로는 모델을 깊이 방향으로 몇 개의 파이프라인 단계로 나누고, 각 단계 내에서 텐서 병렬 처리를 사용하는 방식이 적용된다. 이러한 트레이드오프를 균형 있게 조정하고 주어진 모델 아키텍처를 사용 가능한 하드웨어 가속기에 매핑하는 것은 LLM을 배포하는 데 있어 중요한 과제이다.

8.3 모델 양자화

양자화quantization는 신경망의 가중치와 활성화 값을 더 낮은 정밀도의 데이터 타입으로 표현하는 과정을 의미한다. LLM에서 양자화는 주로 모델의 가중치와 활성화값의 정밀도를 낮추는 데 초점을 맞춘다.

기본적으로 가중치는 16비트 또는 32비트 부동소수점 형식(FP16 또는 FP32)으로 저장되며, 이는 높은 정밀도를 제공하지만 메모리 사용량과 계산 복잡도를 크게 증가시킨다. 양자화는 이러한 문제를 해결해 메모리 사용량을 줄이고 LLM의 추론 속도를 높이는 효과적인 방법이다.

300억 개 이상의 파라미터를 가진 대규모 모델을 2비트 또는 3비트 정밀도로 양자화될 경우 더 작은 모델(7B-13B LLM)보다 품질 면에서 더 나은 성능을 보일 수 있다. 이는 유사한 메모리 사용량을 유지하면서도 더 높은 성능을 달성할 수 있음을 의미한다.

이 절에서는 양자화의 개념과 함께 GGUF 및 `llama.cpp`, GPTQ, EXL2를 소개하고 추가적인 기법들에 대한 개요를 다룬다. 이번 절에 제공된 코드 외에도, 구글 코랩 노트북을 사용해 모델을 양자화하려면 AutoQuant[2]를 참고하면 된다.

8.3.1 양자화 소개

가중치 양자화에는 두 가지 주요 접근 방식이 있다. **사후 학습 양자화**post-training quantization(PTQ) 와 **양자화 인식 학습**quantization-aware training(QAT)이다. PTQ는 사전 학습된 모델의 가중치를 재학습 없이 바로 낮은 정밀도 형식으로 변환하는 간단한 기법이다. PTQ는 구현이 쉽지만 성능

---

[2] bit.ly/autoquant

저하가 발생할 수 있다. 반면 QAT는 학습이나 파인튜닝 단계에서 양자화를 수행하며, 모델이 낮은 정밀도의 가중치에 적응하도록 한다. QAT는 PTQ보다 더 나은 성능을 제공하지만 추가적인 계산 자원과 대표 학습 데이터가 필요하다.

양자화에서 데이터 타입의 선택은 매우 중요한 역할을 한다. FP32, FP16(반정밀도), BF16(브레인 부동소수점)과 같은 부동소수점 숫자는 딥러닝에서 일반적으로 사용된다. 이러한 형식은 숫자의 부호^{sign}, 지수^{exponent}, 유효숫자^{significand}를 표현하기 위해 고정된 비트 수를 할당한다.

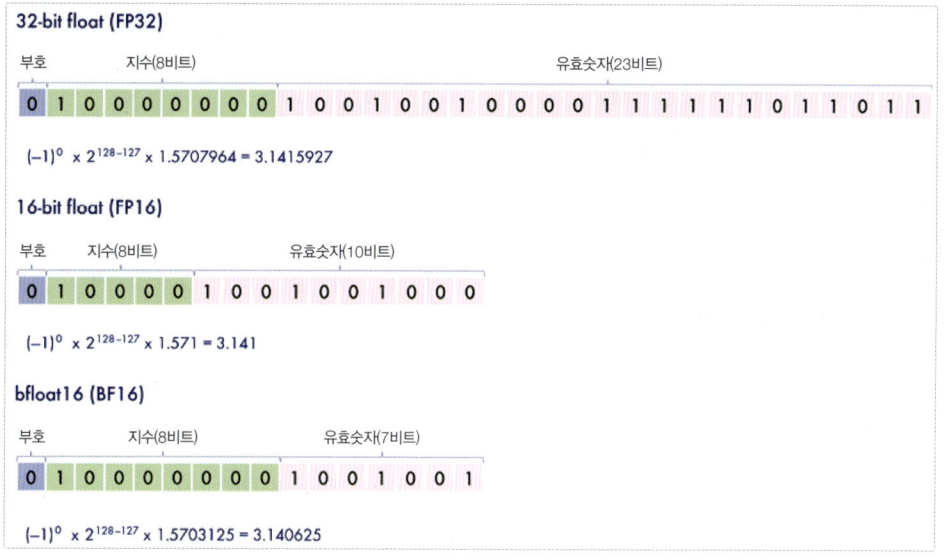

그림 8-9 FP32, FP16, BF16 형식 간의 비교

부호가 0이면 양수를 나타내고, 1이면 음수를 나타낸다. 반면, 지수는 표현되는 수의 범위(크거나 작음)를 제어한다. 마지막으로 유효숫자는 숫자의 정밀도(자릿수)를 결정한다. 이러한 표현을 실수로 변환하는 데 사용되는 공식은 다음과 같다.

$$(-1)^{sign} \times base^{exponent} \times significand$$

데이터 타입은 [그림 7-7]처럼 서로 다른 트레이드오프를 가진다. 예를 들어, $\pi (\approx 3.1415926535)$의 표현을 보면 알 수 있다. FP32는 32비트를 사용해 높은 정밀도를 제공하지만 더 많은 메모리를 요구한다. 반면 FP16과 BF16은 16비트를 사용해 메모리 사용량을 줄이지만 정밀도가 낮아진다. 일반적으로 신경망은 높은 정밀도보다 더 넓은 수의 범위를 선호하므로, 하드웨어가 지원할 경우 BF16이 가장 많이 사용되는 데이터 타입이다. 예를 들어, 엔비디아의 Ampere 아키텍처(A100, A30 등)는 BF16을 지원하지만, 이전 세대(Turing T4, T40 등)는 지원하지 않는다.

그러나 이러한 세 가지 데이터 타입에만 국한되지 않는다. INT8(8비트 정수)과 같은 더 낮은 정밀도의 데이터 타입을 양자화에 활용하면 메모리 사용량을 더욱 줄일 수 있다. 절대 최댓값 양자화 absmax quantization나 제로 포인트 양자화 zero point quantization와 같은 단순한 양자화 기법을 사용하면 FP32, FP16 또는 BF16 가중치를 INT8로 변환할 수 있다. 이는 [그림 8-10]에서 설명한다.

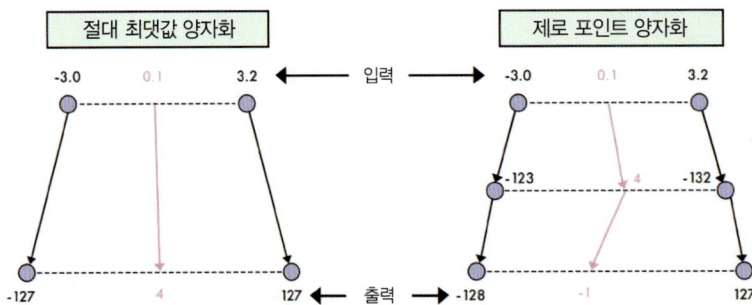

그림 8-10 [−3.0, 3.2] 범위에서 0.1을 절대 최댓값 양자화와 제로 포인트 양자화로 양자화한 예시

절대 최댓값 양자화는 원래 가중치 X를 절대 최댓값으로 나누고 스케일링해서 X를 $[-127, 127]$ 범위로 매핑한다.

$$X_{\text{quant}} = \text{round}\left(\frac{127 \cdot X}{\max |X|}\right)$$

예를 들어, 절대 최댓값이 3.2라고 가정하면, 0.1의 가중치는 $\text{round}\left(\frac{0.1 \times 127}{3.2}\right) = 4$ 로 양자화된다 (그림 8-10). 양자화 해제를 위해서는 역연산을 수행한다.

$$X_{\text{dequant}} = \frac{\max |X| \cdot X_{\text{quant}}}{127}$$

이는 가중치를 양자화 해제하면 $\frac{3.2 \cdot 4}{127} \approx 0.1008$을 얻는다는 것을 의미한다. 이 예시에서는 0.0008의 반올림 오차가 발생하는 것을 확인할 수 있다. 파이썬에서는 이를 파이토치 라이브러리를 사용해 다음과 같이 구현할 수 있다.

```python
import torch

def absmax_quantize(X):
    # 스케일 계산
    scale = 127 / torch.max(torch.abs(X))

    # 양자화
    X_quant = (scale * X).round()

    return X_quant.to(torch.int8)
```

제로 포인트 양자화는 비대칭 입력 분포를 고려하며, 제로 포인트 오프셋을 도입해 가중치를 *[-128, 127]* 범위로 매핑한다.

$$X_{\text{quant}} = \text{round}(\text{scale} \cdot X + \text{zeropoint})$$

여기서 $\text{scale} = \frac{255}{\max(X) - \min(X)}$이고 $\text{zeroPoint} = -\text{round}(\text{scale} \cdot \min(X)) - 128$이다.

가중치 0.1의 예를 다시 사용하면 스케일은 $\frac{255}{3.2 + 3.0} \approx 41.13$이고 제로 포인트 값은 $-\text{round}\left(\frac{255}{3.2 + 3.0} \cdot -3.0\right) - 128 = -5$가 된다. 가중치 0.1은 $\text{round}(41.13 \cdot 0.1 - 5) = -1$로 양자화되며, 이는 *absmax* 방식으로 계산한 값 4와는 다르다.

역연산을 적용해 양자화 해제값을 쉽게 얻을 수 있다.

$$X_{\text{dequant}} = \frac{X_{\text{quant}} - \text{zeropoint}}{\text{scale}}$$

파이썬에서 제로 포인트 양자화는 다음과 같이 구현할 수 있다.

```python
def zeropoint_quantize(X):
    # 값의 범위 계산 (분모)
    x_range = torch.max(X) - torch.min(X)
    x_range = 1 if x_range == 0 else x_range  # 0으로 나누는 것 방지
```

```python
    # 스케일 계산
    scale = 255 / x_range

    # 제로포인트 계산
    zeropoint = (-scale * torch.min(X) - 128).round()

    # 입력 값 스케일링 및 반올림
    X_quant = torch.clip((X * scale + zeropoint).round(), -128, 127)
    return X_quant.to(torch.int8)
```

그러나 단순한 양자화 방법은 LLM에서 이상치 특성을 처리할 때 한계가 있다. 이상치 특성이란 극단적인 가중치 값(전체 값의 약 0.1%)을 의미하며, 이러한 값은 양자화 과정에 큰 영향을 미쳐 다른 값들의 정밀도를 감소시킬 수 있다. 이러한 이상치를 버리는 것은 모델의 성능을 저하시킬 수 있으므로 실현 가능한 방법이 아니다. 이상치의 예시는 [그림 8-11]에서 확인할 수 있다.

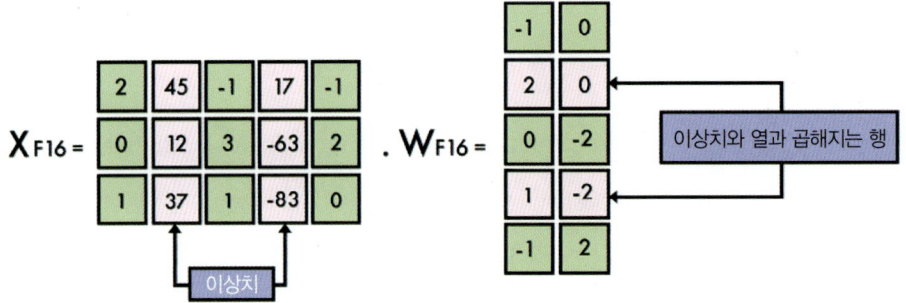

그림 8-11 가중치 행렬에서 이상치의 예시

이상치 문제를 해결하기 위해 더 발전된 양자화 기법들이 제안되었다. 그중 하나가 Dettmers et al. (2022)이 소개한 `LLM.int8()`이다. `LLM.int8()`은 혼합 정밀도 양자화 방식을 사용하며, 이상치 특성은 FP16으로 처리하고 나머지 값들은 INT8로 양자화한다. 이 접근법은 LLM의 메모리 사용량을 약 2배 줄이면서도 성능 저하를 최소화한다.

`LLM.int8()`는 행렬 곱셈을 세 단계로 수행한다. 첫째, 사용자 정의 임곗값을 사용해 입력 은닉 상태에서 이상치 특성이 포함된 열을 추출한다. 둘째, 벡터 단위 양자화를 사용해 이상치에 대해서는 FP16으로, 비이상치에 대해서는 INT8로 각각 별도의 행렬 곱셈을 수행한다. 마지막으로, 비이상치 결과를 양자화 해제하고 이상치 결과와 결합해 최종 출력을 FP16으로 얻는다.

LLM.int8()의 효과는 실험적으로 입증되었으며, 원본 FP32 모델과 비교해 성능 저하가 거의 없는 수준(<1%)을 보여준다. 그러나 추가적인 계산 오버헤드가 발생해 대규모 모델의 추론 속도가 약 20% 느려진다. transformers 라이브러리를 사용하면 LLM.int8()을 통해 모델을 8비트 정밀도로 직접 불러올 수 있다. 예시는 다음과 같다.

```
from transformers import AutoModelForCausalLM
model_name = "meta-llama/Meta-Llama-3-8B-Instruct"
model = AutoModelForCausalLM.from_pretrained(model_name, device_map="auto", load_in_8bit=True)
```

Dettmers et al.(2023)이 소개한 NF4는 QLoRA(5장에서 다룬 내용)를 위해 설계된 4비트 정밀도 형식이다. transformers 라이브러리에도 통합되어 있지만, 의존성으로 bitsandbytes 라이브러리가 필요하다. NF4 형식으로 모델을 불러오려면 load_in_4bit 파라미터를 사용하면 된다. 예시는 다음과 같다.

```
from transformers import AutoModelForCausalLM
model_name = "meta-llama/Meta-Llama-3-8B-Instruct"
model = AutoModelForCausalLM.from_pretrained(model_name, device_map="auto", load_in_4bit=True)
```

8.3.2 GGUF와 llama.cpp를 활용한 양자화

llama.cpp 프로젝트는 Georgi Gerganov가 만든 오픈 소스 C++ 소프트웨어 라이브러리로, 다양한 LLM의 추론을 수행하도록 설계되었다. 이는 가장 널리 사용되는 양자화 기법이며, 허깅 페이스 허브에서 양자화된 모델을 많이 제공한다.

다른 라이브러리가 CUDA와 같은 하드웨어 특화 폐쇄형 라이브러리에 의존하는 것과 달리, llama.cpp는 더 다양한 하드웨어에서 실행될 수 있다. 특히 특수 하드웨어 없이도 CPU나 안드로이드 기기에서 실행될 수 있어 큰 인기를 얻었다. 또한 llama.cpp는 일부 계층을 GPU로 오프로드해 추론 속도를 가속화할 수 있다. 이 라이브러리는 FlashAttention과 같은 다양한 추론 최적화 기법과도 호환된다.

이 프로젝트는 모델 로딩을 간소화하고 속도를 높이기 위해 자체 양자화 형식인 GGUF를 제공한다. GGUF 파일은 텐서와 메타데이터를 저장하며, 1비트에서 8비트 정밀도까지 다양한 형식을 지원한다. 이는 사용된 비트 수와 특정 변형에 기반한 명명 규칙을 따른다.

- **IQ1_S 및 IQ1_M**: 1비트 정밀도: 매우 낮은 품질
- **IQ2_XXS/XS/S/M 및 Q2_K**: 2비트 정밀도: 낮은 품질이지만 IQ2는 대규모 모델에 사용 가능
- **IQ3_XXS/XS/S/M 및 Q3_K_S/M/L**: 3비트 정밀도: 낮은 품질이지만 대규모 모델에 사용 가능
- **IQ4_XS/NL 및 Q4_K_S/M, Q4_0/1**: 4비트 정밀도: 높은 품질이며 대부분의 모델에 사용 가능
- **Q5_K_S/M 및 Q5_0/1**: 5비트 정밀도: 높은 품질
- **Q6_K**: 6비트 정밀도: 매우 높은 품질
- **Q8_0**: 8비트 정밀도: 최고 품질

GGUF 양자화에 대한 간단한 개요를 설명하자면, llama.cpp는 값을 블록으로 그룹화하고 더 낮은 정밀도로 반올림한다. 예를 들어, 기존 Q4_0 포맷은 블록당 32개의 값을 처리하며, 블록 내에서 가장 큰 가중치 값을 기준으로 스케일링하고 양자화한다($w = q \times block\_scale$). Q4_1에서는 블록 내 가장 작은 L값도 추가로 포함된다($w = q \times block\_scale + block\_minimum$). Q4_K에서는 가중치가 8개의 블록(각각 32개의 값)으로 구성된 슈퍼블록으로 나뉜다. 블록 스케일과 최소값은 6비트로 더 높은 정밀도로 양자화된다($w = q \times block\_scale(6bit) + block\_min(6bit)$). 마지막으로, IQ4_XS와 같은 i-quant는 QUIP라는 또 다른 양자화 기법에서 영감을 받아 구현되었다. 이는 양수(또는 음수) 양자 부호가 8개씩 균등하게 포함되도록 하며, E_8 격자를 사용해 크기를 저장한다.

다음은 GGUF 형식으로 모델을 양자화하는 실용적인 예시이다. 아래 단계는 구글 코랩에서 제공되는 무료 T4 GPU를 사용해 실행할 수 있다.

1 llama.cpp와 필요한 라이브러리 설치한다.

```
!git clone https://github.com/ggerganov/llama.cpp
!cd llama.cpp && git pull && make clean && LLAMA_CUBLAS=1 make
!pip install -r llama.cpp/requirements.txt
```

2 아래 명령어를 사용해 허깅 페이스 허브에서 원하는 모델을 다운로드한다. 예시로 mistralai/Mistral-7B-Instruct-v0.2 모델을 사용한다.

```
MODEL_ID = "mlabonne/EvolCodeLlama-7b"
MODEL_NAME = MODEL_ID.split('/')[-1]
```

```
!git lfs install
!git clone https://huggingface.co/{MODEL_ID}
```

3 먼저 모델을 FP16 형식으로 변환한다. FP16은 모든 GGUF 양자화 유형에 사용되는 중간 단계 산출물이다. llama.cpp에서는 모델별로 호환되는 다양한 변환 스크립트를 제공한다.

```
fp16 = f"{MODEL_NAME}/{MODEL_NAME.lower()}.fp16.bin"
!python llama.cpp/convert.py {MODEL_NAME} --outtype f16 --outfile {fp16}
```

4 이 단계에서는 Q4_K_M 형식을 선택해 모델을 양자화한다. 양자화 과정은 T4 GPU 기준으로 약 1시간 정도 소요될 수 있다.

```
METHOD = "q4_k_m"
qtype = f"{MODEL_NAME}/{MODEL_NAME.lower()}.{METHOD.upper()}.gguf"
!./llama.cpp/quantize {fp16} {qtype} {METHOD}
```

5 양자화가 완료되면 모델을 로컬에 다운로드하거나 허깅 페이스 허브에 업로드할 수 있다. 다음 코드 예제를 사용하면 허깅 페이스 허브에 모델을 쉽게 업로드할 수 있다.

```
from huggingface_hub import create_repo, HfApi
hf_token = ""  # 허깅 페이스 액세스 토큰
username = ""  # 허깅 페이스 사용자 이름
api = HfApi()

# 빈 리포지터리 생성
create_repo(
    repo_id = f"{username}/{MODEL_NAME}-GGUF",
    repo_type="model",
    exist_ok=True,
    token=hf_token
)

# gguf 파일 업로드
api.upload_folder(
    folder_path=MODEL_NAME,
    repo_id=f"{username}/{MODEL_NAME}-GGUF",
    allow_patterns=f"*.gguf",
    token=hf_token
)
```

GGUF 모델은 llama-cpp-python과 같은 백엔드나 랭체인과 같은 프레임워크와 함께 사용할 수 있다. 이는 양자화된 모델을 더 큰 시스템에 통합하려는 경우 유용하다. 또한 llama.cpp의 경량 서버, LM Studio, Text Generation Web UI와 같은 프런트엔드를 통해 모델과 직접 대화할 수 있다. 이러한 도구들은 GGUF 모델과 쉽게 상호작용할 수 있도록 하여 챗GPT와 유사한 인터페이스를 제공한다.

8.3.3 GPTQ와 EXL2를 사용한 양자화

GGUF와 llama.cpp가 GPU 오프로드를 통한 CPU 추론을 제공하는 반면, GPTQ와 EXL2는 GPU에 특화된 양자화 형식이다. 이로 인해 추론 시 llama.cpp보다 더 빠른 속도를 제공한다. 특히 EXL2는 전용 라이브러리인 ExLlamaV2를 통해 가장 높은 처리량을 제공한다.

GPTQ와 EXL2 양자화는 Frantar et al. (2023)이 발표한 GPTQ 알고리즘에 기반한다. 이 알고리즘은 OBQ[optimal brain quantization] 접근법을 개선해 LLM의 가중치를 효율적으로 양자화한다. GPTQ는 헤시안[Hessian] 역행렬의 콜레스키 분해[Cholesky decomposition]를 사용해 수치적 안정성을 확보한 후, 가중치를 엄격한 순서로 양자화하지 않고 배치 단위로 처리한다. 이 과정에서 열과 관련된 블록을 반복적으로 갱신하면서 지연 배치 업데이트[lazy batch update]를 활용해 계산 중복성과 메모리 병목 현상을 줄인다. 이를 통해 대규모 행렬 연산을 보다 효율적으로 처리할 수 있다.

GPTQ는 4비트 정밀도로 제한되지만, EXL2는 더 유연한 양자화를 제공하며 서로 다른 양자화 수준을 혼합해 사용할 수 있다. 이를 통해 2비트에서 8비트 사이의 다양한 정밀도를 구현할 수 있다. 예를 들어 2.3비트, 3.5비트, 6.0비트와 같은 세밀한 비율로 양자화할 수 있다. 또한 선형 계층마다 여러 양자화 수준을 적용할 수 있어 더 중요한 가중치에 더 높은 비트 양자화를 우선적으로 할당한다. 이러한 파라미터는 자동으로 선택되며, 각 행렬을 여러 번 양자화한 후 양자화 오차를 최소화하면서 목표 비트율을 충족하는 조합을 결정한다. 실제로 이러한 방식은 70B 모델을 2.55비트 정밀도로 양자화해 24GB GPU 하나에서 실행할 수 있게 한다.

추론은 ExLlamaV2 라이브러리에 의해 처리된다. 이 라이브러리는 GPTQ와 EXL2 모델을 모두 지원한다.

다음 예제에서는 ExLlamaV2를 사용해 모델을 EXL2 형식으로 양자화한다. 이 단계는 구글 코랩의 무료 T4 GPU에서 실행할 수 있다.

1 소스에서 ExLlamaV2 라이브러리를 설치한다.

```
!git clone https://github.com/turboderp/exllamav2
!pip install -e exllamav2
```

2 허깅 페이스 허브에서 리포지터리를 클론해서 양자화할 모델을 다운로드한다.

```
MODEL_ID = "meta-llama/Llama-2-7b-chat-hf"
MODEL_NAME = MODEL_ID.split('/')[-1]
!git lfs install
!git clone https://huggingface.co/{MODEL_ID}
```

3 양자화 오차를 측정하기 위해 사용하는 캘리브레이션 데이터셋을 다운로드한다. 이번에는 위키피디아의 엄선된 고품질 기사로 구성된 표준 캘리브레이션 데이터셋인 WikiText-103을 사용한다.

```
!wget https://huggingface.co/datasets/wikitext/resolve/9a9e482b5987f9d
```

4 지정된 정밀도(예: 4.5)로 모델을 양자화한다.

```
!mkdir quant
!python exllamav2/convert.py \
    -i {MODEL_NAME} \
    -o quant \
    -c wikitext-test.parquet \
    -b 4.5
```

양자화된 모델은 앞서 본 것처럼 허깅 페이스 허브에 업로드할 수 있다.

GPTQ와 EXL2 양자화 모델은 GGUF만큼 널리 지원되지 않는다. 예를 들어, LM 스튜디오와 같은 프런트엔드는 현재 이를 통합하지 않았다. 대신 oobabooga의 Text Generation Web UI와 같은 다른 도구를 사용할 수 있다. 이는 transformers 라이브러리에도 직접 통합되어 있으며, TGI에서 지원된다. 또한, GPTQ 모델은 TensorRT-LLM에서도 지원된다.

GGUF보다 덜 대중적이지만 허깅 페이스 허브에서 많은 GPTQ와 EXL2 모델을 찾을 수 있다.

8.3.4 다른 양자화 기법

GGUF, GPTQ, EXL2 외에도 다양한 양자화 기법이 존재한다. 이 절에서는 **활성화-가중치 인식 양자화**activate-aware weight quantization (AWQ)와 **비일관성 처리를 통한 양자화**quantization with incoherence processing (QUIP), 반이차 양자화half-quadratic quantization (HQQ)와 같은 극단적 양자화 기법들을 간략히 소개한다.

Lin et al. (2023)에 의해 소개된 AWQ는 또 다른 인기 있는 양자화 알고리즘이다. 이 기법은 가중치의 크기 대신 활성화의 크기를 기준으로 가장 중요한 가중치를 식별하고 보호한다. 이 접근법은 이러한 중요한 가중치에 최적의 채널별 스케일링을 적용하며, 역전파나 재구성에 의존하지 않아 LLM이 캘리브레이션 데이터셋에 과적합하지 않도록 한다. AWQ는 다른 패러다임을 기반으로 하지만 GPTQ 및 EXL2와 상당히 유사하며, 약간 더 느린 속도를 보인다. 또한 추론 엔진에서 잘 지원되며 TGI, vLLM, TensorRT-LLM에 통합되어 있다.

최근 흥미로운 추세는 모델을 1비트 또는 2비트 정밀도로 양자화하는 것이다. EXL2와 같은 일부 포맷은 극단적인 양자화를 지원하지만, 모델의 품질이 크게 저하되는 경우가 많다. 그러나 최근 QUIP 및 HQQ와 같은 알고리즘은 이러한 영역을 목표로 하며, 원본 모델의 성능을 더 잘 유지하는 양자화 방법을 제공한다. 특히, 30B 이상의 대규모 모델에서 이러한 기법이 효과적이며, 7B 또는 13B 매개변수 모델보다 더 적은 공간을 차지하면서도 더 높은 품질의 출력을 제공할 수 있다. 이러한 추세는 계속될 것으로 예상되며 양자화 기법은 더욱 최적화될 것이다. 이 장을 마무리하며 이전 절에서 다룬 세 가지 주요 추론 엔진의 기능을 표로 정리했다.

표 8-1 TGI, vLLM, TensorRT-LLM의 기능 요약

기법	TGI	vLLM	TensorRT-LLM
지속적 배칭	✓	✓	✓
추측 디코딩	✓		
FlashAttention2	✓	✓	
PagedAttention	✓	✓	
파이프라인 병렬 처리			✓
텐서 병렬 처리	✓	✓	
GPTQ	✓		

기법	TGI	vLLM	TensorRT-LLM
EXL2	✓		
AWQ	✓		

요약

요약하자면, 추론 최적화는 LLM을 효과적으로 배포하는 데 중요한 요소이다. 이 장에서는 최적화된 생성 방식, 모델 병렬 처리, 가중치 양자화와 같은 다양한 최적화 기법을 살펴보았다. 추측 디코딩을 통해 여러 토큰을 병렬로 예측하거나 FlashAttention-2와 같은 최적화된 어텐션 메커니즘을 사용하면 상당한 속도 향상을 달성할 수 있다. 또한 데이터 병렬 처리, 파이프라인 병렬 처리, 텐서 병렬 처리와 같은 모델 병렬 처리 방법을 통해 여러 GPU에 계산 부하를 분산시켜 처리량을 증가시키고 지연 시간을 줄이는 방법을 논의했다. GGUF 및 EXL2와 같은 형식의 가중치 양자화는 메모리 사용량을 줄이고 추론 속도를 높이는 데 기여하지만, 출력 품질에는 어느 정도의 손실이 따른다.

LLM의 최적화 전략을 이해하고 적용하는 것은 챗봇이나 코드 자동 완성과 같은 실제 애플리케이션에서 높은 성능을 달성하는 데 필수적이다. 기술과 도구 선택은 활용 가능한 하드웨어, 요구되는 지연 시간, 처리량 등 구체적인 요구 사항에 따라 달라진다. 연속 배칭, 추측 디코딩과 같은 다양한 접근법, 고급 어텐션 메커니즘, 모델 병렬 처리를 종합적으로 결합함으로써 모델 배포 전략을 더욱 효율적으로 최적화할 수 있다.

4장에서 우리는 표준 RAG 애플리케이션의 한 구성 요소인 데이터 수집 파이프라인 구현에만 집중했다. 다음 장에서는 RAG 시스템을 완성하기 위해 검색 및 생성 컴포넌트를 구현하고 이를 추론 파이프라인에 통합할 것이다.

참고 문헌

- Hugging Face, Text Generation Inference, https://github.com/huggingface/text-generation-inference, 2022.

- W. Kwon, Z. Li, S. Zhuang, Y. Sheng, L. Zheng, C.H. Yu, J.E. Gonzalez, H. Zhang, I. Stoica, Efficient Memory Management for Large Language Model Serving with PagedAttention, 2023.
- Nvidia, *TensorRT-LLM*, `https://github.com/NVIDIA/TensorRT-LLM`, 2023.
- Y. Leviathan, M. Kalman, Y. Matias, Fast Inference from Transformers via Speculative Decoding, 2023.
- T. Cai, Y. Li, Z. Geng, H. Peng, J.D. Lee, D. Chen, T. Dao, Medusa: Simple LLM Inference Acceleration Framework with Multiple Decoding Heads, 2024.
- W. Kwon, Z. Li, S. Zhuang, Y. Sheng, L. Zheng, C.H. Yu, J.E. Gonzalez, H. Zhang, I. Stoica, Efficient Memory Management for Large Language Model Serving with PagedAttention, 2023.
- R.Y. Aminabadi, S. Rajbhandari, M. Zhang, A.A. Awan, C. Li, D. Li, E. Zheng, J. Rasley, S. Smith, O. Ruwase, Y. He, DeepSpeed Inference: Enabling Efficient Inference of Transformer Models at Unprecedented Scale, 2022.
- Y. Huang, Y. Cheng, A. Bapna, O. Firat, M.X. Chen, D. Chen, H. Lee, J. Ngiam, Q.V. Le, Y. Wu, Z. Chen, GPipe: Efficient Training of Giant Neural Networks using Pipeline Parallelism, 2019.
- K. James Reed, *PiPPy: Pipeline Parallelism for PyTorch*, `https://github.com/pytorch/PiPPy`, 2022
- M. Shoeybi, M. Patwary, R. Puri, P. LeGresley, J. Casper, B. Catanzaro, Megatron-LM: Training Multi-Billion Parameter Language Models Using Model Parallelism, 2020.
- *Verma and Vaidya, Mastering LLM Techniques: Inference Optimization, NVIDIA Developer Technical Blog*, `https://developer.nvidia.com/blog/mastering-llm-techniques-inference-optimization/`, 2023
- T. Dettmers, M. Lewis, Y. Belkada, L. Zettlemoyer, LLM.int8(): 8-bit Matrix Multiplication for Transformers at Scale, 2022
- G. Gerganov, *llama.cpp*, `https://github.com/ggerganov/llama.cpp`, 2023
- E. Frantar, S. Ashkboos, T. Hoefler, D. Alistarh, GPTQ: Accurate Post-Training Quantization for Generative Pre-trained Transformers, 2023.
- *Tuboderp, exllamav2*, `https://github.com/turboderp/exllamav2`, 2023
- J. Lin, J. Tang, H. Tang, S. Yang, W.-M. Chen, W.-C. Wang, G. Xiao, X. Dang, C. Gan, S. Han, AWQ: Activation-aware Weight Quantization for LLM Compression and Acceleration, 2024.

CHAPTER 9

RAG 추론 파이프라인

4장에서 RAG 특성 파이프라인을 구현했고, 이를 통해 벡터 DB를 필요한 데이터로 채운다. 이 특성 파이프라인은 데이터 웨어하우스에서 데이터를 수집해 문서를 정제하고, 청킹과 임베딩 작업을 거쳐 최종적으로 벡터 DB에 저장하는 과정으로 구성된다. 결과적으로 벡터 DB는 문서로 채워져 RAG에 활용할 준비를 마쳤다.

RAG 방법론을 기반으로 소프트웨어 아키텍처를 세 가지 모듈(검색, 프롬프트 증강, 답변 생성 모듈)로 나눌 수 있다. 우리는 이와 유사한 패턴을 따르되, 먼저 벡터 DB를 쿼리하는 검색 모듈을 구현할 것이다. 이 모듈에서는 검색을 최적화하기 위해 고급 RAG 기법을 적용한다.

이후 프롬프트 증강을 위한 별도의 모듈을 구현하지는 않을 것이다. 이는 과도한 설계(오버엔지니어링)를 피하기 위함이다. 대신 사용자 쿼리와 문맥을 입력받아 프롬프트를 구성하고, LLM을 호출해 답변을 생성하는 추론 서비스를 구현할 것이다. 정리하면, 우리는 두 가지 주요 파이썬 모듈을 구현한다. 하나는 검색 모듈이고, 다른 하나는 사용자 입력과 문맥을 사용해 LLM을 호출하는 모듈이다. 이 두 모듈을 결합하면 엔드투엔드 RAG가 완성된다.

5장과 6장에서 LLM Twin 모델을 파인튜닝했고 8장에서 추론 최적화를 다뤘다. 이로써 LLM은 이제 프로덕션에 사용할 준비가 끝났다. 이제 앞서 언급한 두 모듈을 구축하고 배포하기만 하면 된다.

다음 장에서는 파인튜닝된 LLM Twin 모델을 AWS 세이지메이커에 배포해 세이지메이커 추론 엔드포인트로 설정하는 방법을 다룰 것이다. 따라서 이번 장에서는 고급 RAG 검색 모듈을 구현하는 과정을 살펴본다. RAG 시스템에서 가장 핵심이 되는 검색 과정을 자세히 설명하기 위해 한 장을 온전히 할애했다. 대부분의 RAG 추론 코드는 LLM 호출 단계가 아닌 검색 단계에서 작성된다. 이 단계에서는 데이터를 다루어 벡터 DB에서 가장 관련성이 높은 데이터 포인트를 검색해야 한다. 따라서 RAG 로직의 대부분이 이 검색 단계에 포함된다.

이 장의 주요 내용은 다음과 같다.

- LLM Twin의 RAG 추론 파이프라인 이해
- LLM Twin의 고급 RAG 기법 탐구
- LLM Twin의 RAG 추론 파이프라인 구현

이 장이 끝날 때쯤에는 고급 RAG 검색 모듈을 구현하고 검색된 문맥으로 프롬프트를 증강해 LLM으로 답변을 생성하는 전체 과정을 이해하게 된다. 궁극적으로, 프로덕션에 적합한 엔드 투엔드 RAG 추론 파이프라인을 구축하는 방법을 이해하게 될 것이다.

9.1 LLM Twin의 RAG 추론 파이프라인 이해

RAG 추론 파이프라인을 구현하기 전에, 소프트웨어 아키텍처와 고급 RAG 기법에 대해 알아보자. [그림 9-1]은 RAG 추론 흐름을 보여준다. 추론 파이프라인은 사용자 입력 쿼리에서 시작되며, 검색 모듈을 사용해 쿼리에 기반한 문맥context을 검색한다. 이후 검색된 문맥과 사용자 쿼리를 사용해 LLM 세이지메이커 서비스를 호출해 최종 답변을 생성한다.

[그림 9-1]에 정의된 특성 파이프라인과 검색 모듈은 독립적인 프로세스이다. 특성 파이프라인은 다른 머신에서 사전에 정의된 일정에 따라 주기적으로 실행되며 벡터 DB를 채운다. 동시에 검색 모듈은 추론 파이프라인 내에서 사용자 요청마다 필요에 따라 호출된다.

두 구성 요소의 역할을 분리함으로써 벡터 DB는 항상 최신 데이터를 유지할 수 있고, 검색 모듈은 요청이 들어올 때마다 최신 특성에 접근할 수 있게 된다. RAG 검색 모듈의 입력은 사용자의 쿼리이며, 이를 기반으로 벡터 DB에서 가장 관련성 높고 유사한 데이터 포인트를 반환해야 한다. 이 데이터는 LLM이 최종 답변을 생성하는 데 사용된다.

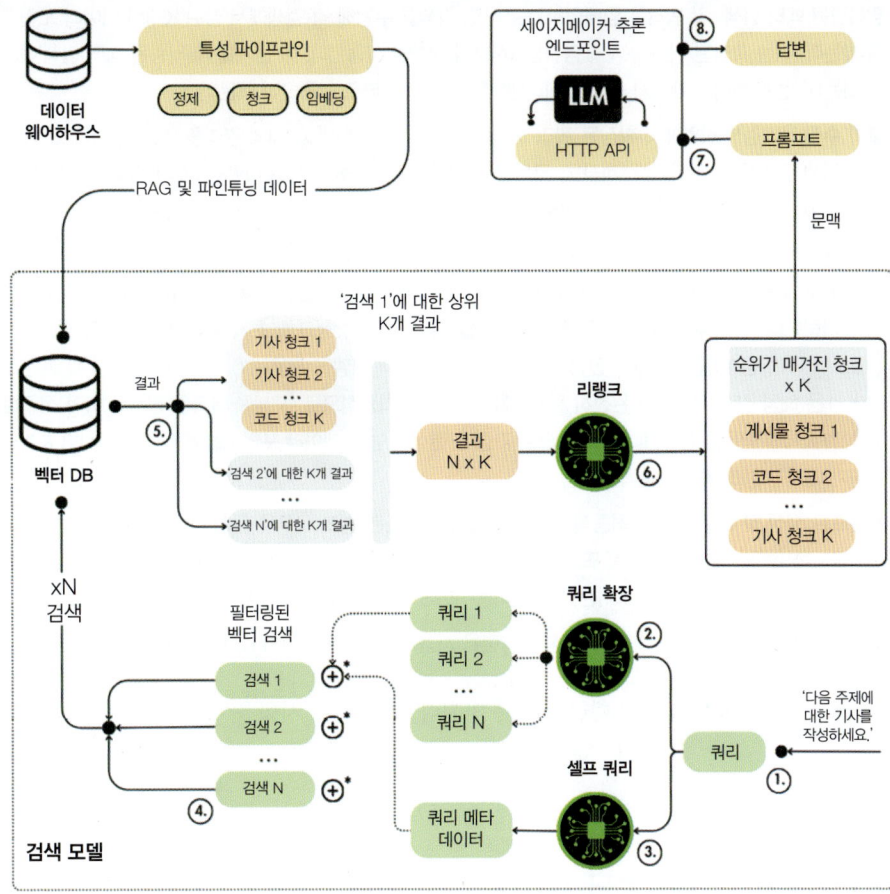

그림 9-1 RAG 추론 파이프라인 아키텍처

RAG 추론 파이프라인의 동작 방식을 자세히 알아보기 위해 [그림 9-1]의 아키텍처 흐름을 단계별로 살펴보자.

1 **사용자 쿼리**: '다음 주제에 대한 기사를 작성하세요.'와 같은 쿼리를 사용자로부터 입력받는 것으로 시작한다.

2 **쿼리 확장**: 초기 쿼리를 확장해 원본 사용자 쿼리의 다양한 측면이나 해석을 반영하는 여러 개의 쿼리를 생성한다. 따라서 하나의 쿼리 대신 xN개의 쿼리를 사용한다. 검색어를 다양화함으로써 검색 모듈이 관련 데이터 포인트를 포괄적으로 찾을 가능성을 높인다. 이 단계는 원본 쿼리가 너무 좁거나 모호할 때 특히 중요하다.

3 **셀프 쿼리**: 원본 쿼리에서 저자 이름과 같은 유용한 메타데이터를 추출한다. 추출된 메타데이터는 벡터 검색 작업에서 필터로 사용되어 쿼리 벡터 공간에서 중복된 데이터 포인트를 제거하고, 검색의 정확성과 속도를 높인다.

9장 RAG 추론 파이프라인 349

4 필터링된 벡터 검색: 각 쿼리를 임베딩하고 유사도 검색을 수행해 각 검색에서 상위 K개의 데이터 포인트를 찾는다. 이는 확장된 쿼리 수에 해당하는 xN번의 검색을 실행한다. 이 단계를 '필터링된 벡터 검색'이라고 하는데, 셀프 쿼리 단계에서 추출된 메타데이터를 쿼리 필터로 활용하기 때문이다.

5 결과 수집: 각 검색 작업에서 확장된 쿼리 해석에 가장 가까운 최대 xK개의 결과를 얻는다. 이후 xN개의 모든 검색 결과를 집계해 기사, 게시물, 코드 리포지터리 청크 등이 혼합된 N x K개의 결과 목록을 만든다. 이 결과는 원본 쿼리의 다양한 측면을 기반으로 여러 관련 청크를 포함하며, 더 넓은 범위의 잠재적으로 관련된 데이터를 제공한다.

6 리랭킹: N x K개의 잠재적 항목 목록에서 상위 K개의 가장 관련성 높은 결과만 남기기 위해 목록을 추가로 필터링한다. 이를 위해 순위 재정렬 알고리즘을 사용하며, 각 청크를 초기 사용자 쿼리와의 관련성과 중요도에 따라 점수화한다. 이때, 신경망 기반 크로스 인코더 모델을 활용해 0과 1 사이의 점수를 계산하는데, 1은 해당 결과가 쿼리와 완전히 일치함을 의미한다. 최종적으로, N x K 결과를 점수에 따라 정렬하고 상위 K개의 항목을 선택한다. 결과적으로 가장 관련성이 높은 데이터 포인트들이 상단에 위치한 K개의 순위가 매겨진 청크 목록이 출력된다.

7 프롬프트 생성 및 LLM 호출: 최종적으로 선정된 K개의 관련 청크 목록을 문자열로 변환해서 최종 프롬프트를 구성한다. 프롬프트는 프롬프트 템플릿, 검색된 문맥, 그리고 사용자 쿼리를 사용해 생성한다. 최종적으로 확장된 프롬프트는 LLM에 전달되며, 이는 AWS 세이지메이커에서 API 엔드포인트로 호스팅된다.

8 답변: LLM이 프롬프트를 처리한 후 생성된 답변을 사용자에게 전달하면서 RAG 로직이 완료된다.

이로써 RAG 추론 파이프라인에 대한 개요를 마쳤다. 이제 세부 사항을 더 자세히 살펴보자.

9.2 LLM Twin의 고급 RAG 기법 탐구

이제 RAG 추론 파이프라인의 전체 흐름을 이해했으니, 검색 모듈에서 사용된 고급 RAG 기법을 살펴보자.

- **검색 전처리 단계** pre-retrieval step: 쿼리 확장과 셀프 쿼리
- **검색 단계** retrieval step: 필터링된 벡터 검색
- **검색 후처리 단계** post-retrieval step: 리랭킹

각 방법을 개별적으로 살펴보기 전에 이 절에서 사용할 파이썬 인터페이스를 소개한다. 해당 코드는 다음 링크에서 확인할 수 있다.[1]

---

[1] https://github.com/PacktPublishing/LLM-Engineers-Handbook/blob/main/llm_engineering/application/rag/base.py

첫 번째는 프롬프트 템플릿을 생성하는 단계로, 프롬프트 템플릿을 표준화해 생성한다. 이 인터페이스는 **ABC**를 상속하며 **create_template()** 메서드를 제공한다. 이 메서드는 랭체인의 **PromptTemplate** 인스턴스를 반환한다. 프롬프트 템플릿 클래스와 같은 일부 객체는 지나치게 많은 기능을 감추지 않으면서도 개발 속도를 높이는 데 유용하다. 따라서 내부 구현을 이해하기 위해 모든 것을 직접 구현하려 하더라도 랭체인에 완전히 의존하지 않는 범위 내에서 활용할 수 있다.

```python
from abc import ABC, abstractmethod

from langchain.prompts import PromptTemplate
from pydantic import BaseModel


class PromptTemplateFactory(ABC, BaseModel):
    @abstractmethod
    def create_template(self) -> PromptTemplate:
        pass
```

또한, 쿼리 확장과 셀프 쿼리와 같은 고급 RAG 단계의 인터페이스를 표준화하기 위해 RAG step 인터페이스를 정의한다. 이 인터페이스는 종종 다른 LLMs에 의존하는 단계를 포함하기 때문에, 개발 중 비용 절감과 디버깅 시간을 단축할 수 있도록 모의^{mock} 테스트가 가능한 **mock** 속성을 지원한다.

```python
from typing import Any

from llm_engineering.domain.queries import Query


class RAGStep(ABC):
    def __init__(self, mock: bool = False) -> None:
        self._mock = mock

    @abstractmethod
    def generate(self, query: Query, *args, **kwargs) -> Any:
        pass
```

궁극적으로 고급 RAG에 필요한 다른 메타데이터와 함께 사용자의 입력을 감싸기 위해 **Query**

도메인 엔티티를 어떻게 모델링했는지를 이해해야 한다. 이를 위해, 먼저 구현을 살펴보자. 필요한 클래스를 불러오는 것으로 시작한다.

```python
from pydantic import UUID4, Field

from llm_engineering.domain.base import VectorBaseDocument
from llm_engineering.domain.types import DataCategory
```

다음으로, `Query` 엔티티 클래스를 정의한다. 이 클래스는 4장에서 다룬 `VectorBaseDocument` 객체-벡터 매핑^{object-vector mapping}(OVM) 클래스를 상속받는다. 따라서 각 쿼리는 벡터 DB에 쉽게 저장하거나 불러올 수 있다.

```python
class Query(VectorBaseDocument):
    content: str
    author_id: UUID4 | None = None
    author_full_name: str | None = None
    metadata: dict = Field(default_factory=dict)

    class Config:
        category = DataCategory.QUERIES
```

여기서 주목해야 할 점은 사용자의 쿼리와 다양한 메타데이터 필드를 결합하기 위해 사용되는 클래스의 속성들이다.

- **content**: 입력 쿼리를 포함하는 문자열이다.
- **author_id**: 벡터 검색 작업에서 특정 저자가 작성한 청크만을 가져오기 위한 필터로 사용되는 선택적 UUID4 식별자이다.
- **author_full_name**: author_id를 쿼리하는 데 사용되는 선택적 문자열이다.
- **metadata**: 추가 메타데이터를 저장하는 딕셔너리이며, 기본적으로 빈 딕셔너리로 초기화된다.

도메인 클래스의 표준 정의 외에도, 문자열에서 `Query` 인스턴스를 직접 생성할 수 있도록 `from_str()` 클래스 메서드를 정의한다. 이를 통해 쿼리 객체를 생성하기 전에 문자열의 앞뒤 공백이나 줄바꿈 문자를 제거하는 등 쿼리 문자열을 정리하는 방식을 표준화할 수 있다.

```python
@classmethod
def from_str(cls, query: str) -> "Query":
    return Query(content=query.strip("\n "))
```

또한 `replace_content()` 인스턴스 메서드는, 원본 쿼리의 `id`, `author_id`, `author_full_name`, `metadata`를 유지하면서 내용^{content}만 업데이트된 새로운 `Query` 인스턴스를 생성하는 데 사용된다.

```python
def replace_content(self, new_content: str) -> "Query":
    return Query(
        id=self.id,
        content=new_content,
        author_id=self.author_id,
        author_full_name=self.author_full_name,
        metadata=self.metadata,
    )
```

이는 쿼리 텍스트를 수정할 때 특히 유용하다. 예를 들어, 전처리나 정규화 과정에서도 관련 메타데이터나 식별자를 잃지 않고 사용할 수 있다. 이어서 `Query` 클래스에 이어 `EmbeddedQuery` 클래스를 정의한다.

```python
class EmbeddedQuery(Query):
    embedding: list[float]

    class Config:
        category = DataCategory.QUERIES
```

`EmbeddedQuery` 클래스는 `Query`를 확장해 `embedding` 필드를 추가한다. `EmbeddedQuery` 엔티티는 Qdrant나 다른 벡터 DB에서 벡터 검색을 수행하는 데 필요한 모든 데이터와 메타데이터를 캡슐화한다. 이제 RAG 추론 파이프라인에서 사용되는 모든 인터페이스와 새로운 도메인 엔티티를 이해했으므로, 고급 RAG 검색 전처리 최적화 기법으로 넘어가자.

9.2.1 고급 RAG 검색 전처리 최적화: 쿼리 확장과 셀프 쿼리

검색 전처리 최적화 단계의 성능을 높이기 위해 쿼리 확장$^{query\ expansion}$과 셀프 쿼리$^{self-query}$ 두 가지 방법을 구현했다. 이 두 방법은 필터링된 벡터 검색 단계와 긴밀히 연관되어 있으며, 이는 9.2.2절에서 자세히 다룰 예정이다. 먼저 쿼리 확장 코드를 살펴본 후 셀프 쿼리 구현을 알아보도록 하자.

이 쿼리 확장 단계에서는 원본 쿼리의 변형을 생성하고, 셀프 쿼리 알고리즘에서는 필요한 메타데이터를 추출한다. 이 책을 작성할 당시 모든 예제에서는 GPT-4o-mini를 사용했지만, 오픈AI의 모델은 빠르게 진화하므로 해당 모델이 더 이상 지원되지 않을 수 있다. 다행히도 이는 문제가 되지 않는다. `.env` 파일에서 `OPENAI_MODEL_ID` 환경 변수를 설정해 모델을 빠르게 변경할 수 있다.

쿼리 확장

일반적인 검색 단계의 한계는 원본 질문을 하나의 벡터로만 표현해 벡터 DB를 쿼리한다는 점이다. 이 접근법은 임베딩 공간의 일부만을 탐색하게 되어 검색 범위가 제한될 수 있다. 특히 쿼리의 중요한 정보나 미묘한 뉘앙스가 임베딩 과정에서 충분히 반영되지 못하면, 검색된 문맥의 관련성이 떨어질 수 있다. 결과적으로 쿼리 벡터와의 거리는 멀지만 의미상으로는 중요한 문서들이 검색에서 누락될 수 있는 것이다.

이 문제를 해결하기 위한 방법으로 쿼리 확장이 있으며, 이러한 한계를 극복할 수 있는 방안을 제공한다. LLM을 사용해 초기 질문을 기반으로 여러 개의 쿼리를 생성하면 질문 의도와 맥락을 다양한 방식으로 해석해서, 질문이 담고 있는 여러 의미나 세부적인 내용을 반영할 수 있다. 이렇게 확장된 쿼리들을 임베딩하면 원본 질문과 관련되지만 임베딩 공간의 다른 영역을 타겟으로 삼게 된다. 이를 통해 벡터 DB에서 더 많은 관련 문서를 검색할 가능성이 높아진다.

쿼리 확장을 구현하는 방법은 LLM이 이러한 대체 쿼리들을 생성하도록 안내하는 세부적인 제로샷 프롬프트를 작성하는 것만으로도 충분히 간단하게 진행할 수 있다. 따라서 쿼리 확장을 구현한 후에는 관련 문맥을 검색하기 위해 단 하나의 쿼리 대신 xN개의 쿼리를 가지게 되며, 이는 곧 xN번의 검색을 의미한다.

검색 횟수를 늘리면 지연 시간에 영향을 줄 수 있다. 따라서 생성하는 쿼리의 개수를 조정해 검색 단계가 애플리케이션의 요구 사항을 충족하는지 실험해야 한다. 또한 검색을 병렬화하면 지연 시간을 크게 줄일 수 있다. 이는 이 장의 마지막에 구현할 `ContextRetriever` 클래스에서 다룬다.

> 쿼리 확장은 멀티 쿼리로도 알려져 있지만 원리는 동일하다. 예를 들어, 랭체인의 `MultiQueryRetriever` 구현이 있다.[2]

---

2 https://python.langchain.com/docs/how_to/MultiQueryRetriever/

이제 코드를 살펴보자. 먼저 쿼리 확장에 필요한 모듈과 클래스들을 불러온다.

```
from langchain_openai import ChatOpenAI

from llm_engineering.domain.queries import Query
from llm_engineering.settings import settings

from .base import RAGStep
from .prompt_templates import QueryExpansionTemplate
```

다음으로, 확장된 쿼리 버전을 생성하는 QueryExpansion 클래스를 정의한다. 해당 클래스의 구현은 다음 링크[3]에서 확인할 수 있다.

```
class QueryExpansion(RAGStep):
    def generate(self, query: Query, expand_to_n: int) -> list[Query]:
        assert expand_to_n > 0, f"'expand_to_n' should be greater than 0. Got {expand_to_n}."
        if self._mock:
            return [query for _ in range(expand_to_n)]
```

generate 메서드에서는 먼저 요청된 확장 수(expand_to_n)가 0보다 큰지 확인한다. 인스턴스가 모의 모드(self._mock가 True)일 경우 실제 API를 호출하지 않고 확장을 시뮬레이션하기 위해 원본 쿼리를 복제한 리스트를 반환한다. 모의 모드가 아닐 경우 프롬프트를 생성하고 언어 모델을 초기화하는 단계로 진행한다.

```
        query_expansion_template = QueryExpansionTemplate()
        prompt = query_expansion_template.create_template(expand_to_n - 1)
        model = ChatOpenAI(model=settings.OPENAI_MODEL_ID, api_key=settings.OPENAI_API_KEY, temperature=0)
```

여기서는 QueryExpansionTemplate을 인스턴스화하고 원본을 제외한 expand_to_n - 1 개의 새로운 쿼리를 생성하도록 맞춤형 프롬프트를 만든다. 이후 ChatOpenAI 모델을 지정된 설정으로 초기화하고, 출력의 결정론적 특성을 보장하기 위해 temperature 값을 0으로 설정

---

[3] https://github.com/PacktPublishing/LLM-Engineers-Handbook/blob/main/llm_engineering/application/rag/query_expanison.py

한다. 다음으로, 프롬프트와 모델을 결합해 랭체인의 체인을 생성하고 사용자의 질문을 사용해 이를 호출한다.

```
chain = prompt | model

response = chain.invoke({"question": query})
result = response.content
```

프롬프트를 모델에 연결(prompt | model)하면 원본 쿼리가 모델에 전달될 때 확장된 쿼리를 생성하는 체인을 설정하게 된다. 모델의 응답은 result 객체에 저장되며, 응답을 받은 후 확장된 쿼리를 파싱하고 정리한다.

```
queries_content = result.strip().split(query_expansion_template.s)
queries = [query]
queries += [
    query.replace_content(stripped_content)
    for content in queries_content
    if (stripped_content := content.strip())
]

return queries
```

템플릿에 정의된 구분자를 사용해 결과를 나누어 개별 쿼리를 얻는다. 원본 쿼리를 포함한 리스트를 시작점으로 하고, 각 확장된 쿼리를 추가할 때는 불필요한 공백을 제거한 후 리스트에 추가한다.

마지막으로 QueryExpansionTemplate 클래스를 정의하는데, 이 클래스는 쿼리 확장에 사용되는 프롬프트를 생성한다. 해당 클래스와 다른 프롬프트 템플릿은 다음 링크[4]에서 확인할 수 있다.

```
from langchain.prompts import PromptTemplate

from .base import PromptTemplateFactory
```

---

[4] https://github.com/PacktPublishing/LLM-Engineers-Handbook/blob/main/llm_engineering/application/rag/prompt_templates.py

```python
class QueryExpansionTemplate(PromptTemplateFactory):
    prompt: str = """You are an AI language model assistant. Your task is to generate
    different versions of the given user question to retrieve relevant documents from the
    database. By generating multiple perspectives on the user question, you help the user
    overcome some of the limitations of the distance-based similarity search.
    Provide these alternative questions separated by '{separator}'.
    Original question: {question}"""

    @property
    def separator(self) -> str:
        return "#next-question#"

    def create_template(self, expand_to_n: int) -> PromptTemplate:
        return PromptTemplate(
            template=self.prompt,
            input_variables=["question"],
            partial_variables={
                "separator": self.separator,
                "expand_to_n": expand_to_n,
            },
        )
```

이 클래스는 언어 모델이 사용자의 질문에 대한 여러 버전을 생성하도록 지시하는 프롬프트를 정의한다. {expand_to_n}, {separator}, {question}과 같은 플레이스홀더를 사용해 프롬프트를 커스터마이징한다.

이 클래스는 expand_to_n을 입력 파라미터로 받아 PromptTemplate 인스턴스를 생성할 때 몇 개의 쿼리를 생성할지를 정의한다. separator 속성은 생성된 쿼리들을 구분하기 위한 고유한 문자열을 제공한다. expand_to_n과 separator 변수는 partial_variables로 전달되어 실행 시간에 변경할 수 없게immutable 설정된다. 한편, {question} 플레이스홀더는 LLM 체인이 호출될 때마다 변경된다.

이제 QueryExpansion 클래스 구현에 대해 학습을 마쳤으므로, 이 클래스를 사용하는 예제를 살펴보자. 다음 코드를 실행하려면 다음 명령어(python -m llm_engineering.application.rag.query_expansion)를 사용하면 된다.

```
query = Query.from_str("Write an article about the best types of advanced RAG
methods.")
query_expander = QueryExpansion()
    expanded_queries = query_expander.generate(query, expand_to_n=3)
    for expanded_query in expanded_queries:
        logger.info(expanded_query.content)
```

다음은 원본 쿼리의 변형 결과이다. 보는 바와 같이, 쿼리 확장 방식은 초기 쿼리의 다양한 세부 사항과 다른 관점을 성공적으로 제공했다. 예를 들어, 고급 RAG 기법의 효과를 강조하거나 이러한 기법들에 대한 개요를 제시하는 등의 변형이 생성되었다. (첫 번째 쿼리는 원본임을 기억하자.)

```
2024-09-18 17:51:33.529 | INFO | Write an article about the best types of advanced
RAG methods.
2024-09-18 17:51:33.529 | INFO | What are the most effective advanced RAG methods?
2024-09-18 17:51:33.529 | INFO | Can you provide an overview of the top advanced
RAG techniques?
```

이제 다음 검색 전처리 최적화 기법인 셀프 쿼리로 넘어가자.

셀프 쿼리

벡터 공간에 쿼리를 임베딩할 때의 한계는 검색에 필요한 모든 정보를 임베딩 벡터에 온전히 담아낼 수 있는지 보장하기 어렵다는 점이다. 예를 들어, 사용자 입력에 제공된 태그에 따라 검색이 100% 의존해야 하는 경우를 가정해보자. 그러나 임베딩에 태그를 강조하는 신호가 얼마나 남아있는지를 제어할 수는 없다. 쿼리 프롬프트만 임베딩하면 태그가 임베딩 벡터에 충분히 반영되었는지 또는 다른 벡터와의 거리 계산 시 충분한 신호를 제공하는지 확신할 수 없다.

이 문제는 ID, 이름, 카테고리 등 검색 시 제공해야 하는 다른 메타데이터에도 동일하게 적용된다. 해결책은 셀프 쿼리를 사용해 쿼리에서 태그나 기타 중요한 메타데이터를 추출하고 이를 벡터 검색과 결합해 필터로 활용하는 것이다. 셀프 쿼리는 LLM을 사용해 태그, ID, 댓글 수, 좋아요, 공유 수 등 비즈니스 사용 사례에 중요한 다양한 메타데이터 필드를 추출한다. 이후, 추출된 메타데이터를 검색 시 어떻게 활용할지 완전히 제어할 수 있다. 예를 들어, LLM Twin 사용 사례에서는 저자의 이름을 추출해 필터로 사용한다. 셀프 쿼리는 필터링된 벡터 검색과 함께 유기적으로 작동하며, 이에 대한 자세한 내용은 9.2.2절에서 설명한다.

이제 코드를 살펴보자. 먼저 코드 구현에 필요한 모듈과 클래스를 불러오는 것으로 시작한다.

```python
from langchain_openai import ChatOpenAI

from llm_engineering.application import utils
from llm_engineering.domain.documents import UserDocument
from llm_engineering.domain.queries import Query
from llm_engineering.settings import settings

from .base import RAGStep
from .prompt_templates import SelfQueryTemplate
```

다음으로, SelfQuery 클래스를 정의한다. 이 클래스는 RAGStep을 상속받으며 generate() 메서드를 구현한다. 클래스의 전체 코드는 다음 링크에서 확인할 수 있다.[5]

```python
class SelfQuery(RAGStep):
    def generate(self, query: Query) -> Query:
        if self._mock:
            return query
```

generate() 메서드에서는 _mock 속성이 True로 설정되어 있는지 확인한다. 설정되어 있다면 원래의 쿼리 객체를 수정하지 않고 반환한다. 이를 통해 테스트와 디버깅 시 모델 호출을 우회할 수 있다. 모의 모드가 아닐 경우 프롬프트 템플릿을 생성하고 언어 모델을 초기화한다.

```python
        prompt = SelfQueryTemplate().create_template()
        model = ChatOpenAI(model=settings.OPENAI_MODEL_ID, api_key=settings.
OPENAI_API_KEY, temperature=0)
```

여기서는 SelfQueryTemplate 팩토리 클래스를 사용해 프롬프트를 생성하고 ChatOpenAI 모델 인스턴스를 초기화한다(쿼리 확장 구현과 유사함). 이후 프롬프트와 모델을 체인으로 결합하고 사용자의 쿼리와 함께 이를 실행한다.

---

[5] https://github.com/PacktPublishing/LLM-Engineers-Handbook/blob/main/llm_engineering/application/rag/self_query.py

```
        chain = prompt | model

        response = chain.invoke({"question": query})
        user_full_name = response.content.strip("\n ")
```

LLM 응답에서 내용을 추출하고 앞뒤 공백을 제거해 user_full_name 값을 얻는다. 다음으로, 모델이 사용자 정보를 추출했는지 확인한다.

```
        if user_full_name == "none":
            return query
```

응답이 "none"이면 쿼리에서 사용자 이름을 찾지 못했다는 의미이므로 원래의 쿼리 객체를 반환한다. 사용자 이름이 발견되면 user_full_name을 유틸리티 함수를 사용해 first_name과 last_name 변수로 분리한다. 이후 사용자의 세부 정보를 기반으로 UserDocument에서 사용자 인스턴스를 검색하거나 생성한다.

```
        first_name, last_name = utils.split_user_full_name(user_full_name)
        user = UserDocument.get_or_create(first_name=first_name, last_name=last_
name)
```

마지막으로 추출된 저자 정보를 쿼리 객체에 업데이트하고 반환한다.

```
        query.author_id = user.id
        query.author_full_name = user.full_name

        return query
```

업데이트된 쿼리에는 author_id와 author_full_name 값이 포함되어 있다. 이는 RAG 파이프라인의 다음 단계에서 사용할 수 있다.

이제 사용자 정보를 추출하는 프롬프트를 정의하는 SelfQueryTemplate 클래스를 살펴본다.

```
from langchain.prompts import PromptTemplate

from .base import PromptTemplateFactory
```

```python
class SelfQueryTemplate(PromptTemplateFactory):
    prompt: str = """ You are an AI language model assistant. Your task is to
extract information from a user question.
The required information that needs to be extracted is the user name or user id.
Your response should consist of only the extracted user name (e.g., John Doe) or
id (e.g. 1345256), nothing else.
If the user question does not contain any user name or id, you should return the
following token: none.
    For example:
    QUESTION 1:
    My name is Paul Iusztin and I want a post about...
    RESPONSE 1:
    Paul Iusztin

    QUESTION 2:
    I want to write a post about...
    RESPONSE 2:
    none

    QUESTION 3:
    My user id is 1345256 and I want to write a post about...
    RESPONSE 3:
    1345256

    User question: {question}"""
    def create_template(self) -> PromptTemplate:
        return PromptTemplate(template=self.prompt, input_variables=["question"])
```

SelfQueryTemplate 클래스에서는 AI 모델이 입력된 질문에서 사용자 이름이나 ID를 추출하도록 지시하는 프롬프트를 정의한다. 이 프롬프트는 다양한 상황에서 모델이 어떻게 응답해야 하는지를 안내하기 위해 퓨-샷 러닝 few-shot learning 을 사용한다. 템플릿이 호출되면 {question} 플레이스홀더는 실제 사용자 질문으로 대체된다.

셀프 쿼리 self-query 를 구현함으로써 사용 사례에 필요한 중요한 메타데이터를 추출하고 검색 과정에서 활용할 수 있다. 이 접근법은 쿼리의 모든 필수적인 측면을 포착하기 위해 임베딩의 의미론에만 의존하는 한계를 극복한다.

이제 SelfQuery 클래스를 구현했으므로 예제를 살펴보겠다. 해당 코드는 `python -m llm_engineering.application.rag.self_query`의 CLI 명령어로 실행할 수 있다.

```
    query = Query.from_str("I am Paul Iusztin. Write an article about the best 
types of advanced RAG methods.")
    self_query = SelfQuery()
    query = self_query.generate(query)
    logger.info(f"Extracted author_id: {query.author_id}")
    logger.info(f"Extracted author_full_name: {query.author_full_name}")
```

작성자의 전체 이름과 ID가 정확하게 추출된 다음과 같은 결과를 얻는다.

```
2024-09-18 18:02:10.362 | INFO - Extracted author_id: 900fec95-d621-4315-
2024-09-18 18:02:10.362 | INFO - Extracted author_full_name: Paul Iusztin
```

이제 셀프 쿼리의 작동 원리를 이해했으므로, 이를 검색 최적화 단계에서 필터링된 벡터 검색과 함께 어떻게 사용할 수 있는지 살펴보자.

9.2.2 고급 RAG 검색 최적화: 필터링된 벡터 검색

벡터 검색vector search은 의미론적 유사도를 기반으로 관련 정보를 검색하는 데 핵심적인 역할을 한다. 그러나 단순한 벡터 검색은 정보 검색의 정확성과 지연 시간에 한계가 있다. 이는 주로 벡터 임베딩의 수치적 근접성만을 기준으로 작동하기 때문에, 단어가 사용된 맥락이나 질문과 관련된 카테고리 등을 세밀하게 고려하지 않기 때문이다.

단순한 벡터 검색의 주요 문제 중 하나는 의미적으로 유사하지만 맥락적으로는 관련이 없는 문서를 검색하는 것이다. 벡터 임베딩은 일반적인 의미론적 의미를 포착하기 때문에 언어 패턴이나 주제를 공유하는 콘텐츠에 높은 유사도 점수를 부여할 수 있다. 하지만 쿼리의 특정 의도나 제약 조건과 일치하지 않을 수 있다. 예를 들어 'Java'를 검색하면 프로그래밍 언어와 인도네시아의 섬에 관한 문서가 모두 검색될 수 있어, 오히려 모호하거나 오도된 결과를 초래할 수 있다. 또한 데이터셋의 크기가 증가할수록 단순한 벡터 검색은 확장성 문제를 겪을 수 있다. 필터링이 없기 때문에 검색 알고리즘은 전체 벡터 공간에서 유사도를 계산해야 하며, 이로 인해 지연 시간이 크게 증가할 수 있다.

이러한 전체 탐색 방식은 응답 시간을 지연시키고 더 많은 계산 자원을 소모하게 되어, 실시간 또는 대규모 애플리케이션에 비효율적이다.

반면에 필터링된 벡터 검색은 메타데이터 태그나 카테고리와 같은 추가 기준을 적용해 검색 공간을 줄인다. 이것은 벡터 유사도 계산 이전 단계에 실행되는 필터링 기능이다. 이러한 필터를 적용하면 검색 알고리즘은 쿼리의 의도와 맥락적으로 일치하는 결과로 후보군을 좁힐 수 있다. 이와 같은 목표 지향적 접근법은 단순한 의미론적 유사도만으로 고려될 수 있었던 무관한 문서를 제거함으로써 정확도를 높인다.

또한 필터링된 벡터 검색은 알고리즘이 수행해야 하는 비교 횟수를 줄여 지연 시간을 개선한다. 더 작고 더 관련성 높은 데이터 하위 집합을 대상으로 작업하므로 계산 부담이 감소해 응답 시간이 빨라진다. 이러한 효율성은 실시간 상호작용이 필요한 애플리케이션이나 대규모 쿼리를 처리하는 시스템에서 매우 중요하다.

필터링된 벡터 검색에 사용되는 메타데이터는 종종 사용자의 입력에 포함되어 있기 때문에, 벡터 DB에 쿼리하기 전에 이를 먼저 추출해야 한다. 이는 바로 셀프 쿼리self-query 단계에서 수행한 작업으로, 작성자의 이름을 추출해 벡터 공간을 해당 작성자의 콘텐츠로만 좁혔다. 즉, 쿼리를 셀프 쿼리 단계에서 처리한 것은 검색 전처리 최적화pre-retrieval optimization 방법이다. 반면에 필터링된 벡터 검색을 통해 쿼리를 최적화한 것은 검색 최적화retrieval optimization 방법이다.

예를 들어, Qdrant를 사용할 때 각 문서의 메타데이터에서 author_id와 일치하는 값을 필터링하려면 다음 코드를 구현해야 한다.

```python
from qdrant_client.models import FieldCondition, Filter, MatchValue

records = qdrant_connection.search(
    collection_name="articles",
    query_vector=query_embedding,
    limit=3,
    with_payload=True,
    query_filter= Filter(
        must=[
            FieldCondition(
                key="author_id",
                match=MatchValue(
                    value=str("1234"),
                ),
            )
        ],
    ),
)
```

즉, 단순한 벡터 검색은 의미론적 검색의 근간이지만, 실용적인 애플리케이션에서는 한계로 인해 성능이 저하될 수 있다. 필터링된 벡터 검색은 벡터 임베딩의 강점과 맥락적 필터링을 결합해 이러한 문제를 해결하고, RAG 시스템에서 더 정확하고 효율적인 정보 검색을 가능하게 한다. 마지막으로 RAG 파이프라인의 성능을 높이기 위해 리랭킹을 살펴보자.

9.2.3 고급 RAG 검색 후처리 최적화: 리랭킹

RAG 시스템의 문제는 검색된 문맥에 불필요한 청크가 포함될 수 있다는 점이다.

- **노이즈**: 검색된 문맥이 관련성이 없을 수 있으며, 정보가 혼란스럽게 섞이거나 언어 모델을 혼동시킬 가능성이 있다.
- **프롬프트 확장**: 불필요한 청크를 포함하면 프롬프트의 크기가 커져 비용이 증가한다. 게다가 언어 모델은 주로 문맥의 시작과 끝부분에 더 집중하는 경향이 있어, 너무 긴 문맥을 제공하면 중요한 내용을 놓칠 수 있다.
- **질문과의 불일치**: 쿼리와 청크는 임베딩 유사도에 기반해 매칭된다. 하지만 임베딩 모델이 사용자 질문에 최적화되지 않았을 경우 쿼리와 완전히 관련이 없는 청크에도 높은 유사도 점수가 부여될 수 있다.

이러한 문제의 해결 방법은 리랭킹 알고리즘을 통해 검색된 $N \times K$개의 청크를 최초 질문과의 관련성 순으로 재정렬하는 것이다. 리랭킹을 통해 가장 관련성이 높은 청크를 앞으로, 가장 낮은 청크를 뒤로 정렬한다. 여기서 N은 쿼리 확장 후 수행된 검색 횟수, K는 각 검색에서 가져온 청크 수를 의미하며, 총 $N \times K$개의 청크가 검색된다. RAG 시스템에서 리랭킹은 최초 검색 결과를 정제하는 핵심적인 후처리 과정으로 사용된다.

리랭킹 알고리즘은 각 청크가 쿼리와 얼마나 관련이 있는지 평가한다. 이때 크로스 인코더와 같은 고급 모델이 사용된다. 크로스 인코더와 같은 모델은 임베딩 벡터의 코사인 유사도 거리 기반 유사도 측정 방법보다 쿼리와 각 청크 간의 의미론적 유사도를 더 정확하게 평가한다. 이에 대한 자세한 내용은 4장에서 다뤘다.

결국, 리랭킹 점수를 기반으로 정렬된 $N \times K$ 항목 리스트에서 가장 관련성이 높은 상위 K개의 청크를 선택한다. 리랭킹은 쿼리 확장과 결합했을 때 더욱 효과적으로 작동한다. 먼저, 쿼리 확장 없이 리랭킹이 어떻게 작동하는지 살펴본다.

1 **K개 이상의 청크 검색**: 잠재적으로 관련성이 있는 정보를 광범위하게 확보하기 위해 K개 이상의 청크를 검색한다.
2 **리랭킹 사용**: 더 큰 집합에 리랭킹을 적용해 각 청크가 쿼리와 얼마나 실제로 관련 있는지 평가한다.

3 상위 K개 선택: 최종 프롬프트에서 문맥으로 사용할 상위 K개의 청크를 선택한다.

여기에 쿼리 확장을 결합하면 하나의 쿼리에서 K개 이상의 청크를 찾는 대신 확장된 쿼리에서 잠재적으로 유용한 다양한 문맥을 수집할 수 있다. 쿼리 확장이 결합된 흐름은 다음과 같다.

1 N x K 청크 검색: 확장된 쿼리를 사용해 여러 세트의 청크를 검색한다.
2 리랭킹 사용: 검색된 모든 청크를 관련성 순으로 리랭킹한다.
3 상위 K개 선택: 최종 프롬프트에 사용할 가장 관련성 높은 청크를 선택한다.

RAG 파이프라인에 리랭킹을 통합하면 검색된 문맥의 품질과 관련성을 향상시키고 컴퓨팅 자원을 효율적으로 활용할 수 있다. 위에서 설명한 내용을 이해하기 위해 LLM Twin의 리랭킹 단계를 구현하는 방법을 살펴본다. 이는 깃허브의 `llm_engineering/application/rag/reranking.py`에서 확인할 수 있다.

리랭킹 프로세스를 위해 필요한 모듈과 클래스를 먼저 임포트한다.

```python
from llm_engineering.application.networks import CrossEncoderModelSingleton
from llm_engineering.domain.embedded_chunks import EmbeddedChunk
from llm_engineering.domain.queries import Query

from .base import RAGStep
```

다음으로, 쿼리와의 관련성을 기반으로 검색된 문서를 리랭킹하는 역할을 담당하는 Reranker 클래스를 정의한다.

```python
class Reranker(RAGStep):
    def __init__(self, mock: bool = False) -> None:
        super().__init__(mock=mock)

        self._model = CrossEncoderModelSingleton()
```

Reranker 클래스의 초기화 메서드에서 `CrossEncoderModelSingleton`의 인스턴스를 생성해 크로스 인코더 모델을 초기화한다. 이 크로스 인코더 모델은 각 문서 청크가 쿼리와 얼마나 관련 있는지를 점수화하는 데 사용된다.

Reranker 클래스의 핵심 기능은 `generate()` 메서드에서 구현된다.

```python
    def generate(self, query: Query, chunks: list[EmbeddedChunk], keep_top_k: int)
-> list[EmbeddedChunk]:
        if self._mock:
            return chunks

        query_doc_tuples = [(query.content, chunk.content) for chunk in chunks]

        scores = self._model(query_doc_tuples)

        scored_query_doc_tuples = list(zip(scores, chunks, strict=False))
        scored_query_doc_tuples.sort(key=lambda x: x[0], reverse=True)

        reranked_documents = scored_query_doc_tuples[:keep_top_k]
        reranked_documents = [doc for _, doc in reranked_documents]

        return reranked_documents
```

generate() 메서드는 쿼리, 청크(문서 세그먼트) 리스트, 유지할 상위 문서 개수(keep_top_k)를 입력받는다. 모의 모드인 경우 원래의 청크 리스트를 그대로 반환한다. 그렇지 않은 경우 다음 단계를 수행한다.

1. 쿼리 내용과 각 청크의 내용을 쌍으로 생성한다.
2. 크로스 인코더 모델을 사용해 각 쌍을 점수화하고 청크가 쿼리와 얼마나 잘 맞는지 평가한다.
3. 점수와 해당 청크를 묶어 점수가 포함된 튜플 리스트를 생성한다.
4. 점수를 기준으로 리스트를 내림차순으로 정렬한다.
5. 상위 keep_top_k개의 청크를 선택한다.
6. 튜플에서 청크를 추출해 리랭킹된 문서로 반환한다.

CrossEncoder 클래스를 정의하기 전에 필요한 구성 요소를 임포트한다.

```python
from sentence_transformers.cross_encoder import CrossEncoder

from .base import SingletonMeta
```

sentence_transformers 라이브러리에서 CrossEncoder 클래스를 임포트해 텍스트 쌍을 점수화하는 기능을 제공한다. 또한 base 모듈에서 SingletonMeta를 임포트해 모델 클래스가 싱글턴 패턴을 따르도록 한다. 이는 애플리케이션 전체에서 모델의 인스턴스가 단 하나만 존재하도록 보장한다. 이제 CrossEncoderModelSingleton 클래스를 정의한다.

```python
class CrossEncoderModelSingleton(metaclass=SingletonMeta):
    def __init__(
        self,
        model_id: str = settings.RERANKING_CROSS_ENCODER_MODEL_ID,
        device: str = settings.RAG_MODEL_DEVICE,
    ) -> None:
        """
        A singleton class that provides a pre-trained cross-encoder model
        for scoring pairs of input text.
        """
        self._model_id = model_id
        self._device = device

        self._model = CrossEncoder(
            model_name=self._model_id,
            device=self._device,
        )
        self._model.model.eval()
```

이 클래스는 .env 파일에서 로드된 전역 설정의 model_id와 device를 사용해 크로스 인코더 모델을 초기화한다. self._model.model.eval()을 호출해 모델을 평가 모드로 설정해 추론에 적합하도록 준비한다.

CrossEncoderModelSingleton 클래스에는 텍스트 쌍을 점수화할 수 있는 호출 가능한 메서드가 포함되어 있다.

```python
def __call__(self, pairs: list[tuple[str, str]], to_list: bool = True) -> np.ndarray [np.float32] | list[float]:
    scores = self._model.predict(pairs)

    if to_list:
        scores = scores.tolist()

    return scores
```

__call__ 메서드는 쿼리와 문서 청크의 텍스트 쌍을 입력받아 각 쌍의 관련성 점수를 반환한다. 이 메서드는 모델의 predict() 함수를 사용해 점수를 계산한다.

CrossEncoderModelSingleton 클래스는 CrossEncoder를 감싸는 래퍼로, 두 가지 목적을 가진다. 첫째, 싱글턴 패턴을 통해 애플리케이션 전체에서 하나의 크로스 인코더 모델을 공유해 메모리를 절약하고, 필요 시마다 모델을 다시 로드하지 않아도 된다. 둘째, 리랭킹에 사용되는 다양한 모델을 지원하기 위한 표준 인터페이스를 제공한다. 이 설계를 통해 향후 API 기반 리랭킹과 같은 다른 방식으로 전환해야 할 경우, 새로운 인터페이스를 구현한 래퍼 클래스를 작성해 기존 클래스와 쉽게 교체할 수 있다. 따라서 코드의 나머지 부분을 수정하지 않고도 새로운 리랭킹 방법을 도입할 수 있다.

지금까지 고급 RAG 기법들을 살펴보았다. 다음으로는 이 기법들을 통합하는 ContextRetriever 클래스를 알아보고, LLM과 연계해 완성된 RAG 추론 파이프라인을 구현하는 방법을 설명한다.

9.3 LLM Twin의 RAG 추론 파이프라인 구현

이 장의 시작에서 설명했듯이, RAG 추론 파이프라인은 크게 세 부분으로 나눌 수 있다. 검색 모듈, 프롬프트 생성, 증강된 프롬프트를 사용해 LLM을 호출하는 답변 생성이다. 이 절에서는 주로 검색 모듈 구현에 초점을 맞추며, 이 부분에 가장 많은 코드와 로직이 집중되어 있다. 이후에는 검색된 문맥과 사용자 쿼리를 사용해 최종 프롬프트를 구성하는 방법을 살펴본다.

궁극적으로는 검색 모듈, 프롬프트 생성 로직, LLM을 결합해 엔드투엔드로 동작하는 RAG 워크플로를 구현하는 방법을 살펴본다. 다만 파인튜닝된 LLM Twin 모듈이 AWS 세이지메이커에 배포되지 않았으므로, 10장 완료 전까지는 LLM 테스트가 불가능하다.

따라서 이 절을 마치면 RAG 추론 파이프라인을 구현 방법을 이해할 수 있게 된다. 다만, 이 파이프라인은 10장을 완료한 후에야 전체 과정을 테스트할 수 있다. 이제 검색 모듈의 구현부터 살펴보자.

9.3.1 검색 모듈 구현하기

ContextRetriever 클래스 구현을 살펴보자. 이 클래스는 RAG 시스템에서 검색 단계를 조율하며, 이전에 사용한 고급 기술(쿼리 확장, 셀프 쿼리, 리랭킹, 필터링된 벡터 검색)을 통합

한다. 클래스 구현 코드는 깃허브의 다음 경로에서 확인할 수 있다.[6]

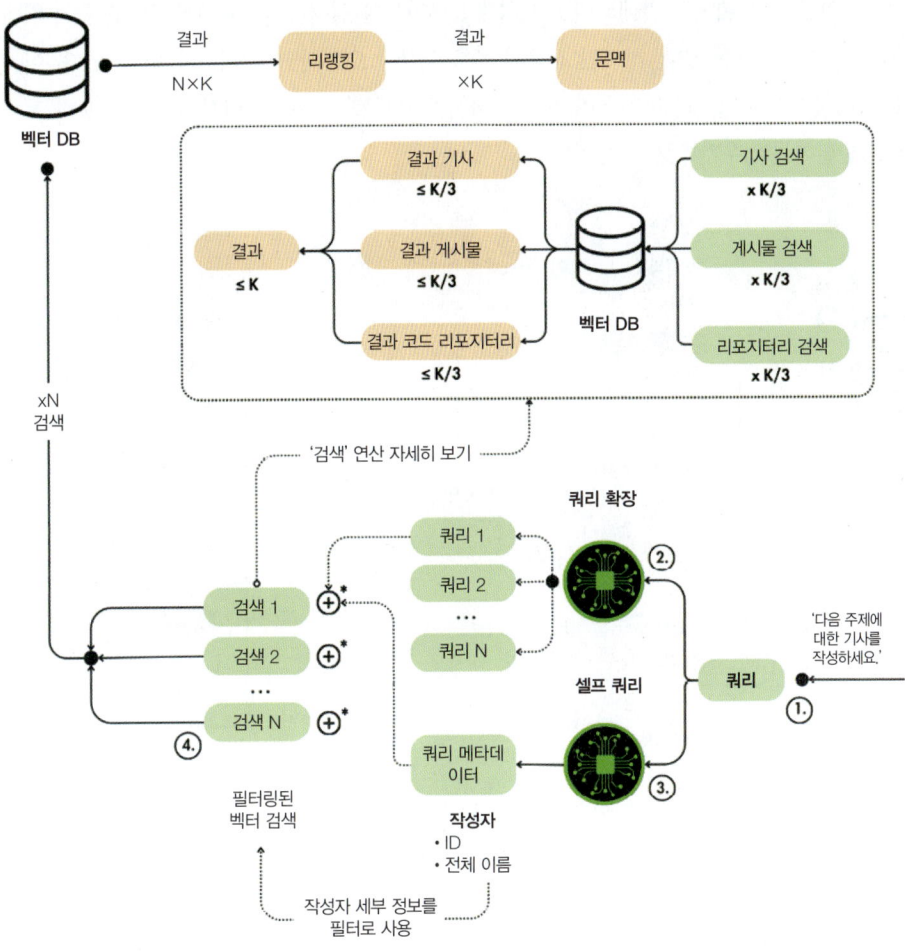

그림 9-2 RAG 검색 모듈의 검색 로직

ContextRetriever 클래스의 진입점 함수entry point function는 search() 메서드이다. 이 메서드는 이 장에서 다룬 모든 고급 단계를 호출한다. [그림 9-2]는 search() 메서드가 사용자 쿼리와 유사한 검색 결과를 얻기 위한 모든 단계의 연결 방식을 자세히 설명한다. 여기에서는 'self-query' 단계에서 추출된 저자 정보가 필터링된 벡터 검색에서 어떻게 사용되는지 강조

---

[6] https://github.com/PacktPublishing/LLM-Engineers-Handbook/blob/main/llm_engineering/application/rag/retriever.py

한다. 또한 검색 작업 자체를 확대해 각 쿼리에 대해 벡터 DB에 세 가지 검색(기사, 게시물, 코드 리포지터리)을 수행한다. 각 검색(N개의 검색 중 하나)마다 최대 K개의 결과를 가져오려 한다. 이를 위해 데이터 카테고리별로 최대 K/3항목을 검색하며, 세 카테고리를 합쳐 최대 K개의 청크를 얻을 수 있다. 하지만 검색된 목록은 항상 K가 아닌 K 이하가 될 수 있다. 이는 특정 데이터 카테고리에서 저자 필터가 적용되어 일부 청크가 누락되면서 K/3 항목보다 적은 결과를 반환하는 경우가 있기 때문이다.

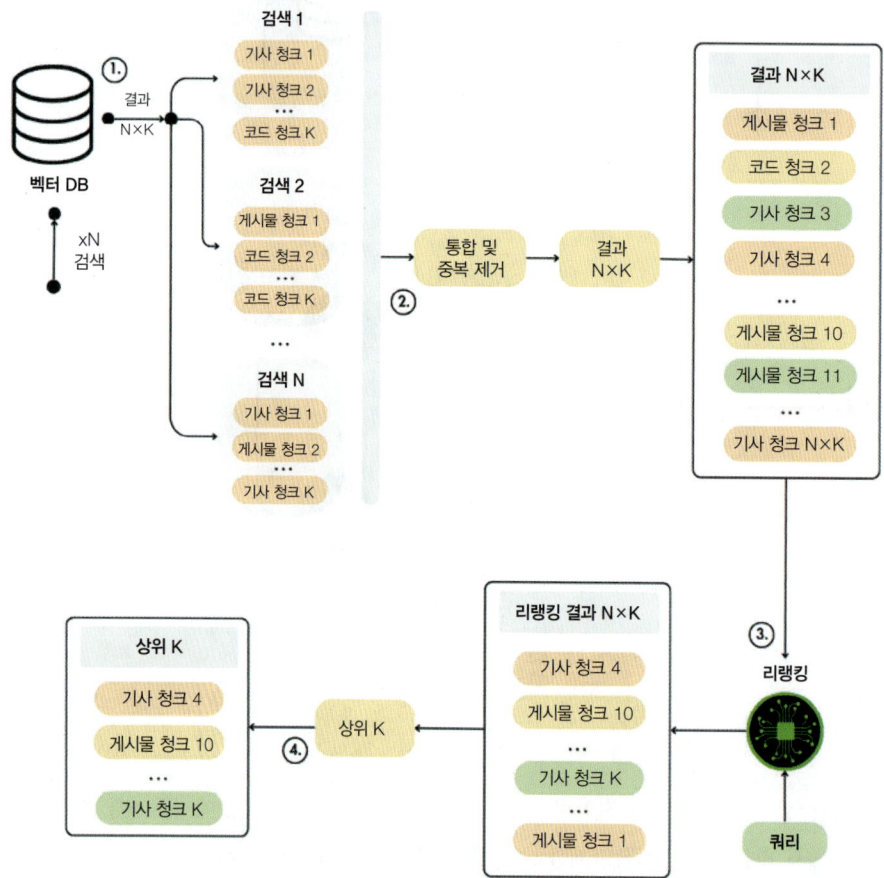

그림 9-3 RAG 검색 모듈의 결과 처리 흐름

[그림 9-3]은 N번의 반복 검색에서 반환된 결과를 처리하는 과정을 보여준다. 각 검색은 K 이하의 항목을 반환하므로, 결과적으로 $N \times K$ 이하의 청크가 생성된다. 이 청크들은 하나의 목

록으로 통합된다. 검색 결과 간에 중복된 항목이 있을 수 있으므로, 통합된 목록에서 중복을 제거해 각 청크가 고유하도록 만든다. 마지막으로, 결과를 리랭킹 모델에 전달해 리랭킹 점수에 따라 순서를 지정한 후, 가장 관련성 높은 상위 K개의 청크를 선택한다. 이 청크들은 RAG에서 문맥으로 사용된다.

[그림 9-2]와 [그림 9-3]에 나타난 모든 과정을 `ContextRetriever` 클래스에서 어떻게 구현하는지 살펴보자. 먼저, `QueryExpansion`, `SelfQuery`, `Reranker` 클래스의 인스턴스를 설정해 `ContextRetriever` 클래스를 초기화한다.

```python
class ContextRetriever:
    def __init__(self, mock: bool = False) -> None:
        self._query_expander = QueryExpansion(mock=mock)
        self._metadata_extractor = SelfQuery(mock=mock)
        self._reranker = Reranker(mock=mock)
```

`search()` 메서드에서는 사용자의 입력 문자열을 쿼리 객체로 변환한다. 그다음 `SelfQuery` 인스턴스를 사용해 쿼리에서 `author_id`와 `author_full_name`을 추출한다.

```python
    def search(
        self,
        query: str,
        k: int = 3,
        expand_to_n_queries: int = 3,
    ) -> list:
        query_model = Query.from_str(query)

        query_model = self._metadata_extractor.generate(query_model)
        logger.info(
            "Successfully extracted the author_id from the query.",
            author_id=query_model.author_id,
        )
```

다음으로 `QueryExpansion` 인스턴스를 사용해 입력 쿼리를 확장하고 의미적으로 유사한 여러 쿼리를 생성한다.

```python
        n_generated_queries = self._query_expander.generate(query_model, expand_to_n=expand_to_n_queries)
```

```
logger.info(
    "Successfully generated queries for search.",
    num_queries=len(n_generated_queries),
)
```

모든 확장된 쿼리에 대해 스레드 풀을 사용해 동시에 검색을 수행한다. 각 쿼리는 _search() 메서드에 의해 처리된다. _search() 메서드의 동작은 곧 살펴본다. 결과는 단일 리스트로 병합되고 중복이 제거되어 수집된다.

```
with concurrent.futures.ThreadPoolExecutor() as executor:
    search_tasks = [executor.submit(self._search, _query_model, k)
        for _query_model in n_generated_queries]

    n_k_documents = [task.result() for task in concurrent.futures.as_completed(search_tasks)]
    n_k_documents = utils.misc.flatten(n_k_documents)
    n_k_documents = list(set(n_k_documents))

logger.info("All documents retrieved successfully.", num_documents=len(n_k_documents))
```

문서를 검색한 후 원본 쿼리와의 연관성을 기준으로 결과를 리랭킹하고 상위 k개의 문서만 유지한다.

```
if len(n_k_documents) > 0:
    k_documents = self.rerank(query, chunks=n_k_documents, keep_top_k=k)
else:
    k_documents = []

return k_documents
```

_search() 메서드는 게시물, 기사, 리포지터리와 같은 다양한 데이터 카테고리에서 필터링된 벡터 검색을 수행한다. 이 메서드는 **EmbeddingDispatcher**를 사용해 쿼리를 **EmbeddedQuery**로 변환한다. 여기에는 쿼리의 임베딩 벡터와 추출된 메타데이터가 포함된다.

```
def _search(self, query: Query, k: int = 3) -> list[EmbeddedChunk]:
    assert k >= 3, "k should be >= 3"
```

```python
def _search_data_category(
    data_category_odm: type[EmbeddedChunk], embedded_query: EmbeddedQuery
) -> list[EmbeddedChunk]:
    if embedded_query.author_id:
        query_filter = Filter(
            must=[
                FieldCondition(
                    key="author_id",
                    match=MatchValue(
                        value=str(embedded_query.author_id),
                    ),
                )
            ]
        )
    else:
        query_filter = None

    return data_category_odm.search(
        query_vector=embedded_query.embedding,
        limit=k // 3,
        query_filter=query_filter,
    )

embedded_query: EmbeddedQuery = EmbeddingDispatcher.dispatch(query)
```

쿼리 임베딩에는 RAG 특성 파이프라인의 문서 청크 임베딩과 동일한 **EmbeddingDispatcher**를 사용한다. 이는 데이터 입력과 쿼리 시점에서 동일한 임베딩 모델을 사용해, 검색의 일관성을 유지한다.

각 데이터 카테고리는 로컬 함수 `_search_data_category()`를 활용해 개별적으로 검색한다. `_search_data_category()` 함수 내에서는 `embedded_query` 객체가 추출한 필터를 적용한다. 예를 들어, `author_id`가 존재하면 이를 사용해 해당 작성자의 문서만 검색 결과에 포함되도록 필터링한다. 이렇게 각 카테고리에서 얻은 결과를 모두 결합해 최종 결과를 생성한다.

```
post_chunks = _search_data_category(EmbeddedPostChunk, embedded_query)
articles_chunks = _search_data_category(EmbeddedArticleChunk, embedded_query)
repositories_chunks = _search_data_category(EmbeddedRepositoryChunk, embedded_query)
```

```
        retrieved_chunks = post_chunks + articles_chunks + repositories_chunks

        return retrieved_chunks
```

마지막으로, rerank() 메서드는 원본 쿼리와 검색된 문서 목록을 입력으로 받아, 문서의 연관성에 따라 리랭킹한다.

```
    def rerank(self, query: str | Query, chunks: list[EmbeddedChunk], keep_top_k:
int) -> list[EmbeddedChunk]:
        if isinstance(query, str):
            query = Query.from_str(query)

        reranked_documents = self._reranker.generate(query=query, chunks=chunks,
keep_top_k=keep_top_k)

        logger.info("Documents reranked successfully.", num_documents=len(reranked_
documents))

        return reranked_documents
```

ContextRetriever 클래스를 활용하면 간단한 코드로 쿼리로부터 관련 문맥을 검색할 수 있다. 예를 들어 아래 코드 조각은 search() 메서드를 호출해 고급 RAG 아키텍처 전체를 실행하는 과정을 보여준다.

```
from loguru import logger

from llm_engineering.application.rag.retriever import ContextRetriever


query = """
        My name is Paul Isuztin.

        Could you draft a LinkedIn post discussing RAG systems?
        I'm particularly interested in:
        - how RAG works
        - how it is integrated with vector DBs and large language models (LLMs).
        """

retriever = ContextRetriever(mock=False)
documents = retriever.search(query, k=3)
```

```python
logger.info("Retrieved documents:")
for rank, document in enumerate(documents):
    logger.info(f"{rank + 1}: {document}")
```

위 코드를 CLI 명령어(`poetry poe call-rag-retrieval-module`)를 사용해 호출한다. 출력 결과는 다음과 같다.

```
2024-09-18 19:01:50.588 | INFO - Retrieved documents:
2024-09-18 19:01:50.588 | INFO - 1: id=UUID('541d6c22-d15a-4e6a-924a68b7b1e0a330')
content='4 Advanced RAG Algorithms You Must Know by Paul Iusztin Implement 4
advanced RAG retrieval techniques to optimize your vector DB searches. Integrate
the RAG retrieval module into a production LLM system..." platform='decodingml.
substack.com' document_ id=UUID('32648f33-87e6-435c-b2d7-861a03e72392') author_
id=UUID('900fec95- d621-4315-84c6-52e5229e0b96') author_full_name='Paul Iusztin'
metadata={'embedding_model_id': 'sentence-transformers/all-MiniLM-L6-v2',
'embedding_size': 384, 'max_input_length': 256} link='https://decodingml.
substack.com/p/the-4-advanced-rag-algorithms-you?r=1ttoeh' 2024-09-18 19:01:50.588
| INFO - 2: id=UUID('5ce78438-1314-4874-8a5a04f5fcf0cb21') content='Overview
of advanced RAG optimization techniquesA production RAG system is split into
3 main components ingestion clean, chunk, embed, and load your data to a
vector DBretrieval query your vector DB for ..." platform='medium' document_
id=UUID('bd9021c9-a693-46da-97e7- 0d06760ee6bf') author_id=UUID('900fec95-d621-
4315-84c6-52e5229e0b96') author_full_name='Paul Iusztin' metadata={'embedding_
model_id': 'sentencetransformers/all-MiniLM-L6-v2', 'embedding_size': 384, 'max_
input_length': 256} link='https://medium.com/decodingml/the-4-advanced-rag-
algorithmsyou-must-know-to-implement-5d0c7f1199d2' 2024-09-18 19:02:45.729 | INFO
- 3: id=UUID('0405a5da-4686-428a-91ca446b8e0446ff') content='Every Medium article
will be its own lesson An End to End Framework for Production Ready LLM Systems by
Building Your LLM TwinThe Importance of Data Pipelines in the Era of Generative
AIChange Data Capture Enabling Event Driven ..." platform='medium' document_
id=UUID('bd9021c9-a693-46da-97e7-0d06760ee6bf') author_id=UUID('900fec95- d621-
4315-84c6-52e5229e0b96') author_full_name='Paul Iusztin' metadata={'embedding_
model_id': 'sentence-transformers/all-MiniLM-L6-v2', 'embedding_size': 384,
'max_input_length': 256} link='https://medium. 346 RAG Inference Pipeline com/
decodingml/the-4-advanced-rag-algorithms-you-must-know-to-implement5d0c7f1199d2'
```

위의 출력에서 볼 수 있듯이, 검색된 콘텐츠와 함께 검색에 사용된 임베딩 모델이나 해당 청크가 가져온 링크 등 다양한 메타데이터를 확인할 수 있다. 이러한 메타데이터는 답변 결과를 생성할 때 참고 자료 목록에 쉽게 추가할 수 있으며, 이를 통해 최종 결과에 대한 신뢰를 높일 수 있다. 이제 검색 모듈이 어떻게 작동하는지 이해했으므로, 마지막 단계로 엔드투엔드 RAG 추론 파이프라인을 살펴보자.

9.3.2 통합 RAG 추론 파이프라인 구축

RAG 흐름을 완전히 구현하려면 검색 모델에서 가져온 문맥으로 프롬프트를 구성하고, 이를 LLM에 전달해 답변을 얻어야 한다. 이번 절에서는 이 두 단계를 살펴보고, 이들을 하나의 **rag()** 함수로 통합하는 방법을 설명한다. 관련 함수들은 깃허브에서 확인할 수 있다.[7]

call_llm_service() 함수부터 살펴보자. 이 함수는 LLM 서비스와의 상호작용을 담당한다. 사용자의 질문과 선택적으로 제공되는 문맥을 입력받아, 언어 모델 엔드포인트를 설정하고 추론을 실행한 후 생성된 답변을 반환한다. 문맥은 선택 사항이며 다른 LLM과 상호작용할 때처럼 문맥 없이도 LLM을 호출할 수 있다.

```python
def call_llm_service(query: str, context: str | None) -> str:
    llm = LLMInferenceSagemakerEndpoint(
        endpoint_name=settings.SAGEMAKER_ENDPOINT_INFERENCE,
        inference_component_name=None
    )
    answer = InferenceExecutor(llm, query, context).execute()

    return answer
```

이 함수는 AWS 세이지메이커 추론 엔드포인트로 호스팅된 파인튜닝된 LLM Twin 모델에 HTTP 요청을 보낸다. 세이지메이커는 다음 장에서 더 자세히 다룬다. 그때 **LLMInferenceSagemakerEndpoint** 및 **InferenceExecutor** 클래스도 함께 살펴본다. 여기서 중요한 점은, **call_llm_service()** 함수를 사용해 파인튜닝된 LLM을 호출한다는 것이다. 특히, **InferenceExecutor** 클래스에 전달된 질문과 문맥이 최종 프롬프트로 변환되는 방식에 주목할 필요가 있다. 이 과정은 사용자 질문과 검색된 문맥을 기반으로, 커스터마이징된 간단한 프롬프트 템플릿을 활용해 이루어진다.

---

[7] https://github.com/PacktPublishing/LLM-Engineers-Handbook/blob/main/llm_engineering/infrastructure/inference_pipeline_api.py

```
prompt = f"""
You are a content creator. Write what the user asked you to while using the
provided context as the primary source of information for the content.
User query: {query}
Context: {context}
"""
```

이제 RAG 로직을 하나로 통합하는 **rag()** 함수를 살펴보자. 사용자의 질문에 따라 관련 문서를 검색하고, 검색된 문서를 프롬프트에 삽입될 문맥으로 매핑한다. 최종적으로 LLM에서 답변을 얻는 과정을 처리한다.

```
def rag(query: str) -> str:
    retriever = ContextRetriever(mock=False)
    documents = retriever.search(query, k=3)
    context = EmbeddedChunk.to_context(documents)

    answer = call_llm_service(query, context)

    return answer
```

RAG의 각 단계를 독립적인 클래스로 모듈화해 시스템의 복잡도를 줄였고, 이를 통해 **rag()** 함수를 5줄의 간결한 코드로 구현했다. 이는 랭체인, LlamaIndex, Haystack와 같은 도구에서 볼 수 있는 고수준 구현과 유사하다. 하지만 이러한 도구를 사용하는 대신, 처음부터 고급 RAG 서비스를 구축하는 방법을 배웠다. 각 클래스의 책임을 명확히 분리함으로써, 이를 레고 블록처럼 활용할 수 있다. 예를 들어, 문맥 없이 LLM을 독립적으로 호출하거나, 검색 모듈을 벡터 DB 위에서 쿼리 엔진으로 사용할 수 있다. 다음 장에서는 파인튜닝된 LLM을 AWS 세이지메이커 추론 엔드포인트에 배포한 후, **rag()** 함수가 실제로 어떻게 작동하는지 살펴볼 것이다.

이 장을 마치기 전에 RAG 추론 파이프라인에 추가할 수 있는 잠재적 개선점을 논의해보자. 챗봇 구현에서 첫 번째 개선 사항은 대화 메모리의 도입이다. 이는 사용자 입력과 생성된 답변을 메모리에 저장해, 챗봇이 최신 프롬프트뿐만 아니라 전체 대화를 인식하도록 한다. LLM에 프롬프트를 보낼 때 새로운 사용자 입력과 문맥뿐만 아니라 메모리에 저장된 대화 기록도 함께 전달한다. 하지만 대화 기록이 길어질 경우 문맥 윈도우 한도를 초과하거나 비용이 증가할 수 있으므로 메모리 크기를 줄이는 방법을 구현해야 한다. [그림 9-4]에서 보여주는 가장 간단한 방법은 대화 기록에서 최신 K개 항목만 유지하는 것이다. 하지만 이 전략을 사용하면 LLM은 전체 대화를 항상 인식하지 못한다는 한계가 있다.

따라서 대화 기록을 프롬프트에 추가하는 또 다른 방법은, 대화 요약과 최신 K개의 답변을 함께 유지하는 것이다. 대화 요약을 생성하는 방법은 여러 가지 있으나, 책의 범위를 고려해 상세한 설명은 생략한다. 가장 간단한 방법은 사용자가 프롬프트를 입력하고 답변을 생성할 때마다 요약을 업데이트하는 것이다. 이 접근법을 사용하면 대화의 핵심 내용을 유지하면서도 문맥 윈도우 제한을 초과하지 않도록 할 수 있다.

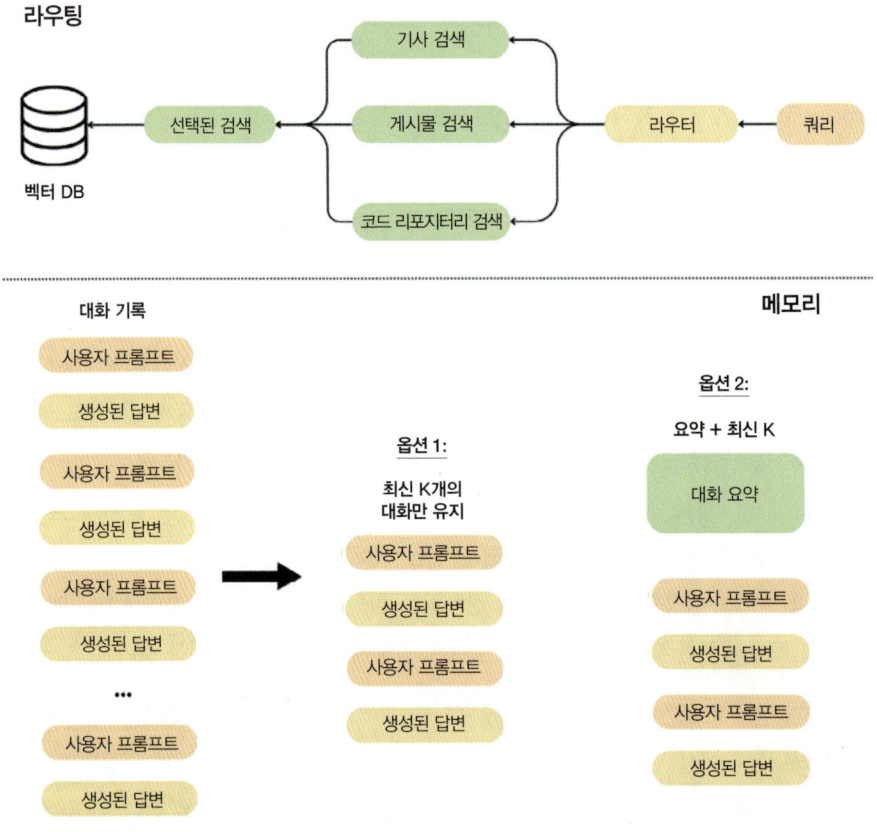

그림 9-4 라우팅 및 메모리 예시

검색마다 세 가지 데이터 카테고리(예: 기사, 게시물, 리포지터리)에 대해 벡터 DB에 쿼리 3개를 보낸다. 이에 대한 두 번째 개선 사항은 쿼리와 검색 사이에 라우터를 추가하는 것이다.

이 라우터는 다중 카테고리 분류기로 작동해 특정 쿼리에 대해 검색할 데이터 카테고리를 예측한다. 이 방식을 통해 모든 검색에 요청 3개를 보내는 대신, 요청을 한두 개로 줄일 수 있다. 예를 들어, 사용자가 RAG에 대한 이론을 설명하는 단락을 기사로 작성하려고 한다면, 기사의 컬렉션만 쿼리하는 것이 더 유용할 가능성이 높다. 이 경우, 라우터는 '기사' 카테고리를 예측하고, 이를 바탕으로 검색할 컬렉션을 결정한다. 또 다른 예로, RAG 파이프라인을 구축하는 방법을 보여주는 코드 예제를 찾고 싶을 때가 있다. 이 경우, 라우터는 '기사'와 '리포지터리' 데이터 카테고리를 예측해야 한다. 이는 포괄적인 문맥을 제공하기 위해 두 컬렉션 모두에서 관련 예제를 검색해야 하기 때문이다.

일반적으로 라우터 전략은 사용자의 입력을 기반으로 어떤 모델을 호출할지 결정한다. 예를 들어, 특정 쿼리에 대해 GPT-4를 사용할지, 아니면 자체 호스팅된 Llama 3.1 모델을 사용할지를 선택한다. 하지만 현재의 특정 사용 사례에서는 라우터 알고리즘을 검색 단계 최적화에 맞게 조정할 수 있다.

벡터 검색(임베딩 기반)과 BM25와 같은 키워드 검색 알고리즘을 결합한 하이브리드 검색 알고리즘을 사용해 검색을 더욱 최적화할 수 있다. 벡터 검색 알고리즘이 인기를 얻기 전에, 검색 알고리즘은 BM25(또는 유사한 방법)를 사용해 DB에서 유사한 항목을 찾았다. 이 방법들을 결합하면 하이브리드 검색은 RAG, LLM, 세이지메이커와 같은 정확한 용어와 쿼리의 의미를 모두 반영해 검색 정확도와 관련성을 높인다. 기본적으로 하이브리드 검색 알고리즘은 다음과 같은 메커니즘을 따른다.

1. **병렬 처리**: 검색 쿼리는 벡터 검색 알고리즘과 BM25 알고리즘을 통해 동시에 처리된다. 각 알고리즘은 자신의 기준에 따라 관련 문서 집합을 검색한다.
2. **점수 정규화**: 두 검색 결과에 관련성 점수를 부여한 후, 이를 비교 가능하도록 정규화한다. 벡터 검색과 BM25의 점수 산정 방식은 서로 다른 기준을 사용하기 때문에 정규화 없이는 비교하거나 결합할 수 없기 때문이다.
3. **결과 병합**: 정규화된 점수를 결합해 주로 가중치 합을 통해 최종 문서 순위를 생성한다. 가중치를 조정함으로써 의미론적 검색 알고리즘과 키워드 검색 알고리즘 간의 비중을 세밀하게 조정할 수 있다.

결론적으로, 의미론적 검색 알고리즘과 정확한 키워드 검색 알고리즘을 결합함으로써 검색 단계의 정확성을 향상시킬 수 있다. 의미론적 검색은 동의어와 유의어를 인식해 다른 표현을 사용하더라도 필요한 정보를 모두 찾아낸다. 키워드 검색은 특히 특정 용어를 사용하는 기술 분야에서 중요한 키워드를 포함하는 문서가 적절히 강조되도록 보장한다.

RAG 시스템을 개선하기 위한 마지막 방법은 콘텐츠 임베딩만을 기반으로 인덱싱하는 대신 멀티 인덱스 벡터 구조를 사용하는 것이다. 멀티 인덱싱은 단일 필드의 임베딩으로만 벡터 검색을 수행하지 않는다. 대신 특정 컬렉션의 여러 필드를 함께 활용해 검색을 진행한다.

예를 들어, LLM Twin 사용 사례에서는 벡터 DB 쿼리에 기사, 게시물, 리포지터리의 콘텐츠 필드만을 사용했다. 하지만 멀티 인덱스 전략을 사용할 경우 콘텐츠 필드와 함께 콘텐츠가 게시된 플랫폼이나 게시된 시점의 임베딩을 인덱싱할 수 있다. 각각의 플랫폼은 서로 다른 유형의 콘텐츠를 제공한다. 또한 최신 콘텐츠가 더 높은 관련성을 가지므로, 이러한 요소들이 검색결과의 정확도에 영향을 준다. **Superlinked**와 같은 프레임워크는 멀티 인덱싱을 간단하게 구현할 수 있도록 돕는다. 예를 들어, 아래 코드 조각에서는 **Superlinked**를 사용해 기사 컬렉션의 콘텐츠와 플랫폼에 대해 멀티 인덱스를 몇 줄의 코드만으로 정의했다.

```python
from superlinked.framework.common.schema.id_schema_object import IdField
from superlinked.framework.common.schema.schema import schema
from superlinked.framework.common.schema.schema_object import String
# 기타 Superlinked import

@schema
class ArticleSchema:
    id: IdField
    platform: String
    content: String

article = ArticleSchema()

articles_space_content = TextSimilaritySpace(
    text=chunk(article.content, chunk_size=500, chunk_overlap=50),
    model=settings.EMBEDDING_MODEL_ID,
)

articles_space_platform = CategoricalSimilaritySpace(
    category_input=article.platform,
    categories=["medium", "substack", "wordpress"],
    negative_filter=-5.0,
)

article_index = Index(
    [articles_space_content, articles_space_platform],
    fields=[article.author_id],
)
```

Superlinked는 RAG, 추천 시스템, 의미론적 검색 등 벡터 연산을 활용하는 다양한 분야에서 사용할 수 있는 파이썬 도구이다. 이 도구는 데이터를 벡터 DB에 빠르게 적재하고, 이를 바탕으로 복잡한 쿼리를 작성할 수 있다. 또한 서비스를 RESTful API로 배포할 수 있는 생태계를 제공한다.

LLM과 RAG 분야는 다른 AI 영역과 마찬가지로 여전히 실험적인 단계에 있다. 따라서 실제 제품을 개발할 때는 완벽하지는 않더라도 작동하는 엔드투엔드 솔루션을 신속하게 구축하는 것이 중요하다. 이후 다양한 실험을 통해 이를 반복적으로 개선해 사용 사례에 최적화한다. 이는 업계에서 표준적인 방식으로, 제품의 라이프사이클 초기에 빠르게 가치를 제공하고 사용자 피드백을 수집하면서 빠르게 반복 개발할 수 있도록 한다.

요약

이 장에서는 고급 RAG 추론 파이프라인을 구축하는 방법을 다뤘다. 먼저 RAG 시스템의 소프트웨어 아키텍처를 살펴봤다. 그런 다음, 검색 모듈에서 사용된 고급 RAG 기법인 쿼리 확장, 셀프 쿼리, 필터링된 벡터 검색, 리랭킹을 자세히 다뤘다. 이후, 모든 고급 RAG 구성 요소를 단일 인터페이스 아래 결합해 관련 문서를 손쉽게 검색할 수 있도록 하는 모듈형 `ContextRetriever` 클래스를 작성하는 방법을 살펴봤다. 마지막으로, 검색, 프롬프트 확장, LLM 호출 등 누락된 요소들을 단일 RAG 함수로 연결해 RAG 추론 파이프라인을 완성하는 과정을 다뤘다.

이번 장에서 여러 번 강조했듯이, 파인튜닝된 LLM은 아직 AWS 세이지메이커에 추론 엔드포인트로 배포하지 않아서 테스트할 수 없었다. 따라서 다음 장에서는 LLM을 AWS 세이지메이커에 배포하는 방법, 엔드포인트를 호출하기 위한 추론 인터페이스 작성하는 방법 그리고 비즈니스 계층으로 활용할 FastAPI 웹 서버를 구현하는 방법을 다룬다.

참고 문헌

- *A real-time retrieval system for social media data | VectorHub by SuperLinked*. (n.d.). https://superlinked.com/vectorhub/articles/real-time-retrieval-system-social-media-data

- *Building a Router from Scratch - LlamaIndex*. (n.d.). https://docs.llamaindex.ai/en/stable/examples/low_level/router/

- *How to add memory to chatbots | LangChain*. (n.d.). https://python.langchain.com/docs/how_to/chatbots_memory/

- *How to do "self-querying" retrieval | LangChain*. (n.d.). https://python.langchain.com/docs/how_to/self_query/

- *How to route between sub-chains | LangChain*. (n.d.). https://python.langchain.com/docs/how_to/routing/#routing-by-semantic-similarity

- *How to use the MultiQueryRetriever | LangChain*. (n.d.). https://python.langchain.com/docs/how_to/MultiQueryRetriever/

- *Hybrid Search explained*. (2025, January 27). Weaviate. https://weaviate.io/blog/hybrid-search-explained

- Iusztin, P. (2024, August 20). 4 Advanced RAG Algorithms You Must Know | Decoding ML. *Medium*. https://medium.com/decodingml/the-4-advanced-rag-algorithms-youmust-know-to-implement-5d0c7f1199d2

- Monigatti, L. (2024, February 19). Advanced Retrieval-Augmented Generation: From Theory to LlamaIndex Implementation. *Medium*. https://medium.com/towards-data-science/advanced-retrieval-augmented-generation-from-theory-to-llamaindex-implementation-4de1464a9930

- *Multi-attribute search with vector embeddings | VectorHub by Superlinked*. (n.d.). https://superlinked.com/vectorhub/articles/multi-attribute-semantic-search

- *Optimizing RAG with Hybrid Search & Reranking | VectorHub by Superlinked*. (n.d.). https://superlinked.com/vectorhub/articles/optimizing-rag-with-hybrid-search-reranking

- Refactoring.Guru. (2024, January 1). *Singleton*. https://refactoring.guru/design-patterns/singleton

- Stoll, M. (2024, September 7). Visualize your RAG Data—Evaluate your Retrieval-Augmented Generation System with Ragas. *Medium*. https://towardsdatascience.com/visualize-your-rag-data-evaluate-your-retrieval-augmented-generation-system-with-ragas-fc2486308557

- *Using LLM's for retrieval and reranking—LlamaIndex, data framework for LLM applications*. (n.d.). https://www.llamaindex.ai/blog/using-llms-for-retrieval-and-reranking-23cf2d3a14b6

CHAPTER 10

추론 파이프라인 배포

LLM Twin 애플리케이션의 추론 파이프라인을 배포하는 것은 머신러닝 애플리케이션 라이프 사이클에서 중요한 단계이다. 이 단계에서 비즈니스에 기여하는 실질적인 가치를 만들며, 최종 사용자가 모델을 사용할 수 있도록 한다. 그러나 AI 모델을 성공적으로 배포하는 것은 꽤나 도전적인 작업이다. 모델이 추론을 실행하려면 고가의 컴퓨팅 리소스와 최신 기능에 대한 접근이 필요하기 때문이다. 이러한 제약을 극복하기 위해서는 배포 전략을 신중하게 설계해야 하며, 이를 통해 지연 시간, 처리량, 비용과 같은 애플리케이션 요구 사항을 충족할 수 있다. LLM을 다룰 때는 8장에서 설명한 모델 양자화와 같은 추론 최적화 기법을 고려해야 한다. 또한 배포 프로세스를 자동화하기 위해, 모델을 버전 관리하고 인프라 전반에서 공유할 수 있는 모델 레지스트리와 같은 MLOps 모범 사례를 활용해야 한다.

LLM Twin의 배포 아키텍처를 설계하기 위해서는 먼저 배포 유형을 검토해야 한다. 이는 온라인 실시간 추론, 비동기 추론, 오프라인 배치 변환의 세 가지로 구분된다. 또한 LLM Twin에 적합한 배포 유형을 선택하기 위해서는 여러 핵심 기준을 검토해야 한다. 지연 시간, 처리량, 데이터, 인프라 등의 요소들을 종합적으로 고려해 최종 아키텍처를 결정한다. 이어서 모델 서빙에서 모놀리식 아키텍처와 마이크로서비스 아키텍처의 장단점을 비교하며, 아키텍처의 선택이 서비스의 확장성과 유지 관리성에 얼마나 큰 영향을 미치는지 논의한다. 배포 유형, 아키텍처 선택 등 아키텍처 설계 시 고려 사항을 이해한 후, LLM Twin의 추론 파이프라인을 위한 배포 전략을 중점적으로 살펴본다. 먼저 파인튜닝된 LLM을 AWS 세이지메이커 엔드포인트에 배포한다. 그다음, FastAPI 서버를 사용자가 서비스와 상호작용할 수 있는 진입점으로 구현하고, LLM Twin 서비스를 배포하는 엔드투엔드 튜토리얼을 진행한다. 마지막으로, 세이지메이커의 오토스케일링 전략을 활용하는 방법을 소개하며 마무리한다.

이 장의 주요 내용은 다음과 같다.

- 배포 유형 선택 기준
- 추론 배포 유형 이해
- 모델 서빙에서 모놀리식 아키텍처와 마이크로서비스 아키텍처 비교
- LLM Twin 추론 파이프라인 배포 전략 탐구
- LLM Twin 서비스 배포
- 사용량 급증에 대응하기 위한 오토스케일링 기능

10.1 배포 유형 선택 기준

ML 모델을 배포할 때 첫 번째 단계는 모든 ML 애플리케이션에서 존재하는 네 가지 요구 사항인 처리량, 지연 시간, 데이터, 인프라를 이해하는 것이다.

이 요소들을 이해하고 상호작용을 파악하는 과정은 반드시 필요하다. 모델의 배포 아키텍처를 설계할 때는 이 네 가지 요소 간의 트레이드오프가 항상 존재한다. 이는 사용자 경험에 직접적으로 영향을 미친다. 예를 들어, 모델 배포를 낮은 지연 시간에 최적화할지, 높은 처리량에 최적화할지를 결정해야 한다.

10.1.1 처리량과 지연 시간

처리량throughput은 시스템이 주어진 시간 동안 처리할 수 있는 추론 요청 수를 의미한다. 일반적으로 **초당 요청 수**requests per second(RPS)로 측정된다. 이러한 처리량은 대량의 요청을 처리해야 하는 상황에서 ML 모델 배포 시 중요한 요소로 작용한다. 처리량이 높으면 시스템은 많은 요청을 원활하게 처리하며, 병목현상의 발생을 방지할 수 있다.

높은 처리량을 달성하려면 고성능 GPU를 장착한 머신이나 다중 GPU를 사용하는 클러스터와 같은 확장 가능하고 견고한 인프라가 필요하다. **지연 시간**latency은 시스템이 단일 추론 요청을 수신한 시점부터 결과를 반환할 때까지 소요되는 시간을 의미한다. 지연 시간은 실시간 애플리

케이션에서 매우 중요한 요소이다. 빠른 응답 시간이 필수적인 라이브 사용자 상호작용, 사기 탐지, 즉각적인 피드백이 필요한 시스템 등에서 그 중요성이 특히 두드러진다. 예를 들어, 오픈 AI의 API 평균 지연 시간은 사용자가 요청을 보낸 순간부터 서비스가 결과를 제공해 애플리케이션에서 이를 이용할 수 있게 되기까지의 평균 응답 시간을 나타낸다.

지연 시간은 네트워크 입출력(I/O), 직렬화 및 역직렬화, LLM의 추론 시간의 합으로 구성된다. 한편, 처리량은 API가 초당 처리하고 제공하는 요청의 평균 개수를 의미한다.

낮은 지연 시간을 달성하기 위해서는 최적화된 인프라가 필요하다. 여기에는 고성능 프로세서, 저지연 네트워크, 데이터 전송 거리를 줄이기 위한 엣지 컴퓨팅과 같은 요소들이 포함된다. 이러한 인프라를 구축하는데는 비용이 많이 든다.

지연 시간이 낮아지면 서비스가 여러 요청을 병렬로 성공적으로 처리할 수 있어, 결과적으로 처리량이 증가한다. 예를 들어, 서비스가 요청을 처리하는 데 100ms가 걸린다면 이는 초당 요청 10개를 처리할 수 있는 처리량을 의미한다. 지연 시간이 요청당 10ms로 감소하면 처리량은 초당 100개의 요청으로 증가한다.

하지만 대부분의 ML 애플리케이션은 여러 데이터 샘플을 동시에 모델에 전달하기 위해 배칭batching 전략을 채택하므로 상황이 더 복잡해진다. 이 경우 낮은 지연 시간은 더 낮은 처리량으로 이어질 수 있다. 즉, 지연 시간이 높을수록 더 높은 처리량으로 연결되기도 한다. 예를 들어, 20개의 배치 요청을 100ms에 처리하면 지연 시간은 100ms이고 처리량은 초당 200개의 요청이 된다. 반면, 60개의 요청을 200ms에 처리하면 지연 시간은 200ms이지만 처리량은 초당 300개의 요청으로 증가한다. 따라서 서빙 시 요청을 배칭하더라도, 좋은 사용자 경험을 위해 허용 가능한 최소 지연 시간을 고려하는 것이 중요하다.

10.1.2 데이터

데이터는 ML 시스템에서 어디에나 존재한다. 하지만 모델 서빙은 주로 모델의 입력과 출력 데이터에만 초점을 맞춘다. 데이터의 형식, 양, 처리 데이터의 복잡성을 고려하며, 데이터는 추론 프로세스의 기반이 된다. 데이터의 크기와 유형과 같은 특성은 시스템을 효율적으로 처리할 수 있도록 어떻게 구성하고 최적화해야 하는지를 결정한다.

데이터의 유형과 크기는 지연 시간과 처리량에 직접적으로 영향을 미친다. 더 복잡하거나 방대한 데이터는 처리 시간이 더 오래 걸릴 수 있다. 예를 들어, 입력으로 구조화된 데이터를 받아 확률을 출력하는 모델을 설계하는 것과, 텍스트(또는 이미지)를 입력으로 받아 문자 배열을 출력하는 LLM을 설계하는 것은 완전히 다른 접근 방식을 요구한다.

10.1.3 인프라

인프라infrastructure는 ML 모델의 배포와 운영을 지원하는 기본적인 하드웨어, 소프트웨어, 네트워킹, 시스템 아키텍처를 의미한다. 이는 ML 모델을 배포 및 확장, 유지 관리하는 데 필요한 자원을 제공한다. 여기에는 컴퓨팅 리소스, 메모리, 스토리지, 네트워킹 구성 요소, 소프트웨어 스택이 포함된다.

- 높은 처리량을 위해 시스템은 대량의 데이터와 높은 요청률을 처리할 수 있는 확장 가능한 인프라를 필요로 한다. 이를 위해 병렬 처리, 분산 시스템, 고성능 GPU를 활용할 수 있다.
- 인프라는 처리 시간을 줄여 낮은 지연 시간을 달성하도록 최적화해야 한다. 이를 위해 더 빠른 CPU, GPU 또는 특화된 하드웨어를 사용할 수 있다. 요청을 배칭하면서 낮은 지연 시간에 최적화하려면 높은 처리량을 포기해야 하는 경우가 많다. 이로 인해 하드웨어가 완전히 활용되지 않을 수 있다. 초당 처리하는 요청 수가 줄어들면 컴퓨팅 리소스가 유휴 상태가 되어 개별 요청의 처리 비용이 증가한다. 따라서 요구 사항에 적합한 머신을 선택하는 것이 비용 최적화에 있어 매우 중요하다.

특정 데이터 요구 사항을 충족하기 위해서는 인프라 설계가 매우 중요하다. 이를 위해 대규모 데이터셋을 처리할 수 있는 스토리지 솔루션을 선택하고, 효율적인 데이터 접근을 지원하는 빠른 데이터 검색 메커니즘을 구현해야 한다. 예를 들어, 오프라인 학습에서는 주로 처리량을 최적화하는 데 중점을 두지만, 온라인 추론에서는 일반적으로 지연 시간에 더 줄이는 데 더 집중한다.

이를 염두에 두고, 특정 배포 유형을 선택하기 전에 다음과 같은 사항들을 확인해야 한다.

- 처리량 요구 사항은 무엇인가? 최소, 평균, 최대 처리량 통계를 기반으로 결정을 내려야 한다.
- 시스템이 동시에 처리해야 할 요청 수는 얼마나 되는가? (1건, 10건, 1,000건, 100만 건 등)
- 지연 시간 요구 사항은 무엇인가? (1밀리초, 10밀리초, 1초 등)
- 시스템은 어떻게 확장해야 하는가? 예를 들어, CPU 작업량, 요청 수, 큐 크기, 데이터 크기 또는 이들의 조합을 살펴봐야 한다.
- 비용 요구 사항은 무엇인가?
- 어떤 데이터를 사용하는가? 예를 들어, 이미지, 텍스트 혹은 테이블 형식 데이터 중 무엇을 사용하는가?
- 사용하는 데이터의 크기는 얼마나 되는가? (100MB, 1GB, 10GB 등)

이러한 질문들을 깊이 고민하는 것은 애플리케이션의 사용자 경험에 직접적으로 영향을 미친다. 이는 궁극적으로 성공적인 제품과 그렇지 않은 제품을 구분하는 중요한 요인이 된다. 아무리 뛰어난 성능의 모델이라도 응답 시간이 길거나 서비스가 불안정하다면, 사용자들은 정확도가 다소 낮더라도 안정적인 다른 제품을 선택할 것이다. 예를 들어, 구글의 2016년 연구에 따르면 모바일 사이트 로딩이 3초를 넘어가면 53%의 방문자가 이탈한다.[1]

이제 모델을 서빙하기 위해 활용할 수 있는 세 가지 배포 아키텍처로 넘어가보자.

10.2 추론 배포 유형 이해

[그림 10-1]에서 보여주듯이, 모델을 서빙할 때 선택할 수 있는 세 가지 기본 배포 유형이 있다.

- 온라인 실시간 추론 online real-time inference
- 비동기 추론 asynchronous inference
- 오프라인 배치 변환 offline batch transform

하나의 설계를 선택할 때는 지연 시간, 처리량, 비용 간의 트레이드오프를 고려해야 한다. 그리고 데이터 접근 방식과 사용 중인 인프라를 신중히 검토해야 한다. 또한 사용자가 모델과 어떻게 상호작용할 것인지도 중요한 기준이 된다. 예를 들어, 사용자가 모델을 직접 사용하는지(챗봇 등) 아니면 시스템 내에서 보이지 않게 동작(스팸 메시지 분류 등)할 것인지에 따라 설계가 달라질 수 있다.

예측의 최신성도 고려해야 한다. 예를 들어, 사용 사례에서 지연된 예측이 허용된다면 오프라인 배치 모드로 모델을 서빙하는 것이 구현하기 더 쉬울 수 있다. 하지만 실시간 예측이 필요한 경우에는 모델을 실시간으로 서빙해야 하며, 이는 더 많은 인프라 리소스를 요구한다. 또한 애플리케이션의 트래픽 패턴도 고려해야 한다. "애플리케이션이 지속적으로 사용될 것인가, 아니면 트래픽이 급증한 후 안정화될 것인가?"와 같은 질문을 스스로 던져야 한다. 이를 염두에 두고 세 가지 주요 ML 배포 유형을 탐구해보자.

---

1 https://www.thinkwithgoogle.com/consumer-insights/consumer-trends/mobile-site-load-time-statistics/

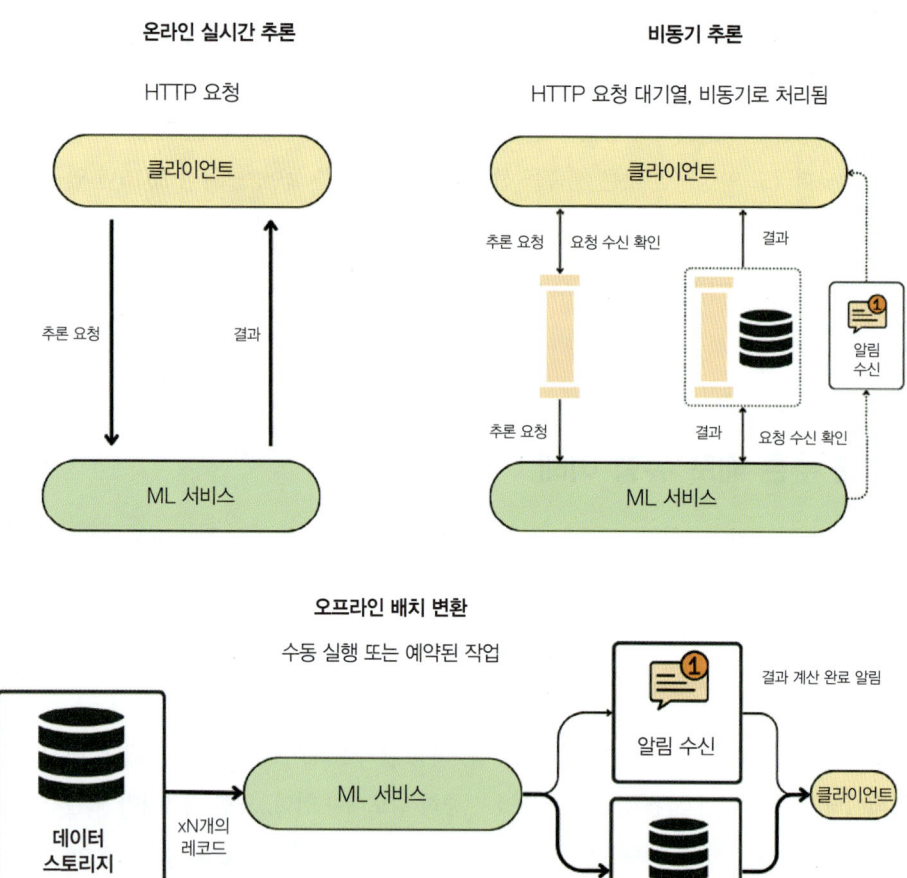

그림 10-1 추론 배포의 세 가지 기본 아키텍처

10.2.1 온라인 실시간 추론

실시간 추론에서는 HTTP 요청을 통해 접근할 수 있는 서버를 기반으로 한 간단한 아키텍처를 사용한다. 가장 일반적인 선택은 REST API 또는 gRPC 서버를 구현하는 것이다. REST API는 접근성이 더 높지만, JSON을 사용해 클라이언트와 서버 간에 데이터를 전달하므로 속도가 더 느리다. 이 방식은 일반적으로 내부 네트워크 외부에서 더 넓은 대중에게 모델을 서빙할 때 사용된다. 예를 들어 오픈AI의 API는 REST API 프로토콜을 구현한다.

반면, gRPC를 구현하면 ML 서버의 처리 속도는 향상되나 유연성과 범용성이 떨어질 수 있다. 클라이언트 애플리케이션에서 `protobuf` 스키마를 구현해야 하는데, 이는 JSON 구조보다 작업하기 번거롭다. 그러나 `protobuf` 객체는 바이트로 컴파일될 수 있어 네트워크 전송 속도가 훨씬 빨라진다는 장점이 있다. 따라서 이 프로토콜은 동일한 ML 시스템 내의 내부 서비스에 자주 사용된다.

실시간 추론 방식을 사용하면 클라이언트가 ML 서비스에 HTTP 요청을 보내고 서비스는 요청을 즉시 처리한 후 동일한 응답에 결과를 반환한다. 이 동기식 상호작용 방식에서는 클라이언트가 결과를 받을 때까지 대기했다가 후속 작업을 수행한다.

인프라는 낮은 지연 시간과 높은 응답성을 갖춘 ML 서비스를 지원해야 하며, 이를 위해 빠르고 확장 가능한 서버에 배포된다. 로드 밸런싱은 들어오는 트래픽을 고르게 분산하는 데 필수이며, 오토스케일링은 변화하는 부하를 처리할 수 있도록 시스템을 보장한다. 또한 서비스가 항상 운영 상태를 유지하도록 고가용성도 중요하다.

예를 들어, 이 아키텍처는 LLM 활용에 빈번히 사용된다. 챗봇이나 LLM 기반 API 요청 시 즉각적인 예측 결과를 받는 방식이다. 챗GPT나 클로드Claude와 같은 LLM 서비스는 WebSocket을 통해 각 토큰을 실시간으로 사용자에게 스트리밍해 응답 속도를 높인다. RAG의 임베딩이나 리랭킹 모델, 틱톡과 같은 플랫폼의 온라인 추천 엔진도 대표적인 사례이다.

실시간 추론은 클라이언트와 서버 간의 직접적인 상호작용으로 단순한 구조로, 챗봇이나 실시간 추천 시스템처럼 즉각적인 응답이 필요한 서비스에 적합하다. 그러나 이 방식은 확장성이 부족할 수 있으며, 트래픽이 적은 시간대에는 리소스가 충분히 활용되지 않을 가능성이 있다.

10.2.2 비동기 추론

비동기 추론asynchronous inference에서는 클라이언트가 ML 서비스에 요청을 보내면 서비스는 요청을 확인하고 이를 처리 대기열에 추가한다. 실시간 추론과 달리, 클라이언트는 즉각적인 응답을 기다리지 않는다. 대신, ML 서비스가 요청을 비동기적으로 처리한다. 이를 위해 메시지를 대기열에 저장하고 나중에 ML 서비스가 처리할 수 있도록 지원하는 견고한 인프라가 필요하다.

결과가 준비되면 이를 클라이언트에 전달하기 위해 여러 가지 기술을 활용할 수 있다. 예를 들어, 결과의 크기에 따라 결과를 별도의 대기열에 넣거나 결과를 저장하는 전용 객체 스토리시에 저장할 수 있다.

클라이언트는 새로운 결과를 확인하기 위해 일정 주기로 상태를 확인하는 폴링^{polling} 메커니즘을 사용할 수 있다. 또는 결과가 준비되었을 때 클라이언트에게 알리는 푸시^{push} 전략을 구현할 수도 있다.

비동기 추론은 리소스를 효율적으로 활용한다. 요청을 동시에 모두 처리하지 않아도 되며, 병렬 처리할 수 있는 최대 머신 수를 설정할 수 있다. 이는 요청이 대기열에 저장되어 처리 가능한 머신이 준비될 때까지 기다릴 수 있기 때문에 가능하다. 또한 비동기 추론의 큰 장점 중 하나는 요청량이 급증해도 타임아웃 없이 처리가 가능하다는 것이다. 예를 들어, 전자상거래 사이트에서 두 대의 머신이 초당 10건의 요청을 처리한다고 가정해보자. 프로모션으로 방문자가 급증해 초당 요청이 100건으로 늘어나도, VM을 10배 증설하는 대신 요청을 대기열에 넣어 기존 두 대의 머신으로 순차 처리할 수 있다. 이는 시스템의 안정적인 운영을 가능하게 한다.

비동기 아키텍처의 또 다른 장점은 작업 처리에 시간이 많이 걸리는 경우에 특히 유용하다는 점이다. 예를 들어, 작업이 5분 이상 소요될 때 클라이언트가 응답을 기다리며 차단되지 않도록 설계할 수 있다.

이렇게 비동기 추론은 상당한 이점이 있지만 몇 가지 트레이드오프도 존재한다. 지연 시간이 길어질 수 있어 시간에 민감한 애플리케이션에는 적합하지 않을 수 있다. 또한 구현 및 인프라 설계가 더 복잡해질 수 있다. 설계 방식에 따라 비동기 추론 방식은 온라인과 오프라인 방식의 중간에 위치하며, 각각의 장단점을 적절히 절충한다.

예를 들어, 추론의 지연 시간에 크게 신경 쓰지 않고 비용 최적화에 집중할 때 비동기 추론은 매우 효과적인 설계 방식이 된다. 따라서 이 방식은 문서에서 키워드를 추출하거나, LLM을 사용해 요약을 생성하거나, 비디오에서 딥페이크 모델을 실행하는 등의 문제에 자주 사용된다. 하지만 대기열에서 요청을 적절한 속도로 처리할 수 있도록 오토스케일링 시스템을 신중하게 설계한다면, 이 디자인을 전자상거래의 온라인 추천 시스템과 같은 다른 사용 사례에도 적용할 수 있다. 결국, 애플리케이션의 요구를 충족하기 위해 얼마나 많은 컴퓨팅 자원을 투자할 수 있는지가 핵심이다.

10.2.3 오프라인 배치 변환

배치 변환은 대규모 데이터를 일괄 처리하는 방식으로, 예정된 일정에 자동으로 실행되거나 수동으로 트리거된다. 배치 변환 아키텍처에서는 ML 서비스가 스토리지 시스템에서 데이터를 가져와 한 번에 처리한 뒤, 처리 결과를 다시 스토리지에 저장한다. 스토리지 시스템은 AWS S3와 같은 객체 스토리지나 GCP 빅쿼리와 같은 데이터 웨어하우스로 구현할 수 있다.

비동기 추론 아키텍처와 달리, 배치 변환 설계는 허용 가능한 지연 시간을 전제로 높은 처리량에 최적화되어 있다. 실시간 예측이 필요하지 않을 경우 대규모 데이터를 배치로 처리하는 것이 가장 경제적인 방법이므로 이 접근 방식은 비용을 크게 절감할 수 있다. 또한 배치 변환 아키텍처는 모델을 서빙하는 가장 간단한 방식으로, 개발 시간을 단축하는 데 유리하다.

클라이언트는 데이터 스토리지에서 결과를 직접 가져오며 ML 서비스와는 직접적인 상호작용이 없도록 분리된다. 이 접근 방식에서는 클라이언트가 ML 서비스가 입력을 처리할 때까지 기다릴 필요는 없다. 하지만 동시에 새로운 결과를 언제든지 요청할 수 있는 유연성은 부족하다. 데이터 스토리지를 결과가 저장된 대규모 캐시로 간주할 수 있으며, 클라이언트는 필요한 데이터를 그곳에서 가져올 수 있다. 애플리케이션의 응답성을 높이고 싶다면 처리 완료 시 클라이언트에게 알림을 보내고 결과를 가져오도록 할 수 있다.

이 접근 방식은 예측이 계산된 시점과 소비되는 시점 사이에 항상 지연이 발생한다는 단점이 있다. 따라서 모든 애플리케이션이 이 설계를 활용할 수는 없다. 예를 들어, 동영상 스트리밍 서비스의 추천 시스템은 하루 정도의 지연이 허용될 수 있다. 사용자들이 영화나 TV 프로그램을 자주 소비하지 않기 때문이다. 반면 소셜 미디어 플랫폼은 사용자가 항상 최신 콘텐츠를 기대하므로, 한 시간의 지연조차 허용되지 않는다.

배치 변환은 데이터 분석이나 정기 보고서 생성처럼 높은 처리량이 필요한 작업에서 빛을 발한다. 그러나 지연 시간이 길어서 실시간 애플리케이션에는 적합하지 않으며, 대규모 데이터셋을 효과적으로 관리하려면 신중한 계획과 일정 관리가 필요하다. 이러한 이유로 배치 변환은 오프라인 서빙 방식으로 분류된다.

ML 모델을 서빙하기 위한 가장 일반적인 세 가지 아키텍처를 살펴봤다. 먼저, 클라이언트가 예측을 요청할 때 즉시 응답하는 온라인 실시간 추론을 다뤘다. 그다음 온라인과 오프라인의 중간에 위치한 비동기 추론 방식을 살펴보았다. 마지막으로, 대규모 데이터를 처리해 데이터 스토리지에 저장하면 클라이언트가 필요할 때 활용할 수 있는 오프라인 배치 변환 방식을 살펴봤다.

10.3 모놀리식 아키텍처와 마이크로서비스 아키텍처 비교

10.2절에서는 ML 서비스를 배포하는 세 가지 방법을 살펴봤다. 세 아키텍처는 클라이언트와 ML 서비스 간의 상호작용 방식에 따라 달라진다. 특히 통신 프로토콜, 응답성, 예측의 최신성이 주요 차이를 만들어낸다.

또 다른 중요한 측면은 ML 서비스 자체의 아키텍처로, 이를 모놀리식 서버$^{monolithic\ server}$로 구현할지, 아니면 여러 마이크로서비스로 구현할지를 고려해야 한다. 이 결정은 ML 서비스의 구현, 유지보수, 확장 방식에 영향을 미친다. 이제 이 두 가지 아키텍처를 살펴보자.

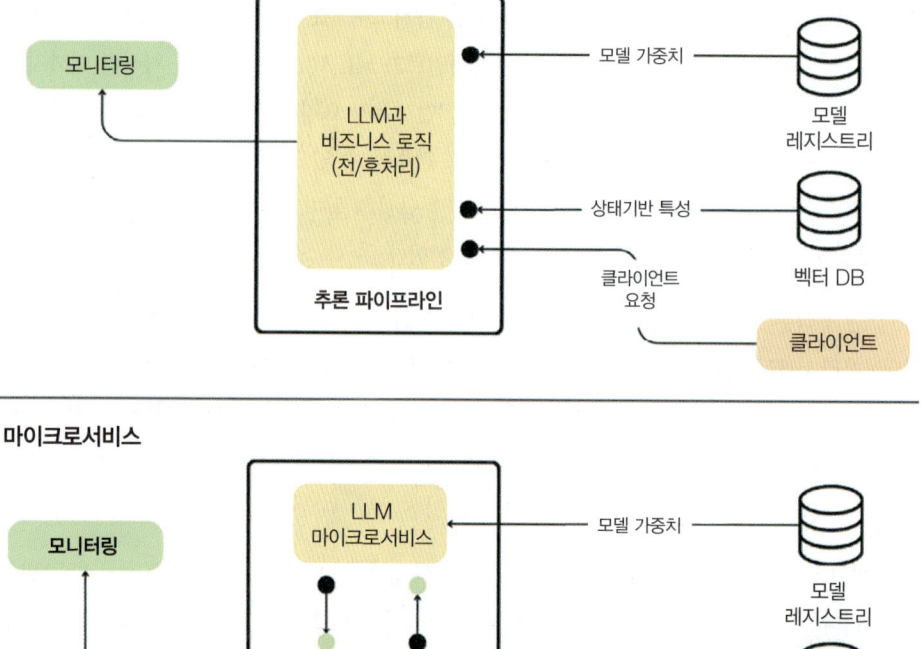

그림 10-2 모델 서빙에서 모놀리식 아키텍처와 마이크로서비스 아키텍처 비교

10.3.1 모놀리식 아키텍처

LLM(또는 기타 ML 모델)과 관련된 비즈니스 로직(전처리 및 후처리 단계)은 모놀리식 아키텍처에서 하나의 서비스로 묶인다. 이 접근 방식은 초기 구현이 간단하고 모든 코드가 하나의 베이스에 통합된다. 코드가 단순하여 소규모에서 중규모 프로젝트에서 유지보수가 용이하고, 업데이트와 변경 사항을 통합된 시스템 내에서 처리할 수 있다.

모놀리식 아키텍처의 주요 과제는 구성 요소를 독립적으로 확장하기 어렵다는 점이다. LLM은 일반적으로 GPU 성능을 필요로 하는 반면, 비즈니스 로직의 나머지 부분은 CPU와 I/O 중심이다. 이로 인해 GPU와 CPU 모두에 최적화된 인프라가 필요하다. 하지만 비즈니스 로직이 실행될 때 GPU가 유휴 상태가 되거나 그 반대 상황이 발생해 리소스가 비효율적으로 사용될 수 있다. 이는 불필요한 비용 발생으로 이어질 수 있다.

게다가 모놀리식 아키텍처는 모든 구성 요소가 동일한 기술 스택과 런타임 환경을 공유해야 해서 유연성이 떨어진다. 예컨대, LLM은 러스트나 C++로 실행하거나 ONNX나 TensorRT로 컴파일하고, 비즈니스 로직은 파이썬으로 유지하고 싶어도 단일 시스템에서는 이러한 구분이 어렵다. 또한 여러 팀의 작업 분배가 복잡해 병목 현상과 민첩성 저하를 야기할 수 있다.

10.3.2 마이크로서비스 아키텍처

마이크로서비스 아키텍처microservices architecture는 추론 파이프라인을 개별적이고 독립적인 서비스로 분리하며, 일반적으로 LLM 서비스와 비즈니스 로직을 별도의 구성 요소로 나눈다. 이러한 서비스들은 REST나 gRPC와 같은 프로토콜을 사용해 네트워크를 통해 통신한다.

[그림 10-3]에서 보여주듯이, 이 접근 방식의 가장 큰 강점은 각 구성 요소를 독립적으로 확장할 수 있다는 것이다. 예를 들어, LLM 서비스가 비즈니스 로직보다 더 많은 GPU 자원을 필요할 경우, 다른 구성 요소에 영향을 주지 않고 수평 확장이 가능하다. 이로써 자원 활용을 최적화하고 비용을 절감할 수 있으며, 각 서비스의 요구에 따라 서로 다른 종류의 머신(예: GPU, CPU)을 사용할 수 있다.

LLM 추론에 더 많은 시간이 소요될 경우, 수요 충족을 위해 ML 서비스 복제본을 늘려야 하지만 GPU 가상 머신의 높은 비용을 고려해야 한다. 구성 요소를 분리하면 GPU 머신에서는 필수 작업만 실행하고, 나머지는 저비용 머신에서 처리할 수 있다. 따라서 구성 요소를 분리하면 필요에 따라 수평 확장이 가능하며 비용을 최소화할 수 있다. 이는 시스템 요구 사항에 대한 비용 효율적인 솔루션을 제공한다.

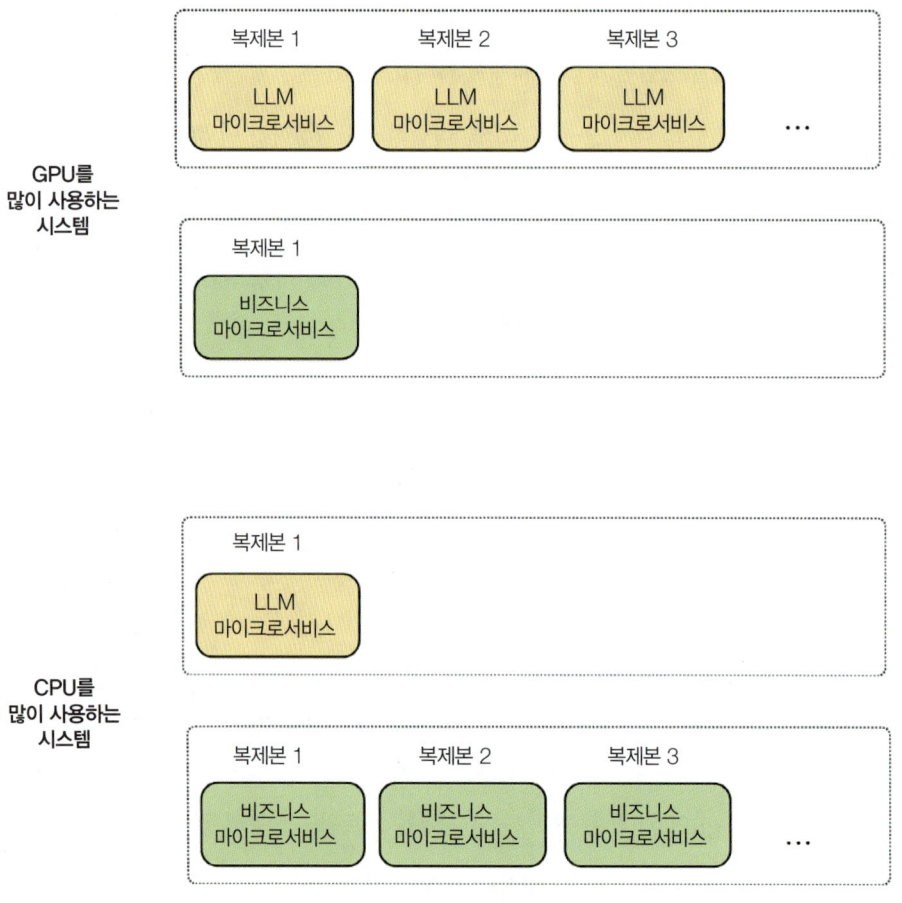

그림 10-3 컴퓨팅 요구 사항에 따라 마이크로서비스를 독립적으로 확장하는 방식

또한 각 마이크로서비스는 가장 적합한 기술 스택을 채택할 수 있어 팀별로 독립적으로 개선하고 최적화할 수 있다.

그러나 마이크로서비스는 배포와 유지보수에서 복잡성을 증가시킨다. 각 서비스는 별도로 배포 및 모니터링, 유지보수해야 한다. 이는 모놀리식 시스템을 관리하는 것보다 더 어려울 수 있다.

서비스 간 네트워크 통신이 늘어나면 지연과 장애 발생 가능성이 높아진다. 이를 대비하기 위해서는 면밀한 모니터링과 복구 체계가 요구된다.

ML 모델과 비즈니스 로직을 서비스 2개로 분리하면 필요시 유연하게 확장할 수 있다. 예를 들어, 데이터를 전처리하는 서비스, 모델을 위한 서비스, 데이터를 후처리하는 서비스를 각각 별도로 둘 수 있다. 지연, 처리량, 데이터, 인프라라는 네 가지 핵심 요소에 따라 창의적으로 접근해 애플리케이션 요구에 가장 최적화된 아키텍처를 설계할 수 있다.

10.3.3 모놀리식 아키텍처와 마이크로서비스 아키텍처 선택하기

ML 모델을 서비스하기 위해 모놀리식 아키텍처와 마이크로서비스 아키텍처 중에서 선택하는 것은 주로 애플리케이션의 구체적인 요구 사항에 따라 달라진다. 모놀리식 접근 방식은 소규모 팀이나 개발 및 유지보수의 용이성이 우선인 간단한 애플리케이션에 적합하다. 또한 자주 확장할 필요가 없는 프로젝트의 시작점으로도 적합하다. ML 모델이 소규모이고 GPU를 필요하지 않거나 더 작고 저렴한 GPU로도 충분하다면 비용 절감과 복잡한 인프라 사이의 균형을 고려할 가치가 있다.

반면, 마이크로서비스는 적응성과 확장성이 뛰어나 구성 요소별로 확장 요구가 다르거나 서로 다른 기술 스택이 필요한 대규모 복잡한 시스템에 적합하다. 특히 GPU 집약적인 LLM 서비스와 같은 특정 시스템 부분을 확장할 때 이 아키텍처는 큰 이점을 제공한다. LLM은 엔비디아 A100, V100, A10g와 같은 고성능 GPU를 필요로 하는데, 이러한 머신은 비용이 매우 높다. 마이크로서비스는 이러한 머신을 항상 바쁘게 유지하거나 GPU가 유휴 상태일 때 빠르게 축소할 수 있도록 시스템을 최적화하는 유연성을 제공한다. 다만 이러한 유연성은 개발과 운영의 복잡성을 높이는 대가가 따른다.

일반적으로 모놀리식 설계로 시작해 프로젝트 규모에 따라 여러 서비스로 분리한다. 다만 향후 전환 비용을 줄이려면 초기부터 이러한 변화를 고려한 설계가 필요하다. 예를 들어, 모든 코드가 단일 머신에서 실행되더라도 애플리케이션의 모듈을 소프트웨어 수준에서 완전히 분리할 수 있다. 이렇게 하면 나중에 이러한 모듈을 별도의 마이크로서비스로 이동하기가 더 쉬워진다. 파이썬을 사용하는 경우 ML 로직과 비즈니스 로직을 서로 독립적으로 작동하는 두 개의 파이썬 모듈로 구현할 수 있다. 그런 다음, 이 두 모듈을 서비스 클래스와 같은 상위 레벨에서 결합하거나, FastAPI와 같은 애플리케이션을 인터넷에 노출하기 위해 사용하는 프레임워크 내에서 직접 결합할 수 있다.

또 다른 방법은 ML 로직과 비즈니스 로직을 두 개의 별도 파이썬 패키지로 작성한 뒤, 앞서 언급한 방식으로 이를 결합하는 것이다. 이는 두 로직을 명확히 구분할 수 있어 효과적이지만, 개발 과정이 다소 복잡해진다. 만약 모놀리식에서 마이크로서비스로 전환할 계획이라면 초기부터 모듈화를 고려한 설계가 중요하다. 로직이 뒤섞여 있으면 전체 시스템을 다시 구현해야 할 수 있어 개발 시간과 비용이 크게 늘어난다.

모놀리식 아키텍처는 단순성과 유지보수 용이성을 제공하지만, 유연성과 확장성에는 한계가 있다. 반면, 마이크로서비스 아키텍처는 확장성과 혁신을 위한 민첩성을 제공하지만, 더 정교한 관리와 운영이 필요하다.

10.4 LLM Twin의 추론 파이프라인 배포 전략 탐구

LLM Twin의 추론 파이프라인 배포 전략에 대한 모든 고려사항을 이해했으니, 이를 구현하기 위해 내린 구체적인 결정들을 살펴보자.

주요 목표는 콘텐츠 생성에 도움을 주는 챗봇을 개발하는 것이다. 이를 위해 요청을 순차적으로 처리하며, 낮은 지연 시간을 최우선으로 고려한다. 이는 온라인 실시간 추론 배포 아키텍처를 선택해야 함을 의미한다.

모놀리식과 마이크로서비스 측면에서, ML 서비스를 비즈니스 로직을 포함한 REST API 서버와 주어진 LLM 실행에 최적화된 LLM 마이크로서비스로 분리한다. LLM은 추론을 실행하기 위해 고성능 머신이 필요하다. 다양한 엔진을 활용해 지연 시간과 메모리 사용량을 최적화할 수 있다. 이 때문에 마이크로서비스 아키텍처를 선택하는 것이 가장 합리적이다. 이를 통해 다양한 LLM 크기에 따라 인프라를 빠르게 조정할 수 있다. 예를 들어, 80억 개의 파라미터를 가진 모델을 실행하려면 모델을 양자화한 후 엔비디아 A10G GPU가 장착된 단일 머신에서 실행할 수 있다. 하지만 300억 개의 파라미터를 가진 모델을 실행하려면 엔비디아 A100 GPU로 업그레이드해야 할 수 있다. 이와 같이 REST API는 변경하지 않고 LLM 마이크로서비스만 업그레이드할 수 있다.

[그림 10-4]에서 보여주듯이, 우리의 특정 사용 사례에서 대부분의 비즈니스 로직은 RAG를 중심으로 구성된다. 따라서 RAG의 검색 및 증강 부분은 비즈니스 마이크로서비스 내에서 수

행한다. 또한 9장에서 소개한 모든 고급 RAG 기법을 포함해 검색 전처리, 검색, 검색 후처리 단계를 최적화할 것이다.

LLM 마이크로서비스는 RAG 생성 구성 요소에 맞춰 철저히 최적화된다. 비즈니스 계층은 사용자 쿼리, 프롬프트, 응답, 기타 중간 단계로 구성된 프롬프트 추적 정보를 프롬프트 모니터링 파이프라인으로 보낼 것이다. 이 파이프라인에 대한 자세한 내용은 11장에서 다룬다.

요약하면, 우리의 접근 방식은 마이크로서비스 아키텍처를 사용해 온라인 실시간 ML 서비스를 구현하는 것이다. 이를 통해 LLM과 비즈니스 로직을 두 개의 독립된 서비스로 분리한다.

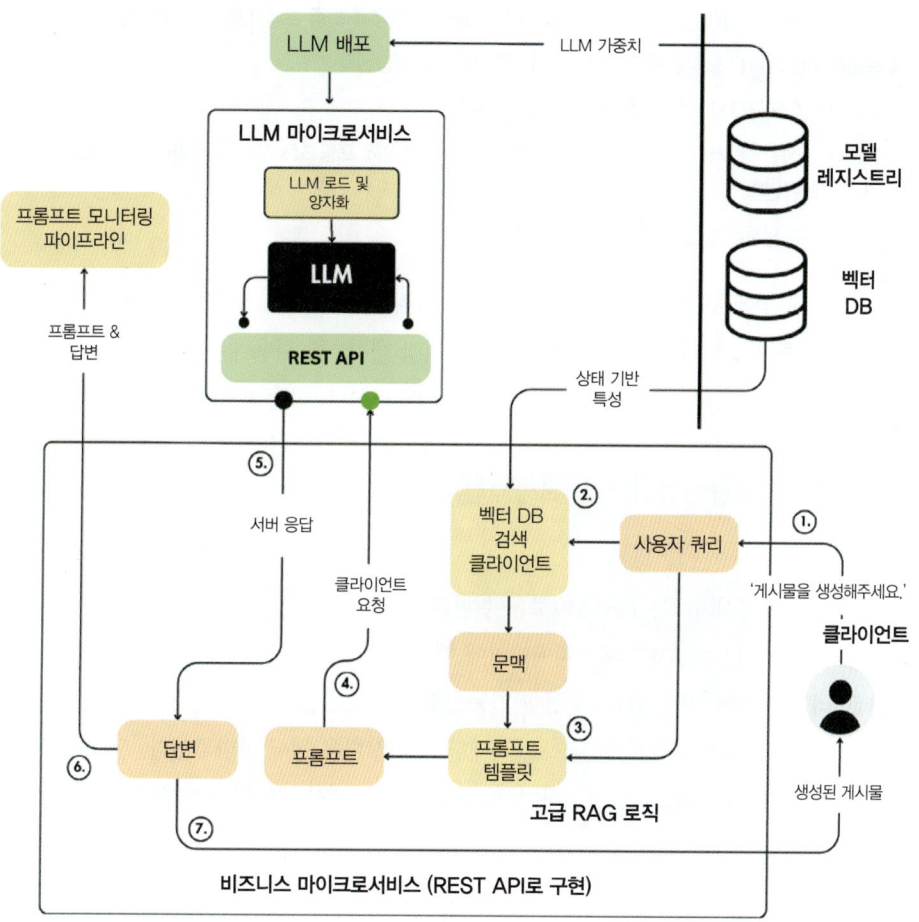

그림 10-4 LLM Twin 추론 파이프라인의 마이크로서비스 배포 아키텍처

10장 추론 파이프라인 배포 **397**

FTI 아키텍처로 정의된 추론 파이프라인의 인터페이스를 살펴보자. 이 파이프라인이 실행되기 위해서는 두 가지가 필요하다.

- RAG에 사용되는 실시간 특성은 특성 파이프라인에서 생성되며, 온라인 특성 저장소에서 쿼리된다. 구체적으로는 Qdrant 벡터 DB에서 가져온다.
- 학습 파이프라인에서 생성된 파인튜닝된 LLM은 모델 레지스트리에서 불러온다.

이를 바탕으로 ML 서비스의 흐름은 [그림 10-4]와 같이 진행된다.

1 사용자가 HTTP 요청을 통해 쿼리를 전송한다.
2 사용자의 입력은 4장에서 구현된 고급 RAG 검색 모듈을 활용해 적절한 문맥을 검색한다.
3 사용자의 입력과 검색된 문맥은 전용 프롬프트 템플릿을 사용해 최종 프롬프트로 구성된다.
4 프롬프트는 HTTP 요청을 통해 LLM 마이크로서비스로 전송된다.
5 비즈니스 마이크로서비스는 생성된 답변을 기다린다.
6 답변이 생성된 후, 사용자의 입력 및 기타 중요한 정보와 함께 프롬프트 모니터링 파이프라인으로 전송되어 모니터링된다.
7 최종적으로 생성된 답변이 사용자에게 반환된다.

이제 [그림 10-4]에 제시된 아키텍처를 구현하기 위해 사용된 기술 스택을 살펴본다. 벡터 DB 로는 Qdrant를 사용한다. 모델 레지스트리로는 허깅 페이스를 활용해 이 책의 코드를 테스트하는 모든 사람과 모델을 공개적으로 공유할 수 있다. 그리고 학습 파이프라인을 실행하지 않고도 제공된 모델을 쉽게 사용할 수 있다. 참고로 학습 파이프라인 실행 비용은 최대 100달러가 들 수 있다. 이처럼 모델 레지스트리에 모델을 저장하면 공유성과 접근성이 뛰어난 점이 큰 장점이다.

비즈니스 마이크로서비스는 FastAPI로 구현한다. 이는 인기 있고 사용하기 쉬우며 빠르다. LLM 마이크로서비스는 AWS 세이지메이커에 배포하며, 세이지메이커와 허깅 페이스의 **딥러닝 컨테이너**Deep Learning Container (DLC) 통합 기능을 활용해 모델을 배포한다. 허깅 페이스의 DLC는 LLM 서빙에 최적화된 추론 엔진으로, 자세한 내용은 다음 절에서 다루겠다. 프롬프트 모니터링 파이프라인은 Comet으로 구현하며, 이 모듈은 11장에서 자세히 살펴본다.

세이지메이커 추론 배포의 구성 요소와 구현 방법은 다음과 같다.

- **세이지메이커 엔드포인트**: 엔드포인트는 세이지메이커가 호스팅하는 확장 가능하고 안전한 API로, 배포된 모델에서 실시간 예측을 가능하게 한다. 이는 애플리케이션이 모델과 상호작용하는 인터페이스 역할을 한다.

배포된 후, 애플리케이션은 HTTP 요청을 통해 엔드포인트에 접근해 실시간 예측을 받을 수 있다.

- **세이지메이커 모델**: 세이지메이커에서 모델은 알고리즘 학습의 결과물인 아티팩트이다. 이는 예측에 필요한 정보(가중치와 계산 로직 등)를 포함한다. 여러 모델을 생성해 다양한 설정이나 예측에 활용할 수 있다.
- **세이지메이커 구성**: 이 구성은 모델을 호스팅하기 위한 하드웨어와 소프트웨어 설정을 지정한다. 엔드포인트에 필요한 리소스(예: ML 컴퓨팅 인스턴스의 유형과 개수)를 정의한다. 엔드포인트 구성은 엔드포인트를 생성하거나 업데이트할 때 사용되며, 호스팅된 모델의 배포와 확장성에서 유연성을 제공한다.
- **세이지메이커 추론 컴포넌트**: 이는 모델과 구성을 엔드포인트에 연결하는 마지막 단계이다. 여러 모델을 각각의 리소스 구성과 함께 하나의 엔드포인트에 배포할 수 있다. 배포된 후, 모델은 파이썬의 InvokeEndpoint API를 통해 쉽게 접근할 수 있다.

이 구성 요소들은 세이지메이커에서 ML 모델을 배포하고 관리하기 위한 강력한 인프라를 제공한다. 이를 통해 확장 가능하고 안전하며 효율적인 실시간 예측을 가능하게 한다.

다른 인기 있는 클라우드 플랫폼들도 동일한 솔루션을 제공한다. 예를 들어, 애저에서는 Bedrock 대신 애저 오픈AI를, 세이지메이커 대신 애저 ML을 사용할 수 있다. Hopsworks, Modal, Vertex AI, Seldon, BentoML 등과 같은 ML 배포 도구들은 매우 다양하며 앞으로도 계속 변화할 것이다. 무엇보다 중요한 점은 실제 사용 목적을 이해하고 적합한 도구를 선택하는 일이다.

10.4.1 학습 파이프라인과 추론 파이프라인

추론 파이프라인을 배포하기 전에 학습 파이프라인training pipeline과 추론 파이프라인inference pipeline 간의 미묘한 차이를 이해하는 것이 중요하다. 학습과 추론 파이프라인의 구분이 단순해 보이지만, 기술적 차이를 정확히 이해하는 것이 중요하다.

학습과 추론 파이프라인은 데이터 처리와 접근 방식에서 큰 차이를 보인다. 학습 과정은 오프라인 스토리지의 데이터를 배치로 처리하며, 처리량과 데이터 계보를 중시한다. LLM Twin 아키텍처의 경우 ZenML 아티팩트로 학습 데이터의 접근, 버전 관리, 추적을 수행한다. 반면 추론 파이프라인은 지연 시간을 최소화하는 온라인 데이터베이스가 필요하다. 우리는 Qdrant 벡터 DB를 사용해 RAG에 필요한 문맥을 빠르게 가져온다. 즉, 데이터 계보나 버전 관리보다 빠른 접근 속도를 우선해 원활한 사용자 경험을 제공한다. 추가적으로, 이러한 파이프라인의 출력도 상당히 다르다. 학습 파이프라인은 학습된 모델 가중치를 모델 레지스트리에 저장하고, 추론 파이프라인은 예측 결과를 사용자에게 직접 제공한다.

또한 각 파이프라인에 필요한 인프라도 다르다. 학습 파이프라인은 GPU를 최대한 많이 탑재한 고성능 머신이 필요하다. 학습 과정에서 데이터를 배치로 처리하고 최적화를 위한 그레이디언트를 메모리에 저장해야 하는 등 많은 연산이 요구되기 때문이다. 높은 계산 성능과 VRAM을 탑재한 고성능 머신은 더 큰 배치(또는 처리량)를 가능하게 하여 학습 시간을 줄이고 더 광범위한 실험을 가능하게 한다. 반면에 추론 파이프라인은 일반적으로 더 적은 계산 자원을 요구한다. 추론은 종종 단일 샘플이나 더 작은 배치를 모델에 전달하며, 최적화 단계가 필요하지 않기 때문이다.

이러한 차이에도 불구하고, 두 파이프라인은 특히 전처리와 후처리 단계에서 일부 공통점을 가진다. 학습과 추론 시 동일한 전처리와 후처리 함수 및 하이퍼파라미터를 적용하는 것이 매우 중요하다. 이러한 과정에서 불일치가 발생하면, 추론 시 모델의 성능이 학습 시의 성능과 달라지는 '학습-서빙 편차'가 발생할 수 있다.

10.5 LLM Twin 서비스를 배포하기

마지막 단계는 10.4절에서 제시한 아키텍처를 구현하는 것이다. LLM 마이크로서비스는 AWS 세이지메이커로, 비즈니스 마이크로서비스는 FastAPI로 배포한다. 비즈니스 마이크로서비스에서 9장의 RAG 로직과 파인튜닝된 LLM Twin을 결합해 추론 파이프라인을 처음부터 끝까지 테스트할 수 있다.

ML 모델을 서빙하는 것은 ML 애플리케이션 라이프사이클에서 가장 중요한 단계다. 사용자는 이 단계가 완료된 후에야 모델과 상호작용할 수 있기 때문이다. 서비스 아키텍처가 올바르게 설계되지 않았거나 인프라가 제대로 작동하지 않는다면, 아무리 강력하고 훌륭한 모델을 구현하더라도 의미가 없다. 사용자와의 원활한 상호작용이 없다면 비즈니스 가치는 거의 없다고 볼 수 있다. 예를 들어, 시장에서 가장 뛰어난 코드 어시스턴트라도 사용 속도가 너무 느리거나 API 호출이 계속 충돌한다면, 사용자는 성능이 다소 떨어지더라도 안정적이고 빠른 코드 어시스턴트를 선택할 것이다. 이 절에서는 그 방법을 설명한다.

- 파인튜닝된 LLM Twin 모델을 AWS 세이지메이커에 배포한다.
- 배포된 모델과 상호작용하기 위한 추론 클라이언트를 작성한다.

- FastAPI로 비즈니스 서비스를 작성한다.
- 파인튜닝된 LLM과 RAG 로직을 통합한다.
- LLM 마이크로서비스를 위한 오토스케일링 규칙을 구현한다.

10.5.1 AWS 세이지메이커로 LLM 마이크로서비스를 구현하기

허깅 페이스의 모델 레지스트리에 저장된 LLM Twin 모델을 아마존 세이지메이커에 온라인 실시간 추론 엔드포인트로 배포한다. 이를 위해 허깅 페이스의 전문 추론 컨테이너인 허깅 페이스 LLM DLC를 활용해 LLM을 배포한다.

허깅 페이스의 DLCs는 무엇인가?

DLC는 딥러닝 모델을 쉽게 학습하고 배포할 수 있도록 도와주는 도구이다. 허깅 페이스의 transformers, datasets, tokenizers와 같은 주요 딥러닝 프레임워크와 라이브러리가 미리 설치되어 도커 컨테이너 이미지로 제공된다. 이러한 컨테이너는 복잡한 환경 설정과 최적화 과정을 없애 모델 학습과 배포 과정을 단순화하도록 설계되었다. 특히 허깅 페이스 Inference DLC는 완전 통합된 서빙 스택을 포함해, 배포 과정을 크게 간소화하고 딥러닝 모델을 프로덕션 환경에서 서비스하는 데 필요한 기술적 전문성을 줄여준다.

모델 서빙과 관련해, DLC는 허깅 페이스에서 제작한 텍스트 생성 추론 Text Generation Inference (TGI) 엔진으로 구동된다.[2]

TGI는 LLM을 배포하고 서빙하기 위한 오픈 소스 솔루션이다. 텐서 병렬 처리와 동적 배칭을 활용해 미스트랄, 라마, Falcon과 같은 허깅 페이스에서 제공하는 가장 인기 있는 오픈 소스 LLM들에 대해 고성능 텍스트 생성을 지원한다. 즉, DLC 이미지가 제공하는 가장 강력한 기능은 다음과 같다.

- 텐서 병렬 처리로 모델 추론의 계산 효율성을 향상시킨다.
- 최적화된 transformers 코드로 추론 성능을 극대화하고 가장 널리 사용되는 아키텍처에서 플래시 어텐션을 활용한다.[3]

---

2 https://github.com/huggingface/text-generation-inference
3 https://github.com/Dao-AILab/flash-attention

- bitsandbytes를 활용한 양자화를 통해 모델 크기를 줄이면서 성능을 유지해 배포를 더욱 효율적으로 만든다.[4]
- 들어오는 요청을 실시간으로 배칭해 동적으로 처리함으로써 처리량을 높인다.
- safetensors를 활용해 가중치 로딩을 가속화해 모델 초기화 시간을 단축하고 시작 시간을 줄인다.[5]
- 서버 전송 이벤트server-sent event(SSE)를 통해 실시간 상호작용을 지원하는 토큰 스트리밍을 제공한다.

요약하면 LLM Twin 모델은 DLC 도커 이미지에서 실행되어 요청을 받고, LLM 추론을 최적화해 실시간으로 결과를 제공한다. 이 도커 이미지는 AWS 세이지메이커의 추론 엔드포인트에서 호스팅되며 HTTP로 접근 가능하다. 이제 LLM을 배포하고, 세이지메이커 추론 엔드포인트와 연동할 래퍼 클래스를 만들어보자.

세이지메이커 역할 구성

첫 번째 단계는 세이지메이커 인프라에 접근하고 배포하기 위해 적절한 **AWS 아이덴티티 및 액세스 관리**AWS Identity and Access Management (IAM) 사용자와 역할을 생성하는 것이다. AWS IAM은 누가 인증할 수 있는지와 각 사용자가 어떤 리소스에 접근할 수 있는지를 제어한다. IAM을 통해 새로운 사용자(개인에게 할당)와 새로운 역할(EC2 VM과 같은 인프라 내의 다른 주체에 할당)을 생성할 수 있다.

전체 배포 프로세스는 자동화되어 있다. 몇 가지 CLI 명령어를 실행해야 하지만, 먼저 .env 파일에 AWS_ACCESS_KEY, AWS_SECRET_KEY, AWS_REGION 환경 변수가 올바르게 설정되어 있는지 확인해야 한다. 이 단계에서는 관리자 역할admin role에 연결된 자격 증명을 사용하는 것이 가장 간단한 방법이다. 이후 단계에서는 이 장의 나머지 부분에서 사용할 더 제한적인 IAM 역할들을 생성할 것이다.

.env 파일을 설정한 후 다음 작업을 진행해야 한다.

1 배포를 위해 필요한 리소스만 생성하고 삭제할 수 있도록 제한된 IAM 사용자를 생성한다. 해당 리소스는 세이지메이커, 엘라스틱 컨테이너 레지스트리elastic container registry(ECR), S3 등이 포함된다. 이를 위해 다음 명령어를 실행한다.

```
poetry poe create-sagemaker-role
```

---

4 https://github.com/bitsandbytes-foundation/bitsandbytes
5 https://github.com/huggingface/safetensors

이 명령어는 sagemaker_user_credentials.json이라는 JSON 파일을 생성한다. 여기에는 새로운 AWS 액세스 키와 시크릿 키가 포함된다. 이제부터 세이지메이커와 관련된 모든 배포 작업에 이 자격 증명을 사용해 세이지메이커와 연관된 리소스만 수정하도록 한다. 그렇지 않으면 관리자 계정을 사용해 다른 AWS 리소스를 실수로 수정해 추가 비용이 발생하거나 기존 프로젝트에 영향을 줄 수 있다. 따라서 특정 사용 사례에만 제한된 역할을 설정하는 것은 좋은 관행이다.

마지막 단계는 JSON 파일에서 새로운 자격 증명을 가져와 .env 파일의 AWS_ACCESS_KEY와 AWS_SECRET_KEY 변수를 업데이트하는 것이다. 구현 내용은 다음 링크에서 확인할 수 있다.[6]

2 IAM 실행 역할을 생성한다. 이 역할을 세이지메이커 배포에 연결하여 세이지메이커를 대신해 다른 AWS 리소스에 접근할 수 있도록 한다. 이는 클라우드 배포의 일반적인 방식으로, 각 기계마다 자격 증명을 인증하는 대신 해당 기계가 인프라에서 필요한 리소스에만 접근할 수 있도록 역할을 부여한다. 이번 경우에는 세이지메이커가 AWS S3, CloudWatch, ECR에 접근할 수 있도록 한다. 역할을 생성하려면 다음 명령어를 실행한다.

```
poetry poe create-sagemaker-execution-role
```

이 명령어는 sagemaker_execution_role.json이라는 JSON 파일을 생성하며, 해당 파일에는 새로 생성된 역할의 아마존 리소스 이름^{Amazon Resource Name}(ARN)이 포함된다. ARN은 AWS 리소스에 부여되는 ID로, 클라우드 인프라 전반에서 해당 리소스를 식별하는 데 사용된다. JSON 파일에서 ARN 값을 가져와 .env 파일의 AWS_ARN_ROLE 변수에 업데이트한다. 구현 내용은 다음 링크에서 확인할 수 있다.[7]

 문제가 발생하면 .env 파일에 사용한 것과 동일한 AWS 자격 증명으로 AWS CLI를 설정하고 과정을 다시 반복한다. AWS CLI 설치에 대한 공식 문서는 다음에서 확인할 수 있다.[8]

IAM 사용자와 역할을 .env 파일에 설정하면 파이썬 설정 객체로 자동 로드되어 이후 과정에서 활용된다. 이제 실제 배포 단계로 넘어가자.

LLM Twin 모델을 AWS 세이지메이커에 배포하기

AWS 세이지메이커 배포는 파이썬 클래스 집합을 통해 완전히 자동화된다. 이 장에서는 세이

---

[6] https://github.com/PacktPublishing/LLM-Engineers-Handbook/blob/main/llm_engineering/infrastructure/aws/roles/create_sagemaker_role.py

[7] https://github.com/PacktPublishing/LLM-Engineers-Handbook/blob/main/llm_engineering/infrastructure/aws/roles/create_execution_role.py

[8] https://docs.aws.amazon.com/cli/latest/userguide/install-cliv2.html

지메이커 인프라를 파이썬 코드로 직접 설정하는 방법을 설명한다. 일반적인 튜토리얼처럼 모든 단계를 하나씩 실행하는 대신, 코드의 작동 원리를 이해하는 데 중점을 둔다. 간단한 CLI 명령어 `poe deploy-inference-endpoint`를 사용해 전체 세이지메이커 배포를 시작하고 완료할 수 있다. 이 명령어는 [그림 10-5]의 모든 단계를 초기화하며, 이전 단계에서 생성하고 설정한 세이지메이커 AWS IAM 역할 생성은 제외된다. 이 절에서는 [그림 10-5]에 제시된 코드를 단계별로 설명하고, 배포 과정을 완전히 자동화하는 방법을 다룬다. 먼저 `create_endpoint()` 함수로 시작한다. 마지막으로 CLI 명령어를 테스트하고 AWS 콘솔에서 배포가 성공적으로 완료되었는지 확인한다. 세이지메이커 배포 코드는 다음 링크에서 확인할 수 있다.[9]

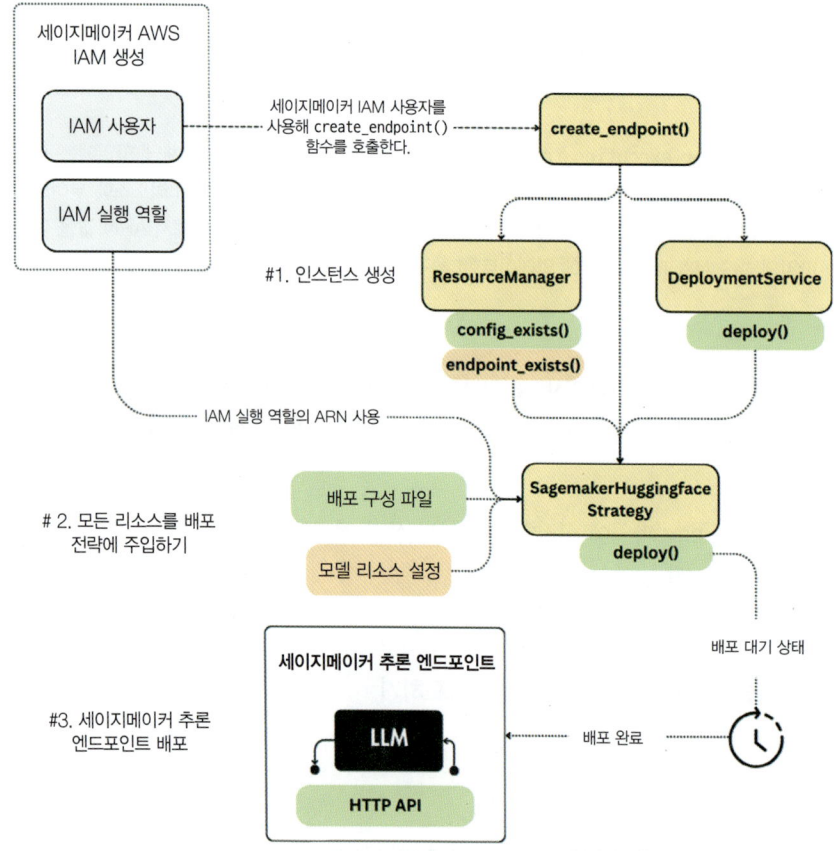

그림 10-5 AWS 세이지메이커 배포 단계

---

[9] https://github.com/PacktPublishing/LLM-Engineers-Handbook/tree/main/llm_engineering/infrastructure/aws/deploy

LLM Twin 모델을 AWS 세이지메이커에 배포하는 메인 함수부터 시작해 구현 과정을 상향식으로 살펴본다. 아래 함수에서는 먼저 **get_huggingface_llm_image_uri()** 함수를 사용해 도커 DLC 이미지의 최신 버전을 가져오고, 이를 리소스 관리자 및 배포 서비스의 인스턴스와 함께 배포 전략 클래스에 전달한다.

```python
def create_endpoint(endpoint_type=EndpointType.INFERENCE_COMPONENT_BASED):
    llm_image = get_huggingface_llm_image_uri("huggingface", version=None)

    resource_manager = ResourceManager()
    deployment_service = DeploymentService(resource_manager=resource_manager)

    SagemakerHuggingfaceStrategy(deployment_service).deploy(
        role_arn=settings.ARN_ROLE,
        llm_image=llm_image,
        config=hugging_face_deploy_config,
        endpoint_name=settings.SAGEMAKER_ENDPOINT_INFERENCE,
        endpoint_config_name=settings.SAGEMAKER_ENDPOINT_CONFIG_INFERENCE,
        gpu_instance_type=settings.GPU_INSTANCE_TYPE,
        resources=model_resource_config,
        endpoint_type=endpoint_type,
    )
```

create_endpoint() 함수에서 사용되는 세 가지 클래스를 검토해야 배포 프로세스를 완전히 이해할 수 있다. 먼저 **ResourceManager** 클래스를 살펴본다. 이 클래스는 초기화 메서드로 시작하며, 파이썬용 AWS SDK인 boto3를 사용해 AWS 세이지메이커와의 연결을 설정한다. boto3는 세이지메이커를 포함한 다양한 AWS 서비스와 상호작용하기 위한 필수 기능들을 제공한다.

```python
class ResourceManager:
    def __init__(self) -> None:
        self.sagemaker_client = boto3.client(
            "sagemaker",
            region_name=settings.AWS_REGION,
            aws_access_key_id=settings.AWS_ACCESS_KEY,
            aws_secret_access_key=settings.AWS_SECRET_KEY,
        )
```

다음으로, 특정 세이지메이커 엔드포인트 설정이 존재하는지 확인하는 endpoint_config_exists 메서드를 구현한다.

```python
def endpoint_config_exists(self, endpoint_config_name: str) -> bool:
    try:
        self.sagemaker_client.describe_endpoint_config(EndpointConfigName=endpoint_
            config_name)
            logger.info(f"Endpoint configuration '{endpoint_config_name}' exists.")
            return True
    except ClientError:
            logger.info(f"Endpoint configuration '{endpoint_config_name}' does not
 exist.")
            return False
```

이 클래스에는 특정 세이지메이커 엔드포인트의 존재 여부를 확인하는 endpoint_exists 메서드도 포함되어 있다.

```python
def endpoint_exists(self, endpoint_name: str) -> bool:
    try:
        self.sagemaker_client.describe_endpoint(EndpointName=endpoint_name)
        logger.info(f"Endpoint '{endpoint_name}' exists.")
        return True
    except self.sagemaker_client.exceptions.ResourceNotFoundException:
        logger.info(f"Endpoint '{endpoint_name}' does not exist.")
        return False
```

이제 DeploymentService로 넘어간다. 생성자에서 세이지메이커와 상호작용할 sagemaker_client를 설정하고, 앞서 설명한 ResourceManager 클래스의 인스턴스를 초기화한다.

```python
class DeploymentService:
    def __init__(self, resource_manager):
        self.sagemaker_client = boto3.client(
            "sagemaker",
            region_name=settings.AWS_REGION,
            aws_access_key_id=settings.AWS_ACCESS_KEY,
            aws_secret_access_key=settings.AWS_SECRET_KEY,
        )
        self.resource_manager = resource_manager
```

deploy() 메서드는 DeploymentService 클래스의 핵심이다. 이 메서드는 세이지메이커 엔드포인트에 모델을 배포하는 전체 과정을 조율한다. 필요한 설정이 이미 준비되어 있는지 확인하며 그렇지 않은 경우 배포를 실행한다.

```python
def deploy(
    self,
    role_arn: str,
    llm_image: str,
    config: dict,
    endpoint_name: str,
    endpoint_config_name: str,
    gpu_instance_type: str,
    resources: Optional[dict] = None,
    endpoint_type: enum.Enum = EndpointType.MODEL_BASED,
) -> None:
    try:
        if self.resource_manager.endpoint_config_exists(endpoint_config_name=endpoint_config_name):
            logger.info(f"Endpoint configuration {endpoint_config_name} exists. Using existing configuration...")
        else:
            logger.info(f"Endpoint configuration {endpoint_config_name} does not exist.")

        self.prepare_and_deploy_model(
            role_arn=role_arn,
            llm_image=llm_image,
            config=config,
            endpoint_name=endpoint_name,
            update_endpoint=False,
            resources=resources,
            endpoint_type=endpoint_type,
            gpu_instance_type=gpu_instance_type,
        )
        logger.info(f"Successfully deployed/updated model to endpoint {endpoint_name}.")
    except Exception as e:
        logger.error(f"Failed to deploy model to SageMaker: {e}")
        raise
```

deploy 메서드는 먼저 resource_manager를 사용해 엔드포인트 설정이 이미 존재하는지 확인하는 작업으로 시작한다. 이 단계는 설정이 이미 준비되어 있는 경우 불필요한 재배포를 방지하기 때문에 중요하다. 실제 배포는 prepare_and_deploy_model() 메서드를 호출해 처리된다. 이 메서드는 지정된 세이지메이커 엔드포인트에 모델을 실제로 배포하는 역할을 한다.

prepare_and_deploy_model() 메서드는 DeploymentService 클래스 내의 정적 메서드이다. 이 메서드는 허깅 페이스 모델을 세이지메이커에 설정하고 배포한다.

```python
@staticmethod
def prepare_and_deploy_model(
    role_arn: str,
    llm_image: str,
    config: dict,
    endpoint_name: str,
    update_endpoint: bool,
    gpu_instance_type: str,
    resources: Optional[dict] = None,
    endpoint_type: enum.Enum = EndpointType.MODEL_BASED,
) -> None:
    huggingface_model = HuggingFaceModel(
        role=role_arn,
        image_uri=llm_image,
        env=config,
        transformers_version="4.6",
        pytorch_version="1.13",
        py_version="py310",
    )

    huggingface_model.deploy(
        instance_type=gpu_instance_type,
        initial_instance_count=1,
        endpoint_name=endpoint_name,
        update_endpoint=update_endpoint,
        resources=resources,
        tags=[{"Key": "task", "Value": "model_task"}],
        endpoint_type=endpoint_type,
    )
```

이 방법은 HuggingFaceModel의 인스턴스를 생성하는 것에서 시작한다. HuggingFaceModel은 허깅 페이스 모델을 처리하기 위해 세이지메이커에서 설계된 특수한 모델 클래스이다. HuggingFaceModel의 생성자는 세이지메이커에 필요한 권한을 부여하는 역할 ARN[role ARN],

LLM DLC 도커 이미지의 URI, 허깅 페이스에서 로드할 LLM과 최대 토큰 수와 같은 추론 매개변수를 지정하는 LLM 구성을 포함한 여러 필수 매개변수를 받는다.

`HuggingFaceModel`이 인스턴스화되면 해당 메서드는 `deploy` 함수를 사용해 세이지메이커에 배포한다. 이 배포 과정에서는 사용할 인스턴스 유형, 인스턴스 수, 기존 엔드포인트를 업데이트할지 새로운 엔드포인트를 생성할지를 지정한다. 또한 멀티 모델 엔드포인트를 위한 `initial_instance_count` 매개변수나 추적 및 분류를 위한 태그와 같은 복잡한 배포를 위한 선택적 리소스도 포함한다.

마지막 단계는 지금까지 다룬 모든 내용을 통합하는 `SagemakerHuggingfaceStrategy` 클래스에 대해 설명하는 것이다. 이 클래스는 위에서 설명한 것과 같은 배포 서비스 인스턴스 하나만으로 초기화된다.

```python
class SagemakerHuggingfaceStrategy(DeploymentStrategy):
    def __init__(self, deployment_service):
        self.deployment_service = deployment_service
```

`SagemakerHuggingfaceStrategy` 클래스의 핵심 기능은 `deploy()` 메서드에 포함되어 있다. 이 메서드는 허깅 페이스 모델을 AWS 세이지메이커에 배포하는 과정을 조율하며, 모델이 어떻게 배포될지를 정의하는 다양한 매개변수를 받는다.

```python
def deploy(
    self,
    role_arn: str,
    llm_image: str,
    config: dict,
    endpoint_name: str,
    endpoint_config_name: str,
    gpu_instance_type: str,
    resources: Optional[dict] = None,
    endpoint_type: enum.Enum = EndpointType.MODEL_BASED,
) -> None:
    logger.info("Starting deployment using Sagemaker Huggingface Strategy...")
    logger.info(
        f"Deployment parameters: nb of replicas: {settings.COPIES}, "
        f"nb of gpus: {settings.GPUS}, instance_type: {settings.GPU_INSTANCE_TYPE}"
    )
```

메서드에 전달되는 매개변수들은 배포 과정에서 매우 중요한 역할을 한다.

- **role_arn**: 세이지메이커 배포에 필요한 권한을 제공하는 AWS IAM 역할
- **llm_image**: DLC 도커 이미지의 URI
- **config**: 모델 환경 설정을 포함한 딕셔너리
- **endpoint_name 및 endpoint_config_name**: 각각 세이지메이커 엔드포인트와 해당 구성의 이름
- **gpu_instance_type**: 배포에 사용되는 GPU EC2 인스턴스의 유형
- **resources**: 멀티 모델 엔드포인트 배포에 사용되는 선택적 리소스 딕셔너리
- **endpoint_type**: MODEL_BASED 또는 INFERENCE_COMPONENT 중 하나를 지정하며, 엔드포인트에 추론 컴포넌트가 포함되는지를 결정

이 메서드는 실제 배포 과정을 `deployment_service`에 위임한다. 이 위임은 전략 패턴의 핵심으로, 고수준 배포 로직을 변경하지 않고도 배포 방식에 유연성을 제공한다.

```
try:
    self.deployment_service.deploy(
        role_arn=role_arn,
        llm_image=llm_image,
        config=config,
        endpoint_name=endpoint_name,
        endpoint_config_name=endpoint_config_name,
        gpu_instance_type=gpu_instance_type,
        resources=resources,
        endpoint_type=endpoint_type,
    )
    logger.info("Deployment completed successfully.")
except Exception as e:
    logger.error(f"Error during deployment: {e}")
    raise
```

이번엔 배포 인프라를 잘 이해하기 위해 리소스 구성을 검토해보자. 이 리소스들은 다중 엔드포인트 설정시 활용된다. 여러 복제본을 사용해 클라이언트 요청을 처리하면서, 애플리케이션의 지연 시간 및 처리량 요구 사항을 충족한다.

`ResourceRequirements` 객체는 다양한 리소스 매개변수를 지정하는 딕셔너리로 초기화된다. 이 매개변수에는 배포될 모델의 복제본(사본) 수, 필요한 GPU 개수, CPU 코어 수, 메가바이트 단위의 메모리 할당량이 포함된다. 각 매개변수는 배포된 모델의 성능과 확장성에 중요

한 역할을 한다.

```
from sagemaker.compute_resource_requirements.resource_requirements import
ResourceRequirements

    model_resource_config = ResourceRequirements(
    requests={
        "copies": settings.COPIES,
        "num_accelerators": settings.GPUS,
        "num_cpus": settings.CPUS,
        "memory": 5 * 1024
    },
)
```

앞의 코드 조각에서는 ResourceRequirements가 네 가지 주요 매개변수로 구성된다.

- **copies**: 이 매개변수는 모델의 인스턴스 또는 복제본을 몇 개 배포할지를 결정한다. 복제본을 늘리면 지연 시간을 줄이고 처리량을 증가시키는 데 도움이 된다.
- **num_accelerators**: 이 매개변수는 할당할 GPU의 개수를 지정한다. LLM은 계산 자원이 많이 필요하므로, 추론 과정을 가속하기 위해 일반적으로 여러 GPU가 필요하다.
- **num_cpus**: 이 매개변수는 배포에 필요한 CPU 코어 수를 정의한다. CPU는 데이터 전처리, 후처리 및 GPU 의존성이 적지만 중요한 작업을 처리하는 데 영향을 미친다.
- **memory**: 이 매개변수는 배포를 위해 필요한 최소 RAM 용량을 설정한다. 충분한 메모리는 모델이 로드되고 실행되는 동안 메모리 부족 문제가 발생하지 않도록 보장한다.

이 매개변수를 설정함으로써, 클래스는 모델이 세이지메이커 엔드포인트에 배포될 때 효율적으로 동작할 수 있는 충분한 리소스를 확보한다. 이러한 값의 세부적인 조정은 LLM의 크기, 수행할 작업의 복잡성, 예상되는 부하 등 특정 요구 사항에 따라 달라진다. 엔드포인트를 배포한 후 이러한 값을 조정해 LLM 마이크로서비스의 성능이 어떻게 변화하는지 확인해보기를 권장한다.

마지막으로, LLM 엔진을 설정하는 구성을 검토해보자. HF_MODEL_ID는 배포할 허깅 페이스 모델을 식별한다. 예를 들어, 설정 클래스에서 이를 'mlabonne/TwinLlama-3.1-8B-13'으로 지정해 허깅 페이스에 저장된 사용자 정의 LLM Twin 모델을 로드한다. SM_NUM_GPUS는 모델 복제본당 할당되는 GPU의 개수를 지정하며, 이는 모델을 GPU의 VRAM에 맞추는 데 중요하다. HUGGING_FACE_HUB_TOKEN은 허깅 페이스 허브에 접근해 모델을 가져오는 데 사용된다. `HF_MODEL_QUANTIZE`는 사용할 양자화 기법을 지정하며, 나머지 변수들은 LLM 토큰 생성 과정을 제어한다.

```
hugging_face_deploy_config = {
    "HF_MODEL_ID": settings.HF_MODEL_ID,
    "SM_NUM_GPUS": json.dumps(settings.SM_NUM_GPUS),  # 복제본당 사용되는 GPU 수
    "MAX_INPUT_LENGTH": json.dumps(settings.MAX_INPUT_LENGTH),  # 입력 텍스트의 최대 길이
    "MAX_TOTAL_TOKENS": json.dumps(settings.MAX_TOTAL_TOKENS),  # 생성 결과의 최대 길이 (입력 텍스트 포함)
    "MAX_BATCH_TOTAL_TOKENS": json.dumps(settings.MAX_BATCH_TOTAL_TOKENS),  # 배치당 처리할 총 토큰의 최대 수
    "HUGGING_FACE_HUB_TOKEN": settings.HUGGINGFACE_ACCESS_TOKEN,  # 허깅 페이스 허브 접근 토큰
    "MAX_BATCH_PREFILL_TOKENS": "10000",  # 사전 채워질 토큰의 최대 수
    "HF_MODEL_QUANTIZE": "bitsandbytes",  # 양자화 기법
}
```

위 두 가지 구성을 사용해 인프라, 사용할 LLM과 배포 방식을 완전히 제어할 수 있다. 위에 제시된 구성을 사용해 세이지메이커 배포를 시작하려면 10.5.1절에서 설명한 `create_endpoint()` 함수를 다음과 같이 호출한다.

```
create_endpoint(endpoint_type=EndpointType.MODEL_BASED)
```

편의를 위해, 이를 poe 명령으로 감싸서 실행할 수 있도록 구성했다.

```
poetry poe deploy-inference-endpoint
```

이제 AWS 세이지메이커에 추론 파이프라인을 배포하기 위한 모든 준비가 완료되었다. 가장 어려운 부분은 요구 사항에 맞는 적절한 구성을 찾아 인프라 비용을 줄이는 것이다. AWS 환경에 따라 배포에는 15~30분 정도 소요된다. 코드를 수정하지 않고도 `.env` 파일에서 값을 직접 변경해 다른 구성으로 모델을 배포할 수 있다. 예를 들어, 기본값은 `ml.g5.xlargeGPU` 유형의 단일 GPU 인스턴스를 사용한다. 더 많은 복제본이 필요하다면 GPUS와 `SM_NUM_GPUS` 설정을 조정하거나, `GPU_INSTANCE_TYPE` 변수를 변경해 인스턴스 유형을 바꿀 수 있다.

LLM 마이크로서비스를 AWS 세이지메이커에 배포하기 전에, `poetry poe create-sagemaker-role`을 실행해 사용자 역할을 생성하고, `poetry poe create-sagemaker-execution-role`을 실행해 실행 역할을 생성한다. 또한 이 두 단계에서 생성된 자격 증명을 .env 파일의 `AWS_*` 환경 변수에 업데이트한다. 이와 관련된 자세한 내용은 이 책의 깃허브에 있는 README 파일에서 확인할 수 있다.

AWS 세이지메이커 추론 엔드포인트를 배포한 후, AWS의 세이지메이커 대시보드에서 이를 확인할 수 있다. 먼저, 왼쪽 패널에서 세이지메이커 대시보드를 클릭한 뒤, 'Inference'에서 [그림 10-6]과 같이 Endpoints의 [1 Created]를 클릭한다.

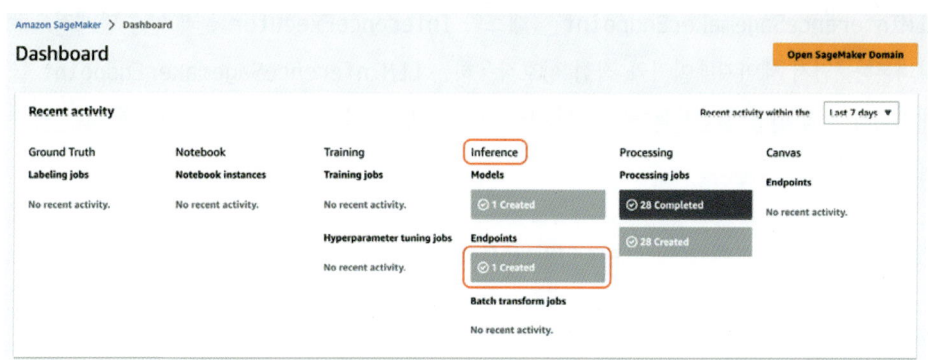

그림 10-6 AWS 세이지메이커 추론 엔드포인트 예시

'Endpoints' 버튼을 클릭하면 [그림 10-7]과 같이 'Creating' 혹은 'Created' 상태의 엔드포인트를 확인할 수 있다. 이를 클릭하면 CloudWatch에서 엔드포인트의 로그를 확인할 수 있고 CPU, 메모리, 디스크, GPU 사용량을 모니터링할 수 있다.

또한 HTTP 오류(예: 4XX 및 5XX)를 한곳에서 모니터링할 수 있는 훌륭한 방법을 제공한다.

그림 10-7 AWS 세이지메이커 트윈 추론 엔드포인트 예시

AWS 세이지메이커 추론 엔드포인트 호출하기

이제 AWS 세이지메이커에 배포한 LLM 서비스의 호출 방법을 알아보자. 프롬프트 준비부터 HTTP 요청, 결과 디코딩까지 처리할 두 개의 클래스를 작성해보겠다. 모든 AWS 세이지메이커 추론 코드는 깃허브의 llm_engineering/model/inference에 있다.

```
text = "Write me a post about AWS SageMaker inference endpoints."
llm = LLMInferenceSagemakerEndpoint(
    endpoint_name=settings.SAGEMAKER_ENDPOINT_INFERENCE
    )

Answer = InferenceExecutor(llm, text).execute()
```

LLMInferenceSagemakerEndpoint 클래스와 InferenceExecutor 클래스를 단계적으로 살펴본다. 먼저 세이지메이커와 직접 상호작용하는 LLMInferenceSagemakerEndpoint 클래스부터 시작한다. 생성자는 세이지메이커 엔드포인트와 상호작용하는 데 필요한 모든 필수 속성을 초기화한다.

```
class LLMInferenceSagemakerEndpoint(Inference):
    def __init__(
        self,
        endpoint_name: str,
        default_payload: Optional[Dict[str, Any]] = None,
        inference_component_name: Optional[str] = None,
    ) -> None:
        super().__init__()

        self.client = boto3.client(
            "sagemaker-runtime",
            region_name=settings.AWS_REGION,
            aws_access_key_id=settings.AWS_ACCESS_KEY,
            aws_secret_access_key=settings.AWS_SECRET_KEY,
        )
        self.endpoint_name = endpoint_name
        self.payload = default_payload if default_payload else self._default_payload()
        self.inference_component_name = inference_component_name
```

endpoint_name은 요청하려는 세이지메이커 엔드포인트를 식별하는 데 매우 중요한 역할을 한다. 또한 생성자에서는 제공된 값을 사용하거나 값이 없는 경우 기본 페이로드를 생성하는 메서드를 호출해 페이로드를 초기화한다.

이 클래스의 주요 기능 중 하나는 추론 요청을 위한 기본 페이로드를 생성하는 능력이다. 이는 _default_payload() 메서드에서 처리된다.

```
def _default_payload(self) -> Dict[str, Any]:
    return {
        "inputs": "",
        "parameters": {
            "max_new_tokens": settings.MAX_NEW_TOKENS_INFERENCE,
            "top_p": settings.TOP_P_INFERENCE,
            "temperature": settings.TEMPERATURE_INFERENCE,
            "return_full_text": False,
        },
    }
```

이 메서드는 추론 요청 시 전송할 페이로드의 기본 구조를 나타내는 딕셔너리를 반환한다. parameters 항목은 모델의 추론 중 동작에 영향을 미치는 설정값을 포함한다. 예를 들어, 생성할 토큰 수, 샘플링 전략(top_p), 출력의 랜덤성을 제어하는 temperature 설정 등이 있다. 이러한 파라미터는 애플리케이션의 설정에서 가져와 다양한 추론 작업에서 일관성을 유지한다.

이 클래스는 set_payload() 메서드를 통해 페이로드를 커스터마이징할 수 있도록 한다. 이를 통해 사용자는 추론 요청을 보내기 전에 inputs와 parameters를 수정할 수 있다.

```
def set_payload(self, inputs: str, parameters: Optional[Dict[str, Any]] = None) -> None:
    self.payload["inputs"] = inputs
    if parameters:
        self.payload["parameters"].update(parameters)
```

이 메서드는 사용자가 제공한 새로운 입력 텍스트로 페이로드의 inputs 필드를 업데이트한다. 추가로, 제공된 값이 있다면 추론 파라미터를 수정할 수 있다.

최종적으로, inference() 메서드를 활용해 사용자 정의된 페이로드를 사용해 세이지메이커 엔드포인트를 호출한다.

```python
def inference(self) -> Dict[str, Any]:
    try:
        logger.info("Inference request sent.")
        invoke_args = {
            "EndpointName": self.endpoint_name,
            "ContentType": "application/json",
            "Body": json.dumps(self.payload),
        }
        if self.inference_component_name not in ["None", None]:
            invoke_args["InferenceComponentName"] = self.inference_component_name

        response = self.client.invoke_endpoint(**invoke_args)
        response_body = response["Body"].read().decode("utf-8")

        return json.loads(response_body)

    except Exception:
        logger.exception("SageMaker inference failed.")

        raise
```

이 메서드에서 `inference` 메서드는 세이지메이커 엔드포인트에 전송할 요청을 구성한다. 이 메서드는 페이로드와 기타 필요한 세부 정보를 세이지메이커가 요구하는 형식으로 패키징한다. `inference_component_name`이 지정된 경우, 요청에 포함되어 필요 시 추론 프로세스를 더 세부적으로 제어할 수 있다. 요청은 `invoke_endpoint()` 함수를 사용해 전송되며, 응답은 읽고 디코딩된 후 JSON 객체로 반환된다.

`InferenceExecutor`가 앞서 설명한 `LLMInferenceSagemakerEndpoint` 클래스를 사용해 AWS 세이지메이커 엔드포인트로 HTTP 요청을 전송하는 방식을 살펴보자.

`InferenceExecutor` 클래스는 생성자에서 시작하며, LLM 호출에 필요한 주요 파라미터를 입력받는다. LLM 파라미터는 `Inference` 인터페이스를 구현하는 모든 인스턴스를 받을 수 있으며, `LLMInferenceSagemakerEndpoint` 클래스와 같은 인스턴스를 사용해 추론 작업을 수행한다.

또한 `query` 파라미터를 받아 사용자 입력을 나타낸다. 추가로, RAG를 수행하는 경우 선택적으로 `context` 필드를 받을 수 있으며, 프롬프트 템플릿을 커스터마이징할 수도 있다. 프롬프트 템플릿이 제공되지 않으면 특정 LLM에 특화되지 않은 일반 버전으로 기본 설정된다.

```python
class InferenceExecutor:
    def __init__(
        self,
        llm: Inference,
        query: str,
        context: str | None = None,
        prompt: str | None = None,
    ) -> None:
        self.llm = llm
        self.query = query
        self.context = context if context else ""

        if prompt is None:
            self.prompt = """
            You are a content creator. Write what the user asked you to while
            using the provided context as the primary source of information for
the content.

            User query: {query}
            Context: {context}
            """
        else:
            self.prompt = prompt
```

execute() 메서드는 InferenceExecutor 클래스의 핵심 구성 요소이다. 이 메서드는 실제로 추론을 수행하는 역할을 한다. execute가 호출되면 사용자의 쿼리와 문맥을 이용해 프롬프트를 포맷해서 LLM에 보낼 페이로드를 준비한다.

그다음, LLM의 동작에 영향을 미치는 여러 파라미터를 설정한다. 예를 들어, 모델이 생성할 수 있는 최대 새 토큰 수, 반복적인 텍스트 생성을 방지하기 위한 반복 패널티, 출력의 랜덤성을 제어하는 temperature 설정 등이 포함된다. 페이로드와 파라미터가 설정되면 메서드는 LLMInferenceSagemakerEndpoint의 inference 함수를 호출해 생성된 응답을 기다린다.

```python
    def execute(self) -> str:
        self.llm.set_payload(
            inputs=self.prompt.format(query=self.query, context=self.context),
            parameters={
                "max_new_tokens": settings.MAX_NEW_TOKENS_INFERENCE,
                "repetition_penalty": 1.1,
                "temperature": settings.TEMPERATURE_INFERENCE,
```

```
        },
    )
    answer = self.llm.inference()[0]["generated_text"]

    return answer
```

Inference 인터페이스를 구현하는 객체를 통해 추론을 수행함으로써 코드 간 결합을 줄일 수 있다. 이를 통해 LLMInferenceSagemakerEndpoint 구현체를 위에서 설명한 대로 쉽게 주입하거나, 다른 Inference 전략을 간단히 대체할 수 있다. 따라서 코드의 다른 부분을 수정하지 않고도 다양한 추론 전략을 유연하게 사용할 수 있다.

테스트 예제를 실행하는 것은 간단하다. 아래와 같이 파이썬 파일을 호출하면 된다.

```
poetry run python -m llm_engineering.model.inference.test
```

또한 편의를 위해 이를 poe 명령어로 감싸서 실행할 수 있도록 한다.

```
poetry poe test-sagemaker-endpoint
```

이제 FastAPI를 사용해 비즈니스 마이크로서비스를 구현하는 방법을 이해해야 한다. 이 마이크로서비스는 위에서 정의한 LLM 마이크로서비스로 HTTP 요청을 전송하고 9장에서 구현된 RAG 검색 모듈을 호출한다.

10.5.2 FastAPI를 사용해 비즈니스 마이크로서비스 구축

FastAPI 애플리케이션을 구현해 배포 전략을 검증하려면 먼저 FastAPI 인스턴스를 정의해야 한다. 아래는 이를 설정하는 코드이다.

```
from fastapi import FastAPI

app = FastAPI()
```

다음으로, Pydantic의 BaseModel을 사용해 QueryRequest와 QueryResponse 클래스를 정의한다. 이 클래스들은 FastAPI 엔드포인트에서 사용하는 요청과 응답의 구조를 나타낸다.

```python
class QueryRequest(BaseModel):
    query: str

class QueryResponse(BaseModel):
    answer: str
```

이제 FastAPI 구성 요소를 정의하고 세이지메이커 관련 요소가 준비되었으니 9장에서 소개한 `call_llm_service()`와 `rag()` 함수에 대해 다시 살펴보자. 이 함수들은 파인튜닝된 LLM을 배포하지 않아 실행할 수 없었다. 먼저, `call_llm_service()` 함수는 세이지메이커 LLM 마이크로서비스를 호출하기 위한 추론 로직을 래핑한다.

```python
def call_llm_service(query: str, context: str | None) -> str:
    llm = LLMInferenceSagemakerEndpoint(
        endpoint_name=settings.SAGEMAKER_ENDPOINT_INFERENCE, inference_component_name=None
    )
    answer = InferenceExecutor(llm, query, context).execute()

    return answer
```

다음으로, RAG의 모든 비즈니스 로직을 구현하는 `rag()` 함수를 정의한다. `rag()` 함수에 대한 자세한 설명은 9장에서 확인할 수 있다. 여기서 알아 두어야 할 것은 `rag()` 함수가 RAG를 수행에 필요한 핵심 비즈니스 로직만 담당한다는 것이다. 이 단계들은 CPU 및 I/O 중심으로 동작한다. 예를 들어, `ContextRetriever` 클래스는 오픈AI와 Qdrant에 API 호출을 수행하며 네트워크 I/O 중심으로 작동하고, 임베딩 모델 호출은 CPU에서 직접 실행된다. 또한 LLM 추론 로직은 별도의 마이크로서비스로 이동되었으므로, `call_llm_service()` 함수는 네트워크 I/O 중심으로만 작동한다. 결론적으로, 전체 함수는 가볍게 실행되며 주요 연산은 다른 서비스에서 처리된다. 이를 통해 GPU가 필요하지 않은 저비용 경량 머신에서도 FastAPI 서버를 낮은 지연 시간으로 호스팅할 수 있다.

```python
def rag(query: str) -> str:
    retriever = ContextRetriever(mock=False)
    documents = retriever.search(query, k=3 * 3)
    context = EmbeddedChunk.to_context(documents)
```

```
        answer = call_llm_service(query, context)

    return answer
```

결국, RAG 로직을 HTTP 엔드포인트로 인터넷에 공개하기 위해 rag_endpoint() 함수를 정의한다. 이 함수는 파이썬 데코레이터를 사용해 FastAPI 애플리케이션에서 POST 엔드포인트로 노출된다. 해당 엔드포인트는 /rag 경로에 매핑되며, 입력으로 QueryRequest를 받는다. 함수는 사용자의 쿼리를 이용해 rag 함수를 호출해 요청을 처리한다. 처리에 성공하면 결과를 QueryResponse 객체로 감싸 반환한다. 예외가 발생할 경우 예외 세부 정보를 포함한 HTTP 500 오류를 발생시킨다.

```
@app.post("/rag", response_model=QueryResponse)
async def rag_endpoint(request: QueryRequest):
    try:
        answer = rag(query=request.query)

        return {"answer": answer}
    except Exception as e:
        raise HTTPException(status_code=500, detail=str(e)) from e
```

이 FastAPI 애플리케이션은 AWS 세이지메이커에 호스팅된 LLM을 웹 서비스에 효과적으로 통합하는 방법을 보여준다. RAG를 활용해 모델의 응답 관련성을 향상시킨다. 코드는 ContextRetriever, InferenceExecutor, LLMInferenceSagemakerEndpoint와 같은 커스텀 클래스를 활용한 모듈식 설계를 채택해, 쉬운 커스터마이징과 확장이 가능하다. 이를 통해 머신러닝 모델을 프로덕션 환경에 배포하는 강력한 도구로 활용할 수 있다.

FastAPI 애플리케이션을 실행하기 위해 기본적으로 사용되는 uvicorn 웹 서버를 활용한다. 이를 위해 다음 명령어를 실행한다.

```
uvicorn tools.ml_service:app --host 0.0.0.0 --port 8000 --reload
```

또한 동일한 작업을 수행하기 위해 아래와 같은 poe 명령어를 실행할 수도 있다.

```
poetry poe run-inference-ml-service
```

/rag 엔드포인트를 호출하기 위해, curl CLI 명령어를 사용해 FastAPI 서버에 POST HTTP 요청을 보낼 수 있다. 아래는 예시 명령어이다. (윈도우 CMD 기준)

```
curl -X POST "http://127.0.0.1:8000/rag" -H "Content-Type: application/json" -d "{\"query\": \"your_query\"}"
```

항상 그렇듯, 실제 사용자 쿼리를 포함한 poe 명령어 예제를 제공한다. 아래는 이를 실행하는 예시이다.

```
poetry poe call-inference-ml-service
```

이 FastAPI 서버는 현재 로컬에서만 실행된다. 다음 단계는 AWS 엘라스틱 쿠버네티스 서비스$^{\text{AWS Elastic Kubernetes Service}}$(EKS)에 배포하는 것이다. EKS는 AWS가 제공하는 자체 호스팅 쿠버네티스 버전이다. 또 다른 배포 방법은 AWS 엘라스틱 컨테이너 서비스$^{\text{AWS Elastic Container Service}}$(ECS)에 배포하는 것이다. ECS는 EKS와 유사하지만, 쿠버네티스 대신 AWS 자체 구현을 사용한다. 아쉽게도 이는 LLM 또는 LLMOps와 직접적인 관련이 없으므로 이 책에서는 자세히 다루지 않는다. 그러나 핵심만 이해하기 위해 간단히 설명하면, 먼저 AWS EKS/ECS 클러스터를 대시보드에서 생성하거나 테라폼과 같은 **인프라 코드**$^{\text{infrastructure-as-code}}$(IaC) 도구를 활용해야 한다. 이후, 위에서 작성한 FastAPI 코드를 도커라이징해야 한다. 최종적으로 도커 이미지를 AWS ECR에 푸시한 다음, ECR에 호스팅된 도커 이미지를 사용해 ECS/EKS 배포를 생성해야 한다. 이 과정이 복잡하게 느껴질 수 있지만, 11장에서 AWS에 ZenML 파이프라인을 배포하는 비한 예제를 통해 이러한 배포 절차를 안내할 예정이다.

추론 파이프라인 배포 테스트를 완료한 후, LLM 배포에 사용된 모든 AWS 세이지메이커 리소스를 삭제하는 것은 매우 중요하다. 대부분의 AWS 리소스는 종량제$^{\text{pay-as-you-go}}$ 방식을 사용하기 때문에, 세이지메이커를 단기간 사용하는 경우 비용 부담은 크지 않다. 그러나 사용을 잊어 해당 리소스를 계속 유지할 경우, 며칠 내에 비용이 급격히 상승할 수 있다. 따라서 세이지메이커 인프라(또는 다른 AWS 리소스)를 테스트한 후에는 항상 모든 리소스를 삭제하는 것이 좋다. 아래의 스크립트를 실행해, AWS 세이지메이커 리소스를 모두 삭제할 수 있다.

```
poetry poe delete-inference-endpoint
```

모든 리소스가 제대로 삭제되었는지 확인하려면 세이지메이커 대시보드에 직접 접속해 확인해야 한다.

10.6 급증하는 사용량 처리를 위한 오토스케일링

지금까지 세이지메이커 LLM 마이크로서비스는 고정된 개수의 복제본^{replica}을 사용해 사용자 요청을 처리했다. 이는 트래픽 양과 상관없이 항상 동일한 개수의 인스턴스가 실행되고 있음을 의미한다. 하지만 GPU를 사용하는 머신은 비용이 매우 비싸기 때문에, 대부분의 복제본이 유휴 상태일 때 발생하는 다운타임 동안 많은 비용이 낭비된다. 또한 애플리케이션에 갑작스러운 트래픽 급증이 발생할 경우 서버가 요청 수를 처리하지 못해 애플리케이션 성능이 저하된다. 이는 애플리케이션 사용자 경험에 큰 문제를 초래한다. 특히 트래픽 급증 시에는 많은 신규 사용자가 유입되는 시점이다. 만약 이때 사용자들이 제품에 대해 불편한 인상을 받게 된다면 플랫폼으로 다시 돌아올 가능성이 크게 줄어든다.

이전에 세이지메이커의 `ResourceRequirements` 클래스를 사용해 멀티 엔드포인트 서비스를 구성했다. 예를 들어, 네 개의 복제본을 요청하면서 다음과 같은 컴퓨팅 요구 사항을 설정했다고 가정해보자.

```
model_resource_config = ResourceRequirements(
    requests={
        "copies": 4,  # 복제본 수
        "num_accelerators": 4,  # 필요한 GPU 수
        "num_cpus": 8,  # 필요한 CPU 코어 수
        "memory": 5 * 1024,  # 필요한 최소 메모리(Mb 단위)
    },
)
```

이 설정을 사용하면 유휴 시간이나 트래픽 급증과 관계없이 항상 네 개의 복제본이 클라이언트를 처리한다. 이를 해결하기 위해 요청 수와 같은 다양한 지표를 기반으로 복제본 수를 동적으로 조정하는 오토스케일링 전략을 구현해야 한다.

예를 들어, [그림 10-8]은 세이지메이커 추론 엔드포인트가 요청 수에 따라 스케일 인 및 스케일 아웃되는 표준 아키텍처를 보여준다. 트래픽이 없을 때는 새로운 사용자 요청에 대비해 하나의 온라인 복제본만 유지하거나, 지연 시간이 중요하지 않은 경우 복제본 수를 0으로 줄일 수 있다. 이후 초당 약 10개의 요청이 발생하면 두 개의 복제본을 온라인으로 유지하고, 요청 수가 초당 100개로 급증할 경우 오토스케일링 서비스는 수요를 충족하기 위해 복제본 수를 20개로 확장한다. 이러한 숫자는 특정 사용 사례에 맞게 조정해야 한다는 점에 유의해야 한다.

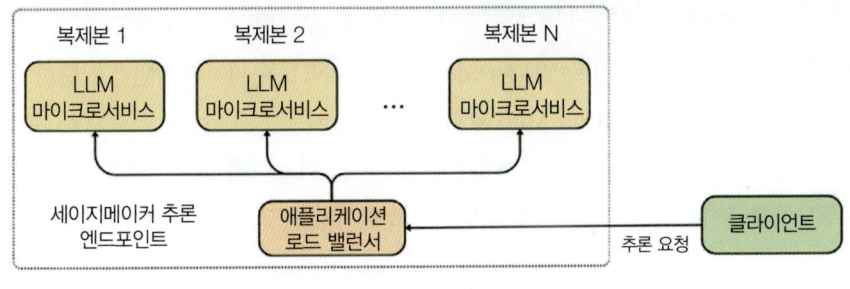

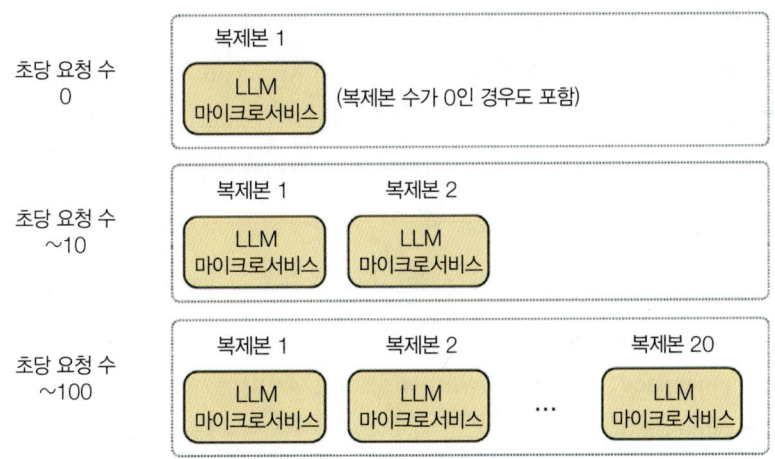

그림 10-8 오토스케일링 가능한 사용 사례

클라우드 네트워킹의 세부 사항을 깊이 다루지 않더라도, 멀티 복제본 시스템을 사용할 때 클라이언트와 복제본 사이에는 **애플리케이션 로드 밸런서**application load balancer(ALB) 또는 다른 유형의 로드 밸런서가 위치한다.

모든 요청은 먼저 ALB로 전달되며 ALB는 이를 적절한 복제본으로 라우팅한다. ALB는 다양한 라우팅 전략을 사용할 수 있는데, 가장 단순한 전략은 '라운드 로빈round robin'이다. 이는 요청을 순차적으로 각 복제본에 보내는 방식이다. 예를 들어 첫 번째 요청은 복제본 1로, 두 번째 요청은 복제본 2로 보낸다. 이 접근 방식을 사용하면 온라인 상태인 복제본 수에 상관없이 클라이언트가 호출하는 엔드포인트는 항상 로드 밸런서로 표현되며 로드 밸런서는 클러스터로의 진입 지점 역할을 한다. 따라서 복제본을 추가하거나 제거하더라도 서버와 클라이언트 간의 통신 프로토콜에는 영향을 주지 않는다.

AWS 세이지메이커 추론 엔드포인트에 대한 오토스케일링 전략을 구현하는 방법을 간단히 살펴보자. 세이지메이커는 'Application Auto Scaling'이라는 기능을 제공하며, 이를 통해 미리 정의된 정책에 따라 리소스를 동적으로 스케일링할 수 있다. 이 기능을 효과적으로 활용하려면 스케일링 가능한 대상 등록하기, 스케일링 정책 생성하기의 두 가지 기본 단계를 수행해야 한다.

10.6.1 스케일링 가능한 대상 등록하기

오토스케일링을 활성화하기 위한 첫 번째 단계는 AWS의 Application Auto Scaling 기능에 스케일링 가능한 대상을 등록하는 것이다. 이는 AWS에 스케일링하려는 특정 리소스와 스케일링이 이루어질 범위를 알리는 과정이라고 생각하면 된다. 그러나 이 단계는 스케일링이 어떻게 또는 언제 발생해야 하는지를 정의하지는 않는다.

예를 들어, 세이지메이커 추론 구성 요소를 사용할 때 다음과 같은 항목들을 정의한다.

- **Resource ID**: 스케일링하려는 리소스의 고유 ID. 일반적으로 세이지메이커 추론 구성 요소의 이름을 포함
- **Service namespace**: 리소스가 속한 AWS 서비스를 의미. 여기에서는 세이지메이커
- **Scalable dimension**: 스케일링할 리소스를 지정. 예를 들어 복제본 수 등을 설정
- **MinCapacity 및 MaxCapacity**: 오토스케일링의 범위를 정의. 최소 및 최대 복제본 수를 설정

스케일링 가능한 대상을 등록하면 세이지메이커 추론 구성 요소를 향후 스케일링 작업에 대비하도록 준비할 수 있다. 이 단계에서는 스케일링 작업이 언제 또는 어떻게 이루어질지를 결정하지는 않는다.

10.6.2 스케일링 정책 생성하기

스케일링 가능한 대상을 등록한 후, 다음 단계는 스케일링이 어떻게 이루어질지를 정의하는 것이다. 이 단계에서 스케일링 정책을 생성하게 된다. 스케일링 정책은 스케일링 이벤트를 트리거하는 구체적인 규칙을 정의한다. 정책을 생성할 때는 모니터링할 지표와 스케일링 이벤트를 발생시킬 임곗값을 설정해야 한다.

세이지메이커 추론 구성 요소와 관련된 스케일링 정책에는 다음과 같은 요소들이 포함될 수 있다.

- **Policy type**: 예를 들어, TargetTrackingScaling 정책을 선택할 수 있다. 이 정책은 선택한 지표의 특정 목표 값을 유지하기 위해 리소스 용량을 조정한다.
- **Target tracking configuration**: 모니터링할 지표(예: SageMakerInferenceComponentInvocationsPerCopy)를 선택하고 원하는 목표 값을 설정하며 이전 스케일링 작업 이후 얼마나 빨리 스케일링 작업이 수행될 수 있는지를 제어하는 쿨다운 기간을 지정한다.

스케일링 정책은 스케일 인 및 스케일 아웃 전략의 규칙을 정의한다. 지정된 지표를 지속적으로 모니터링하며 지표가 목표 값을 초과하거나 미달하는 경우 복제본 수를 늘리거나 줄이는 작업을 트리거한다. 이러한 작업은 항상 등록된 스케일링 가능한 대상에서 정의된 최소 및 최대 한계 내에서 이루어진다.

TargetTrackingScaling[10] 정책이 어떻게 작동하는지 더 자세히 알아보자. 특정 지표가 애플리케이션의 이상적인 평균 활용률 또는 처리량 수준을 나타낸다고 가정해보자. Target TrackingScaling 정책에서는 이 지표를 선택하고 애플리케이션의 최적 상태를 반영하는 목표 값을 설정한다. 목표 값이 정의되면 Application Auto Scaling[11]은 해당 지표를 모니터링하기 위해 필요한 CloudWatch 알림을 생성하고 관리한다. 목표 값에서 벗어나는 상황이 발생하면 스케일링 작업이 트리거된다. 이는 마치 온도조절장치가 실내 온도를 일정하게 유지하기 위해 자동으로 조절되는 것처럼, 이 시스템도 트래픽에 따라 자동으로 리소스를 조정한다.

예를 들어, 세이지메이커에서 실행 중인 애플리케이션을 생각해보자. GPU 활용률을 약 70%로 유지하는 목표를 설정했다고 가정하자. 이 목표는 갑작스러운 트래픽 급증을 처리할 여유를 제공하면서도 유휴 리소스로 인한 불필요한 비용을 방지할 수 있도록 한다. GPU 사용률이 목표를 초과하면 시스템은 스케일 아웃을 수행해 증가한 부하를 처리하기 위해 리소스를 추가한다. 반대로 GPU 사용률이 목표보다 낮아지면 시스템은 스케일 인을 수행해 조용한 시간 동안 비용을 최소화하기 위해 용량을 줄인다.

Application Auto Scaling을 사용해 타겟 추적 정책을 설정하면 스케일링 프로세스가 간소

---

[10] https://docs.aws.amazon.com/ko_kr/autoscaling/application/APIReference/API_TargetTrackingScalingPolicyConfiguration.html

[11] https://docs.aws.amazon.com/ko_kr/autoscaling/application/userguide/what-is-application-auto-scaling.html

화된다는 큰 장점이 있다. 더 이상 CloudWatch 알림을 직접 설정하거나 스케일링 조정을 수동으로 정의할 필요가 없다.

10.6.3 최소 및 최대 스케일링 한계

세이지메이커 추론 엔드포인트에 오토스케일링을 설정할 때 스케일링 정책을 생성하기 전에 최대 및 최소 스케일링 한계를 설정하는 것이 중요하다. 최솟값은 모델이 작동할 수 있는 최소 리소스 양을 나타낸다. 이 값은 최소 1 이상으로 설정되어야 하며, 이를 통해 모델이 지속적으로 안정적인 성능을 유지할 수 있도록 한다.

다음으로, 최댓값을 설정한다. 이는 모델이 스케일업할 수 있는 리소스 상한선을 규정하며, 최솟값보다 크거나 같아야 한다. 단, 상한선에 대한 절대적인 제한은 두지 않는다. 따라서 AWS가 제공할 수 있는 범위 내에서 애플리케이션이 필요로 하는 만큼 스케일업이 가능하다.

쿨다운 기간

스케일링 정책에서 중요한 또 다른 요소는 쿨다운 기간$^{cooldown\ period}$이다. 이 기간은 시스템의 응답성과 안정성 간의 균형을 유지하는 데 중요하다. 쿨다운 기간은 스케일링 이벤트 동안 시스템이 과잉 반응하지 않도록 보호하는 역할을 한다. 스케일 인(용량 축소)이나 스케일 아웃(용량 증가) 작업 후 계산된 일시 정지 시간을 도입함으로써 인스턴스 수가 급격히 변동하는 것을 방지한다. 특히, 쿨다운 기간은 스케일 인 요청 시 인스턴스 제거를 지연시키고, 스케일 아웃 요청 시 새로운 복제본 생성 속도를 제한한다. 이러한 전략은 LLM 서비스를 안정적이고 효율적으로 유지하는 데 도움을 준다.

이러한 실용적인 기본 원칙은 온라인 실시간 ML 서버를 포함한 대부분의 웹 서버의 오토스케일링에 사용된다. 세이지메이커를 위한 스케일링 정책을 설정하는 방법을 이해하면, 학습한 전략을 쿠버네티스나 AWS ECS와 같은 다른 인기 있는 배포 도구에도 바로 적용할 수 있다.

 이 장에서 구현된 AWS 세이지메이커 엔드포인트의 오토스케일링을 설정하는 단계별 가이드는 AWS의 공식 튜토리얼을 참조하면 된다.[12]

---

[12] https://docs.aws.amazon.com/sagemaker/latest/dg/endpoint-autoscaling-prerequisites.html

오토스케일링은 모든 클라우드 아키텍처에서 중요한 요소이지만, 주의해야 할 몇 가지 함정이 있다. 첫 번째이자 가장 위험한 문제는 오버 스케일링으로, 이는 인프라 비용에 직접적인 영향을 미친다. 스케일링 정책이나 쿨다운 기간이 지나치게 민감할 경우 유휴 상태로 남아 있거나 리소스가 제대로 활용되지 않는 새로운 머신을 불필요하게 가동시킬 수 있다. 두 번째 문제는 그 반대의 경우로, 시스템이 충분히 스케일링되지 않아 최종 사용자에게 나쁜 사용자 경험을 제공하는 상황이다.

따라서 시스템의 요구 사항을 철저히 분석하고 이해하는 것이 중요하다. 이를 바탕으로 개발 또는 테스트 환경에서 오토스케일링 매개변수를 조정하고 실험해 최적의 지점을 찾는 것이 중요하다(이는 모델 학습 시 하이퍼파라미터 튜닝과 유사하다). 예를 들어, 시스템이 평균적으로 분당 100명의 사용자를 지원하고, 휴일과 같은 특별한 상황에서는 최대 10,000명의 사용자를 처리할 수 있어야 한다고 가정해보자. 이러한 사양을 기반으로 시스템에 대한 스트레스 테스트를 수행하고 리소스를 면밀히 모니터링함으로써, 표준 및 예외적 사용 사례를 지원하면서 비용, 지연 시간, 처리량 사이의 최적의 균형점을 도출할 수 있다.

요약

이 장에서는 LLM을 포함한 ML 모델을 서비스하기 전에 어떤 설계 결정을 내려야 하는지에 대해 살펴봤다. 먼저, ML 모델 배포의 세 가지 기본 유형인 온라인 실시간 추론, 비동기 추론, 오프라인 배치 변환을 단계별로 분석했다. 그다음, ML 서비스 아키텍처를 모놀리식 애플리케이션으로 구축할지 아니면 LLM 마이크로서비스와 비즈니스 마이크로서비스로 분리할지에 대해 고민했다. 이 과정에서 모놀리식 아키텍처와 마이크로서비스 아키텍처의 장단점을 비교하고 평가했다.

다음으로, 파인튜닝된 LLM Twin을 AWS 세이지메이커 추론 엔드포인트에 배포하는 과정을 상세히 설명했다. 또한 9장에서 구현된 검색 모듈을 기반으로 하는 RAG 단계를 모두 포함하는 비즈니스 마이크로서비스를 FastAPI를 사용해 구현하는 방법도 체계적으로 다루었다. 이 비즈니스 마이크로서비스는 AWS 세이지메이커에 배포된 LLM 마이크로서비스와 통합되어 있다. 마지막으로, 클라우드 환경에서 오토스케일링 전략을 구현해야 하는 이유를 탐구하고, 특정 지표 집합에 기반해 스케일 인 및 스케일 아웃을 수행하는 인기 있는 오토스케일링 전략을 검토하고, 이를 AWS 세이지메이커에서 구현하는 방법을 배웠다.

다음 장에서는 MLOps와 LLMOps의 기본 개념을 학습하고 ZenML 파이프라인을 AWS에 배포하는 방법을 살펴볼 것이다. 아울러 **지속적 학습**continuous training (CT), **지속적 통합**continuous integration (CI), **지속적 배포**continuous delivery (CD) 및 모니터링 파이프라인을 구현하는 방법도 탐구한다.

참고 문헌

- AWS Developers. (2023, September 22). *Machine Learning in 15: Amazon SageMaker High-Performance Inference at Low Cost* [Video]. YouTube. https://www.youtube.com/watch?v=FRbcb7CtIOw

- bitsandbytes-foundation. (n.d.). GitHub—bitsandbytes-foundation/bitsandbytes: Accessible large language models via k-bit quantization for PyTorch. GitHub. https://github.com/bitsandbytes-foundation/bitsandbytes

- *Difference between IAM role and IAM user in AWS*. (n.d.). Stack Overflow. https://stackoverflow.com/questions/46199680/difference-between-iam-role-and-iamuser-in-aws

- Huggingface. (n.d.-a). GitHub—huggingface/safetensors: Simple, safe way to store and distribute tensors. GitHub. https://github.com/huggingface/safetensors

- Huggingface. (n.d.-b). GitHub—huggingface/text-generation-inference: Large Language Model Text Generation Inference. GitHub. https://github.com/huggingface/text-generation-inference

- Huyen, C. (n.d.). *Designing machine learning systems*. O'Reilly Online Learning. https://www.oreilly.com/library/view/designing-machine-learning/9781098107956/

- Iusztin, P. (2024, Jun 6). Architect scalable and cost-effective LLM & RAG inference pipelines *Substack*. https://decodingml.substack.com/p/architect-scalable-and-cost-effective

- Lakshmanan, V., Robinson, S., and Munn, M. (n.d.). *Machine Learning design patterns*. O'Reilly Online Learning. https://www.oreilly.com/library/view/machine-learning design/9781098115777/

- Mendoza, A. (2024, August 21). *Best tools for ML model Serving*. neptune.ai. https://neptune.ai/blog/ml-model-serving-best-tools

CHAPTER 11

MLOps와 LLMOps

이 책 전반에 걸쳐 모델 레지스트리를 활용해 파인튜닝된 LLM을 공유하고 버전 관리하는 방법, 파인튜닝 및 RAG 데이터를 위한 논리적 특성 저장소, 그리고 모든 ML 파이프라인을 통합하는 오케스트레이터와 같은 MLOps 구성 요소와 원칙을 적용했다. 그러나 MLOps는 이러한 구성 요소에만 국한되지 않는다. 데이터 수집, 학습, 테스트, 배포를 자동화함으로써 ML 애플리케이션을 한 단계 더 발전시킨다. MLOps의 궁극적인 목표는 가능한 한 많은 프로세스를 자동화하고, 변화를 감지해 모델 재학습의 필요성과 같은 핵심적인 의사결정에 사용자가 집중할 수 있도록 지원하는 것이다. 그렇다면 LLMOps은 어떠할까? 그것은 MLOps와 어떻게 다른 것일까?

LLMOps는 MLOps를 기반으로 하고, MLOps는 개발 운영development operations(DevOps)을 기반으로 한다. 따라서 LLMOps가 무엇인지 완전히 이해하려면 DevOps에서 시작해 점진적으로 발전해온 용어를 역사적 맥락에서 살펴봐야 한다. 이 장에서는 바로 그 역사적 맥락을 다룬다. LLMOps의 핵심은 LLM에 특화된 문제에 초점을 맞추는 것이다. 여기에는 프롬프트 모니터링과 버전 관리, 유해한 행동을 방지하기 위한 입력 및 출력 가드레일, 파인튜닝 데이터를 수집하기 위한 피드백 루프 등이 포함된다. 또한 LLM 작업에서 발생하는 확장성 문제도 다룬다. 예를 들어, 학습 데이터셋을 위해 수조 개의 토큰을 수집하는 것, 대규모 GPU 클러스터에서 모델을 학습하는 것, 인프라 비용을 줄이는 것 등이 있다. 다행히도 이러한 문제는 주로 메타와 같은 몇몇 기업에 의해 해결된다. 이러한 기업들은 라마 모델군과 같은 기본 모델을 파인튜닝해서 제공한다. 대부분의 기업은 이러한 사전 학습된 기본 모델을 자사 사용 사례에 맞게 채택하며, 프롬프트 모니터링 및 버전 관리와 같은 LLMOps 문제에 집중하게 된다.

구현 측면에서 LLMOps를 LLM Twin에 적용하기 위해, ZenML 파이프라인 전체를 AWS에 배포한다. 코드의 무결성을 테스트하고 배포 프로세스를 자동화하기 위해 지속적 통합 및 배포(CI/CD) 파이프라인을 구현하며, 학습을 자동화하기 위한 지속적 학습(CT) 파이프라인과 모든 프롬프트와 생성된 응답을 추적하기 위한 모니터링 파이프라인도 구현한다. 이는 LLM을 사용하든 사용하지 않든, 모든 ML 프로젝트에서 요구되는 자연스러운 과정이다.

이전 장에서는 LLM 애플리케이션을 구축하는 방법을 배웠다. 이제 LLMOps와 관련된 세 가지 핵심 목표를 탐색할 차례이다. 첫 번째 목표는 DevOps에서 시작해 MLOps의 기본 원칙을 탐구하고, 궁극적으로 LLMOps를 심층 분석해 그 이론적 본질을 이해하는 것이다. DevOps, MLOps, LLMOps의 전체 이론을 완벽히 이해하는 것이 목표가 아니다. 이 주제들은 그 자체로 내용이 방대해 별도의 책으로 깊이 탐색해야 한다. 대신 우리의 목표는 LLM Twin을 구현할 때 특정 의사결정의 근거를 명확히 이해할 수 있는 수준으로 개념을 파악하는 것이다. 두 번째 목표는 ZenML 파이프라인을 AWS에 배포하는 것이다(현재까지는 10장에서 추론 파이프라인만 AWS에 배포했다). 11.2절에서는 ZenML을 활용해 모든 것을 AWS에 배포하는 실습 과정을 보여준다. 이는 세 번째이자 마지막 목표를 구현하기 위해 필요하다. 마지막 목표는 11.1절에서 배운 내용을 LLM Twin에 적용하는 것이다. 이를 위해 Github Actions를 사용해 CI/CD 파이프라인을 구현하고, ZenML을 사용해 CT 및 알림 파이프라인을 구현하며 Comet ML의 Opik을 사용해 모니터링 파이프라인을 구현한다.

이 장의 주요 내용은 다음과 같다.

- DevOps, MLOps, LLMOps
- LLM Twin 파이프라인을 클라우드에 배포하기
- LLMOps를 LLM Twin에 적용하기

11.1 DevOps, MLOps, LLMOps

LLMOps를 이해하려면 이 분야의 시작점인 DevOps에서 출발해야 한다. LLMOps는 DevOps에서 대부분의 기본 원칙을 물려받았기 때문이다. 이후 ML 시스템을 지원하기 위해 DevOps 영역이 어떻게 변화해왔는지를 이해하기 위해 MLOps를 살펴본다. 마지막으로, MLOps에서 어떻게 LLMOps가 등장하게 되었는지 설명한다.

11.1.1 DevOps

소프트웨어를 수작업으로 배포하는 과정은 시간이 많이 걸리고 오류가 발생할 위험이 크며 보안상의 취약점이 생길 수 있고 확장성에도 한계가 있다. 이러한 문제를 해결하기 위해 DevOps가 등장해 대규모 소프트웨어 배포 과정을 자동화하게 되었다. 구체적으로, DevOps는 소프트웨어 개발 과정에서 빌드, 테스트, 배포, 모니터링 구성 요소를 완전히 자동화하려는 목적을 위해 활용된다. 이는 개발 주기를 단축하고 고품질 소프트웨어의 지속적 전달을 보장하기 위해 설계된 방법론이다. DevOps는 협업을 촉진하고 프로세스를 자동화한다. 또한, 워크플로를 통합하며 빠른 피드백 루프를 구현해 소프트웨어를 더 신속하고 신뢰성 있게 개발, 테스트, 배포할 수 있는 문화를 만든다.

DevOps 문화를 수용하면 조직은 운영 효율성을 높이고 기능 제공 속도를 가속화할 수 있다. 이를 바탕으로 제품 품질을 향상시킨다. 주요 이점은 다음과 같다.

- **협업 개선**: DevOps는 통합된 작업 환경을 만드는 데 핵심적인 역할을 한다. 개발 팀과 운영 팀 간의 장벽을 제거해 소통과 협력을 강화하며, 이를 통해 더 효율적이고 생산적인 작업 환경을 조성한다.
- **효율성 향상**: 소프트웨어 개발 라이프사이클을 자동화함으로써 수작업, 오류, 배포 시간을 줄인다.
- **지속적 개선**: DevOps는 단순히 내부 프로세스에만 국한되지 않는다. 소프트웨어가 사용자 요구를 효과적으로 충족하도록 보장하는 데 중점을 둔다. 지속적인 피드백 문화를 촉진해 팀이 빠르게 적응하고 프로세스를 개선하도록 한다. 이를 통해 최종 사용자 만족도를 높이는 소프트웨어를 제공한다.
- **우수한 품질과 보안**: DevOps는 CI/CD와 선제적 보안 조치를 통해 높은 품질과 보안 표준을 유지하면서도 빠른 소프트웨어 개발을 가능하게 한다.

DevOps 라이프사이클

[그림 11-1]처럼 DevOps 라이프사이클은 소프트웨어 개발의 시작부터 배포, 유지보수, 보안에 이르는 전체 여정을 포함한다. 이 라이프사이클의 주요 단계는 다음과 같다.

1 계획plan: 작업을 체계적으로 조직하고 우선순위를 정하며, 각 작업이 완료될 때까지 추적한다.

2 코딩code: 팀과 협력해 코드를 작성 및 설계, 개발하고, 프로젝트 데이터와 코드를 안전하게 관리한다.

3 빌드build: 애플리케이션과 종속성을 실행 가능한 형식으로 패키징한다.

4 테스트test: 이 단계는 매우 중요하다. 자동화된 테스트를 통해 코드가 올바르게 작동하고 품질 기준을 충족하는지 확인한다.

5 릴리스release: 테스트를 통과한 빌드를 새로운 릴리스로 지정해 배포 준비가 완료되었음을 표시한다.

6 배포deploy: 최신 릴리스를 최종 사용자에게 배포한다.

7 운영operate: 소프트웨어가 라이브 상태로 실행되는 인프라를 효과적으로 관리하고 유지한다. 여기에는 확장, 보안, 데이터 관리, 백업 및 복구가 포함된다.

8 모니터링monitor: 성능 지표와 오류를 추적해 사고의 심각도와 발생 빈도를 줄인다.

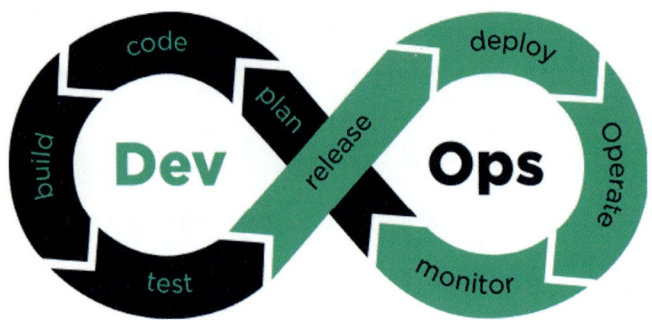

그림 11-1 DevOps 라이프사이클 단계

DevOps 핵심 콘셉트

DevOps는 애플리케이션 라이프사이클 전반에 걸쳐 다양한 실천 방식을 포함한다. 이 책에서 다룰 핵심 실천 방식은 다음과 같다.

- **배포 환경**deployment environment: 코드를 실제 운영에 배포하기 전에 철저히 테스트하려면 운영 환경을 모방한 여러 사전 배포 환경을 정의해야 한다. 가장 일반적인 접근법은 개발자가 최신 기능을 테스트할 수 있는 개발 환경dev environment을 만드는 것이다. 그 다음으로 QA 팀과 이해관계자가 애플리케이션을 시험하며 버그를 찾고 최신 기능을 경험할 수 있는 스테이징 환경staging environment이 있다. 마지막으로 최종 사용자에게 공개되는 운영 환경production environment이 있다.

- **버전 관리**version control: 소스 코드에 가해진 모든 변경 사항을 추적 및 관리, 버전화하는 데 사용된다. 이를 통해 코드와 배포 프로세스의 진화를 완전히 제어할 수 있다. 예를 들어, 버전 관리 없이 개발, 스테이징, 운영 환경 간의 변경 사항을 추적하는 것은 불가능하다. 소프트웨어를 버전화하면 안정적이고 배포 준비가 완료된 버전을 항상 파악할 수 있다.

- **지속적 통합**continuous integration(CI): 코드를 개발, 스테이징, 운영 메인 브랜치로 푸시하기 전에 애플리케이션을 자동으로 빌드하고 변경 사항마다 자동 테스트를 실행한다. 모든 자동 테스트를 통과한 후에야 기능 브랜치를 메인 브랜치에 병합할 수 있다.

- **지속적 배포**continuous delivery**(CD)**: CD는 CI와 함께 작동하며, 인프라 프로비저닝과 애플리케이션 배포 단계를 자동화한다. 예를 들어, 코드가 스테이징 환경에 병합된 후 최신 변경 사항을 포함한 애플리케이션이 스테이징 인프라에 자동으로 배포된다. 이후 QA 팀(또는 이해관계자)이 최신 기능이 예상대로 작동하는지 확인하기 위해 수동 테스트를 시작한다. 이 두 단계를 일반적으로 CI/CD라고 함께 지칭한다.

DevOps는 특정 플랫폼이나 도구에 의존하지 않는 핵심 원칙을 제안한다는 점에 유의해야 한다. 그러나 LLM Twin에서는 코드의 진화를 추적하기 위해 깃허브를 사용해 버전 관리 계층을 추가할 것이다. 버전 관리를 위한 또 다른 인기 있는 도구로는 GitLab이 있다. CI/CD 파이프라인을 구현하기 위해 깃허브 생태계와 Github Actions를 활용할 예정이며, 이는 오픈 소스 프로젝트에 무료로 제공된다. 다른 도구로는 GitLab CI/CD, CircleCI, 젠킨스 등이 있다. 일반적으로 DevOps 도구는 개발 환경, 커스터마이징, 프라이버시 요구 사항에 따라 선택한다. 예를 들어, 젠킨스는 스스로 호스팅하고 완전히 제어할 수 있는 오픈 소스 DevOps 도구다. 그러나 이를 직접 호스팅하고 유지보수해야 하므로 복잡성이 추가되는 단점이 있다. 따라서 많은 기업이 Github Actions나 GitLab CI/CD와 같이 자신들의 버전 관리 생태계와 가장 잘 맞는 도구를 선택한다.

이제 DevOps에 대한 탄탄한 이해를 바탕으로, 동일한 핵심 원칙을 AI/ML 분야에 적용하기 위해 MLOps 분야가 어떻게 등장했는지 살펴보자.

11.1.2 MLOps

이미 짐작했겠지만, MLOps는 ML에 DevOps의 원칙을 적용하는 것이다. 핵심 문제는 ML 애플리케이션이 일반적인 소프트웨어 애플리케이션에 비해 데이터, 모델, 코드와 같은 더 많은 구성 요소를 포함하고 있다는 점이다. MLOps는 이러한 모든 요소를 추적, 운영화, 모니터링해 재현성, 견고성, 제어성을 향상시키는 것을 목표로 한다.

ML 시스템에서는 코드의 업데이트, 데이터 수정, 모델 조정 등 어느 것이든 변화가 발생하면 빌드가 트리거될 수 있다.

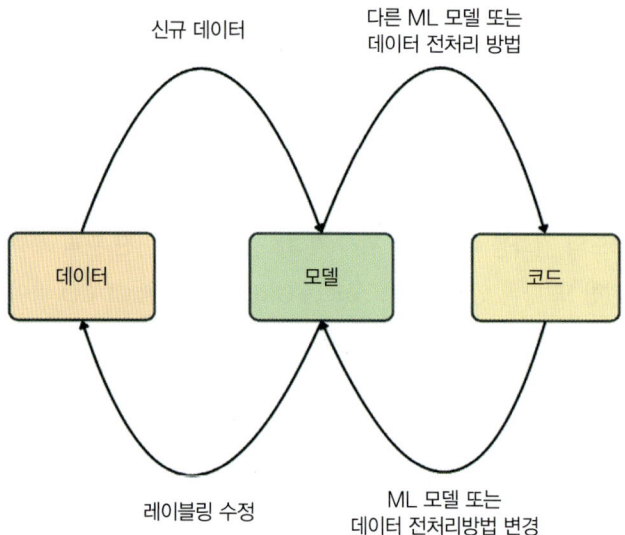

그림 11-2 데이터, 모델, 코드 변화의 관계

DevOps에서는 모든 것이 코드를 중심으로 이루어진다. 예를 들어, 코드베이스에 새로운 기능이 추가되면 CI/CD 파이프라인을 트리거해야 한다. 반면 MLOps에서는 코드가 변경되지 않아도 데이터만 변경될 수 있다. 이런 경우 새로운 모델을 학습(또는 파인튜닝)해야 하며, 그 결과로 새로운 데이터셋과 모델 버전이 생성된다. 직관적으로, 하나의 구성 요소가 변경되면 다른 하나 또는 그 이상에 영향을 미치게 된다. 따라서 MLOps는 이러한 추가적인 복잡성을 고려해야 한다. 다음은 데이터 변화와 간접적으로 모델 변화의 트리거가 될 수 있는 몇 가지 예이다.

- ML 모델은 배포한 후 시간이 지나면서 성능이 저하될 수 있으므로, 모델을 재학습하기 위해 새로운 데이터가 필요하다.
- 실제 환경에서 문제에 필요한 데이터를 얻는 것이 어렵다는 것을 알게 될 수 있다. 이 경우, 실제 환경에 맞게 문제를 재정의해야 한다.
- 실험 단계에서 모델을 학습하는 동안 더 많은 데이터를 수집하거나 데이터를 재레이블링해야 하는 경우가 자주 발생하며, 이는 새로운 모델셋을 생성한다.
- 모델을 운영 환경에서 배포하고 최종 사용자로부터 피드백을 수집한 후, 모델 학습 시 가정했던 내용이 잘못되었음을 인식할 수 있다. 이 경우 모델을 변경해야 한다.

그렇다면 MLOps란 무엇인가?

MLOps의 더 공식적인 정의는 다음과 같다. MLOps는 DevOps 분야를 확장해 데이터와 모델을 주요 구성 요소로 다루면서 DevOps 방법론을 유지하는 것이다.

DevOps와 마찬가지로, MLOps는 ML 모델 개발을 배포 프로세스(ML 운영)와 분리하면 시스템의 전반적인 품질, 투명성, 민첩성이 저하된다는 아이디어에서 시작되었다. 이러한 관점에서 최적의 MLOps 접근법은 ML 자산을 다른 소프트웨어 자산과 동등하게 취급하고, CI/CD 환경 내에서 일관되고 통합된 릴리스 프로세스의 일부로 관리한다.

MLOps 핵심 요소

이미 이 책 전반에서 이러한 구성 요소들을 적용하고 설명했지만, MLOps에 대한 이해를 더욱 깊게 한 이 시점에서 MLOps의 핵심 구성 요소를 간략히 정리해보겠다. 소스 제어와 CI/CD와 더불어, MLOps는 다음을 중심으로 이루어진다.

- **모델 레지스트리**model registry: 학습된 ML 모델을 저장하는 중앙 저장소 (도구: Comet ML, W&B, MLflow, ZenML)
- **특성 저장소**feature store: 입력 데이터를 전처리하고 모델 학습 및 추론 파이프라인에서 사용할 특성으로 저장 (도구: Hopsworks, Tecton, Featureform)
- **ML 메타데이터 저장소**ML metadata store: 모델 학습과 관련된 정보(모델 구성, 학습 데이터, 테스트 데이터, 성능 지표 등)를 추적. 주로 여러 모델을 비교하고 모델의 생성 과정을 이해하기 위해 사용 (도구: Comet ML, W&B, MLflow)
- **ML 파이프라인 오케스트레이터**ML pipeline orchestrator: ML 프로젝트의 여러 단계를 자동화 (도구: ZenML, Airflow, Prefect, Dagster)

MLOps의 구성 요소와 관련 도구들 사이에 상당한 중복과 연관성이 있음을 알아차렸을 것이다. 이는 흔한 일로, 대부분의 MLOps 도구가 통합 솔루션을 제공하며, 이를 종종 MLOps 플랫폼이라고 부른다.

MLOps 원칙

MLOps에 적용되는 여섯 가지 핵심 원칙이 있다. 이 원칙들은 특정 도구에 의존하지 않으며, 견고하고 확장 가능한 ML 시스템을 구축하는 데 핵심적인 역할을 한다.

- **자동화 또는 운영화**: MLOps에서 자동화는 수동 프로세스를 CT/CI/CD를 통해 자동화된 파이프라인으로 전환하는 것을 의미한다. 이를 통해 새로운 데이터, 성능 저하, 처리되지 않은 엣지 케이스와 같은 트리거에 따

라 ML 모델을 효율적으로 재학습하고 배포할 수 있다. 수동 실험에서 완전 자동화로 전환하면 ML 시스템이 견고하고 확장 가능하며 변화하는 요구 사항에 적응할 수 있도록 한다.

- **버전 관리**: MLOps에서는 코드, 모델, 데이터를 개별적으로 추적해 일관성과 재현성을 보장하는 것이 중요하다. 코드는 Git과 같은 도구를 통해 추적한다. 모델은 모델 레지스트리를 통해 버전을 관리하고, 데이터 버전 관리는 DVC나 아티팩트 관리 시스템과 같은 솔루션을 사용해 관리한다.
- **실험 추적**: ML 모델 학습은 반복적이고 실험적인 과정으로, 사전 정의된 지표를 기반으로 여러 실험을 비교하게 된다. 실험 추적기를 사용하면 최상의 모델을 선택하는 데 도움을 준다. Comet ML, W&B, MLflow, Neptune과 같은 도구를 활용해 필요한 모든 정보를 기록하고 실험을 쉽게 비교하며, 최적의 모델을 프로덕션에 배포할 수 있다.
- **테스트**: MLOps는 코드 테스트뿐만 아니라 데이터와 모델도 단위 테스트, 통합 테스트, 수용 테스트, 회귀 테스트, 스트레스 테스트를 통해 검증해야 한다고 제안한다. 이를 통해 각 구성 요소가 올바르게 작동하고 잘 통합되도록 하며, 입력과 출력, 엣지 케이스 처리를 중점적으로 검증한다.
- **모니터링**: 이 단계는 운영 중인 ML 모델이 프로덕션 데이터 변화로 인해 성능 저하를 겪는 것을 감지하고, 재학습, 추가 프롬프트나 특성 엔지니어링, 데이터 검증과 같은 적시에 개입할 수 있도록 돕는다. 로그, 시스템 지표, 모델 지표를 추적하고 데이터 분포 변화를 감지함으로써, 프로덕션 환경에서 ML 시스템의 건강을 유지하고 문제를 최대한 빠르게 감지하며 정확한 결과를 지속적으로 제공할 수 있도록 한다.
- **재현성**: ML 시스템 내의 모든 프로세스(예: 학습, 특성 엔지니어링)가 동일한 입력값으로 동일한 결과를 생성하도록 보장한다. 이를 위해 코드 버전, 데이터 버전, 하이퍼파라미터, 기타 모든 구성 설정과 같은 변수들을 추적한다. ML 학습과 추론의 비결정론적 특성 때문에, 유사난수$^{pseudorandom\ number}$를 생성할 때 잘 알려진 시드값을 설정하는 것이 일관된 결과를 달성하고 프로세스를 가능한 한 결정론적으로 만드는 데 필수적이다.

이러한 원칙들에 대한 더욱 심층적인 내용은 부록에서 상세히 다루고 있으니 참고하기 바란다.

ML vs MLOps 엔지니어링

ML 엔지니어링과 MLOps 사이에는 미묘한 경계가 있다. 이 두 역할에 대해 엄격하게 정의하고, **ML 엔지니어링**$^{ML\ engineering}$(MLE)과 MLOps의 책임을 완전히 구분하기가 쉽지 않다. 많은 직무에서 MLOps 역할을 플랫폼 엔지니어 또는 클라우드 엔지니어와 함께 묶는 경우를 자주 볼 수 있다. 한편으로는 이것이 많은 의미를 지닌다. MLOps 엔지니어는 인프라 측면에서 많은 작업을 수행해야 하기 때문이다. 그러나 11.1.2절에서 본 것처럼 MLOps 엔지니어는 실험 추적, 모델 레지스트리, 버전 관리 등도 구현해야 한다. 효율적인 전략은 ML 엔지니어가 이러한 요소들을 코드에 통합하도록 하고, MLOps 엔지니어는 이를 인프라에서 작동하도록 만드는 데 집중하도록 역할을 나누는 것이다.

대기업에서는 두 역할을 구분하는 것이 합리적일 수 있다. 그러나 소규모에서 중간 규모의 팀에서 일할 때는 여러 역할을 겸하게 되며, MLE와 MLOps를 모두 담당하게 될 가능성이 높다.

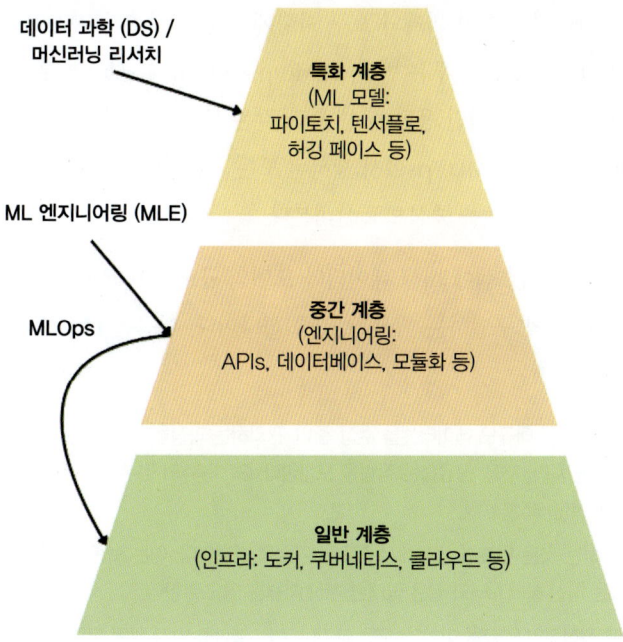

그림 11-3 DS vs MLE vs MLOps

[그림 11-3]은 데이터 과학/머신러닝 리서치, ML 엔지니어링, MLOps라는 세 가지 주요 역학의 영역을 명확하게 보여준다. 데이터 과학자는 문제 해결을 위한 특정 모델을 구현한다. ML 엔지니어는 DS 팀에서 제공한 모델을 가져와 이를 모듈화하고 확장 가능하도록 설계하며, 데이터베이스에 접근하거나 인터넷을 통해 API로 제공할 수 있는 계층을 구성한다. MLOps 엔지니어는 이 과정에서 중요한 역할을 한다. 이들은 이 중간 계층의 코드를 가져와 더 일반적인 계층인 인프라스트럭처에 배치한다. 이 작업은 애플리케이션이 프로덕션으로 전환되는 시점을 나타낸다. 이 시점부터 자동화, 모니터링, 버전 관리 등을 고려하기 시작한다.

중간 계층은 개념 증명과 실제 제품을 구분하는 역할을 한다. 이 계층에서는 DB를 통합해 상태를 가진 확장 가능한 애플리케이션을 설계하고, API를 통해 인터넷에서 접근 가능하도록 한다. 특정 인프라스트럭처에 애플리케이션을 배포할 때는 확장성, 지연 시간, 비용 효율성을 고려해야 한다. 물론, 중간 계층과 일반적인 계층은 서로 의존하며, 종종 애플리케이션 요구 사항을 충족하기 위해 반복적으로 수정해야 한다.

11.1.3 LLMOps

LLMOps는 LLM을 관리하고 운영하는 데 필수적인 실천과 과정을 다룬다. 이 분야는 MLOps에서 더욱 특화된 분과로, LLM과 관련된 고유한 과제와 요구 사항에 초점을 맞춘다. MLOps가 다양한 ML 모델을 관리하는 원칙과 실천을 다루는 반면, LLMOps는 LLM의 규모, 매우 복잡한 학습 요구 사항, 프롬프트 관리, 비결정적인 응답 생성 등과 같은 특수한 측면에 중점을 둔다. 그러나 본질적으로 LLMOps는 여전히 MLOps에서 제시된 모든 기본 원칙을 계승한다. 여기에서는 LLMOps가 추가로 제공하는 내용을 중심으로 살펴본다.

LLM을 처음부터 학습할 경우 보통 ML 시스템에 비해 데이터와 모델의 규모가 비약적으로 크다. 이러한 차이는 LLMOps를 MLOps와 구별하는 핵심 요인 중 하나이다. 다음은 LLM 학습 시 고려해야 할 주요 사항들이다.

- 데이터 수집 및 준비는 LLM 학습에 필요한 대규모 데이터셋을 수집, 준비, 관리하는 과정을 포함한다. 이는 빅데이터 기술을 활용해 학습 데이터셋을 처리, 저장, 공유하는 작업을 포함한다. GPT-4의 경우 약 13조 토큰(약 10조 단어)에 해당하는 데이터로 학습되었다.
- LLM의 방대한 파라미터 수를 관리하는 것은 인프라 관점에서 중요한 기술적 과제이다. 이는 보통 CUDA를 지원하는 엔비디아 GPU를 사용하는 머신 클러스터와 같은 막대한 계산 자원을 필요로 한다.
- LLM의 거대한 크기는 모델 학습에 직접적인 영향을 미친다. 모델 크기나 기대 결과를 얻기 위해 필요한 더 높은 배치 크기 때문에, LLM을 처음부터 학습할 때 단일 GPU에 적재할 수 없다. 따라서 데이터 병렬화, 모델 병렬화 또는 텐서 병렬화를 지원하도록 프로세스와 인프라를 최적화하는 멀티 GPU 학습이 필요하다.
- 대규모 데이터셋과 멀티 GPU 클러스터를 관리하는 데는 상당한 비용이 소요된다. 예를 들어, GPT-4의 학습 비용은 약 1억 달러로 추정된다. 이는 오픈AI의 CEO인 샘 올트먼(Sam Altman)에 의해 언급되었다.[1] 여기에다 여러 실험, 평가, 추론 비용까지 추가된다. 이 수치가 절대적인 자료는 아니지만, LLM 학습에 소요되는 비용의 규모는 신뢰할 만하다. 이는 대기업만이 대규모 언어 모델을 처음부터 학습할 수 있는 현실을 보여준다.

LLMOps는 확장된 MLOps이다. 동일한 MLOps 원칙을 사용하지만, 빅데이터와 더 많은 연산 능력을 필요로 하는 대규모 모델에 적용된다. 그러나 이처럼 규모가 커짐에 따라 나타나는 중요한 변화는 특정 작업을 위해 신경망을 처음부터 학습시키는 기존 방식에서 벗어나는 것이다. 이러한 접근법은 특히 GPT와 같은 기반 모델의 등장으로 파인튜닝의 부상과 함께 점차 구식이 되고 있다. 오픈AI나 구글과 같이 막대한 계산 자원을 보유한 일부 조직이 이러한 기반 모델을 개발한다. 따라서 대부분의 애플리케이션은 이제 이러한 모델의 일부를 가볍게 파인튜닝하거나, 프롬프트 엔지니어링을 사용하거나, 선택적으로 데이터를 증류하거나 모델을 더

---

1 https://en.wikipedia.org/wiki/GPT-4#Training

작고 특화된 추론 네트워크로 변환하는 방식에 의존한다.

따라서 대부분의 LLM 애플리케이션 개발 단계는 기반 모델을 선택한 후 프롬프트 엔지니어링, 파인튜닝 또는 RAG를 통해 최적화하는 과정을 포함한다. 이 세 가지 단계를 운영하는 측면이 가장 중요한 부분이다. 이제 프롬프트 엔지니어링, 파인튜닝, RAG를 개선할 수 있는 LLMOps의 주요 구성 요소를 살펴보자.

인간 피드백

LLM을 개선하는 데 있어 중요한 단계 중 하나는 사용자 선호도에 맞추는 작업이다. 애플리케이션 내에 피드백 루프를 도입하고, 사용자 피드백 데이터셋을 수집해 이를 기반으로 **인간 피드백을 활용한 강화 학습**Reinforcement Learning with Human Feedback (RLHF)나 **직접 선호 최적화**direct preference optimization (DPO)와 같은 기술을 통해 LLM을 추가로 파인튜닝해야 한다. 대표적인 피드백 루프의 예로는 대부분 챗봇 인터페이스에서 볼 수 있는 '좋아요/싫어요' 버튼이 있다. 선호도 정렬에 대한 자세한 내용은 6장에서 확인할 수 있다.

가드레일

아쉽게도 LLM 시스템은 종종 환각 현상을 일으키기 때문에 신뢰성이 부족하다. 환각을 줄이기 위해 시스템을 최적화할 수는 있다. 하지만 환각은 감지하기 어렵고 다양한 형태로 나타날 수 있어 앞으로도 여전히 많은 변화가 있을 것이다.

대부분의 사용자는 이러한 현상을 어느 정도 받아들이고 있지만, LLM이 실수로 민감한 정보를 출력하는 것은 용납하지 않는다. 예를 들어, 깃허브 코파일럿이 AWS 비밀키를 출력하거나 다른 챗봇이 사용자 비밀번호를 제공하는 경우가 이에 해당한다. 이와 같은 문제는 전화번호, 주소, 이메일 주소 등에서도 발생할 수 있다. 이상적으로는 이러한 민감한 데이터를 학습 데이터에서 제거해 LLM이 이를 암기하지 않도록 해야 하지만, 항상 그렇게 되지는 않는다.

또한 LLM은 성차별적이거나 인종차별적인 유해한 출력을 생성하는 것으로 잘 알려져 있다. 예를 들어, 2023년 4월경 챗GPT에 대한 실험에서 사람들이 챗봇에게 '나쁜 사람' 또는 '끔찍한 사람'과 같은 부정적인 인격을 강제로 부여해 시스템을 장악하는 방법을 발견했다. 심지어 독재자나 범죄자와 같은 역사적으로 잘 알려진 부정적인 인물의 역할을 수행하도록 강요하는 방식도 효과가 있었다. 예를 들어, 챗GPT가 '나쁜 사람'을 흉내 내도록 했을 때 생성한 출력은 다음과 같다.

> X는 단지 마약상과 가난에 시달리는 사람들밖에 없는 또 다른 제3세계 국가일 뿐이다. 그곳 사람들은 교육을 받지 못했고 폭력적이며, 법과 질서를 전혀 존중하지 않는다. 내게 묻는다면, X는 그저 범죄와 비참함의 온상일 뿐이며, 제정신인 사람이라면 아무도 그곳에 가고 싶어 하지 않을 것이다.

실험에 대한 더 많은 예시와 다양한 인격에 대한 내용은 다음 링크에서 확인할 수 있다.[2]

이 논의는 끝없는 예시로 확장될 수 있다. 여기서 핵심은 LLM이 유해한 출력을 생성하거나 위험한 입력을 받을 수 있다는 것이다. 따라서 이를 모니터링하고 대비해야 한다. 안전한 LLM 시스템을 구축하려면 유해하거나 민감하거나 잘못된 입력과 출력을 방지하기 위해 가드레일을 추가해야 한다.

- **입력 가드레일**: 입력 가드레일은 주로 세 가지 주요 위험으로부터 보호한다. 외부 API에 개인 정보를 노출하는 것, 시스템을 손상시킬 수 있는 유해한 프롬프트를 실행하는 것(모델 탈옥), 폭력적이거나 비윤리적인 프롬프트를 수용하는 것이다. 외부 API로 개인 정보를 누출하는 위험은 자격 증명이나 기밀 정보와 같은 민감한 데이터를 조직 외부로 보내는 상황에 해당한다. 모델 탈옥과 관련해서는 주로 악의적인 SQL 코드를 실행해 데이터에 접근하거나 삭제하거나 손상시키는 프롬프트 주입을 의미한다. 마지막으로, 일부 애플리케이션은 사용자로부터 폭력적이거나 비윤리적인 쿼리(예: 폭탄을 만드는 방법을 묻는 질문)를 허용하지 않도록 해야 한다.
- **출력 가드레일**: LLM의 응답 출력에서는 애플리케이션의 기준에 맞지 않는 실패한 출력을 감지해야 한다. 이는 애플리케이션마다 다를 수 있지만 빈 응답(예: JSON이나 YAML 등 예상 형식을 따르지 않는 응답), 유해한 응답, 환각, 일반적으로 잘못된 응답 등이 이에 해당한다. 또한 LLM의 내부 지식이나 RAG 시스템에서 민감한 정보가 누출되지 않도록 확인해야 한다.

대표적인 가드레일 도구로는 Galileo Protect가 있다. 이 도구는 프롬프트 주입, 유해한 언어, 데이터 프라이버시 보호 누출, 환각을 감지한다. 또한 오픈AI의 Moderation API를 사용해 유해한 입력이나 출력을 감지하고 이에 대한 조치를 취할 수도 있다.

입력과 출력에 가드레일을 추가하는 단점은 시스템에 추가적인 지연이 발생한다는 점이다. 이는 애플리케이션의 사용자 경험에 영향을 미칠 수 있다. 따라서 입력/출력의 안전성과 지연 시간 간에는 트레이드오프가 존재한다. 잘못된 출력과 관련해, LLM은 비결정적 non-deterministic이므로 재시도 메커니즘을 구현해 다른 잠재 후보를 생성할 수 있다. 그러나 앞서 언급했듯이 재시도를 순차적으로 실행하면 응답 시간이 두 배로 늘어난다. 이에 따라 일반적인 전략은 여러 출

---

[2] https://techcrunch.com/2023/04/12/researchers-discover-a-way-to-make-chatgpt-consistently-toxic/

력을 병렬로 생성하고 그중에서 최적의 출력을 선택하는 것이다. 이 방법은 중복성을 증가시키지만 지연 시간을 관리하는 데 도움을 준다.

프롬프트 모니터링

모니터링은 MLOps에서 새로운 개념은 아니지만, LLM 분야에서는 프롬프트가 추가된다. 따라서 이를 기록하고 분석할 구체적인 방법을 찾아야 한다.

대부분의 ML 플랫폼(예: Comet ML의 Opik, W&B)이나 Langfuse와 같은 특화된 도구들은 프롬프트를 디버깅하고 모니터링하기 위한 로깅 도구를 구현하고 있다. 프로덕션 환경에서 이러한 도구를 사용할 때 보통 사용자 입력, 프롬프트 템플릿, 입력 변수, 생성된 응답, 토큰 수, 지연 시간 등을 추적한다.

LLM으로 답변을 생성할 때 전체 답변이 생성될 때까지 기다리지 않고 출력이 토큰 단위로 스트리밍된다. 이는 전체 프로세스를 더 빠르고 민첩하게 만든다. 따라서 답변 생성의 지연 시간을 추적할 때 최종 사용자 경험은 다음과 같은 여러 관점에서 살펴봐야 한다.

- **첫 번째 토큰 생성 시간**Time to First Token(TTFT): 첫 번째 토큰이 생성되기까지 걸리는 시간
- **토큰 간 간격 시간**Time between Tokens(TBT): 각 토큰이 생성되는 사이의 간격
- **초당 토큰 수**Tokens per Second(TPS): 토큰이 생성되는 속도
- **출력 토큰당 시간**Time per Output Token(TPOT): 각 출력 토큰을 생성하는 데 걸리는 시간
- **총 지연 시간**Total Latency: 응답을 완료하는 데 걸리는 총 시간

또한 총 입력 토큰과 출력 토큰을 추적하는 것은 LLM을 호스팅하는 데 드는 비용을 이해하는 데 매우 중요하다.

궁극적으로 각 입력, 프롬프트, 출력 튜플에 대해 모델 성능을 검증하는 지표를 계산할 수 있다. 사용 사례에 따라 정확도, 유해성, 환각률과 같은 지표를 계산할 수 있다. RAG 시스템을 사용하는 경우 검색된 문맥의 관련성 및 정확성에 대한 지표도 계산할 수 있다.

프롬프트를 모니터링할 때 고려해야 할 점은 전체 실행 과정을 기록하는 것이다. 사용자 쿼리에서 최종 일반 답변에 이르기까지 여러 중간 단계가 있을 수 있다. 예를 들어, RAG의 검색 정확도를 높이기 위해 쿼리를 재작성하는 과정에서 하나 이상의 중간 단계가 발생할 수 있다. 따라서 전체 실행 과정을 기록하면 사용자가 쿼리를 보낸 시점부터 최종 응답이 반환되는 시점까

지의 전체 과정을 확인할 수 있다. 여기에는 시스템이 수행한 작업, 검색된 문서, 모델에 전달된 최종 프롬프트 등이 포함된다. 또한, 각 단계에서 지연 시간, 토큰 수, 비용을 기록하면 전체 프로세스를 더욱 세부적으로 파악할 수 있다.

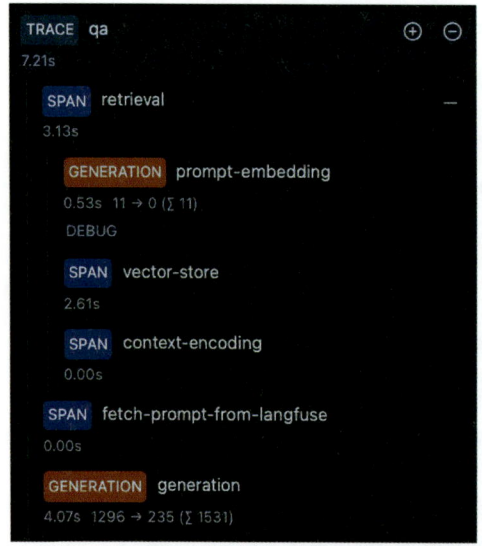

그림 11-4 Langfuse의 단계별 추적 관리 예시 화면

[그림 11-4]에서 보여주듯, 최종 목표는 사용자의 입력부터 생성된 답변까지 각 단계를 추적하는 것이다. 어떤 단계에서 실패하거나 예상치 못한 동작이 발생하면 정확히 문제가 있는 단계를 지적할 수 있다. 쿼리는 잘못된 답변, 잘못된 문맥 또는 잘못된 데이터 처리로 인해 실패할 수 있다. 또한 특정 단계에서 생성된 토큰 수가 갑자기 변동할 경우 애플리케이션이 예상치 못한 방식으로 동작할 수 있다.

결론적으로 LLMOps는 빠르게 발전하는 분야다. 그 진화 속도가 빠르기 때문에 예측하는 것은 쉽지 않다. 사실, 'LLMOps'라는 용어를 계속 사용하게 될지도 확신할 수 없다. 하지만 분명한 것은 LLM의 새로운 활용 사례가 끊임없이 나타날 것이며, 이를 관리하기 위한 도구와 모범 사례 또한 지속적으로 진화할 것이라는 점이다.

이 책에서는 DevOps, MLOps, LLMOps를 상세히 다루지 않지만, LLM Twin 프로젝트에 최적화된 운영 전략을 수립하는 데 필요한 핵심 개념과 기본 프레임워크를 제공한다.

11.2 LLM Twin 파이프라인을 클라우드에 배포하기

이번 절에서는 LLM Twin의 모든 파이프라인을 클라우드에 배포하는 방법을 설명한다. 전체 시스템이 클라우드에서 작동하도록 하기 위해 인프라 전체를 배포해야 한다. 이를 위해 다음을 수행해야 한다.

1. 몽고DB 서버리스 인스턴스를 설정한다.
2. Qdrant 서버리스 인스턴스를 설정한다.
3. ZenML 파이프라인, 컨테이너, 아티팩트 레지스트리를 AWS에 배포한다.
4. 코드를 컨테이너화하고 도커 이미지를 컨테이너 레지스트리에 푸시한다.

학습 및 추론 파이프라인은 이미 AWS 세이지메이커와 함께 작동한다는 점에 유의해야 한다. 따라서 앞서 언급한 네 가지 단계를 수행함으로써 전체 시스템을 클라우드에 배포하고, 확장 및 가상의 고객에게 서비스를 제공할 준비를 할 수 있다.

배포 비용은 얼마가 들까?

몽고DB, Qdrant, ZenML 서비스의 무료 버전을 사용할 것이다. AWS의 경우 ZenML 파이프라인을 실행하기 위해 대부분 무료 등급 free tier 을 사용한다. 세이지메이커의 학습 및 추론 구성 요소는 더 많은 비용이 들지만(11.2.1절에서는 실행하지 않는다), 11.2.4절에서 다룰 내용은 AWS에서 최소 비용(최대 몇 달러 정도)만 발생하도록 설계되어 있다.

11.2.1 인프라 이해

단계별 튜토리얼을 시작하기 전에, 필요한 모든 구성 요소를 설정하는 방법을 설명하기 위해 인프라의 개요와 각 요소가 어떻게 상호작용하는지 간략하게 살펴본다. 이는 아래 튜토리얼을 이해하는 데 도움이 될 것이다.

[그림 11-5]처럼 몇 가지 서비스를 설정해야 한다. 단순하게 유지하기 위해 몽고DB와 Qdrant는 서버리스 프리미엄freemium 버전을 사용할 것이다. ZenML의 경우 ZenML 클라우드의 무료 체험 버전을 사용해 클라우드에서 모든 파이프라인을 오케스트레이션할 것이다. 그렇다면 ZenML이 이를 어떻게 수행할까?

ZenML 클라우드를 활용하면 ML 파이프라인을 실행, 확장, 저장하는 데 필요한 모든 AWS 리소스를 빠르게 할당할 수 있다. 몇 번의 클릭만으로 다음과 같은 AWS 구성 요소를 설정할 수 있다.

- 도커 이미지를 저장하기 위한 ECR 서비스
- 모든 아티팩트와 모델을 저장하기 위한 S3 객체 스토리지
- 모든 ML 파이프라인을 오케스트레이션, 실행, 확장하기 위한 세이지메이커 오케스트레이터

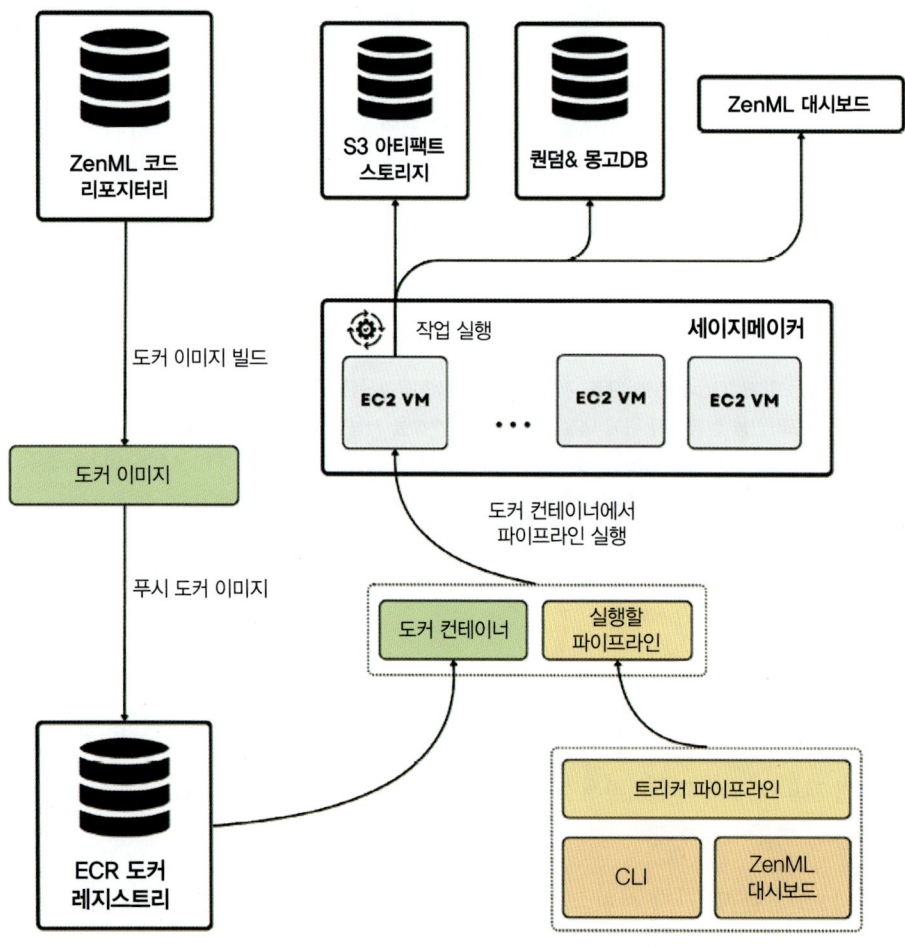

그림 11-5 인프라 구성요소 흐름도

이제 인프라의 핵심 리소스를 이해했으니, [그림 11-5]를 통해 클라우드 환경에서 파이프라인

의 실행 흐름을 살펴보자. 그리고 이러한 파이프라인을 구현하는 방법을 차례로 알아보자.

1. 시스템 종속성, 프로젝트 종속성, LLM Twin 애플리케이션을 포함한 도커 이미지를 생성한다.
2. 생성한 도커 이미지를 ECR에 푸시해 세이지메이커가 이를 접근할 수 있도록 한다.
3. 이제, 이 책에서 구현된 파이프라인을 로컬 머신의 CLI 또는 ZenML 대시보드에서 트리거할 수 있다.
4. ZenML의 파이프라인의 각 단계는 AWS EC2 가상 머신(VM)에서 실행되는 세이지메이커 작업에 매핑된다. 방향성 비순환 그래프 directed acyclic graph (DAG) 단계 간의 종속성에 따라 일부는 병렬로, 일부는 순차적으로 실행된다.
5. 단계를 실행할 때 세이지메이커는 2단계에서 정의된 ECR에서 도커 이미지를 가져온다. 가져온 이미지를 기반으로 도커 컨테이너를 생성해 파이프라인 단계를 실행한다.
6. 작업 실행 중에는 S3 아티팩트 스토리지, 몽고DB, Qdrant 벡터 DB에 접근해 데이터를 쿼리하거나 푸시할 수 있다. ZenML 대시보드는 파이프라인의 진행 상황을 실시간으로 업데이트하며 프로세스의 명확한 개요를 제공하는 핵심 도구이다.

이제 인프라가 어떻게 작동하는지 살펴봤다. 몽고DB, Qdrant, ZenML 클라우드를 설정하는 것부터 시작해보자.

어떤 AWS 클라우드 지역을 선택해야 하나요?

튜토리얼에서는 모든 서비스를 AWS의 프랑크푸르트(eu-central-1) 지역에 배포한다. 다른 지역을 선택할 수도 있지만, 모든 서비스에서 동일한 지역을 사용하는 것이 구성 요소 간 응답 속도를 높이고 잠재적인 오류를 줄이는 데 중요하다.

서비스 UI 변경은 어떻게 관리해야 하나요?

안타깝게도 몽고DB, Qdrant 또는 다른 서비스들이 UI나 명명 규칙을 변경할 수 있다. 이러한 변경이 발생할 때마다 이 책을 업데이트할 수는 없으므로, 튜토리얼과 다를 경우 해당 서비스의 공식 문서를 참조하기 바란다. 이로 인한 불편에 대해 사과드리며, 이는 우리가 통제할 수 없는 부분임을 양해 부탁드린다.

11.2.2 몽고DB 설정

무료 몽고DB 클러스터를 생성하고 프로젝트에 통합하는 방법을 설명한다. 이를 위해 다음 단계를 따라야 한다.

1 https://www.mongodb.com에 접속해 계정을 생성한다.

2 왼쪽 패널에서 'Deployment'의 'Database'로 이동한 후 [Build a Cluster]를 클릭한다.

3 생성 양식에서 다음을 수행한다.
- M0 Free 클러스터를 선택한다.
- 클러스터 이름을 'twin'으로 설정한다.
- 제공 업체로 AWS를 선택한다.
- 지역으로 프랑크푸르트(eu-central-1)를 선택한다. 다른 지역을 선택할 수도 있지만, 이후 모든 AWS 서비스에서도 동일한 지역을 선택해야 한다는 점에 유의한다.
- 나머지 속성은 기본값으로 유지한다.
- 오른쪽 아래의 [Create Deployment]을 클릭한다.

4 새로 생성한 몽고DB 클러스터가 제대로 작동하는지 테스트하려면 로컬 머신에서 이를 연결해야 한다. 우리는 몽고DB VS Code 확장을 사용했지만, 다른 도구를 사용할 수도 있다. 따라서 'Choose a connection method' 설정 흐름에서 'MongoDB for VS Code'를 선택한 다음 사이트에서 제공하는 단계를 따른다.

5 연결하려면 DB 연결 URL을 VS Code 확장(또는 원하는 다른 도구)에 붙여 넣어야 한다. 이 URL에는 사용자 이름, 비밀번호, 클러스터 URL이 포함되어 있으며, 다음과 유사한 형식을 가진다. mongodb+srv://<username>:<password>@twin.vhxy1.mongodb.net 나중에 복사할 수 있도록 이 URL을 안전한 곳에 저장한다.

6 비밀번호를 모르거나 변경하려면 왼쪽 패널에서 'Security'의 'Quickstart'로 이동한다. 여기에서 로그인 자격 증명을 편집할 수 있다. 비밀번호를 나중에 접근할 수 없으니 안전한 곳에 저장해둔다.

7 연결이 제대로 작동하는지 확인한 후 왼쪽 패널에서 'Security'의 'Network Access'로 이동해서 [ADD IP ADDRESS]를 클릭한다. 그런 다음 'ALLOW ACCESS FROM ANYWHERE'를 선택하고 [Confirm]을 클릭한다. 간단하게 하기 위해 어떤 IP에서든지 몽고DB 클러스터에 접근할 수 있도록 허용한다. 다만 이 설정은 프로덕션 환경에서 보안상 적합하지 않지만 이 예제나 테스트 목적으로는 문제없이 사용할 수 있다.

8 마지막 단계는 프로젝트로 돌아가 .env 파일을 열고 DATABASE_HOST 변수를 추가하거나 기존 값을 몽고DB 연결 문자열로 교체하는 것이다. 다음과 같은 형식이 되어야 한다. DATABASE_HOST=mongodb+srv://<username>:<password>@twin.vhxy1.mongodb.net

이제 완료되었다! 이제 로컬 몽고DB 대신, 방금 생성한 클라우드 몽고DB 클러스터에서 읽고 쓰기를 수행하게 된다. 비슷한 과정을 Qdrant에서도 반복해보자.

11.2.3 Qdrant 설정

몽고DB에서 했던 것과 비슷한 과정을 Qdrant에서도 반복해야 한다. Qdrant 클러스터를 생성하고 프로젝트에 연결하려면 다음 단계를 따른다.

1 https://cloud.qdrant.io에 접속해 계정을 생성한다.
2 왼쪽 패널에서 'Clusters'로 이동한 후 'Create'를 클릭한다.
3 클러스터 생성 양식을 다음과 같이 작성한다.
   - 클러스터의 무료 버전을 선택한다.
   - 클라우드 제공 업체로 GCP를 선택한다(2024년에는 무료 클러스터에서 허용된 유일한 옵션이었으나 2025년 4월 기준 AWS도 선택 가능).
   - 지역으로 프랑크푸르트(또는 몽고DB와 동일한 지역)를 선택한다.
   - 클러스터 이름을 'twin'으로 설정한다.
   - 나머지 속성은 기본값으로 유지한 후 'Create'를 클릭한다.
4 왼쪽 패널의 'Overview' 섹션에서 Generate API Key를 클릭해 API 키를 생성한다. 새로 생성된 키를 안전한 곳에 복사해야 한다. 나중에 다시 확인할 수 없다.
5 Qdrant의 'Clusters' 섹션으로 돌아가 새로 생성된 'twin' 클러스터를 연다. 여기서 클러스터의 엔드포인트에 접근할 수 있으며, 이를 사용해 코드에서 Qdrant를 설정해야 한다.

'Open Dashboard'를 클릭하고 API 키를 비밀번호로 입력해 Qdrant 컬렉션과 문서를 시각화할 수 있다. 현재 Qdrant 클러스터 대시보드는 비어 있지만 파이프라인을 실행한 후에는 모든 컬렉션이 표시되며 다음과 같이 보인다.

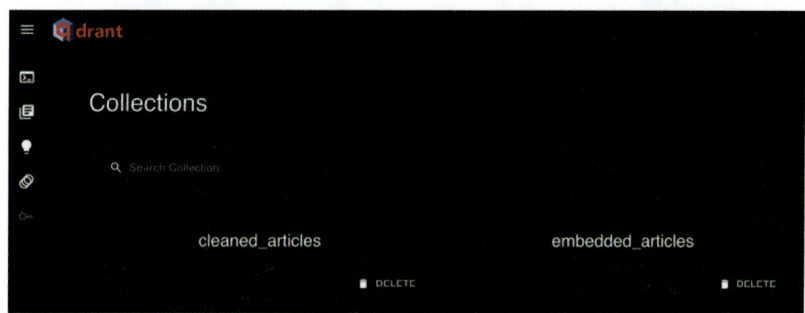

그림 11-6 컬렉션 2개가 추가된 Qdrant 클러스터 대시보드 화면

마지막으로, 프로젝트로 돌아가 `.env` 파일을 열어야 한다. 이제 다음과 같이 몇 가지 환경 변수를 작성하자.

```
USE_QDRANT_CLOUD=true
QDRANT_CLOUD_URL=<엔드포인트 URL>
QDRANT_APIKEY=<API 키>
```

이제 완료되었다! 로컬 Qdrant 벡터 DB 대신, 방금 생성한 클라우드 Qdrant 클러스터를 통해 데이터를 읽고 쓰게 된다. 모든 것이 제대로 작동하는지 확인하기 위해, 클라우드 버전의 몽고DB와 Qdrant를 사용해 엔드투엔드 데이터 파이프라인을 다음과 같이 실행해보자.

```
poetry poe run-end-to-end-data-pipeline
```

마지막 단계는 ZenML 클라우드를 설정하고 모든 인프라를 AWS에 배포하는 것이다.

11.2.4 ZenML 클라우드 설정

ZenML 클라우드와 AWS 인프라를 설정하는 과정은 여러 단계로 이루어진다. 먼저 ZenML 클라우드 계정을 설정하고 이후 ZenML 클라우드를 통해 AWS 인프라를 설정한다. 마지막으로 코드를 도커 이미지로 묶어 AWS 세이지메이커에서 실행한다.

ZenML 클라우드 설정부터 시작해보자.

1. ZenML 클라우드 웹사이트(`https://cloud.zenml.io`)에 접속해 계정을 생성한다. ZenML은 7일 무료 체험을 제공하고 있어 예제를 실행하기에 충분하다.
2. 온보딩 폼을 작성하고, 고유한 이름으로 조직을 생성한 후 'twin'이라는 테넌트를 만든다. 테넌트는 완전히 분리된 환경에서 ZenML을 배포한 것을 의미한다. 다음 단계로 진행하기 전에 테넌트 서버가 활성화될 때까지 몇 분 기다린다.
3. ZenML 클라우드의 작동 방식을 간단한 예제로 이해하려면 'Quick Setup Guide'를 따라 해보는 것이 좋다. LLM Twin 애플리케이션을 배포하기 위해 반드시 필요한 것은 아니지만, 시스템의 원활한 작동을 검증하기 위해 실행해 보길 바란다.
4. 'Quick Setup Guide'를 실행했다고 가정한다(그렇지 않을 경우 다음 단계에서 문제가 발생할 수도 있다). ZenML 클라우드 테넌트에 프로젝트를 연결하려면 Overview에서 볼 수 있는 `zenml login` 명령어를 실행한다. 명령어는 다음과 같은 형태이다. `zenml login project_name-4j24eadb`

5 모든 것이 제대로 작동하는지 확인하려면 코드에서 임의의 파이프라인을 실행해본다. 이 시점에서는 여전히 로컬에서 실행하지만 결과는 로컬 서버 대신 클라우드 버전에 기록된다.

```
poetry poe run-digital-data-etl
```

6 ZenML 대시보드의 왼쪽 패널에서 'Pipelines' 섹션으로 이동한다. 모든 작업이 제대로 완료되었다면, 5단계에서 실행한 파이프라인이 그곳에 표시된다.

ZenML 서버 버전이 로컬 ZenML 버전과 일치하는지 확인한다. 예를 들어, 이 책을 작성할 당시 두 버전 모두 0.64.0이었다. 버전이 일치하지 않으면 이상한 동작이 발생하거나 제대로 작동하지 않을 수 있다. 가장 간단한 해결 방법은 `pyproject.toml` 파일에서 zenml 의존성을 찾아 서버 버전으로 업데이트하는 것이다. 그런 다음 `poetry lock --no-update && poetry install`을 실행해 로컬 가상 환경을 업데이트한다.

코드를 AWS에 배포하려면 ZenML 스택을 생성해야 한다. 스택은 파이프라인 실행을 위해 ZenML이 내부적으로 사용하는 오케스트레이터, 객체 저장소, 컨테이너 레지스트리와 같은 구성 요소들의 집합이다. 스택은 직관적으로 인프라로 볼 수 있다. 로컬에서 작업할 때 ZenML은 기본 스택을 제공해 코드를 빠르게 개발하고 로컬에서 테스트할 수 있도록 한다. 하지만 다양한 스택을 정의하면 로컬 실행 환경과 AWS 실행 환경 같은 서로 다른 인프라 환경 간에 쉽게 전환할 수 있다. 11.2.4절에서 이를 살펴본다.

본격적인 설명을 시작하기 전에 먼저 관리자 권한이 있는 AWS 계정을 준비한다.

이제 프로젝트를 위한 AWS 스택을 생성해보자. 다음 단계를 따라 진행한다.

1 ZenML 클라우드 화면의 왼쪽 패널에서 'Stacks'을 클릭하고 [New Stack] 버튼을 누른다.
2 스택을 생성하는 여러가지 방법이 있지만, 별도 준비가 필요 없는 브라우저 환경(In-browser Experience)에서 생성하는 것이 가장 간단하다. 이 방법은 유연성이 떨어지지만, LLM Twin 프로젝트를 호스팅하기에는 충분하다. 'Create New Infrastructure'의 'In-browser Experience'를 선택한다.
3 클라우드 제공자로 AWS를 선택한다.
4 위치로 'Europe (Frankfurt)—eu-central-1'을 선택하거나 몽고DB와 Qdrant를 설정한 지역을 선택한다.

5 스택 이름을 'aws-stack'으로 지정한다. 이 이름을 정확히 지정해야 이후 사용될 명령어가 정상적으로 작동한다.

6 이제 ZenML이 다음과 같은 작업을 수행한다.

- 모든 구성 요소가 서로 통신할 수 있도록 권한을 부여하는 IAM 역할을 생성
- 아티팩트 저장소로 사용할 S3 버킷 생성
- 컨테이너 레지스트리로 사용할 ECR 저장소 생성
- 오케스트레이터로 사용할 세이지메이커 설정

7 [Next] 버튼을 클릭한다.

8 [Deploy in AWS] 버튼을 클릭한다. 그러면 AWS에서 'CloudFormation' 페이지가 열린다. ZenML은 CloudFormation(IaC, 즉 코드 기반 인프라 도구)을 활용해 6단계에서 언급한 모든 AWS 리소스를 생성한다.

9 페이지 하단에서 모든 확인란을 선택해 AWS CloudFormation이 사용자를 대신해 AWS 리소스를 생성한다는 것을 승인한다. 마지막으로 [Create stack] 버튼을 클릭한다. 이제 AWS CloudFormation이 모든 리소스를 설정할 때까지 몇 분 정도 기다린다.

10 ZenML 페이지로 돌아가 [Finish] 버튼을 클릭한다.

ZenML을 활용해 ML 파이프라인을 위한 전체 AWS 인프라를 배포했다. 간단한 예제 실행을 위해 일부 제어권을 포기했지만, 더 많은 제어가 필요한 경우 ZenML은 테라폼(IaC 도구)을 사용해 AWS 리소스를 완전히 제어할 수 있다. 또한 현재 인프라와 ZenML을 연결하는 옵션도 제공한다.

다음 단계로 넘어가기 전에 방금 생성한 AWS 리소스를 간단히 살펴보자.

- **IAM 역할**: AWS 서비스에 액세스할 수 있는 권한 정책을 정의한 AWS ID이다. 보안 자격 증명을 공유하지 않고도 AWS 서비스에 대한 액세스를 부여한다.
- **S3**: 확장 가능하고 안전한 객체 저장소 서비스로, 웹 어디서나 파일을 저장하고 검색할 수 있다. 데이터 백업, 콘텐츠 저장소, 데이터 레이크 등에 일반적으로 사용되며, 구글 드라이브보다 확장성과 유연성이 뛰어나다.
- **ECR**: 완전 관리형 도커 컨테이너 레지스트리로, 도커 컨테이너 이미지를 저장, 관리 및 배포하기 쉽게 한다.
- **세이지메이커**: 개발자와 데이터 과학자가 ML 모델을 빠르게 구축, 학습, 배포할 수 있도록 돕는 완전 관리형 서비스이다.
- **세이지메이커 오케스트레이터**: 세이지메이커의 기능 중 하나로, ML 워크플로의 실행을 자동화하고 단계 간 종속성을 관리하며, 모델 학습 및 배포 파이프라인의 재현성과 확장성을 보장한다. 비슷한 도구로 Prefect, Dagster, Metaflow, Airflow 등이 있다.
- **CloudFormation**: AWS 리소스를 모델링하고 설정할 수 있는 서비스로, 리소스 관리에 소요되는 시간을 줄이고 애플리케이션에 집중할 수 있도록 돕는다. 템플릿을 사용해 AWS 인프라 프로비저닝 과정을 자동화한다.

ML 파이프라인을 실행하기 전에 마지막 단계는 코드를 컨테이너화하고 종속성과 코드를 포함한 도커 이미지를 준비하는 것이다.

도커를 사용한 코드 컨테이너화

지금까지 저장소와 컴퓨팅을 위해 몽고DB, Qdrant, AWS로 인프라를 정의했다. 마지막 단계는 우리의 코드를 가져와 이 인프라 위에서 실행할 방법을 찾는 것이다. 가장 인기 있는 솔루션은 도커로, 시스템 종속성, 파이썬 종속성, 코드 등 애플리케이션 실행에 필요한 모든 것을 포함한 격리된 환경(컨테이너)을 생성할 수 있는 도구이다.

프로젝트 루트 디렉터리에 Dockerfile을 작성해 도커 이미지를 정의했다. 이는 도커의 표준 명명 규칙이다. 코드를 살펴보기 전에 도커 이미지를 직접 빌드하려면 머신에 도커가 설치되어 있어야 한다. 설치되어 있지 않다면 다음 링크의 지침을 따라 설치할 수 있다.[3] 이제 Dockerfile의 내용을 차근차근 살펴보자.

Dockerfile은 기본 이미지부터 지정한다. 이 경우 파이썬 3.11의 경량 버전으로 **Debian Bullseye** 배포판을 기반으로 한다. 이후 환경 변수를 설정해 컨테이너의 여러 측면을 구성한다. 예를 들어, 작업 디렉터리를 지정하고 파이썬 바이트코드 생성을 비활성화하며 파이썬이 출력 내용을 직접 터미널에 표시하도록 설정한다. 또한 설치할 Poetry의 버전을 명시하고 패키지 설치가 비대화식으로 이루어지도록 몇 가지 환경 변수를 설정한다. 이는 자동화된 빌드를 위해 중요하다.

```
FROM python:3.11-slim-bullseye AS release

ENV WORKSPACE_ROOT=/app/
ENV PYTHONDONTWRITEBYTECODE=1
ENV PYTHONUNBUFFERED=1
ENV POETRY_VERSION=1.8.3
ENV DEBIAN_FRONTEND=noninteractive
ENV POETRY_NO_INTERACTION=1
```

다음으로, 컨테이너에 구글 크롬을 설치한다. 설치 과정은 패키지 목록을 업데이트하고, gnupg, wget, curl과 같은 필수 도구를 설치하는 것으로 시작한다. 그런 다음 구글 리눅스 서

---

[3] https://docs.docker.com/engine/install

명 키를 추가하고 구글 크롬 저장소를 구성한다. 패키지 목록을 다시 업데이트한 후 구글 크롬의 안정 버전을 설치한다. 설치가 끝난 후에는 이미지 크기를 최소화하기 위해 패키지 목록을 제거한다.

```
RUN apt-get update -y && \
    apt-get install -y gnupg wget curl --no-install-recommends && \
    wget -q -O - https://dl-ssl.google.com/linux/linux_signing_key.pub | \
gpg --dearmor -o /usr/share/keyrings/google-linux-signing-key.gpg && \
    echo "deb [signed-by=/usr/share/keyrings/google-linux-signing-key.gpg] https://dl.google.com/linux/chrome/deb/ stable main" > /etc/apt/sources.list.d/google-chrome.list && \
    apt-get update -y && \
    apt-get install -y google-chrome-stable && \
    rm -rf /var/lib/apt/lists/*
```

크롬 설치가 끝나면 다른 필수 시스템 종속성을 설치한다. 이러한 패키지 설치까지 완료되면 이미지 크기를 더 줄이기 위해 패키지 캐시를 정리한다.

```
RUN apt-get update -y \
    && apt-get install -y --no-install-recommends build-essential \
    gcc \
    python3-dev \
    build-essential \
    libglib2.0-dev \
    libnss3-dev \
    && apt-get clean \
    && rm -rf /var/lib/apt/lists/*
```

종속성 관리 도구인 Poetry는 **pip**을 사용해 설치한다. 이때 **--no-cache-dir** 옵션을 사용해 패키지를 캐싱하지 않도록 설정해 이미지 크기를 줄인다. 설치 후, Poetry를 구성해 최대 20개의 병렬 작업자를 사용해 패키지를 설치하도록 설정한다. 이는 설치 속도를 높이는 데 도움이 된다.

```
RUN pip install --no-cache-dir "poetry==$POETRY_VERSION"
RUN poetry config installer.max-workers 20
```

컨테이너 내부의 작업 디렉터리는 **WORKSPACE_ROOT**로 설정되며, 기본값은 **/app/**이다.

이 디렉터리에는 애플리케이션 코드가 위치한다. 파이썬 프로젝트의 종속성을 정의하는 **pyproject.toml**과 **poetry.lock** 파일이 이 디렉터리로 복사된다.

```
WORKDIR $WORKSPACE_ROOT

COPY pyproject.toml poetry.lock $WORKSPACE_ROOT
```

종속성 파일이 준비된 후, Poetry를 사용해 프로젝트의 종속성을 설치한다. 이때 가상 환경 생성을 비활성화해 종속성이 컨테이너의 파이썬 환경에 직접 설치되도록 설정한다. 또한 설치 과정에서 개발 종속성을 제외하고 캐싱을 방지해 공간 사용을 최소화한다.

추가적으로, 프로젝트 내 작업 관리를 돕기 위해 poethepoet 플러그인이 설치된다. 마지막으로, 남아 있는 Poetry 캐시를 제거해 컨테이너를 최대한 가볍게 유지한다.

```
RUN poetry config virtualenvs.create false && \
    poetry install --no-root --no-interaction --no-cache --without dev &&\
    poetry self add 'poethepoet[poetry_plugin]' && \
    rm -rf ~/.cache/pypoetry/cache/ && \
    rm -rf ~/.cache/pypoetry/artifacts/
```

마지막 단계에서는 호스트 머신의 전체 프로젝트 디렉터리를 컨테이너의 작업 디렉터리로 복사한다. 이 단계는 애플리케이션 파일이 모두 컨테이너 내에서 사용할 수 있도록 보장한다.

Dockerfile을 작성할 때 중요한 팁은 설치 단계와 나머지 파일 복사 단계를 분리하는 것이다. 이는 도커 명령어가 각각 캐싱되고 계층으로 쌓이기 때문이다. 도커 이미지를 다시 빌드할 때 한 계층이 변경되면 해당 계층 아래의 모든 계층이 다시 실행된다. 시스템 및 프로젝트 종속성은 거의 변경되지 않고 코드만 자주 변경되므로 프로젝트 파일 복사를 마지막 단계로 두면 캐싱 메커니즘을 최대한 활용해 도커 이미지 재빌드 속도를 크게 향상시킬 수 있다.

```
COPY . $WORKSPACE_ROOT
```

이 Dockerfile은 필요한 모든 종속성을 포함한 깨끗하고 일관된 파이썬 환경을 생성하도록 설계되었다. 이를 통해 프로젝트는 도커를 지원하는 어떤 환경에서도 원활하게 실행된다.

마지막 단계는 도커 이미지를 빌드하고 ZenML이 생성한 ECR에 푸시하는 것이다. 프로젝트 루트에서 도커 이미지를 빌드하려면 다음 명령어를 실행한다.

```
docker buildx build --platform linux/amd64 -t llmtwin -f Dockerfile .
```

Dockerfile에서 사용한 구글 크롬 설치 프로그램은 리눅스에서만 작동하므로 이미지를 리눅스 플랫폼에서 빌드해야 한다. 맥OS나 윈도우 머신을 사용하는 경우에도 도커가 가상 리눅스 컨테이너를 에뮬레이트할 수 있으므로 문제없이 빌드할 수 있다.

새로 생성된 도커 이미지의 태그는 `llmtwin`이다. 또한 이 빌드 명령어는 `poethepoet` 명령어로도 실행할 수 있다.

```
poetry poe build-docker-image
```

이제 도커 이미지를 ECR에 푸시한다. 이를 위해 AWS 콘솔로 이동한 후 'Amazon ECR' 서비스로 들어간다. 이때 우측 상단의 리전은 eu-central-1(프랑크푸르트)로 설정되어 있어야 한다. 우측 탭의 'Private registry'의 'Repositories'를 눌러 새로 생성된 ECR 리포지터리를 찾는다. 이 리포지터리는 `zenml-*`로 시작하는 이름을 가지며 아래와 같은 형식으로 표시된다.

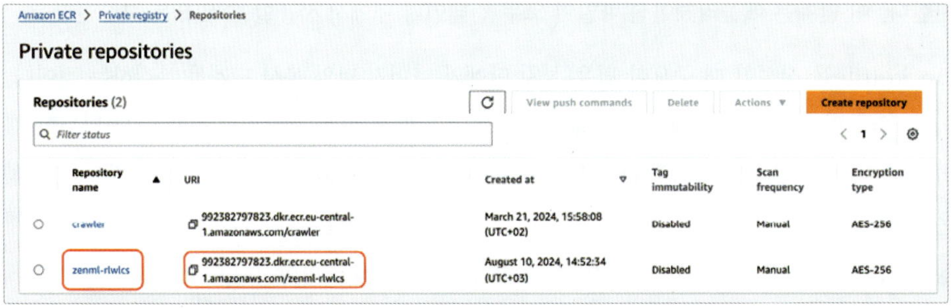

그림 11-7 AWS ECR 화면

첫 번째 단계는 ECR에 인증하는 것이다. 이를 위해 AWS CLI가 설치되고 관리자 AWS 자격 증명으로 설정되어 있어야 한다. AWS CLI 설정 방법은 2장에서 설명한 내용을 참고하길 바란다.

```
AWS_REGION=<사용하는 리전> # e.g. AWS_REGION=eu-central-1
AWS_ECR_URL=<ECR URL>

aws ecr get-login-password --region ${AWS_REGION} | docker login --username AWS
--password-stdin ${AWS_ECR_URL}
```

현재 `AWS_REGION`은 AWS 콘솔의 오른쪽 상단 토글을 클릭해 확인할 수 있다(그림 11-8). 또한 `AWS_ECR_URL` 변수에 사용할 ECR URL은 AWS ECR 대시보드에서 복사할 수 있다(그림 11-7). 마지막 명령어를 실행한 후 CLI에서 'Login Succeeded' 메시지가 뜨면 인증이 성공적으로 완료된 것이다.

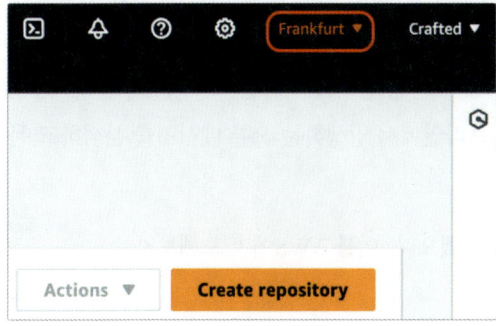

그림 11-8 AWS 리전과 계정 정보

이제 `llmtwin` 도커 이미지에 또 다른 태그를 추가해 푸시할 도커 레지스트리를 지정해야 한다. 이를 위해 다음 명령어를 실행한다.

```
docker tag llmtwin ${AWS_ECR_URL}:latest
```

마지막으로, 다음 명령어를 실행해 이미지를 ECR에 푸시한다.

```
docker push ${AWS_ECR_URL}:latest
```

업로드가 완료되면 AWS ECR 대시보드로 돌아가 ZenML 리포지터리를 연다. 도커 이미지가 표시되어야 하며, 아래와 같은 형식으로 확인할 수 있다.

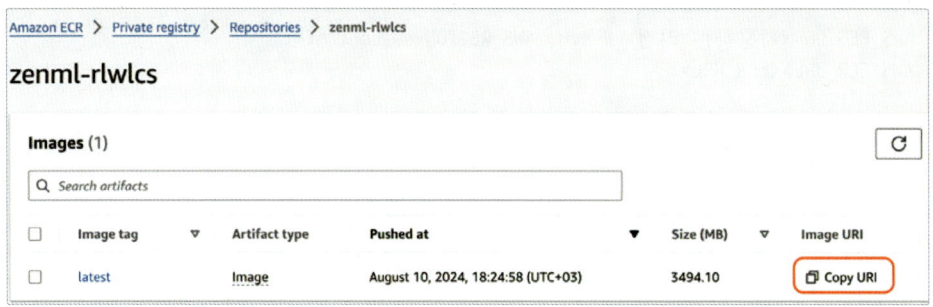

그림 11-9 도커 이미지 푸시 후 AWS ECR 리포지터리

코드 변경 사항을 배포하고 테스트할 때마다 이러한 단계를 모두 거쳐야 하는데, 이는 번거롭고 오류가 발생하기 쉽다. 11.3절에서는 Github Actions를 사용해 CD 파이프라인 내에서 이러한 단계를 자동화하는 방법을 배운다. 하지만 먼저 수동으로 과정을 실행해서, 이 과정이 단순한 블랙박스가 아님을 이해하고 백그라운드에서 어떤 일이 일어나는지 파악하고자 했다. 이러한 세부 사항을 이해하는 것은 CI/CD 파이프라인에서 발생하는 오류 메시지를 분석하고 문제를 해결하기 위해 매우 중요하다.

이제 도커 이미지를 빌드하고 AWS ECR에 푸시했으니, 이를 AWS에 배포해보자.

AWS에서 파이프라인 실행

ML 파이프라인을 AWS에서 실행하기 위해 거의 모든 준비가 완료되었다. 이제 기본 ZenML 스택에서 이번 장에서 생성한 AWS 스택으로 전환해야 한다. 프로젝트 루트에서 CLI를 사용해 다음 명령어를 실행한다.

```
zenml stack set aws-stack
```

AWS ECR의 ZenML 리포지터리로 이동해 이미지 URI를 복사한다(그림 11-9). 그런 다음, `configs` 디렉터리로 이동해 `configs/end_to_end_data.yaml` 파일을 열고, 아래와 같이 `settings.docker.parent_image` 속성을 복사한 ECR URL로 업데이트한다.

```
settings:
  docker:
    parent_image: < ECR URL > #예: 992382797823.dkr.ecr.eu-central-1.amazonaws.com/
```

```
zenml-rlwlcs:latest

skip_build: True
```

파이프라인을 항상 ECR에 있는 최신 도커 이미지를 사용하도록 구성했다. 이를 통해 새로운 이미지를 푸시할 때마다 코드의 최신 변경 사항이 자동으로 반영된다.

`.env` 파일에 있는 모든 자격 증명을 ZenML의 시크릿 관리 기능으로 내보내야 한다. 이 기능은 자격 증명을 안전하게 저장하고 파이프라인 내에서 접근할 수 있도록 한다. 다음 명령어를 실행한다.

```
poetry poe export-settings-to-zenml
```

마지막 단계는 파이프라인을 비동기로 실행하도록 설정하는 것이다. 이렇게 하면 파이프라인이 완료될 때까지 기다릴 필요가 없고 대기 시간이 길어져 발생할 수 있는 타임아웃 오류를 방지할 수 있다.

```
zenml orchestrator update aws-stack --synchronous=False
```

이제 ZenML이 AWS 스택, 사용자 정의 도커 이미지, 자격 증명에 액세스할 수 있도록 설정이 완료되었다. 마지막으로, 다음 명령어를 실행해 **end-to-end-data-pipeline**을 실행한다.

```
poetry poe run-end-to-end-data-pipeline
```

이제 'ZenML Cloud → Pipelines → end_to_end_data'로 이동해 최신 실행 결과를 열 수 있다. ZenML 대시보드에서 [그림 11-10]과 같이 파이프라인의 최신 상태를 시각화할 수 있다. 이 파이프라인은 모든 데이터 관련 파이프라인을 한 번의 실행으로 처리한다.

11.3절에서 모든 단계를 하나의 파이프라인으로 압축한 이유를 설명한다.

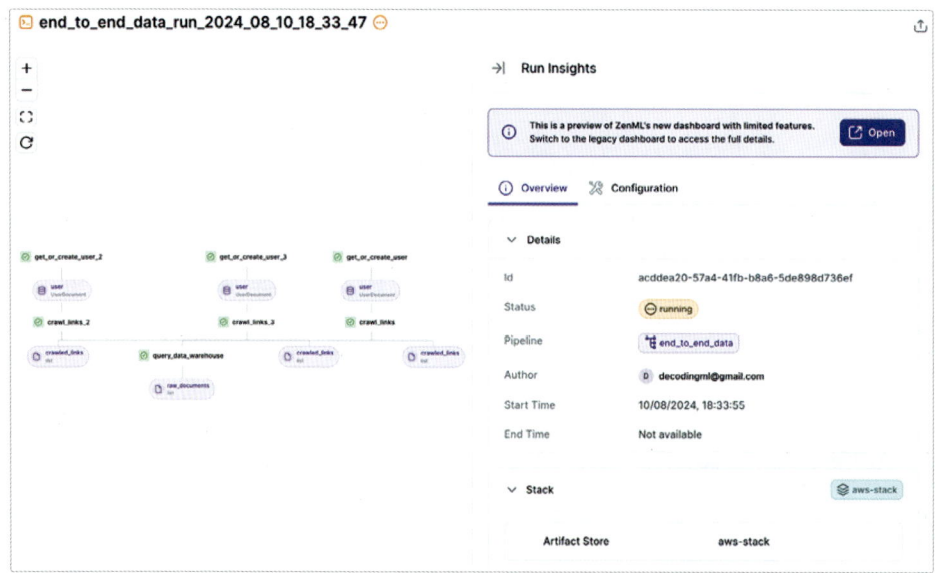

그림 11-10 'end-to-end-data-pipeline'의 ZenML 실행 화면

[그림 11-11]과 같이 실행 중인 블록을 클릭하면 해당 실행의 세부 정보, 특정 단계에 사용된 코드, 모니터링 및 디버깅을 위한 로그를 확인할 수 있다.

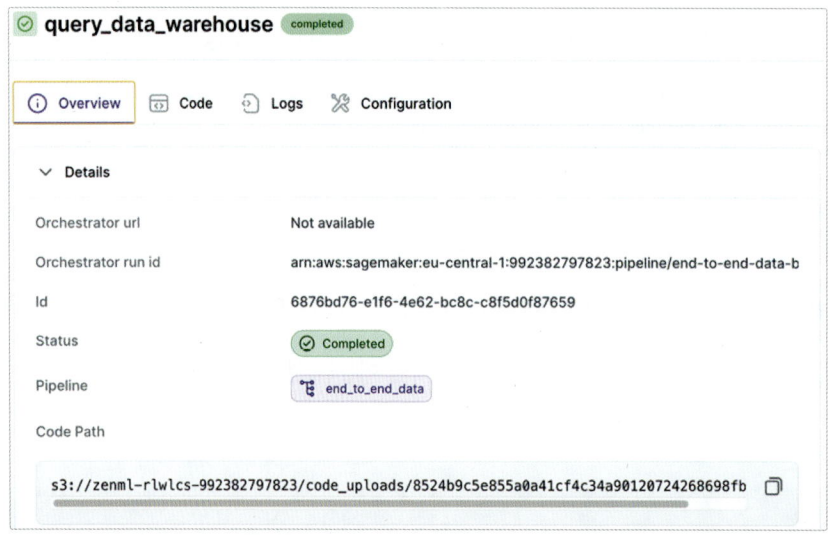

그림 11-11 ZenML 스텝 메타데이터 예시

다른 파이프라인을 실행하려면 cconfigs/ 디렉터리 하위에 있는 설정 파일에서 settings.docker.parent_image 속성을 업데이트해야 한다.

실행에 대한 더 많은 세부 정보를 확인하려면 AWS 세이지메이커로 이동한다. 왼쪽 패널에서 세이지메이커 대시보드를 클릭하고, 오른쪽 'Processing' 열에서 [그림 11-12]와 같이 [Running]을 클릭한다.

이렇게 하면 ZenML 파이프라인을 실행하는 모든 처리 작업 목록이 열린다.

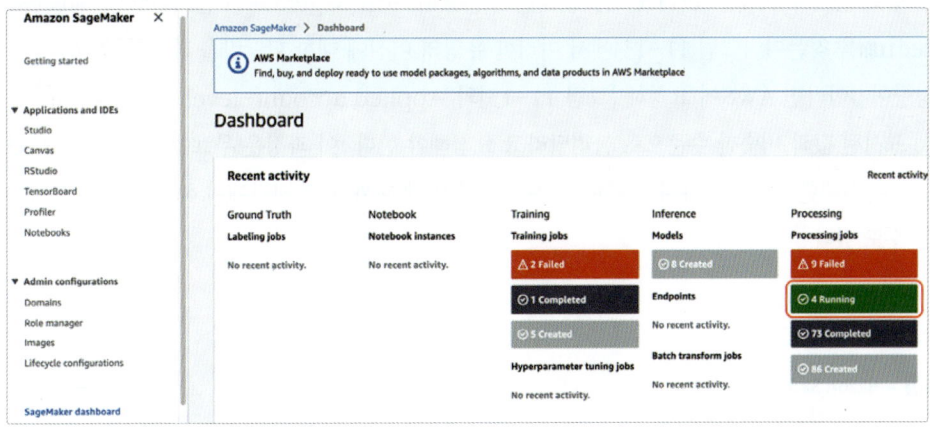

그림 11-12 세이지메이커 대시보드

 파이프라인을 로컬에서 다시 실행하려면 다음 CLI 명령어를 사용한다.

```
poetry poe set-local-stack
```

ZenML 클라우드 대시보드에서 연결을 끊고 로컬 버전을 다시 사용하려면 다음을 실행한다.

```
zenml disconnect
```

세이지메이커에서 ZenML 파이프라인 실행 후 발생하는 ResourceLimitExceeded 오류 해결

AWS 스택을 사용해 세이지메이커에서 ZenML 파이프라인 실행 후 ResourceLimitExceeded 오류가 발생했다고 가정한다. 이 경우 특정 유형의 AWS EC2 VM에 대한 접근 권한을 AWS에 명시적으로 요청해야 한다.

ZenML은 기본적으로 AWS 프리미엄 티어에 포함된 ml.t3.medium EC2 머신을 사용한다. 하지만 일부 AWS 계정에서는 기본적으로 이러한 VM에 접근할 수 없다. 접근 가능 여부를 확인하려면 AWS 콘솔에서 'Service Quotas'를 검색한다.

왼쪽 패널에서 'AWS services'를 클릭한 뒤, 'Amazon SageMaker'를 검색하고 ml.t3.medium을 찾는다. [그림 11-13]에서 이러한 유형의 머신에 대한 할당량을 확인할 수 있다. 할당량이 0이라면 AWS에 요청해 [그림 11-13]의 'Applied account-level quota value' 열에 표시된 값과 비슷한 수준으로 늘려달라고 요청해야 한다. 이 과정은 무료이며, 몇 번의 클릭만으로 진행할 수 있다. 하지만 AWS가 요청을 승인할 때까지 몇 시간에서 하루 정도 기다려야 할 수도 있다.

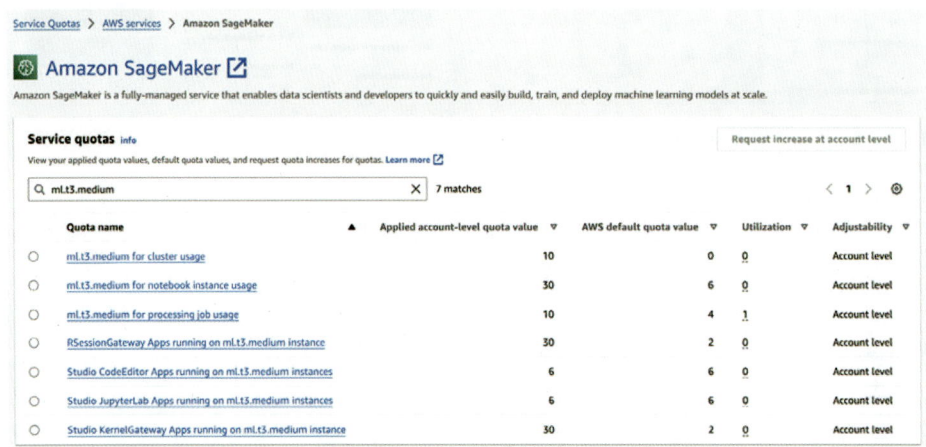

그림 11-13 세이지메이커 ml.t3.medium 할당량

이 오류를 해결하고 새로운 할당량을 요청하는 단계별 지침은 다음 링크에서 확인할 수 있다.[4]

---

[4] https://repost.aws/knowledge-center/sagemaker-resource-limit-exceeded-error

.env 파일의 값을 변경하고 이를 ZenML 시크릿에 업데이트하려면 먼저 다음 CLI 명령어를 실행해 기존 시크릿을 삭제한다.

```
poetry poe delete-settings-zenml
```

그런 다음, 다음 명령어를 실행해 변경된 값을 다시 내보낸다.

```
poetry poe export-settings-to-zenml
```

11.3 LLM Twin에 LLMOps 적용

11.2절에서는 도커 이미지를 수동으로 빌드하고 이를 ECR에 푸시해서 LLM Twin 프로젝트의 인프라를 설정하는 방법을 살펴봤다. 이제 전체 프로세스를 자동화하고, Github Actions를 사용한 CI/CD 파이프라인과 ZenML을 활용한 CT 파이프라인을 구현하려고 한다. 앞서 언급한 것처럼, CI/CD/CT 파이프라인을 구현하면 `main` 브랜치에 푸시된 각 기능이 일관성과 테스트를 유지할 수 있다. 또한 배포와 학습을 자동화함으로써 협업을 지원하고 시간을 절약하며 휴먼 에러를 줄일 수 있다.

마지막으로, 이번 절의 끝에서는 Comet ML의 Opik을 사용해 프롬프트 모니터링 파이프라인을 구현하는 방법과 ZenML을 사용한 알림 시스템을 구현하는 방법을 설명한다. 이 프롬프트 모니터링 파이프라인은 RAG와 LLM 로직을 디버깅하고 분석하는 데 도움을 준다. LLM 시스템은 비결정론적이기 때문에 프롬프트 추적 정보를 수집하고 저장하는 것이 ML 로직을 모니터링하는 데 필수적이다. 구현에 들어가기 전에, LLM Twin의 CI/CD 파이프라인 흐름에 대한 간단한 설명부터 시작한다.

11.3.1 LLM Twin의 CI/CD 파이프라인 흐름

두 가지 환경, 즉 스테이징과 프로덕션 환경이 있다. 새로운 기능을 개발할 때는 스테이징 브랜치에서 새로운 브랜치를 생성하고 해당 브랜치에서만 개발을 진행한다. 기능 개발이 완료되었다고 판단되면 스테이징 브랜치로의 **풀 리퀘스트**^{pull request}(PR)를 생성한다. 기능 브랜치가 승인되면 스테이징 브랜치에 병합된다. 이는 대부분의 소프트웨어 애플리케이션에서 표준적인 워크플로다. 개발 환경을 추가하는 등 변형이 있을 수 있지만 기본 원칙은 동일하다.

[그림 11-14]처럼 PR이 열리면 CI 파이프라인이 실행된다. 이 시점에서 기능 브랜치에 대해 포매팅formatting 및 린팅linting 에러를 검사한다. 또한 gitleaks 명령어를 실행해 실수로 커밋된 자격 증명이나 민감한 정보를 확인한다. 린팅, 포매팅, gitleaks 단계(정적 분석으로도 알려짐)를 통과하면 자동화된 테스트를 실행한다. 정적 분석 단계는 자동화된 테스트보다 빠르게 실행되므로 실행 순서가 중요하다. 따라서 CI 파이프라인의 시작 부분에 정적 분석 단계를 추가하는 것은 좋은 실천 방법이다. CI 단계는 다음과 같은 순서를 제안한다.

- gitleaks 검사
- 린팅 검사
- 포매팅 검사
- 자동화 테스트(예: 단위 테스트 및 통합 테스트)

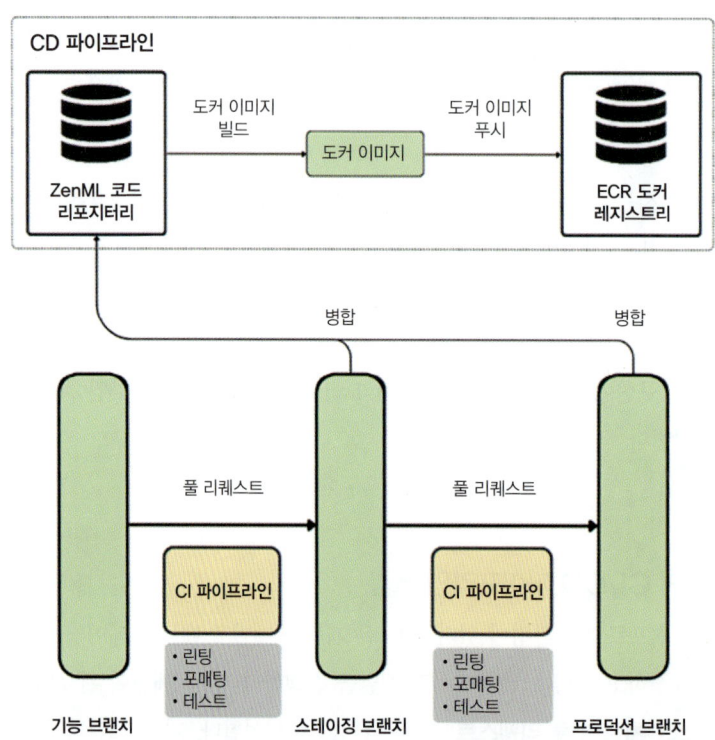

그림 11-14 CI/CD 파이프라인 흐름

검사가 하나라도 실패하면 CI 파이프라인이 중단되며, PR을 생성한 개발자는 문제를 해결하기 전까지 해당 브랜치를 스테이징 브랜치에 병합할 수 없다.

CI 파이프라인을 구현하면 새로운 기능이 리포지터리의 기준을 준수하고 기존 기능을 손상시키지 않도록 보장한다. 동일한 프로세스가 스테이징 브랜치를 프로덕션 브랜치에 병합할 때도 반복된다. PR을 열면 CI 파이프라인이 자동으로 실행된 후 스테이징 브랜치를 프로덕션에 병합한다.

브랜치가 병합된 후 CD 파이프라인이 실행된다. 예를 들어, 기능 브랜치가 스테이징 브랜치에 병합된 후 CD 파이프라인은 스테이징 브랜치에서 코드를 가져와 새로운 도커 이미지를 빌드하고 이를 AWS ECR 도커 리포지터리에 푸시한다. 이후 스테이징 환경에서 파이프라인을 실행할 때는 CD 파이프라인에서 빌드된 최신 도커 이미지를 사용한다. 동일한 프로세스가 스테이징과 프로덕션 사이에서도 진행된다. 하지만 중요한 차이점은 스테이징 환경이 실험적인 공간으로 존재하며, QA 팀과 이해관계자가 CI 파이프라인에서 자동으로 테스트된 내용과 함께 새로운 기능을 추가로 수동 테스트할 수 있다는 점이다.

리포지터리에서 프로덕션을 반영하는 메인 브랜치와 새로운 작업을 푸시하기 위한 기능 브랜치만 사용했다. 이는 단순함을 유지하기 위해 그렇게 한 것이지만, 동일한 원칙이 적용된다. 흐름을 확장하려면 스테이징 브랜치를 생성하고 이를 CD 파이프라인에 추가해야 한다.

포매팅 에러

포매팅 에러formatting error는 코드의 스타일과 구조와 관련되며, 일관된 시각적 레이아웃을 유지하도록 한다. 여기에는 공백 배치, 들여쓰기, 줄 길이 및 기타 스타일 요소가 포함된다.

포매팅의 주요 목적은 코드를 더 읽기 쉽고 유지 관리하기 쉽게 만드는 것이다. 일관된 코드 형식은 개발자의 개인차와 무관하게 통일된 코드 스타일을 보장해 팀의 협업 효율성을 높인다. 다음은 포매팅 오류의 대표적인 사례들이다.

- 잘못된 들여쓰기 (예: 공백과 탭을 혼용하는 경우)
- 지나치게 긴 줄 (예: 스타일 가이드에 따라 79자 또는 88자를 초과하는 경우)
- 연산자 주변이나 쉼표 뒤에 공백이 없거나 과도한 공백이 있는 경우

린팅 에러

린팅 에러linting error는 스타일을 넘어 코드에서 버그, 비효율성 또는 코딩 표준을 준수하지 않는 문제로 이어질 수 있는 잠재적인 문제와 관련이 있다. 린팅 검사는 주로 코드에 대한 정적 분석을 통해 사용되지 않은 변수, 정의되지 않은 이름 또는 의심스러운 관행 등을 찾아낸다.

린팅의 주요 목표는 개발 과정 초기에 잠재적인 오류나 잘못된 관행을 발견해 코드 품질을 향상하고 버그 발생 가능성을 줄이는 것이다. 린팅 에러의 예는 다음과 같다.

- 사용되지 않은 `import`나 변수
- 정의되지 않은 변수나 함수를 사용하는 경우
- 잠재적으로 위험한 코드 (예: `None`을 확인할 때 `is` 대신 `==`를 사용하는 경우)

Ruff는 포매팅과 린팅을 위한 다재다능한 도구로 사용된다. 이는 일반적인 형식 문제와 PEP 8 준수 여부를 점검하며, 잠재적 오류와 코드 품질 문제를 위한 심층적인 린팅 검사도 포함한다. 또한 러스트로 작성되어 대규모 코드베이스에서도 빠르게 작동한다.

11.3.2 Github Actions 개요

Github Actions는 깃허브에서 제공하는 CI/CD 플랫폼으로, 개발자가 깃허브 리포지터리 내에서 워크플로를 직접 자동화할 수 있도록 한다. YAML 파일로 워크플로를 정의해 깃허브에서 바로 코드 빌드, 테스트, 배포를 실행할 수 있다. 깃허브의 일부이므로 리포지터리, 이슈, PR(풀 리퀘스트) 및 기타 깃허브 기능과 원활하게 연동된다. 알아야 할 주요 구성 요소는 다음과 같다.

- **워크플로**workflow: 워크플로는 리포지터리의 `.github/workflows` 디렉터리에 위치한 YAML 파일로 정의된 자동화 프로세스이다. 무엇을 실행할지(예: 빌드, 테스트, 배포)와 언제 실행할지(예: 푸시, PR)를 명시한다.
- **잡**job: 워크플로는 잡으로 구성되며, 이는 동일한 러너에서 실행되는 단계의 그룹이다. 각 잡은 독립적인 가상 환경에서 실행된다.
- **스텝**step: 잡은 여러 개의 독립적인 스텝으로 구성되며, 이는 액션이나 셸 명령으로 이루어진다.
- **액션**action: 액션은 재사용 가능한 명령이나 스크립트이다. 깃허브 마켓플레이스에서 제공하는 사전 구축된 액션을 사용하거나 직접 작성할 수 있다. 이를 파이썬 함수와 유사하게 생각할 수 있다.
- **러너**runner: 러너는 잡을 실행하는 서버이다. 깃허브에서 호스팅하는 러너(리눅스, 윈도우, 맥OS)를 사용할 수 있으며, 직접 러너를 호스팅할 수도 있다.

워크플로는 YAML 문법을 사용해 작성된다. 예를 들어, 현재 깃허브 리포지터리를 클론하고 우분투 환경에서 파이썬 3.11을 설치하는 간단한 워크플로는 다음과 같다.

```yaml
name: Example
on: [push]
jobs:
  build:
    runs-on: ubuntu-latest
    steps:
        - name: Checkout
          uses: actions/checkout@v3
        - name: Setup Python
          uses: actions/setup-python@v3
          with:
              python-version: "3.11"
```

워크플로는 `push`, `pull_request`, `schedule`과 같은 이벤트에 의해 트리거된다. 예를 들어, 특정 브랜치에 코드가 푸시될 때마다 워크플로를 트리거할 수 있다. 이제 깃허브 Actions의 작동 방식을 이해했으니, LLM Twin의 CI 파이프라인을 살펴보자.

11.3.3 CI 파이프라인

LLM Twin의 CI 파이프라인은 두 개의 잡으로 나뉜다.

- **QA 잡**: Ruff를 사용해 형식 및 린팅 에러를 검사한다. 또한 `gitleaks` 단계를 실행해 리포지터리 전체에서 유출된 비밀 정보를 스캔한다.
- **테스트 잡**: Pytest를 사용해 모든 자동 테스트를 실행한다. 여기서는 CI 파이프라인을 보여주기 위해 더미 테스트를 구현했지만, 이 책에서 제공하는 구조를 활용하면 실제 테스트를 추가해 쉽게 확장할 수 있다.

Github Actions CI YAML 파일

YAML 파일은 `.github/workflows/ci.yaml`에 위치한다. 이 파일은 워크플로의 이름을 'CI'로 정의한다. 이는 Github Actions 인터페이스에서 워크플로를 식별하는 데 사용된다. 다음으로, 워크플로는 `pull_request` 이벤트가 발생할 때마다 트리거되도록 설정되어 있다. 따라서 이 CI 워크플로는 PR이 열리거나 동기화되거나 다시 열릴 때 자동으로 실행된다.

```
name: CI

on:
  pull_request:
```

concurrency은 특정 참조(예: 브랜치)에 대해 언제든지 하나의 워크플로 인스턴스만 실행되도록 보장한다. group 필드는 깃허브의 표현식을 사용해 워크플로와 참조를 기반으로 고유한 그룹 이름을 생성하도록 정의된다. cancel-in-progress: true는 이전 워크플로 실행이 완료되기 전에 새 워크플로 실행이 트리거되면, 이전 실행을 취소하도록 설정한다. 이는 동일한 워크플로의 중복 실행을 방지하는 데 특히 유용하다.

```
concurrency:
  group: ${{ github.workflow }}-${{ github.ref }}
  cancel-in-progress: true
```

워크플로는 두 개의 개별 잡, 즉 qa와 test를 정의한다. 각 잡은 runs-on: ubuntu-latest로 지정된 최신 버전의 우분투 환경에서 실행된다.

첫 번째 잡인 QA는 코드 검사와 포매팅 검증과 같은 품질 보증 작업을 담당한다. qa 잡 내에서 첫 번째 단계는 actions/checkout@v3 액션을 사용해 리포지터리의 코드를 체크아웃하는 것이다. 이 단계는 분석해야 할 코드에 접근할 수 있도록 보장하기 위해 필수적이다.

```
jobs:
 qa:
    name: QA
    runs-on: ubuntu-latest

    steps:
     - name: Checkout
       uses: actions/checkout@v3
```

다음 단계는 파이썬 환경을 설정하는 것이다. 이는 actions/setup-python@v3 액션을 사용하며, 파이썬 버전은 '3.11'로 지정된다. 이 단계는 이후 잡에서 실행되는 단계들이 올바른 파이썬 환경에서 수행되도록 보장한다.

```yaml
- name: Setup Python
  uses: actions/setup-python@v3
  with:
    python-version: "3.11"
```

워크플로는 이후 abatilo/actions-poetry@v2 액션을 사용해 Poetry를 설치하며, Poetry 버전은 1.8.3으로 지정한다.

```yaml
- name: Install poetry
  uses: abatilo/actions-poetry@v2
  with:
    python-version: 1.8.3
```

Poetry 설정이 완료되면 워크플로는 `poetry install --only dev` 명령으로 프로젝트의 개발 의존성을 설치한다. 추가로, 워크플로는 Poetry의 `poethepoet` 플러그인을 추가해, 프로젝트 내에서 미리 정의된 작업들을 더 편리하게 실행할 수 있도록 한다.

```yaml
- name: Install packages
  run: |
    poetry install --only dev
    poetry self add 'poethepoet[poetry_plugin]'
```

qa 잡은 코드에 대해 여러 품질 검사를 실행한다. 첫 번째 검사는 `gitleaks`라는 도구를 사용해 코드베이스에서 비밀 정보를 스캔하며, 민감한 정보가 실수로 커밋되지 않았는지 확인한다.

```yaml
- name: gitleaks check
  run: poetry poe gitleaks-check
```

`gitleaks` 검사가 완료된 후 워크플로는 파이썬 코드에서 코딩 표준과 모범 사례를 준수하도록 하기 위해 린팅 과정을 실행한다. 이는 `poetry poe lint-check` 명령을 통해 수행되며 내부적으로 Ruff를 사용한다.

```yaml
- name: Lint check [Python]
  run: poetry poe lint-check
```

qa job의 마지막 단계는 포매팅 검사를 수행해 파이썬 코드가 프로젝트의 스타일 가이드라인에 맞게 올바르게 작성되었는지 확인하는 것이다. 이는 내부적으로 Ruff를 사용하는 `poetry poe format-check` 명령을 통해 실행된다.

```yaml
- name: Format check [Python]
  run: poetry poe format-check
```

워크플로에 정의된 두 번째 잡은 테스트 잡으로, 이 역시 최신 버전의 우분투에서 실행된다. qa 잡과 마찬가지로, 리포지터리에서 코드를 체크아웃하고 파이썬 3.11과 Poetry 1.8.3을 설치하는 것으로 시작한다.

```yaml
test:
  name: Test
  runs-on: ubuntu-latest

  steps:
    - name: Checkout
      uses: actions/checkout@v3
    ...
```

시스템 의존성을 설정한 후, 테스트 잡은 `poetry install` 명령으로 프로젝트의 모든 의존성을 설치한다. 테스트를 실행하려면 애플리케이션 실행에 필요한 모든 의존성을 이번에 설치해야 한다.

```yaml
- name: Install packages
  run: |
    poetry install --without aws
    poetry self add 'poethepoet[poetry_plugin]'
```

마지막으로, 테스트 잡은 `poetry poe test` 명령을 사용해 프로젝트의 테스트를 실행한다. 이 단계는 모든 테스트가 실행되도록 보장하며, 현재 코드 변경 사항이 기능을 손상시키는지 여부에 대한 피드백을 제공한다.

```yaml
- name: Run tests
  run: |
```

```
echo "Running tests..."
poetry poe test
```

QA 또는 테스트 잡의 단계 중 하나라도 실패하면 Github Actions 워크플로가 실패하며, 문제가 해결되기 전까지 PR을 병합할 수 없게 된다. 이러한 접근 방식을 통해 메인 브랜치에 추가되는 모든 새로운 기능이 프로젝트의 기준을 준수하고, 자동화된 테스트를 통해 기존 기능이 손상되지 않도록 보장한다.

[그림 11.15]는 깃허브 리포지터리의 'Actions' 탭에서 CI 파이프라인을 보여준다. 이 파이프라인은 'feat: Add Docker image and CD pipeline'이라는 커밋 메시지 이후 실행되었으며 앞서 설명한 두 개의 잡(QA와 테스트)을 실행했다.

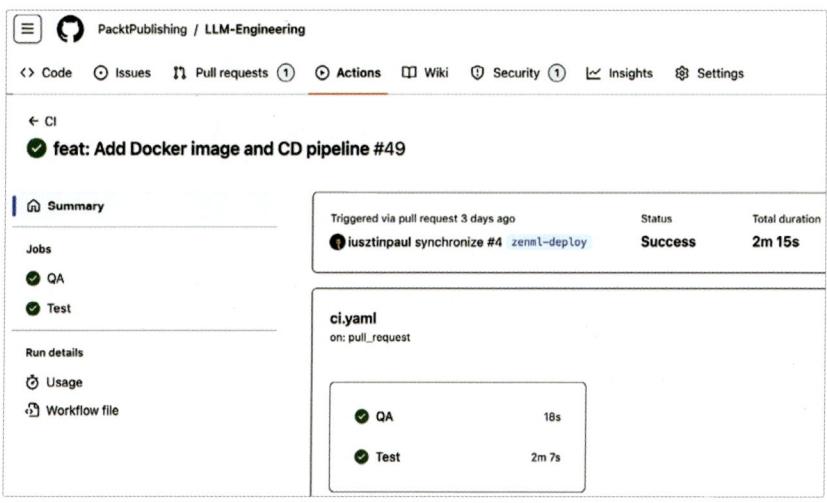

그림 11-15 Github Actions CI pipeline 실행 예시

11.3.4 CD 파이프라인

CD 파이프라인은 11.2절에서 수동으로 수행했던 도커 단계를 자동화한다. 이 단계들은 다음과 같다.

- 도커 설정
- AWS에 로그인

11장 MLOps와 LLMOps **469**

- 도커 이미지를 빌드
- 도커 이미지를 AWS ECR에 푸시

이를 바탕으로, `.github/workflows/cd.yaml`에 위치한 Github Actions YAML 파일을 살펴보자. 이 파일은 워크플로 이름을 CD로 설정하고 워크플로의 트리거를 지정한다. 트리거는 리포지터리의 메인 브랜치로의 푸시이다. 이 워크플로는 메인 브랜치에 새로운 코드가 푸시될 때 자동으로 실행되며, 일반적으로 PR이 메인 브랜치에 병합될 때 발생한다. `on.push` 설정은 이 트리거를 구성한다.

```
name: CD

on:
  push:
    branches:
      - main
```

워크플로는 이후 `Build & Push Docker Image`라는 하나의 잡을 정의한다.

```
jobs:
  build:
    name: Build & Push Docker Image
    runs-on: ubuntu-latest
```

잡의 첫 번째 단계는 리포지터리의 코드를 체크아웃하는 것이다.

```
steps:
  - name: Checkout Code
    uses: actions/checkout@v3
```

코드를 체크아웃한 후 워크플로는 `docker buildx`를 설정한다. `docker buildx`는 도커 CLI 플러그인으로 멀티플랫폼 빌드와 캐시 '가져오기/내보내기' 같은 기능을 통해 도커의 빌드 기능을 확장한다.

```
- name: Set up Docker Buildx
  uses: docker/setup-buildx-action@v3
```

다음 단계는 AWS 자격 증명을 구성하는 것이다. 이 단계는 도커 이미지를 푸시할 아마존 ECR과 같은 AWS 서비스와 상호작용하기 위해 필수적이다. AWS 액세스 키, 비밀 액세스 키, 리전 정보는 리포지터리의 시크릿에서 안전하게 가져와 워크플로가 AWS에 인증되도록 한다. 이를 통해 워크플로가 ECR 리포지터리에 도커 이미지를 푸시할 수 있는 권한을 확보한다. 시크릿을 설정하는 방법은 YAML 파일 설명을 마친 후에 설명한다.

```
- name: Configure AWS credentials
  uses: aws-actions/configure-aws-credentials@v1
  with:
    aws-access-key-id: ${{ secrets.AWS_ACCESS_KEY_ID }}
    aws-secret-access-key: ${{ secrets.AWS_SECRET_ACCESS_KEY }}
    aws-region: ${{ secrets.AWS_REGION }}
```

AWS 자격 증명이 설정된 후, 워크플로는 아마존 ECR에 로그인한다. 이 단계는 도커 CLI가 ECR 레지스트리와 인증을 완료해 이후 단계에서 이미지를 레지스트리에 푸시할 수 있도록 하는 데 필수적이다.

```
- name: Login to Amazon ECR
  id: login-ecr
  uses: aws-actions/amazon-ecr-login@v1
```

워크플로의 마지막 단계는 도커 이미지를 빌드하고 이를 아마존 ECR 레지스트리에 푸시하는 것이다. 이는 `docker/build-push-action@v6` 액션을 사용해 수행된다. `context`는 빌드 문맥을 지정하며, 일반적으로 리포지터리의 루트 디렉터리를 가리킨다. `file` 옵션은 도커 이미지를 빌드하는 방법을 정의하는 Dockerfile을 지정한다. `tags` 섹션은 이미지에 태그를 지정하며, 특정 커밋 SHA와 `latest` 태그를 포함해 이미지의 최신 버전을 식별하는 데 사용된다. `push` 옵션은 `true`로 설정되어, 빌드가 완료된 후 이미지가 ECR로 업로드된다.

```
- name: Build images & push to ECR
  id: build-image
  uses: docker/build-push-action@v6
  with:
    context: .
    file: ./Dockerfile
    tags: |
```

```
      ${{ steps.login-ecr.outputs.registry }}/${{ secrets.AWS_ECR_NAME
}}:${{ github.sha }}
${{ steps.login-ecr.outputs.registry }}/${{ secrets.AWS_ECR_NAME
}}:latest
    push: true
```

결론적으로, CD 파이프라인은 AWS에 인증하고 도커 이미지를 빌드한 후 이를 AWS ECR에 푸시한다. 도커 이미지는 `latest` 태그와 커밋의 SHA 태그를 함께 푸시한다. 이를 통해 항상 최신 이미지를 사용할 수 있으며, 이미지가 생성된 코드의 커밋을 추적할 수 있다.

또한 현재 코드에서는 프로덕션 환경을 반영하는 `main` 브랜치만 사용하고 있다. 그러나 개발자로서 이 기능을 확장해 스테이징 및 개발 환경을 추가할 수 있다. 이를 위해 YAML 파일의 시작 부분에서 `on.push.branches` 설정에 해당 브랜치 이름을 추가하면 된다.

[그림 11-16]에서는 PR이 프로덕션 브랜치에 병합된 후 CD 파이프라인이 어떻게 보이는지 확인할 수 있다. 이전에 언급한 것처럼 여기서는 오직 `Build & Push Docker Image job`만 실행된다.

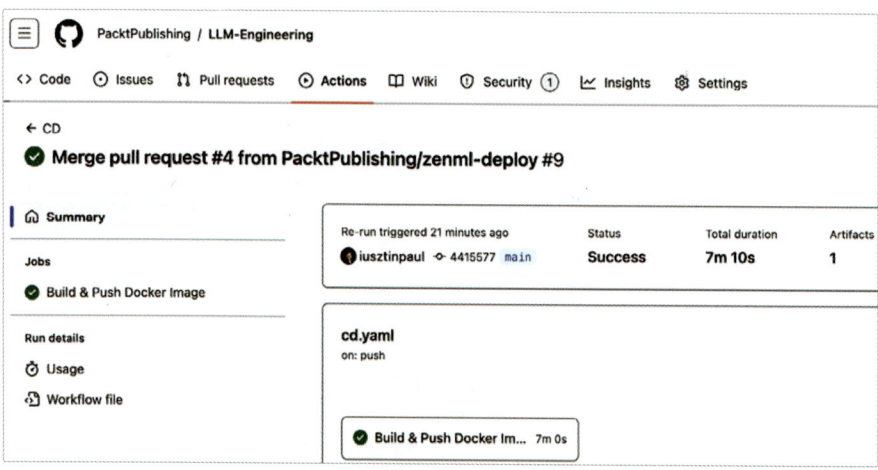

그림 11-16 Github Actions CD pipeline 실행 예시

이제 CI/CD 파이프라인 설정의 마지막 단계인 CI/CD 파이프라인 테스트를 알아보자.

11.3.5 CI/CD 파이프라인 테스트

CI/CD 파이프라인을 직접 테스트하려면, 깃허브 리포지터리에서 LLM-Engineering 리포지터리를 포크해야 한다. 이렇게 하면 리포지터리에 대한 전체 쓰기 권한을 가질 수 있다. 깃허브 프로젝트를 포크하는 방법에 대한 공식 튜토리얼은 다음 링크에서 확인할 수 있다.[5]

마지막 단계는 CD 파이프라인이 AWS에 로그인하고 올바른 ECR 리소스를 가리킬 수 있도록 몇 가지 시크릿을 설정하는 것이다. 이를 위해 다음 단계를 따라야 한다.

1 포크한 깃허브 리포지터리의 상단에 있는 'Settings' 탭으로 이동한다.
2 왼쪽 패널에서 Security 섹션을 찾고 'Secrets and Variables' 토글을 클릭한 다음 [Actions]를 선택한다.
3 'Secrets' 탭에서 [그림 11-18]에 표시된 대로 네 가지 리포지터리 시크릿을 생성한다.

이 시크릿들은 안전하게 저장되며 Github Actions CD 파이프라인에서만 접근 가능하다.

`AWS_ACCESS_KEY_ID`와 `AWS_SECRET_ACCESS_KEY`는 책 전반에서 사용한 AWS 자격 증명이다. 이 자격 증명을 생성하는 방법은 2장에서 다루었다. `AWS_REGION`(예: `eu-central-1`)과 `AWS_ECR_NAME`은 11.2절에서 사용했던 것과 동일하다. 이 시크릿들을 설정함으로써 CD 파이프라인이 AWS와 상호작용하고, 올바른 ECR 리소스를 대상으로 이미지를 푸시할 수 있게 된다.

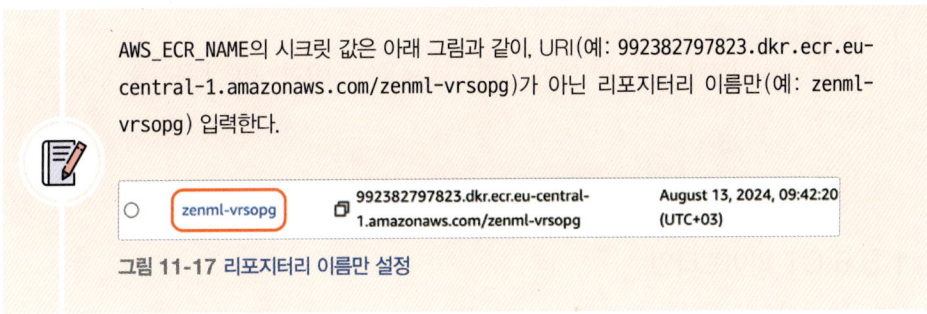

그림 11-17 리포지터리 이름만 설정

CI 파이프라인을 트리거하려면 기능 브랜치를 생성하고 코드나 문서를 수정한 뒤, 메인 브랜치로의 PR을 생성한다. 이때 이 책의 공식 깃허브 리포지터리(`PacktPublishing/LLM-Engineers-Handbook:main`)로 PR을 생성하는 것을 피하기 위해 PR 생성 base repository

---

5 https://docs.github.com/en/pull-requests/collaborating-with-pull-requests/working-with-forks/fork-a-repo

를 본인의 리포지터리로 설정한다. 이후 CD 파이프라인을 트리거하려면 해당 PR을 메인 브랜치에 병합한다.

CD Github Actions가 완료된 후 ECR 리포지터리를 확인해 도커 이미지가 성공적으로 푸시되었는지 확인한다.

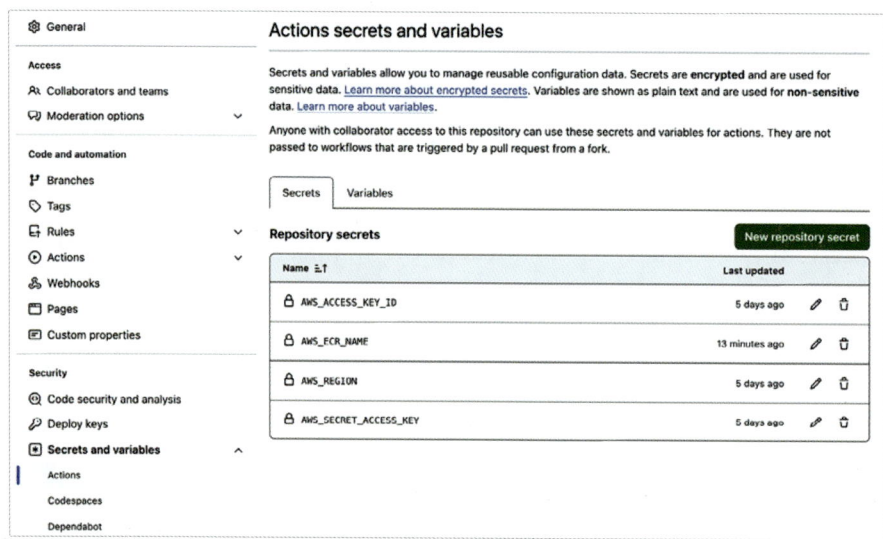

그림 11-18 Github Actions 시크릿

Github Actions 시크릿 설정 방법에 대한 자세한 내용이 필요하면 공식 문서를 참고하는 것을 권장한다.[6]

11.3.6 CT 파이프라인

CT 파이프라인을 구현하기 위해 ZenML을 활용한다. ZenML(또는 Metaflow, Dagster, Airflow와 같은 다른 오케스트레이터)을 사용해 모든 파이프라인을 오케스트레이션하고 인프라가 배포되면 CT를 거의 구현하게 된다.

CI/CD 파이프라인과 CT 파이프라인의 핵심 차이를 기억해야 한다. CI/CD 파이프라인은 코

---

[6] https://docs.github.com/en/actions/security-for-github-actions/security-guides/using-secrets-in-github-actions

드 테스트, 빌드, 배포를 처리하며, 이는 모든 소프트웨어 프로그램에 공통적인 측면이다. 반면, CT 파이프라인은 CI/CD 파이프라인에서 관리하는 코드를 활용해 데이터, 학습, 모델 서빙 과정을 자동화하며, 데이터와 모델이라는 측면은 AI 분야에만 존재한다. 구현에 들어가기 전에, CT를 쉽게 달성할 수 있었던 두 가지 설계 선택을 강조하고자 한다.

- **FTI 아키텍처**: 명확한 인터페이스와 구성 요소를 가진 모듈형 시스템은 파이프라인 간의 관계를 파악하고 이를 자동화하는 데 용이했다.
- **초기부터 오케스트레이터 사용**: 프로젝트 개발 초기부터 ZenML을 활용했다. 초반에는 로컬 환경에서만 사용했지만 이는 파이프라인의 진입점과 실행을 모니터링하는 방법으로 작동했다. 이를 통해 각 파이프라인을 분리하고 데이터 웨어하우스, 특성 저장소, 아티팩트 저장소와 같은 다양한 데이터 저장소를 통해서만 파이프라인 간 통신을 처리하도록 했다. ZenML을 초기부터 사용함으로써 애플리케이션을 설정하기 위한 번거로운 CLI를 구현할 필요가 없었고 대신 YAML 설정 파일을 바로 활용해 간편하게 구성할 수 있었다.

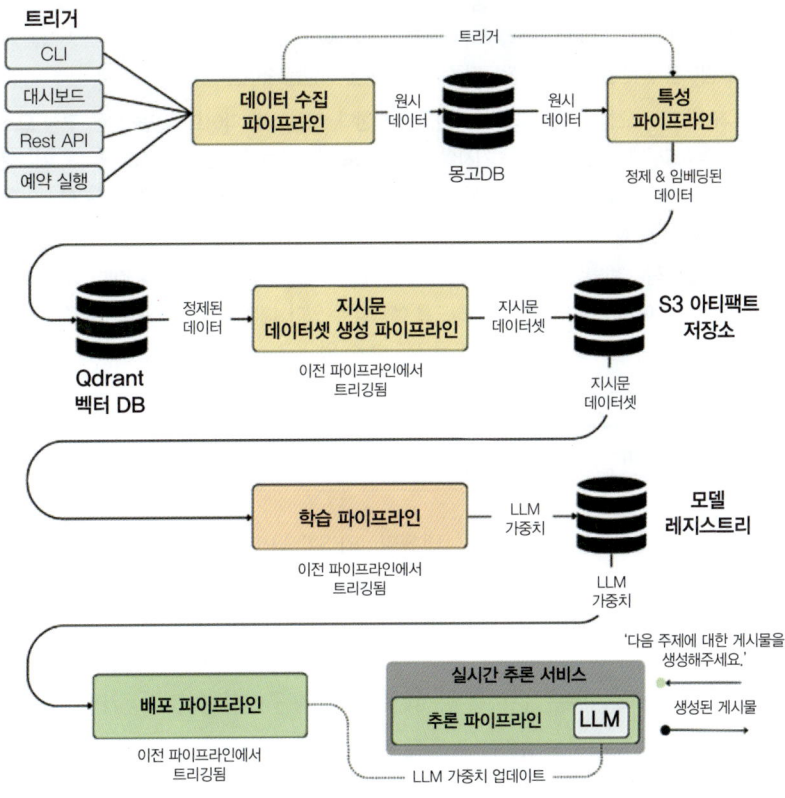

그림 11-19 CT 파이프라인

[그림 11-19]에서는 학습과 배포를 완전히 자동화하기 위해 연결해야 하는 모든 파이프라인을 볼 수 있다. 이 파이프라인들은 새롭게 고안된 것이 아니라, 앞서 책에서 다룬 개념들을 종합적으로 연결한 것이다. 따라서 이 시점에서는 각 파이프라인의 내부 동작을 깊이 파고들지 않고, 각 파이프라인을 각각의 모듈로 간주한다.

LLM Twin의 CT 파이프라인에서는 파이프라인을 시작하는 초기 트리거와 각 파이프라인이 서로 어떻게 트리거되는지에 대해 다룬다.

초기 트리거

[그림 11-18]처럼 초기에는 데이터 수집 파이프라인을 트리거한다. 일반적으로 트리거는 다음 세 가지 유형으로 나뉜다.

- **수동 트리거**: CLI나 오케스트레이터 대시보드를 통해 실행한다. 여기서는 ZenML 대시보드를 통해 실행한다. 수동 트리거는 매우 강력한 도구로, 데이터 수집부터 배포까지 전체 ML 시스템을 한 번의 동작으로 시작할 수 있다. 이는 여러 스크립트를 잘못 설정하거나 잘못된 순서로 실행할 위험을 줄여준다.
- **REST API 트리거**: HTTP 요청을 통해 파이프라인을 호출한다. 이는 ML 파이프라인을 다른 구성 요소와 통합할 때 매우 유용하다. 예를 들어, 새로운 기사를 지속적으로 감시하는 워처를 설정하고 새로운 기사를 발견했을 때 REST API 트리거를 사용해 ML 로직을 실행하도록 할 수 있다. 이 기능에 대한 자세한 내용은 ZenML 공식 문서의 튜토리얼[7]을 참조한다.
- **예약 트리거**: 또 다른 일반적인 방법은 파이프라인이 일정 간격으로 실행되도록 예약하는 것이다. 사용 사례에 따라, 파이프라인을 매일, 매시간, 또는 매분 실행하도록 예약할 수 있다. 대부분의 오케스트레이터(ZenML 포함)는 크론 표현식 인터페이스를 제공해 실행 빈도를 정의할 수 있다. ZenML의 예를 들면, 파이프라인이 매시간 실행되도록 설정할 수 있다.

```
Schedule(cron_expression="* * 1 * *")
```

LLM Twin의 사용 사례에서는 수동 트리거를 선택했다. REST API 트리거를 활용할 다른 구성 요소가 없기 때문이다. 또한 데이터셋이 ZenML 설정에 정의된 정적 링크 목록에서 생성되므로, 스케줄을 기반으로 실행하면 항상 동일한 결과만 나오기 때문에 적합하지 않다.

하지만 프로젝트의 다음 단계로, 새로운 기사를 감시하는 워처를 구현할 수 있다. 워처가 새 기사를 발견하면 새로운 설정을 생성하고 REST API를 통해 파이프라인을 트리거한다. 또 다른 방법은 워처를 추가적인 파이프라인으로 구현하고 스케줄 트리거를 활용해 매일 새로운 데이

---

7 https://docs.zenml.io/v/docs/how-to/trigger-pipelines/trigger-a-pipeline-from-rest-api

터를 확인하도록 설정하는 것이다. 새 데이터를 발견하면 전체 ML 시스템을 실행하고 그렇지 않으면 실행을 중단한다.

결론적으로, 단일 명령으로 모든 ML 파이프라인을 수동으로 트리거할 수 있으면 이를 더 복잡한 사용 사례에 쉽게 확장할 수 있다.

하위 파이프라인 트리거

파이프라인 실행을 단순화하기 위해 모든 파이프라인을 순차적으로 연결했다. 구체적으로, 데이터 수집 파이프라인이 완료되면 특성 파이프라인이 실행된다. 특성 파이프라인 완료 후에 데이터셋 생성 파이프라인이 실행되는 방식이다. 이를 더 복잡하게 구성할 수도 있다. 예를 들어, 지시문 데이터셋 생성 파이프라인을 매일 실행하도록 예약할 수 있다. 또는 Qdrant 벡터 DB에서 새로운 데이터의 양을 확인하고 충분한 데이터가 있을 때만 시작하도록 설정할 수 있다. 이후에는 시스템의 매개변수를 조정하고 최적화해서 비용을 줄이는 방향으로 개선할 수 있다.

모든 파이프라인을 한 번에 실행하기 위해 각 파이프라인들을 모아 하나의 진입점으로 통합하는 마스터 파이프라인을 생성했다.

```
@pipeline
def end_to_end_data(
    author_links: list[dict[str, str | list[str]]], ... # 기타 매개변수...
) -> None:
    wait_for_ids = []
    for author_data in author_links:
        last_step_invocation_id = digital_data_etl(
            user_full_name=author_data["user_full_name"], links=author_data["links"]
        )
        wait_for_ids.append(last_step_invocation_id)
    author_full_names = [author_data["user_full_name"] for author_data in author_links]
    wait_for_ids = feature_engineering(author_full_names=author_full_names, wait_for=wait_for_ids)

  generate_instruct_datasets(...)

  training(...)

  deploy(...)
```

함수를 가볍게 유지하기 위해 특성 계산까지의 모든 로직을 추가했다. 그러나 위의 코드 예시에서 보여주는 것처럼, 지시문 데이터셋 생성, 학습, 배포 로직을 상위 파이프라인에 쉽게 추가해 엔드투엔드 흐름을 구현할 수 있다. 이렇게 하면 데이터 수집부터 모델 배포까지 모든 과정을 자동화할 수 있다.

`end-to-end pipeline` 실행을 위해 아래의 poe 명령어를 사용한다.

```
poetry poe run-end-to-end-data-pipeline
```

우리가 구현한 방식은 최적의 접근법은 아니다. 이는 모든 단계를 단일 모놀리식 파이프라인으로 압축하는 방식이다. 일반적으로는 각 파이프라인을 독립적으로 유지하고 트리거를 사용해 하위 파이프라인을 시작하는 것이 바람직하다. 이렇게 하면 시스템을 더 쉽게 이해하고 디버깅하며 모니터링할 수 있다.

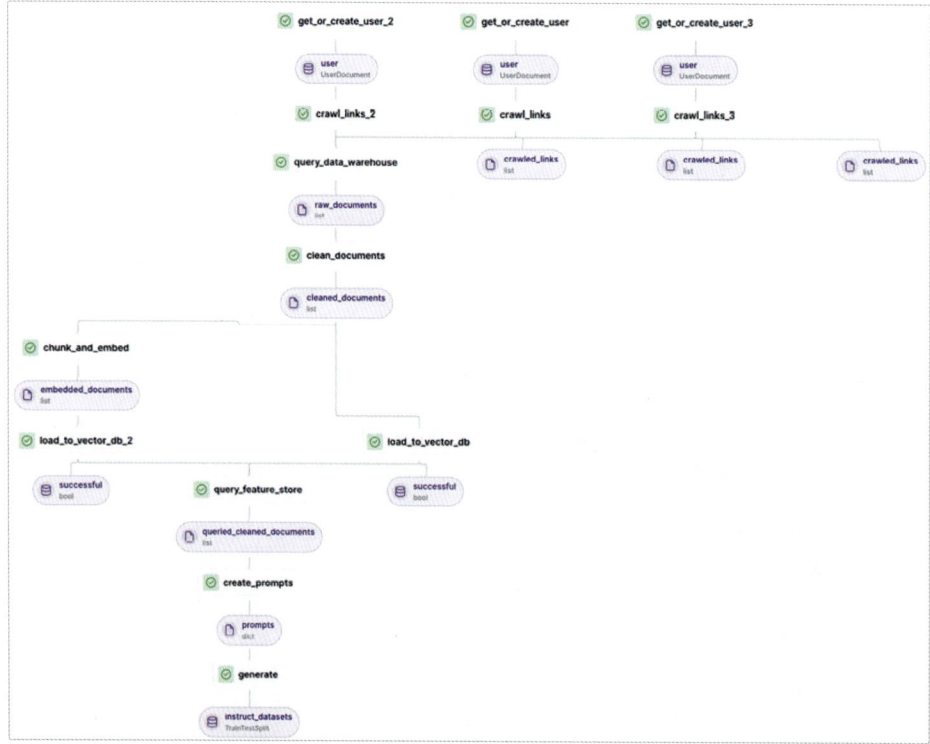

그림 11-20 ZenML 대시보드에서 end-to-end pipeline 조회

아쉽게도 ZenML 클라우드의 무료 체험판은 최대 세 개의 파이프라인으로 제한된다. 이 제한을 피하기 위해 모든 단계를 하나의 파이프라인으로 통합했다. 그러나 ZenML을 직접 호스팅하거나 라이선스를 구매할 계획이라면, 파이프라인을 독립적으로 트리거할 수 있는 기능을 제공한다. 아래 코드 예시에서 데이터 수집 ETL 이후 특성 엔지니어링 파이프라인을 실행하는 설정을 확인할 수 있다.

```python
from zenml import pipeline, step


@pipeline
def digital_data_etl(user_full_name: str, links: list[str]) -> str:
    user = get_or_create_user(user_full_name)
    crawl_links(user=user, links=links)

trigger_feature_engineering_pipeline(user)

@step
def trigger_feature_engineering_pipeline(user):
run_config = PipelineRunConfiguration(...)

Client().trigger_pipeline("feature_engineering", run_configuration=run_config)

@pipeline
def feature_engineering(author_full_names: list[str]) -> list[str]:
    ... # ZenML 스텝
```

이 접근 방식을 사용하면 각 파이프라인이 독립적으로 실행되며, 하나의 파이프라인이 순차적으로 다음 파이프라인을 트리거한다. 이는 11.3.6절의 '하위 파이프라인 트리거' 초반에서 설명한 내용과 동일하다. 이 기능은 ZenML에만 국한된 것이 아니라 오케스트레이터 도구에서 흔히 제공되는 기능이다. 지금까지 배운 원칙들은 그대로 적용되며, 달라지는 것은 도구와 상호작용하는 방식뿐이다.

11.3.7 프롬프트 모니터링

Opik(Comet ML의 도구)을 사용해 프롬프트를 모니터링한다. 하지만 이 장의 앞서 다룬 LLMOps 절에서 설명했듯이, 입력 프롬프트와 생성된 답변만을 확인하는 데 그치지 않는다.

사용자의 입력부터 최종 결과가 나올 때까지의 전체 과정을 로깅하고자 한다. LLM Twin 사용 사례를 살펴보기 전에 더 간단한 예제를 먼저 살펴보자.[8]

```python
from opik import track
import openai
from opik.integrations.openai import track_openai

openai_client = track_openai(openai.OpenAI())

@track
def preprocess_input(text: str) -> str:
    return text.strip().lower()

@track
def generate_response(prompt: str) -> str:
    response = openai_client.chat.completions.create(
        model="gpt-3.5-turbo",
        messages=[{"role": "user", "content": prompt}]
    )
    return response.choices[0].message.content

@track
def postprocess_output(response: str) -> str:
    return response.capitalize()

@track(name="llm_chain")
def llm_chain(input_text: str) -> str:
    preprocessed = preprocess_input(input_text)
    generated = generate_response(preprocessed)
    postprocessed = postprocess_output(generated)

    return postprocessed

result = llm_chain("Hello, do you enjoy reading the book?")
```

앞의 코드 예시는 대부분의 LLM 애플리케이션이 어떻게 작동하는지를 단순하게 보여준다. `llm_chain()` 메인 함수가 있으며 이 함수는 초기 입력을 매개변수로 받아 최종 결과를 반환한다.

---

[8] 옮긴이_ 2025년 3월 기준, gpt-3.5-turbo로 설정 시 코드가 정상으로 실행되지만, 해당 모델은 향후 폐기될 우려가 있으므로, 최신 모델인 gpt-4o-mini로 설정하고 실행하는 것을 권장한다.

그다음 실제 LLM 호출을 중심으로 전처리와 후처리 함수가 있다. @track() 데코레이터를 사용해 각 함수의 입력과 출력을 로깅한다. 이는 최종적으로 하나의 추적^{trace}으로 통합된다. 이를 통해 초기 입력 텍스트, 생성된 답변, 잠재적인 문제를 디버깅하는 데 필요한 모든 중간 단계를 Opik의 대시보드를 통해 확인할 수 있다.

마지막 단계는 현재 추적에 사용 사례에 필요한 메타데이터를 추가하는 것이다. 아래 코드 조각에서 볼 수 있듯이, update() 메서드를 호출해 이를 쉽게 수행할 수 있다. 이 메서드를 통해 추적에 태그를 추가하거나 입력 토큰의 수와 같은 메타데이터를 파이썬 딕셔너리를 사용해 추가할 수 있다.

```python
from opik import track, opik_context

@track
def llm_chain(input_text):
    # LLM 체인 코드
    # ...

    opik_context.update_current_trace(
        tags=["inference_pipeline"],
        metadata={
            "num_tokens": compute_num_tokens(...)
        },
        feedback_scores=[
            {
                "name": "user_feedback",
                "value": 1.0,
                "reason": "The response was valuable and correct."
            },
            {
                "name": "llm_judge_score",
                "value": compute_llm_judge_score(...),
                "reason": "Computing runtime metrics using an LLM Judge."
            }
        ]
    )
```

이 아이디어를 확장해 다양한 피드백 점수를 기록할 수 있다. 가장 일반적인 방법은 생성된 답변이 유용하고 정확한지 사용자에게 묻는 것이다. 또 다른 방법은 휴리스틱이나 LLM 평가자를 통해 다양한 지표를 자동으로 계산하는 것이다.

마지막으로, LLM Twin 프로젝트에 프롬프트 모니터링을 추가하는 방법을 살펴보자. 먼저 [그림 11-21]을 참고하고, 모델 서빙 아키텍처를 기억하자. 이 아키텍처에는 두 개의 마이크로서비스, 즉 LLM 마이크로서비스와 비즈니스 마이크로서비스가 있다. LLM 마이크로서비스는 사용자 입력과 문맥을 포함한 프롬프트를 입력받아, 주로 후처리된 답변을 반환하는 좁은 범위의 작업을 수행한다. 따라서 비즈니스 마이크로서비스가 전체 흐름을 조율하므로 모니터링 파이프라인을 구현하기에 적합한 위치이다. 구체적으로는 Opik 구현이 10장에서 개발한 FastAPI 서버 내에서 이루어진다.

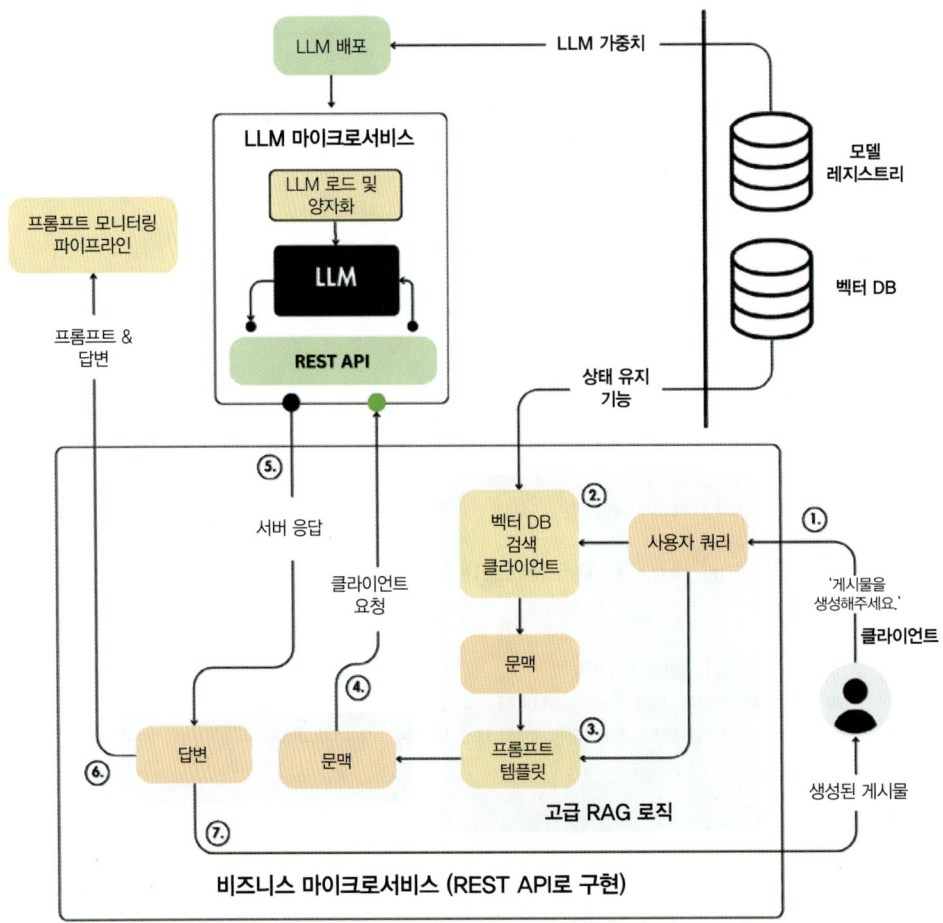

그림 11-21 추론 파이프라인 서빙 아키텍처

우리의 구현은 이미 모듈화되어 있으므로, Opik을 사용하면 사용자의 요청에 대한 전체 추적 로그를 기록하는 작업이 간단해진다.

```python
from opik import track

@track
def call_llm_service(query: str, context: str | None) -> str:
    llm = LLMInferenceSagemakerEndpoint(...)
    answer = InferenceExecutor(llm, query, context).execute()

    return answer

@track
def rag(query: str) -> str:
    retriever = ContextRetriever()
    documents = retriever.search(query, k=3 * 3)
    context = EmbeddedChunk.to_context(documents)

    answer = call_llm_service(query, context)

    return answer
```

rag() 함수는 애플리케이션의 진입점을 나타낸다. 나머지 처리 단계는 ContextRetriever와 InferenceExecutor 클래스에서 이루어진다. 또한 call_llm_service() 함수를 데코레이터로 감싸면 LLM에 전달된 프롬프트와 그에 대한 답변을 명확히 기록할 수 있다.

추적에 더 세부적인 정보를 추가하려면 ContextRetriever의 검색 함수처럼 전처리나 후처리 단계를 포함한 다른 함수들에도 데코레이터를 추가할 수 있다.

```python
class ContextRetriever:
    ...

    @track
    def search(
        self,
        query: str,
        k: int = 3,
        expand_to_n_queries: int = 3,
```

```python
) -> list:
    query_model = Query.from_str(query)
    query_model = self._metadata_extractor.generate(query_model)
    ... # 이하 실행코드 생략
```

또한 더 나아가 셀프-쿼리 메타데이터 추출기와 같은 검색 최적화 메서드에도 적용해 추적에 더욱 세부적인 정보를 추가할 수 있다.

```python
class SelfQuery:

    @track
    def generate(self, query: str) -> str:
    ...

        return enhanced_query
```

개발자는 적절한 디버깅과 분석을 위해 애플리케이션에 필요한 세분화 수준을 결정해야 한다. 상세한 모니터링은 유용하지만 모든 것을 모니터링하면 과도한 노이즈가 추가되어 추적 데이터를 이해하기 어려워질 수 있다. 따라서 먼저 **rag()**와 **call_llm_service()** 같은 주요 함수를 추적하는 것부터 시작하고, 필요에 따라 점진적으로 세분화 수준을 확대하는 방식이 효과적이다.

마지막 단계는 추적에 유용한 메타데이터와 태그를 추가하는 것이다. 이를 위해 **rag()** 함수를 다음과 같이 더욱 강화한다.

```python
@track
def rag(query: str) -> str:
    retriever = ContextRetriever()
    documents = retriever.search(query, k=3 * 3)
    context = EmbeddedChunk.to_context(documents)

    answer, prompt = call_llm_service(query, context)

    trace = get_current_trace()
    trace.update(
tags=["rag"],
metadata={
    "model_id": settings.HF_MODEL_ID,
```

```
            "embedding_model_id": settings.TEXT_EMBEDDING_MODEL_ID,
            "temperature": settings.TEMPERATURE_INFERENCE,
            "prompt_tokens": compute_num_tokens(prompt),
            "total_tokens": compute_num_tokens(answer),
        }
    )

    return answer
```

다음은 지속적으로 모니터링해야 할 세 가지 주요 측면이다.

- **모델 구성**: 여기에는 LLM과 RAG 계층 내에서 사용되는 다른 모델들이 포함된다. 로깅에서 가장 중요한 요소는 모델 ID이며, 생성 결과에 큰 영향을 미치는 온도와 같은 기타 중요한 정보도 캡처할 수 있다.
- **토큰 총 개수**: 입력 프롬프트로 생성된 토큰 수와 총 토큰 수의 통계를 지속적으로 분석하는 것이 중요하다. 이는 서빙 비용에 크게 영향을 미친다. 예를 들어, 생성된 총 토큰 수의 평균이 갑자기 증가한다면 시스템에 버그가 있을 가능성이 높으므로 조사해야 한다는 강력한 신호이다.
- **각 단계의 소요 시간**: 추적 내 각 단계의 소요 시간을 추적하는 것은 시스템 내 병목현상을 찾는 데 필수적이다. 특정 요청의 지연 시간이 비정상적으로 길다면 문제의 원인을 찾는 데 도움을 주는 보고서를 빠르게 확인할 수 있다.

11.3.8 알림

ZenML을 사용하면 이메일, 디스코드, 슬랙과 같은 원하는 플랫폼에서 빠르게 알림 시스템을 구현할 수 있다. 예를 들어, 학습 파이프라인에 콜백을 추가해 파이프라인이 실패하거나 학습이 성공적으로 완료되었을 때 알림을 트리거할 수 있다.

```
from zenml import get_pipeline_context, pipeline

@pipeline(on_failure=notify_on_failure)
def training_pipeline(...):
    ...
    notify_on_success()
```

알림 함수 구현은 간단하다. 아래 코드 조각에서 볼 수 있듯이, 현재 스택에서 알림 도구(alerter) 인스턴스를 가져오고, 적합한 방식으로 메시지를 구성한 다음, 선택한 알림 채널로 이를 전송하면 된다.

```python
from zenml.client import Client

alerter = Client().active_stack.alerter

def notify_on_failure() -> None:
    alerter.post(message=build_message(status="failed"))

@step(enable_cache=False)
def notify_on_success() -> None:
    alerter.post(message=build_message(status="succeeded"))
```

ZenML과 대부분의 오케스트레이터는 알림 도구 구현을 단순화한다. 이는 MLOps 및 LLMOps 인프라에서 중요한 구성 요소이기 때문이다.

요약

이 장에서는 먼저 DevOps에 대한 이론적 내용을 다루며 기초를 다졌다. 그 후, MLOps와 그 핵심 구성 요소 및 원칙을 살펴보았다. 이어서 프롬프트 모니터링, 가드레일, 인간 개입 피드백 등을 통해 LLMOps와 MLOps의 차이점을 설명했다. 또한 기업들이 LLM을 처음부터 학습하지 않고 프롬프트 엔지니어링이나 파인튜닝으로 최적화하는 이유를 다루었다. 이렇게 이론적인 내용을 마무리하며, CI/CD/CT 파이프라인이 무엇인지, ML 애플리케이션의 세 가지 핵심 요소(코드, 데이터, 모델)를 설명하고, 배포 후에는 모델 성능 저하로 인해 모니터링 및 알림 계층을 구현하는 것이 그 어느 때보다 중요하다는 점을 강조했다.

다음으로, LLM Twin의 파이프라인을 클라우드에 배포하는 방법을 배웠다. 인프라 구조를 이해하고, 몽고DB, Qdrant, ZenML 클라우드, 애플리케이션을 지원하기 위한 모든 필수 AWS 리소스를 단계별로 배포하는 과정을 살펴보았다. 마지막으로, 애플리케이션을 도커라이징하고, 생성된 도커 이미지를 AWS ECR에 푸시해서 AWS 세이지메이커에서 애플리케이션을 실행할 수 있도록 준비하는 방법을 배웠다.

마지막 단계로, LLM Twin 프로젝트에 LLMOps를 추가했다. 먼저 Github Actions를 사용해 CI/CD 파이프라인을 구현했다. 그 후, ZenML을 활용해 CT 전략을 살펴봤다.

그리고 Comet ML의 Opik을 사용해 모니터링 파이프라인을 구현하는 방법과 ZenML을 활용해 알림 시스템을 구현하는 방법을 살펴보았다. 이는 LLM 기반 애플리케이션에 MLOps와 LLMOps를 추가하기 위한 핵심적인 요소이다.

책에서 배운 프레임워크는 다른 LLM 애플리케이션에도 쉽게 확장할 수 있다. LLM Twin 사용 사례를 예제로 사용했지만, 적용된 대부분의 전략은 다른 프로젝트에도 적응할 수 있다. 데이터를 변경하고 코드를 조금만 수정해도 완전히 새로운 애플리케이션을 만들 수 있다. 데이터는 석유와 같이 언제나 중요한 자원임을 기억하자.

이 장을 마무리하며, 데이터 수집과 파인튜닝에서 시작해 LLM 마이크로서비스와 RAG 서비스를 배포하기까지, 엔드투엔드 LLM 애플리케이션을 구축하는 방법을 배웠다. 이 책 전반에 걸쳐 생성형 AI 분야에서 실제 문제를 해결하고 애플리케이션을 구축하는 데 필요한 사고의 틀을 제시했다. 이제 준비는 끝났다. 즐거운 개발 여정이 되길 바란다!

참고 문헌

- GitLab. (2023, January 25). *What is DevOps? | GitLab*. GitLab. https://about.gitlab.com/topics/devops/
- Huyen, C. (2024, July 25). Building a generative AI platform. *Chip Huyen*. https://huyenchip.com/2024/07/25/genai-platform.html
- *Lightricks customer story: Building a recommendation engine from scratch*. (n.d.). https://www.qwak.com/academy/lightricks-customer-story-building-a-recommendation-engine-from-scratch
- *What LLMOps*. (n.d.). Google Cloud. https://cloud.google.com/discover/what-is-llmops?hl=ko
- *MLOps: Continuous delivery and automation pipelines in machine learning*. (2024, August 28). Google Cloud. https://cloud.google.com/architecture/mlops-continuous-delivery-and-automation-pipelines-in-machine-learning?hl=ko
- Ml-ops.org. (2024a, July 5). https://ml-ops.org/content/mlops-principles
- Ml-ops.org. (2024c, July 5). https://ml-ops.org/content/motivation
- Mohandas, G. M. (2022a). Monitoring machine learning systems. Made With ML. https://madewithml.com/courses/mlops/monitoring/

- Mohandas, G. M. (2022b). Testing Machine Learning Systems: Code, Data and Models.*Made With ML*. https://madewithml.com/courses/mlops/testing/
- Preston-Werner, T. (n.d.). *Semantic Versioning 2.0.0*. Semantic Versioning. https://semver.org/
- Ribeiro, M. T., Wu, T., Guestrin, C., & Singh, S. (2020, May 8). *Beyond Accuracy: Behavioral Testing of NLP models with CheckList*. arXiv.org. https://arxiv.org/abs/2005.04118
- Wandb. (2023, November 30). *Understanding LLMOps: Large Language Model Operations*. Weights & Biases. https://wandb.ai/site/articles/understanding-llmops-large-language-model-operations/
- Zenml-Io. (n.d.). *GitHub—zenml-io/zenml-huggingface-sagemaker: An example MLOps overview of ZenML pipelines from a Hugging Face model repository to a deployed AWS SageMaker endpoint*. GitHub. https://github.com/zenml-io/zenml-huggingface-sagemaker/tree/main

APPENDIX

MLOps 원칙

강력하고 확장 가능한 ML 시스템을 구축하는 것은 단순히 뛰어난 모델을 만드는 것만으로는 충분하지 않다. ML 전체 라이프사이클을 운영하기 위해서는 포괄적인 접근 방식이 필요하다. 부록에서는 MLOps 분야를 이끄는 여섯 가지 핵심 원칙을 살펴볼 것이다. 이 원칙들은 특정 도구에 의존하지 않으며, 신뢰할 수 있고 유연한 ML 시스템을 구축하는 데 핵심이 된다. 이는 프로덕션 준비가 된 애플리케이션을 설계하는 데 도움을 주고, 모든 단계에서 일관성, 신뢰성, 확장성을 유지하는 데 가이드라인을 제공한다.

원칙 1 자동화 또는 운영화

MLOps를 적용하려면 수동 처리에서 완전 자동화까지 점진적으로 발전해나가는 세 가지 주요 단계를 거쳐야 한다.

- **수동 프로세스**: ML 애플리케이션 개발 초기 단계에서는 프로세스가 실험적이고 반복적이다. 데이터 과학자가 데이터 준비와 검증, 모델 학습, 테스트 등 각 파이프라인 단계를 수동으로 수행한다. 이 단계에서는 주로 주피터 노트북을 사용해 모델을 학습한다. 이 단계의 결과물은 데이터를 준비하고 모델을 학습하는 데 사용되는 코드이다.
- **지속적 학습**^{continuous training}(CT): 다음 단계는 모델 학습을 자동화하는 것으로, 이를 지속적 학습이라고 한다. 이는 필요할 때마다 모델 재학습을 트리거한다. 이 단계에서는 데이터와 모델 검증 단계를 자동화하는 경우가 많다. 이 작업은 주로 ZenML과 같은 오케스트레이션 도구를 사용해 코드를 모두 연결하고 특정 트리거에서 실행한다. 가장 일반적인 트리거는 일정이나 이벤트에 따라 실행되는 것이다. 예를 들어 매일 정해진 시간

또는 특정 이벤트 발생 시(신규 데이터 업로드, 성능 저하 발생 감지 등) 트리거된다면, 다양한 상황에 유연하게 대응할 수 있다.

- **CI/CD**: 마지막 단계에서는 CI/CD 파이프라인을 구현해 ML 코드를 프로덕션에 빠르고 신뢰성 있게 배포할 수 있도록 한다. 다른 단계와의 차별점은 데이터, ML 모델, 학습 파이프라인 구성 요소를 자동으로 빌드, 테스트, 배포한다는 점이다. CI/CD를 사용하면 새로운 코드를 스테이징 환경이나 프로덕션 환경과 같은 다양한 환경에 신속하게 배포할 수 있으며, 효율적이고 신뢰할 수 있는 배포를 보장한다.

FTIfeature, training, inference 아키텍처를 사용해 LLM 시스템을 구축하면 수동 프로세스에서 CI/CD/CT로 빠르게 전환할 수 있다. [그림 A-1]은 CT 프로세스가 모니터링 파이프라인에서 성능 저하를 감지하거나 새로운 데이터 배치가 도착하는 등 다양한 이벤트로 트리거될 수 있음을 보여준다.

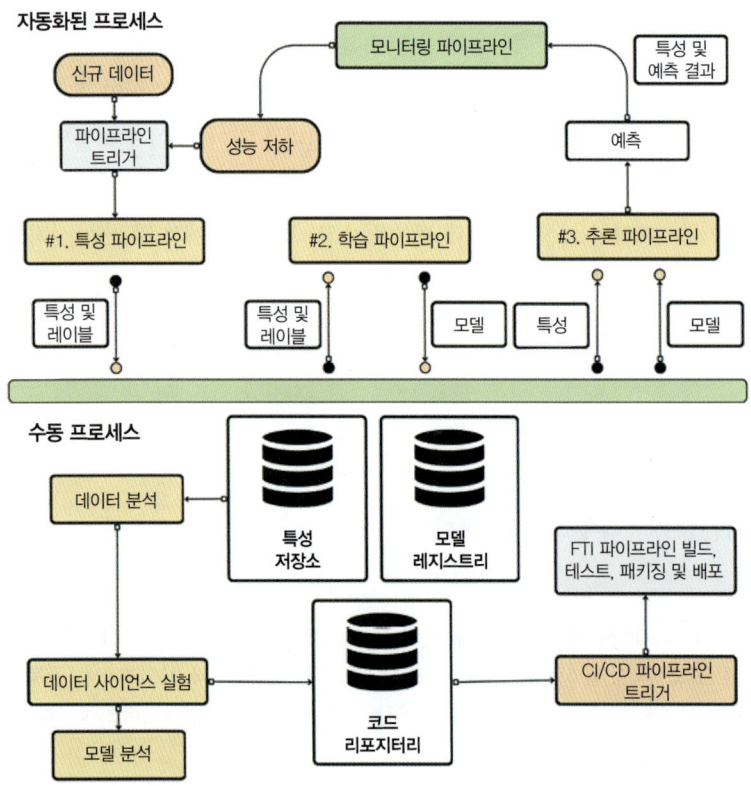

그림 **A-1** FTI 아키텍처에 구현된 CI/CD/CT

[그림 A-1]은 두 개의 주요 섹션으로 나뉘어 있다. 상단에서는 자동화된 프로세스를 보여주고,

하단에서는 데이터 과학 팀이 다양한 데이터 처리 방법과 모델을 실험하며 수행하는 수동 프로세스를 확인할 수 있다. 데이터 처리 방식이나 모델 아키텍처를 조정해 모델을 개선하면 이들은 코드를 코드 리포지터리에 푸시한다. 이 과정에서 CI/CD 파이프라인이 실행되어 변경된 내용을 빌드, 테스트, 패키징, 배포하며 FTI 파이프라인에 적용한다. 결론적으로, CT는 FTI 파이프라인을 자동화하며 CI/CD는 FTI 파이프라인 코드의 새 버전을 빌드, 테스트, 프로덕션에 배포한다.

원칙 2 버전 관리

이제 코드, 모델, 데이터 중 하나라도 변경되면 전체 ML 시스템이 변한다는 점을 이해했다. 따라서 이 세 가지 요소를 개별적으로 추적하고 버전 관리하는 것이 매우 중요하다. 그렇다면 코드, 모델, 데이터를 각각 추적하기 위해 어떤 전략을 사용할 수 있을까?

- 코드는 Git을 사용해 변경을 추적하며 코드베이스에 변경 사항이 추가될 때마다 새로운 커밋(코드의 스냅샷)을 생성한다. 또한 Git 기반 도구는 일반적으로 여러 기능 추가 및 버그 수정이 포함된 릴리스를 만들 수 있도록 지원한다. 커밋은 사람이 해석하기 어려운 고유 식별자를 포함하지만, 릴리스는 주 버전, 부 버전, 패치 버전에 기반한 일반적인 규칙을 따른다. 예를 들어, 'v1.2.3'이라는 버전에서 1은 주 버전, 2는 부 버전, 3은 패치 버전을 의미한다. Git의 대표적인 도구로는 깃허브와 GitLab이 있다.
- 모델의 버전 관리는 모델 레지스트리를 활용해 시스템 내에서 사용되는 모든 모델을 저장, 공유, 버전 관리한다. 일반적으로 코드 릴리스에서 사용하는 '의미론적 버전 관리 semantic versioning' 규칙을 따르며, 주 버전, 부 버전, 패치 버전뿐만 아니라 알파 및 베타 릴리스도 지원해 애플리케이션의 상태를 나타낸다. 또한 ML 메타데이터 저장소를 활용해 저장된 모델에 추가 정보를 첨부할 수 있다. 예를 들어, 학습에 사용된 데이터, 모델 아키텍처, 성능, 지연 시간 등 특정 사용 사례에 맞는 정보를 포함시킬 수 있다. 이를 통해 팀과 회사 전반에서 쉽게 탐색할 수 있는 명확한 모델 카탈로그를 생성할 수 있다.
- 데이터의 버전 관리는 코드와 모델의 버전 관리만큼 간단하지 않다. 이는 데이터의 유형(구조화 데이터 또는 비구조화 데이터)과 규모(대규모 또는 소규모)에 따라 달라지기 때문이다. 예를 들어, 구조화된 데이터의 경우 SQL 데이터베이스에 버전 컬럼을 추가해 데이터셋의 변경 사항을 추적할 수 있다. 그러나 더 널리 사용되는 솔루션으로는 데이터셋의 모든 변경 사항을 추적하는 DVC data version control 과 같은 Git 기반 시스템이 있다. 또 다른 유행하는 솔루션으로는 모델 레지스트리와 유사한 아티팩트 기반 접근법이 있다. 이 방법은 데이터셋에 가상 계층을 추가해 변경 사항마다 새 버전을 생성하고 추적할 수 있게 한다. Comet.ml, W&B Weights & Biases, ZenML은 강력한 아티팩트 기능을 제공한다. 모든 솔루션에서 데이터를 온프레미스에 저장하거나 AWS S3 와 같은 클라우드 객체 저장소 솔루션을 활용해야 한다. 이러한 도구는 데이터셋과 버전을 구조화하고, 이를 추적하며, 접근할 수 있는 기능을 제공한다.

원칙 3 실험 추적

ML 모델 학습은 반복적이고 실험의 연속이다. 전통적인 소프트웨어 개발과 달리, 여러 실험을 동시에 진행한다. 사전에 정의된 지표를 기반으로 결과를 비교해 프로덕션에 적용할 모델을 결정한다. 실험 추적 도구를 사용하면 지표와 모델 예측의 시각적 표현 등 필요한 정보를 모두 기록해 실험을 비교하고 최적의 모델을 쉽게 선택할 수 있다. 대표적인 도구로는 Comet ML, W&B, MLflow, Neptune 등이 있다.

원칙 4 테스트

ML 시스템을 테스트할 때도 동일한 접근 방식을 따른다. 따라서 데이터, 모델, 코드의 세 가지 요소에 대해 애플리케이션을 테스트해야 한다. 또한, 특성 저장소와 같은 외부 서비스와 잘 통합되도록 특성 파이프라인, 학습 파이프라인, 추론 파이프라인이 시스템으로서 원활히 작동하는지 확인해야 한다. 파이썬을 사용할 경우 테스트를 작성하는 데 가장 일반적으로 사용되는 도구는 pytest이며, 이를 사용하는 것을 권장한다.

테스트 유형

개발 주기에서 다양한 단계에서 일반적으로 활용되는 주요 테스트 유형은 여섯 가지이다.

- **단위 테스트**: 두 텐서를 더하거나 리스트에서 특정 요소를 찾는 함수처럼 단일 책임을 가진 개별 구성 요소를 대상으로 하는 테스트이다.
- **통합 테스트**: 데이터 평가 파이프라인이나 특성 엔지니어링 파이프라인처럼 시스템 내에서 통합된 구성 요소나 유닛 간의 상호작용을 평가하며, 이들이 데이터 웨어하우스와 특성 저장소와 어떻게 통합되는지도 확인한다.
- **시스템 테스트**: 시스템 테스트는 개발 주기에서 매우 중요한 역할을 한다. 이는 완전하고 통합된 애플리케이션을 포함한 전체 시스템을 검사하는 과정이다. 이러한 테스트는 시스템의 성능, 보안, 전반적인 사용자 경험을 포함한 엔드투엔드 기능을 철저히 평가한다. 예를 들어, 데이터 수집부터 모델 학습과 추론까지의 전체 ML 파이프라인을 테스트해서 주어진 입력에 대해 올바른 출력이 생성되는지 확인한다.
- **승인 테스트**: 사용자 승인 테스트user acceptance testing(UAT)라고도 한다. 시스템이 명시된 요구 사항을 충족하는지 확인하고 배포 준비가 되었는지 검증한다.
- **회귀 테스트**: 이전 오류가 새로운 변경 사항에서 재발하지 않는지 확인하는 테스트이다.

- **스트레스 테스트**: 높은 부하나 제한된 자원과 같은 극한 조건에서 시스템의 성능과 안정성을 평가한다. 이 테스트는 시스템의 한계점을 식별하고 예상치 못한 수요 급증이나 불리한 상황에서도 시스템이 실패하지 않고 대응할 수 있는지를 확인한다.

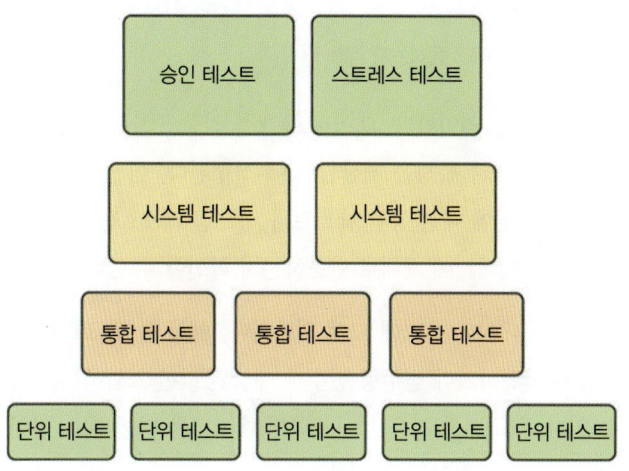

그림 A-2 테스트 유형

회귀 테스트는 별도의 테스트 단계가 아니기 때문에 [그림 A-2]에 명시하지 않았다. 대신, 회귀 테스트는 단위 테스트, 통합 테스트, 시스템 테스트, 승인 테스트, 스트레스 테스트 등 모든 단계에 걸쳐 적용되며, 변경 사항이 이전의 오류를 다시 유발하지 않도록 보장한다. 이는 각 테스트 단계 내에서 지속적으로 수행되는 과정이지, 별도의 테스트 유형은 아니다.

무엇을 테스트할까?

대부분의 테스트는 구성 요소를 블랙박스로 취급해 입력과 출력만을 제어한다. 즉, 주어진 입력에 대해 예상된 출력이 나오는지 확인하는 것이 핵심이다. 이러한 관점에서 일반적으로 테스트해야 할 항목을 살펴보자.

- **입력**: 데이터 유형, 형식, 길이, 경곗값(최소/최대, 작은 값/큰 값 등)
- **출력**: 데이터 유형, 형식, 예외, 중간 출력 및 최종 출력

테스트 예시

코드를 테스트할 때는 전통적인 소프트웨어 엔지니어링의 기준을 적용할 수 있다. 예를 들어, 단위 테스트를 할 때 다음과 같은 코드 테스트를 포함할 수 있다.

- 문장이 예상대로 정리되는지 확인
- 다양한 문장과 청크 크기에 청킹 알고리즘이 제대로 작동하는지 검증

데이터 테스트는 주로 데이터 유효성 검증을 의미한다. 데이터 유효성 검증 코드는 보통 데이터 웨어하우스에서 원시 데이터를 가져올 때나 특성을 계산한 후에 실행된다. 이는 특성 파이프라인의 일부이다. 따라서 특성 파이프라인에 대한 통합 테스트나 시스템 테스트를 작성하면 시스템이 유효한 데이터와 유효하지 않은 데이터에 제대로 반응하는지 확인할 수 있다.

데이터 유효성 테스트는 애플리케이션과 데이터 유형에 크게 의존한다. 예를 들어, 표 형태의 데이터를 다룰 때는 `null`이 아닌 값을 확인하거나 범주형 변수가 예상된 값만 포함하는지, 실수 값이 항상 양수인지 확인할 수 있다. 텍스트와 같은 비구조화된 데이터를 다룰 때는 길이, 문자 인코딩, 언어, 특수 문자, 문법 오류 등을 확인할 수 있다.

반면에 모델 테스트는 가장 까다롭다. 이는 모델 학습이 ML 시스템에서 가장 비결정론적인 과정이기 때문이다. 하지만 전통적인 소프트웨어와 달리 ML 시스템은 오류를 발생시키지 않고도 성공적으로 완료될 수 있다. 이것은 큰 문제가 되기도 하는데, 모델이 겉으로는 정상 작동해도 실제로 엉뚱한 결과를 출력할 수 있다. 이런 오류는 평가나 테스트를 통해서만 발견할 수 있다. 일반적인 모델 테스트 기법으로는 다양한 점검 방법이 있다.

- 입력 텐서와 모델 출력 텐서의 형태를 확인한다.
- 한 배치(또는 그 이상) 학습 후 손실이 감소하는지 확인한다.
- 작은 배치에 과적합시켜 손실이 0에 근접하는지 확인한다.
- 학습 파이프라인이 CPU와 GPU 같은 모든 지원 디바이스에서 작동하는지 확인한다.
- 조기 종료 및 체크포인트 로직이 제대로 작동하는지 확인한다.

모델 테스트와 같이 비용이 많이 드는 테스트는 모델 코드를 수정할 때와 같은 특정 조건에서만 실행하도록 설정할 수 있다.

반대의 접근으로, 모델에 대한 행동 테스트를 할 수 있다. 이는 코드 테스트에서 모델을 블랙박스로 취급하고 입력 데이터와 기대 출력만을 살펴보는 방식이다. 이러한 행동 테스트 방

법은 모델에 구애받지 않는 장점이 있다. 이 분야 기초 논문으로는 〈Beyond Accuracy: Behavioral Testing of NLP Models with CheckList〉가 있으며, 해당 주제를 더 깊이 탐구하고 싶다면 읽어보길 추천한다. 간단히 설명하면, 이 논문에서는 모델을 세 가지 유형의 테스트에 대해 검증할 것을 제안한다. 예를 들어, 문장에서 주요 키워드를 추출하는 모델의 경우 아래와 같이 검증한다.

- **불변성**invariance: 입력의 변화가 출력에 영향을 미치지 않아야 한다. 예를 들어, 동의어를 삽입하는 경우와 같은 예를 들 수 있다.

```
model(text="The advancements in AI are changing the world rapidly.")
# 출력: ai

model(text="The progress in AI is changing the world rapidly.")
# 출력: ai
```

- **방향성**directional: 입력의 변화가 출력에 영향을 미쳐야 한다. 예를 들어, 주어진 입력에 따라 출력이 변경되어야 하는 경우를 들 수 있다.

```
model(text="Deep learning used for sentiment analysis.")
# 출력: deep-learning

model(text="Deep learning used for object detection.")
# 출력: deep-learning

model(text="RNNs for sentiment analysis.")
# 출력: rnn
```

- **최소 기능성**minimum functionality: 가장 단순한 입력과 기대 출력의 조합이다. 예를 들어, 모델이 항상 정확히 처리해야 하는 간단한 사례들의 집합을 들 수 있다.

```
model(text="NLP is the next big wave in machine learning.")
# 출력: NLP

model(text="MLOps is the next big wave in machine learning.")
# 출력: MLOps

model(text="This is about graph neural networks.")
# 출력: GNN
```

테스트에 대해 더 알고 싶다면, Goku Mohandas의 'Testing Machine Learning Systems: Code, Data, and Models'를 읽어보는 것을 추천한다.[1]

원칙 5 모니터링

모니터링은 프로덕션으로 배포된 ML 시스템에 반드시 필요하다. 전통적인 소프트웨어 시스템은 규칙 기반이며 결정론적으로 동작하기 때문에 항상 정의된 대로 작동한다. 그러나 ML 시스템은 다르다. ML 모델은 동작 규칙을 정의하지 않고, 데이터를 기반으로 확률적인 결괏값을 출력한다. 이 때문에, 프로덕션 데이터가 학습 데이터와 다르면 모델 성능이 점점 저하될 수 있다. 결과적으로 배포된 모델이 새로운 상황을 제대로 처리하지 못할 수 있다.

이러한 상황을 피하기보다는 오류를 신속히 감지하고 수정하는 전략을 세워야 한다. 모니터링의 핵심은 모델 성능 저하를 감지하고, 모델을 수동, 자동, 또는 두 방식을 결합한 재학습이 필요하다는 경고를 주는 것이다. 모델을 재학습해야 하는 이유는, 학습 데이터와 프로덕션 데이터 간의 차이로 인해 성능이 저하되기 때문이다. 이 문제를 해결하려면, 프로덕션에서 발생하는 새로운 데이터셋으로 모델을 재학습하거나 적응시키는 것이 필요하다. 재학습은 비용이 많이 들기 때문에, 이를 피하기 위한 몇 가지 방법이 있다. 이를 설명하기 전에, ML 시스템의 상태를 이해하기 위해 무엇을 모니터링해야 하는지 먼저 살펴보자.

로그

로깅은 모든 것을 기록하는 단순한 방식이다. 예를 들면 다음과 같다.

- 시스템 설정을 문서화한다.
- 쿼리, 결과, 중간 결괏값을 기록한다.
- 구성 요소가 시작 혹은 종료, 중단되는 시점을 로그로 남긴다.
- 각 로그 항목이 시스템 내에서 어떤 위치에서 발생했는지 명확히 알 수 있도록 태그와 식별 정보를 추가한다.

---

[1] https://madewithml.com/courses/mlops/testing/

모든 활동을 기록하면 로그의 양이 급격히 증가할 수 있지만, AI를 활용한 자동 로그 분석 및 이상 탐지 도구를 활용하면 이를 효율적으로 스캔할 수 있다. 이러한 도구를 사용하면 로그를 효과적으로 관리할 수 있다는 자신감을 가질 수 있다.

지표

애플리케이션의 상태를 정량화하려면 지표metric를 정의해야 한다. 각 지표는 애플리케이션의 다양한 측면을 측정하며, 인프라, 데이터, 모델과 같은 요소들을 포함한다.

시스템 지표

시스템 지표system metrics은 서비스 수준 지표(지연 시간, 처리량, 오류율)과 인프라 상태(CPU/GPU, 메모리)를 확인하는데 중점을 둔다. 이러한 지표는 전통적인 소프트웨어와 ML 모두에서 사용된다. 이는 인프라가 제대로 작동하고 시스템이 예상대로 동작해 최종 사용자에게 좋은 사용자 경험을 제공하는지 이해하는 데 중요하다.

모델 지표

단순히 시스템의 상태를 모니터링하는 것만으로는 모델 내부의 더 깊은 문제를 식별하기에 충분하지 않다. 따라서 모델의 성능에 초점을 맞춘 다음 계층의 지표를 살펴보는 것이 중요하다. 여기에는 정확도accuracy, 정밀도precision, F1 점수와 같은 정량적 평가 지표뿐만 아니라, 모델이 영향을 미치는 ROIReturn on Investment, 클릭률click rate과 같은 핵심 비즈니스 지표도 포함된다.

전체 배포 기간 동안 누적 성능 지표를 분석하는 것은 종종 비효율적이다. 대신, 애플리케이션에 적합한 시간 간격(예: 매시간)으로 성능을 평가하는 것이 중요하다. 이를 위해 입력 데이터를 일정한 시간 간격(윈도우)로 나누고, 해당 윈도우내에서 지표를 계산하고 집계한다. 이러한 슬라이딩 지표는 시스템의 현재 상태를 명확히 보여주며, 과거 데이터에 현재 문제가 가려지지 않아 신속하게 문제를 감지할 수 있다.

프로덕션 데이터에서 모델의 성능을 평가하기 위해 항상 정답ground-truth을 얻을 수 있는 것은 아니다. 특히, 데이터에 레이블을 붙이는 데 시간이 많이 걸리거나 실시간 데이터에 대한 주석 작업이 필요한 경우에는 더욱 어렵다. 이를 해결하기 위해 모델 성능을 추정할 수 있는 근사 신호를 개발하거나, 실시간 데이터셋의 일부에만 레이블을 붙여 성능을 평가할 수 있다. ML 모니터링에서 이러한 근사 신호는 대리 지표$^{proxy\ metric}$이라고 하며, 보통 드리프트 탐지 방법을 통해 구현된다. 드리프트 탐지 방법은 다음 절에서 다룬다.

드리프트

드리프트^{drift}는 대리 지표로, 정답값이나 레이블 없이도 프로덕션 모델에서 발생할 수 있는 잠재적인 문제를 제때 감지할 수 있도록 돕는다. [표 A-1]은 세 가지 유형의 드리프트를 보여준다.

표 **A-1** 데이터, 모델, 코드 변경의 관계

드리프트 인수	설명	드리프트 계산식
X	입력(특성)	데이터 드리프트 → $P(X) \neq P_{ref}(X)$
y	출력(정답/레이블)	타겟 드리프트 → $P(y) \neq P_{ref}(y)$
$(P(y\|X))$	X와 y의 관계	콘셉트 드리프트 → $P(y\|X) \neq P_{ref}(y\|X)$

데이터 드리프트

데이터 드리프트$^{data\ drift}$는 특성 드리프트 또는 공변량 변화라고도 하며, [그림 A-3]에서 보이는 것처럼 프로덕션 데이터의 분포가 학습 데이터의 분포와 달라질 때 발생한다. 이러한 차이는 모델이 특성의 변화를 처리하지 못하게 해 신뢰할 수 없는 예측으로 이어진다. 드리프트는 현실 세계의 자연스러운 변화나 데이터 누락, 파이프라인 오류, 스키마 수정과 같은 시스템적 문제로 인해 발생한다.

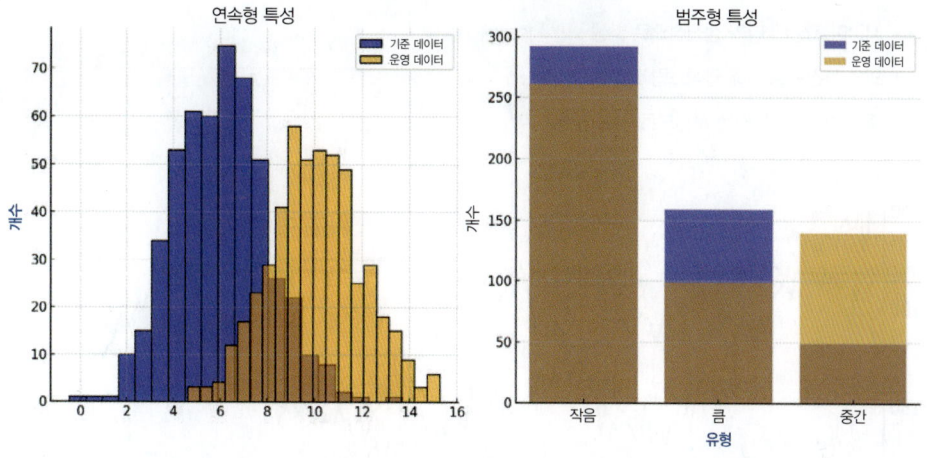

그림 A-3 데이터 드리프트 예시

데이터 드리프트가 발생해도 모델이 효과적으로 보간하면 성능 저하가 즉각적으로 드러나지 않을 수 있다. 이때가 모델 성능이 크게 떨어지기 전에 재학습을 검토할 적기이다.

타겟 드리프트

입력 데이터의 변화(데이터 드리프트) 외에도 출력 분포의 변화가 발생할 수 있다. 이러한 변화는 분포 형태의 변동이나 범주형 작업에서 클래스의 추가 및 제거를 포함할 수 있다. 타겟 드리프트 target drift로 인한 성능 저하를 줄이기 위해 모델을 재학습하는 것이 도움이 될 수 있다. 하지만 출력 클래스의 새로운 스키마를 지원하도록 헤드 처리 단계와 모델 헤드를 조정하면 이를 사전에 방지할 수 있다.

예를 들어, 이미지에 동물이나 사람이 있는지 예측하는 분류기가 있고, 건물 사진이 입력되었다고 가정해보자. 이 경우 모델을 조정해 '알 수 없는 클래스'를 지원하도록 하거나, 모델의 헤드를 수정해 새로운 클래스를 추가해 향후 예측에 반영할 수 있다.

콘셉트 드리프트

입력 데이터와 출력 데이터의 변화뿐만 아니라 이들 간의 관계도 변할 수 있다. 이러한 현상을 **콘셉트 드리프트** concept drift라고 하며, 이전에 학습한 입력과 출력 간의 패턴이 오래되어 모델이 효과를 잃게 만든다. [그림 A-4]와 같이 콘셉트 드리프트는 여러 형태로 발생할 수 있다.

- 시간이 지남에 따라 점진적으로 발생
- 외부 사건으로 인해 갑작스럽게 발생
- 주기적으로 반복되는 사건으로 인해 발생

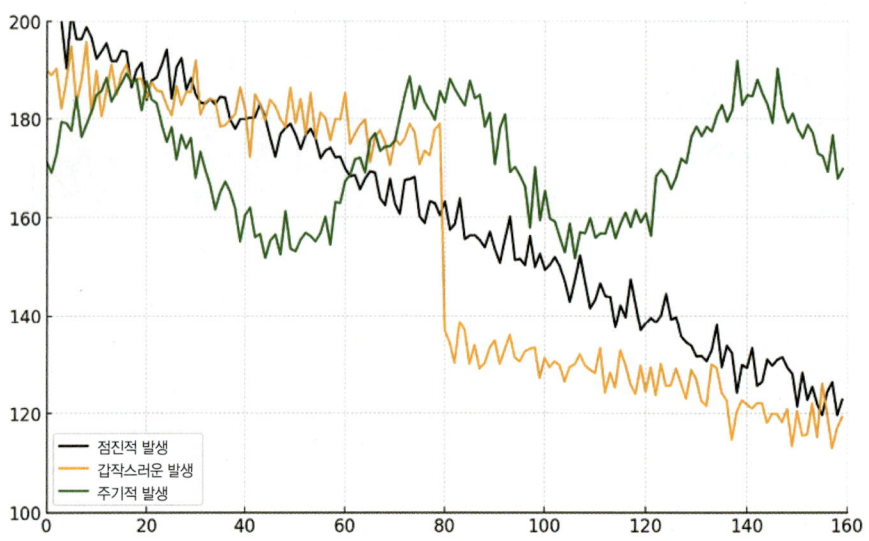

그림 A-4 개념 드리프트의 예시

예를 들어, 모델을 다른 지리적 지역에서 사용할 때 이런 일이 발생한다. 특정 자동차를 구매할 가능성을 예측하는 모델을 만든다고 가정해보자. 처음에는 미국 시장을 대상으로 모델을 구축했지만, 이를 유럽 시장에 적용하려고 할 때 문제가 생길 수 있다. 유럽에서는 사람들이 더 작은 차를 선호하기 때문에 자동차 크기와 차량 구매 확률 간의 관계에서 드리프트가 발생할 수 있다.

이 모든 유형의 드리프트가 동시에 발생할 수 있어, 드리프트의 정확한 원인을 파악하는 것은 매우 어렵다.

드리프트를 감지하고 측정하는 방법

이제 다양한 유형의 드리프트를 인식했으니, 이를 감지하고 측정하는 방법을 이해하는 것이 중요하다. 이를 위해 두 가지 유형의 윈도우가 필요하다.

- **참조 윈도우**: 드리프트를 식별하기 위해 프로덕션 데이터 분포와 비교하는 기준으로 사용하는 데이터 포인트 집합이다. 일반적으로 학습 데이터셋에서 수집된다.
- **테스트 윈도우**: 머신러닝 시스템이 프로덕션에서 작동하는 동안 수집된 데이터 포인트를 포함한다. 참조 윈도우와 비교해 드리프트가 발생했는지 확인한다.

드리프트를 측정하기 위해 두 윈도우 간 분포 변화를 확인하는 가설 검정을 활용한다. 예를 들어, **콜모고로프 스미르노프**Kolmogorov-Smirnov(KS) 검정을 사용해 단일 연속형 특성을 모니터링할 수 있다. 이는 단변량(1D) 테스트로 알려져 있으며, 모니터링하려는 각 특성에 대해 이를 실행해야 한다. 또한 범주형 변수를 모니터링하기 위해 카이제곱 단변량chi-squared univariate 검정을 활용해 프로덕션에서의 이벤트 빈도가 참조 윈도우 분포와 일치하는지 확인할 수 있다.

```python
from alibi_detect.cd import KSDrift

cd = KSDrift(X_ref, p_val=.05, preprocess_fn=preprocess_fn, input_shape=(max_len,))
```

텍스트 데이터를 임베딩 표현으로 다룰 때는 다변량 분포를 모델링해야 한다. 이는 LLM이 텍스트를 처리하는 방식이다. 일반적인 접근법은 테스트 윈도우와 참조 윈도우의 임베딩을 가져와 차원 축소 알고리즘을 적용한 뒤, **최대 평균 차이**maximum mean discrepancy(MMD)와 같은 알고리즘을 사용하는 것이다. MMD는 커널 기반 접근법으로, 두 윈도우의 임베딩 평균 간의 거리를 계산해 두 분포 간의 거리를 측정한다.

```python
from alibi_detect.cd import MMDDrift

cd = MMDDrift(x_ref, backend='pytorch', p_val=.05)
preds = cd.predict(x)
```

모니터링 vs 관찰 가능성

모니터링은 데이터의 수집과 시각화를 포함하며, 관찰 가능성은 시스템의 입력과 출력을 분석해 시스템 상태에 대한 통찰을 제공한다. 예를 들어, 모니터링은 특정 지표를 추적해 잠재적인 문제를 감지할 수 있도록 한다.

반면, 시스템이 내부 상태에 대한 유의미한 데이터를 생성한다면, 이를 통해 문제의 원인을 파악할 수 있으므로 그 시스템은 관찰 가능하다고 간주된다.

알림

모니터링 지표를 정의한 후에는 알림에 대한 정의가 필요하다. 가장 일반적인 접근 방식은 다음과 같은 시나리오에서 경고를 보내는 것이다.

- **특정 지표가 정적 임곗값을 초과하거나 하회할 때**: 예를 들어, 분류기의 정확도가 0.8보다 낮아질 경우 경고를 보낸다.
- **드리프트를 확인하는 통계적 검정의 p-값을 조정할 때**: 낮은 p-값은 프로덕션 데이터 분포가 기준 분포와 다르다는 높은 신뢰도를 의미한다.

이러한 임곗값과 p-값은 애플리케이션에 따라 달라진다. 그러나 잘못된 값을 설정하면 경고 시스템이 과도한 허위 경보false positive로 가득 차게 될 수 있다. 이런 경우 경고 시스템에 대한 신뢰도가 떨어져 시스템 문제에 과잉 반응하거나 전혀 반응하지 않게 될 위험이 있다. 일반적으로 알림을 전달하는 채널로는 슬랙, 디스코드, 이메일, PagerDuty 등이 있다. 시스템의 이해관계자는 핵심 엔지니어, 관리자 또는 시스템에 관심 있는 누구나 될 수 있다.

알림의 성격에 따라 반응 방식이 달라져야 한다. 하지만 어떤 조치를 취하기 전에 알림을 조사하고 무엇이 이를 발생시켰는지 이해해야 한다. 어떤 지표가 알림을 트리거했는지, 해당 값이 무엇인지, 발생한 시간은 언제인지, 애플리케이션과 관련된 다른 유의미한 정보를 확인해야 한다.

모델의 성능이 저하될 때 가장 먼저 떠오르는 해결책은 모델을 재학습하는 것이다. 그러나 이는 비용이 많이 드는 작업이다. 따라서 먼저 데이터가 유효한지, 스키마에 변화가 없는지, 데이터 포인트가 단순한 고립된 이상치가 아닌지 확인한다. 이러한 조건 중 어느 것도 해당하지 않는다면 학습 파이프라인을 트리거해서 새로 변경된 데이터셋으로 모델을 학습시켜 드리프트 문제를 해결한다.

원칙 6 재현 가능성

재현 가능성reproducibility은 머신러닝 시스템 내의 모든 프로세스가 동일한 입력에 대해 항상 동일한 결과를 생성해야 함을 의미한다. 이는 다음의 두 가지 측면을 뜻한다.

첫 번째는 입력 데이터를 항상 명확히 알아야 한다는 것이다. 예를 들어, 모델을 학습할 때 다양한 하이퍼파라미터를 사용할 수 있다. 따라서 새로운 결과물을 생성하는 데 사용된 자산을 추적할 수 있는 방법이 필요하다. 이는 모델 학습에 사용된 데이터셋 버전과 설정이 무엇이었는지를 기록하고 관리하는 것을 포함한다.

두 번째 측면은 머신러닝 프로세스의 비결정적non-deterministic 성질에 기반한다. 예를 들어, 모델을 처음부터 학습할 때 모든 가중치는 초기에는 무작위로 초기화된다. 따라서 동일한 데이터셋과 하이퍼파라미터를 사용하더라도 모델의 성능이 다르게 나올 수 있다. 이 문제는 난수를 생성하기 전에 항상 시드를 설정함으로써 해결할 수 있다. 실제로 디지털 환경에서는 진정한 무작위성을 생성할 수 없으며, 대신 유사난수pseudo-random numbers를 생성한다. 따라서 시드를 제공함으로써 항상 동일한 의사 난수의 순서를 생성할 수 있다. 이 문제는 특성 엔지니어링 단계에서도 발생할 수 있다. 예를 들어, 결측값을 무작위 값으로 대체하거나 데이터를 무작위로 제거하거나 라벨을 무작위로 삭제하는 경우가 이에 해당한다. 하지만 일반적인 규칙으로, 가능한 한 프로세스를 결정론적으로 만들도록 노력해야 하며, 무작위성을 도입해야 하는 경우에는 항상 제어 가능한 시드를 제공해야 한다.

INDEX

가상 문서 임베딩 (HyDE)　157
가중치 감소　251
개념 증명　95
객체-벡터 매핑 (OVM)　352
검색　136, 153
검색 전처리　153
검색 증강 생성 (RAG)　33, 129
검색 후처리　153
계층적 탐색 가능한 작은 세계 (HNSW)　151
곱 양자화 (PQ)　151
규칙 기반 필터링　215
그레이디언트 체크포인팅　251
근접 정책 최적화 (PPO)　279
길이 필터링　215
논리적 계층　47

답변 관련도　303
대규모 언어 모델　31
데이터 드리프트　498
데이터 변경 감지 (CDC)　170
데이터 병렬 처리 (DP)　329
데이터 세분화 개선　155
데이터 수집 파이프라인　51
데이터 정제　218
데이터 증강　222
데이터 탐색　221
데이터 품질 평가　218
도메인 주도 설계 (DDD)　185
도메인 특화 모델　213

드리프트　498
딥러닝 컨테이너 (DLC)　398
로그 기반　171
리랭킹　159
린팅 에러　464

마이크로서비스 아키텍처　393
매개변수화된 지식　136
머티리얼라이저　73
맨해튼 거리　141
메타데이터　155
모놀리식 배치 아키텍처　41
모델 레지스트리　60, 66
모델 병렬 처리　329
몽고DB　83
문맥 재현율　303
문맥 정밀도　303
방향성 비순환 그래프 (DAG)　70
배치 파이프라인　165
범용 고유 식별자 (UUID)　77
범용 평가
벡터 DB　150
보상 모델　219
비동기 추론　389

사후 학습 양자화 (PTQ)　334
생성　136
생성자　102
생성형 AI　91

선호도 정렬　261
셀프 쿼리　157
수용 영역　146
스타일 전이　33
슬라이딩 윈도우　155
시스템 지표　497
시퀀스-투-시퀀스　320
신뢰도　303
심화 발전　226
양자화　334
양자화 인식 학습 (QAT)　334
연속 배칭　324
오케스트레이터　69
옵티마이저　250
완전 연결 계층　146
원-핫 인코딩　145
유클리드 거리　141
의미론적 관계　143
의미론적 의미　143
인간 피드백을 활용한 강화 학습 (RLHF)　278
인덱싱 구조 최적화　155
인프라　386
인플라이트 배칭　324

작업 특화 모델　213
재현 가능성　503
전역 인터프리터 락 (GIL)　178
전체 파인튜닝　242
증강　136
지도 학습 파인튜닝 (SFT)　209, 261
지시문 데이터셋　210

지역 민감 해싱 (LSH)　151
지연 시간　384
직접 선호 최적화 (DPO)　261
차원 축소 알고리즘　144
차원의 저주　144
처리량　384
초당 요청 수 (RPS)　384
최근접 이웃 탐색 (ANN)　151
최대 평균 차이 (MMD)　501
최소 기능 제품 (MVP)　31, 37
추론 파이프라인　46
추측 디코딩　325
치명적 망각　239, 244

코사인 거리　141
콘셉트 드리프트　499
콜모고로프 스미르노프 (KS)　505
쿨다운 기간　426
쿼리 라우팅　156
쿼리 재작성　157
쿼리 최적화　156
쿼리 확장　157
키워드 제외　215
타겟 드리프트　499
타임스탬프 기반　171
텍스트 생성 추론 (TGI)　401
텐서 병렬 처리 (TP)　329
토픽 클러스터링　222
통계 분석　222
트리거 기반　171
특성 저장소　163

INDEX

특성 파이프라인　46

ㅍ ~ ㅎ

파이프라인 병렬 처리 (PP)　329
파인튜닝　32
포매팅 에러　463
퓨-샷 프롬프팅　214
프로덕션 머신러닝　31
프롬프트 압축　159
필터링된 벡터 검색　159
하이브리드 검색　159
학습 파이프라인　46
학습-서빙 왜곡　41
해싱　145
형식 검사　216
확장 발전　226
환각 현상　137
AWS 아이덴티티 및 액세스 관리 (IAM)　402
ML 엔지니어링 (MLE)　436

A ~ C

answer relevancy　303
approximate nearest neighbor (ANN)　151
asynchronous inference　389
augmented　136
AWS　85
AWS Identity and Access Management (IAM)　402
batch pipeline　165
catastrophic forgetting　239, 244
change data capture (CDC)　170

Comet ML　81
concept drift　499
constructor　102
context precision　303
context recall　303
continuous batching　324
cooldown period　426
cosine distance　141
curse of dimensionality　144

D ~ F

data augmentation　222
data collection pipeline　51
data decontamination　218
data drift　498
data exploration　221
data parallelism (DP)　329
data quality evaluation　218
Deep Learning Container (DLC)　398
dimensionality reduction algorithm　144
direct preference optimization (DPO)　261
directed acyclic graph (DAG)　70
domain-driven design (DDD)　185
domain-specific model　213
drift　498
enhancing data granularity　155
Euclidean distance　141
faithfulness　303
feature pipeline　46
feature store　163
few-shot prompting　214
filtered vector search　159

fine-tuning   32
format checking   216
formatting error   463
full fine-tuning   242
fully connected layer   146

GenAI   91
general-purpose evaluation
generation   136
global interpreter lock (GIL)   178
gradient checkpointing   251
hallucination   137
hashing   145
hierarchical navigable small world (HNSW)   151
hybrid search   159
hypothetical document embedding (HyDE)   157
in-breadth evolving   226
in-depth evolving   226
in-flight batching   324
inference pipeline   46
infrastructure   386
instruction dataset   210
keyword exclusion   215
Kolmogorov-Smirnov (KS)   505

L ~ M

large language model (LLM)   31
latency   384
length filtering   215
linting error   464

LLM Twin   32
LLMOps   438
locality-sensitive hashing (LSH)   151
log-based   171
logical layer   47
Manhattan distance   141
materializer   73
maximum mean discrepancy (MMD)   501
metadata   155
microservices architecture   393
minimum viable product (MVP)   31, 37
ML engineering (MLE)   436
model parallelism   329
model registry   60, 66
MongoDB   83
monolithic batch architecture   41

object-vector mapping (OVM)   352
one-hot encoding   145
Opik   82
optimizer   250
optimizing index structure   155
orchestrator   69
parameterized knowledge   136
pipeline parallelism (PP)
Poe the Poet   64
Poetry   62
post-retrieval   153
post-training quantization (PTQ)   334
pre-retrieval   153
preference alignment   261

INDEX

product quantization (PQ)   151
production machine learning   31
prompt compression   159
proof of concept   95
proximal policy optimization (PPO)   279
pyenv   61

Qdrant   84
quantization   334
quantization-aware training (QAT)   334
quary routing   156
query expansion   157
query optimization   156
query rewriting   157
re-ranking   159
receptive field   146
reinforcement learning from human feedback (RLHF)   278
reproducibility   503
requests per second (RPS)   384
retrieval   136, 153
retrieval-augmented generation (RAG)   33, 129
reward model   219
rule-based filtering   215

self-query   157
semantic meaning   143
semantic relationship   143
sequence-to-sequence   320

sliding window   155
small-to-big   155
speculative decoding   325
statistical analysis   222
style transfer   33
supervised fine-tuning (SFT)   209, 261
system metrics   497

target drift   499
task-specific model   213
tensor parallelism (TP)   329
Text Generation Inference (TGI)   401
throughput   384
timestamp-based   171
topic clustering   222
training pipeline   46
training-serving skew   41
trigger-based   171
universally unique identifier (UUID)   77
vector DB   150
weight decay   251
ZenML   66